Julio
La biografía

Óscar García Blesa

Julio
La biografía

AGUILAR

Papel certificado por el Forest Stewardship Council®

Primera edición: octubre de 2019

Printed in Spain - Impreso en España

ISBN: 978-84-03-51997-8
Depósito legal: B-15.222-2019

Compuesto en Arca Edinet, S. L.
Impreso en Rodesa, Villatuerta (Navarra)

AG 1 9 9 7 A

Penguin
Random House
Grupo Editorial

Índice

Para Óscar y Lola.
No dejéis que nadie os diga nunca que no podéis hacer algo.

PRÓLOGO

Hey!

12: Julio Iglesias. Alejandro Vilar / Creative-Commons CC-Zero

10-11: Julio Iglesias durante el homenaje que le ofreció la Academia de Grabación Latina como personaje del año 2001, en el Hotel Beverly Hilton de Los Ángeles, California. © Getty / Frank Micelotta Archive.

Pocos días antes de que el verano de 2001 llegara a su fin, en un particularmente húmedo y ardiente mes de septiembre, conocí a Julio Iglesias.

Me encontraba en Miami trabajando con Alejandro Sanz en los estudios de grabación Criteria. Alejandro ultimaba los ensayos de su álbum *MTV Unplugged,* poco antes de viajar hasta Los Ángeles y asistir a la segunda edición de los premios Grammy Latinos.

Un día, a media tarde, y refugiados al abrigo del aire acondicionado, la puerta del estudio se abrió de golpe con una visita inesperada. Con un reconocible retroceso de ida y vuelta, como en los salones del lejano oeste, las puertas oscilaron dejando paso a Julio Iglesias.

Julio, elegante, impecablemente vestido a pesar del asfixiante calor del exterior, entró muy despacio, arrastrando con él una sutil cojera, observando todo lo que ocurría en el interior de la sala, como el cazador acechando a su presa.

Echó un vistazo de lado a lado y, una vez identificados todos los personajes de la escena, se acercó hasta la mesa de mezclas, donde con perfectos modales se dirigió a Alejandro y al resto de músicos que en ese momento ensayaban al otro lado de la enorme cabina de cristal. Julio levantó levemente la voz y saludó con un escueto «*Hey!*», una cortesía cercana y espontánea, un gesto casi de reverencia empapado de un acento afectado, un deje a medio camino entre el más castizo «hola» español y un relamido «*hi*» del sur de Florida. Todos habíamos escuchado antes aquel «*Hey!*» tan extraordinariamente singular y mil veces caricaturizado, pero nunca, al menos yo, lo habíamos visto representado en vivo y en directo por el personaje principal.

Parodiarse a uno mismo demuestra una inteligencia extrema, un control absoluto entre el personaje y la persona, el manejo definitivo de la identidad. Hay que ser muy brillante para hacer de Julio Iglesias siendo Julio Iglesias, sin tomarse en serio y ser a la vez auténtico y simpático. En Miami todos tuvimos la sensación de que Julio Iglesias estaba interpretándose a sí mismo por diversión, nos regaló un *sketch* del *Julio Iglesias superstar* por puro placer.

Después todo sucedió muy deprisa. Julio, por espacio de cinco minutos, se sentó en un larguísimo sofá de cuero color chocolate, hablando con unos y con otros de cualquier cosa; su última cena en casa de los Clinton, de su bodega de vino favorito, de cuando le pisó la mano a la princesa Grace Kelly o de aquella vez que se sentó a cantar con Stevie Wonder o Diana Ross, asuntos cotidianos nada importantes. Una vez recuperado del intenso bochorno que abrasaba en el exterior, se puso en pie y se marchó. Pero antes de abandonar el estudio, mientras se despedía moviendo cortésmente su mano, como lo hacen los monarcas en sus saludos reales al pueblo llano, lanzó al aire —sin dirigirse a nadie en concreto— un enigmático mensaje: «Un día tenemos que hacer algo juntos».

Le acompañé hasta la puerta agradeciéndole el gentil gesto de visitar a Alejandro en el estudio. Guiñó un ojo y me estrechó la mano.

—Gracias por nada chaval —me dijo sonriendo con una mueca característica de simpatía. Y entonces, el genio desapareció.

Cuando por fin se fue, la gente siguió trabajando en sus cosas, preguntándose si ese que acababa de salir por la puerta era Julio Iglesias.

Nadie podía prever que, tan solo unos días después de aquel fortuito encuentro con Julio en un estudio de Miami, el mes de septiembre de 2001 sería recordado por uno de los episodios más dramáticos de la historia.

Una sacudida física y emocional

En la noche del 10 de septiembre de 2001, Julio Iglesias asistía como invitado de honor a una cena homenaje, preámbulo al premio Grammy a la Personalidad del año con el que había sido honrado, el tributo de la Academia a un tesoro internacional, al hombre que había encauzado su pasión y su talento a la difusión de la cultura latina en los cinco continentes.

El homenaje comenzó a las siete en el hotel Beverly Hilton, situado en el corazón de Beverly Hills. Estrellas internacionales como Celia Cruz, Laura Pausini, Arturo Sandoval o Alejandro Sanz cantaron para Julio en un evento memorable. Durante la cena nadie reparó en un detalle premonitorio, una sacudida física y emocional que había sucedido unas pocas horas antes. A eso de la cinco de la tarde, mientras hacíamos tiempo en la habitación del hotel L'Ermitage, en esos ratos de ducha, puesta a punto y planchado de traje, un violento terremoto sacudió el suelo de Los Ángeles. La tierra tembló veinticuatro horas antes de que Osama Bin Laden sacudiera al mundo entero.

A la mañana siguiente, cuando se produjeron los ataques a las Torres Gemelas en Nueva York, todos dormíamos en Los Ángeles. El primer avión, el vuelo 11 de American Airlines con destino a LAX, explotó contra la Torre Norte a las 8:47 a. m. Encendí la televisión justo en el momento que el segundo avión, un aparato que cubría el vuelo 175 de United Airlines, se empotraba contra la Torre Sur del World Trade Center. Poco después vi la desintegración de la primera torre. Por muchas veces que las veas, hay cosas que no dejan de sobrecogerte.

El 11S conmocionó al mundo, pero al ciudadano americano, acostumbrado a combatir lejos de sus fronteras, aquel ataque en su propia casa lo dejó completamente grogui. Uno de los símbolos más impresionantes de prosperidad de Estados Unidos sepultó bajo toneladas de escombros a miles de personas, gente anónima que representaba el lado más trágico y realista de la vulnerabilidad del país.

La primera consecuencia del 11S fue la suspensión indefinida por parte de George W. Bush del espacio aéreo norteamericano y el bloqueo de las fronteras. Todos los aeropuertos de Estados Unidos cerraron y los vuelos fueron congelados. Todos los que teníamos previsto regresar a España una vez finalizados los premios, que naturalmente se cancelaron, nos quedamos bloqueados en América durante más de una semana. Todos excepto Julio Iglesias.

El cantante, que tenía previsto cantar el 13 de septiembre en la plaza de toros de Las Ventas en Madrid, en el último concierto de su gira, tomó su avión privado nada más finalizar la gala homenaje, poco antes de los atentados, y salió hacia su casa de Punta Cana, en la República Dominicana. Desde allí, dos días más tarde, se trasladó hasta el hotel Villa Magna de Madrid, su cuartel general en la capital de España.

Julio Iglesias decidió suspender el concierto de la plaza de toros de Las Ventas en señal de duelo por las víctimas de los atentados, y se trasladó a Marbella para estar junto a su mujer, Miranda, y sus cuatro hijos pequeños. El concierto, que cerraba la gira de presentación de su álbum *Noche de cuatro lunas,* se pospuso una semana. Julio se sumaba así a Sting, quien también había cancelado un concierto en *streaming* desde su casa de la Toscana italiana; Madonna, que anuló sus actuaciones en el Staples Center de Los Ángeles, y a otros muchos artistas que alrededor del planeta habían suspendido su actividad conmocionados con los terribles acontecimientos de Nueva York.

El recital de Madrid se celebró finalmente el 18 de septiembre. Antes de comenzar con la canción *Nathalie,* Julio Iglesias pidió un minuto de silencio «para expresar nuestras condolencias y tristeza al pueblo norteamericano por el gravísimo acto terrorista de hace unos días». La plaza de toros celebró con un cerrado aplauso aquellas palabras, festejando a partir de ese momento todas y cada una de las canciones que tenía preparadas, cantándole al amor y a la vida de manera sencilla, tal y como había hecho desde siempre.

Como no podía ser de otra manera, el concierto de Madrid fue un éxito rotundo, convirtiéndose desde ese momento en una de las noches más significadas en la ya por entonces larguísima carrera del artista. Al ritmo de *Manuela, De niña a mujer, Un canto a Galicia, Soy un truhan, soy un señor, Lo mejor de tu vida, Bamboleo, Me va, me va, Me olvidé de vivir* y, por supuesto, *La vida sigue igual,* Julio se despidió del escenario entre gritos de «¡Guapo!», «¡Torero!» y «¡Viva España!». Tal cual.

Nosotros, los que todavía no habíamos podido regresar a España, y seguíamos atascados a miles de kilómetros de nuestras casas, vivimos en la distancia el triunfo de Julio Iglesias en Madrid con emoción y cierta nostalgia. En aquellos días de inquietante incertidumbre internacional, el artista español más universal de todos los tiempos acababa de lograr un triunfo épico en España. El éxito de Julio, una estrella sin duda, pero alguien de carne y hueso que al fin y al cabo había compartido con todos nosotros la noche previa al desastre, de alguna manera nos empujó a volver.

Las fronteras de Estados Unidos habían iniciado un tímido desbloqueo varios días después de los atentados. Como si su actuación hubiese desactivado una barrera invisible, después del concierto de Julio Iglesias en Madrid alquilamos un coche y viajamos hasta México rumbo a Europa, de regreso a casa.

A ritmo de John Coltrane

En parte, la idea de escribir este libro nació a raíz de mi primer encuentro con Julio Iglesias aquella calurosa tarde de septiembre en un estudio de Miami cuando, antes de marcharse y, aun sabiendo que no se dirigía a mí, dijo aquello de «Un día tenemos que hacer algo juntos». Pero solo en parte.

Desde pequeño había crecido con su ubicua presencia. Si uno pudiera viajar en el tiempo y visitar a escondidas las colecciones de discos de cualquier familia en la España de los años setenta, en nueve de cada diez casas encontraría una copia de *Puente sobre aguas turbulentas* de Simon & Garfunkel, un ejemplar de *Señora* de Rocío Jurado, la omnipresente melena rubia de Richard Clayderman y un álbum de Julio Iglesias como mínimo. No hacía falta que te gustaran, no había elección, sencillamente estaban allí.

En mi casa también se escondían discos de Joan Manuel Serrat, la Creedence Clearwater Revival y The Beatles, y paradójicamente entre esa pluralidad de estilos, la imagen de Julio Iglesias emergía siempre con mirada seductora e intrigante, de alguna manera, los ojos de Julio te retaban desde la misma portada de sus discos, parecían decirte: «Sí, ya sé lo que estás pensando, The Beatles molan..., pero yo también». Y claro, acababas pinchando *Abrázame* o cualquiera que fuera la canción estrella del disco. Y, efectivamente, aquel encantador de serpientes con voz ligera molaba.

Con los años, el cantante español ha pasado de *crooner* almibarado a *latin lover* profesional, de ídolo de la canción ligera a leyenda inmortal, de padre de ocho, a dichoso abuelo de cuatro, un seductor en toda regla en cualquiera de las etapas de su vida. Y es precisamente mi fascinación por el hombre, muy por encima del personaje, lo que me llevó a proponerle la idea de este libro a Gonzalo Albert, mi editor.

La mitología y leyenda que envuelve a Julio Iglesias resulta fascinante. Desde prácticamente el inicio de su carrera, Julio ha sobresalido como un fenómeno social con múltiples miradas, alguien con diferentes capas que desentrañar merecedor de un análisis profundo. Sus ventas globales, por encima de los trescientos cincuenta millones de discos en todo el mundo, lo sitúan entre los cinco artistas más vendedores de todos los tiempos. El español ha conquistado los lugares más recónditos del planeta, adaptándose a culturas y lenguas como un camaleón. Educado y cosmopolita, ha sido el artista español que más ha triunfado al otro lado de nuestras fronteras. Ha actuado para jefes de Estado, reyes y princesas. Ha cantado con Frank Sinatra, Charles Aznavour, Plácido Domingo, y el mismísimo Bob Dylan, en un ascensor en São Paulo, le dijo: «Oye, Julio, a ver cuándo empiezas a grabar mis canciones, chico»*.

Ha pisado escenarios en los cinco continentes, de Hong Kong a Buenos Aires, de Manila a Tel Aviv, de Helsinki hasta El Cairo. Dentro de la historia cultural de España, su vida personal y logros profesionales tienen indiscutiblemente una trama de novela. Y esa es la idea que le conté a Gonzalo, ordenar la historia que navega de aquí allá para contar la fabulosa vida de Julio Iglesias.

---

* *El País*.

Mi admiración por Julio, sus logros artísticos y su caleidoscópica personalidad han sido los argumentos fundamentales que me han empujado a escribir esta biografía. Pero hay mucho más. En el libro, además de conocer con detalle sus numerosas hazañas, sobrevuela la idea de ofrecer una nueva mirada del hombre y el personaje, alguien al que todo el mundo conoce y que, como cualquier ser humano, también tiene esquinas sin barrer.

Narrado a ritmo de jazz, el libro está escrito a media luz, casi siempre de noche y naturalmente respira música. Lo del jazz tiene una explicación sencilla. El primer día que me abalancé sobre el teclado cayó en mis manos el formidable disco *Liquid Spirit,* de Gregory Porter. Aquella primera noche de escritura, las aventuras de Julio Iglesias fueron apareciendo en forma de palabras mecidas por el *swing*. Después de Porter seguí escribiendo acunado por Miles Davis, Bill Evans, Dave Brubeck y John Coltrane, y fue *Genius of modern music. Volume 2,* de Thelonious Monk, lo que marcó definitivamente el tiempo de la narración. La música es esencial para desentrañar la vida de Julio Iglesias y, como elemento fundamental de su historia, he tratado que las palabras estuvieran acompañadas de la mejor banda sonora posible. Escribir con John Coltrane ha sido una experiencia gozosa, la cara A de *Blue train* es infalible. Les invito a probarlo mientras leen.

Esta es la historia de un mito, una leyenda viva de la música que este año celebra aniversario. En 2019 se cumplen cincuenta años del lanzamiento de *Yo canto,* el primer trabajo discográfico de su carrera artística.

La vida de Julio Iglesias es mucho más que una colección de efemérides y cifras, una historia de superación, amor, fama, éxito y redención, el relato no solo de su inigualable triunfo y reinvención, sino también la crónica sociocultural de un país a lo largo de más de setenta años. Como la Coca-Cola, Apple, Levi's o McDonald's, hay marcas que viajan por el mundo sin importarles el idioma, la religión, la raza o las fronteras. En cualquier rincón del planeta, preguntes a quien preguntes, todo el mundo sabe quién es Julio Iglesias.

O tal vez no.

PRIMERA PARTE

(1943-1967)

«El mejor escritor no es el que mejor escribe,
sino el más leído».

Julio Iglesias

0
La cárcel de cristal

Spanish eyes, Humperdinck Engelbert

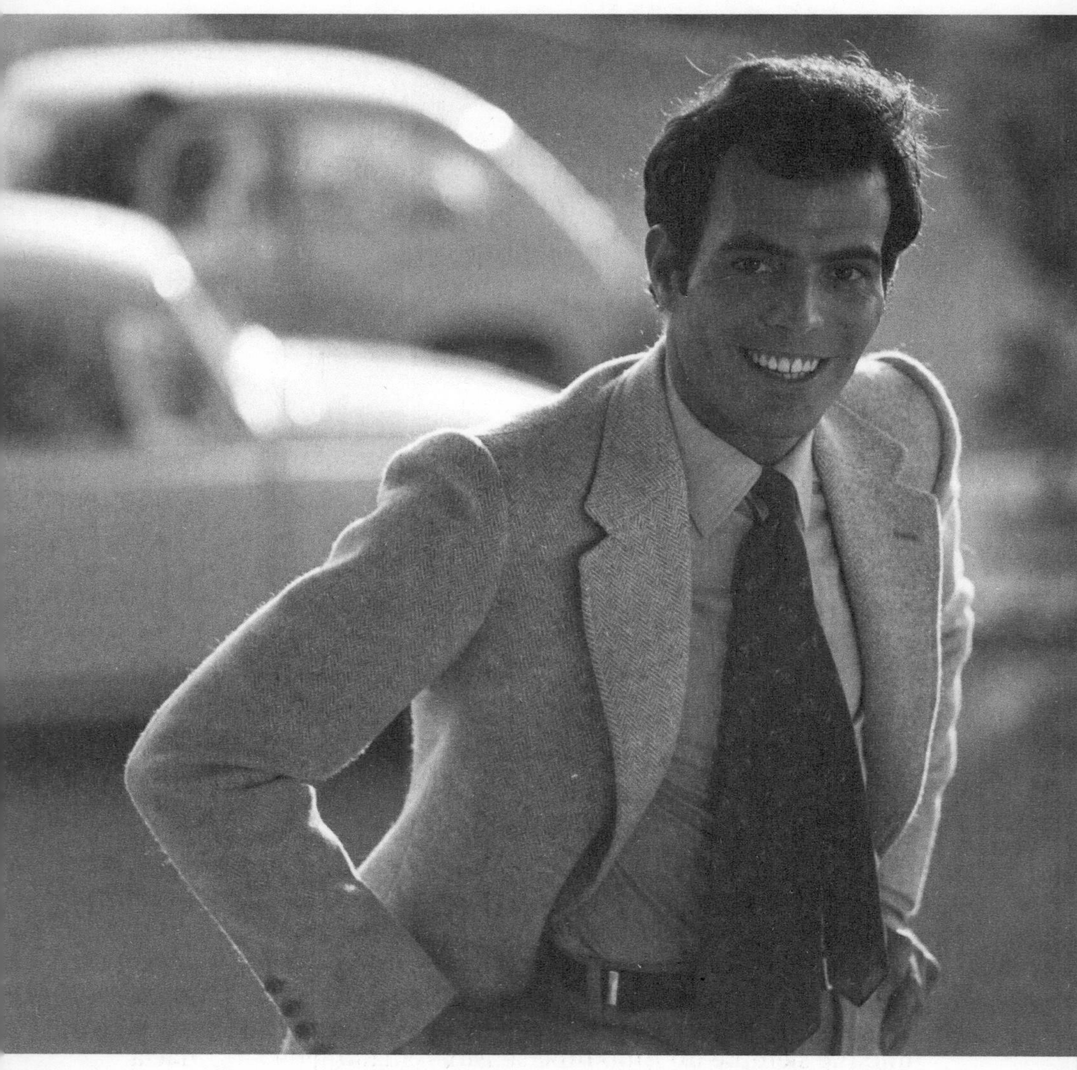

24 y guarda delantera: Julio Iglesias, circa 1970. © Getty / STILLS.

22-23 y Guarda trasera: 16 diciembre de 2001, Julio Iglesias en el Instituto Cervantes de Madrid, después de recibir el premio al artista que más discos ha vendido en España y el premio al artista latino con mayor número de discos vendidos en el mundo. En dicho acto anunció que esa sería su última actuación y evento público. © Album / KPA-ZUMA.

A Julio Iglesias le dan miedo los aviones. Resulta paradójico que alguien que ha dado la vuelta al mundo un millón de veces, él, que ha recorrido el planeta entero subido en reactores de todos los tamaños y colores tenga pánico a volar.

Dentro de un avión el ser humano ve limitada su capacidad de movimientos, y desde muy pequeño, a Julio le aterrorizó la falta de libertad física. En su opinión, la libertad intelectual se puede combatir con ingenio, agudizando al máximo todos los sentidos. La falta de libertad física imposibilita el movimiento, en el caso de Julio Iglesias una sensación de encadenamiento recurrente a lo largo de toda su vida.

Julio fue siempre un niño hipersensible, cualquier cosa le hacía llorar y reír, sintiéndose el más feliz y el más desgraciado al mismo tiempo. En una ocasión relató el mayor castigo que le podían infligir cuando todavía era un niño, un mal estudiante más interesado en las artes y los balones que en los libros y las clases. Julio recordó entonces cuando llegaba a casa con malas notas y su madre solía encerrarlo en el baño para pensar. El pequeño Julio Iglesias se sentaba donde la ducha, o en el retrete, y se ponía a fantasear.

Después de hora y media de mucho meditar en el interior de aquel estrecho cuarto, agobiado, el pequeño Julio pedía salir a gritos. Tan pronto abrían la puerta, salía del cuarto de baño con la cara llena de lágrimas y corría hasta el balcón de la casa para respirar todo el aire que le entrara en los pulmones.

Desde aquellos días, Julio Iglesias conservó una obsesión casi enfermiza por la libertad física, ampliada notablemente años después tras la prisión que le provocó su accidente de circulación. Nada le ha inquietado más en su vida que la privación de la libertad, ya sea por un accidente o por vivir en una cárcel de cristal.

El precio de la fama

Julio Iglesias se ha referido en más de una ocasión al hipnótico espejismo que ofrecen el poder y la fama. Su vida, una de las crónicas de conquista más fascinantes del último medio siglo, se ha alimentado de la mitología propia de seres divinos, pero, para él, ha sido tan solo una ilusión, un engaño maquillado de su diaria realidad. Encerrado desde muy joven en una jaula de oro, pero cárcel al fin y al cabo, ha vivido permanentemente abrazado por multitudes y, al mismo tiempo, se ha hecho hombre completamente solo. Ese mismo hombre que es hoy una de las figuras capitales en la historia de la cultura popular y de la música latina, un tipo capaz de poner en pie el Madison Square Garden de Nueva York cantando baladas *mainstream* en castellano, o bailar salsa sin saber dar un solo paso, ha sido también un hombre solo.

Julio Iglesias ha vivido desde muy joven un éxito arrollador. A pesar de esforzarse por no dejarse tentar por la fama, en ocasiones ha proyectado la imagen de una vida irreal y desconectada del mundo; resulta muy fácil resignarse a ser famoso, es algo muy poderoso. Alcanzar el éxito, lograr ser dueño de una carrera deslumbrante y recibir la atención del mundo es el sueño de muchos. Pero tiene un precio y Julio, en su medida, también ha pagado por ello. La fama predispone a experimentar patrones de salud deficientes, una vida no siempre saludable en el intento de alcanzar los objetivos. La fama acarrea presiones psicológicas y familiares provocadas por una vida pública exitosa; cuanto más grande es el triunfo, más lejos estás. No todo es necesariamente de oro cuando se es famoso. Y ahí Julio Iglesias tiene un largo currículo.

El éxito cuenta con factores de estrés únicos, como la presión de vivir de manera permanente siendo una imagen pública. O dicho de otra manera, llevar las veinticuatro horas del día el uniforme de *Julio Iglesias* puede resultar agotador. La pérdida de la intimidad conlleva una pérdida de libertad; el éxito, y en su defecto la fama, casi siempre llega por la explotación de algún talento, y ese talento, con o sin ganas o inspiración, o se exprime o acarrea frustración. No es fácil ser Julio Iglesias todos los días del año, eso seguro. Probablemente no son pocas las veces en las que no ha tenido ganas de serlo, en las que ha tenido que cantar y sencillamente no le apetecía hacerlo. Naturalmente, Julio Iglesias ha vivido algún episodio así a lo largo de su carrera, pero por obligación, y también por respeto a su público, ha salido siempre al escenario y se ha dejado la piel. Un día tras otro, en cualquier parte del mundo desde 1968.

Resulta abrumador ser siempre el más educado, el más elegante, el seductor permanente. En una reunión, su ocurrencia ha de ser la más graciosa e ingeniosa, su mirada debe derretir el hielo, su sonrisa debe conquistar a la afición, es lo que se espera de él. Y es ahí donde la cárcel de cristal envía las señales de miedo y soledad. ¿Tuvo gracia el chiste que conté, o ríen y me hacen la pelota porque soy Julio Iglesias? «Cuando salgo con una mujer, cuando la tengo en los brazos, por hermoso que sea el momento, por bella que sea la mujer y romántica la noche, o el lugar, siempre me hago para mí la misma pregunta: "¿Viene conmigo por lo que soy o por lo que represento?". Eso me hace dudar mucho, y sufrir bastante».*

Sobre su paulatino eclipse mediático según avanzaba su carrera, Julio Iglesias reflexionaba en voz alta: «El hecho de no estar presente en fiestas o actos sociales no significa vivir en una burbuja de cristal. Yo

---

* Julio Iglesias, *Entre el cielo y el infierno,* Planeta, 1981.

estoy en contacto con la gente a diario, canto en países de lo más diversos y esto es un privilegio, porque ves la vida desde ángulos diferentes y la entiendes mejor. Hoy por hoy, si no salgo mucho, es porque prefiero centrarme en mi trabajo, en la gira, en el próximo disco y en estar con mi familia».*

A lo largo de más de cincuenta años, Julio Iglesias ha ido edificando una carrera apoteósica a los ojos de todo el mundo. Todo lo que ha hecho, cada paso, cada acierto, cada error ha sido escrutado al milímetro. La cárcel de cristal, ese muro transparente que por necesidad ha levantado como escudo protector del exterior, perfila y da señales de su mundo interior, lo que vemos y lo que Julio Iglesias nos deja ver. Su vida pública, expuesta bajo focos deslumbrantes, y la privada, protegida sin el destello de los flashes, conforman un complejo equilibrio: el triunfador y el esclavo del éxito. No es extraño que algunos artistas, cuando están en lo más alto, se alejen del mundo sin quererlo. Aunque bien es cierto que, muchas otras veces, es el propio público quien los aleja de lo terrenal, obviando que también son humanos, con sus luces y sombras, su lado oscuro, dueños como todos de un mundo interior indescifrable; «cuando has conocido las luces ya no quieres nada más, porque luego las sombras se hacen mucho más grandes»,** recordaba Julio en cierta ocasión.

Y es esa colisión de los dos universos, el mundo interior y el exterior, el germen de la creación de su personalidad a través de lo que nos hace más vulnerables: los miedos. «Tengo muchos miedos, pero también risas y alegrías. Pero una cosa digo: yo nací del miedo, nací de una cesárea. A los diecinueve años me quedé paralítico, así que el miedo ha sido mi compañero toda la vida. Pero si hay que ganarle al miedo, le gano. Al tiempo no le gano, pero al miedo sí».***

---

* *ABC,* 2010.
** Marta Barroso, *ABC Blanco y Negro,* 1988.
*** *El País,* 7 de mayo de 2017.

En ocasiones, las prisiones pueden ser interiores, pero casi siempre la llave de salida también está en nosotros mismos. Cuando uno permanece esclavo de situaciones extraordinarias, también se pierde la libertad y aparecen las culpas y los miedos que están dentro de nosotros. Quien ha estado en un escenario ante un público pendiente de cada uno de sus movimientos, sabe lo que esto representa. El contacto con el público, recibir su cariño y sus aplausos, suele crear adicción, pero también desasosiego. En el caso de Julio Iglesias, en lo más alto durante décadas, ha debido de resultar un viaje extenuante.

Porque estamos ante un artista imponente, el más grande de los embajadores musicales españoles en cifras de ventas absolutas. Cuando uno bucea en su biografía, escucha sus canciones y revisa sus logros, cualquier adjetivo exagerado se queda pequeño.

Julio reconoce que ahora está seco. Hasta los treinta y cinco o cuarenta se estiró como un árbol alto, lleno de frutas, de hojas y de vida, pero luego se quedó ahí y aplicó a su vida la disciplina. La disciplina mata al carácter, pero es necesaria, y más a su edad, comentaba no hace mucho. Julio se encuentra en un punto en el que necesita la disciplina, «me condiciona, pero no en un punto negativo, sino en un punto que sé que tengo que estar más fuerte, que tengo que hacer más deporte y comer mejor. Pero, como todo en esta vida, todo gira en torno al éxito y yo lo he tenido».*

La envidia, el deporte nacional

Julio ha nacido en un país que por deporte nacional maltrata a sus ídolos, un país que menosprecia el éxito y pretende hacer como si esa gloria, cuando llega, fuera algo menor, un triunfo no merecido o regalado. Por arte de magia, o simplemente por arte, Julio ha salido razonablemente ileso de ese linchamiento. Su posición de hombre de mundo y muchos años viviendo lejos de España le han granjeado una injusta imagen antiespañola; «soy español hasta la madre que me parió. Me gusta el ajo, me gusta el aceite, me gusta el vinagre, me gus-

* *El País,* 7 de mayo de 2017.

ta el Cantábrico, el Mediterráneo y el Atlántico»,* ha dicho en más de una ocasión reivindicando sin necesidad su honesta españolidad.

España es un país de dos velocidades: la que entroniza el fracaso, precisamente por no alcanzar el éxito, y la que condena y maltrata al triunfador por pura envidia. Así somos los españoles, no nos queremos. «España es como es y no hay que juzgarla por esas pasiones que tiene ni tomarse las cosas de forma personal. Como el taxista me habló mal, París es feo... No. Cuando sales, notas el cariño que despertamos. Los que menos quieren a los españoles somos los propios españoles...»,** dijo Julio en una entrevista.

Decir en voz alta que Julio Iglesias es un artista colosal no siempre ha estado bien visto, a pesar de que a lo largo de más de cincuenta años ha regalado grandes momentos en forma de canciones memorables. A mi entender deberían sentir más sonrojo aquellos que le dan la espalda que quienes defienden lo evidente.***

Desde siempre, España ha educado mal la gestión del riesgo, apostando por el miedo al fracaso. Al contrario de lo que ocurre en otras culturas, donde el fracaso se ve como parte del aprendizaje hacia el camino del éxito, en España no se asume que el fracaso forme parte del propio riesgo. España machaca al que fracasa y también al que triunfa, conformando un núcleo mayoritario de gente gris. Esto ocurre desde que los niños van al colegio; temerosos de expresar su opinión en público, los críos callan por miedo a las risas de los compañeros. Cuando esos mismos niños se convierten en adultos, han crecido en una educación que aplaudió la falta de aspiraciones; y en sus trabajos, en sus negocios, en sus proyectos, sus previsiones de futuro siempre serán modestas. Y eso no es prudencia, es miedo y falta de ambición. Por eso, cuando alguien triunfa en España, bien de manera inesperada o por el fruto de su trabajo, las lanzas salen a pasear, cuestionando seriamente si el triunfador es verdaderamente merecedor de semejante

---

* *Diario Sur,* 7 de mayo de 2017.
** Darío Prieto, *El Mundo,* 10 agosto 2012.
*** Óscar García, *Efe Eme,* 2015.

recompensa. «¡Bah!, tampoco es para tanto», solemos argumentar con cutre vehemencia.

No hace mucho tiempo, yo hablaba con David Summers sobre el continuo maltrato por parte de un gran sector de la crítica especializada a su grupo, los Hombres G. David era concluyente en su diagnóstico; el maltrato se producía por la falta de respeto al oficio de artista, un principio sujetado bajo la idea fundamental de que para la gran mayoría, el trabajo de un artista en realidad no es un oficio, tendiendo a pensar con frecuencia que no son más que titiriteros sin rumbo alguno, una mayoría atrevida e ignorante capaz de preguntar sin vergüenza: «Pero tú, además de cantar, ¿te dedicarás a algo, no?».

Esa falta de respeto está latente en el carácter del español, una particularidad bastante boba, que en el fondo no esconde más que una velada envidia. Que unos tipos que aporrean unas guitarras se hinchen a ganar dinero, liguen sin parar y vivan una vida de ensueño mientras yo me lo curro en mi trabajo es una realidad que jode. Si eso ocurría con los Hombres G a mediados de los ochenta, imaginen con Julio Iglesias, el exponente más evidente del triunfo global desde finales de los años sesenta, la imagen viva del triunfador.

Asumámoslo. Para nuestro sofoco, esto no ocurre en países como México, Inglaterra o Francia, donde el respeto al artista es máximo, comprendiendo con inteligencia y admiración que ellos, los artistas, son capaces de hacer algo que sencillamente la gente de a pie no sabe y jamás sería capaz de hacer.

«La envidia es una declaración de inferioridad». Lo dijo Napoleón y no le faltaba razón. El espíritu de la envidia puede destruir, nunca construir. Por desgracia parece que uno no pueda decir que le va bien y que está contento, se arriesga a un linchamiento provocado exclusivamente por su triunfo.

A Julio Iglesias en numerosas ocasiones se le ha condenado por vivir fuera de España, por cantar en inglés, o en francés o en chino mandarín, que más da. Se le ha criticado por cantar mal, o tener poca voz, o ser demasiado afectado, o follar mucho, o poco, o mostrar siempre el mismo perfil. En realidad, se le ha criticado sobre todo por tener éxito, tal cual. Afortunadamente, con más de tres cuartos de siglo a sus espaldas, Julio Iglesias sabe muy bien quién es; «la vida me dio una voz pequeña, pero me la dio de dentro, y los cantantes de dentro vivimos para siempre».*

Menos pijo de lo que parecía

Musicalmente, Julio ha mezclado como nadie (imposible de imitar), una suerte de soul latino, *spanish beat,* canción de verano, *yeyeísmo* y la seducción del acalorado *crooner,* un cóctel de carisma y magnetismo personal irresistible. Su estilo único, torpemente parodiado hasta la saciedad, le ha hecho conectar con todo tipo de públicos, un número uno a lo largo de más de cincuenta años que ha cuidado con detalle cada paso a lo largo de una carrera inigualable. Desde el primer minuto tuvo claro que quería triunfar, y es precisamente esa determinación, sumada a un trabajo dedicado, el secreto que ha levantado su leyenda. Claro que ha habido circunstancias que han ayudado a construir el personaje universal que hoy todos conocemos, pero el mito Julio Iglesias no fue, ni ha sido nunca, un espejismo fortuito. Julio tenía un plan y, desde el día que decidió cantar, lo siguió con minuciosidad.

A veces, cuando leo una crítica relacionada con el trabajo de Julio Iglesias observo, aunque aparentemente no sea de una manera demasiado evidente, cierta condescendencia con sus canciones, se le atribuye el éxito (obviamente innegable), pero se le niega el mérito artístico que le ha llevado a lograrlo.

Cuando un artista alcanza el estatus de icono en Inglaterra, Francia o México, solo por poner tres ejemplos de culturas con un fuerte arraigo musical, el público, los medios y el resto de los artistas le rinden el tributo que merecidamente se ha ganado para siempre. Esa muestra de respeto ya no es solo hacia el artista que ha creado música inolvidable, sino que, por extensión, es también una deferencia y gesto de cortesía a todas las personas que han escogido sus canciones como una parte importante de sus vidas. Desgraciadamente por aquí trabajamos

---

* *El Progreso,* 23 de junio de 2017.

mucho mejor el chismorreo y la crítica de taberna, olvidándonos de que, tal vez, Julio Iglesias tenga en el fondo un poquito de talento.*

Y Julio eso lo tiene claro: «Yo soy como soy. Es decir, he pasado por gilipollas para algunas generaciones, pero a lo mejor ahora ya no soy tan gilipollas porque, cuando me dan un vino, sé si es blanco o tinto, incluso a veces sé si es uno del 82 o del 61. Si he pasado por pijo, pues bendito sea. Seguramente era menos pijo de lo que parecía. Cada vez que el país me ha criticado, he aprendido. Todas las críticas me han hecho más grande. Absolutamente todas. He sido como Ronaldo en el Bernabéu. Las críticas me han hecho meter más goles».**

Julio Iglesias, con setenta y seis años, ha vivido rápido, luchando cada día contra el tiempo. En esta pequeña tristeza que le da, el tiempo, ahora, es su amigo. Cuando tiene que decir no a algo, lo dice. Pero cuando puede, lo hace. Lleva cincuenta años cantando. No ha hecho otra cosa y sigue haciéndolo incluso en casa. Ahora, cuando le canta a su mujer o a sus hijos, estos se ponen a hablar y ya no muestran demasiado interés. Solo su perro Berkeley es el que le escucha y no ladra. Julio Iglesias le canta a su perro y el animal se apacigua.***

A Julio Iglesias no lo va a retirar nadie

Julio dice que los ojos son un espejo, más que la edad. Julio presume de una cercanía especial con la cultura musical en América Latina, pero, en realidad, su actividad no deja de ser igual de importante en otros sitios. Cantó hace ya treinta años en China o en Japón. Para Julio, la lingüística es más afín en América Latina, y buenos días son buenos días en el mismo idioma, pero también se puede decir buenos días con los ojos. La seducción es la combinación perfecta entre la cabeza y el alma. Nadie seduce a nadie si no se seduce a sí mismo antes. Cuando Julio mira a la cámara está diciendo cosas. Habla de los años pasados, pero también de los que están por venir.****

---

* Óscar García, *Efe Eme*.
** *El País*.
*** *Ibídem*.
**** *Ibídem*.

Con más de tres cuartos de siglo encima y más contenido que en sus años locos, cuando representaba el prototipo de fogoso amante latino, Julio Iglesias renuncia a hacer recuento de las mujeres que han pasado por su vida. Reconoce que tiene achaques, pero son los que afligen a cualquiera a su edad.*

2019, después de un tiempo retirado y numerosas especulaciones sobre su estado de salud, lo ha devuelto, como no podía ser de otra manera, triunfal a los escenarios, el elixir que le hace sentir más joven, un lugar donde siente y vive emociones maravillosas. Julio ha repetido que si tuviera que dejarlo, se moriría vivo. Para él, la retirada tiene connotaciones de derrota y a Julio Iglesias no lo va a retirar nadie, salvo la gente, «y la gente sabe que si hace eso me muero. Llevo cantando cincuenta años y, aun así, hay gente que ni me conoce».** Como Bob Dylan, no dejará de girar «porque si lo hacemos nos morimos». Y por eso ahora no quiere bajarse de los escenarios, el ejemplo vivo de que «el espectáculo debe continuar».

Su filosofía de vida ha sido siempre la de no abandonar, perseguir y aplicarse para que la gente lo vea crecer como lo quieren ver crecer física y emocionalmente. No decepcionar a «las gentes» que se lo han dado todo. «El recuerdo siempre es jodido porque es nostálgico. No soy muy amigo ni del recuerdo ni de la nostalgia. Me gustaría que en mi tumba dijera: "Gracias"... Bueno, que no diga nada. A mí me gusta que me den las gracias en vida. Que me aplaudan en vida».***

Desde los días en los que jugaba al balón en el patio del colegio, cuando regateaba a los curas con sotana y se manchaba las rodillas de tierra, Julio Iglesias siempre soñó con hacer algo grande en la vida, ser alguien, sobresalir. Cuando fantaseaba encerrado en el cuarto de baño, soñaba con convertirse en una estrella de fútbol y, más importante, llevarse a todas las chicas del brazo envueltas en sonrisas. Su obsesión

---

* *El Comercio.*

** *Ibídem.*

*** *El País,* 7 de mayo de 2017.

por cumplir sus sueños y ser un hombre libre le ha acompañado toda la vida, «la vida ha sido generosísima conmigo, y la luz me ha dado en los ojos como a los conejos en las carreteras».*

* *El Progreso,* 23 de junio de 2017.

1
El doctor, un hombre libre

On the sunny side of the street, Ella Fitzgerald

36-37 y 38: 1942, boda de los padres de Julio Iglesias, María del Rosario de la Cueva y el doctor Julio Iglesias Puga. © Getty / Roberto Ramírez.

Envuelto en una desaliñada chaqueta de rayas rojas y blancas que lo identificaban como preso, Julio, el futuro doctor Iglesias, imaginaba ilusionado que Charo algún día leería alguna de las cartas que no había enviado. En 1937, el joven había sido trasladado de prisión para completar la construcción del ferrocarril Madrid-Valencia. Furioso y jodido, Julio, junto al resto de prisioneros, viajó desde la cárcel de San Miguel de los Reyes, en Valencia, hasta el campamento de Tarancón. Atrapado en el mismo centro de la Guerra Civil española, Julio Iglesias Puga sobrevivía a otra guerra idiota atornillando vías de tren y cargando barras de hierro de cuarenta kilos.

Al finalizar cada jornada, y después de la ración diaria de algarrobos y garbanzos, los hombres intentaban descansar en su barracón. En cada uno de los seis cobertizos de madera del campamento de El Carrozal se hacinaban hasta cien prisioneros, unas jaulas de tablones miserables que amortiguaban gritos mudos de impotencia. Dentro de aquellas penosas cajas inhumanas compartían la falta de luz, ranchos mezquinos, escasez de agua y millares de piojos. Mientras escuchaba el ruido de cien personas rascándose a la vez, Julio se acordaba de Charo.

La familia Iglesias

Poco antes de estallar la guerra y mientras estudiaba medicina en Madrid, un día de carnaval, tal vez un jueves o un viernes por la tarde del mes de febrero de 1933, Julio fue con un grupo de amigos hasta el barrio de Carabanchel Bajo. Amante de la fiesta y del buen vivir, en cuanto la vio Julio se enamoró de inmediato de aquella joven vestida de gitana que apenas contaba catorce años.

Durante las siguientes semanas el joven removió Madrid entero para encontrarla. Julio descubrió que su padre era un conocido periodista que trabajaba en el diario *Informaciones* y que vivía en la Colonia de Periodistas de Carabanchel Alto. Y hasta allí fue a buscarla, y allí la volvió a ver. Charo era una mujer joven, tímida e introvertida, una moza de una belleza extraordinaria. El galán la rondaba y cortejaba chalado de amor, pero antes de poder concretar una relación formal, estalló la guerra.

Hijo de militar, hasta llegar a Madrid, Julio, nacido en Orense en 1915, había peregrinado junto a sus seis hermanos por Galicia, Asturias, Toledo y el norte de África siguiendo los pasos de cada nuevo destino de su padre. Ulpiano y Manuela Puga Noguerol, su mujer, hija de familia rica e influyente, criaron siete hijos de manera austera y autoritaria, una familia de clase media próxima a la burguesía de la época.

Ulpiano Iglesias Sarria, monárquico y partidario de Alfonso XIII, vivió en África el desastre de Annual en 1921. Había sido profesor de la Academia de Infantería de Toledo y en el antiguo Alcázar dio clases a los generales Juan Yagüe y Emilio Mola, y, muy probablemente, también a Franco. Ulpiano era miembro examinador del tribunal de Toledo, lugar en el que Francisco Franco se graduó como alférez*.

Licenciado en Farmacia en la Universidad de Fonseca, y ya como comandante en jefe de la caja de reclutas de Oviedo, Ulpiano fue tras-

* *ABC*, 11 de julio de 1911 y 20 de junio de 1915.

ladado a Asturias, donde abrió su primera farmacia en Posada de Llanera. Junto a su mujer entablaron amistad con la familia de Carmen Polo, esposa del general Franco. Las dos familias se hicieron íntimas y con frecuencia recibían en casa la visita de los Polo y jugaban partidos de tenis. En Asturias ascendió a teniente coronel, y acogiéndose a *la ley de Azaña*, Ulpiano solicitó el retiro como militar tras recibir la orden de un destino no deseado. Mientras Ulpiano esperaba el final de sus días como militar, la familia Iglesias Puga se trasladó hasta Madrid con la idea de abrir una farmacia en la capital. Hasta poder desarrollar su profesión civil de farmacéutico, Ulpiano impartió clases como profesor de cultura general en una academia de Madrid.

La llegada a Madrid coincidió con una España convulsa. Recién proclamada la Segunda República tras la dictadura de Primo de Rivera y las elecciones municipales en abril de 1931, el país vivía una situación social delicada. Mientras echaba una mano para hacer crecer el negocio familiar, el joven Julio repartía el resto del tiempo entre los estudios en la Facultad de Medicina, una afiliación al movimiento falangista de José Antonio Primo de Rivera y su incontrolable afición al baile en la discoteca Satán. El negocio de la familia Iglesias Puga fue creciendo con notable alegría. El joven Julio, al igual que el resto de sus hermanos, con frecuencia metía mano en la caja de ahorros de la farmacia y agarraba unas cuantas pesetas con las que pasar la tarde y divertirse. Con el dinero caliente, por la mañana iba a la universidad, y por la tarde, de cabeza a bailar swing, fox y charlestones al Satán en la madrileña calle de Antón Martín.

A pesar de no declararse activista —aunque nunca negaría sus ideales políticos—, ni ser hombre especialmente combativo, Julio se alistó en la milicia como voluntario en el cuartel del Conde-Duque de Madrid. Al ser hijo de militar pudo quedarse en Madrid y continuar sus estudios, la verdadera prioridad de sus días en la capital. A partir de 1934, la Revolución de Asturias y el triunfo del Frente Popular en 1936 desataron un clima con tintes bélicos en el país. Con la legalización de la Falange, muchos estudiantes fueron detenidos, entre ellos Julio y su hermano Pepe, encerrados durante meses en los calabozos del cuartel de Wad Ras en Carabanchel. Desde allí, incluido junto a su hermano en las listas republicanas de presos políticos para fusilar, Julio pudo aprovechar el tiempo para seguir estudiando y, si lograba salir con vida, una vez en libertad, poder examinarse de segundo curso. Y así fue. Hasta el día del Alzamiento.

En el lugar equivocado en el momento equivocado

Mientras estudiaba tercero de medicina, los sublevados contra el gobierno de la Segunda República española se levantaron en África, propiciando el golpe de Estado del 17 de julio de 1936 y cuyo fracaso parcial condujo a la Guerra Civil. El 18 de julio el avión *Dragón Rapide,* con Franco a bordo, despegó desde Gran Canaria rumbo a Casablanca. Un día después entraría en Tetuán cambiando para siempre la vida de millones de españoles. España estaba en guerra.

Julio se despertó en Madrid sobresaltado. En el cuartel de la Montaña, en el mismo centro de la ciudad, los militares, que habían sido fieles con anterioridad a la República, se unieron a las tropas de Franco. Julio, después de ser llamado a filas y licenciado del ejército con el resto de su quinta, huyó en tren hacia Valencia. El temor de ser fusilado a manos de milicianos comunistas lo llevó desesperado hasta la estación de Atocha.

Los vagones respiraban el miedo de una situación desconocida, centenares de familias que escapaban del infierno en el que muy pronto se iba a convertir la ciudad de Madrid. El tren salió de la estación de Atocha y de manera inesperada se detuvo muy poco después en Aranjuez. Un grupo de brigadas comunistas subieron al tren e inspeccionaron los vagones en busca de falangistas. Julio y su hermano Pepe, y sus bigotitos de derechas, fueron apresados y conducidos hasta los calabozos de la Alcaldía de Aranjuez. Allí pasaron los días sin información, sin saber nada de su familia ni de Charo, aquella joven muchacha vestida de gitana que conoció un día de carnaval. Mientras él era apresado en Aranjuez, mucho tiempo después, Julio supo que su familia, buscando refugio, había llegado sana y salva hasta la embajada de Finlandia ayudada por Manuela Alonso, una vecina de izquierdas.

Naturalmente, y con tal de salvar la vida, en los interrogatorios Julio negó repetidamente cualquier conexión con la Falange. Durante el tiempo que pasó en Aranjuez, pelo a pelo y utilizando sus dedos, Julio se deshizo de la prueba más evidente de su vínculo fascista: el bigote*.

Diferentes golpes de suerte le salvaron la vida en más de una ocasión, aunque sería su innata capacidad para tratar con la gente, cualquiera que fuera su afiliación política, la que le mantuvo a salvo hasta el final de la guerra, un don de gentes que indudablemente más tarde heredaría su hijo.

Ulpiano es detenido

En enero de 1937, Ulpiano fue detenido y acusado de desafecto al régimen republicano. Las autoridades del Frente Popular detuvieron a Ulpiano acusado de haber pertenecido a Acción Popular e incluso de ser militar en la UME (la Unión Militar Española), la asociación clandestina de jefes y oficiales del Ejército español fundada en Madrid en diciembre de 1933, a principios del segundo bienio de la Segunda República española, por militares descontentos con la reforma militar de Manuel Azaña y que en su mayoría se solidarizaban con los miembros del Ejército condenados por el fracasado golpe de Estado del general Sanjurjo del 10 de agosto de 1932, antes de la Guerra Civil.

Ulpiano estuvo en la cárcel de Alcalá de Henares y en la de Las Ventas hasta abril de 1937, fecha en la que se celebró su juicio, que terminaría absolviéndole por falta de pruebas. Más adelante, en agosto de ese año, volvió a ser detenido, aunque en septiembre ya estaba en libertad.

Julio encerrado de cárcel en cárcel

Antes del final de la guerra todavía tuvo tiempo Julio de visitar la cárcel Modelo en Moncloa, más o menos en el lugar donde hoy se levanta el Cuartel General del Ejército del Aire de Madrid.

En la Modelo Julio y su hermano estuvieron unos veinte días. Si alguien se hubiera enterado de su afiliación falangista, la muerte habría sido segura. Julio hizo amistad con Arturo Rico, un sargento comunis-

* Magel García, Julia Higueras, *Voluntad de hierro,* Martínez Roca, 2004.

ta que, sin saber muy bien por qué, lo protegió. Cuidó de él a pesar de que no le conocía bien y de que en aquella época todo eran rencillas y se mataba por matar y sin saber a quién*.

Encerrado en las celdas de la Modelo escuchaba los tanques y las bombas, y antes de darse cuenta, lo trasladaron hasta la cárcel de mujeres de Las Ventas. Allí, interrogado de nuevo y a punto de ser fusilado al conocerse las fichas que probaban su afiliación falangista, relató una inventada pero convincente amistad con Vicente Rojo, el jefe del Estado Mayor republicano. Sostuvo que su presencia en la cárcel era fruto de un error, estaban en el lugar equivocado en el momento equivocado; él y su hermano Pepe eran soldados voluntarios haciendo la mili y apresados cuando estalló la guerra, punto. La argucia y el hecho de que el director de prisiones fuera amigo de su padre les salvó la vida.

Trasladado de nuevo, Julio pasó seis meses en la cárcel de San Miguel de los Reyes en Valencia y de allí a los barracones infectos de Tarancón, metiendo debajo de las traviesas piedras para sujetar las vías. Las infraestructuras ferroviarias construidas por prisioneros de guerra fueron terminadas en tiempo récord, eso sí, con graves problemas de estabilidad por lo apresurado de la obra**. Durante su estancia en este campo de trabajo, Julio trabajó sin descanso quince horas al día, en ocasiones por el puro placer de sus captores, ya que cuando llegó la última remesa de prisioneros desde Valencia, la línea férrea ya estaba construida. Los presos se alojaron en las localidades de Nuevo Baztán y Ambite, donde Julio Iglesias también fue obligado a adecentar un campo de aviación que tenía la República.

La guerra enfilaba sus últimos episodios. Málaga había sido tomada, el general Mola preparaba la ofensiva para tomar Bilbao, y Guernica había sido bombardeada. En la cárcel y como subjefe de cocina, Julio facilitó la fuga de unos presos. Fue encerrado en una celda de castigo durante cuatro meses por complot. Desde su celda escribía cartas y poesía dirigidas a Charo.

---

* *Voluntad de hierro.*

** Web Docutren.

En 1938 lo trasladaron de nuevo hasta el claustro de la iglesia de Mora de Toledo, habilitada como cárcel. Un día, en el patio de la iglesia, un carro de combate falangista liberó a Julio Iglesias Puga después de casi tres años de encierro. A la mañana siguiente un camión lo recogió a un lado de la carretera y lo llevó hasta Madrid. El 1 de abril de 1939 la emisora de radio anunció el final de la guerra. Al término de la misma, Julio Iglesias Puga fue condecorado con las medallas de la Vieja Guardia y con la Encomienda Civil.

Posguerra, aquellos años terribles

La posguerra en España resultó desgarradora. Madrid asistía impotente a un imparable aumento de su población. Miles de emigrantes procedentes de pequeños pueblos llegaban a una ciudad destruida y hambrienta. Al término de la guerra, Madrid pasó en seis meses de un millón a un millón y medio de habitantes. Se crearon muchos puestos de trabajo —Tabacalera y Gas Madrid produjeron muchísimos—, pero muy mal pagados. Por ejemplo, el de camarero, con un horario de ocho y media de la mañana a dos y media de la tarde y de seis de la tarde a once de la noche, que cobraba de cuatrocientas a quinientas pesetas, menos de tres euros. Los racionamientos, la escasez de ropa y calzado, y un terrible incremento de enfermedades y epidemias, marcaron dolorosamente a la ciudad. Crecieron entonces penosos oficios callejeros como matarratas o tabaqueras, que recogían colillas del suelo, sacaban el tabaco, lo lavaban, lo secaban y luego lo vendían como «tabaco de picadura».

El tabaco alcanzaba precios desorbitados en el mercado de estraperlo. Dada su escasez y la reducida ración por persona y día que ofrecía la «tarjeta del fumador», destinada exclusivamente a los varones mayores de dieciocho años —la mujer no debía ni tenía derecho a fumar—, el tabaco, junto con el café, el aceite y el azúcar eran los artículos más demandados, y también la más valiosa moneda de cambio para adquirir otros no menos necesarios.

Los fascistas ocuparon Madrid el 28 de marzo de 1939 y hasta el 8 de abril no entraron en la capital trenes con alimentos. Solo los soldados tenían víveres, y muchos ciudadanos se vieron obligados a cambiar monedas o joyas de oro por un chusco de pan negro, otros acudían a los cuarteles a pedir las sobras, y muchas mujeres tuvieron que prostituirse por un poco de alimento.

Julio vivió un tiempo gris, oscuro y triste, donde la calle estaba llena de tullidos que pedían limosna apoyados en una muleta y las puertas de las parroquias tenían su pobre oficial protegido por el cura y las beatas. En el Madrid de la posguerra, al caer la tarde el farolero encendía las calles con una vara larga, y mujeres con enormes faldas pertrechadas de faltriqueras, vendían pan de estraperlo en la puerta de los mercados, mientras llegaba desde lejos la voz del chaval que voceaba los periódicos *Informaciones, Madrid* o *El Alcázar**.

En aquellos años terribles, el menú lo formaba el «puré de San Antonio», hecho de harina de almortas, un alimento destinado para el ganado. Ante la escasez de lentejas y otras verduras, se echaban algarrobas en vinagre para que no criaran gorgojos y se comían como lentejas. Resulta curioso, pero Madrid tenía buenas huertas, era una ciudad aún sin urbanizar y donde se producían las mejores lechugas de España.

La guerra fue mala porque se perdieron amigos y familiares, pero la posguerra fue peor a causa del hambre, la pobreza y la falta de libertad**. La historia de familias divididas por el peso de las ideologías, rotas por el sufrimiento de haber perdido a algunos de los suyos en la guerra y abrumadas por una realidad mezquina llena de carencias ocupaba cada casa.

La ropa se hacía a mano en el seno de cada familia; desde las medias y calcetines de lana hasta la ropa interior, pasando por los jerséis de punto y los pantalones. Era usual que de las prendas viejas salieran nuevas vestimentas para los más pequeños de cada familia. Tampoco había tejidos y los vestidos se hacían de sábanas o cortinas. Sin contar que la gente bajaba a lavar y a bañarse al río Manzanares.

---

* Ilsa Lund, *Crónica popular,* 2 de mayo de 2012.

** *La guerra de nuestros abuelos.*

Charo

Con todo este panorama, la familia Iglesias tuvo que abandonar la farmacia y mudarse de barrio. Literalmente había que buscarse la vida. Tan pronto como pisó el suelo de Madrid, Julio salió a la búsqueda de Charo. Desde el día que fuera apresado por primera vez, no había vuelto a saber de ella.

Con algo de fortuna y gracias a que el padre de Charo era un periodista muy conocido, un amigo del padre de Julio dio con la familia de Charo en la calle Alcalá. Ulpiano, el farmacéutico y antiguo militar, seguía siendo un hombre muy influyente.

María del Rosario de la Cueva y Perignat, una niña antes de la guerra, se había convertido en toda una mujer, una joven hermosa hija de nobles. Su madre, Dolores de Perignat Ruiz de Benavides de Campo Redondo, natural de Guayama, nacida en Puerto Rico, pertenecía a una rica familia de terratenientes, descendientes todos de la nobleza española de cuando la isla pertenecía a España, antes de la guerra hispano-estadounidense.

El tío de Charo, José de Perignat Ruiz, había desarrollado una notable carrera diplomática como vicecónsul en Hamburgo, cónsul en México, Emui (China), Glasgow y Nueva York, y agregado en el Ministerio de Asuntos Exteriores en Madrid. Su hijo José Perignat, primo de Charo, fue el jefe de la Falange Española en Nueva York y Washington y durante los años cuarenta colaboró con la red To, la inteligencia japonesa en Estados Unidos. Durante la Segunda Guerra Mundial, Japón operó una red de espionaje constituida por miembros de la delegación diplomática española en Estados Unidos. Los japoneses activaron la organización tres días después del ataque a Pearl Harbor el 7 de diciembre de 1941. La red de espionaje estaba controlada desde Madrid y su nombre en clave era «To», que en japonés significa «puerta».

El padre de Charo, José de la Cueva y Orejuela, nacido en la Palma del Condado en la provincia de Huelva en 1887, era periodista, amante de la fiesta de los toros, tertuliano con José María de Cossío del asunto taurino, y autor junto a su hermano Jorge del himno de la Infantería y de numerosas zarzuelas, como *Al alcance de la mano,* con música de Tomás Bretón en 1911. José de la Cueva inoculó el amor por la música a su hija, fue juez de cuentas del Tribunal Supremo de la Hacienda Pública y miembro de la UGT y, durante la Guerra Civil española, encontró refugio en la embajada de Cuba.

Somos novios

Tras el primer intento de noviazgo interrumpido por la Guerra Civil, Charo y Julio reanudaron su relación. La insistencia por encontrarla y los años en prisión dieron paso a los primeros encuentros de la pareja durante los fines de semana de la mustia posguerra española.

Julio estudiaba medicina de día y bailaba de noche. El joven había logrado reunir algunos libros de medicina durante sus años en la cárcel. Los estudiantes que habían visto interrumpidos sus estudios por la guerra tuvieron la oportunidad de examinarse por semestres en lugar de años naturales. De este modo, en dieciocho meses aprobó cuarto, quinto y sexto, y en 1941 ya era médico. Eso sí, antes de doctorarse tuvo que trabajar como practicante en Madrid por poco más de doscientas cincuenta pesetas.

Charo descubrió muy pronto que aquel novio suyo era parrandero y buen vividor, al que le iban las aventuras de faldas. Charo hizo algún amago de dejarle, especialmente cuando lo cazó en brazos de otra joven a bordo de un tranvía. En respuesta, si no lograba recuperar su amor, Julio amenazó con irse a Rusia con la División Azul y meterse por despecho en el corazón de la Segunda Guerra Mundial. Aunque naturalmente nunca lo hizo.

En julio de 1942 el doctor Iglesias ganó la oposición de medicina general para la obra sindical, consiguiendo plaza como internista en el Puente de Vallecas, y poco después como médico internista en la maternidad provincial de la calle Mesón de Paredes.

En noviembre de 1942 se casaron en la iglesia de San José, en la calle Alcalá, y disfrutaron de una humilde luna de miel en el pueblo de Los Yébenes, en la provincia de Toledo, a menos de dos horas de Madrid. En Toledo, Julio aceptó temporalmente una plaza de médico suplente que acababa de dejar un amigo suyo.

Los Yébenes, histórico lugar de descanso de autoridades españolas y extranjeras, acogió a la nueva pareja entre molinos de viento, maravillosos sauces y fresnos, y densos matorrales de enebro, jara y romero. A su paso, sobre la sierra sobrevolaban las águilas y los buitres, mientras que abajo, en la tierra, ciervos y jabalíes se enzarzaban libres en la espesura. Allí, entre excursiones por el campo y días de caza, la pareja pasó apenas dos meses compartiendo su amor, rodeados de nuevos amigos y un futuro prometedor. Profundamente enamorados, después de una atípica pero maravillosa luna de miel, cuando terminó la suplencia, el doctor y su mujer regresaron felices a Madrid.

2

Un niño despeinado

Farol, Roberto Chanel

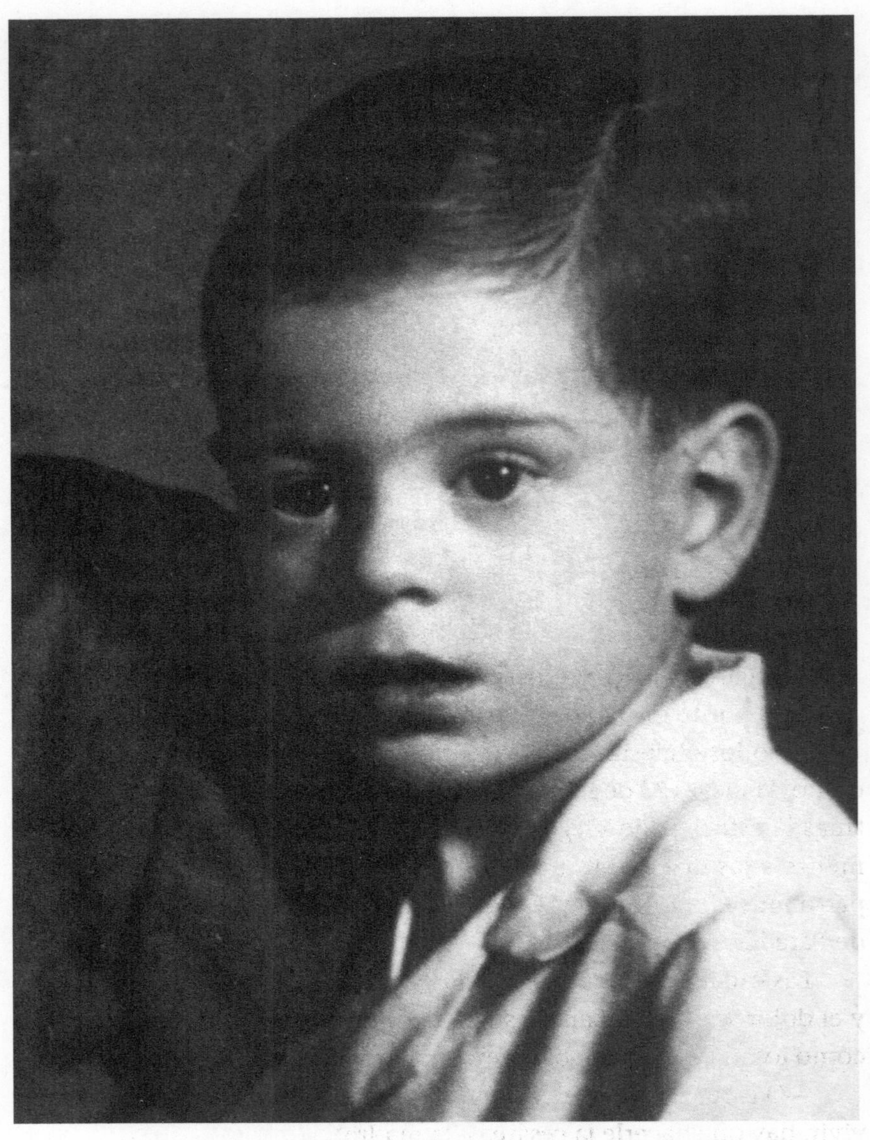

50-51 y 52: Charo de la Cueva con sus hijos Julio (derecha) y Carlos (izquierda). © Getty / Roberto Ramírez.

Julio Iglesias llegó al mundo de forma dramática, un nacimiento que a punto estuvo de terminar en una triste fatalidad.

Julio José Iglesias de la Cueva nació en Madrid el primer día de otoño. El jueves 23 de septiembre de 1943 el niño abandonaba de puntillas la estación de Virgo y entraba por la puerta de Libra, exactamente a las dos de la tarde. Julio Iglesias nació por cesárea en un parto muy complicado en la maternidad provincial de la calle Mesón de Paredes.

Las caderas de Charo eran muy estrechas, y mientras la angustia y el dolor se apoderaban de su cuerpo, tumbada en la cama escuchó cómo los médicos hablaban desde el otro lado de la puerta:

—O el niño vivo, o el niño muerto, hay que elegir. Si el niño debe vivir, hay que hacerle la cesárea a la madre*.

El doctor Iglesias, padre primerizo, marido de Charo y ginecólogo conocedor del vientre materno, fue tajante:

—Que abran a la madre.

---

* *Voluntad de hierro.*

La medicina a principios de los años cuarenta entrañaba serios riesgos de infección cuando se trataba de nacimientos por cesárea. En una España sin penicilina, muchas mujeres fallecían tras el parto. Algunas leyendas de la época cuentan que la penicilina solo se lograba en Madrid de estraperlo, en el bar de Perico Chicote, el local de Ava Gardner, Sinatra, Sophia Loren, Cary Grant y del resto *de la crema de la intelectualidad,* el centro del mercado negro más famoso de toda la capital en los años cuarenta. Charo afrontó su parto sin penicilina ni un instrumental sanitario decente.

La maternidad de Mesón de Paredes padecía los estragos de un país abandonado y en reconstrucción, un hospital donde no se podía operar en los quirófanos, ni asistir partos ni estar en las salas llenas de goteras con los techos apuntalados con vigas de madera*.

Llegado el momento, y muy cerca de la desdicha, además del médico, en aquel hospital del barrio de Embajadores apareció un cura.

Dejado de la mano de Dios en Lavapiés

La maternidad de la calle Mesón de Paredes estaba en Lavapiés, barriada que emergía en el centro de Madrid, dentro del aún más grande barrio de Embajadores. Lavapiés representaba el Madrid *castizo* y la *manolería,* donde muchos vecinos de la zona, con la expulsión en 1492 de los judíos y haciendo ostentación de su cristianismo, ponían el nombre de Manuel a sus primogénitos.

Con la llegada de la posguerra, Lavapiés recogió el estigma de arrabal y barrio bajo dejado de la mano de Dios. Lavapiés avanzó hacia la era moderna como un barrio popular, de vecinos de clase trabajadora y uno de los destinos predilectos de los que abandonaban el campo huyendo de la posguerra para desembarcar en la ciudad. Casas pequeñas y baratas y situación privilegiada eran los dos factores que atraían a los emigrantes y que dotaron a Lavapiés de identidad durante todo el franquismo.

---

* *Voluntad de hierro.*

El director de la maternidad, el doctor José Botella Montoya, asistió el parto. El niño, de fina y negra cabezota* y algo feote, llegó al mundo llorando desde el mismo vientre de su madre, algo particularmente extraño. Creencias populares del pasado defienden que los bebés que lloran desde el claustro materno son seres privilegiados, aunque también solitarios**. En el caso de aquella pequeña criatura, las creencias se convertirían con el tiempo en una realidad mayúscula.

A las dos de la tarde, sano y salvo, un niño de dos kilos y ochocientos gramos nació de frente, dando la cara. Charo habría preferido una niña, pero le dio igual. Quiso llamarlo Julio César, por aquello de la cesárea, pero el niño se quedó con Julio José.

Tiempos de escasez

Antes del durísimo parto y el nacimiento de Julio, a su regreso de la luna de miel en Los Yébenes, entre cartillas de racionamiento, cupones de alimentos y estraperlo, Charo y el doctor Iglesias se fueron a vivir a la pensión California, en la Gran Vía madrileña: «Eran tiempos de escasez y de cartilla de racionamiento. Los artículos de primera necesidad como el pan o el aceite escaseaban. La venta de alimentos estaba limitada», recordaba el doctor.

Había dos tipos de cartillas: una para la carne y otra para lo demás. Cada persona tenía derecho a la semana a ciento veinticinco gramos de carne, un cuarto de litro de aceite, doscientos cincuenta gramos de pan negro, cien gramos de arroz, cien gramos de lentejas rancias, con bichos la mayoría de las veces, un trozo de jabón y otros artículos de primera necesidad, entre los que se incluía el tabaco. A los niños, además, se les daban harina y leche, y a los que habían pertenecido al ejército franquista se les añadían doscientos cincuenta gramos de pan.

Rara vez se repartía carne, leche o huevos, que solo se encontraban en el mercado negro. Se tenía que contar con el permiso de las autoridades para hacer la matanza. Muchas veces en las casas se hacía el pan por la noche para evitar a los agentes de la Fiscalía, pero al día siguien-

---

* *Entre el cielo y el infierno.*

** *Ibídem.*

te lo encontraban por el olor y decomisaban el pan. A veces la gente desenterraba los animales muertos y se los comía, o se iba al campo y buscaba cardillos, acederas y toda clase de hierbas comestibles que ayudasen a resistir el hambre.

«Como yo trabajaba todo el día, Charo me guardaba la ración de pan para dármela cuando llegaba a casa por la noche. No pasamos hambre gracias a que yo era médico y los familiares de los enfermos me ayudaban. El que tenía gallinas me daba huevos, y así conseguimos no pasar hambre»*, recordaba el doctor Iglesias.

El doctor hace carrera

De la pensión California, Charo y Julio se mudaron a un pisito de la calle Altamirano, en el barrio de Argüelles, «una casa fea y pequeña», recordaba el doctor. Hacia 1943, cuando el médico empezó a hacer carrera, se trasladaron a una casa de la calle Benito Gutiérrez, cerca del Parque del Oeste, con servicio doméstico incluido, Mari Luz y Enriqueta, dos doncellas que habían llegado de Toledo.

Años más tarde el doctor Iglesias se convertiría en el ginecólogo más joven de la Seguridad Social, llegaría a ser pionero en la práctica del parto sin dolor, y como diputado provincial llegaría a tener el mando absoluto sobre todos los hospitales madrileños y de la provincia, siendo responsable de la creación de la maternidad de la calle O'Donnell**. De momento, en 1943, las cosas empezaban a irle muy bien.

En 1943, mientras España vivía una suerte de olvido internacional y reconstruía los terribles errores de una guerra fraternal absurda, Europa se encontraba embarrancada en el horror de la Segunda Guerra Mundial. Por suerte para el doctor Iglesias, su órdago amoroso no le llevó hasta Rusia. Cuando Charo le dijo que lo dejaría para siempre si se alistaba con la División Azul, de alguna manera le salvó la vida. La batalla de Stalingrado representó aquel año el epicentro de la brutalidad de la guerra.

---

* *Voluntad de hierro.*

** *Ibídem.*

Los recién estrenados padres bautizaron a Julio en la iglesia de San Cayetano, en una ceremonia íntima y familiar. Desde ese momento, la carrera profesional del doctor Iglesias inició un progresivo pero imparable despegue. La llegada de Julio más que nunca trajo su pan bajo el brazo.

Carlitos

Después de un verano tranquilo en Vegamián, un pueblo de la provincia de León, en 1945 la familia recibió la llegada de Carlos, el hermano pequeño de Julio. Con el nacimiento de su segundo hijo, también por cesárea, Charo decidió realizarse un ligamiento de trompas ante las posibilidades reales de complicaciones en futuros embarazos. Julio y Carlos no tendrían más hermanos, al menos por parte de su madre.

Ya de recién nacido Carlitos era un niño muy guapo, y conforme fue creciendo, no dejó de jugar con su hermano, con el que apenas se llevaba dos años.

Julio recordaba a su hermano, «yo sé que el guapo de esta casa es Carlos. Tanto es así que yo lo tengo escondido en el último pliegue de mi alma, que Carlos era realmente el hermano para enseñar a las visitas, desde pequeño. De pequeño le tenía esa envidia y hasta el celo del hermano feo, el patito feo —no hay más que asomarse a mis álbumes de fotos familiares para entenderlo—, por el cisne de la casa, el hermano guapo. Hoy ya está superado, pero no tanto como para que en algún momento de extraña autosinceridad, me coloque frente al espejo y mirándome de arriba abajo, diga: "Pero, Julio..., hombre, ¿qué le das?"»*.

A Carlitos, travieso y juguetón, su madre lo adoraba. Los hermanos se pegaban a menudo, pero como cualquier pareja de hermanos, defendiéndose el uno al otro si surgía cualquier problema con los compañeros del colegio. A Charo le gustaba vestirlos con la misma ropa, los dos bien cogidos de la mano de camino a la iglesia cada domingo.

El doctor Iglesias fue más severo con Carlitos que con Julio, un chaval mucho más idealista y Quijote. Julio decía a todo que sí, aunque

* *Entre el cielo y el infierno.*

luego hacía lo que le daba la gana. Carlitos en cambio se enfrentaba cuando creía tener razón, decía que no, aunque al final cedía*.

Su padre recordaba que eran buenos críos. Compartían sus bocadillos del colegio con los niños pobres que había por la calle, y en cierta ocasión, Carlitos llegó a casa sin zapatos, «unos zapatos estupendos que acabábamos de comprar en El Corte Inglés»**. El doctor Iglesias se enteró después de que se los había dado a un chaval que no tenía.

Julio se dedicaba a dar balonazos a todas horas, mientras que su hermano escogió el hockey sobre patines. El doctor Iglesias nunca iba a ver jugar a Julio, pero no se perdía ni un partido de Carlitos. Eran dos hermanos muy diferentes: Carlos, más inconformista; Julio, más soñador, siempre queriendo ser distinto a los demás***.

Juegos de niños

Mientras que los niños iban creciendo, el doctor Iglesias pasaba consulta en Vallecas y estudiaba oposiciones sin descanso. Julio y Carlos iban al colegio de los Sagrados Corazones en la calle Benito Gutiérrez, lindando con el Parque del Oeste, justo al lado de casa, tan cerca que desde la ventana sus padres podían verlos jugar en el patio a la hora del recreo. El doctor Iglesias los observaba y cuando ponían los abrigos recién comprados y las chaquetas para marcar las porterías desde la ventana les gritaba:

—¡Julito, Carlos!, ¿qué hacéis? Pero ¿dónde estáis poniendo ese abrigo que acabamos de compraros en El Corte Inglés?****

Durante la década de los cincuenta, escaseaban los niños que pedían juguetes, entre otras razones porque resultaban caros y había muchas familias que no se lo podían permitir. Los juguetes eran sustituidos por chucherías y caramelos. En esa época los niños pasaban más tiempo en la calle y jugaban a juegos que no requerían otra cosa que imaginación, más allá de un balón hecho de hule.

---

* *Voluntad de hierro.*
** *Ibídem.*
*** *Ibídem.*
**** *Ibídem.*

La pelota fue el juguete de la infancia de Julio, a todas horas jugando al balón, *el tiro y la olla*. Aun sin democracia, los niños la practicaban eligiendo mediante votaciones los equipos, los reglamentos y las normas del juego. La creatividad caracterizó a esos niños de la posguerra, no porque fueran más inteligentes, sino por pura necesidad.

Muchos años más tarde, Julio evocaba de manera cristalina el primer recuerdo de su niñez, el portal de su casa, un hall lleno de azulejos de cerámica azul, con hierros, como en las casas andaluzas antiguas*.

La habitación de Julio tenía pocos juguetes. Una bicicleta, un balón y poco más. Aparte de los cromos con los rostros de sus jugadores de fútbol favoritos, nunca le gustó coleccionar nada. Con voracidad, leía tebeos de *Roberto Alcázar y Pedrín, Juan Centella* y *Las Aventuras del Guerrero del Antifaz*, y en una ocasión logró reunir semana a semana los cómics completos de *FBI*, único libro de su biblioteca infantil, guardado como un tesoro en un lujoso volumen encuadernado.

Lo de los juegos iba por modas, se jugaba a unos o a otros dependiendo de las épocas. Disfrazarse de personajes con espadas o antifaz era común en aquellos niños de posguerra, aunque también jugaban a las chapas, al trompo o a la peonza, un juguete casero y barato, normalmente hecho con madera de haya o carrasca.

En aquellos años, los hermanos Iglesias Puga jugaban con el resto de niños sentados en el suelo de arena o tierra, en muchas calles de un Madrid sin asfaltar. Saltaban al burro, agachados con las manos apoyadas en las rodillas, mientras los demás brincaban sobre los muchachos con las piernas abiertas para pasar al otro lado. Aquellos chavales de finales de los cuarenta y principios de los cincuenta también jugaban con las tabas y las canicas, casi siempre de barro, aunque las había de cristal e incluso de hierro con los cojinetes de algún motor, más caras y que solo las tenían algunos privilegiados de familia bien. Metidas en una bolsa cerrada con una cuerda, pasaban las tardes jugando con las bolas.

---

* *Entre el cielo y el infierno.*

Julio y Carlos no necesitaban más espacio que las calles o plazuelas, y disfrutaban con los amigos del barrio. El frío, el calor o la lluvia no impedían jugar en la calle, y no pasaba nada si se mojaban los pies. Después, al llegar a casa, Charo o Mari Luz y Enriqueta, las chicas del servicio doméstico, ya se encargaban de recordarles limpiarse el barro mientras los enviaban directos al baño.

Tocar el balón con las manos

Julio fue un niño travieso y nada cómodo, siempre en posición de alerta, más Quijote que Panza. Era mal estudiante, sacaba muy malas notas, especialmente en ciencias. Las mejores calificaciones llegaban con la literatura y el arte. Aquel niño fantasioso se decantaba por la emoción de lo estético y lo poético, y no comprendía la perfección matemática.

Disfrutaba estudiando en un colegio religioso, le gustaba el mando, la sotana y la forma de ser de los curas. Julio aceptaba el rezo y las misas diarias que se celebraban en la escuela con una sonrisa. Y aunque la misa le parecía un acto sublime, lo que realmente le apasionaba era el fútbol. Desde pequeño soñó con ser futbolista y emular a Zamora, Ramallets y Pazos. Sentía admiración por los porteros por una sencilla razón: podían tocar el balón con las manos.

Julio entró en los Sagrados Corazones con cuatro años y jugó en el patio del colegio desde los seis. A pesar de vivir literalmente puerta con puerta de la escuela, desde su casa veía cómo los niños formaban fila, y corriendo, despeinado y con los pantalones arrastrados, casi siempre llegaba tarde*.

Enclenque, de complexión débil y, según él, muy feo, destacó en el deporte desde pequeño, siempre organizando los equipos. Era el único alumno del colegio que puntualmente participaba en los partidos de curas, futbolistas espontáneos que jugaban con sotana incluida, por supuesto. En Navidades, con el colegio cerrado por vacaciones, religiosos vascos y navarros, jugadores de primera división, dejaban entrar a Julito en el patio y lo hinchaban a balonazos.

---

* *Entre el cielo y el infierno.*

«Julito era el portero de la clase, era bastante chulo y bastante fantasma, le metían goles de auténtica risa, pero cuando se apostaba con alguien una peseta a que paraba el penalti lanzado por el alumno más enorme y más bestia, lo paraba lanzándose y volando como una gaviota hasta el ángulo opuesto»*, recordaba años más tarde su compañero de colegio Germán Ubillos.

A los diez años su afición por el fútbol fue espoleada por uno de aquellos sacerdotes. El padre Anselmo, después de escucharle cantar el *Ave María* de Bach en el coro del colegio, dijo tajante:

—Julio, tú al fútbol, que lo tuyo no es cantar**.

Su madre lo protegió desde pequeño. Charo siempre estaba en casa y fue mujer consentidora con sus hijos. A medida que fueron creciendo, el doctor Iglesias, de manera delicada y sin que se notara mucho, se encargó personalmente de su educación. Charo dedicó su tiempo enteramente a cuidar de sus dos hijos, aunque fue el padre de Julio quien le influyó de una manera determinante. Le maravillaba su tenacidad cuando lo veía estudiar los domingos al lado de la ventana que daba al patio de casa***. La admiración de Julio por su padre duró toda la vida.

Falsas apariencias

Los niños crecían y el doctor Iglesias y Charo parecían un matrimonio perfecto. Pero no lo eran.

El padre de Julio empezó a ser infiel al tercer año de matrimonio. El doctor se había casado enamorado con una mujer guapísima a quien quería, pero nunca ocultó su entusiasmo por las faldas. Hombre mujeriego, disfrutaba de la compañía de chicas, y le gustaba divertirse y salir a bailar a la discoteca de moda. Charo no aceptaba el comportamiento de su marido, y poco a poco se fue distanciando hasta perder por completo cualquier señal de lo que un día fue amor. El padre de

---

* *El Imparcial,* martes, 14 de mayo de 2019.

** *Entre el cielo y el infierno.*

*** *Voluntad de hierro.*

Julio observó con resignación la nueva situación: «En un momento dado se desenamoró de mí. No es que llegara a repudiarme, pero no me hacía ni puñetero caso»*.

Desde ese momento Charo ya no volvió a mostrar interés en si su marido llegaba o no llegaba a casa después de alguna juerga. No comprendía que un hombre casado pasará las tardes bailando en discotecas con otras mujeres. Cuando ocurría, el doctor siempre mentía, lo negaba y decía que no era cierto, que él solo tenía ojos para ella. El padre de Julio presumía de ser muy precavido y esconderse muy bien para no ser visto cuando iba con otras mujeres. Pero Charo lo sabía. Siempre supo que a su marido le perdían los asuntos de flirteo y seducción. Lo supo desde aquel día que lo vio mariposear con otra chica en el tranvía, cuando todavía eran novios y Julio venía de bailar en la discoteca Satán, mucho tiempo atrás. Charo conocía perfectamente a su marido y dijo basta.

De cara a la galería mantuvieron las formas, ofreciendo una imagen de familia normal. En España, un divorcio o una separación no eran opciones posibles en los años cuarenta, así que, cínicamente, más por guardar las apariencias de cara al exterior, la pareja se mantuvo unida. Los sábados salían a cenar con amigos o iban al teatro y cada domingo el matrimonio y sus hijos acudían a misa. Nunca hubo momentos de tensión, y a pesar de que la pareja hacía su vida de manera independiente, todas las noches cenaban juntos los cuatro, Charo y el doctor Iglesias sentados en las cabeceras de la mesa y Julio y Carlos a cada lado, siempre igual.

Desde el momento en el que Charo perdió el amor, sin riñas ni follones, el doctor se refugió definitivamente en otras mujeres. Viviendo bajo el mismo techo intentaban evitarse, nunca discutieron, aunque las caras eran siempre largas. Convivieron juntos muchos años más, pero la pareja nunca se volvió a besar.

---

* *Voluntad de hierro.*

3
La parada de Di Stéfano

Lollipop, The Chordettes

66: Julio Iglesias Puga en la playa de Cangas de Morrazo con sus hijos Julio (izquierda) y Carlos (derecha). © Getty / Roberto Ramírez.

64-65: Charo de la Cueva con su hijo Julio en la playa de Cangas de Morrazo. © Getty / Roberto Ramírez.

«¡Ya llega Gilda!», anunciaban los habitantes del pueblo. Como si de Rita Hayworth se tratara, cuando Rosario de la Cueva llegaba a Cangas de Morrazo hasta el mismo mar se paraba. Los vecinos recuerdan que era como si llegase la mismísima Gilda, ataviada con aquellas espectaculares pamelas, una mujer distinguida y cosmopolita paseando con clase en un entorno rural. La presencia de Charo y el desembarco de la familia Iglesias no pasaban desapercibidos en Galicia. Los vecinos del pueblo cuentan que al doctor se le veía poco, dejaba a su mujer y a sus dos hijos a principios de verano y se marchaba para Portonovo a hacer sus cosas*, «el mes que pasaba ella sola con los niños, los jóvenes que había por el puerto de Vigo se montaban en las lanchas motoras para ir a verla, era conocida como Gilda; no he sido jamás un hombre celoso, me hacía gracia ver el revuelo que organizaba a su alrededor»**, recordaba el doctor Iglesias.

---

* *La Voz de Galicia,* 2010.
** *Voluntad de hierro.*

Los mejores años de mi vida

A pesar del distanciamiento entre sus padres, Julio y su hermano tuvieron una infancia feliz. Profesionalmente, al doctor Iglesias las cosas cada vez le iban mejor. Con los ahorros de sus primeros trabajos y un crédito bancario, compró varios terrenos en Peñíscola, un pequeño municipio costero en la costa norte de la provincia de Castellón, un pueblo al que los Iglesias llegaron de manera circunstancial. Hasta entonces los veraneos habían transcurrido entre Cangas de Morrazo, Castro Urdiales y Almería.

El verdadero paraíso de cada uno reside en su propia infancia, «inolvidables. Aquellos veranos de la infancia en Cangas fueron los mejores años de mi vida»*, confesó en una ocasión Julio Iglesias. Con cuatro años pasó las vacaciones en Almería, pero las siguientes, las de la infancia y la adolescencia hasta la universidad, las disfrutó en O Morrazo. La familia se instalaba en una fonda, O Pote, donde vivían con el dueño, Evaristo, y su familia. Julio jamás volvió a comer nécoras como aquellos cangrejos nadadores rojos y brillantes que sacaban de un barril en O Pote.

Durante los veraneos en Cangas, Virginia Bamio, una joven del pueblo, se encargaba de cuidar a Julio y Carlitos. La señora Constanta, la encargada de los deliciosos postres en O Pote, era la tía de Virginia, y a través de ella los dos niños madrileños llegaron hasta aquella muchacha a la que le gustaba cantar y bailar, y que siempre tenía buen humor. Curiosamente, años más tarde, Virginia marchó con una orquesta como vocalista y viajó por España hasta que llegó a Madrid, dedicándose al mundo del espectáculo**.

El bar O Pote era para Julio y su familia una especie de templo, allí efectivamente degustó sus primeras nécoras por un céntimo cada una, mariscadas cocidas sobre un caballete. Ubicado en la avenida de Bueu, el bar, a pesar de ser un local sencillo, fue un clásico gastronómico en Galicia. Todo el mundo se acuerda de O Pote en Cangas, y todo el mundo lo relaciona con Julio Iglesias y con su familia. Tenía el come-

---

* *La Voz de Galicia,* agosto de 2010.

** *Faro de Vigo,* 29 de mayo de 2014.

dor en un edificio y la cocina en el contiguo, justo en la planta baja del inmueble que hoy ocupa otro negocio.

La playa de Rodeira no estaba atestada de veraneantes como ahora, por eso los paseos de Gilda y de sus hijos Carlos y Julio, la *jet set* de Cangas, daban tanto juego. Vivían de manera discreta donde hoy está el Eroski, y los dos niños parecían gemelos, Julito siempre con los tirantes de los pantalones sueltos.

Cuando no había marisco a mano, el Julio Iglesias niño echaba mano de otros frutos de la ría. Sus amigos eran los demás chavales del pueblo. Salían en pandilla, a bañarse, a pescar y a coger moras. También se enredaban en travesuras, como cuando entraban a robar manzanas a las fincas. Los críos se montaban en sus bicicletas y bajaban hasta el puerto de Cangas o recorrían la costa de O Morrazo en busca de otras playas en las que bañarse. Los muchachos se bañaban en la ría de agua cristalina y hasta en el puerto. En la memoria de Julio quedó aquella cualidad transparente del mar, donde faenaban las marisqueras. Y también un olor, «a eucalipto. Había un árbol grande que se me grabó en la memoria. Respiro el aroma y me traslada a aquellos días, en los que el verano parecía interminable. Creo que nunca volví a ser tan feliz como en aquellos veranos de infancia en Galicia»*.

Algunas playas quedaban más lejos, en las islas Cíes o la de Ons. Julio cruzaba con los marineros, en esos botes pequeños, con una cabina en el medio. Posteriores incursiones al sur lo llevaban hasta Baiona, mientras que el rumbo norte lo dejaba en A Toxa, donde pocos años después, sus retratos con las collareiras, aquellas mujeres grovenses que complementaban la economía familiar creando joyas con las conchas que lanzaba hacia la tierra el mar, fueron algunas de sus imágenes más famosas. El Julio Iglesias que veraneó en O Morrazo en la década de los cincuenta ni soñaba con ser una estrella de la canción, entonces lo suyo era el fútbol y los baños en las preciosas y transparentes aguas del Atlántico.

---

* *La Voz de Galicia,* 15 de agosto de 2010.

El niño quería hacerse mayor

A Charo no le gustaba el clima del norte y por eso decidieron comprar una casa donde el mal tiempo no fuera un problema. El doctor Iglesias fue un inversor espabilado, siempre atento a posibles negocios inmobiliarios. En Peñíscola se hizo con diez mil metros de parcela por una miseria, y años más tarde lo vendería por veinte millones de la época, una pequeña fortuna.

A la vuelta de cada verano, cuando regresaban de la playa, la madre de Julio lo medía pintando una raya sobre la pared del pasillo de la casa. Julio tardó lo suyo en crecer, un crío bastante menudo hasta que logró pegar el estirón. Por mucho que repintaran las paredes, la señal siempre permanecía intacta, como una marca de familia imperecedera.

Julio creció lentamente, luchando a brazo partido contra su peor enemigo, un pelo durísimo de un negro indomable, resistente y rígido como las púas de erizo. Sin éxito, trataba de domesticarlo con agua y gomina, y después de destrozar todos los peines de la casa, el cabello irremediablemente regresaba a su posición de origen, disparado hacia delante en un característico flequillo*.

El niño quería hacerse mayor y abandonar urgentemente los pantalones cortos, el símbolo que lo ataba a la niñez. Tuvo que esperar a su hermano para tomar la primera comunión juntos, algo bastante común en la época cuando dos hermanos tenían más o menos la misma edad. Vestido de marinero, por fin pudo llevar pantalones largos.

La primera novia

Julio crecía al mismo tiempo que aumentaba su pasión por el fútbol. Socio del Real Madrid desde muy pequeño, cada fin de semana acompañaba a su padre al estadio Santiago Bernabéu para ver jugar al equipo de sus amores. En el coliseo de la Castellana disfrutó de la época dorada del club, representada para siempre en la figura de Alfredo Di Stéfano.

---

* *Entre el cielo y el infierno.*

En el colegio Julio siempre estaba organizando partidillos entre sus compañeros, y su manifiesto desinterés por los pupitres era compensado por una desmedida afición por el balón y un ascendente y cada vez más acentuado cosquilleo en los asuntos del amor.

María, una joven de tez blanca con los ojos claros, rubia y espigada, enamoró por primera vez a Julio. El muchacho sufría cuando ella coqueteaba con otros chicos de su edad en los inocentes garbeos por el paseo de Pintor Rosales, un dolor adolescente, hermoso y horrible al mismo tiempo. Con catorce o quince años, Julio perseguía sueños como as del deporte. Imaginaba una estruendosa ovación en el estadio más grande de fútbol cuando el *speaker* anunciaba su nombre. En el interior de su cabeza escuchaba a Zamora, el mito de los tres palos, decir en voz alta «este será mi heredero, y nadie podrá sustituirme más que él cuando me vaya». Y mientras esperaba ver cumplido su sueño, escribía versos, poemas de amor dedicados a María, la dueña de su primer beso.

María fue su primer amor, la típica niña de clase por la que todos los muchachos perdían la cabeza y que normalmente acababa en los brazos de algún chico mayor. Más alta que Julio, algo por otra parte nada extraño, terminó siendo su novia, la primera compañera de paseos del Julio con pantalones largos en el paseo de Pintor Rosales. Pasada la efervescencia adolescente, la joven María, un día, desapareció de su corazón.

El as del deporte

Julio, sin falsa modestia, se consideraba el mejor portero en la historia de su colegio. Cuando iba al estadio con su padre le gustaba Juanito Alonso, un portero sobrio que sabía salir con determinación a los pies de los delanteros. Disfrutaba con Betancourt, Domínguez y Araquistáin, aunque para él, el mejor era indiscutiblemente Ramallets.

Antoni Ramallets i Simón jugó de portero en el Barcelona y tras su increíble demostración en la Copa del Mundo de 1950 celebrada en Brasil, se ganó el apodo del *Gato de Maracaná*. Considerado uno de los mejores porteros de la historia del fútbol, en 1951 Ramallets fue el portero del legendario equipo del *Barça de les Cinc Copes*. Hasta su retiro, en 1961, disputó un total de 538 partidos con la camiseta azulgrana y es uno de los jugadores barcelonistas más laureados. A título personal, consiguió el trofeo Zamora en las dos primeras ediciones, y al final de la década de los cincuenta, y después de lograr la Copa de 1957, discutió la hegemonía en España al Real Madrid de Alfredo Di Stéfano. Ramallets, aquel fabuloso futbolista, era el espejo en el que se miraba Julio Iglesias.

Julio, un día a la salida del colegio, sin decir nada en su casa, se acercó con algunos de sus compañeros de escuela hasta las pruebas de acceso del equipo juvenil del Real Madrid, presidido entonces por don Santiago Bernabéu. Durante varias tardes entrenó a las órdenes de Ricardo Zamora, *el Divino,* leyenda viva de la portería. Zamora, después de verle jugar, lo incluyó en el equipo. Julio llegó a casa y entusiasmado habló con su padre:

—Me han fichado para los juveniles del Real Madrid.

El doctor Iglesias le insistió en la importancia de no distraerse de sus estudios, que su hijo prometió no descuidar. El chico apuntaba maneras y su padre, consciente de la oportunidad, firmó la autorización para que entrenara con el equipo los martes, miércoles y viernes, en la ciudad deportiva, y los jueves, en el estadio Bernabéu. Y así, el 12 de noviembre de 1959, Julio Iglesias conseguía la licencia de jugador de fútbol como portero del Juvenil B en el Real Madrid.

En poco tiempo, Julio pasó de ver a los mejores jugadores del mundo sentado junto a su padre en el graderío del estadio, a compartir vestuario con Gento o Di Stéfano, al que un día llegó a pararle un penalti durante un entrenamiento. En aquel equipo juvenil compartió momentos con algunas de las futuras leyendas del equipo blanco. Manolo Velázquez, Ramón Moreno Grosso o Pedro Eugenio de Felipe ganarían ligas y levantarían Copas de Europa con el Real Madrid yeyé.

Cuando los profesionales entrenaban los jueves en el estadio, Julio les pedía un autógrafo. Ese día entendió la importancia de atender como se merece a la gente que te admira y te quiere*, algo que ya nunca olvidaría. «El mejor de mis recuerdos son mis amigos Pirri, De

* *Entre el cielo y el infierno.*

Felipe, Amancio... Yo estaba en los juveniles, pero los grandes del primer equipo siempre se ocupaban de nosotros, nos echaban una manita y nos animaban a seguir luchando. El Real Madrid es como un segundo hogar para mí», recordaba Julio años después*.

Tuvo mucha suerte con la gente del club. En el Juvenil B fue su entrenador Enrique Martín Landa, hombre que depositó una gran fe en el chico y al que Julio quería mucho. Empezó la temporada como portero titular, pero pronto dejó de ir a la mitad de los entrenamientos. A Julio le gustaba la fiesta y casi todo se lo tomaba a cachondeo, algo que indudablemente había heredado del particular estilo de vida de su padre. Cuando llegaba el día del partido, Martín Landa lo sentaba en el banquillo y Julio, sabiendo que era el mejor, no lo entendía.

Julio Iglesias pudo haber sido un buen jugador de fútbol, aunque posteriormente ha negado sus supuestas habilidades como portero: «Nunca fui un gran portero. Entrenaba con los profesionales, estaba en un equipo grande, pero no era un grandísimo portero. Tenía mucha ilusión, pero no era un crac ni un portero para la historia»**. Lo que sí sabemos es que Puskas, legendario delantero blanco, una vez dijo de él que no sabía si llegaría a ser futbolista, pero que sería el primero en aquello que él decidiera ser. Para Puskas, Julio estaba hecho de la madera de los campeones. No se equivocaba.

A los diecisiete años y consciente de las dificultades de triunfar como portero, Julio se matriculó en Derecho. No dejó el equipo ni el Real Madrid, pero compaginó estudios y entrenamientos. En la calle Isaac Peral de Madrid, en el Colegio Universitario de San Pablo, Julio eligió ser abogado como trampolín, una carrera que podría abrirle las puertas de otras muchas cosas, un título que usaría como salvoconducto a cualquier otra profesión***. Julio aspiraba entonces a ganar algo de dinero, y con una pizca de suerte, ser diplomático algún día y viajar por el mundo entero.

---

* *Defensa central.*
** *El Comercio de Perú,* 28 de septiembre de 2008.
*** *Entre el cielo y el infierno.*

4

Curva con forma de herradura

La vida sigue igual,
Julio Iglesias

74-75 y 76: Julio Iglesias en los años sesenta con su bastón.

Pocas horas antes de cumplir los veinte años, a las dos de la madrugada del 22 de septiembre de 1963, Julio volvió a nacer.

Aquel año, Julio Iglesias seguía progresando en la carrera de Derecho en el Colegio Universitario de San Pablo y se tomaba cada vez más en serio el fútbol. Julio, rodeado por su familia, disfrutó de sus habituales vacaciones veraniegas en Peñíscola y estaba dispuesto a empezar el nuevo curso universitario. Pero todo se truncó de golpe.

El último día de verano, Julio agarró su Renault Dauphine rojo y condujo hasta Majadahonda, por entonces un pequeño pueblo residencial ocupado por veraneantes, a unos veinte kilómetros al noroeste de la capital.

El fatal accidente

El pueblo de Majadahonda andaba de fiesta mayor y Julio fue hasta allí para correr tras las vaquillas en el encierro de media tarde. Con sus amigos Tito Arroyo, Pedro Luis Iglesias y Enrique Clemente Criado, Julio enfiló hacia la pequeña plaza de toros precipitadamente construida cada año con sobrios tablones de madera. Tras la lidia improvisada, el objetivo de la cuadrilla era bailar y robar algún beso nocturno en la verbena. Como todas las fiestas septembrinas, epílogo de las historias de amor de verano, en Majadahonda Julio pensó que no sería difícil bailar con alguna chica, muchas de ellas conocidas de los guateques de Madrid. Tras la búsqueda de pareja de baile y algunas caricias furtivas, los cuatro amigos regresaron a Madrid pasada la medianoche.

Con las ventanas del coche bajadas en una plácida noche de fin de verano, Enrique Clemente, compañero de colegio y que también jugó en el Real Madrid, se sentó al lado de Julio. Pedro Luis Iglesias —amigo, pero no pariente de Julio— y Tito Arroyo ocuparon los asientos traseros del Renault Dauphine y pusieron rumbo a casa.

Al poco de salir de Majadahonda y llegando a la carretera de El Plantío, una vía de grava menuda y suelta que a su paso levantaba una enorme polvareda, Tito Arroyo alertó a Julio desde la parte de atrás del coche:

—¡Cuidado Julio!, frena un poco, no aceleres, que esa es una curva peligrosa*.

Pero Julio aceleró.

De cuarenta pasó a cien por hora, y en mitad de la curva, una comba con forma de herradura inverosímil, Julio perdió el control del volante y se le escapó de las manos**.

El coche empezó a dar vueltas de campana, y a su paso, arrasó los mojones de cemento blanco situados a los lados de la carretera. Los cuatro jóvenes gritaron desde el interior del vehículo mientras este giraba sin control. Después de dar tumbos por aquella carreterita de piedras pequeñas, el coche se paró en seco.

El silencio de la noche descubrió el coche partido en dos enormes pedazos. Julio apareció abrazado al volante dentro del vehículo, clavado en la tierra, con las cuatro puertas abiertas, aún con la radio y las luces encendidas. Sus compañeros de viaje habían salido por los costados durante las vueltas de campana después de un terrible accidente.

---

* *Entre el cielo y el infierno.*

** *Ibídem.*

Con la ropa hecha jirones, como los zombis de *Thriller*, los jóvenes presentaban graves heridas en la cara y en las piernas, diferentes cortes por el cuerpo de los que brotaba sangre. Por su parte, Julio no tenía sangre ni golpes ni hematomas, nada. Como mucho, una ligera molestia en el pecho. Al menos en ese momento.

Abandonaron el coche humeante y abierto en canal a un lado del camino, y echaron a andar en silencio hasta el teléfono de un bar. Llamaron a la clínica donde trabajaba el doctor Iglesias, quien naturalmente no estaba en el hospital a esas horas de la noche. Julio narró el accidente, y al poco tiempo fueron recogidos por un coche.

Después de unas curas de urgencia en el hospital, y de que los médicos determinaran con asombro que no tenía nada, tan solo algún rasguño y diferentes magulladuras, Julio llegó a su casa a las cuatro de la madrugada. Sus padres lo recibieron asustados. Charo siempre esperaba a su hijo despierta y aquella noche, siendo una hora más tarde de lo habitual, presintió que algo malo había pasado. El doctor Iglesias aceptó las explicaciones de su hijo con un monumental cabreo: «Te podrías haber matado»*. Julio se metió en la cama dando gracias por estar vivo.

Un súbito dolor de espalda

El curso universitario comenzó como es habitual a principios del mes de octubre. Julio se incorporó a los entrenamientos del Real Madrid realizando todo tipo de ejercicios con normalidad. Salvando la para él fastidiosa circunstancia de no tener coche, su vida apenas varió de la rutina conocida de los últimos tres años.

Una mañana, Julio se acercó a su padre:

—Papá, no sé qué me ha pasado. Me ha dado un tirón en la espalda jugando. He tenido un dolor fortísimo.

—¿Cómo de fuerte? —preguntó el doctor.

—Muy intenso, y se ha vuelto a repetir** —le respondió su hijo.

---

* *Voluntad de hierro.*
** *Ibídem.*

En ese momento la cosa quedó ahí, aunque pasaron las semanas y Julio seguía con molestias, se quejaba y no se encontraba bien, insistía en que le dolía la espalda.

Un día, a finales de octubre, sintió un nuevo dolor, un pinchazo como el de una aguja penetrando en la carne y que llegaba hasta el hueso. Los pinchazos se repitieron hasta llegar a convertirse en dolores insoportables: «Eran los dolores más grandes que yo había sentido jamás en mi vida. Ninguno como aquel»*. Desde ese momento Julio dejó de poder dormir, dejó de poder respirar con normalidad, los dolores eran espantosos.

El doctor Iglesias inició una ronda de hospitales y especialistas con su hijo realizando todo tipo de estudios. Visitó a los mejores traumatólogos del país, quienes hicieron mil y una pruebas a la maltrecha espalda de Julio. No detectaron nada. Su hijo seguía enfermo, el joven no mejoraba, no descansaba y los tratamientos que le ponían, uno detrás de otro, no servían de nada.

En noviembre de 1963 Julio seguía sin poder dormir y el dolor se agudizó. En una ocasión perdió el conocimiento, cayó redondo después de un trivial estornudo y no pudo más. El desvanecimiento fue instantáneo, como un rayo que le recordó al de la ciática, pero aquel dolor continuaba y era cada vez más constante**. Julio estaba destrozado.

Por entonces ya iba hasta arriba de pastillas, píldoras y comprimidos muy fuertes para combatir el dolor. Su padre entendía que desde el primer diagnóstico inmediatamente después del accidente, algo iba realmente mal. Las piernas de Julio ya no eran las de antes, cada vez menos resistentes y seguras. Cada vez que intentaba conducir, el joven notaba que ya no era el mismo, las piernas no tenían reflejos o al menos ya no respondían como antes. Julio quiere correr en el campo de entrenamiento y ya no puede. Julio Iglesias empieza entonces a comprender que algo grave ha pasado en el interior de su cuerpo, «siento

---

* *Entre el cielo y el infierno.*
** *Ibídem.*

otra vez los espantosos latigazos que me acobardan y me lanzan al suelo como un saco de basura»*.

En Navidad Julio andaba con dificultad, lo hacía despacio y renqueando. Gritaba y lloraba sin descanso, aliviado puntualmente por la sobredosis de calmantes. El doctor Iglesias consolaba a su hijo como podía, pero después de haber visitado más de cincuenta médicos no había explicación científica lógica, Julio convivía a diario con una pena inconsolable. Aquellas fueron unas Navidades horribles. Poco a poco, Julio iba perdiendo casi todo lo que debería tener un joven de veinte años. Lo notaba en su cuerpo y también en su cabeza, pero no lo decía. En su casa se daban cuenta, pero Julio Iglesias intentaba hacerse el fuerte. Se acostumbró al dolor, el dolor ya vivía con él, lo extraño era que no lo tuviera. «Ese dolor no lo he olvidado, me habría pegado un tiro de haber ocurrido otra vez un hecho así»**.

Al hospital casi parapléjico

Durante las fiestas de Reyes en 1964, el doctor Iglesias esperaba a su hijo en la casa de la calle Benito Gutiérrez. Julio llegó a casa diciéndole a su padre que le costaba mucho esfuerzo hacer pis. Desesperado, el doctor Iglesias se reunió de urgencia con los mejores médicos neurocirujanos de España, los doctores Urquiza, Ricardo Franco Manera, Vaquero y Cifuentes. Ricardo Franco Manera, médico internista del general Franco, recomendó ingresar de manera urgente a Julio debido a una compresión medular ilocalizable muy grave.

Julio Iglesias llegó al hospital casi parapléjico, no se podía mover, no orinaba si no era sondado. Presentaba un cuadro clínico de bloqueo. Para diagnosticarlo, los doctores debían realizar una punción en la médula y comprobar el motivo del dolor***.

Se trataba del *Tiodoro,* un líquido que entonces se usaba muy poco, un descubrimiento entonces reciente en la historia de la medicina. No era otra cosa que un sistema para eliminar compresiones. El *Tiodoro*

---

* *Entre el cielo y el infierno.*
** *Ibídem.*
*** *Voluntad de hierro.*

era un líquido rojo que entraba a través de una aguja muy larga, muy grande, muy gorda, casi como una espada, como la puntilla del toro, inyectado dentro del bulbo raquídeo. Muy peligroso, lo llamaban *La muerte del conejo:* «Te lo ponen a la altura del cuello, por detrás en la nuca, y si te mueves, te mueres. Así»*.

Julio Iglesias, desde aquel accidente nocturno de 1963 en las arenosas carreteras del norte de Madrid, ha relatado en no pocas ocasiones el punto de inflexión vital que supuso ese revolcón fatal. Pero incluso hoy, en 2019, cincuenta y pico años después, resulta escalofriante el nítido recuerdo hospitalario de un joven lleno de sueños con apenas veinte años. Para Julio, aquel pinchazo supuso el momento de mayor pena y de más miedo de toda su vida, sintió el terror propio de un niño y, al mismo tiempo, el sentimiento indefenso de un animal pequeño. Aquel joven todavía pensaba que era un deportista que iba para figura y vio truncados sus sueños, como un conejillo, con aquel líquido cayendo en su interior, con la cabeza agachada, «como un toro, como una oveja que van a ajusticiar en el matadero».

Tuvieron que atarlo, permaneciendo sentado y sin moverse, sin anestesia, con la cabeza baja. Era una aguja como las de tejer, que provocaba la sensación de ser apuñalado con un estilete en el hueco del cuello. El dolor psíquico de Julio Iglesias era superior al real. La aguja iba penetrando y el joven escuchaba crujir el interior de su cuerpo. Durante la intervención no se atrevió a abrir los ojos. Si lo hacía, solo veía los pies de los médicos, sus largas batas, el tétrico color del murmullo silencioso, el frío metálico de las máquinas, las piernas atadas con cuero y metal, las muñecas aprisionadas, sus propios pies colgando inertes, muertos, «lo que pasa es que todo aquello que se estaba haciendo, que se iba a hacer, no era para matarme, sino para darme la vida»**.

Las dolorosas pruebas tenían por objetivo determinar rápidamente el lugar exacto de la compresión. Tenían que operarle, y si no se hacía rápidamente, la compresión destruiría uno a uno todos los ner-

---

* *Entre el cielo y el infierno.*
** *Ibídem.*

vios, los mataría de una vez y para siempre, «solo sería como un muñeco roto», recordaba Julio.

Julio fue intervenido a primera hora del sábado por el doctor Pedro Urquiza en la clínica de Eloy Gonzalo. Se trataba de una prueba muy dolorosa y delicada que necesitó de varias transfusiones de sangre. La operación duró horas, Julio lo pasó muy mal, pero afortunadamente todo salió bien.

Un joven desahuciado

Una vez terminada la intervención, Julio regresó a su habitación del hospital, donde inició el proceso de recuperación postoperatorio. Su padre siempre estuvo con él, lo acompañó en todo momento, y siempre fue muy cuidadoso a la hora de transmitirle a su hijo noticias esperanzadoras, animando incluso con mentiras piadosas si era necesario.

En cierta ocasión, Julio, medio adormilado en su cama del hospital, escuchó a José Luis, el chófer de su padre, mencionar la palabra «benigno».

—¿Quién es Benigno? —preguntó el joven Julio desde la cama.

—¿Benigno?, eh, ah, eh, chaval..., el ayudante del médico que te ha operado* —mintió rápidamente su padre.

Julio tenía una compresión en las vértebras sexta y séptima dorsales producida por «algo» que no se veía bien qué era. En principio se descartó una tumoración dura**. Poco después, y para sorpresa de todos, informaron al doctor Iglesias de la necesidad de radiar a su hijo.

Julio tenía sarcoma y debía someterse a sesiones de radiación. «En 1963 tener un sarcoma en la vértebra significaba muerte segura. Julio estaba desahuciado. Me hundí»***, recordaba el doctor Iglesias.

* *Voluntad de hierro.*
** *Ibídem.*
*** *Ibídem.*

El doctor Iglesias le salvó la vida

El doctor Manuel Ruiz Rivas, profesor de radioterapia del Hospital Provincial de Madrid y pionero en España en el uso de la bomba de cobalto para el tratamiento del cáncer, comenzó a radiarle la médula con un aparato de cobaltoterapia que la clínica Ruber acababa de traer de Canadá*.

Julio comenzó a acudir a *la sala de cobalto,* una habitación de mosaico blanca, heladora, donde lo tendían tres o cuatro minutos diarios, debajo de un aparato espantoso sometido a su fuego invisible, «yo empiezo a morirme en aquel sitio, me voy desangrando sin perder sangre visiblemente, y lo noto...»**, recordaba Julio.

Después de unas pocas sesiones el doctor Iglesias observó que la radiación podría llegar a quemar la médula de Julio, transmitió sus dudas al resto del cuerpo médico y la radioterapia se interrumpió de manera drástica. En aquel momento el doctor Iglesias no sabía qué hacer, si seguir con la radioterapia, aun sabiendo que podía quemarle la médula y dejarle paralítico, o suspender el tratamiento. El doctor, un hombre muy devoto, se encomendó a Dios y rezó. «Dios me empujó a decidirme. Corté las sesiones. Se acabaron. Acerté, le salvé la vida»***.

Julio regresó a la cama notablemente mermado. Las sesiones de cobalto lo habían dejado en cuarenta y cinco kilos y sin un solo gramo de energía. Las manos eran la piel sobre el hueso, solo tomaba alimentos líquidos y además debía pasar la mayor parte del tiempo tumbado boca abajo, cuidando de la todavía reciente y enorme cicatriz de su espalda: «Yo le decía desde mi cabeza a mis pies, a mis piernas: "¡Moveos, maldita sea!". Y mi cabeza decía sí, pero mis piernas no se movían, seguían muertas».

Entretanto, el doctor Iglesias continuaba su ronda de consultas buscando la mejor solución para su hijo. El doctor Álvarez de Molina le recomendó analizar el tumor con un nuevo especialista anatomo-

---

* *ABC,* 9 de enero de 1957.
** *Entre el cielo y el infierno.*
*** *Voluntad de hierro.*

patólogo, el catedrático de la Facultad de Medicina de Madrid Federico de Castro, discípulo del doctor Tello, que a su vez fuera discípulo de Ramón y Cajal. El doctor Iglesias volvió a acertar. Julio fue diagnosticado con osteoblastoma, un tumor benigno de células gigantes.

Julio Iglesias le debe la vida a cuatro personas. Al doctor Luis Álvarez de Molina, que aconsejó una segunda opinión; al anatomopatólogo De Castro, que hizo el diagnóstico correcto; al cirujano Pedro Urquiza, que le extirpó el tumor por completo, y naturalmente a su padre, el doctor Iglesias, que fue finalmente quien decidió no darle más radioterapia*.

El doctor Iglesias sacó a su hijo del hospital y se lo llevó a casa.

* *Voluntad de hierro.*

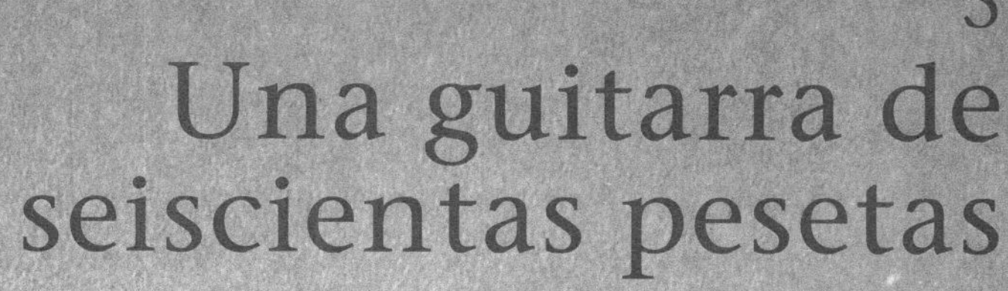

5
Una guitarra de seiscientas pesetas

Grande, grande, grande, Mina

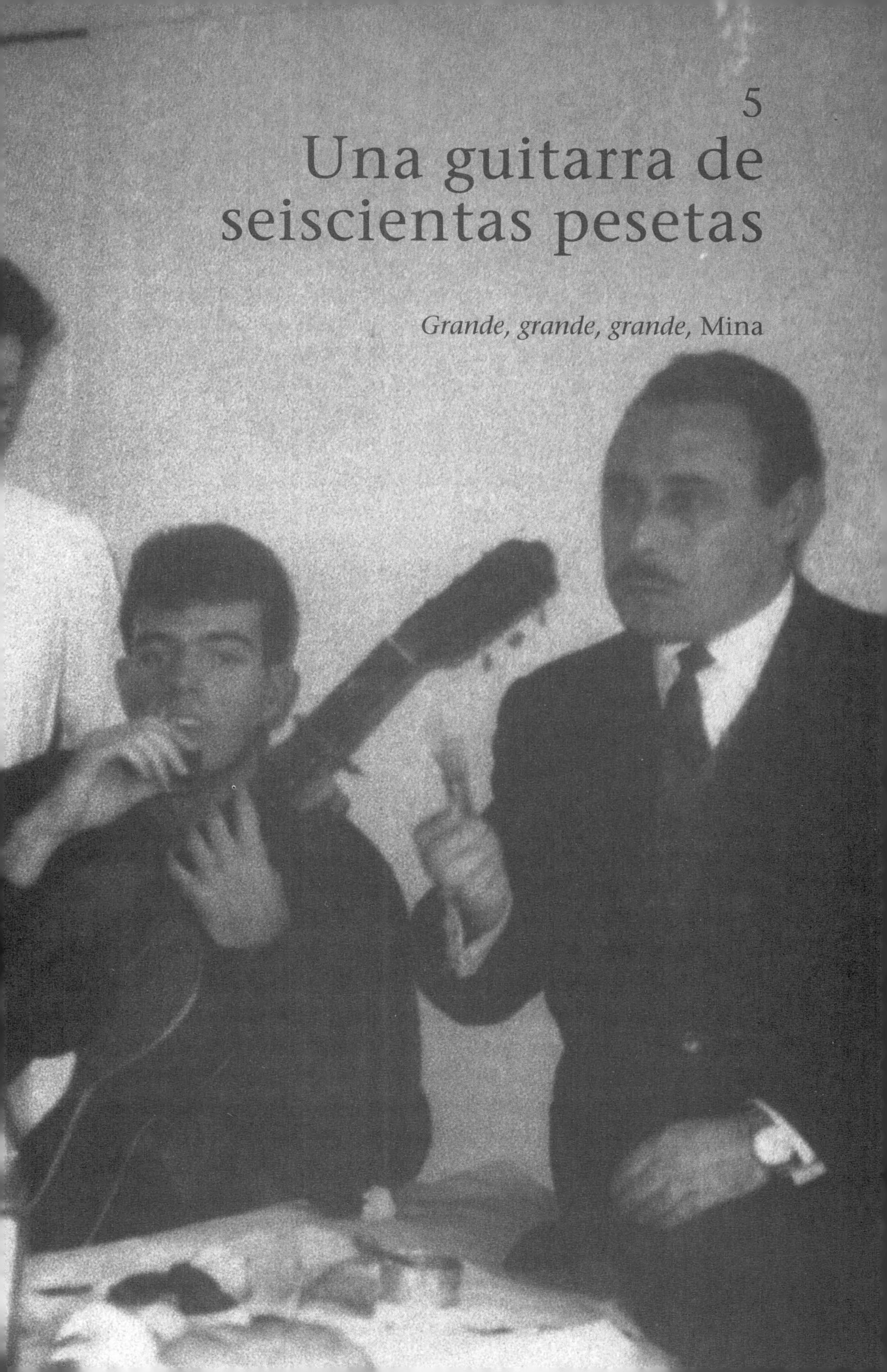

86-87 y 88: una de las primeras fotos de Julio Iglesias con una guitarra.

El doctor Iglesias dispuso de todos los medios que tuvo a su alcance para lograr recuperar a Julio. El padre dejó el trabajo, decidió dedicarse en cuerpo y alma a su hijo y lo organizó todo para llevárselo a casa y seguir desde allí su recuperación.

De vuelta a casa

Había salvado la vida, pero el camino a la cura total no había hecho más que empezar. Tras la operación, Julio permaneció en el hospital veinte días, tiempo en el que el doctor Iglesias permaneció día y noche a su lado. Charo, la madre de Julio, se pasaba el día rezando sin saber qué hacer para alegrarle la vida.

Una vez en casa, el doctor Iglesias colocó una cama de hospital junto a su dormitorio para tenerlo controlado las veinticuatro horas del día, una de esas típicas camas que subían y bajaban girando una manivela.

Julio, tras la segunda sesión de radioterapia, había pasado por una paresia intestinal, y era su padre quien diariamente limpiaba con sus manos su intestino grueso*. En casa, Julio llevaba una sonda puesta todo el día, y por miedo a una posible infección vesical, el doctor Iglesias hacía hasta tres lavados de vejiga a su hijo cada día. El urólogo Jesús Fraga Iribarne, hermano del entonces ministro de Información y Turismo Manuel Fraga Iribarne, le enseñó cómo hacerlo. Además, Julio sufría una paraplejia, así que su padre llamó al doctor Blanco Argüelles para encargarse del proceso de rehabilitación. En definitiva, el doctor Iglesias activó todos sus contactos para cuidar a su hijo.

Al poco de llegar a casa, Julio vivió un momento que no olvidaría jamás, una imagen que todavía hoy no ha podido borrar. Con buenas intenciones y para ayudarle a moverse por la casa con más libertad, su padre entró un día en la habitación empujando una silla de ruedas. El doctor Iglesias interpretó la mirada de su hijo sin hablar, un mensaje escondido en el fondo de sus ojos. El padre bajó la cabeza y se llevó aquella silla de ruedas lejos de la vista del joven. Nunca más volvió a saber de ella, en aquella silla Julio Iglesias no veía su vida, sino la muerte, «no puedes morir, no puedes quedarte ahí como estás. Debes levantarte y caminar», se decía a sí mismo el joven Julio.

Decidir su propio camino

Julio siempre tuvo miedo a la falta de libertad y, ahora, no estaba dispuesto a darse por vencido. Perder la libertad es una vivencia que puede originarse por distintas situaciones. La pérdida de libertad implica una actitud de sometimiento, de resignación, rendición y sumisión que lleva a la desesperanza. Como apuntaba el neurólogo y psiquiatra Viktor Frankl en *El hombre en busca de sentido,* a pesar de las dramáticas y terribles circunstancias que pueden afectar a la persona humana, esta conserva su capacidad de elección; es decir, el hombre es capaz de mantener su libertad espiritual e independencia mental.

Al hombre se le puede arrebatar todo, excepto una cosa: la elección de la actitud personal ante un conjunto de circunstancias para decidir su propio camino.

---

* *Voluntad de hierro.*

Julio Iglesias podía elegir, tuvo que encontrar un verdadero sentido a todas y cada una de las circunstancias que vivió con solo veinte años. De otro modo, no habría tenido razón alguna en vivir y sobrevivir a las realidades dadas por la vida tras el accidente de coche. Y si una cosa tenía clara Julio era que quería volver a caminar*.

Su capacidad de elección, darle un verdadero sentido a su día a día en casa de sus padres, residió en la oportunidad que tuvo de alcanzar metas, las cuales solo podría conseguir por medio del esfuerzo. Si Julio trataba de lograr algún fin por medio del sufrimiento, sabía que también le traería recompensas. Julio Iglesias tomó la decisión de trabajar para recuperarse y no paró hasta conseguirlo.

La recuperación fue lenta. Al principio trabajaron con pequeños movimientos pasivos en sus brazos y piernas. Más adelante Julio recibió pequeños golpes en los dedos de los pies para tratar de recuperar los reflejos, unos sencillos ejercicios mentales que pretendían lograr que enviara órdenes desde su cerebro hasta las piernas, «para que se movieran, que se regaran y dijeran ¡sí!, por lo menos un milímetro, un solo segundo». Pero aquellas piernas no se movieron. Y así un día tras otro, horas y horas mandando mensajes mientras miraba a sus pies.

Durante semanas solo pudo ayudarse de los brazos, las piernas no le respondían. Se sujetaba fuertemente pero al poco tiempo caía de bruces contra el suelo. Empapado en sudor lloraba de impotencia y rabia, Julio se desesperaba.

Una guitarra de tuno

Atrapado en su cama por tiempo indefinido, el doctor Iglesias le regaló a su hijo una armónica, «la compré en una tienda de instrumentos musicales de la carrera de San Jerónimo. La tocaba muy bien *el jodido,* tenía mucho oído»**. Aunque cronológicamente la armónica llegara antes, fue Eladio Magdaleno, el practicante que ayudaba al doctor Iglesias en el sanatorio de Alienza, quien, tras el accidente, marcaría el segundo punto de inflexión en la vida de Julio Iglesias.

---

* Viktor Frankl, *El hombre en busca de sentido.*
** *Voluntad de hierro.*

Eladio preguntó al doctor Iglesias si podía llevarle una guitarra a Julio para que se entretuviera mientras se recuperaba en la cama. Naturalmente, el doctor accedió y Eladio le llevó a Julio una guitarra, una de esas guitarrillas de seiscientas pesetas de las que se compraban en el Madrid viejo, quizá en el Rastro, una guitarra típica de tuno. Nadie pudo presagiar que en ese momento se empezaría a escribir uno de los capítulos más importantes de la historia de la música popular de nuestro tiempo. Y todo gracias a una guitarra de tuno de menos de cuatro euros.

Julio siguió con sus ejercicios de recuperación mientras se familiarizaba con los secretos de su guitarra. Hasta entonces, más allá de los seminarios de los Sagrados Corazones que incluían espectáculos escolares musicales, y donde Julio alguna vez había cantado boleros y melodías hispanoamericanas, nunca antes había hecho nada relacionado con la música, y entre órdenes del cerebro a los dedos de sus pies y limitados movimientos apoyado exclusivamente en sus brazos, comenzó a rasgar el instrumento.

Al principio, Julio se limitaba a intentar seguir lo que escuchaba por la radio. Allí descubre a Paul Anka, y se atreve con el compás del Dúo Dinámico, artistas esenciales para desentrañar el futuro artístico de Julio Iglesias. Con el paso del tiempo, el joven empezó a coger confianza con el instrumento. Nunca fue un virtuoso, pero en poco tiempo consiguió juntar con acierto los acordes necesarios para poder, finalmente, escribir una canción.

Abrazado a su guitarra, un día —un día cualquiera como el día anterior o el anterior al anterior—, el dedo gordo de su pie izquierdo se movió. Julio había hecho lo de todos los días, sudando, aguantando, gritando sin levantar la voz. Cuando vio que aquel dedo gordo insignificante hasta entonces se movía, entonces gritó de verdad, llamó a su familia y le mostró el increíble progreso. «Mis padres, mi hermano, lloraban alrededor de aquella cama de hospital en casa, viendo cómo el hijo paralítico había conseguido el milagro»*, recordaba Julio.

---

* *Entre el cielo y el infierno.*

Desde aquel día, Julio dedicó prácticamente la totalidad del día a enviar señales a sus extremidades. Llamaba a su padre para que le tocara las piernas y ver si reaccionaban de manera diferente al día anterior. Julio lo único que quería era caminar, quería volver a la calle, andar, ver algo más que lo que le enseñaban a lo lejos los cristales de su balcón, quería volver a vivir. Cuando por fin vio que podía mover los dedos de los pies pensó que se recuperaría, «hasta aquel día, no. No lo sabía»*.

Julio se dedicó a conocer milimétricamente sus piernas, las estudió con detalle, pelo a pelo, poro a poro. Por las noches, mientras los demás dormían, se aventuraba a cruzar los límites de su propia fortaleza. Cuando estaba en soledad, en la oscuridad de la noche, cuando sabía que sus padres agotados dormían, Julio Iglesias se arrastraba por el pasillo de casa, intentando *mover* algo más, intentando, si no caminar, por lo menos moverse**.

Su tenacidad y unas irrefrenables ganas de vivir fueron determinantes a la hora de lograr una mejora definitiva. Por primera vez en su vida, a principios de 1964 y con apenas veinte años, Julio piensa en la salud y el significado de estar sano, trazando un exigente plan de recuperación sustentado en un principio vital que no ha dejado de lado desde entonces, hacer cada día algo más que el anterior: «Si lo que hago es menos que el anterior, entonces me muero. Eso lo clavo en mi cabeza, lo ato a mi corazón como una balsa de goma a un náufrago en la tormenta»***.

Julio comenzó a trabajar pequeñas rutinas diarias tratando de superar retos menores, cosas tan sencillas como sentarse en la cama y no caer hacia delante como un muñeco tentetieso, todo un triunfo para alguien prácticamente desahuciado.

El primer paso

A los dos meses Julio logró levantarse de la cama y pisó por primera vez el suelo. El contacto de sus dedos desnudos con el suelo fue una

---

* *Entre el cielo y el infierno.*
** *Ibídem.*
*** *Ibídem.*

experiencia reveladora. El primer paso, su primera zancada agarrado a dos barras paralelas que recorrían el pasillo de su casa, le llevó una hora y media, noventa minutos enviando órdenes desde la cabeza. Pero lo hizo. Y a partir de ese instante nunca dio menos pasos de los que había dado el día anterior.

Aquello fue el comienzo de una mejora verdaderamente milagrosa. El doctor Iglesias entendió que aquello era la señal definitiva que conduciría a su hijo a la recuperación, y decidió empezar a visitar la piscina de parapléjicos del hospital de la Cruz Roja en la avenida de la Reina Victoria en Madrid. Cada día, el doctor Iglesias sentaba a su hijo en una silla normal y corriente —Julio seguía negándose a sentarse en una silla de ruedas— y, a pulso, con la ayuda de José Luis, el chófer de la familia, lo subían al Seat 1600 de color negro familiar rumbo al hospital. Dentro del agua, Julio hacía ejercicios pasivos buscando el fortalecimiento de sus músculos. En aquella piscina Julio Iglesias comenzó a soñar que un día volvería a caminar.

Y lo logró. Después del primer paso, llegó hasta la mitad del pasillo, y a continuación recorrió el pasillo completo, y el doctor Iglesias empezó a llevar a su hijo cada mañana a la Casa de Campo. Allí, y junto a *Rock*, el pastor alemán que acababan de regalar a Julio, comenzaron a caminar. Primero veinte metros hasta completar dos kilómetros en la segunda semana. Y así hasta andar veinte kilómetros sin descanso. A Julio le costaba mantener el equilibrio y solía hacer ejercicios sobre el bordillo de la acera, practicando entre trompazos y caídas al suelo. Muchas veces se caía y volvía a empezar, pero jamás tuvo un momento de bajón.

En aquellos días, Julio se convirtió en un personaje muy popular entre los asiduos a la Casa de Campo. Los paseantes anónimos, los jardineros, los quiosqueros, los guardas del parque y los camareros de las terrazas lo animaban cuando le veían pasar. En ocasiones se sumaban al camino su hermano Carlos y Charo, entretenida tejiendo mientras su hijo evolucionaba paso a paso. Julio y *Rock* iban por el gran parque en la primavera, ya casi verano, mientras desde detrás de las altas hierbas aparecían parejas de enamorados, perdices casi de ciudad, conejos de matorral que Julio no ha olvidado, «hay veces que vuelvo a Madrid y pienso: "si me dejaran suelto ahora mismo, dentro de ese inmenso bosque, estoy seguro de que lo sabría recorrer paso a paso, piedra a piedra, guarda a guarda, rincón a rincón..."»*.

En el verano de 1964 Julio logró andar solo con ayuda de dos bastones. En casa desaparecieron las barras paralelas del pasillo y nunca utilizó muletas, tan odiadas como en su día lo fue la silla de ruedas.

Desde aquel momento no ha habido día que Julio no recuerde las secuelas de su accidente, "no hace falta que lo recuerde, pues llevo el accidente conmigo. Cada vez que me levanto, al poner los pies fuera de la cama, tengo que pensar en cómo pararme y no perder el equilibrio. Me puedo caer y, de hecho, me he caído muchas veces, pero siempre me he levantado"**.

El chico solitario de la mesa de la esquina

Por las tardes Julio frecuentaba una cafetería del barrio de Argüelles, un local en la calle Marqués de Urquijo llena hasta la bandera de jóvenes universitarias. Coqueto y conquistador, Julio llegaba con José Luis, el chófer de la familia, y antes de salir del coche escondía sus bastones en el maletero. Abrazado a una Coca-Cola, una cerveza o una naranjada, y con el sol de la Casa de Campo iluminando su cara, Julio Iglesias se sentaba a contemplar inmóvil a las jóvenes del bar. Muchas no lo habían visto llegar, por lo que desconocían así el secreto de sus bastones y su falta de movilidad. Y si alguna lo había hecho, el joven esperaba a que se fueran y esperaba el desembarco de una segunda remesa de muchachas. Julio Iglesias inició así una estrategia de conquistador desde la más absoluta quietud, armado exclusivamente de miradas y guiños aguantando el tipo de manera estoica. Julio sabía que hablaban de él, de alguna forma se había convertido para muchas en «el elegante chico solitario de la mesa de la esquina» que jamás cambiaba de sitio y no decía ni una sola palabra.

Aquellas conquistas pasajeras escondían cierta tristeza, pensamientos de un joven todavía convaleciente, lisiado y defectuoso. Julio no

* *Entre el cielo y el infierno.*
** *El Tiempo,* 2011.

se iba hasta que la chica que le gustaba se había marchado. Solo entonces, hacía una señal a José Luis, que esperaba en el coche, se acercaba hasta el joven y le traía los bastones*.

Nadando al fin del mundo

Tumbado en su cama de hospital, caminando por la Casa de Campo o sentado en aquella terraza de la calle Marqués de Urquijo, Julio supo con dolorosa certeza que sus días y sueños como jugador de fútbol profesional se desvanecieron en el mismo momento que su Renault se revolcaba violentamente en la arenosa carretera de El Plantío. En casa, de vez en cuando, le gustaba acariciar sus guantes de portero, el jersey de cuello alto con el escudo de su equipo, las largas medias blancas, las rodilleras y las espinilleras blancas de algodón. Había vuelto a la vida, había vuelto a caminar, pero no volvería a jugar al fútbol nunca más; el portero de fútbol Julio Iglesias había muerto**.

Aquella indumentaria formaba parte de un uniforme del pasado. Julio decidió mirar hacia delante sin nostalgia de lo que pudo haber sido y no fue. En el verano de 1964 viajó con su padre hasta Málaga, animados por una climatología más amable. Torremolinos encabezaba la lista de destinos turísticos en España, una vez superada la debacle de la Guerra Civil y la triste y sombría posguerra. Celebridades de los años cincuenta como Ava Gardner y Frank Sinatra, Grace Kelly o Marlon Brando habían visitado el pueblo malagueño en alguna ocasión, ofreciendo un cierto y necesario aperturismo internacional al maltrecho y políticamente rehusado franquismo.*** Padre e hijo pasaron horas caminando, recorriendo la provincia de cabo a rabo, así hasta que Julio hijo pudo desprenderse de uno de sus dos bastones. Después de tres meses en las playas de La Carihuela, llegaron a Peñíscola en el mes de agosto.

A mediados de la década de los sesenta, los Iglesias eran toda una institución en la localidad castellonense. El pueblo había visto crecer

---

* *Entre el cielo y el infierno.*
** *Ibídem.*
*** Andrés López Martínez, *Cuando vuelva a amanecer,* Milenio, 2013.

al joven Julio desde niño, siempre revoloteando por la arena de la playa dando saltos sin parar. Aquel atlético chaval llegaba ahora a Peñíscola ayudado por un bastón como muleta para caminar.

Uno de los atributos más señalados en la vida y carrera de Julio Iglesias ha sido su innata capacidad para combatir el desaliento. Su innegable fuerza de voluntad para lograr superar retos imposibles en sus comienzos lo ha llevado hasta la cima del mundo. Literalmente.

Cuando desembarcó en la playa de Peñíscola sencillamente se echó a la mar y empezó a nadar. Desde las nueve de la mañana a las dos, nadaba y nadaba sin parar, hasta que caía extenuado en la arena. Y luego caminaba todo lo que podía, descalzo, de forma que al pisar blando, sobre el manto húmedo de la arena de playa, se movilizaban todos los músculos de sus pies*.

Su padre, con unos prismáticos, vigilaba desde la orilla las salidas al mar de su hijo ante la atenta mirada de Charo. Nadaba cuatro y cinco kilómetros diarios sin descanso, casi siempre de espalda. En ocasiones Janó, el nadador profesional que hacía las veces de salvavidas, y que había visto crecer a los más pequeños, incluyendo a Julio, salía en su búsqueda.

Al final del verano, el precioso bastón de madera de caoba, con un puño de marfil de cabeza de perro que guardaba dentro una espada, y que había acompañado a Julio como inseparable escolta y sostén vital desde muchos meses atrás, desapareció. Julio Iglesias volvió a caminar.

«Poco después, una vez, me caí. Me enderecé como pude: "¡Que no me ayude nadie!, ¡puedo yo solo!". Y pude. Y ya nunca más he vuelto a caerme. Jamás. Me he caído de otras muchas formas a lo largo de mi vida, físicamente, moralmente, pero nunca de aquella manera»**.

El proceso de recuperación fue en aumento de una forma asombrosa. Los médicos apenas podían creerlo. Aunque no le resultó sencillo, Julio regresó a los campos de fútbol como espectador. Regresó al

---

* *Entre el cielo y el infierno.*
** *Ibídem.*

volante del automóvil y la habitación de su casa volvió a ser el cuarto de un joven sano. Todo el proceso de recuperación duró aproximadamente un año y medio, tal vez dos, «pero un día me di cuenta de que estaba bien, bien del todo»*.

Un nuevo sueño

La guitarra medio rota de Eladio, que había pertenecido a la tuna de la facultad, había sido una fiel compañera de Julio durante todo el proceso de recuperación. Aquel instrumento de tuno le cambió la vida: «Por esa guitarra canto yo»**, recordaba Julio. ¿Volvió a ver Julio a Eladio?, «cientos de veces», recordaba Julio en 2011. «De hecho, vivía en Benidorm, cuando se hizo mayor, a los sesenta años. Murió hace ocho o diez años. Hoy debería tener como noventa y cinco años»***.

Julio sentía devoción por los discos de Mina, la gran estrella de la canción italiana. El primer disco que compró era de Mina, *Grande, grande, grande,* uno de esos discos gordos que pesaban un quintal. Naturalmente también escuchaba a Paul Anka, a Sinatra, a Nat King Cole, a Elvis Presley y al resto de fenómenos del momento. Aquel joven disfrutaba con la música clásica y el rock, los Stones y los Beatles, aunque sus preferidos eran el Dúo Dinámico.

Julio nunca ha tocado bien la guitarra, nunca tuvo un maestro, pero en su día fue capaz de acompañar o tararear más o menos cualquier melodía, y, más importante todavía, le ayudó a componer alguna canción.

Sentados frente al televisor, una tarde cualquiera, el doctor Iglesias y su hijo observaban la actuación del cantante Tony Renis en el legendario Festival de la canción de San Remo. Mientras Renis interpretaba *I sorrisi di sera* abrazado a la guitarra, Julio se incorporó del sillón y le dijo a su padre:

—Un día yo cantaré en el Festival de San Remo, y tú vas a verlo, papá****.

---

* *Entre el cielo y el infierno.*
** *El Tiempo,* julio de 2011.
*** *El Tiempo,* 2011.
**** *Entre el cielo y el infierno.*

Su madre y su padre podían pensar que sería un buen abogado, un buen futbolista, pero nunca se les pasó por la cabeza que finalmente se dedicaría a la canción y que, además, triunfaría de la manera que lo hizo. «Yo, cuando le oía entonar sus canciones le notaba un algo especial. No lo alentaba. Me callaba y no le decía nada al ver que cada día que pasaba le gustaba más la música y menos estudiar»*, recordaba su padre.

* *Voluntad de hierro.*

6
Un televisor en blanco y negro

I sorrisi di sera, Tony Renis

101-102 y 103: Julio Iglesias a mediados de la década de los sesenta.
© Album / Rue des Archives / Bridgeman Images / AGIP.

Muerto de miedo, Julio viajó a Inglaterra. Desde siempre había crecido con un pánico irracional a los aviones. Hasta que logró subirse al aparato que lo llevaría hasta Londres, en más de una ocasión, con el billete en la mano y en el aeropuerto, oía por los altavoces el embarque de su vuelo y aterrado se quedaba en tierra y regresaba a casa con sus padres. Lo hizo hasta en dos ocasiones.

A la tercera fue la vencida, y Julio Iglesias aterrizó en el *Swinging London* de los años sesenta.

Llegado el año 1965, Julio ya se encontraba recuperado de las lesiones provocadas por el accidente. La paraplejia ya era cosa del pasado, aunque todavía no estaba en perfectas condiciones físicas. Su padre, consciente del tiempo perdido en la universidad —más de dos cursos completos—, le aconsejó retomar los estudios. Antes de abordar su segunda etapa universitaria, el doctor Iglesias animó a su hijo a viajar a Londres, cambiar de aires y aprender inglés.

Durante la segunda mitad de la década, Londres alumbró un floreciente movimiento dirigido a los jóvenes. La moda y la música se colocaron en el epicentro de una revolución cultural cargada de optimismo, apostando abiertamente por lo nuevo y lo moderno. De alguna forma, el *Swinging London* cerró la etapa de austeridad tras la Segunda Guerra Mundial, marcando un punto de inflexión determinante en la recuperación económica de Gran Bretaña.

En los años cincuenta Inglaterra estaba reconstruyéndose política y culturalmente. La moda y el arte seguían siendo reductos de un grupo de privilegiados asociados a gente mayor. Los sesenta irrumpieron como un ciclón, la tormenta perfecta para ser joven. De pronto, el mundo quería conocer la voluntad de los jóvenes y estos deseaban expresar lo que pensaban.

Swinging London

Las páginas de la revista *Time* habían definido el *Swinging London* en su artículo «The Swinging City». La cabecera más influyente del planeta señalaba que a lo largo del siglo XX cada década había tenido una ciudad por bandera, otorgando el liderazgo cultural de la década de los sesenta a Londres. Con el título *Swinging,* la revista *Time* buscaba comparar la capital británica de los sesenta con el París de los años veinte, el Berlín de los treinta, el Nueva York de los cuarenta o la Roma de los cincuenta. A pesar de que fue *Time* quien popularizó el término, su significado directamente relacionado con la moda ya se venía utilizando desde comienzos de la década.

El primer paso para el cambio comenzó por lo que los jóvenes tenían más a mano, la música, empezando con la irresistible revolución de los Beatles de John Lennon y Paul McCartney. Antes, lo que se escuchaba en las islas venía de Estados Unidos. Johnny Cash, Ricky Nelson o Elvis Presley cedieron ante los Kinks de los hermanos Davies, los Who de Roger Daltrey y Pete Townsend o los Rolling Stones de Keith Richards y Mick Jagger. El pop lo era todo. No solo se convirtió en el elemento vital de la cultura juvenil, que empezaba a poner a prueba su poder social y político, también era una forma de darle la vuelta al mundo. En la época más soñadora del siglo XX, la juventud, además del pop y el rock que emitía el programa de televisión *Ready Steady Go!* y que alumbraba himnos como el *Son of a preacher man,* de Dusty Springfield, también se preocupaba por otras amenazas, como el gran temor de la aniquilación nuclear mundial, la superpoblación o el peligroso avance de la contaminación global.

En esta tesitura de cambio, la revolución sexual comenzaba a ser una realidad, otorgando a las mujeres las mismas libertades que hasta ese momento habían disfrutado de manera exclusiva los hombres. La nueva generación de jóvenes decidió romper con las herencias de sus mayores. En 1961 apareció la píldora anticonceptiva y el derecho a la libre interrupción del embarazo llegaría poco más tarde.

La novela *Principiantes,* de Colin MacInnes, representó la llegada del nuevo tiempo, reforzado notablemente con la irrupción de grupos y artistas legendarios. Los diseños de Mary Quant, Twiggy, las modelos en minifalda, la Union Jack como símbolo de una identidad nacional revolucionaria, automóviles Mini Coopers por todos lados y la serie de la BBC *Los Vengadores* arrasando en televisión recibieron aquel verano a Julio Iglesias. En 1965 la revista *Vogue* certificaba a Londres como «la ciudad más de moda *(swinging)* del mundo en este momento».*

Un viaje curativo del alma

El primer destino de Julio fue Ramsgate, en el condado de Kent. Pocas semanas después se trasladaría hasta Cambridge para estudiar en la Bell's Language School, donde ya entretenía a sus compañeros de clase tocando la guitarra. El doctor Iglesias sospechó que su hijo tenía un plan musical cuando este dejó de pedirle dinero. No tardó mucho en averiguarlo. Llamó a Pedro de Felipe, un amigo de su hijo que seguía en el Real Madrid y que acababa de llegar de Londres, donde habían jugado un partido. El doctor sabía que Julito lo había ido a ver jugar al campo y le preguntó. Entonces se dio cuenta de por qué su hijo no le pedía dinero, «mi hijo se estaba ganando la vida cantando por las calles de Londres como hacían los *hippies* de la época»**.

---

* John Crosby, *Weekend Telegraph,* 16 de abril de 1965.
** *Voluntad de hierro.*

Para Julio, todo el plan de ir a estudiar a Inglaterra no era más que una excusa, un necesario ardid que perseguía un objetivo mucho más profundo que aprender inglés. Después de dos años luchando por volver a caminar, aquel viaje a Londres le ofrecía la oportunidad de fortalecerse emocionalmente, un viaje curativo del alma. Julio viajó hasta Inglaterra para quitarse los complejos que habían crecido en un joven que odiaba que lo vieran caminar con dos bastones, y que tocaba en los pubs por puro divertimento, «mi única preocupación entonces era recuperarme de la angustia»*.

Su padre no daba crédito. Con el tiempo descubrió que su hijo había logrado cierta fama en el club Airport Pub, donde Julio cantaba canciones de Tom Jones, Engelbert Humperdinck y los Beatles. Mientras Julio cantaba, un amigo suyo pasaba la cesta por el bar y recogía algunas libras.

Julio acababa de terminar en Londres una canción muy especial que empezó a escribir en España. Poco después de ver la actuación de San Remo con su padre, todavía en España, había repetido la misma escena con su madre, cuando un televisor en blanco y negro emitía el Festival de Eurovisión:

—Un día me vas a ver a mí ahí, mamá, en Eurovisión.

Charo, enredada en su punto, tejiendo lana como distracción, escuchaba seguramente incrédula a su hijo.

El momento definitivo, el día que Julio tomó la decisión de probar suerte como artista y cantante, llegó de nuevo a través de la televisión con la retransmisión del Festival de Benidorm: «Yo estaré un día cantando en Benidorm», pensó.

En Inglaterra acabó de dar forma a su primera canción, *La vida sigue igual*. La había empezado a escribir con su primera guitarra, durante los duros días de rehabilitación. Era una canción especial, que compuso de forma pausada, igual que lo fue su recuperación en su periodo de rehabilitación en Madrid. Desde el dolor físico, en solo tres minutos tenía mil cosas que contar, un canto optimista que utilizaba como estímulo, una canción que le daba fuerzas para seguir luchando.

---

* Ima Sanchís, *La Vanguardia,* 3 de julio de 2012.

Con la canción terminada, la decisión estaba tomada. Julio Iglesias quería cantar. «Esa es la historia. Me dieron una guitarra y con ella compuse *La vida sigue igual,* un pequeño himno sobre la vida tras ver pasar la muerte. Sales de ella y dices: "siempre hay por qué vivir, por qué luchar, siempre hay por quién sufrir y a quién amar"»*.

El primer amor

Inglaterra impulsó personalmente al cantante y también trató asuntos del corazón. A pesar de su juventud, Julio era ya experto en los tratados del amor y había tenido diferentes escarceos amorosos en el pasado, incluyendo una turbulenta relación con una mujer casada**. Pero quitando romances adolescentes y aventuras pasajeras de juventud, el primer gran amor de Julio Iglesias apareció de manera inesperada en Cambridge. Un amigo le presentó a Gwendolyne, una joven francesa de dieciocho años, muy simpática, abierta y romántica, hija de una aristocrática familia de exiliados rusos, hermana de Vincent Bolloré, uno de los hombres más ricos del mundo, amigo personal de Nicolas Sarkozy, futuro presidente de la República, y de la que Julio se enamoró perdidamente. Gwendolyne Bolloré era una mujer muy bella, de rasgos eslavos, pómulos anchos, rubia y con ojos grises como de acero, y que para Julio fue la primera pareja sin trabas ni obstáculos. «Si yo tuviera necesidad de reunir en una sola frase todo lo que fue Gwendolyne para mí, creo que diría, escribiría: "¡Qué lástima que no coincidieran el amor con el tiempo!"»***.

Desde España, el doctor Iglesias presentía que su hijo cantaba mucho pero estudiaba poco. Aquello, más que un presentimiento, era la pura realidad. Llamó a Julito y le instó a regresar y terminar sus estudios en la universidad en España. En mayo Julio regresó a Madrid. El padre de un amigo suyo en Inglaterra trabajaba en una compañía de discos norteamericana. Aquel ejecutivo discográfico quiso comprarle los derechos de *La vida sigue igual,* pero Julio no se los vendió.

---

* *Diario de avisos,* 19 de julio de 2016.
** *Entre el cielo y el infierno.*
*** *Ibídem.*

El doctor Iglesias recibió a su hijo en Madrid y este le envió un mensaje muy claro:

—Papá, quiero cantar.

El doctor ya sabía que su hijo había compuesto su primera melodía, pero no quería ni oírle. Tanto se empeñó Julio, que a su padre no le quedó más remedio que sentarse a escucharlo cantar: «Me dejó acojonado. Era una de las canciones más bonitas que yo había oído. La letra era alucinante y reflejaba con gran ternura lo que es la vida. No tenía más salida que decirle la verdad, que me gustaba, pero le puse una condición: "Hijo, si quieres cantar, antes tienes que acabar la carrera de Derecho"»*.

Julio Iglesias había sobrevivido a un accidente mortal, se había recuperado de una paraplejia, había vuelto a caminar, había encontrado el primer amor de su vida y ahora estaba firmemente decidido a cantar y triunfar en el mundo de la música. A estas alturas, lo de volver a la universidad y estudiar Derecho no iba a cambiar ni una coma lo que estaba escrito.

La vida sigue igual era una canción con muchas cosas dentro, mucho más que la primera canción, o simplemente una canción más; para Julio Iglesias era un acicate, un estímulo constante: «Era un himno a *que hay que seguir* que todavía escucho en muchas ocasiones por dentro de mí»**.

---

* *Voluntad de hierro.*
** *Entre el cielo y el infierno.*

SEGUNDA PARTE

(1967-1978)

«La vida sigue igual *se la escribí a las gentes que andan deprisa y que se olvidan de las cosas pequeñas, las cosas cotidianas. Se la escribí a usted».*

Julio Iglesias

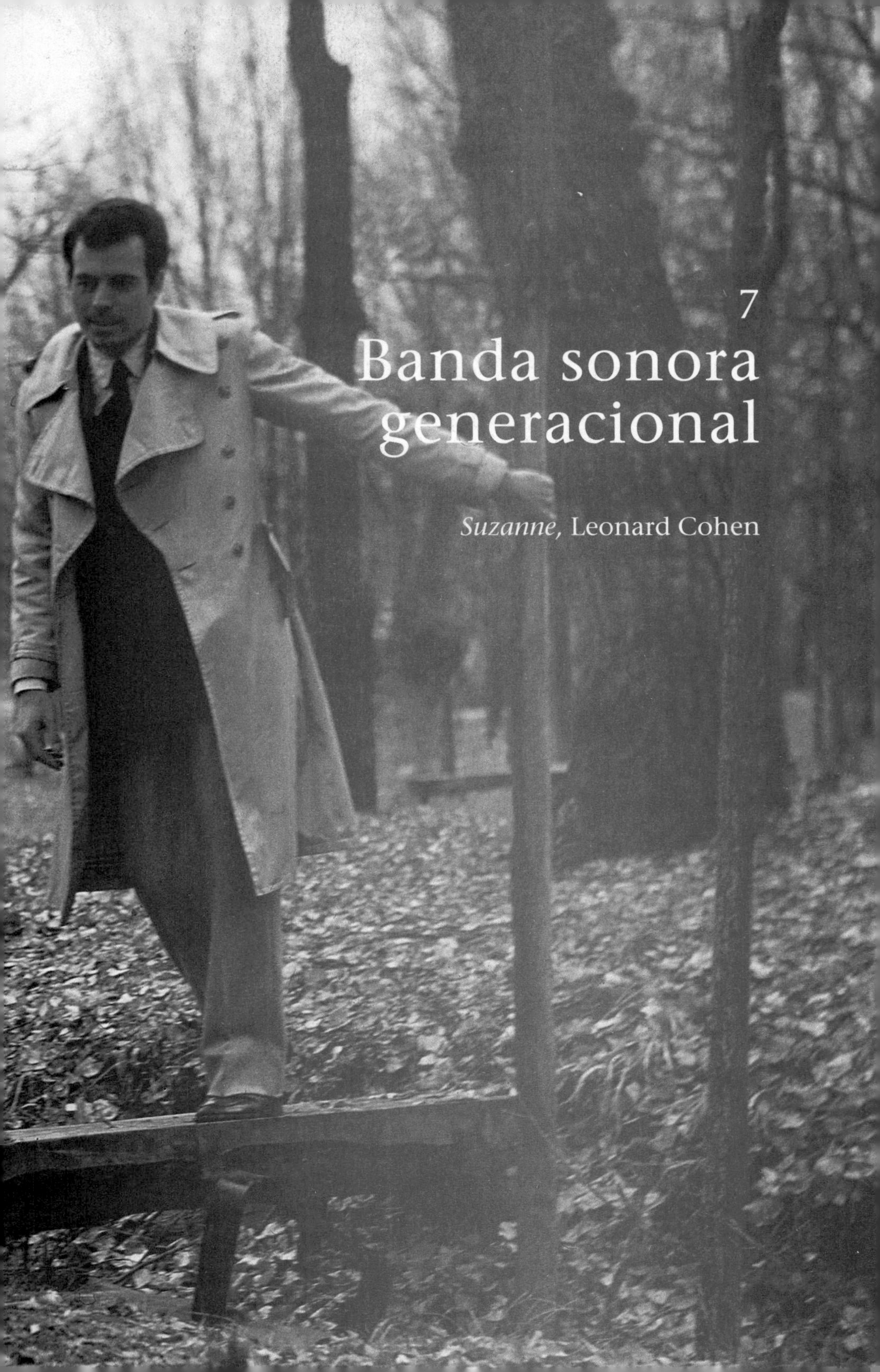

7
Banda sonora generacional

Suzanne, Leonard Cohen

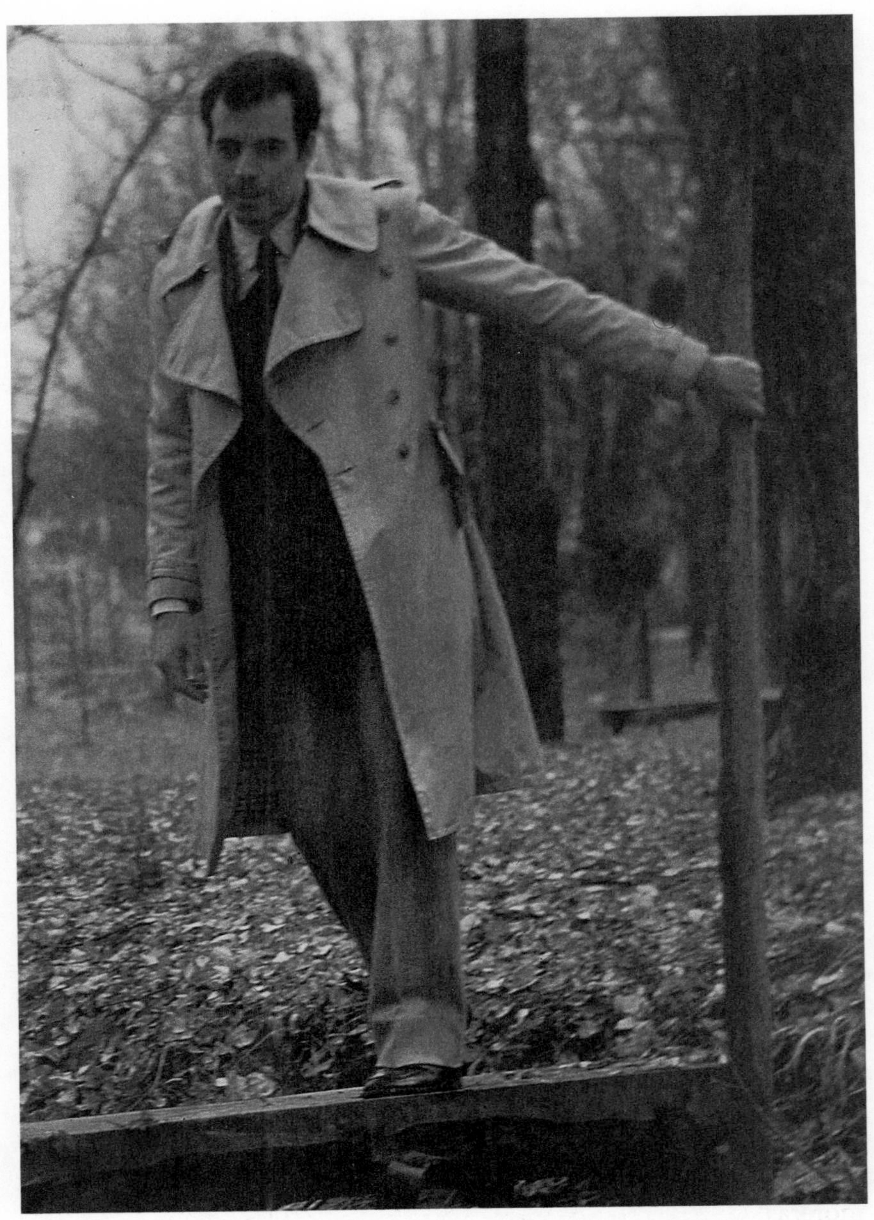

110-111 y 112: Julio Iglesias en 1968. © GTRES.

Cuando estrelló su coche en aquella fatídica curva, Julio estudiaba tercero de Derecho en el CEU de Madrid. Los días en cama, la larga rehabilitación y el periplo británico habían dejado los cursos de cuarto y quinto aparcados en el olvido. Francamente, inoculado por el veneno de la música, Julio tenía pocas intenciones de finalizar una carrera a la que ya no le veía demasiados alicientes. No obstante, una vez más, siguió la recomendación de su padre y retomó los estudios con una condición.

Julio deseaba un cambio de aires y le propuso al doctor Iglesias reanudar su formación lejos de Madrid. Él quería cantar, y le pidió a su padre que le consiguiera el traslado de matrícula hasta la ciudad de Murcia, al sureste de la península y a unos cuarenta kilómetros del Mediterráneo, un precioso entorno natural poblado de acequias, limoneros y moreras.

El traslado no era una tarea sencilla, pero el doctor Iglesias utilizó sus contactos y logró una plaza en la Universidad de Murcia para su hijo.

Julio aprobó en un solo curso académico todas las pendientes de cuarto y quinto, a excepción de la asignatura de Derecho Internacional Privado.

Por fin soy abogado

Lo curioso del caso es que la dichosa asignatura estuvo colgando durante años. A su padre le enfurecía que su hijo no terminara la carrera y durante varias décadas le insistió para que acabara. Además, le dolía profundamente que en los medios su hijo apareciera como alguien sin estudios. Cuando en el año 2000 aprobó con un notable, su padre se llevó una gran alegría.

Un poco antes, en 1998, Julio había confesado: «Me he engañado mucho tiempo a mí mismo diciendo que era abogado. Pero resulta que me faltaba una asignatura, que debí de dejar por ahí cuando me fui a Benidorm. Derecho Internacional Privado. Mi padre, en una confesión patética, me dijo hace seis o siete años: "¿Sabes que no eres abogado?". Y muy sabio, añadió: "Acábala, que igual te hace falta cuando dejes de cantar". Así que me matriculé en la universidad en la que estudié. Pero el mismo día del examen cantaba en Estocolmo... Y ahora me he matriculado en Murcia»*.

El examen definitivo fue una escena austera, nada de tuteos o abrazos con el profesor. La prueba tuvo lugar en el mes de junio de 2000, en la primera planta de la Facultad de Derecho de la Universidad Complutense de Madrid, en uno de los despachos del Departamento de Derecho Internacional. Frente a Julio se sentaron Rafael Arroyo Montero, el profesor titular del grupo F, el catedrático de la asignatura José Carlos Fernández Rozas y el decano del centro, José Iturmendi Morales.

A pesar de las especulaciones, en todo momento, allí se estaba haciendo un examen de verdad. Un examen poco corriente, pero un examen al fin y al cabo. Examinarse a los cincuenta y siete años que tenía en-

---

* *El País.*

tonces Julio no puede ser otra cosa que una extraña evaluación. El catedrático hizo siete u ocho preguntas muy concretas, de carácter muy práctico, que imaginó que Julio sería capaz de contestar. Julio estuvo allí, hablando unos veinticinco minutos o media hora, y consiguió el título de Derecho. «No ha habido ningún trato de favor con el señor Iglesias de la Cueva»*, señaló Iturmendi. «Si no se examinó por escrito con el resto de sus compañeros —apuntó el decano—, fue porque el profesor Arroyo sugirió hacerle un examen oral para evitar sobresaltos». Examinarle de incógnito fue la única deferencia que tuvo Julio. De hecho, se le adscribió automáticamente al grupo F porque así correspondía a su apellido, sin entrar en consideraciones sobre qué profesor tendría.

A Julio le llevó algo más de treinta años finalizar la carrera, pero acabó. Aún más importante que el título, ese examen significó para Julio Iglesias superar la última secuela de su accidente. Por eso, al aprobar, también lo había hecho respecto de una asignatura de la vida que tenía que terminar de cerrar. Con bastante guasa, lo primero que hizo para cachondearse de su padre fue imprimirse unas tarjetas de visita en las que aparecía como: *Julio Iglesias, Abogado.*

Pero eso fue muchos años después. A finales de los sesenta, en 1967, con los estudios finalizados, a excepción de la maldita asignatura de Derecho Internacional Privado, Julio comenzó a visitar todas las emisoras y compañías discográficas de España con la maqueta de *La vida sigue igual* debajo del brazo.

Una banda sonora generacional

En Inglaterra Julio había vivido en primera persona la invasión del pop británico con bandas como The Kinks, The Who y The Rolling Stones. En Estados Unidos, la avalancha de The Beatles quedó certificada tras la actuación de los *Fab Four* en el programa más importante del planeta, el *Ed Sullivan Show,* y aquellas cinco palabras que cambiaron para

---

* *El Mundo,* 8 de julio de 2001.

siempre la historia de la música popular, las palabras mágicas que iniciaron el desembarco de los Beatles cuando Sullivan presentó ante la audiencia norteamericana el fenómeno musical del momento: «*Ladies and gentlemen, The Beatles*».

1967 arrancaba con The Doors rompiendo en la costa oeste con su disco homónimo. Jim Morrison, icono legendario cuya desaparición en París precipitó el fin de un sueño, era un animal de escenario capaz de entregarse con la misma intensidad a la música que a la vida, el paradigma del «vive rápido, muere joven y deja un bonito cadáver», la famosa frase atribuida a James Dean, pero en realidad extraída de la película de Nicholas Ray *Llamad a cualquier puerta*. Esa frase, en el film en boca del personaje de John Derek, afectaría a innumerables artistas en el futuro, desde Janis Joplin, Jimi Hendrix, Robert Johnson, Otis Redding o más recientemente Amy Winehouse o Kurt Cobain, grandes estrellas de la música que nunca llegaron a cumplir los treinta años.

En respuesta a The Doors, desde el lado atlántico de Estados Unidos, emergió en Nueva York The Velvet Underground, apoyados por el mecenazgo de Andy Warhol en su primer disco, el icónico álbum del plátano amarillo en la portada. Sin embargo, en 1967 muy pocos se enteraron de la publicación de un disco fundamental. Se dice que casi todos los que se compraron *The Velvet Underground & Nico* acabaron montando su propia banda de rock. El debut del grupo de Lou Reed y John Cale suponía un brutal desafío al sueño lisérgico de los *hippies*, la trastienda de las calles neoyorquinas pobladas de suciedad, violencia y desesperanza. *Heroin, I'm waiting for the man* o *Black angel's death song* despuntaban entre una colección de canciones demoledoras e hirientes, banda sonora de una generación culta, dolida y transgresora.

La poderosa droga

La popularización del LSD desembocó en una nueva conciencia mental y artística que encontró una mayor acogida en la California de la época y los estudiantes de arte de las islas británicas. La poderosa droga ofreció un nuevo modo de entender la vida empapando los movimientos sociales, la contracultura, las artes plásticas y visuales, la moda y, por supuesto, también la música: nacen el acid rock californiano con Grateful Dead, Jefferson Airplane y el folk/rock psicodélico británico de Traffic y Soft Machine.

1967 cambió el rumbo de la música popular, no solo por ser uno de los años más exuberantes y fecundos de la historia, sino porque supuso el estreno de Jimi Hendrix con *Are you experienced.* Con su primer disco, editado en mayo del 67, un guitarrista negro y zurdo de Seattle deslumbró a la aristocracia del blues-rock blanco británico capitaneada hasta ese momento con mano de hierro por Eric Clapton, Jeff Beck y Jimmy Page.

Aquel glorioso 1967 alumbró a Bowie o Van Morrison. En el año posiblemente más relevante y prolífico de la historia de la música debutaron Grateful Dead; se editaron *Forever changes,* cumbre indiscutible de los Love de Arthur Lee, *Something else by The Kinks,* que incluía la inolvidable *Waterloo sunset, Buffalo Springfield Again,* segundo disco del grupo de Neil Young y Stephen Stills, y Leonard Cohen editaba su debut, *Songs of Leonard Cohen,* que incluía *Suzanne* o *So Long Marianne.*

Y también a Pink Floyd, que grababa su debut *The piper at the gates of dawn* en Abbey Road. Encabezados entonces por Syd Barrett, encapsularon en canciones como *Arnold Layne* o *See Emily play* el espíritu del mítico UFO Club londinense. Por desgracia, Barrett fue una de las víctimas de la psicodelia, quedándose atascado en sus viajes de LSD poco después de la publicación del disco, un colapso mental que lo llevó a un triste ostracismo hasta el final de sus días. Mientras registraban *The piper at the gates of dawn,* en la habitación de al lado, The Beatles trabajaban en el que sería el disco más importante de su carrera, *Sgt. Pepper's Lonely Hearts Club Band,* álbum que marcaba el inicio de una nueva etapa más experimental en el grupo.

La obra maestra de The Beatles —rivalizando con *Pet Sounds,* de The Beach Boys— encabeza cientos de listas de los mejores discos de la historia, y aglutina muchas de las razones que colocan a 1967 como el mejor año del rock. *Sgt. Pepper's Lonely Hearts Club Band,* editado el 1 de junio de 1967, convierte la psicodelia en un género popular, da el pistoletazo de salida al «verano del amor», revoluciona el concepto de canción pop y marca un punto de inflexión en la definitiva madurez de la historia del rock.

En junio de 1967, Scott McKenzie, con su canción *San Francisco,* y la repetida línea *Be sure to wear flowers in your hair* convocaba en San Francisco a los *hippies* de medio mundo a que llevaran flores en el pelo. Escrita por John Phillips, vocalista de The Mamas & The Papas, la canción ayudó a sembrar el inicio del «verano del amor», una aproximación más mercantilista que romántica del movimiento contracultural que se venía gestando en el barrio de Haight-Ashbury en San Francisco. La influencia de los *beatniks,* el bajo precio del alquiler en San Francisco, la oposición de los pacifistas a la absurda guerra de Vietnam y una buena cantidad de jóvenes colocados hasta las cejas por un LSD entonces legal llevaron a esos mismos jóvenes a enfrentarse al sistema, eso sí, no de una manera ordenada y demasiado efectiva como acabaría demostrándose.

En 1967 los Stones editaban *Their satanic majesties request* y Dylan publicaba *John Wesley Harding,* con temas emblemáticos como *All along the watchtower.* El año 1967 recibía también el primer gran festival: Monterey Pop. Celebrado entre el 16 y el 18 de junio, fue el primero de los grandes festivales de la era *hippie.* Unas 200.000 personas asistieron atónitas al desparrame instrumental de Jimi Hendrix, The Who, Simon & Garfunkel, The Byrds, Big Brother & The Holding Company, Otis Redding, The Grateful Dead o Buffalo Springfield.

Hay diferentes motivos para entender el brutal desembarco de talento e inspiración en tan solo doce meses. Esencial fue la llegada a la edad adulta de una generación de *baby boomers,* los nacidos tras el final de la Segunda Guerra Mundial y que habían crecido con el *rock 'n' roll* durante su infancia y adolescencia, jóvenes que demandaban una música que hablase de su realidad, tocada por gente como ellos. Toda la música que se había desperdigado durante la explosión pop de los primeros sesenta, encabezada con los Beatles, había germinado por fin. En 1967 el resultado de todo aquello empezó a caer como fruta madura. El propio formato elepé, que había sido introducido apenas veinte años antes, no había conseguido superar al single hasta ese momento. Pero fue entonces cuando se vieron sus posibilidades más allá de la mera acumulación de canciones. El *Sgt. Pepper's* demostró que un disco podía contar una historia, tener una narrativa. Y que también se podía ver el mundo a través de un álbum. En 1967 los discos como objeto capaz de transmitir un mensaje alcanzan definitivamente su mayoría de edad.

«Música moderna» en España

En la España de los sesenta Julio Iglesias encontró un contexto musical novedoso e interesante. Las vicisitudes de la posguerra después de casi treinta años parecían por fin terminadas. Tímidamente se entrevé una floreciente época de bienestar con la creación de una nueva clase media y el aumento del poder adquisitivo que permitió la llegada de turistas y, más importante, una etapa que ofrecía a los españoles viajar a otros países y, después de años de oscurantismo, conocer qué pasaba a su alrededor.

Musicalmente, los jóvenes de la posguerra abandonaron el bolero y la canción romántica, asociados directamente a la generación anterior, para adoptar los nuevos ritmos americanos y europeos en una deliciosa marca genérica muy española conocida como «música moderna».

A finales de los cincuenta, en España habían empezado a aparecer cantantes y grupos que imitaban como espejos los modelos extranjeros. Ya en los sesenta, el tradicional baile de fiesta mayor es sustituido por el rock, el twist o *la yenka,* y la radio, los festivales estudiantiles y la prensa favorecen una afirmación de la identidad musical española y también el deseo de emular a los cantantes y grupos de éxito internacional. Los cantantes españoles comenzaron cantando en inglés los éxitos del momento, pero poco a poco fueron introduciendo títulos propios cantados en español.

Los medios de comunicación, especialmente la radio, resultaron determinantes para la expansión juvenil de los nuevos sonidos. Ángel Álvarez desde su programa *Caravana Musical,* con sus sesiones matinales de los domingos, alumbra a la España sesentera a nuevos artistas, como Los Pekenikes, Los Estudiantes o Dick y Los Relámpagos. En este periodo el poder adquisitivo de los jóvenes aumenta, dándoles acceso no solo al transistor, sino también a los conciertos, al tocadiscos y, más importante aún, a los discos que alimentaban los reproductores de música.

En 1963 *El Gran Musical* de la Cadena SER se convirtió en una de las referencias musicales con un fuerte impacto en la industria discográfica. Artistas como Joan Manuel Serrat, Luis Eduardo Aute o Víctor Manuel lograron hacer despegar sus carreras tras sus apariciones en el programa. En menor medida, en aquel momento la «música moderna» triunfa en la televisión con el programa de los domingos por la tarde *Escala en Hi-fi,* y la prensa aporta su papel en la difusión de la música joven con cabeceras emblemáticas como *Discóbolo, Fonorama* y *Fans*. En definitiva, cuando Julio decide desembarcar en el negocio de la música, España ya había construido un pequeño ecosistema musical eficaz y con fuerte llegada entre la audiencia más joven*.

La referencia del Dúo Dinámico

Pero si el pop y el rock dominaban las emisoras de medio mundo, el guateque español estaba gobernado con mano de hierro por una pareja de talento deslumbrante: el Dúo Dinámico.

Formado en 1958 en Barcelona por Manuel de la Calva y Ramón Arcusa, el Dúo Dinámico es el grupo pionero del pop en España. Comenzaron haciendo versiones de éxitos americanos como *Adán y Eva,* de Paul Anka, *Hello Mary Lou,* de Gene Pitney, o *Bye bye love,* de los Everly Brothers, pero pronto se lanzaron a componer sus propios temas, con los que obtuvieron grandes éxitos; canciones como *Quince años tiene mi amor, Quisiera ser, Amor de verano* o *Resistiré* arrasaban entre los jóvenes españoles en una década que observaba, con algo de distancia, los peores momentos de la posguerra y un ligero agotamiento del franquismo más radical.

---

* Journals.openedition.org.

The Dynamic Boys, que así se llamaron en un primer momento, destacaron por un estilo musical propio, tanto en sus canciones originales como en las múltiples adaptaciones que hicieron de éxitos internacionales, convirtiéndolos en precursores del fenómeno juvenil en España, técnicamente la primera *boy band* de nuestro país.

Con una estética cuidada, basada en un vestuario de colores alegres que contrastaban con los sobrios cantantes de la época, lograron su primer gran éxito con la película *Botón de ancla* en 1961. El Dúo Dinámico funcionó bien en los festivales de la canción de la época, logrando en 1961 con *Quisiera ser* un meritorio segundo lugar en el Festival de Benidorm.

Su mayor éxito como autores llegaría en 1968 con la canción *La, la, la,* interpretada por Massiel, creada en un hotel en Orense y ganadora del Festival de Eurovisión de ese año. La canción estaba compuesta originalmente para Joan Manuel Serrat, amigo personal con el que compartían representante, José María Lasso de la Vega. La amistad y los lazos artísticos de Serrat y el Dúo Dinámico venían de lejos. *El Noi del Poble Sec* en alguna ocasión recordaba que cuando iba al instituto tenía que atravesar el Paral·lel y pasar por delante de los teatros donde actuaba el Dúo Dinámico, donde una ola de adolescentes se les encaramaban pretendiendo algo más que sus autógrafos.

La negativa de la dictadura franquista a que Serrat pudiera interpretar una parte de la canción en catalán motivó el cambio de cantante. *La, la, la* supuso el primer triunfo de España en Eurovisión, y el primer intento de unión europea con un estribillo sin idioma, una letra que todo el mundo podía entender. Por mucho que la censura pusiera palos en las ruedas del intérprete catalán, la letra de alguna manera recogía el espíritu de Serrat, un canto a la tierra, a la madre, al amor y a las cosas sencillas.

Las canciones de Manuel de la Calva y Ramón Arcusa invitaron a la juventud española a escuchar nuevas propuestas, abrir los oídos a la «música moderna» que triunfaba en el resto del mundo. La irrupción del Dúo Dinámico empujó hacia el éxito a grupos que marcarían época en la cultura pop en España.

Chico yeyé

A pesar de que fueron muy populares hasta mediados de los sesenta, la moda de los dúos no sobrevivió a la ola *beat*. En 1963 el conjunto Los Mustang hizo proliferar a los grupos con batería y guitarras eléctricas. Así, aparecieron Mike Ríos, conocido más tarde como Miguel Ríos, Los Relámpagos, Los Pekenikes, Los Sírex, Bruno Lomas, Los Tonys y un largo etcétera.

El rock se solapó con el yeyé francés, la transcripción fonética del inglés «Yeah, Yeah», que representaba lo joven y moderno. La ola yeyé, protagonizada en Francia por Sylvie Vartan, se propagó rápidamente en España y logró una poderosa identificación en Karina en la segunda mitad de los años sesenta, especialmente tras su enorme éxito con *Me lo dijo Pérez,* de Alberto Cortez. Rubia y aniñada como Sylvie Vartan, Karina triunfó en las listas de éxitos, aunque la imagen definitiva de *La chica yeyé* llegaría con Concha Velasco gracias a la canción de Antonio Guijarro y Augusto Algueró.

La moda yeyé tampoco duró mucho, arrasada por el «verano del amor» y la irrupción *hippie* del 67. En España los Beatles abrieron el inagotable filón de los conjuntos, y los grupos de *beat* español aparecieron como una plaga por toda la geografía con nombres míticos como Los Salvajes, Lone Star, Los Sírex, Los Estudiantes, Los Pekenikes, Los Sonor, Los Botines, Los Relámpagos y, naturalmente, Los Brincos, lo más parecido a The Beatles hecho en España. Nacidos en 1964 con miembros procedentes de otras formaciones como Fernando Arbex, de Los Estudiantes, Junior, de los Pekenikes, Juan Pardo, de Los Vándalos, y Manuel González, que encontró en Los Brincos su primera oportunidad, su calidad vocal y un gran sentido de la melodía pop mostró la capacidad de los grupos nacionales para rivalizar con garantía y talento con las propuestas internacionales. Los Brincos no solo ejemplificaron la apertura cultural española de la época, sino que con sus canciones demostraron que en España también se podía grabar música de calidad.

En definitiva, a imagen y semejanza de lo que ocurría en el resto del mundo, 1967 fue también un gran año para la música española. Por motivos evidentes, la dictadura nos alejaba de la era de la psicodelia o el acid rock, pero los conjuntos, otro delicioso nombre distintivo de los grupos españoles, estaban en su era dorada. Los Bravos, que acababan de disfrutar de un enorme éxito con *Black is black,* triunfaban con la canción, el álbum y la película *Los chicos con las chicas*. Los Brincos, a punto de empaparse de lisergia y rock progresivo, editaban la canción del verano español: *Lola*. Juan y Junior, recién salidos del grupo, triunfaban a dúo con *La caza* o *Nos falta fe*. Con *Todo negro,* Los Salvajes castellanizaban un tema psicodélico de The Rolling Stones, *Paint it black*. Y Raphael, con su *Hablemos del amor,* arrasaba en la radio.

Julio Iglesias había crecido escuchando los discos de Mina y *Cuando te hablen de amor* y *Un mundo raro,* de Pedro Vargas. Gelu, la avalancha de conjuntos, Luis Gardey, Jaime Morey o Raphael protagonizaron de manera ineludible la vida musical española en los sesenta. Pero de entre todos los grandes nombres de la época, el Dúo Dinámico fue la inspiración y referencia crucial en el crecimiento musical de Julio, que, por otra parte, sería un artista con un registro completamente diferente a todo lo que había en la España de finales de los sesenta. En parte, el futuro éxito de Julio Iglesias se cimentaría en su propuesta alejada de los conjuntos, el *yeyeísmo* imperante y las grandes figuras vocales protagonistas de una época. Julio, a su manera, era único.

ESTIVAL ESPA

8
La vida sigue igual

Quisiera ser, Dúo Dinámico

126: octubre 1968. Julio Iglesias, tras ganar la décima edición del Festival Internacional de la Canción de Benidorm, posa en los estudios de Televisión Española, en Prado del Rey. © Album / EFE.

124-125: Benidorm, 18 de julio de 1968. El conjunto musical Los Gritos defendiendo la canción *La vida sigue igual* del cantante Julio Iglesias, autor de la letra y la música, que obtuvo el primer premio del X Festival Español de la Canción de Benidorm. © Album / EFE.

Julio atravesó el umbral de la puerta de las oficinas de Hispavox dispuesto a cumplir el sueño de ver *La vida sigue igual* grabada en un disco de vinilo. El efervescente movimiento musical del momento también provocaba cierta saturación de solistas y nuevas bandas en el mercado. La compañía Hispavox rechazó las canciones de Julio.

Lejos de desanimarse y con grandes dosis de paciencia, Julio, acompañado por un amigo, se marchó con su música hasta el sello Columbia, la compañía más importante en España en ese momento, absorbida después por la poderosa CBS, y que años más tarde acabaría reconvertida en SONY Music. La historia del histórico sello discográfico dice que, en 1917, un emprendedor donostiarra obtuvo la licencia de Discos Columbia para España. Enrique Inurrieta fundó una de las primeras compañías discográficas españolas dedicada en un principio a la venta de gramófonos y después a las pastillas de pizarra, y con la llegada de la *Beatlemania* empezaría a firmar artistas, construyendo entonces el mítico edificio del Conde Orgaz en la zona madrileña de Arturo Soria, edificio por cierto derribado en la segunda década de los 2000. Todo aquello acabaría siendo parte de la CBS después de una rocambolesca historia de licencias para editar vinilos bajo la marca Columbia y una serie de batallas legales con la compañía BMG de por medio. Pero eso sería mucho más tarde. Julio Iglesias, aún con bastones, llamó a la puerta de Enrique Garea, por entonces jefe del sello Columbia. A pesar de estar prácticamente recuperado, el joven de vez en cuando echaba mano a sus viejos bastones cuando no se sentía del todo seguro: «Mi primera impresión sobre él es que tenía muchas ganas de triunfar. Yo tenía muchos artistas y él era uno más, solo que más insistente que el resto. Estaba empeñado en que su canción fuera un éxito»*.

Enrique Martín Garea nació en Madrid en 1927 y muy pronto empezó a trabajar como botones. Después de ganar unas oposiciones para trabajar en la Sociedad General de Autores de España (SGAE), en 1953 creó la discográfica Hispavox junto a otros compañeros, como José Manuel Vidal. Cuando Garea ficha como director general de Discos Columbia, Rafael Trabuchelli ocuparía su puesto como A&R en Hispavox. Enrique Garea ayudó notablemente al crecimiento de infinidad de artistas en España y, más importante, tuvo muy claro que en América se escondía un inagotable nicho de fans para los cantantes españoles. En cierta medida, el precursor de aquel sueño llamado «hacer las Américas» fue Enrique Martín Garea. En Columbia recibió la primera canción de Julio, siendo por derecho el primer impulsor de su carrera.

¿Por qué no la cantas tú?

En un principio, Julio había paseado la canción por los diferentes sellos discográficos con la intención de que fuese otro y no él quien la interpretara. Cuando Garea escuchó la maqueta de *La vida sigue igual* llamó inmediatamente a Julio:

«Me ha gustado mucho la canción, ¿por qué no la cantas tú?».

Garea fue uno de los baluartes de Julio y creyó en él desde el primer momento. Pero ese apoyo incondicional no cambió su opinión sobre el joven cantante, a quien se refería como *«un pesado»* cada vez que se acercaba por las oficinas de Columbia a visitar a Gabriel Gon-

* *Vanity Fair.*

zález, el responsable de la promoción de los sencillos en la radio. «Aquí llega Mateo con la guitarra»*, decía Garea con resignación en cuanto veía asomar el flequillo de Julio por su despacho.

Julio ya se sentía lo suficientemente honrado como autor, así que ante la propuesta de Garea para que cantara su canción, sencillamente respondió con un «porque yo no soy cantante». El simple hecho de que una creación suya fuera a ser cantada por otro le llenaba de felicidad. Columbia aceptó que no fuera Julio quien cantara la canción y decidió enviar *La vida sigue igual* al Festival de Benidorm, en aquella época trampolín indiscutible para los nuevos talentos. Garea y el equipo de Columbia escogieron al cantante Manolo Pelayo para defender *La vida sigue igual* en el certamen.

Manolo Pelayo era un cantante canario que destacaba por unos penetrantes ojos azules, el pelo rubio y una buena voz. Su sentido del humor y su cara, a medio camino entre el niño y el muchacho gamberro, lograron hacerle destacar entre el público femenino y ser aceptado entre los chicos. Cuando regresó a España después de un viaje a Londres, y una vez terminado el servicio militar, formó en 1961 el conjunto Los Vultures, que poco después se convertiría en Las Estrellas Negras y más tarde en Los Diablos Negros. Manolo y Los Diablos eran atrevidos y rebeldes, y muy buenos, y registraron algunos de los mejores temas *beat* grabados en castellano. Los jóvenes más modernos de Madrid los tomaron como ídolos indiscutibles desde el primer momento.

Tras dejar Los Diablos Negros en 1965, Manolo toma las riendas de Los Botines, grupo al que poco más tarde llegaría un desconocido Camilo Blanes, un muchacho de Alcoy que terminaría triunfando en todo el mundo como Camilo Sesto. Tras Los Botines, en 1966 Manolo Pelayo firma con Columbia para iniciar su recorrido como cantante solista. Su presentación tuvo lugar en el Festival de la Canción de Mallorca con *Rufo el pescador,* tema escrito por él y defendido junto a una debutante Massiel.

---

* Alfredo Fraile, *Secretos confesables,* Península, 2014.

Después de algunos altibajos en su carrera, la oportunidad de cantar en el Festival de Benidorm ofrecía a Manolo el salvoconducto definitivo a la fama y la ansiada consolidación de su carrera.

Pero la vida es imprevisible; un accidente de coche vio nacer al Julio Iglesias cantante, y para la historia ha trascendido que una inesperada hepatitis mató la carrera musical de Manolo Pelayo apartándolo del festival. Aunque el propio Pelayo desmiente la teoría de que fuera la enfermedad la causante de su ausencia en Benidorm, «fue por hartazgo. En el 68 decidí retirarme para ir a la universidad y estudiar Políticas y Económicas. Julio, que era fan mío y que estaba en contacto con mi casa de discos, Columbia, arregló con ellos cantar la canción»*.

Un largo camino

A comienzos de julio de 1968, desde Columbia llamaron de urgencia a Julio para que grabara y representara su canción en el Festival de Benidorm que iba a celebrarse tan solo diez días más tarde. En Columbia seguramente pensaron que nadie podría defender mejor la canción que su autor.

En 1968 el Festival de Benidorm celebraba su décima edición. El certamen había nacido en 1959, a imagen y semejanza de Eurovisión. Los festivales de la canción proliferaban por Europa, herederos todos ellos del de San Remo, cuya primera edición había tenido lugar en 1951.**

La localidad de Benidorm, la gran urbe del Mediterráneo convertida hoy en una hilera de edificios mastodónticos, era por aquel entonces uno de los destinos preferidos por una gran mayoría de turistas internacionales, seducidos por el delicioso clima del levante, las interminables noches de fiesta y cachondeo, y un cambio de moneda amable, puro emblema del *desarrollismo* franquista.

A finales de los cincuenta, su alcalde, Pedro Zaragoza Orts, más tarde ascendido a presidente de la Diputación de Alicante, había em-

* Carlos Arévalo, *Retromagazin,* 12 de agosto de 2016.
** Carlos Toro, *El Mundo.*

prendido la tarea de transformar el tranquilo pueblo de pescadores y agricultores en un destino turístico y de ocio. El régimen de Franco convirtió a Pedro Zaragoza Orts en el paradigma del político modelo: un hombre con iniciativas dirigidas a mejorar la imagen del país y contribuir al crecimiento económico.

El festival, apoyado por la radio y la televisión estatales y organizado por la Red de Emisoras del Movimiento (REM), incrementó notablemente la oferta turística del pueblo. En 1968 el festival ya gozaba de prestigio y sus canciones más destacadas escalaban las listas de popularidad y ventas, contribuyendo al auge de la industria discográfica.

Entre otros, el festival había lanzado a la fama a un adolescente Raphael, y los mejores letristas y compositores de la época situaban el festival como uno de sus principales objetivos. Los autores consagrados y los noveles, incluyendo a los cantautores, aspiraban a ganar la Sirenita de Oro, la figura en forma de trofeo que recibía el ganador. Por si fuera poco, el premio económico era también importante, con 100.000 pesetas para la canción ganadora y 50.000 para su intérprete, una suma muy respetable para la época.

La vida sigue igual tenía todavía por delante un largo camino por recorrer. Julio la había empezado a escribir con la guitarra de Eladio, durante su periodo de rehabilitación en Madrid, y la terminó meses después en Londres. Se trataba de una canción muy personal, un canto a la lucha y al «hay que seguir». La compuso de manera lenta, poco a poco desde las tripas, con cierto dolor pero también con fuerza.

El jurado del Festival de Benidorm obligaba a todos los participantes a grabar su canción antes de la selección definitiva, y la primera experiencia de Julio en un estudio de grabación fue dura. Angustiado, tuvo que grabar la canción sentado en una silla. Y no porque a Julio le doliera la espalda, sencillamente estaba nervioso, histérico, atemorizado. «Era la primera canción que grababa en mi vida. Lo recuerdo ahora y siento como una lejana lástima de mí. Pero lo hice»*, recuerda.

* *Entre el cielo y el infierno.*

Superando el veto político

Una vez terminada la canción en el estudio, todos los cantantes que participaban en Benidorm también tenían que mostrar sus temas grabados ante la autoridad competente para que diera el visto bueno. La canción de Julio tuvo que enfrentarse a un penúltimo obstáculo, el veto de los miembros afines al Movimiento Nacional, los elementos tenebrosos que controlaban la televisión y que, sin motivo aparente, no deseaban que *La vida sigue igual* participara en el festival. Quizás los censores vieron en la letra de *La vida sigue igual* algún tipo de mensaje oculto, una velada crítica al régimen con un mensaje encriptado en las palabras de Julio, algo obviamente absurdo. Sea como fuere, algo vieron los censores en *La vida sigue igual* que no les gustó.

El Movimiento, el mecanismo totalitario del franquismo de inspiración fascista, pretendía ser el único cauce de participación en la vida pública española. Respondía a un concepto de sociedad corporativa en el que únicamente debían expresarse las llamadas entidades naturales: familia, municipio y sindicato. En la cúspide del Movimiento aparecía el propio Franco, secundado por un ministro secretario general del Movimiento.

El doctor Iglesias, un personaje ya con bastante poder en esa España de finales de los sesenta, llamó a José Solís Ruiz, el mismísimo ministro secretario general del Movimiento para pedir explicaciones por la exclusión de la canción de su hijo.

Solís era conocido por ser el miembro menos dogmático del sector falangista. Solís acometió la tarea de modernizar el Movimiento cuando se encontró con un partido anquilosado en el pasado, víctima de la separación que existía entre la generación que hizo la Guerra Civil y las generaciones más jóvenes. José Solís Ruiz tuvo un papel destacado en las políticas del régimen durante la etapa *desarrollista*. Persona jovial y de palabra fácil, pronto se convirtió en una de las figuras más populares de la dictadura. Se le conocía como «la sonrisa del régimen».

El doctor Iglesias no le contó a su hijo que había llamado al ministro y que la canción pasó el absurdo veto de los elementos del

Movimiento tras la bendición de Solís*. Tan solo un año después, en octubre de 1969, Solís Ruiz fue destituido fulminantemente de sus cargos al destaparse el escándalo MATESA, cuando la prensa del Movimiento hizo público un caso de corrupción que afectaba a un empresario relacionado con el Opus Dei.

Enrique Martín Garea fue quien informó a Julio de que la canción había logrado pasar el primer corte del jurado. Además, Garea le dijo que, en Benidorm, Columbia estaría representada por dos artistas y dos canciones diferentes; *La vida sigue igual,* cantada por Julio, y Manolo Otero, un artista con un registro vocal parecido al de Sinatra pero en joven, que interpretaría el tema *¿Dónde vas?*

El Festival de Benidorm

En aquellos días Julio tenía un pequeño Seat 850, en el que, junto a Martín Garea y Otero, emprendió rumbo a Benidorm.

A pesar de ser una distancia de apenas cuatrocientos cincuenta kilómetros, el viaje entre Madrid y Benidorm fue un largo desastre que les llevó prácticamente un día entero. El 850 de Julio se calentaba constantemente y la pareja de aspirantes, bajo una solana de justicia, tuvo que hacer infinidad de paradas a lo largo de los páramos de Castilla-La Mancha. Con las cuatro ventanillas del coche bajadas, viajaron a ochenta kilómetros por hora a más de cuarenta grados. En ocasiones el viaje rozó el absurdo, cuando Julio encendía la calefacción para que el pequeño Seat se refrigerara un poco. A eso de las seis de la tarde, con la playa aún llena de gente en bañador, el 12 de julio de 1968, Julio Iglesias llegó a Benidorm.

Julio y Manolo fueron directamente hasta el pabellón donde se encontraba el punto de información del festival. Allí los artistas eran distribuidos en hoteles y conocían de primera mano los horarios de ensayos y actuaciones. El responsable de la organización del evento agarró una libreta grande que reposaba sobre la mesa al aire libre y les informó de que su ensayo sería al día siguiente por la mañana. Julio indagó un poco más:

---

* *Voluntad de hierro.*

—Y yo, ¿en qué puesto voy?, ¿en qué lugar canto mi canción? —preguntó el joven.

—A ver..., canta usted..., a ver, a ver..., usted canta en primer lugar —le animó el tipo de la libreta*.

Julio no pudo reprimir un pensamiento que salió espontáneamente de su boca en voz alta:

—¡Me cago en mi padre!

Julio y Manolo se marcharon entonces al hotelucho donde los alojaron y se dieron un chapuzón en el Mediterráneo. Después de un viaje infernal, las playas de Benidorm refrescaron a los dos jóvenes a punto de iniciarse en un nuevo mundo. Julio y Manolo mantuvieron una sólida amistad desde entonces. Manolo Otero se casó años más tarde con la actriz y vedete María José Cantudo, con quien tuvo un hijo. En 1974 grabó el tema *Todo el tiempo del mundo,* canción que lo dio a conocer internacionalmente. Otero siempre contó con grandes productores y compositores como Manolo de la Calva, Ramón Arcusa o Camilo Sesto, entre otros. Desde 1991 residía en Brasil, donde falleció en 2011 a los sesenta y ocho años víctima de un cáncer hepático.

Después del baño y la cena, los aspirantes a estrellas se fueron a dormir. Al día siguiente Julio se presentó en los ensayos del festival hecho un manojo de nervios. Aquel verano hizo un calor asfixiante, fue uno de los más calurosos del siglo, y Julio realizó el ensayo en la plaza de toros, llena de sillas vacías bajo un sofocante sol. Con el paso de los años, el crecimiento del festival había desplazado el enclave original de los jardines estivales de Manila Park hasta la plaza de toros que recibió a Julio Iglesias, una estampa de tipismo y cosmopolitismo patrio, donde gente bronceada del lugar se entremezclaba con la población extranjera entre atuendos informales y trajes de fiesta, el equilibrio perfecto de la sangría y la lectura del *Sunday Times*.

En la plaza de toros, con Julio estaban también las chicas del Trío La, la, la, Mercedes Valimaña, María Dolores Arenas y María Jesús Aguirre, un trío formado en 1967 sin muchas pretensiones, haciendo voces para otros, y que las llevaría a cantar, entre otras cosas, la sin-

* *Entre el cielo y el infierno.*

tonía de Coca-Cola o los coros de los primeros discos de Fórmula V. En 1968 fueron llamadas con urgencia para acompañar a Massiel en Eurovisión, bautizadas desde entonces como el Trío La, la, la. A pesar del trato distante de Massiel, con la que solo coincidieron en el ensayo general, *La, la, la* triunfó en Eurovisión y ellas tres fueron retratadas por la prensa de la época como el mejor coro de Europa. Poco trascendió que tuvieran que confeccionarse sus propios vestidos con un retal de tela que compraron en Galerías Preciados, o que no cobraran ni una sola peseta. El caso es que las tres chicas ayudaron notablemente y dieron confianza a Julio en su aventura de Benidorm. En el ensayo, *La vida sigue igual* sonó bien, los micrófonos no fallaron y nadie prestó demasiada atención a aquel joven algo tímido cantándole a la vida.

Viaje a la gloria

Treinta y seis horas más tarde llegaba la hora de la verdad. El festival se dividía en dos fases eliminatorias; una primera ronda clasificatoria y la gran final. Para las actuaciones en Benidorm, Julio le había encargado al sastre de su padre y de su abuelo dos trajes, uno azul y otro de un blanco inmaculado. Se gastó 24.000 pesetas, unos 150 euros, un dineral para la época. El primer día, Julio cantó de blanco.

Antolín García, el presentador de la gala que había comenzado su carrera profesional en Radio Intercontinental y que desde 1952 ponía su voz como actor de doblaje a figuras como Cary Grant, Glenn Ford, Alain Delon o Peter O'Toole, agarró el micrófono y pronunció las palabras que Julio llevaba esperando largamente:

«Canción: *La vida sigue igual*. Letra y música: Julio Iglesias. Intérprete: Su autor, Julio Iglesias».

Después de que aquellas palabras resonaran a lo largo y ancho de la plaza de toros, durante más de tres minutos el escenario permaneció en silencio, nadie apareció por allí, Julio se escondía entre bambalinas aterrado, inmóvil, superado. Enrique Garea lo vio allí detrás, cagado de miedo, atado al suelo por unas manos invisibles, y lo empujó con fuerza hasta el escenario. Julio entró medio tropezando y la música empezó a sonar.

Cuando la orquesta tocaba su canción, Julio no se lo podía creer, en ese momento recordó aquella vez que, abrazado a su guitarra de seiscientas pesetas, tirado inerte en la cama de hospital de su casa, le dijo a su madre que un día ganaría el festival, ese cuyo escenario estaba pisando en ese preciso instante.

Ese pensamiento tan solo duró un segundo. Rápidamente, Julio buscó en lo más profundo de su alma la voz que necesitaba para cantar. Y cantó. Cantó con las manos enterradas en los bolsillos, unas extremidades que le sobraban y con las que no tenía ni idea de qué hacer, un gesto espontáneo y que el tiempo convertiría en seña de identidad del artista.

La canción duró un suspiro, y el susurro cantado de Julio mutó en aplauso del público. Julio había estado discreto, pero la canción había gustado, y ya entre bastidores recibió el abrazo y el apoyo de Manolo Otero, su compañero de viaje y socio en la odisea de Benidorm.

Diez canciones más tarde, el grupo Los Gritos, y siguiendo la tradición del festival por la que una misma canción era interpretada por dos artistas diferentes, abordó una versión rítmica de *La vida sigue igual*. A pesar del miedo, de las manos en los bolsillos y la encogida primera interpretación en la plaza de toros, Julio logró clasificarse para la gran final.

El cantante de Los Gritos era Manolo Galván, uno de los más interesantes cantantes del pop hispano. Los Gritos recibieron la propuesta de participar en el Festival de Benidorm con una melodía original de un desconocido cantautor, un estudiante de Derecho llamado Julio Iglesias de la Cueva. Y Galván aceptó.

La vida sigue igual sirvió de trampolín para el éxito de Los Gritos. Los comentaristas musicales de aquel evento coincidieron en que el intérprete madrileño estuvo *sosito* y con poca voz, aunque su composición destacara entre todas, manteniendo que la versión del grupo resultó más atractiva, más moderna, conforme a los gustos juveniles de entonces. Sobre todo se destacaba la personalidad de su vocalista, Manolo Galván, con su voz grave, algo rota, muy personal*. En la línea

---

* *Libertad digital,* 24 de junio de 2013.

de algunos cantantes italianos, como Adriano Celentano, a partir de 1970 inició su carrera en solitario, logrando gran repercusión en Argentina, donde fijó definitivamente su residencia en 1981. En 2006 anunció su retirada de los escenarios. *Poema del alma, Deja de llorar, Te quise, te quiero y te querré, Hijo de ramera, ¿Por qué te marchas, abuelo?, Solo pienso en ti* y *Suspiros de amante* son algunas de sus canciones más conocidas. Desafortunadamente, en mayo de 2013 Galván fallecía a la edad de sesenta y seis años en Bella Vista (Argentina), donde residía, víctima de un enfisema pulmonar.

La gran final

Tres días más tarde, en la noche mediterránea del 17 de julio de 1968, la décima edición del Festival de Benidorm celebraba la gran final.

Para la final Julio Iglesias ocupó la novena posición. Si en la semifinal estuvo inseguro y temeroso, cuando llegó el gran día, Julio ya estaba mucho más hecho. Consciente de la oportunidad que se le presentaba y que por nada del mundo iba a desaprovechar, mientras salía al escenario, caminando con determinación, y ya sin las manos invisibles que lo atornillaban al suelo, pensó: «Esta es mi oportunidad. No la dejaré escapar. Es mi momento»*. Y Julio Iglesias ganó el festival.

«Yo fui al Festival de Benidorm y tuve la gran suerte de que a lo mejor no había una canción mejor que *La vida sigue igual;* o si la había pasó desapercibida, que también pasa a veces. En muchos festivales, cuando la canción es mediocre, pero no hay canciones mejores, pues gana ella. Y ese festival me dio a mí la idea de que algún día podía llegar a ser cantante. Es un poco la circunstancia de Ortega y Gasset, la teoría determinista no existe. Yo no creo en el destino, pero sí en la circunstancia. La circunstancia se da: si tú un día cruzas la esquina al mismo tiempo que tu futura mujer, pues imagínate, es tu mujer. Y si ese día tardas más tiempo en peinarte, pues no la ves»**, reflexionó Julio sobre su primera canción muchos años después.

---

* *Entre el cielo y el infierno.*
** *La Voz de Galicia,* 18 de julio de 2018.

Tan pronto bajó del escenario, Julio se abrazó a Ricardo Zamora, su ídolo de adolescencia, el portero internacional de la gorra con visera y el jersey de cuello vuelto, y también un veraneante asiduo de Benidorm. Julio lo estrujó entre los brazos, y le dijo emocionado que aquello que no había logrado con el fútbol, lo intentaría en el mundo de la música.

Después de una entrevista con Raúl Matas para el Canal 13 de Chile y otra con Miguel de los Santos para Televisión Española, Julio se marchó del recinto y aquella noche, incrédulo todavía, no pegó ojo.

En cuanto pudo, arrancó su Seat 850 y puso rumbo a Peñíscola, trescientos kilómetros al norte de Benidorm. Julio viajó con una preciosa estatuilla en el maletero y 150.000 pesetas en el bolsillo. En esos momentos de felicidad solo pensaba en su familia y en su novia Gwendolyne.

Enrique Martín Garea, actor protagonista del lanzamiento de Julio, acompañó muchos años más al artista. Su vida profesional siempre estuvo vinculada al sector del disco y al mundo editorial, y su intermediación fue determinante para la posterior llegada de Julio a CBS y su conquista global. En octubre de 2018, Garea fallecía en Madrid a los noventa y dos años. Julio le escribió entonces unas palabras de agradecimiento:

> *Mi queridísimo Enrique Martín Garea, te has ido sin darme otra oportunidad para decirte que todo lo que ha pasado en mi vida, musicalmente, fue siempre la responsabilidad que tomaste para dejarme cantar* La vida sigue igual. *Siempre vas a estar presente en la primera página de mi vida. Te quiero por tantísimas cosas, descansa en paz.*
>
> *Milagros, para ti y tus hijos todo mi cariño y agradecimiento para siempre.*
>
> *Julio*

9

Yo canto

Black is black, Los Bravos

142: fotograma de la película *La vida sigue igual*. 1968. © Album.

140-141: fotograma de la película *La vida sigue igual*. 1968. © Album.

Eufórico, Julio apareció en Peñíscola con la Sirenita de Oro, la estatuilla que lo acreditaba como ganador en Benidorm. Su padre, Charo y su hermano, Carlos, escucharon con orgullo y emoción todas las peripecias vividas durante la semana anterior. El doctor Iglesias había leído en la prensa que un tal Julio Iglesias, abogado de profesión, un chico nuevo, había ganado en el festival. La revista *Diez Minutos* llegó a publicar: «Un universitario, ganador en Benidorm». Naturalmente, ni el doctor ni Charo ni por supuesto su hermano pequeño se lo creyeron. Pero aquello era verdad.

Quería compartir su éxito, y lo quería hacer con los suyos y con su novia, Gwendolyne. Hasta ese momento, Julio había tenido una única novia conocida en el pasado, una joven a la que cariñosamente llamaba *Chispa* y con quien formalizó noviazgo, una chica estupenda de la que Charo siempre contaba maravillas y que compartió el corazón de Julio algunos meses*. Tal y como ocurriría con otras mujeres a lo largo de la vida de Julio Iglesias, *Chispa,* igual que entró y se hizo

---

* *Secretos confesables.*

con un pequeño espacio en la rutina diaria del cantante, un día desapareció.

Julio se había enamorado de Gwendolyne en Inglaterra y después de celebrar en familia el triunfo del festival, con el dinero del premio, viajó en avión hasta París en busca de su amor.

Julio Iglesias tenía veinticuatro años cuando llegó a Francia. No solo su vida había dado un giro monumental con su triunfo en Benidorm, también el mundo estaba cambiando. Gracias al momento de creciente prosperidad tras la Segunda Guerra Mundial, en Francia germinó una cultura juvenil rebelde a la par que una sociedad de consumo americanizada se abría paso y configuraba una cultura del ocio insólita hasta ese momento.

La revolución francesa

Julio vivió en primera persona el brutal contraste entre una Francia revolucionaria y una España tibia y mojigata. París acababa de vivir el Mayo del 68. Unos días de revolución con aires de libertad, donde se escucharon o se escribieron consignas universales como «Prohibido prohibir» o «Bajo los adoquines, la playa»; la gente ocupó las calles para soñar y cambiar la sociedad, y se terminó cuestionando todo el sistema político, económico, social y cultural. La semilla de la revuelta tuvo su origen el 3 de mayo, cuando debido a las reivindicaciones de los estudiantes de la Universidad de Nanterre y el posterior cierre del centro, las protestas continuaron en La Sorbona. Todo el revuelo provocó dos semanas más tarde la convocatoria de una huelga general que fue secundada por millones de trabajadores. De esta manera, las protestas de una universidad desembocaron en una paralización de todo un país. Las fábricas dejaron de producir, los trenes no salían de las estaciones. El aeropuerto quedó totalmente paralizado. París parecía una ciudad fantasma, sin prácticamente ningún coche por sus calles. Tanto la televisión como la radio pública secundaron la huelga. Y no solo eso, por ejemplo, el Festival de Cine de Cannes con miembros de la Nueva Ola a la cabeza, como François Truffaut y Jean Luc Godard, también apoyaron la huelga y se llegó a suspender este significativo evento cultural. A pesar de que al mes siguiente todo volvió a activarse, Mayo del 68 supuso un antes y un después en la historia contemporánea.

Corrían los años sesenta y el movimiento casaba con el espíritu de los tiempos, con las nuevas generaciones que impulsaban nuevas causas para un mundo mejor. Así toma importancia el cuidado del mundo: la ecología, la libertad sexual, el feminismo y una educación al alcance de todos. Mientras en Estados Unidos tomaba fuerza la filosofía *beat*, con artistas e intelectuales con un fuerte espíritu individualista, pero que aunaban lo contracultural y lo anticapitalista en su pensamiento, en el mundo se iba extendiendo un aire de protesta que generaba un canto a las libertades y a los derechos civiles. Lo característico en ese Mayo del 68 francés es que un movimiento que nació en las universidades se extendió a toda la sociedad.

Un nexo de unión para que se agitara el mundo, tanto en Estados Unidos como en Europa, fue la guerra de Vietnam, pero también se notaba que todo estaba cambiando ante la conmoción que produjo el asesinato en abril de Martin Luther King, el líder del movimiento de los derechos civiles. King al frente de este movimiento no solo luchaba por los derechos de los afroamericanos, sino que también era un representante activo contra la guerra de Vietnam y le preocupaba la pobreza en el mundo. Es decir, en él se daban muchas de las premisas para la consecución de un mundo más justo. De hecho fue condecorado con el Premio Nobel de la Paz en el año 1964, por su lucha para acabar con la discriminación racial y con la segregación. Uno de los momentos cruciales de su labor como líder fue la Marcha sobre Washington por el trabajo y la libertad el 28 de agosto de 1963, donde pronunciaría el mítico discurso *I have a dream,* otra consigna para lograr el objetivo común de un mundo mejor.

Paralelamente al asesinato de Luther King, Europa vivía días de pánico. En Alemania fue disparado, también en abril, el líder estudiantil Rudi Dutschke, un orador carismático que sobrevivió al atentado y acabó siendo un reputado sociólogo. Un joven de ultraderecha, Josef Bachmann, le disparó tres balas en la cabeza, pero Dutschke logró salvarse. Pese a los tratamientos nunca pudo recuperarse completamente de los daños internos provocados por el atentado. El 24 de diciembre de 1979, mientras tomaba un baño, sufrió un ataque de epilepsia consecuencia de las secuelas del atentado, muriendo ahogado.

Algunos expertos conjeturan que fue clave y revelador que Mayo del 68 comenzara en la Universidad de Nanterre, que era un barrio de mayoría obrera e inmigrante. Esto hizo que la clase trabajadora se sintiera identificada con la protesta estudiantil y se solidarizara con los jóvenes. También se terminaron implicando universidades más elitistas como La Sorbona, donde se encontraba Jean-Paul Sartre, que fue cómplice y simpatizante del movimiento y creador de una de las consignas más célebres: «La imaginación al poder». Porque Mayo del 68 fue un canto a la creatividad que se volcó en muchos de los grafitis, eslóganes, lemas, consignas y carteles que animaban las manifestaciones y decoraban los muros de los edificios y las calles. Palabras que han perdurado en el tiempo y que siguen formando parte de las protestas sociales del siglo XXI. También fue el movimiento más sorprendente y apasionante para los intelectuales de izquierda, todo un triunfo moral, pero es cierto que finalmente supuso un triste fracaso político.

La España mojigata

La preciosa Gwendolyne recibió a Julio en el aeropuerto de Roissy, en un París todavía con aires de revolución. Tan pronto estuvieron juntos se marcharon hasta el hotel Hilton, y allí Julio le propuso pasar unas vacaciones en España. La madre de Gwendolyne se acababa de divorciar y atravesaba un momento delicado, y en un principio fue reacia al viaje de la joven pareja. Finalmente, Julio le pidió permiso a la madre de su novia, y después de meter en el ajo a unos tíos lejanos de Galicia que mediaron entre Julio y su *suegra,* esta finalmente accedió. Julio era un hombre feliz y enamorado.

Dos días después, la pareja voló por la mañana de vuelta desde París hasta Barajas, y allí, aparcado en el estacionamiento del aeropuerto, agarraron el pequeño Seat de Julio para dirigirse del tirón a Orense.

El mismo coche que sufría y se recalentaba en las cuestas camino de Benidorm atravesó media España ahora en dirección norte, y los llevó durante todo el día hasta Galicia. A las diez de la noche, agotados, llegaron a su destino. Julio no quería ir a casa de sus tíos, así que decidió pasar la noche en el hotel San Martín. En una España mojigata, caduca y de moralidad rancia, la pareja se topó con un conserje embalsamado en la naftalina del régimen. Cuando Julio pidió una habitación con cama de matrimonio, el conserje le pidió el libro de familia y seguidamente espetó:

«Lo lamento. Ustedes dos no están casados. Lo más que puedo hacer es darles dos habitaciones»*.

Gwendolyne, roja como una cereza, observó cómo su novio entregaba los pasaportes, y ante la mirada de desconfianza del ordenanza, tomaba las dos llaves y ponía rumbo a la escalera del hotel. Pagaron dos habitaciones, pero Julio y Gwendolyne solo ocuparon una.

Amanecieron juntos en San Martín y fueron hasta la casa de los tíos de Julio, una casa enorme donde, naturalmente, los alojaron en dos habitaciones bien separadas. Nuevamente la añeja decencia española aparecía, esta vez en el seno de su propia familia. Con ganas de estar juntos, al día siguiente volvieron a intentarlo en el Gran Hotel de La Toja con el mismo resultado.

Los dos jóvenes se habían conocido de manera libre en el *Swinging London,* Gwendolyne acababa de vivir una revolución histórica en su país, y Julio compartía su amor con un inquebrantable deseo de triunfar en la música. Sin embargo, tuvieron que moverse entre dos mundos completamente diferentes, de la modernidad europea al universo más rancio del franquismo, un océano demasiado ancho para atravesarlo de una sola brazada.

La vida sigue igual empezaba a sonar con fuerza en la radio, pero casi siempre interpretada por otros. Julio estaba perdidamente enamorado de Gwendolyne, un amor loco y puro, una pasión verdadera, pero la llamada del éxito también empezaba a tocar con fuerza a su puerta. Quería a Gwendolyne, pero también quería triunfar. Escuchaba cómo los oyentes pedían su canción en la radio, y los más importantes *discjockeys* del momento la programaban junto a las grandes estrellas de San Remo. El Julio Iglesias deseoso de gloria y fama empezaba a emerger.

---

* *Entre el cielo y el infierno.*

La madre de Gwendolyne comenzó a preocuparse por su hija, y Julio, ante las dificultades locales de poder disfrutar abiertamente de su amor y su incipiente ambición artística, convenció a su novia para que regresase a Francia, eso sí, con la promesa de verse un par de semanas más tarde en París, irse a estudiar inglés a Estados Unidos y preparar su boda en el mes de septiembre. Pero Julio y Gwendolyne nunca se casaron. La llevó hasta el aeropuerto y le dijo adiós.

El mundo del espectáculo

Después de su éxito en Benidorm, Julio sintió la necesidad de que alguien guiara su carrera. Fue entonces cuando contactó con una persona que resultaría pieza fundamental para comprender su trayectoria. Hijo de una amiga de su madre y compañero de colegio en los Sagrados Corazones cuando eran unos chiquillos, Julio llamó a Alfredo Fraile. Seis meses mayor que Julio, de niño Alfredo había compartido partidos de fútbol y seminarios que incluían espectáculos escolares musicales, y donde Alfredo recuerda que vio a Julio cantar boleros y melodías hispanoamericanas alguna vez, siempre con aire triste y desvalido, pero con cierto magnetismo, especialmente con las chicas. Las hermanas de Alfredo y otras chicas del colegio solían mostrar abiertamente su predilección por aquel chico guapo y melancólico*.

Muchos años más tarde, a finales de los sesenta, Montse, la hermana de Alfredo, vio a Julio actuar en un colegio mayor. Julio le dijo a Montse que quería hablar con su hermano, y poco después, los viejos amigos de colegio se reunieron. Alfredo Fraile era hijo de un conocido productor de cine y Julio sabía que quizás podría echarle una mano en el mundo del espectáculo. A través de Alfredo Fraile, Julio llegó hasta Enrique Herreros**.

En esa época, Quique Herreros era uno de los representantes más poderosos del país. Por su *cuadra,* el gráfico nombre que le daba a su catálogo de representados, pasaron Carmen Sevilla, Juan Luis Galiardo, Jaime de Mora y Aragón o Patty Shepard. Quique era hijo del polifa-

---

* *Secretos confesables.*
** *Ibídem.*

cético Enrique Herreros, el hombre que lanzó a la fama a Sara Montiel, quien se atrevió con el cine, los collages, la publicidad, y el fundador de la revista satírica *La Codorniz,* el mordaz canal que utilizaba el humor para pitorrearse de la censura con inteligencia. Al igual que su padre, alineados políticamente en la izquierda moderada, Quique veía con sospechas la afiliación política de Julio, especialmente significada por la identificación de su padre con el régimen de Franco.

Alfredo Fraile invitó a Julio a una cena en la que también estaba Herreros. Aquella noche Julio cantó, en ocasiones solo, otras con Conchita Márquez Piquer, habitual en aquellas cenas. Años después cuando, según *La Piquer,* las canciones de Julio adoptaron un tono lastimero, Concha Piquer le bautizó como «el muerto que canta», aunque eso sería más tarde.

Sin mucho entusiasmo, Herreros, empujado seguramente por los vínculos que Julio pudiera tener en el Real Madrid, club del que Quique era devoto seguidor, le acogió entre sus representados*.

El primer disco

La vida sigue igual, con su inesperado triunfo en Benidorm, desató una inusitada euforia en su casa de discos. La canción escalaba día a día entre las favoritas de la audiencia y Columbia necesitaba más canciones, un álbum completo. Cuando Garea y el resto de ejecutivos de la compañía le preguntaron si tenía más canciones, Julio fue muy claro. Aparte de *La vida sigue igual* no tenía nada más.

En aquella época Julio Iglesias era todavía un compositor ingenuo, un joven que no se consideraba ni cantante ni autor, alguien emocionalmente muy tocado por las circunstancias que le había deparado la vida, un aprendiz de músico que sabía cuatro acordes y había compuesto casi sin proponérselo *La vida sigue igual.* Pero dentro de Julio se escondía un músico sincero con ganas de aprender, alguien que había heredado la disciplina de su padre, un tipo con una determinación a prueba de bombas. De manera ordenada, con un método sencillo edi-

* *Secretos confesables.*

ficado a base de trabajo, Julio se pasaba hasta dieciséis horas, a ratos medio dormido, tocando la guitarra hasta que saliera alguna frase decente. Esa fue la elemental fórmula que llevó al éxito a Julio Iglesias.

Al final del verano de 1968, Julio escribía día y noche sentado en la terraza de su casa. El doctor Iglesias lo veía allí con la guitarra, entregado en cuerpo y alma a su recién estrenada carrera como cantante, y en el fondo insistía en el pensamiento de que su hijo se equivocaba de dirección. Lo invitó a dejar de cantar, terminar sus estudios y dedicarse a una provechosa carrera diplomática, prepararse en serio para una vida «normal», una vida alejada de los focos y la incertidumbre del artisteo. Julio le pidió dos años, le reclamó un poco de tiempo para intentar triunfar en el mundo de la música. Pasado ese periodo, si no lograba el éxito, regresaría a sus estudios y olvidaría su sueño musical. El doctor aceptó el trato, y apoyó enérgicamente la carrera musical de su hijo.

El doctor Iglesias fue el mayor apoyo de Julio a lo largo de su vida, una familia paradójicamente dividida en dos grandes parejas afectivas. Por un lado, el doctor Iglesias y su primogénito, una relación tan indisoluble como verdadera. Por el otro, Charo y su hijo pequeño, Carlos. Desde fuera, un espectador neutral podía detectar a primera vista la complicidad afectiva entre los dos bandos. No hay explicación aparente que justifique ese comportamiento, pero en la práctica así era*.

El caso es que, del periodo creativo de Julio en el final de aquel verano del 68, salieron la mayoría de las canciones que un poco más adelante formarían parte del debut discográfico del cantante: *Lágrimas tiene el camino, No llores, mi amor, El viejo Pablo, Mis recuerdos, Yo canto* o *Alguien en algún lugar.*

En sus comienzos Julio Iglesias acude a programas radiofónicos en Radio Madrid y Radio Intercontinental, del veterano Ángel de Echenique —programas que se celebraban en directo—, donde gana al concurso *Rueda la bola* y numerosos premios más. Durante esa época fue maltratado por los medios especializados, en numerosas ocasiones por

---

* *Secretos confesables.*

no contar con una gran voz, algo que le perseguiría durante un buen tramo de su carrera.

Mientras terminaba de escribir sus canciones, Julio seguía con Gwendolyne en la cabeza, la llama de vez en cuando y le escribe una carta:

> *Querida Gwendolyne, no sabes cuánto recuerdo los días que hemos pasado juntos, lo maravilloso que ha sido todo para mí..., pero creo que debemos esperar algún tiempo, debemos retrasar algunas semanas más el viaje a Estados Unidos, a ver si a primeros de año...**

Poco a poco, Julio dejó de llamarla y las cartas que escribía se espaciaron en el tiempo. Julio embarcó con destino a la gloria y la fama, partió hacia un mundo nuevo, conoció a otras mujeres extraordinarias, y Gwendolyne desapareció.

El lanzamiento

Con las canciones listas para grabar, el NO-DO (el boletín de noticias que se proyectaba en los cines de España antes de cada película) rueda un reportaje con Julio que dispara su popularidad. El cantante, antes de lanzar su primer disco al mercado, ya es una celebridad.

Julio viajó hasta los estudios Decca de Londres para grabar las canciones de sus dos primeros sencillos: *El viejo Pablo, Mis recuerdos, Lágrimas tiene el camino y No llores, mi amor.* Por el estudio habían pasado antes The Rolling Stones o los Moody Blues, y Julio contó con la excepcional producción de Ivor Raymonde, quien había trabajado con Dusty Springfield o Los Bravos, Mike Leander, arreglista del *She's leaving home* del *Sgt. Pepper's Lonely Hearts Club Band* de The Beatles o el músico José Nieto, quien muchos años más tarde desarrollaría una exitosísima carrera como compositor de bandas sonoras y obtuvo el premio Goya en películas como *El bosque animado, Lo más natural, El rey pasmado, El maestro de esgrima, La pasión turca* o *Sé quién eres.*

---

* *Entre el cielo y el infierno.*

Naturalmente, Julio Iglesias era un hombre inexperto en el estudio, pero, de alguna manera, tenía muy claro cómo quería que sonaran sus canciones. En aquel estudio de Broadhurst Gardens, al norte de Londres, Julio sabía que gran parte de su porvenir artístico se decidía con aquellas cuatro canciones. Desde esa primera incursión en un estudio de grabación, Julio Iglesias tomaría de manera directa el control de sus canciones, intentando que siempre sonaran como él las había imaginado.

El primer single con el nombre de Julio Iglesias en la portada apareció en las estanterías de las tiendas de discos de España durante la primera semana de diciembre de 1968. *El viejo Pablo,* en la cara A, y *Mis recuerdos,* en el otro lado del disco, lograron una más que respetable aceptación por parte de la crítica de la época y, mucho más importante, hicieron que el éxito de *La vida sigue igual* no fuese flor de un día.

Antes del lanzamiento del segundo single, Columbia inició una serie de acciones comerciales, centradas principalmente en la presencia de Julio en las primeras firmas de discos del cantante. Además, Enrique Martín Garea promovió el lanzamiento de un sencillo con dos artistas, un single con carácter benéfico para las Navidades de 1968. El proyecto musical contó con la participación de Inma & Joss y su canción *Ayer vi nevar,* y el tema de Julio *En un barrio que hay en la ciudad.* Todos los beneficios del vinilo fueron a parar a Caritas, acentuando de alguna manera el carácter afable del que ya gozaba Julio Iglesias.

En marzo de 1969 aparecería el segundo sencillo, con *No llores, mi amor* y *Lágrimas tiene el camino,* y Julio comenzó a actuar en teatros, pequeños clubes elitistas y fiestas privadas. En ese momento aparecen las primeras críticas que lo tachan de «hijo de papá» por actuar en lugares de privilegio y no hacer conciertos tradicionales, *bolos* de rodaje por los pueblos de España, tal y como hacían el resto de cantantes que empezaban. Julio asumió que en eso de currarse con sudor los escenarios más difíciles los críticos podían tener algo de razón. Lo sopesó y decidió coger tablas por los pueblos*.

---

* *Voluntad de hierro.*

Los primeros conciertos, igual que los de cualquier otro artista, fueron difíciles. Sin el apoyo de la Cadena SER, la radio musical más influyente en ese momento, Julio realizó una residencia semanal en la mítica Sala Florida Park, en el parque del Retiro de Madrid, uno de los locales más importantes del país en las décadas de los sesenta y setenta. En las actuaciones de los fines de semana, Julio lograba colgar el cartel de no hay billetes entre compañeros, gente cercana y muchos amigos de su padre. En cambio, durante el resto de la semana, había días con apenas quince personas entre el público. Quince personas en un local con un aforo de mil quinientas.

El doctor Iglesias, años más tarde, admitiría con cierto dolor la falta de reconocimiento del talento como autor de su hijo por parte de algunos medios, quienes tildaban a Julio de «niño pijo del franquismo, que no tenía ni idea de música». El doctor llegó a escuchar en el Florida Park de Madrid a Rafael Revert, uno de los responsables de la radio comercial española, cómo decía que se trataba de «un gilipollas que no sabía cantar». El padre de Julio siempre pensó que aquellos medios de comunicación eran una panda de golfos que, cuando no lo criticaban, sencillamente lo ignoraban*.

De viaje

Con dos sencillos en la calle y una recepción afirmativa del artista por parte de la mayor parte de la crítica, Columbia decidió atacar el mercado internacional antes de lanzar el primer álbum de Julio Iglesias.

La estrategia de la casa de discos se cimentaba con la presencia de Julio en tres de los festivales internacionales más relevantes de la época: Viña del Mar en Chile, Golden Stag en Rumania y San Remo en Italia.

En primer lugar, Julio visitó la región de Valparaíso en Chile durante el mes de enero de 1969 para participar en la décima edición del Festival Internacional de la Canción de Viña del Mar, indiscutiblemente uno de los escaparates más importantes de América, la casa del *monstruo*.

---

* *Cuando vuelva a amanecer.*

El monstruo es el apodo popular que se le da al público que asiste al anfiteatro de la Quinta Vergara durante el Festival de Viña del Mar, que ejerce un enorme poder sobre lo que ocurre encima del escenario. Los espectadores de Viña del Mar presionan para alargar las actuaciones de sus estrellas favoritas, o pueden llegar a interrumpir con gritos y silbidos a los artistas que no son de su agrado, abucheándolos hasta impedir que finalicen su espectáculo y obligarlos a que se retiren del escenario. En Chile, cuando esto ocurre, se dice que «*el monstruo* se devoró al artista». No fue el caso de Julio.

Sentado en un asiento de clase turista, Julio cruzó el Atlántico sin pegar ojo. Le seguía dando pánico volar y se pasó las dieciocho horas de vuelo agarrado a su guitarra. No quiso perderse ni un detalle de aquel primer gran viaje, el primero de los miles que vendrían después. Y allí, en el aeropuerto de Pudahuel, ese que años más tarde lo recibiría entre miles de muchachas con carteles de bienvenida, en enero de 1969 lo recogió una solitaria señorita que apenas sabía quién era, una joven colaboradora del festival que tuvo que preguntarle si aquel muchacho de pelo corto y dientes blancos era Julio Iglesias.

Una vez presentado, la solitaria señorita lo llevó desde el aeropuerto hasta el Panamericana O'Higgins, el hotel más antiguo de la ciudad de Viña del Mar, un edificio construido en 1931 y ubicado al frente de la plaza Latorre, el lugar donde durante muchísimos años los artistas participantes en el festival encontraron cobijo.

Julio era un completo desconocido. Armando Manzanero o Lorenzo Valderrama habían triunfado en anteriores ediciones, y, en 1969, Leonardo Favio era la gran estrella del cartel.

El día de su actuación en el enorme escenario al aire libre de la Quinta Vergara, Julio volvió a cantar de blanco, tal y como lo hiciera en Benidorm.

En Chile el *monstruo* rugió, pero de afecto. Julio triunfó aquella noche en la que al finalizar tuvo que ser escoltado por las fuerzas de seguridad ante el descontrolado fervor del público chileno. En Viña del Mar, Julio firmó su primer autógrafo, nacieron sus primeros fans y se trajo a España los primeros recortes de prensa latinoamericana.

De vuelta en Europa, viajó al Festival de San Remo, donde Iva Zanicchi arrasaría con la canción *Zingara,* y después de dar algunos conciertos en plazas importantes como Valencia y Castellón, Julio partiría rumbo a Rumania de la mano del realizador de televisión Valerio Lazarov. Juan José Rosón, director coordinador y secretario general de Televisión Española en 1968, empeñado en dar una imagen aperturista del régimen franquista, había decidido hacerse con los servicios profesionales de un joven Lazarov etiquetado de vanguardista e innovador. Salvadas las dificultades burocráticas para la salida de su país natal, Valerio Lazarov había aterrizado en España en agosto de 1968. Lazarov había triunfado rápidamente con su primer programa, *El irreal Madrid,* un espacio musical con una estética rompedora que anunciaba el futuro estilo que imprimiría a todos sus programas; el uso martilleante del zoom y el barrido rápido de panorámica. Valerio y Julio, en marzo de 1969, pusieron rumbo a la ciudad rumana de Brasov, en Transilvania.

El hombre de las grandes patillas, ojos gordos, el genio sin corbata tal y como le llamaba Julio, le abrió las puertas del Este. Aterido de frío en la Rumania helada del brutal y represivo Ceausescu, Julio graba un programa de televisión y canta una canción en rumano, ¡en rumano!, y otra en español. El cantante español participaba como concursante, y no como Frankie Avalon o Cliff Richard, las estrellas invitadas en aquella edición. Julio, en representación de Televisión Española, se alzó con el premio a la actuación más completa, iniciando un interminable y apasionado idilio con los mercados del Este europeo.

Hasta siempre Gwendolyne

Aún tieso de frío y animado por Lazarov, antes de regresar a España Julio hizo escala en París. Allí, en la ciudad de la luz, Julio sabía que vivía alguien muy especial.

Naturalmente por su cabeza seguía rondando la hermosa Gwendolyne. Consciente de su comportamiento esquivo y poco caballeroso, Julio deseaba llamarla, saber cómo estaba, verla. Finalmente, ya en París, la llamó. Fueron a cenar los cuatro; Julio, Valerio y Gwendolyne, que fue con una amiga. Aquella noche bailaron y lo pasaron bien, pero el amor que un día compartieron había desaparecido. Se despidieron tratando de parecer amigos de toda la vida, pero aquello era ya un capítulo cerrado. La herida de Gwendolyne seguiría doliendo, sería una de esas que se notan cuando cambia la estación, como la cicatriz de su espalda o el costurón que se hizo tratando de saltar una verja para buscar un balón y que le impidió sentarse durante días.

Julio encontró en Gwendolyne su primer gran amor, y a pesar de que fue él quien decidió terminar con la relación, por su cabeza todavía rondaría la idea de que las circunstancias terminaron con un amor verdadero. Los tiempos vitales de los dos jóvenes no coincidieron y ya no se volvieron a ver hasta veinte años más tarde, tal y como recordaría Julio en 2011: «¿Qué pasó con Gwendolyne? Era la hija de la familia más rica de Francia. Yo no sabía que era rica, sino que estaba rica. Ella tenía dieciocho años y yo veinticinco. Se casó con un banquero. La última vez que la vi fue en un concierto en Lyon, hace como veinte años. Seguía guapísima»*.

En el cine

El mundo vivió días de conmoción tras el asesinato el 9 de agosto de 1969 de la actriz Sharon Tate. Casada con el director de cine Roman Polanski, con el que Julio labraría una profunda amistad, Sharon Tate estaba embarazada de ocho meses y medio cuando fue brutalmente asesinada en su casa, junto a otras cuatro personas, por seguidores de la secta conocida como *La Familia* dirigidos por su líder Charles Manson.

Julio, mientras tanto, en su meritoria expansión internacional, después de París viajaría a Guatemala, donde conoce al presidente Julio César Méndez Montenegro y participa en una gala benéfica de la Cruz Roja. Sus canciones ya eran entonces muy conocidas y la gente empezaba a pararle por la calle, la bola de nieve seguía creciendo y creciendo.

El imparable fenómeno internacional de Julio Iglesias, la buena acogida de sus primeras canciones y la fabulosa biografía de superación

* *El Tiempo,* julio de 2011.

personal que atesoraba llevaron a su *manager* a proponerle llevar a la gran pantalla su historia.

Quique Herreros transmitió a Julio la propuesta de la productora Dipenfa, directamente vinculada con el Opus Dei, para rodar *La vida sigue igual,* la película que contaría el accidente y posterior reinvención en ídolo de la canción. La trama incluía drama, emoción, amor, fútbol, música y superación, elementos que encajaban como anillo al dedo en los gustos de la época. La película, dirigida por Eugenio Martín, incluía un castísimo trío amoroso entre la novia en la ficción de Julio, interpretada por Charo López, y la amiga que le ayuda a superar la convalecencia, papel que recayó en la actriz inglesa Jean Harrington.

Lo que comenzó como un amor de fantasía, acabó traspasando la pantalla. De las caricias impuestas por el guion, muchos fines de semanas Julio tomaba un avión rumbo a Londres para verse con Jean Harrington.*

Al tiempo que Julio se iniciaba en el mundo de la interpretación, Columbia necesitaba por su parte un álbum completo que llevar a las tiendas. En mayo de 1969, Yvor Raymonde, quien había arrasado en media Europa con la producción del *Black is black* de Los Bravos, llegó a España para producir las canciones de *Yo canto,* el primer LP de Julio Iglesias.

Una vez terminadas las canciones del disco, Enrique Garea y el equipo de Columbia lanzaron el sencillo *Yo canto* el 8 de octubre de 1969. Compuesta por Gianni Mazza, la canción destacaba como una de las mejores en un disco irregular, un trabajo demasiado pomposo y exagerado, donde *La vida sigue igual, Tenía una guitarra, Hace unos años* y la mencionada *Yo canto* sobresalían del resto. Tras el adelanto del primer single, el álbum finalmente llegó a las tiendas a mediados de diciembre, y alcanzó el tercer puesto de las listas de éxitos.

Con el disco grabado y la película terminada, Enrique Herreros le propone a Alfredo Fraile encargarse de los asuntos de Julio. Quedaba claro que Herreros iba a necesitar de alguien de confianza para abordar la promoción y los compromisos de Julio Iglesias, pero, sobre todo, la

---

* *Libertad digital,* 23 de septiembre de 2018.

propuesta escondía una evidente falta de confianza en las posibilidades reales de éxito de la incipiente estrella. A cambio de un salario mensual de 12.000 pesetas, poco más de 70 euros, Fraile aceptó el encargo y empezó a trabajar como *manager* personal de Julio Iglesias un 22 de diciembre de 1969, dos días antes del estreno en cines de *La vida sigue igual**.

Rodada entre el 1 de septiembre y el mes de octubre, en localizaciones de Madrid y el Mar Menor, y con la participación, además de la de Charo López y Jean Harrington, de Andrés Pajares y Micky y la música incidental de Waldo de los Ríos, *La vida sigue igual* fue un notable éxito de público en las salas de cine. Casi dos millones de espectadores fueron a ver las aventuras de amor y superación de Julio Iglesias. Con un presupuesto bajo y un guion poco exigente, la película cumplió con creces su propósito. El paso del tiempo no ha sido indulgente con la cinta, y hoy resulta más entretenida como espectáculo *kitsch,* retrato de una época muy concreta del tardofranquismo español, que como una propuesta artística que deba tenerse en cuenta. Julio, con la voz doblada en la película, salió airoso gracias a su espontaneidad y una telegenia impropia en un novato.

El faquir que tragaba cemento

La experiencia de Enrique Herreros en el mundo del cine fue una extraordinaria herramienta de trabajo a la hora de afrontar el estreno de *La vida sigue igual*. Pionero en la promoción artística gracias a los contratos firmados con productoras americanas, sus contactos le permitieron introducir nuevas técnicas para publicitar sus espectáculos. Bajo el principio básico de crear expectación y armar ruido aunque fuera mentira lo que se contara, Herreros depuró sus habilidades para causar impacto a bajo coste.

Para el lanzamiento de *La vida sigue igual,* Herreros capitalizó el fenómeno de fans que poco a poco iba creciendo alrededor de Julio y tuvo una idea.

---

* *Secretos confesables.*

Herreros contrató los servicios de *Daja-Tarto,* un faquir que trabajaba en el Circo Price y que se hacía ayudar de un grupo de personas a las que utilizaba como cómplices en sus espectáculos.

Daja-Tarto era en realidad Gonzalo Mena Tortajada, un hombre nacido en Cuenca en 1904 y que a lo largo de su vida acumuló un indeterminado número de vivencias extravagantes. Este peculiar artista tiene unos antecedentes dignos de ser reseñados para entender sus rarezas y la elección de Herreros. En un principio quiso ser torero, e incluso encontró un nombre artístico para ello: *Arenillas de Cuenca.* Pero en ese filón no se encontraba su futuro, un día empezó a leer un libro donde chocó de golpe con su camino. Entre las páginas de *Misterios de la India* se topó no solo la sabiduría bengalí, sino también con los secretos de un oficio que llamó su atención, el de faquir. Ni corto ni perezoso buscó un nombre artístico atractivo y lo encontró en su apellido, Tortajada; lo único que hizo fue leerlo al revés y ahí estaba: *Daja-Tarto.*

Su dentadura era una máquina de triturar y así se especializó en reducir prácticamente a polvo los elementos más rocosos y duros de la naturaleza. En sus espectáculos, delante del alucinado público, *Daja-Tarto* comía extraños manjares: cerillas encendidas, cemento o yeso. Otro de sus números con éxito consistía en enterrarse bajo la arena durante las corridas de toros en las plazas... y luego salir ileso. No dejó de ser extravagante hasta al final. Falleció en 1988 y dejó escrito su último deseo. *Daja-Tarto* quería que su ataúd estuviese lleno de cristales rotos y que a él lo envolviesen con papel de lija*.

En 1969, Herreros le pidió al faquir que organizara a sus compinches para que montaran un buen follón en el estreno de la película, en el Palacio de la Música de la Gran Vía de Madrid. Estos debían actuar como falsos seguidores de Julio Iglesias, y en un momento determinado, presos de la exaltación provocada por la presencia del artista, destrozar el mobiliario urbano y el del propio cine, haciendo saltar por los aires cristales o cualquier otro artilugio que tuvieran a mano. Para

* *La Vanguardia.*

el faquir, lo de los cristales resultaba pan comido, teniendo en cuenta que él se los tragaba a diario en sus representaciones en el circo*.

Aquel desmadre desembocó en una prodigiosa intervención de la policía, que, tratando de detener a los exaltados falsos seguidores de Julio Iglesias, proporcionó suculentos titulares a los medios que cubrían el evento. Sin sospechar el montaje, al día siguiente toda la prensa mencionó la incontrolable pasión de los fans del artista y Herreros se apuntó un buen tanto.

* *Secretos confesables.*

10
Un traje sin bolsillos

Gwendolyne, Julio Iglesias

164: 12 de febrero de 1970. Julio Iglesias durante una actuación en Barcelona. © Album / EFE.

162-163: Ámsterdam, 21 de marzo de 1970. Julio Iglesias interpretando *Gwendolyne* en XV Festival de Eurovisión de la Canción. © Album / EFE.

Entusiasmado, sentado en su despacho de Radio Televisión Española, Artur Kaps escuchaba una canción que acababa de llegar a sus manos... «Y a pesar que estás lejos, tan lejos de mí, a pesar de otros besos, quizás Gwendolyne, aún recuerdes el tiempo, de aquel nuestro amor, aún te acuerdes de mí...».

Ayudado por su primo Ramón, Julio terminó *Gwendolyne,* una canción que había empezado a escribir durante las maratonianas sesiones veraniegas en Galicia. Guardada en un cajón, la canción esperaba su oportunidad.

Artur Kaps, el director teatral y realizador de televisión austriaco afincado en Barcelona, y que había triunfado en Televisión Española con espacios de variedades y entretenimiento como *Amigos del martes, Noche de estrellas* y *Esta noche con,* presentado por Conchita Bautista, después de escuchar la canción de Julio lo llamó por teléfono. Kaps se mostró impresionado con *Gwendolyne* y estaba dispuesto a llevarla hasta el Festival de Eurovisión. Pero antes *Gwendolyne* debía pasar por el Festival de la Canción de Barcelona, una especie de semifinal por donde habían pasado artistas como Raphael,

Massiel o Salomé y que decidiría el representante de España en Eurovisión.

Y a pesar que estás lejos...

Gwendolyne ya era un tímido recuerdo en la memoria de Julio, no obstante, los días vividos junto a la joven francesa llevaron a Julio Iglesias a escribir una canción inspirado en aquellos momentos de felicidad. La canción *Gwendolyne* representó un momento muy concreto en la carrera de Julio, una composición que le abrió las puertas de Europa pero que, curiosamente, poco después aparcó para siempre. *Gwendolyne* fue una canción importante que Julio utilizó como pasaporte internacional, pero antes de la llamada de Kaps desde su oficina en Televisión Española, la canción recorrió numerosos despachos.

A principios de 1970, la política representaba un papel determinante en este tipo de decisiones artísticas. De alguna manera, las canciones elegidas se trataban como si fueran asuntos de Estado, y en aquellas decisiones naturalmente nada ocurría por casualidad.

Y ahí, la figura del doctor Iglesias emergía como valioso salvoconducto dados sus poderosos contactos con miembros relevantes del gobierno del régimen. Durante sus veraneos en Peñíscola, el doctor había entablado una sólida amistad con Fernando Herrero Tejedor, antiguo subjefe del Movimiento en la provincia de Castellón y miembro del Consejo de Estado de España en 1970. Herrero Tejedor tenía además relación directa con Adolfo Suárez, director general de Radiodifusión y Televisión en ese momento, y que había llegado hasta lo más alto de la estructura franquista gracias a su apoyo.

Pero lo cierto es que, a pesar de que lo intentó, el doctor Iglesias no logró enchufar a su hijo*.

En el camino hasta las semifinales de Barcelona, Julio recibió la sorprendente llamada de Juan José Rosón para que fuera a verle. El secretario general de RTVE le entregó una partitura y le propuso cantar una canción diferente a *Gwendolyne,* a cambio del apoyo de RTVE. Confundido, Julio le mostró la nueva canción a su padre. El doctor

* *Voluntad de hierro.*

Iglesias fue categórico, animando a su hijo a no hacer ni puñetero caso a Rosón y seguir apostando por su canción*.

Por su parte, Alfredo Fraile sí que se sentó con el futuro presidente del Gobierno. En su despacho del Ministerio de Información y Turismo del paseo de la Castellana, Adolfo Suárez recomendó a Fraile que fuera hasta Prado del Rey y hablara con su hermano Ricardo, responsable de los temas musicales en RTVE, quien a su vez le remitió hasta Artur Kaps, que, como ya sabemos, llamaría a Julio entusiasmado.

El Festival de Barcelona

El Festival Internacional de la Canción de Barcelona se celebraba los días 12, 13 y 14 de marzo en el Palacio de las Naciones de Montjuic e iba a ser presentado por Laura Valenzuela, una de las estrellas de la televisión del momento. Las dos primeras jornadas, divididas en sendas semifinales, dirimían los participantes de la gran final del último día.

Las reglas del concurso de Barcelona establecían que cada canción se interpretara en dos formatos y con dos intérpretes diferentes: uno con gran orquesta, dirigida por Alfredo Domenech, que en el caso de la canción *Gwendolyne* interpretaría el propio Julio, y una segunda versión en formato reducido, con la dirección de Francesc Burrull, y que defendería la cantante Rosy Armen.

En algunos medios, Julio había empezado a tener fama de no ser buen cantante, y la dualidad de intérpretes representaba un riesgo. Si se elegía a un compañero flojo, las posibilidades de ganar serían escasas. Si por el contrario el otro intérprete era muy bueno, Julio iría como autor, pero no como intérprete. Previendo una posible victoria de *Gwendolyne,* el equipo de Julio Iglesias recurrió a una astuta estratagema, poniendo como segunda intérprete a Rosy Armen, cantante de origen armenio. En caso de ganar, Julio Iglesias, al ser su intérprete español, sería el elegido.

Kaps se mostraba muy seguro cuando transmitía a Julio que *Gwendolyne* era la mejor canción de entre todas las participantes, y que sería él quien representaría a España en Eurovisión, algo que por otra parte

---

* *Voluntad de hierro.*

presionaba notablemente al cantante, temeroso de no cumplir las expectativas.

Julio Iglesias, Alfredo Fraile, Quique Herreros, otra vez las coristas del Trío La, la, la, algunos ayudantes y el resto de la cuadrilla que viajó hasta Barcelona se alojaron en el hotel Cristal. Los días vividos en el festival fueron una aventura divertida para todos, unos días que en ocasiones terminaban con gente durmiendo en el suelo, entre maletas y vestuario, fruto de la afición de Enrique Herreros a invitar a huéspedes inesperados rescatados de la misma calle*.

El nivel artístico de la edición de 1970 era altísimo. Además de Julio, a Barcelona viajaron Mocedades, con su *Viejo Marino,* Nino Bravo con la inmortal *Esa será mi casa,* Basilio, el humorista Eugenio, que participaba junto a su mujer, Conchita, con el dúo Los Dos, o Jaime Morey, entre muchos otros destacados cantantes y grupos de la época.

Julio estuvo muy bien. Animado tras la actuación, bajó del escenario y se encontró con Jaime Morey, quien, por cierto, había interpretado la canción *De pronto tú,* la misma que Julio había rechazado a Juan José Rosón semanas antes en RTVE. Morey, entusiasmado con su interpretación, habló con Julio:

«Me siento feliz, me reuní con Artur Kaps y me aseguró que mi canción es la mejor y que voy a ser yo quien gane».

Aquellas palabras resultaban familiares para Julio. Kaps, con el propósito de lograr una gala de televisión de alto nivel, había prometido a todos los participantes lo mismo, la victoria final. Cuando Julio recordó las palabras de Artur Kaps asegurándole que *Gwendolyne* representaría a España en el festival, cayó en la cuenta del ardid**.

Con el ánimo por los suelos, Julio se retiró a esperar la emisión de los votos de los quince jurados regionales, sabedor de que sus anhelos de victoria se habían alimentado con falsas esperanzas. Y de pronto, entre el silencio sepulcral que reinaba en la sala donde aguardaban los artistas, una voz metálica anunció por los altavoces el nombre del ganador: «Con 37 puntos, *Gwendolyne* es la canción ganadora». Julio

---

* *Secretos confesables.*

** *Ibídem.*

Iglesias representaría a España en la decimoquinta edición del Festival de Eurovisión el 21 de marzo de 1970 en Ámsterdam.

Quien entra papa sale cardenal

Volviendo a la política de la época y la alargada sombra de las elecciones a dedo, la victoria de Julio en Barcelona no estuvo exenta de polémica. Algunos medios destacaron una predisposición favorable hacia la canción de Julio Iglesias por parte del jurado. Antes de la celebración del festival, concretamente el 12 de marzo, el periodista Alberto Mallofré en *La Vanguardia* ya había anunciado en las páginas de su periódico: «... cualquier vaticinio es, como siempre, sumamente aventurado. No obstante, existe una corriente de opinión a favor de Julio Iglesias. Probablemente más por falta de adversarios de talla que por méritos propios»*.

Al día siguiente, Mallofré en el mismo periódico después de la primera semifinal seguía echando leña al fuego: «*Gwendolyne* carece de fuerza, no tiene salida en los festivales competitivos internacionales. Como es notorio, Julio Iglesias aparece en este festival (Barcelona) representando un papel de tan favorito como para relegar a sus colegas de meros comparsas. Esta posición no quedó justificada por su interpretación de anoche, hasta tal punto que podría ser cierto —y sería desde luego justo— aquello que nos dijo Artur Kaps durante los ensayos: "En los cónclaves, quien entra papa sale cardenal"»**.

Como es lógico, y después de los anticipos que había ido sembrando el periodista en su periódico, cuando Julio Iglesias se hizo con el triunfo final, el día 14 de marzo Mallofré en *La Vanguardia* sacó directamente el estoque: «Es corriente en este tipo de acontecimientos un clima de expectación y aún de polémica respecto al resultado, y el interés se apoya en un factor fundamental: la incertidumbre del desenlace. Y ahí radica la diferencia con este festival que acaba de terminar, porque en esta última sesión a nadie le cabía la menor duda acerca del nombre del cantante y la canción ganadores. Como todo el

---

* Alberto Mallofré, *La Vanguardia,* 12 de marzo de 1970.
** *Ibídem.*

mundo presentía —mejor diríamos, como todo el mundo *sabía*— los votos se fueron acumulando sobre la canción de Julio Iglesias»*.

Eurovisión, marca España

Sea como fuere, cinco semanas después, Julio Iglesias viajó al RAI Congrescentrum de Ámsterdam para cantar su *Gwendolyne*.

España había obtenido el triunfo en las dos ediciones anteriores de la mano de Massiel y Salomé, por lo que parecía poco probable que Julio se trajera a España el preciado trofeo. Por si esto fuera poco, después del triunfo de *La, la, la* en 1968, España había sido el país anfitrión el año anterior a la participación de Julio en una polémica edición celebrada en Madrid. En 1969, de manera sorprendente, habían ganado cuatro países en lo que se consideró un gran fiasco de la organización eurovisiva. Así que España, representada en la figura de Julio, lo tenía bastante crudo.

Hasta la doble aparición de Raphael en los festivales de 1966 y 1967, la presencia de RTVE en Eurovisión había sido, siendo generosos, bastante discreta. A partir de entonces, con la ayuda del *amigo americano* y con sus bases militares instaladas en España, el régimen franquista había iniciado un proceso de tibio reconocimiento internacional. España vivía una incipiente industrialización que, reforzada por los ingresos de una floreciente industria del turismo, hizo crecer una clase media capaz de comprar una nevera o un coche, algo impensable pocos años antes.

Tratándose de un dictador escrutado bajo los focos de media Europa, Franco vivía sus mejores años, lanzándose abiertamente en búsqueda de planes que reafirmaran en el exterior la imagen de España. Y en esas llegó Eurovisión, arropada por la televisión, una de las herramientas de comunicación más extraordinarias a finales de los sesenta. Juan José Rosón ya ocupaba la secretaría general y, junto a Artur Kaps y un jovencísimo Narciso Ibáñez Serrador, detectaron en el festival un escaparate internacional inmejorable para la marca España.

---

* Alberto Mallofré, *La Vanguardia,* 15 de marzo de 1970.

En ese periodo aperturista, un par de años antes de la llegada de Julio Iglesias, en 1968, RTVE había elegido *El titiritero,* de Joan Manuel Serrat; *Nos falta fe,* de Juan y Junior, y *La, la, la,* del Dúo Dinámico, decantándose finalmente por la del Dúo Dinámico pero interpretada por Serrat.

Aquel año Artur Kaps se ocupó de la promoción por toda Europa encargando a Bert Kaempfert, autor de los arreglos de *Strangers in the night,* de Frank Sinatra, unos arreglos orquestales para *La, la, la.* Mientras Kaps recorría Europa buscando apoyos, Serrat aparecía en el ojo del huracán de la *Nova cançó,* un reducto catalanista y antifranquista donde ninguno de sus miembros cantaba nada en castellano, acusando a Serrat de traidor y pesetero. Serrat acababa de fichar con su representante Lasso de la Vega, iniciando entonces sus grabaciones en castellano con el sello Zafiro. Hasta ese momento, como el resto de los miembros de la *Nova cançó,* solo había cantado en catalán y bajo el sello discográfico Edigsa.

En medio de la polémica catalanista y animado por su representante, Lasso de la Vega, que intenta rentabilizar al máximo la operación y, de paso, acallar las voces cada vez más críticas por el paso al bilingüismo, *el Nano* decide grabar también una versión en catalán, palabras mayores para Televisión Española. Se inicia entonces una campaña en defensa de la participación de Serrat en catalán en el festival. El semanario *La Actualidad Española* publica una encuesta con una serie de intelectuales, y donde Camilo José Cela, Gabriel Celaya o Buero Vallejo, entre otros, defienden la participación del cantante en catalán.

Serrat, en una carta firmada por él con fecha del 24 de marzo de 1968 y titulada «Carta abierta a la opinión pública española», explica sus razones: «Un hombre ha de ser fiel a sí mismo y a la gente que le es fiel. Es por estas dos razones que me he permitido enviar una carta al director general de Radio y TVE rogándole comprenda mis argumentos y me autorice a cantar en Londres en catalán o que, en caso de que esto no fuese posible, acepte mi renuncia irrevocable».

Televisión Española y la administración franquista rechazan la petición y en su carta de respuesta los directivos televisivos acusan al cantante: «La decisión del cantante señor Serrat es incorrecta e inadmisible y pretende dar un sentido político a la participación de TVE en el Festival de la Eurovisión». RTVE arremete contra Serrat, lo expulsa como intérprete y lo veta en todos sus espacios.

La dimensión del escándalo es enorme. La España tradicionalista protesta en contra del cantante catalán y muchas emisoras dejan de poner sus discos. Sin embargo, para Kaps y TVE, lo verdaderamente preocupante es que, a menos de quince días para el festival, España no tiene representante.

La discográfica de Serrat ofrece como alternativa a Marisol. En plena reconversión de niña prodigio a mujer adulta, la malagueña se niega. La otra opción era Massiel, una joven con algo de experiencia y representante de la «canción protesta». Desde México, donde se encontraba de gira, se la mete en el primer avión rumbo al festival.

Antes de la gala que tiene lugar en el Royal Albert Hall de Londres, Kaps tuvo que lidiar con una organización que había anunciado a bombo y platillo la participación de Serrat y estaba con un mosqueo considerable con el cambio de Massiel. Cuando las relaciones institucionales empezaban a resquebrajarse tirando por tierra los deseos aperturistas del caudillo, Kaps encontró la frase que lo cambiaría todo. Se dirigió de nuevo a los responsables británicos del festival y les dijo: «Imaginen ustedes que han seleccionado a Tom Jones y se empeña en cantar en galés...»*. Massiel estaba dentro.

La actuación de Massiel en Londres coincidió en el tiempo con el viaje de estudios de Julio Iglesias a Inglaterra. Un día, Julio se acercó hasta el hotel de la delegación española que iba a competir en el Festival de Eurovisión. Después de caminar por el vestíbulo, Julio vio a Ramón Arcusa y Manuel de la Calva, el Dúo Dinámico, su grupo favorito. Naturalmente los conocía, pero nunca antes había hablado con ellos. Allí, en la planta baja del hotel, con cierta timidez, les dijo que su favorita era la canción que habían escrito para Massiel y que él también era cantante, «pronto oiréis hablar de mí». El Dúo Dinámico vio cómo aquel muchacho espigado se despedía y se esfumaba tras las puertas giratorias del hotel. No cabe duda de que, tal y como vaticinó

---

* *Infolibre*, 12 de mayo de 2013.

aquel joven tímido de dientes blancos, muy pronto supieron de Julio Iglesias.

Vivo cantando

Ganar el certamen daba derecho a celebrar la siguiente edición en tu país. Ni en los escenarios más optimistas, la operación de limpieza de imagen del régimen hubiera soñado con una oportunidad igual. Tras el triunfo de Massiel en 1968, la celebración del festival en Madrid podía suponer el colofón del plan y el caudillo tira la casa por la ventana. Madrid renueva el Teatro Real, pone al servicio de las delegaciones los mejores alojamientos de la ciudad, se selecciona otra canción de perfil festivalero, el *Vivo cantando,* que interpretará Salomé, y se elige como presentadora a Laura Valenzuela, estrella televisiva del momento. Hasta Salvador Dalí fue designado por Fraga para diseñar el cartel y toda la publicidad relacionada con el Festival de Eurovisión. España, en 1969, se gasta cien millones de pesetas en la organización del festival, pero lo hace como una rentable inversión de futuro.

Pero los planes de Franco van por un lado y la realidad coyuntural va por otro bien distinto. Desde que Massiel triunfara en Londres, el mundo ha cambiado. El Mayo del 68, con semanas enteras en que los estudiantes han puesto en jaque a la vieja Francia, pone en alerta a Europa. La primavera de Praga desnuda el ingenuo intento de democratizar el comunismo bolchevique que domina tras el telón de acero y, en Estados Unidos, Robert Kennedy es asesinado.

España también vive momentos complicados, que no pueden tapar represión y censura; en otoño y principios de invierno estallan huelgas en Asturias, País Vasco, Cataluña, Madrid...; en esta última ciudad muere el estudiante Enrique Ruano en el transcurso de unas diligencias policiales y las universidades se llenan de protestas, «jornadas de lucha» y cierres de facultades. A finales de enero, el gobierno declara el estado de excepción por tres meses; no es el primero, ni será el último durante los años siguientes, pero coincide con el papel de anfitriones del Festival de Eurovisión, y la mayoría de los países se niegan a mandar a sus representantes en esas condiciones. Ante la marea de repulsa, el régimen ve cómo se desmorona el costoso maquillaje y toma una decisión inédita: el gobierno deroga el estado de excepción para que el resto de Europa pudiera comprobar que España era un país presidido por «la paz y el orden».

Televisión Española designó a Ramón Díez como realizador de la gala, y Artur Kaps y Juan José Rosón, tras el éxito de Massiel, se encargaron además de coordinar toda la organización del certamen.

Era la primera vez que España retransmitía en directo un programa a color y, para ello, Televisión Española invirtió en las mejores tecnologías del mundo audiovisual. Eso sí, los españoles tuvieron que verlo en blanco y negro debido a que en nuestro país no se habían comercializado los televisores a color por aquel entonces.

A las 22:00 del sábado 29 de marzo, Laura Valenzuela apareció en el escenario en cuyo centro se encontraba una escultura realizada por Salvador Dalí. Presentó el festival en español, francés e inglés recordando que ganaría la canción «que haya obtenido mayor número de votos», sin llegar a imaginar el inesperado final de la competición.

Los comentarios de la retransmisión de Televisión Española corrieron por vez primera a cargo de José Luis Uribarri, quien desde ese momento se convertiría en la voz de las retransmisiones de Eurovisión en España.

Después de unas apretadas votaciones, el recuento de votos terminó con cuatro países empatados en primer lugar con dieciocho votos: España, Francia, Países Bajos y Reino Unido.

Tras este inesperado final, la incertidumbre se apoderaba del teatro Real de Madrid. La propia Laura Valenzuela llegó a preguntarle hasta tres veces a Clifford Brown, supervisor ejecutivo del festival, si lo que estaba ocurriendo era normal. El notario certificó que, tal y como Laura anunció al comienzo del evento, las reglas dicen que ganaría la canción «que haya obtenido mayor número de votos» y, al no haber un punto en las reglas del concurso acerca de qué hacer en estos casos, las cuatro canciones eran nombradas vencedoras.

Se sugirió la posibilidad de que la edición de 1970 se celebrase de nuevo en España, pero Televisión Española declinó la oferta y fue finalmente la ciudad de Ámsterdam la sede de la siguiente edición del concurso.

Y entonces llegó Julio Iglesias

1970 fue un año agitado para la música. The Beatles anunciaban su ruptura, y solo siete días después Paul McCartney publicaba su primer disco en solitario. Unos meses más tarde John Lennon seguiría sus pasos, aunque sin duda lo que verdaderamente marcaría aquel año serían las muertes de Jimi Hendrix y Janis Joplin.

Mientras las salas de cine españolas se llenaban para ver *Cateto a babor,* de Alfredo Landa, adalid de *la españolada,* un género patrio inclasificable y, para bien o para mal, único en el mundo, en las emisoras de radio Julio Iglesias martilleaba con su *Gwendolyne* y Miguel Ríos hacía historia con el *Himno a la alegría.*

A Song of Joy, la versión inglesa del *Himno a la alegría* de Miguel Ríos, basada en el cuarto movimiento de la Novena sinfonía de Beethoven, se convirtió también en un éxito comercial internacional alcanzando el número 1 en las listas de Australia, Canadá, Alemania, Suiza, y la de *easy listening* en Estados Unidos, y vendería más de cuatro millones de discos en todo el mundo.

En la edición de 1970 del Festival de Eurovisión, Países Bajos se había convertido por sorteo en la organizadora. Finlandia, Noruega, Suecia y Portugal, por diferentes motivos, no acudieron a la cita y, para que no se repitiera la poco atractiva posibilidad de un empate, el festival creó un reglamento especial por el cual se establecía que, en caso de producirse, los países afectados volverían a actuar, y los jurados votarían de nuevo, esta vez a mano alzada.

Ante la baja cantidad de participantes, y con el objeto de rellenar minutos de televisión, en Ámsterdam se crearon por primera vez las postales de presentación que mostraban a los representantes en algunos lugares emblemáticos de su país de origen. Julio, con una sonrisa de oreja a oreja, aparecía en la Plaza Mayor de Madrid o parando balones en su añorado estadio Santiago Bernabéu. Con los años, esas postales introductorias se convertirían en un estándar y hoy siguen formando parte del espectáculo eurovisivo.

Julio había grabado *Gwendolyne* en francés, inglés, italiano y alemán, aparte del español, y se embarcó en una agotadora gira promocional durante el mes precedente al festival.

Temeroso de volar, Julio no tuvo una llegada tranquila a Ámsterdam. El avión que trasladaba a la delegación española hasta los Países Bajos sufrió un percance difícil de olvidar. En el viaje de ida el avión frenó sobre una sola rueda durante el aterrizaje en el aeropuerto de Ámsterdam-Schiphol. Julio y el resto de pasajeros estuvieron a punto de estrellarse, tal y como contaría Agustí Ballester en un artículo para *Tele-exprés* del 20 de marzo de 1970.

El 21 de marzo Julio Iglesias cantó en novena posición, entre las actuaciones de Luxemburgo y Mónaco. En *Gwendolyne* la orquesta la dirigía Augusto Algueró, quien de manera elegante ordenó los primeros acordes de los músicos. Nacido en Barcelona en 1934, Augusto Algueró comenzó su carrera musical en la década de los cincuenta, con apenas dieciséis años. Estuvo casado con la actriz y cantante Carmen Sevilla y, a lo largo de su carrera, Algueró realizó multitud de canciones que llegaron a ser muy populares para el público. Títulos como *Penélope,* con letra de Serrat; *Te quiero, te quiero* y *Noelia,* interpretadas por Nino Bravo; *Tómbola,* de Marisol; *La chica yeyé,* para Concha Velasco, o los estupendos arreglos del *Gwendolyne* de Julio Iglesias llevaban su firma.

Un traje sin bolsillos

Julio bajó la rampa vestido de un azul celeste chillón, ideal para destacar en televisión, enfundado en un traje sin bolsillos para evitar que metiera las manos en ellos, uno de sus tics más reconocibles e imitados. En España, eso sí, vieron a Julio en blanco y negro.

Aquella manía delataba los defectos de un cantante tímido y novato, y aquel traje azul, «una cursilada»* para el cantante, también escondía una historia. En su visita promocional por Alemania encontró una tela de terciopelo particular. En aquella sastrería de Alemania compraron metros de tela de dos colores, azul y vino, con el fin de tener varias opciones. La tela llegó hasta las manos de Parrós, el sastre que solía confeccionar los trajes de Julio. Y así, durante el proceso de confección, nació la idea: coser completamente los bolsillos de la cha-

* *El Norte de Castilla,* 12 de agosto de 2013.

queta para evitar los viajes de las manos de Julio hasta ellos. Una solución astuta a un problema hasta ese momento sin solución*.

Julio interpretó la canción algo nervioso y dio la sensación de que perdía el hilo de la letra a mitad de la actuación, y aunque fue imperceptible entre los aplausos del público, el Trío La, la, la le ayudó a reconducir su interpretación. Al despedirse del público, mientras caminaba hacia atrás, Julio tropezó, la penúltima muestra de que aquel todavía bisoño cantante era un manojo de nervios. Al menos en tres ocasiones durante aquella actuación, Julio cantó con los ojos cerrados. Según explicaba en el documental francés *La voix de sa vie,* después del accidente de coche, su sistema nervioso funcionaba tan solo al 65 por ciento razón por la que, entre otras cosas, cerraba los ojos al cantar; si los abría, perdía la concentración, ya que cada movimiento debía ser pensado. Sí, el ya mítico leve balanceo con la mano en el pecho viene más de una incapacidad física que de una acción premeditada de seducción.

El marcador que indicaba los puntos de cada participante estaba en holandés, y por si alguien no lo entendía pusieron los distintivos de las matrículas de coche de cada país. Ocho fueron los puntos que recibió España, tres de Italia, tres de Mónaco y dos de Luxemburgo, y Julio ocupó el cuarto lugar. Dana, la representante irlandesa, se llevó el gran premio con *All kinds of everything,* derrotando a grandes estrellas como el francés Guy Bonnet, el italiano Gianni Morandi o la británica Mary Hopkin, la gran favorita. De nombre real Rosemary Brown, su sencillez y puesta en escena, sentada sobre una especie de cajón, conquistó al jurado.

Debido a su apretada agenda, Julio no pudo esperar hasta el veredicto final del jurado y tuvo que marcharse antes de que se conociera el ganador. Miguel de los Santos, el periodista que cubría el festival, abordó al cantante para realizarle una última entrevista. Como Julio no podía prever el resultado antes de la votación, en un arrebato de profesionalidad, ofreció a de los Santos una solución audaz, dos entrevistas en lugar de una: la primera satisfecho por haber tenido el privi-

---

* *Secretos confesables.*

legio de representar a España en el festival, y la segunda emocionado por haber alcanzado el soñado triunfo... por si acaso.

A su regreso, Julio apareció contento con su participación en el festival. Para su sorpresa, tuvo que lidiar con una acusación de plagio. El profesor malagueño Fernando Sánchez Barroso había acusado a Julio Iglesias de copiar su canción *Crisol de paz,* solicitando en contraprestación varios millones de pesetas. A su parecer, *Gwendolyne* compartía ocho compases, coincidiendo las armonías y la sucesión de estas. «La he compuesto yo y siempre que una canción se vende bien pasa igual, salen personas diciendo que es una copia», decía Julio en el diario *La Vanguardia*. La demanda fue desestimada y Fernando Sánchez, «por su temeridad y las molestias que había irrogado a los demandados», tuvo que pagar todas las cosas del juicio*.

Después de la final de Eurovisión de 1970, Iglesias pasó a ser Julio. No triunfó en el certamen, pero este supuso su lanzamiento mundial, a raíz de su participación la vida de Julio ya nunca fue igual. *Gwendolyne* lo convirtió en una estrella internacional de la canción, fue el último servicio de su primer gran amor.

* *Cuando vuelva a amanecer.*

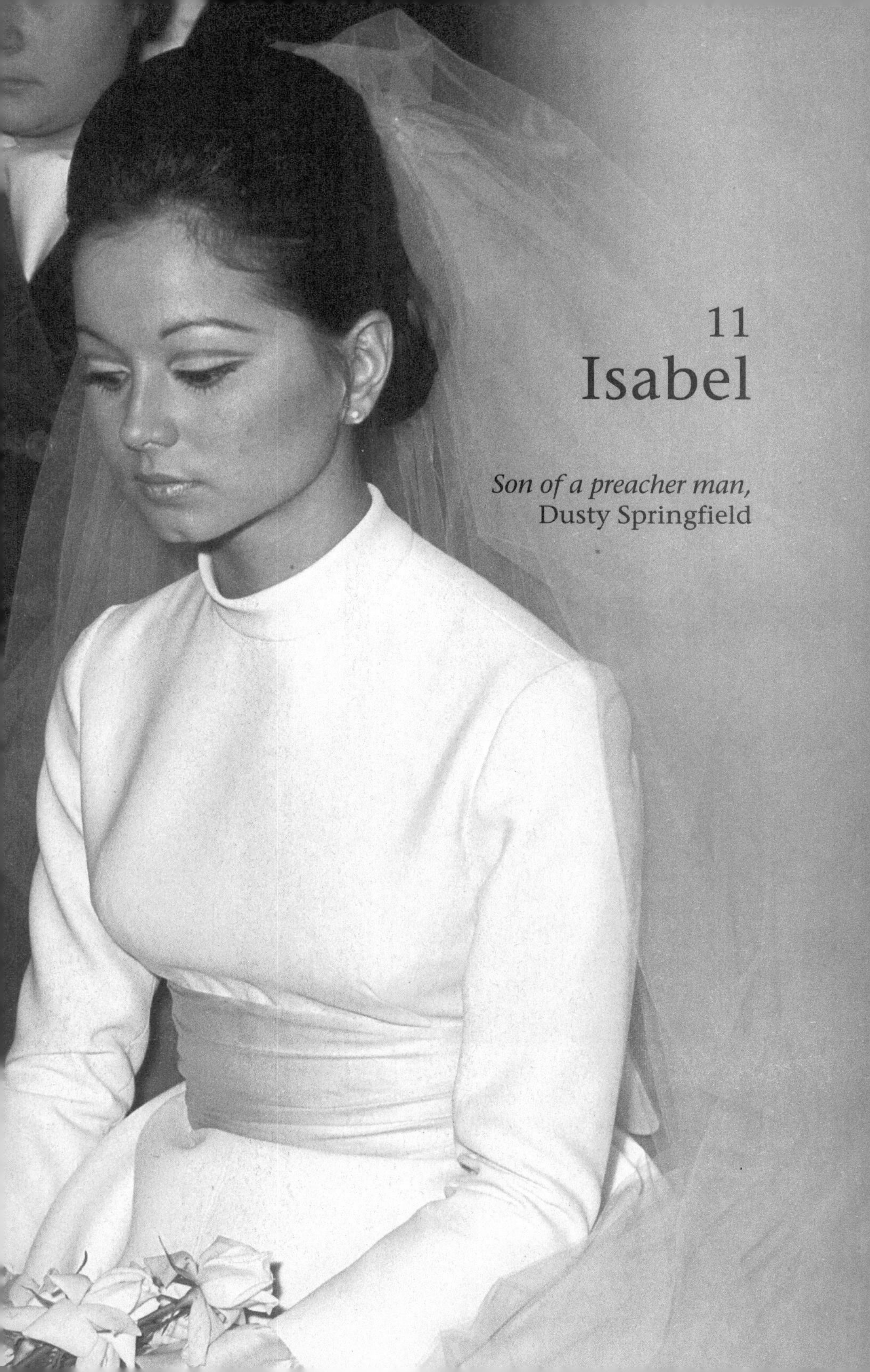

11
Isabel

Son of a preacher man,
Dusty Springfield

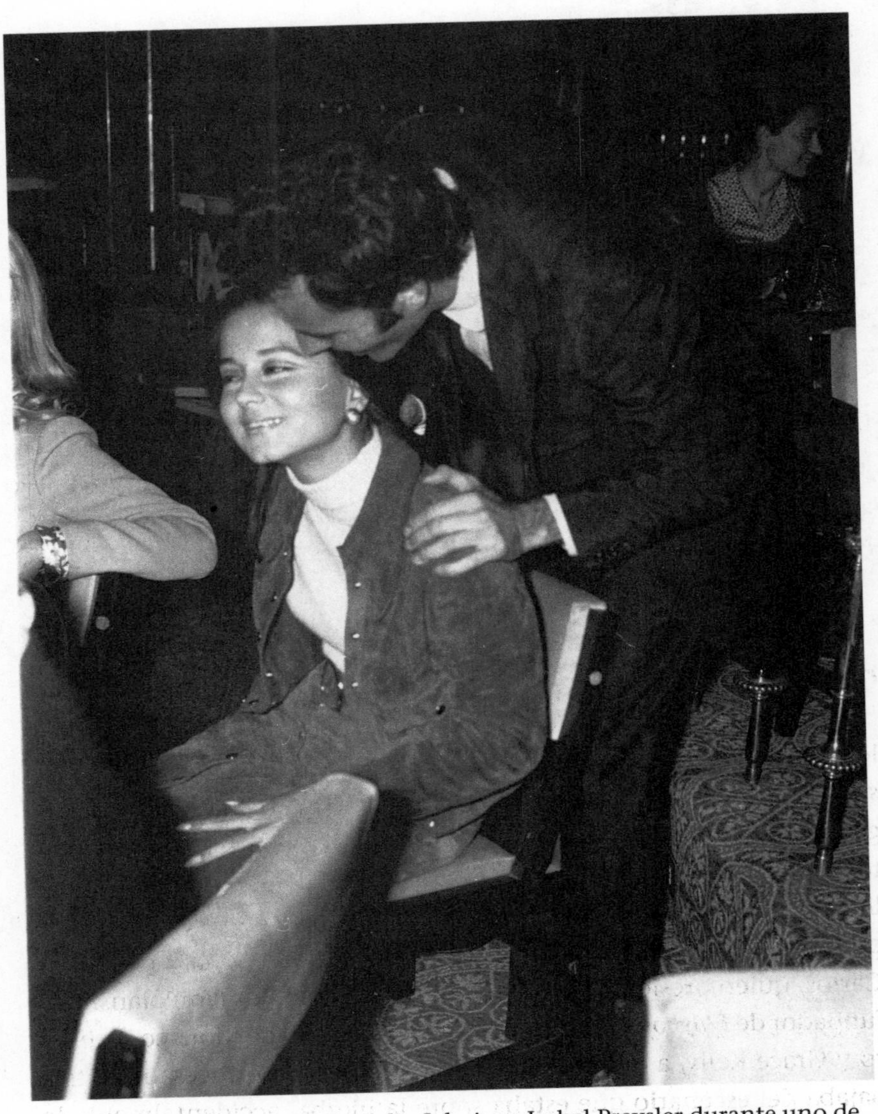

182: 16 de octubre de 1971.- Julio Iglesias e Isabel Preysler durante uno de los conciertos que ofreció en dos salas madrileñas, Imperator y Florida Park, antes de comenzar una gira por América. © Album / EFE.

180-181: 29 de enero de 1971. Boda de Julio Iglesias e Isabel Preysler. Album / sfgp.

Tras Eurovisión, la leyenda de Julio Iglesias comenzó a escribirse con letras de oro. Con Alfredo Fraile recorría España asistiendo a los numerosos eventos a los que era invitado. En mayo de 1970, pocas semanas después del festival, Julio participó en la inauguración del gran muelle deportivo de Puerto Banús, en Marbella, uno de los acontecimientos del año y en el que se dieron cita algunas de las personalidades más destacadas del momento. Entre yates y copas de champán, por allí desfilaron los príncipes de Asturias, doña Sofía y don Juan Carlos, quien presidía el acto; el director de cine Roman Polanski; el fundador de *Playboy,* Hugh Hefner; y los príncipes de Mónaco, Rainiero y Grace Kelly, a quien Julio, al ir a saludar a la princesa mientras bajaba del escenario que estaba sobre la hierba, accidentalmente le pisó la mano*.

Puerto Banús, diseñado por el arquitecto suizo Noldi Schreck, con un estilo Acapulco con motivos orientales y mexicanos, se convertiría en poco tiempo en el lugar idílico para la *jet set* europea. Dio nombre

---

* *Secretos confesables.*

al puerto José Banús, hijo y nieto de constructores y hombre muy cercano al movimiento. Este, junto con su hermano Juan, formó una empresa que levantó el Valle de los Caídos, para lo cual se sirvió de presos políticos en régimen de trabajos voluntarios que puso a su disposición el franquismo. A partir de entonces el volumen de sus negocios aumentó de una manera impresionante. En 1962 se trasladó a la Costa del Sol con la idea de crear un complejo turístico de fama internacional y construyó la urbanización Nueva Andalucía en la que se levantó la joya de la corona, Puerto Banús.

41 ciudades diferentes, 41 novias diferentes

Aunque no ganó, el verdadero vencedor de Eurovisión fue Julio Iglesias. Con el tema grabado en cuatro idiomas comenzó a actuar con notable éxito en televisiones europeas, abriendo de par en par las puertas del continente. En España, *Gwendolyne* fue durante nueve semanas consecutivas número 1 de ventas con más de 300.000 singles vendidos, convirtiéndose en el sencillo más vendido del año.

Producido de nuevo por Ivor Raymonde, el LP homónimo sale al mercado vendiendo una buena cantidad de ejemplares. De este mismo álbum se extrae el sencillo *Cuando vuelva a amanecer,* que también llegaría a los primeros puestos de las listas.

Columbia entiende por fin que tiene un diamante entre las manos, y Enrique Martín Garea traza un plan para proyectar la carrera de Julio Iglesias internacionalmente. Lo envían hasta Japón a la Exposición Mundial de Osaka, al Festival Midem en Cannes, al Festival de la Canción de Luxemburgo y al Festival de Knokke en Bélgica, donde Julio logra un fenomenal triunfo.

La Expo 70 de Osaka tuvo lugar hasta el mes de septiembre en Japón. Aquel año el tema de la exposición fue «El progreso y la armonía de la humanidad» y hasta setenta y siete países asistieron al acontecimiento con más de sesenta y cuatro millones de visitantes. Tal y como sucediera con los Juegos Olímpicos de 1964 en Tokio, la exposición tuvo un gran éxito y sirvió como escaparate para mostrar el gran desarrollo que había experimentado Japón durante los años sesenta. La muestra estaba situada en Suita, un suburbio de Osaka, un distrito rural cubierto por un bosque de bambú. Hasta allí viajó Julio Iglesias para grabar un especial de televisión producido por Valerio Lazarov. El *Osaka Show 1970,* era un especial de una hora de duración donde Massiel, Karina, Julio Iglesias y Miguel Ríos, las grandes estrellas españolas del momento, cantaban y paseaban entre los coloridos escenarios de la exposición en un recorrido utópico por los diversos pabellones. Julio desplegó su encanto cantando *Gwendolyne* en alemán, ataviado con un colorido atuendo en la canción *Bla, bla, bla,* o en un surrealista *Yo canto* frente al saludo militar de un soldado japonés bajito, todo ello rodeado de un increíble diseño con esculturas, cascadas, montañas rusas, funiculares, cristales de espejo, cúpulas y el inevitable zoom de Lazarov cada dos o tres planos.

Mientras Julio promocionaba su sencillo en el especial de Osaka, en Japón Miguel Ríos recibió un telegrama para que viajara inmediatamente a Los Ángeles, ya que su versión en inglés de *Himno a la alegría* había entrado directamente al número 49*. Cuando llegó a Estados Unidos, *A Song of Joy* ya era disco de oro. El año 1970 cambiaría la vida de los dos artistas.

La leyenda de Julio Iglesias comenzaba a crecer en todo el mundo. En España en 1970 los empresarios de espectáculos pagaban 200.000 pesetas por una actuación de Julio, una fortuna en la época. Durante treinta días realizó cuarenta y un conciertos en cuarenta y una ciudades diferentes. En sus conciertos el repertorio era aún escaso, se limitaba a cantar *Gwendolyne, La vida sigue igual, El viejo Pablo* y alguna versión de clásicos latinoamericanos como *Guantanamera, shows* de apenas media hora donde Julio recibía calurosos aplausos y recogía algún que otro desmayo, «en 1970 di 41 conciertos en 41 ciudades españolas distintas en 30 días. Hice el amor todas las noches. 41 ciudades diferentes, 41 novias diferentes. Fue mi etapa rockera»,** recordaba Julio.

* Diego Manrique, *Efe Eme.*
** *Love.*

Isabel

Todavía era primavera cuando en la vida de Julio apareció la persona que le cambiaría la vida. A pesar de su éxito imparable y sus constantes viajes, Julio Iglesias en aquel 1970 todavía se rodeaba de un sólido grupo de amigos. Tenía algunos buenos amigos periodistas y, siempre que podía, pasaba tiempo con sus compañeros del Real Madrid. La construcción del Julio Iglesias estrella aún no impedía que mantuviera contacto con su pandilla de siempre.

En una fiesta de la *jet set* madrileña en casa de Juan Olmedilla, amigo de Julio y donde se homenajeaba a Manuela Vargas, bailaora y musa del pintor Salvador Dalí, Julio conoció a Isabel Preysler.

Se trataba de la típica fiesta de sociedad del Madrid de la época, saraos que reunían fauna de todo pelaje: artistas, toreros, políticos y *wannabes*. Entre aquel zoológico humano de personalidades dispares, Julio se fijó en una joven esbelta con rasgos orientales.

Julio se acercó hasta Juan Olmedilla y le preguntó por aquella chica. «Es Isabel Preysler y es filipina, está estudiando en Madrid», contestó su amigo. A lo que Julio respondió: «Oye, Juanito, me encanta, ¿por qué no me la presentas?». A pesar de su interés, el encuentro no sucedió, al menos aquella primera vez*.

Efectivamente, Isabel Preysler era, es, filipina. Nacida en Manila en 1951, apenas contaba diecinueve años cuando Julio la vio por primera vez en aquella fiesta de Madrid.

Isabel, tercera de seis hermanos, era hija de Carlos Preysler Pérez de Tagle, gerente de Philippine Airlines y delegado del Banco Español de Crédito en Manila.

Creció en una familia acomodada en Filipinas descendiente por parte de padre de españoles afincados en Alemania, cercanos a la corte alemana del rey emperador Carlos V, que emigraron a España, y de los cuales, a su vez, unos pocos se trasladaron a Filipinas cuando esta era colonia española. En su árbol genealógico aparecía Luis Sáenz de Tagle, el primer marqués de Altamira y financiero del rey Felipe V.

---

* *Entre el cielo y el infierno.*

Los Preysler se asentaron en Andalucía en 1831 y, desde allí, los bisabuelos de Isabel, Joaquín y Natalia Preysler, emigraron en 1860 a Filipinas.

Los Pérez de Tagle fueron parte de los *ilustrados,* un grupo revolucionario formado por filipinos contra el abuso del gobierno militar de España en las islas orientales durante el siglo XIX. La familia Pérez de Tagle era propietaria de las manufacturas de los productos de copra y abacá, materiales utilizados para fabricar lazos antes de la invención del nailon.

La madre de Isabel, Beatriz Arrastia Reinares, era dueña de una agencia inmobiliaria. La familia Arrastia residía lejos de la capital filipina y tenía extensas plantaciones de arroz y azúcar en la provincia de Pampanga.

Mientras en el linaje paterno abunda lo europeo, con antepasados de origen danés, alemán, austriaco, húngaro y español, el materno procede de Navarra. El bisabuelo de Isabel, Valentín Arrastia, había nacido en Estella, y se casó con Francisca Salgado, una rica heredera de Pampanga.

Isabel Preysler tenía también una curiosa y circunstancial conexión con Hollywood. El abuelo de Isabel, José Arrastia, con fama de mujeriego, no contento con tener diez hijos con su esposa, Teodorica Reinares, tuvo descendencia más allá del matrimonio. Neile Adams es fruto de la relación que Arrastia mantuvo con la bailarina Carmen Salvador, y esto la convierte en tía de Isabel Preysler. Neile Adams fue la esposa de Steve McQueen, uno de los actores de Hollywood más atractivos de todos los tiempos, por lo que, técnicamente, Isabel fue sobrina de McQueen. «Yo nunca conocí a mi padre. Mi madre me contó que no supo que él estaba casado hasta quedarse embarazada. Ahí fue cuando se enteró de que tenía una familia en la otra parte de la ciudad. Ellos pertenecían a la alta sociedad de Filipinas y mi madre no quiso saber nada más de él. Es curioso, eso sí, que mi nieto Steven R. McQueen es clavadito a Enrique Iglesias, ¡pero en guapo!»*, afirmaba Neile Adams en una entrevista.

---

* *Vanity Fair.*

Isabel creció en una familia con profundo arraigo en la fe católica. En Manila estudió en el colegio de la Asunción, una escuela de monjas francesas, donde la joven destacaba por su capacidad de iniciativa, siendo durante varios cursos la delegada de clase.*

En Manila, con diecisiete años y todavía menor de edad, se enamoró de un rico *playboy* diez años mayor que ella. La diferencia de edad, su condición de mujeriego, y el hecho de que en aquella época en Manila se hubiera puesto de moda que las chicas jóvenes que se enamoraban se escaparan con sus novios, obligando a autorizar bodas no deseadas, propiciaron que sus padres enviaran a Isabel a Madrid, concretamente a casa de su tía Tessa Arrastia, hermana de su madre, y su tío Miguel**, una pareja que, por cierto, no estaba casada. Ya en Madrid, Isabel continuó sus estudios en el Mary Ward College de las monjas irlandesas.

En la capital de España varios amigos de sus padres le presentaron a gente joven de la sociedad madrileña, y enseguida entabló una profunda amistad con Carmen Martínez-Bordiú, nieta de Franco. Acostumbrada a vivir en Manila, donde apenas le daban permiso para salir, la libertad de horarios de la casa de sus tíos hizo que rápidamente se olvidara del novio filipino.

Isabel iba a misa todos los domingos, a una iglesia próxima a su casa del paseo de la Castellana, cerca de la glorieta de Cuzco. Solía salir a los saraos acompañada de sus amigas Marta Oswald y Chata López Sáez, y de vez en cuando sacaba su ropa del armario y ejercía de modelo, una vieja afición que se trajo de Filipinas***.

El encuentro

En la primavera de 1970, Julio viajaba a Londres semanalmente por un doble motivo. Por una parte, se encontraba grabando su segundo disco. Pero también aprovechaba su estancia en la capital británica para pasar algo de tiempo junto a su novia en ese momento, la actriz

---

* Jaime Peñafiel, *La amante de sus maridos,* Grijalbo, 2016.
** *La amante de sus maridos.*
*** Juan Luis López Galiacho, *Isabel y Miguel,* La Esfera, 2014.

Jean Harrington, su compañera de reparto en la película *La vida sigue igual*.

Dos semanas después de su primer encuentro, Juan Olmedilla llamó de nuevo a Julio para invitarle a una fiesta que ofrecía el empresario del vino y el *brandy* Tomás Terry. Julio, que andaba muy ocupado con sus viajes a Londres, en un primer momento declinó la invitación.

Pocos días después, Julio Ayesa llamó a Julio Iglesias. Julio Ayesa Echarri era amigo del cantante, alguien con quien mantenía una especial amistad, un dandi de la alta sociedad, un popular relaciones públicas navarro que, entre otras cosas, había montado todo el tinglado de la inauguración de Puerto Banús, trayendo hasta Marbella a la mismísima Grace Kelly o a Pat Kennedy, la hermana de JFK (John Fitzgerald Kennedy). Respecto a la fiesta de los Terry, Julio Ayesa fue directo:

«Creo que debes dejar lo de Londres este sábado, ¿sabes quién va a la fiesta?».

Naturalmente Ayesa se refería a *la filipina**, y Julio confirmó su asistencia al pabellón de los Terry en la Casa de Campo.

En 1950 Franco decidió crear una gran feria internacional en la Casa de Campo donde poder mostrar los productos de la agricultura, la ganadería, la gastronomía y la artesanía nacionales. Cada dos años, Madrid se convertía en un escaparate folclórico con lo mejor de cada provincia. En la edición de 1970 la familia Terry, con sus imponentes bodegas, organizó una fiesta donde no faltaron el albero, los geranios y los mejores caballos sementales del país.

A la fiesta se asomaron las caras más conocidas del momento. Entre otros muchos, por allí desfiló la esposa de Raphael, Natalia Figueroa, Lola Flores, el cantante Bambino, el matador de toros Curro Romero, Paco de Lucía y Camarón de la Isla, Lucía Bosé y su hijo Miguel, Isabel Preysler, quien había ido acompañada por Carmen Martínez-Bordiú, Marta Oswald y Chata López Sáez y, por supuesto, también asistió Julio Iglesias.

---

* *Entre el cielo y el infierno.*

«Julito —le dijo Julio Iglesias a Ayesa, a quien apodaban exactamente como a él—, preséntamela, hoy no se me puede escapar»*.

Con una copa de jerez en la mano, Julio entrevió a Isabel vestida con un sari de seda de cuello alto, se acercó hasta ella y le dio la mano. En un primer momento, Isabel Preysler no se mostró demasiado impresionada con el cantante, un artista entonces conocido pero no famosísimo.

A medida que la noche se fue caldeando, también aumentaron los decibelios de la fiesta. En un momento determinado, ya de madrugada, Julio cantó una versión improvisada de su reciente éxito *Gwendolyne*. Aunque hubo más. Entre los aplausos del personal y los relinchos y las coces de los caballos, en el medio de aquella algarabía apareció Lola Flores haciendo su propia versión flamenca del *Gwendolyne* de Julio Iglesias. La Faraona siempre fue única animando un sarao.

Terminada la fiesta, Julio se las arregló para llevar a Isabel y a sus amigas a casa. En los planes del cantante estaba dejar la última en casa a Isabel, aunque la idea le salió rana. Cuando llegaron a la casa de sus tíos, en el número 151 del paseo de la Castellana, Isabel Preysler se bajó del coche la primera, y Julio continuó dejando al resto de compañeras como un taxista profesional.

Antes de despedir a Isabel, Julio le pidió su teléfono:

«Ya te lo daré, pero hoy no —respondió Isabel—, aunque no te va a servir de nada, porque yo me marcho a Filipinas inmediatamente. En el otoño regresaré y entonces hablaremos».

Isabel se bajó del coche y se fue**.

La primera cita

La negativa de Isabel no fue obstáculo para que Julio Iglesias logrará su número de teléfono por otros medios. De vuelta en Londres para seguir grabando su disco, la llamó y concertó una primera cita en Madrid pocos días después. Entre los brazos de Jean, su amante inglesa, Julio contaba con impaciencia los días que faltaban para ver a Isabel.

---

* *Isabel y Miguel.*

** *Entre el cielo y el infierno.*

Y poco antes del verano de 1970 llegó la primera cita de verdad. En Madrid, Julio recogió a Isabel y juntos fueron al concierto de Juan Pardo en la sala Windsor, en la calle Goya, en los bajos del cine Carlos III. Las malas lenguas dicen que como el cantante era guapo y tenía mucho éxito, Julio le pidió a Isabel que se sentara de espaldas al escenario, mirándole a él. La siguiente vez que quedaron fueron a ver a José Feliciano, que como era ciego, no tenía peligro*.

Tras la actuación, fueron a cenar al restaurante California 47, en la calle Serrano, y después tomaron una copa en Gitanillos, una *boîte* de gente bien que dirigía Carlos Goyanes, marido de Marisol, y donde abundaba la rumba flamenca. Aquella primera noche, Isabel llegó a casa de sus tíos a la hora pactada con la idea de volver a ver a Julio.

Desde ese momento, Julio llamó con inusitada frecuencia al domicilio de los tíos de Isabel para invitarla a salir por Madrid. La recogía en su coche y visitaban los lugares de moda de la capital hasta altas horas de la madrugada. Sus tíos no eran muy estrictos con los horarios, aunque no la dejaban ir sola. La pareja solía ir acompañada de Alfredo Fraile y su mujer, María Eugenia Peña Soto, integrante de la familia de los Bardem.

Julio se sentía fascinado por aquella joven de halo misterioso. Isabel era una mujer diferente a las demás. Su enorme clase, el tono enigmático y aquel aire oriental cautivaron al cantante. En muy poco tiempo, Julio Iglesias, alguien incapaz de mantener una relación durante más de una semana, se había enamorado de verdad. «Fue amor a primera vista», declararía años después el cantante. «Tenía cierta distancia, era una mujer bellísima, oriental, la miraba todo el mundo».

Para Julio fue un flechazo, pero Isabel fue difícil de conquistar, no estaba del todo convencida de las bondades de aquel joven un poco cojo, a veces tartamudo y además cantante. «Yo no le hacía mucho caso al principio, pero era tan mono... Pendiente de mí, me adoraba», diría muchos años después Isabel. La fascinación de Isabel Preysler por el cantante era algo menor. Le pareció un chico simpático y educado,

* Pilar Eyre.

alguien de aspecto agradable, pero Isabelita estaba lejos del asombro. Julio no era aún el famoso cantante en el que se convertiría, algo que, por otra parte, tampoco impresionaba demasiado a Isabel. Pero lo cierto es que solo tres días después de conocerse, Julio se declaró* e Isabel dejó de lado sus estudios de Secretariado Internacional.

Julio Iglesias, convencido de su amor, terminó su relación con Jean Harrington y puso todos sus esfuerzos en conquistar a Isabel.

A finales de julio de 1970, la joven filipina viajó a Málaga con sus tíos para pasar el verano y Julio cambió radicalmente sus estíos en Peñíscola por las playas de la Costa del Sol. La pareja quedaba para cenar, iba al cine o sencillamente salía a pasear. Un día Julio le confesó a Alfredo Fraile que Isabel era la mujer de su vida. Fraile, incrédulo, le contestó:

«Julio, ya conozco a varias mujeres de tu vida»**.

Naturalmente, su entorno más cercano ya había vivido enamoramientos en el pasado, aunque, en el caso de Isabel, Julio se mostraba muy convencido. Pero en el caso de Fraile, sabedor de que, durante todo el proceso de conquista de Isabel, Julio había estado viajando a Londres donde le esperaban los besos de Jean Harrington, la incredulidad resultaba más que razonable.

Tan entusiasmado estaba, que nada más llegar de la capital londinense después de terminar su nuevo disco, lo primero que hizo fue presentarla en sociedad a su familia. «Me pareció guapísima, encantadora y con mucha clase. Tenía esa serenidad oriental que mantenía a raya el pronto explosivo de mi hijo», afirmo en su día el doctor Iglesias Puga.

Julio se pasó todo el verano combinando sus actuaciones por España con visitas esporádicas allí donde se encontrara Isabel. La joven filipina seguía sin mostrar el más mínimo interés por el Julio Iglesias cantante, y acudió con desgana a alguna de sus galas veraniegas, «a ella no le interesaba el Julio Iglesias que cantaba. Y creo que nunca,

---

* *La amante de sus maridos.*

** *Secretos confesables.*

jamás, le importó. Quizás eso fue determinante de muchas cosas posteriores»*, recordaría años después Julio.

Con las canciones terminadas en Londres, Columbia lanzaría el segundo álbum de Julio Iglesias algunos meses más tarde. Producido de nuevo por Ivor Raymonde, el LP homónimo saldría al mercado vendiendo muy bien. Con canciones como *Pequeñas manzanas verdes, Cuando vuelva a amanecer, Cantándole al mar* o *Ese día llegará,* Julio se consolida como uno de los artistas más importantes del momento.

Soy abogado y voy a vivir de mi carrera

Fruto del amor que acababa de conquistarlo, o quizás por una indecisión personal, curiosas resultaron sus declaraciones al final de aquel verano. Julio triunfaba en las listas de éxitos y, antes de participar en Eurovisión y de que su nombre se hiciera grande, firmó una actuación, en sesión de tarde y noche, un domingo del mes de septiembre en la Sociedad Mercantil y Artesana de Barbastro, una pequeña localidad de la provincia de Huesca, cuna del Somontano.

Julio Iglesias, en un principio, se mostró reticente a acudir a la capital del Somontano, pero le recordaron que había firmado un contrato antes de que su popularidad creciera tras Eurovisión y que debía cumplirlo. Lo hizo en el recinto de La Floresta, donde tenía su sede la Sociedad Mercantil y Artesana, y cobró ciento veinticinco mil pesetas.

Julio Iglesias debió de llegar por la mañana o a primera hora de la tarde, y se hospedó en la habitación 107 del hotel Europa. Cantó varios temas, en sesión de tarde y noche, acompañado por Los 5 Magníficos, que tenían de vocalista a Esperanza Valero, y por el grupo IV Dimensión.

Tras la actuación vespertina, Julio se dirigió en su Seat 850 blanco desde el hotel al restaurante El Chopo, situado en las afueras. Después de firmar algunos autógrafos regresaron todos a Barbastro. Hacia las once, Julio volvió a subirse al único escenario de La Floresta, y cantó y tocó sus temas más conocidos. Al terminar su actuación en una terra-

---

* *Entre el cielo y el infierno.*

za de verano atiborrada, Julio ofreció una entrevista en plena calle, en medio de un corro de fans y curiosos.

Julio dijo que si «pensase en el dinero que gano, no cantaría», que con la canción quería «coger experiencia humana», y anunciaba que «yo dentro de muy poco tiempo daré una sorpresa, voy a hacer el doctorado en Estados Unidos, y dejaré de cantar». Añadía que cantaba porque le gustaba y, a la vez, precisaba que «yo como, ceno y duermo con lo que gano cantando —no pido dinero a mi familia para vivir—, pero al día, no tengo ninguna cuenta bancaria ni nada de eso. Voy a hacer el doctorado de política y económica, soy abogado y voy a vivir de mi carrera», dijo con absoluta seriedad*. Quizás, en aquel lejano mes de septiembre, el amor de Isabel le había cambiado la idea de dedicarse a la canción. Fuera como fuese, y a tenor de lo que estaba por venir, aquello de Barbastro seguramente no fue sino una espontánea declaración de su *yo* más domesticado, el Julio Iglesias decididamente más responsable. Tan pronto se subió al coche de vuelta a Madrid, su carrera musical siguió su curso tal y como estaba escrito.

Una boda inesperada

Entre concierto y concierto, la carrera de Julio, ahora sí, parecía definitivamente lanzada. *Gwendolyne* era un éxito en media Europa y el álbum estaba funcionando de maravilla. En octubre viajó a Latinoamérica y, desde allí, cogió el teléfono, llamó a Isabel y le pidió que se casaran**.

Isabel, años más tarde, recordó sus palabras: «Esto no es una declaración, no pienso en lo que te estoy pidiendo, pero quiero decirte que eres la mujer perfecta que siempre hubiera imaginado para casarme»***.

Por la cabeza de Isabel, una chica joven que se lo estaba pasando estupendamente en Madrid, no pasaba la idea del matrimonio, no al menos en ese momento****. Pero las cosas no salen siempre como uno

---

* *El Heraldo,* 17 de junio de 2018.
** *Entre el cielo y el infierno.*
*** *La amante de sus maridos.*
**** *Ibídem.*

las planea y, con Julio todavía en América, fue ahora Isabel quien le llamó para contarle una noticia inesperada.

En las Navidades de 1970, recién llegado de sus compromisos americanos, Julio se reunió con Alfredo Fraile y le soltó la bomba:

«Alfredo, Isabel está embarazada y nos vamos a casar. Necesito que me organices una boda urgente y secreta»*.

Aquella noticia dejó sin palabras a Fraile. No solo porque era una decisión personal muy importante, especialmente tratándose de una pareja que apenas llevaba siete meses de noviazgo. La boda de Julio Iglesias implicaba, o al menos podía hacerlo, cambiar la percepción del artista en el mercado. La figura artística de Julio Iglesias se construía con argumentos nada sofisticados, evidentes estereotipos asociados al hombre romántico, seductor, melancólico y solitario, la antítesis del prudente padre de familia en el que estaba a punto de convertirse.

Para la familia franquista en la España de 1970, la virginidad femenina era esencial. Si se perdía, no solo se ponía en duda la honestidad de la chica, sino también la de toda la familia. Cuando una chica soltera comunicaba a sus padres su embarazo, algunos la protegían escondiéndola o ayudando al aborto, y en muchas ocasiones los padres decidían echar a la hija del hogar para salvar el honor de la familia.

Isabel Preysler nunca se planteó abortar, por otra parte, un delito castigado entonces con penas de cárcel. Con sólidas creencias religiosas, tenía decidido traer al mundo a su bebé. Con apenas diecinueve años, no tenía nada clara la idea de casarse, e incluso se planteó irse a Estados Unidos y dar a luz en casa de sus tíos en San Francisco, cualquier cosa antes que pasar por el mal trago de casarse a toda velocidad. Pero Julio la convenció.

El anuncio fue un jarro de agua fría para las familias de ambos, bastante conservadoras y católicas, que tenían preparados mejores planes para cada uno de ellos por separado. A los padres de Isabel les pareció una auténtica locura que su hija se uniera a un simple cantante de forma tan precipitada —sin sospechar que además estaba embarazada—. Y a los padres de Julio, aunque tenían la esperanza de que

* *Secretos confesables.*

estas nuevas responsabilidades sirvieran a su hijo para renunciar a sus aspiraciones en el mundo de la canción y proseguir su carrera de Derecho, también Isabelita les parecía muy poco*. Sobre todo a la madre de Julio, Charo de la Cueva, que tras recibir la noticia reaccionó llorando y rezando ante el infortunio**. Charo era una mujer de carácter áspero, que llamaba despectivamente a Isabel *la china* y que deseaba que su hijo se casara con una chica bien madrileña de la alta sociedad. Sus razones tendría, pero a Charo nunca le gustó Isabel. Mientras su hijo estuvo casado con ella, no tuvo más remedio que tragar y poner buena cara, pero Isabel Preysler nunca fue santo de su devoción. El doctor Iglesias por su parte fue más comprensivo, quizás como experto ginecólogo que era: «Un día, de golpe y porrazo, por las prisas, nos anunciaron la intención de casarse»***.

Cuando Julio llegó a Madrid de América, lo primero que hizo fue ir a ver a su padre en el barrio de Moncloa. En el despacho del doctor, Julio le había contado la decisión de casarse ante el enfado de su padre, quien ante la nueva perspectiva familiar de su hijo, coincidió en que el embarazo desembocaba como única vía posible en el matrimonio. Una madre soltera en la España de 1970 resultaba inconcebible, obligaría a Isabel a marcharse del país. El doctor Iglesias lo sabía, y así se lo transmitió a su hijo****.

Como a casi todos, al *manager* de Julio la idea de la boda le parecía una locura. Quique Herreros acababa de contratar al cantante Jaime Morey y empezaba a perder la poca fe que desde un principio había depositado en Julio Iglesias. Consideraba que todo el lío de la boda no haría más que hundir su carrera y hacerle perder fans. Al final, acabaría apostando por Morey, un artista en su opinión con mucho más potencial y que podría reportarle más dinero que Julio.

A Quique Herreros, una persona de izquierdas, nunca le hizo demasiada gracia que el padre de Julio hubiese sido un hombre cercano al régimen de Franco, una ideología que Herreros proyectaba en el

* *Isabel y Miguel.*
** *Cuando vuelva a amanecer.*
*** *El cierre digital.*
**** *La amante de sus maridos.*

perfil abiertamente de derechas de Julio. Herreros defendía que alguien que se dedicara al arte o a la creación debía ser de izquierdas. Pero las decisiones visionarias de Herreros ocurrirían algo después.

Alfredo Fraile tenía por delante la difícil tarea de organizar una boda exprés. Había que buscar el sitio idóneo para el compromiso y naturalmente, un cura. Fraile comenzó la búsqueda de iglesias en Madrid, en Pozuelo, en Húmera, miró ermitas pequeñas, grandes templos, una catedral, y al final, encontró el lugar ideal en la capilla del restaurador José Luis, en el pueblo toledano de Illescas, a unos cuarenta kilómetros de Madrid.

Fraile convenció al cura que había oficiado su propia boda, el padre Pepe Aguilera, consiliario de los jóvenes de Acción Católica de Madrid, para que casara a la pareja. La boda debía ser un acto discreto, una ceremonia que no levantara demasiado revuelo. José Luis Ruiz, el dueño de los conocidos restaurantes que llevan su nombre, ofreció la capilla que formaba parte de su complejo hotelero en Illescas, donde después del enlace se desarrolló el convite.

Julio Iglesias no quería que su boda afectara a su carrera musical hacia el estrellato, aunque no pretendía que nadie dudara de su amor. Tampoco quería eludir a los periodistas que con el tiempo se habían convertido en amigos, periodistas de las páginas de sociedad y estrellas mediáticas del momento como Jaime Peñafiel o Tico Medina.

De todos es sabido que si algo no hubo en aquella boda fue discreción. Por allí, además de los amigos de la pareja, aparecieron fotógrafos y periodistas para dar buena cuenta en sus respectivos medios de lo sucedido en Illescas. Quique Herreros, sabiendo que aquel enlace no iba a ser nada secreto, por su cuenta y riesgo decidió invitar al resto de la prensa.

La pareja se casó a las seis de la tarde el 20 de enero de 1971, un día de lluvia y de ambiente frío. La boda se convirtió en un acontecimiento social, con más fotógrafos que invitados alrededor del altar. El enlace desbordó todas las previsiones, con las cámaras del NO-DO grabando algo más parecido a una performance para la prensa que algo genuino y feliz.

El vestido de Isabel era sencillo, un diseño del modisto Pedro Rodríguez, un traje blanco radiante y recto, con mangas largas acabadas en volantes de seda y con un cinturón de seda, llevaba velo y un ramo pequeño con flores blancas. Julio optó por el clasicismo, llevando un chaqué con pantalón gris y una corbata a juego.

Charo fue la madrina, y ante la ausencia de Carlos Preysler, que prefirió quedarse en Filipinas, actuó como padrino de Isabelita su tío José María Preysler, hermano de su padre. Como testigos allí firmaron Fernando Herrero Tejedor, antiguo subjefe del Movimiento en la provincia de Castellón y el rector de la Universidad de Madrid, el doctor Botella Llusiá.

La promoción del artista resultó estupenda, pero la ceremonia fue un completo desastre. Los fotógrafos se subían a los bancos en busca del mejor ángulo, el ruido de la grabación lo inundaba todo y los novios incluso tuvieron que repetir el «sí quiero» porque no había quedado registrado por las cámaras. «Por lo tanto, la vida no sigue igual», sentenció el cura durante el sermón, una frase nada casual, un guiño al mayor éxito compuesto por Julio Iglesias hasta ese momento y que, naturalmente, también fue debidamente capturado por las cámaras del NO-DO. Por primera vez, Isabel se enfrentó cara a cara con la fama de su novio y, de alguna manera, también supuso su debut como estrella del papel *couché,* un lugar que desde ese día ya no abandonaría nunca más. La boda de Illescas marcó el nacimiento de la figura más icónica de la prensa del corazón en España y supuso el espaldarazo definitivo para la carrera del cantante.

La joven se pasó buena parte de la ceremonia llorando. «Podría decir que nos casamos porque estábamos enamorados, y sería verdad, pero lo cierto es que... me quedé embarazada. Entonces parecía una tragedia no pasar por la vicaría»*, recordaría Isabel años más tarde. Isabel lloró en el altar, lloró frente al cura, pero no de alegría o emoción, las suyas eran lágrimas de tristeza casándose de una manera que no deseaba**.

---

* *La amante de sus maridos.*

** *Secretos confesables.*

Pensar que el matrimonio de Isabel y Julio fue un completo desastre no sería del todo cierto. Naturalmente también vivirían tiempos felices más adelante, pero, para Isabel, aquella boda en Toledo fue una calamidad. «El cura que nos casó a Julio y a mí declaró que nunca había visto a una novia llorar tanto en su vida, estar tan, tan triste», reconocía Isabel.

De las doscientas personas que acudieron al convite, la gran mayoría venía de parte del novio, siendo muy pocos los que asistieron por parte de la novia. El banquete lo pagó el doctor Iglesias, una cena con crema de langosta, lenguado a las dos salsas, turnedó a la fruta con champiñones y, de postre, una tarta de varios pisos. Cortaron la tarta y, por supuesto, no faltó el baile nupcial. En un momento dado, los invitados reclamaron que el novio cantase *Gwendolyne* y este aceptó orgulloso la invitación, el punto final de una boda de papel *couché*.

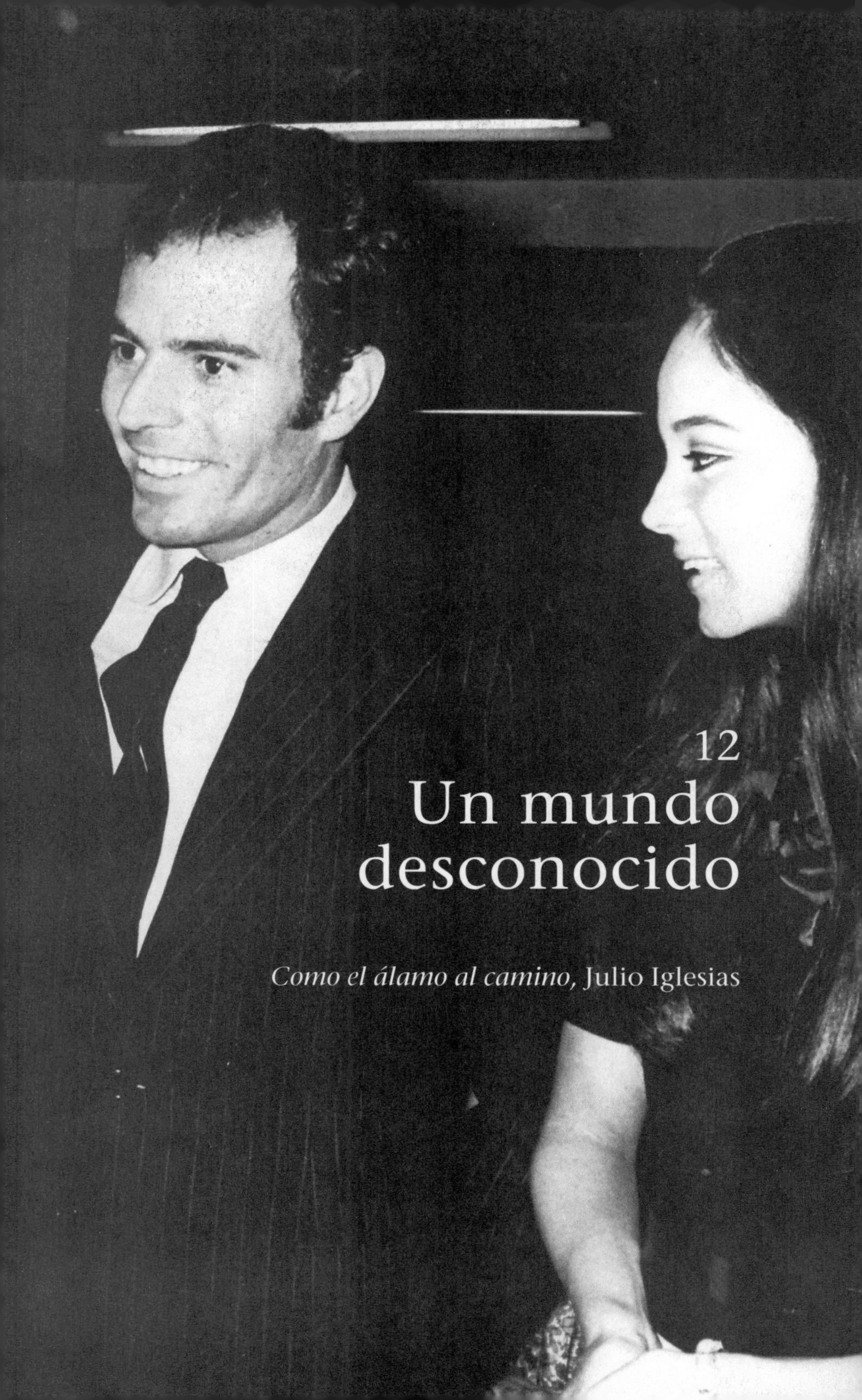

12
Un mundo desconocido

Como el álamo al camino, Julio Iglesias

200-201 y 202: 30 de octubre de 1971. Bautizo de Chábeli Iglesias Preysler.
En la foto Carlos Iglesias, Betty Arrastia, Julio Iglesias e Isabel Preysler.

En la playa de Maspalomas, al sur de la isla de Gran Canaria, los recién casados pasaron una semana de luna de miel.

Viaje a la luna

Un par de años antes, en 1969, noventa días después de pisar la luna, Neil Armstrong viajó hasta Gran Canaria, donde pasó dos días junto a su esposa y los otros dos integrantes del *Apolo 11,* Michael Collins y Edwin Aldrin. En Maspalomas estaba ubicada una de las tres estaciones de la NASA desde donde se siguió la gran aventura espacial, el motivo principal de la visita. Los astronautas se hospedaron en tres suites, las 123, 133 y 143. En enero de 1971 Julio e Isabel se alojaron en la misma habitación que Armstrong. Como los astronautas, también alcanzaron la luna, pero la suya era de miel.

En aquella habitación, y utilizando una de las frases pronunciadas por el cura durante el enlace, una referencia a la manera en que el marido debía amar a su mujer, Julio escribiría una de sus canciones más conocidas, *Como el álamo al camino*. En el sur de la isla Julio e Isabel seguramente pasearon en camello, bailaron al ritmo de una isa y comieron papas *arrugás* con mojo. Solo siete días después regresaron a su realidad.

Vuelta al trabajo

De vuelta a Madrid, Julio e Isabel se mudaron a un piso alquilado en la calle Profesor Waksman, en el mismo barrio de Chamartín, muy cerca del estadio Santiago Bernabéu, y desde donde el cantante reinició de inmediato sus compromisos profesionales. En España algunos seguidores no le perdonaron su precipitada decisión de casarse, ignorantes de la realidad del embarazo. Por primera vez, Isabel comenzó a despertar las envidias del público, todos se preguntaban quién era esa belleza oriental que había seducido a Julio Iglesias. Hasta ese momento, la opinión pública solo había visto las fotografías de la boda, pero poco más se sabía de ella. Solo que era una guapa chica filipina.

En Madrid, Isabel cuidaba de la casa y, cuando Julio regresaba de sus compromisos profesionales, le obligaba a despertarse pronto para ir a caminar a la Casa de Campo. Julio todavía renqueaba de las secuelas del accidente y su mujer vigilaba que la lesión no fuera a más*.

Casi recién llegados de Canarias, en febrero, Julio viajó a la clausura del IV Festival de Málaga y siguió con su gira por América. Isabel, en una prolongación de sus vacaciones de enamorados, acompañó a su marido a Panamá, Venezuela y México, donde Julio recogió el premio como artista internacional del año, entregado por el diario *El Heraldo*. Lo paradójico del asunto es que, a pesar del premio, Julio Iglesias era todavía un desconocido en el continente.

En México D. F., y ayudado por Pepe Guindi, un vividor de familia adinerada de origen judío que había hecho fortuna en el negocio textil, un amante de los placeres de la vida que naturalmente congenió con la estrella, Julio solía actuar en El Quid, un pequeño club que, como le sucediera en el Florida Park en Madrid, no reunía a más de diez espectadores. El Quid, en muy poco tiempo, pasó de congregar solo a un pequeño grupo de amigos a llenarse hasta reventar en la visita de 1971. Guindi, enamorado de las obras de arte y el buen vino,

---

* *Secretos confesables.*

se dedicó a la representación de artistas y, como posteriormente hicieran otros nombres a lo largo de otros muchos países latinoamericanos, se convirtió en una pieza importante de cara al futuro lanzamiento y consolidación de Julio en México.

Durante 1971 Julio Iglesias consigue su primer millón de discos vendidos a nivel global, la mayoría de ellos en España y algunos países de Europa, y además viaja por segunda vez a Japón, donde graba en japonés el tema *Anatamo Uramo,* versión de su canción *Como el álamo al camino*.

Julio debía cumplir en América unos contratos y actuaba en salas que muchas veces no se llenaban, apenas un puñado de espectadores incluyendo a los amigos del promotor local. Viajaba sin músicos, que se contrataban en cada lugar en el que cantaba. En ocasiones actuaba con banda, un piano, una guitarra, un bajista y el batería, pero otras lo hacía solo con su guitarra ante la imposibilidad de encontrar al resto de músicos. Los locales no siempre reunían las condiciones mínimas, incluso llegó a actuar en clubes de alterne, como aquella vez que cantó en un puticlub de Panamá con las chicas medio desnudas correteando por el local durante la actuación. En El Sombrero, el nombre de aquel local, el mismo lugar en el que Perón conoció a Evita, Julio fue presentado como el «Tom Jones de España»*. Los músicos que lo acompañaron eran de una banda de salsa y allí, sobre el escenario, Julio veía atónito cómo las señoritas se preparaban para hacer su particular *show* caliente para la clientela. El cantante había vendido ya algunos miles de discos, pero la realidad era que la gente de la calle todavía no acababa de ponerle cara. Hoy resulta difícil de imaginar, pero en aquel viaje Julio Iglesias entraba y salía de los locales donde acababa de actuar sin que nadie supiera muy bien quién era aquel cantante de dientes blancos.

Aquellas primeras actuaciones americanas fueron duras. En aquel local de Panamá no le pagaron por la actuación, y Julio regresó al hotel donde le esperaba su mujer sin dinero para pagar la habitación. Isabel recordaba que en aquellos tiempos su marido le decía: «Peque-

* *Secretos confesables.*

ñaja, dentro de unos años tendré a esta gente rendida a mis pies. Y la verdad es que fue así. Julio trabajaba mucho y yo cada vez estaba más sola»*. A pesar de la insistencia de Julio por conquistar su corazón y lo precipitado de la boda, en circunstancias diferentes, sin un embarazo de por medio, Isabel tal vez no se hubiese casado con Julio. Sabía que él la adoraba, pero ella era aún una mujer muy joven.

Muy pronto, la pareja empezó a tener diferencias. Acostumbrado a una vida independiente, Julio pasó de hacer lo que él quería, a hacer lo que querían dos. En América la mayor parte del tiempo Isabel lo pasaba sola o en compañía de la mujer de Alfredo Fraile.

Precisamente Fraile recordaba en cierta ocasión aquella gran bronca entre la pareja momentos antes de una actuación en un hotel de México. Julio, muy disgustado, informó a su *manager* de que no se encontraba con fuerzas para actuar: «Alfredo, lo siento, pero no puedo cantar». Sin embargo, Fraile lo convenció y al final salió al escenario. Informó a su público de que no se encontraba con ganas de actuar, pero que, además de ser su obligación, se sentía enormemente agradecido a su público que le había ido a escuchar. Y empezó a cantar. Después de tres canciones interrumpió su actuación y confesó el motivo de su falta de ganas, «acabo de tener una fuerte discusión con mi mujer, estamos recién casados y me duele dejarla sola en la habitación sin arreglar antes lo nuestro». El concierto resultó un éxito, y la gente emocionada rompió en aplausos. Así era Julio Iglesias entonces. Sensible y emocional, pero también simpático y seductor, capaz de conectar con la gente tan pronto se ponía delante del micrófono. «Las oportunidades que tenemos los hombres públicos son muchas. Efectivamente, yo junto los ojos con la gente mucho más rápido de lo que esperaba. Cuando era un chaval joven nadie me miraba y cuando empecé a dar tres notas en la guitarra me empezaron a mirar»,** recordaba Julio sobre sus inicios.

En aquel viaje americano, Isabel acompañó a su marido muchas veces en circunstancias precarias. Alojada en tugurios y pensiones de

---

* *Isabel y Miguel*. Juan Luis Galiacho
** *Secretos confesables*.

tercera, o subida en ruinosos autobuses en sus recorridos por las carreteras mexicanas, los días de vino y rosas todavía deberían esperar. Eran tiempos en los que recorrió México en un autocar porque no había para más. Estoica, Isabel compartía penurias con la pequeña comitiva de su marido comiendo bocadillos. Fraile lo recuerda con nitidez: «Isabel es una mujer única. Entregada, compartidora de lo bueno y lo malo, exquisita y muy divertida en la intimidad»*. Los contratos de Julio eran todavía muy modestos, y a pesar de su cada vez más notable embarazo, la firme y hermética Isabel fue la perfecta compañera del cantante en sus duros inicios. En aquellos días, la pasión y el amor, y también la criatura que llevaba en su vientre, la animaron a aceptar cualquier ocurrencia de su marido por disparatada que fuera. Julio representaba la aventura, idealizó aquella figura del joven triunfador, la puerta de acceso a un mundo desconocido al que no dudó en acompañarle. Mientras duró el amor, Isabel vivió esa etapa intensamente, añorando, eso sí, la vida familiar más relajada de su Manila natal.

Agua y aceite

Antes de dar por terminada la gira americana, Julio decidió que lo mejor para Isabel y el bebé era que regresaran a España. Acompañada por la mujer de Alfredo Fraile, llegaron a Madrid.

En abril de 1971, a través de la oficina de Enrique Herreros, Julio viajó hasta Torremolinos, donde se acababa de construir un palacio de exposiciones y congresos y preparaban un festival de música internacional para promocionar el centro, pero, sobre todo, para dar bombo a Torremolinos. Por allí desfilaron Julio Iglesias y Donna Hightower, y también Björn & Benny, dos perfectos desconocidos suecos, eliminados a las primeras de cambio, y que muy poco después formarían un grupo que cambiaría el paradigma de la música pop para todos los públicos: ABBA.

Julio siguió actuando a lo largo del verano. En Osuna, en la provincia de Sevilla, participó en festivales de España, junto a Los Mitos y Juan Pardo. El 24 de julio viajó hasta el Festival de la Juventud, en

---

* *La Razón.*

Ávila, donde compartió cartel con Mari Trini y Mocedades. Estuvo en A Coruña, Albacete, Madrid..., aquel año Julio Iglesias recorrió todas las plazas del país.

En 1971 las giras de Julio Iglesias todavía resultaban económicamente muy poco rentables. Con la idea de sumar fuerzas, en algunas ciudades de Galicia y Asturias compartió cartel con Víctor Manuel y Andrés Do Barro. La unión de los tres artistas les permitía actuar en recintos más grandes, pero los resultados desde un punto de vista financiero fueron casi siempre catastróficos, repartiendo en más de una ocasión unas escasas doce mil pesetas.

Sonada fue la actuación en A Coruña. Después de la rueda de prensa en el hotel Atlántico, donde se había esforzado en desmontar la imagen de cantante soso y romántico, Julio se adelantó a las preguntas de los periodistas sobre su timidez: «No gesticulo con las manos porque no viene a cuento. Aparte de ser tímido, estoy seguro de que, si moviera mucho las manos, en el transcurso de una canción lenta, me llamaríais exagerado, como lo hacéis con Raphael»*.

En aquella rueda de prensa Julio Iglesias desterró la idea de chico bien para dar paso a un artista de ideas claras decidido a hacer carrera en el mundo de la canción.

Aquellas giras solían ofrecer un espectáculo repartido en dos sesiones, una de tarde y otra de noche. Víctor Manuel era en ese momento un cantante más popular y cerraba las actuaciones. Víctor Manuel recuerda** que Julio era un tío muy limpio, muy atildado, «éramos agua y aceite. Julio con sus Lotusse impecables, sus rebequitas..., muy bien. Y yo con ropa militar, unos patillotes... Parecía que en cualquier momento le iba a atracar»***. En aquella época Julio Iglesias le confesó que se retiraría cuando ganara cincuenta millones de pesetas, «le pregunté que por qué cincuenta millones, y me dijo que con eso él ya se organizaba y podía tirar». Julio, con ironía, reconoció muchos años más tarde que no le dijo si serían de pesetas o de libras.

---

* *La Voz de Galicia,* 12 de mayo de 2013.
** *Jot Down,* abril de 2014.
*** *La Voz de Galicia,* 12 de mayo de 2013.

Tras el concierto de la tarde, Julio se acercó a Nonito Pereira, el presentador del evento, para invertir el orden en el pase de la noche. El argumento de Julio era presentar una nueva canción. El día anterior al recital Julio Iglesias había cenado con el periodista Ezequiel Pérez en el restaurante Fornos, de la calle de los Olmos en A Coruña. Allí le había enseñado su nueva canción, *Un canto a Galicia*. Quería que se la tradujera al *galego* para darle más autenticidad. En ella plasmaba el amor a sus raíces gallegas y deseaba estrenarla en esa tierra.

Víctor Manuel accedió encantado y cantó primero. Julio, que vestía un impecable traje blanco sin bolsillos y llevaba un Rolex de oro con el que no quería cantar, esperaba su turno. Con las luces apagadas, el presentador anunció el estreno mundial de una nueva canción. Entre aplausos, apareció Julio Iglesias subiendo la pequeña escalera de acceso. Tal vez cegado por la luz o por efecto de los nervios, Julio se atragantó con el último escalón y entró al escenario tropezando, casi a gatas, entre los aplausos del público, y alguna que otra carcajada. Una vez recuperada la compostura y desde el mismo centro del escenario, comenzó a cantar *Un canto a Galicia,* ante el alborozo de la audiencia, una canción que no mucho después sería crucial en su carrera.

Aquella noche coruñesa tuvo también gran relevancia para Víctor Manuel, una noche que le cambiaría la vida. Todo ocurrió en la cafetería del hotel Atlántico antes del concierto, donde Víctor Manuel se fijó en una joven de pantalones blancos ajustados. Era Ana Belén, que ese mismo día representaba en el teatro Colón la obra teatral *Sabor a miel*. La actriz Trini Alonso los presentó y ambos quedaron para salir después del concierto, aunque Julio ya la conocía porque había declinado participar como actriz en la película *La vida sigue igual,* un par de años antes. El cantautor asturiano y Ana Belén iniciaron entonces una relación que a punto está de cumplir cincuenta años.

A lo largo de su posterior carrera, Víctor Manuel y Julio Iglesias han transitado caminos bien distintos y no han mantenido una relación de estrecha amistad, eso sí, aquellos años de carretera y dura promoción los marcaron para siempre. El asturiano agradeció a Julio Iglesias en su autobiografía su intermediación ante una acusación falsa de ultraje a la bandera española, durante una representación teatral en México promovida en 1972 por el Ministerio de Información y Turismo, dirigido por Alfredo Sánchez Bella, y por un sector de la prensa española, lo que obligó a la pareja a permanecer exiliada en México seis meses. «Julio dio la cara por nosotros en España. Él sabía que las acusaciones eran totalmente falsas»*.

Chábeli

Poco antes del final de verano, con un embarazo muy avanzado, Isabel viajó hasta Portugal. Las señales de su estado eran ya muy visibles y, en esa España todavía pacata y anticuada, la de la falsa moral y el catolicismo radical, la gente podría empezar a hacer cuentas. En el mejor de los escenarios, casados a finales de enero, la llegada de su primer hijo no podía producirse antes de los últimos días del mes de octubre. Naturalmente podría ser fruto de un parto prematuro, pero, ante la posibilidad de que se conociera que el cantante Julio Iglesias se había casado de penalti, Isabel discretamente se desplazó hasta Cascáis para dar a luz, un lugar seguro alejado del ruido y de los posibles comentarios difamatorios.

En cierta medida, Isabel tuvo que huir. Visto con perspectiva, hoy todo aquello resulta triste. El 3 de septiembre de 1971, Isabel Preysler, casi a escondidas en el Hospital Nuestra Señora de Cascáis, trajo al mundo a María Isabel Iglesias Preysler, más conocida por todos con el sobrenombre de Chábeli. El día del nacimiento, Julio no estaba allí.

Ahora conocemos la verdad, pero la versión oficial de la época habló de que Isabel se había desplazado hasta Estoril para descansar unos días. En medio de su retiro habría sufrido un cólico nefrítico, lo que le provocó el parto un mes antes de lo previsto. En el momento del nacimiento Julio Iglesias se encontraba de gira actuando en Albacete. «Cuando nació Chábeli, tardé un día entero en encontrar a Julio para darle la noticia», recordaría años después Isabel**. El 5 de septiembre Julio viajó en coche hasta Portugal para conocer a Chábeli.

---

* Víctor Manuel, *Antes de que sea tarde,* Aguilar, 2015.
** *La amante de sus maridos.*

Isabel recuerda que, una vez en el hospital, Julio no estuvo más de una hora. Transcurrido ese tiempo se volvió a marchar para cantar.*

Casi nadie dudó de la versión oficial, la niña era sietemesina y se había adelantado dos meses a la fecha prevista, punto. Chábeli había nacido con tres kilos y trescientos gramos de peso, algo bastante extraño para lo prematuro del caso. Naturalmente no faltó quien hiló este hecho con la precipitación con que se celebró la boda y las permanentes sospechas de Charo, ignorante del embarazo de Isabel antes de la boda.

Pocos días después Isabel Preysler y Chábeli regresaron a Madrid, donde celebraron el bautizo de la niña. La hermana mayor de Isabel, Victoria Preysler Arrastia, y el hermano del cantante, Carlos Iglesias de la Cueva, ejercieron como padrinos y, casi inmediatamente, Julio Iglesias desapareció, reemprendiendo su camino hacia el éxito.

* *El cierre digital*.

13
Por una mujer

Un canto a Galicia, Julio Iglesias

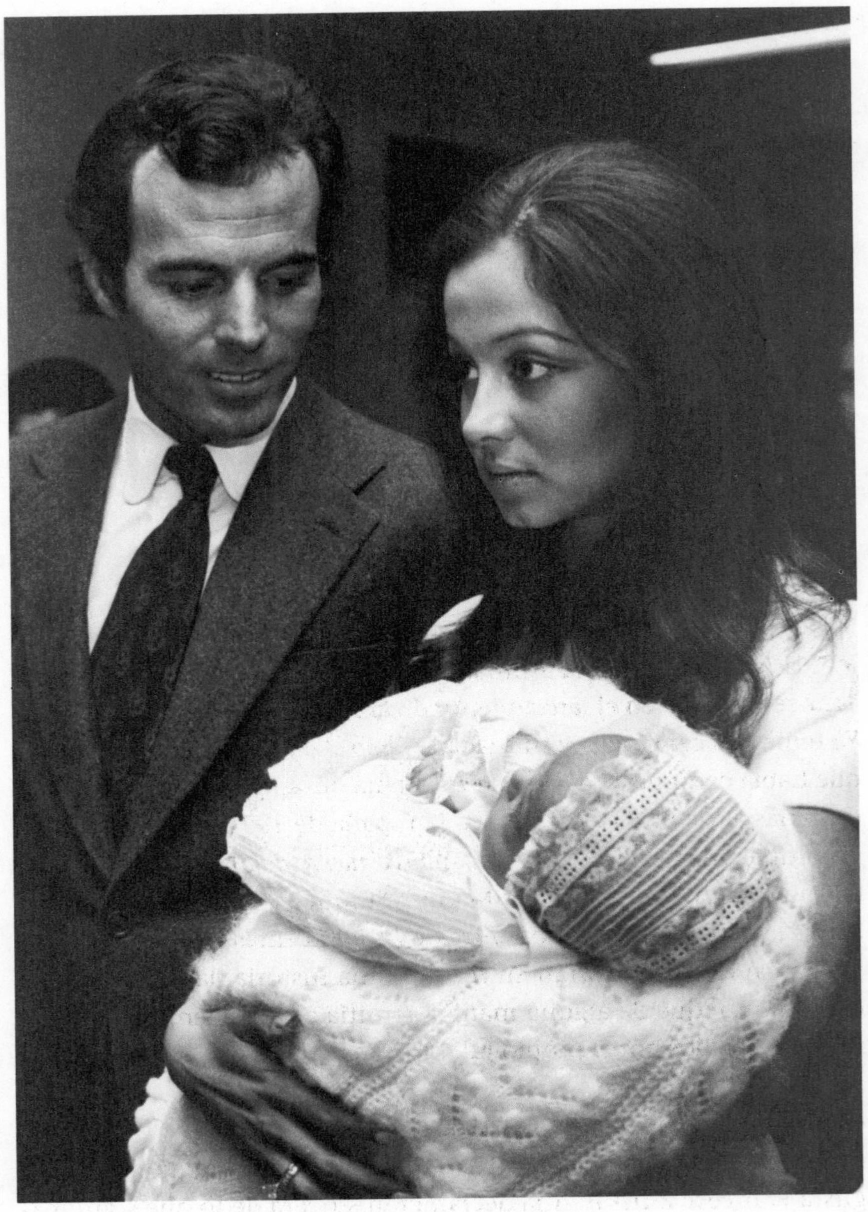

214: 22 de octubre de 1972. Bautizo de Julio José, segundo hijo de Julio Iglesias e Isabel Preysler. © Getty / Gianni Ferrari.

212-213: 10 de febrero 1972. Julio Iglesias actúa como estrella invitada en el programa de TVE *La gran ocasión,* concurso musical para promocionar a nuevos artistas presentado por Miguel de los Santos. © Album / EFE.

Casi sin tiempo para asimilar su nueva condición de padre, Julio se embarcó en el lanzamiento de un nuevo disco con Columbia. Ya tenía dos canciones terminadas, *Como el álamo al camino,* el tema que había compuesto al borde de la cama durante su luna de miel en Canarias, y *Un canto a Galicia.* En la España de 1971, en el mundo de la cultura, una película española, *Adiós cigüeña, adiós,* cosechó grandes éxitos. La cinta, dirigida por Manuel Summers, narraba de manera sensible la historia de amor entre dos adolescentes que termina con un embarazo que llevarán en secreto, una historia, la del embarazo clandestino, que de alguna manera remitía a los recientes acontecimientos vividos por el propio Julio Iglesias.

«Como el álamo al camino»

Como el álamo al camino contó con la valiosa aportación del arreglista Francesc Burrull, una declaración sincera de lo que significaba el matrimonio para Julio Iglesias, unos versos que mostraban a un hombre enamorado: «De mi mano caminabas por caminos sin hacer, sin más huellas que mis huellas, sin más fuerza que mi fe. Y qué pasó de aquel amor, y qué pasó de nuestro ayer, que ya no puedo estar sin ti».

La semilla sembrada durante la primera gira americana empezaba a dar frutos. A pesar de las penurias vividas en alguno de sus destinos, Julio había entusiasmado a crítica y público por igual, sobre todo en México, destino previamente abonado por otros artistas españoles como Nino Bravo, Massiel, Camilo Sesto o Raphael, que abrieron las puertas del continente a Julio Iglesias.

A estas alturas de su carrera, Julio ya comprendía la dificultad de combinar de manera sabia sus compromisos profesionales con la vida personal. Tuvo que renunciar a muchas cosas, detalles relevantes que más adelante condicionarían su relación de pareja. Pero, a finales de 1971, en su cabeza no había más pensamiento que el de triunfar en la canción.

En 1971 Julio reflexionaba sobre el peso de la fama y cómo compatibilizarlo con la familia, «el gran problema aparece cuando no puedes conservar tu personalidad o tu intimidad. Yo digo que soy el mismo de siempre, pero me doy cuenta de que no es del todo cierto. Te ves obligado a renunciar a muchas cosas. Creo que todo el mundo hace lo posible por separar las dos vidas; la popular y la íntima. Pero es bien difícil»*.

Profundamente gallego

A finales de noviembre lanzó al mercado *Un canto a Galicia,* una de las canciones que marcarían de manera destacada su carrera. A pesar de haber nacido en Madrid, Galicia había sido desde la cuna su verdadero lugar de arraigamiento familiar, Julio albergaba un sentimiento más gallego que madrileño. El enorme lazo genético que le unía a su padre y a lo gallego le llevó a escribir una canción dedicada a la tierra que le vio crecer.

Un canto a Galicia era una canción sencilla, tal y como le gustaba cantar a Julio Iglesias. Había escuchado a muchos poetas gallegos, oído mucha música de la tierra de su padre y allí, como había recono-

* *ABC,* enero de 1971.

cido en multitud de ocasiones, había vivido los mejores días de su vida. La gaita, la escuchara donde la escuchara, le ponía el pelo de punta y le llenaba los ojos de lágrimas.

La canción nació en un viaje en coche, desde Olite, en Navarra, donde había pasado unos días de descanso en casa de su amigo Julio Ayesa —el hombre que le ayudó a conocer a Isabel en la fiesta de los Terry—, hasta Madrid. En la capital de España, sentado en un restaurante con su padre, remató una melodía sencilla y una letra, que si bien, como decía Julio, «no es ningún portento», sus palabras llegaban. Ya en Galicia tradujo algunas partes al *galego* para darle más autenticidad. *Un canto a Galicia* insistía en la facilidad de Julio Iglesias para compartir sus sentimientos y emociones a través de su música. Si antes había sido una experiencia vital o el entusiasmo de un primer amor, ahora abordaba de manera natural un tema de carácter universal como la nostalgia por la tierra propia.

Para Julio Iglesias han sido siempre de vital importancia la tradición, la tierra y el agua, los elementos básicos. Creció en una familia donde siempre se rezaba antes de comer, se bendecían los alimentos que se iban a comer después. Y lo aceptaba no como una costumbre, sino porque así lo marcaba la tradición en su casa*.

Julio siempre se ha sentido profundamente gallego. Su padre era gallego y su madre tenía en su sangre parte del Caribe y de Madrid. Su corazón ha estado partido entre la bruma galaica y el sol, aunque, de sentirse algo, en lo más profundo, Julio Iglesias se siente ante todo gallego. Disfruta del paisaje gallego, de la piedra humedecida por el agua, los verdes gallegos y la gente, que es la que configura el paisaje; «yo pienso que no es el paisaje el que hace a la gente, sino al contrario»**, recordaba Julio.

«Soy un gallego profundísimo, porque el aspecto físico de mi nacimiento no creó una costumbre. Me gusta Madrid porque es el centro de las comunicaciones, pero mis sentimientos y mi sensibilidad, que son aspectos vitales en mi vida, están mucho más cerca de Galicia

---

* *Entre el cielo y el infierno.*
** *Ibídem.*

que de cualquier otro lugar. Primero soy español y después gallego, pero me siento nativo de la tierra gallega de los pies a la cabeza. No está lejos de mí el que el final de mis días sea un poco de tierra húmeda junto a un pazo, en el que esté a mi puerta grabado en piedra por buenos canteros de Pontevedra —que son los mejores del mundo— y entre camelias, el escudo de mi padre...»*.

A pesar de que en la compañía Columbia no daban ni un duro por la canción, *Un canto a Galicia* fue un éxito instantáneo, distribuido no solo en España, sino también en muchos países de Europa, alcanzando el número 1 en Holanda y Bélgica, o países en ese momento completamente fuera del radio de acción del artista, como Angola o Turquía. Con su canción, y de manera inocente y sentida, Julio Iglesias enarboló en media Europa lo español. Miles de emigrantes repartidos por todo el continente abrazaron esta melodía como un recuerdo amable de su tierra, un himno no oficial del emigrante gallego.

La canción consolidó a Julio como un artista importante, especialmente en Galicia, donde los paisanos de su padre aplaudieron la canción a pesar de los numerosos errores gramaticales de su letra. Fue tal el éxito de la canción, que desde Alemania pedían con insistencia a la compañía de discos de Julio Iglesias una foto de la famosa «Galicia». Teniendo en cuenta que le había cantado a Gwendolyne, no dudaron en que «Galicia» se trataba de otro ligue del cantante. Fue tal la demanda de música del artista en Alemania que Columbia grabó su primer disco en idioma alemán, *Und das Meer singt sein Lied*, del que se vendieron más de un millón de copias.

El éxito del sencillo se adelantó al prometedor estreno del nuevo álbum, titulado *Por una mujer* y que, a diferencia de sus primeros trabajos, contó con una selección de productores y arreglistas que ofrecieron al conjunto de las canciones un aspecto mucho más heterogéneo. El disco triunfaría en 1972 con la producción de Manuel Alejandro, Rafael Ferro, Francesc Burrull, José Luis Navarro y, de nuevo, con la participación de Yvor Raymonde. El resultado de los arreglos y la producción musical de las canciones, entre las que además de *Un*

---

* Amalia Enríquez, «Un canto a Galicia», 2 de agosto de 2012.

canto a Galicia destacaban *A veces llegan cartas,* popularizada anteriormente por Raphael, *Por una mujer,* escrita por Julio Iglesias, o la versión del *Sweet Caroline,* de Neil Diamond, lograron retratar de manera fiel el estilo que ya sería seña de identidad del artista. Inspirado por los grandes álbumes de solistas internacionales y con un sonido próximo al estándar clásico norteamericano, *Por una mujer* captó por primera vez la esencia natural de Julio Iglesias.

El artista de la familia soy yo

España había arrancado 1972 con un nuevo héroe nacional. Paquito Fernández Ochoa, en una fría mañana de domingo en la estación de esquí de Teine, en Sapporo (Japón), hacía historia para el deporte español y se colgaba la primera medalla olímpica en unos Juegos Olímpicos de Invierno, la mayor hazaña de la historia de los deportes de invierno en nuestro país.

En marzo de 1972 Julio e Isabel fueron invitados a la boda de la nieta de Franco con Alfonso de Borbón. Y allí ocurrió una anécdota que Isabel Preysler recordaría después en numerosas ocasiones. En la boda de Carmen Martínez-Bordiú el equipo de la edición francesa de la revista *Vogue* llegó con la idea de fotografiar a Isabel, algo que descolocó notablemente a Julio. Hasta ese momento todas las apariciones de Isabel en prensa habían sido junto a su marido, nunca en solitario. Cuando los fotógrafos de la revista se acercaron a Julio para pedirle permiso, él se negó: «No, lo siento mucho», les dijo, «el artista de la familia soy yo»*. Después de la respuesta de su marido, Isabel siguió a lo suyo sin darle demasiada importancia, pero, de alguna manera, vislumbró algunas pistas sobre ciertos rasgos de Julio, un chico de derechas, conservador**, celoso y posesivo.

Por su parte, el nacimiento no impidió que Isabel siguiera acompañando a Julio Iglesias en sus giras, aun llevando a Chábeli en brazos.

Isabel, una mujer única y entregada, siguió siendo en ese momento la perfecta compañera del cantante, días todavía de pasión y amor,

* Juan Cruz, *El peso de la fama.*
** *Vanity Fair.*

y también momentos de aventura acompañando a su marido en su conquista internacional.

En 1972 Julio se embarcó una vez más en una gira promocional ofreciendo conciertos en América. Regresó a Venezuela, Puerto Rico y a su siempre generoso y receptivo México. Puso de nuevo un pie en Asia tras sus acercamientos a Japón, viajando a Hong Kong, antesala del fenomenal éxito asiático que estaría por venir.

A su regreso de Hong Kong, Julio Iglesias se mostró preocupado por lo que había visto entre los jóvenes y su peligroso acercamiento a las drogas. Julio Iglesias siempre se mostró distante y completamente ajeno al mundo de la droga, un entorno que repudiaba y que, públicamente, ha desterrado en numerosas ocasiones. Su viaje a Hong Kong le permitió ver de cerca los estragos que las adicciones provocaban a la gente, especialmente a los más jóvenes, denunciando abiertamente su preocupación y su posible desembarco en Europa. Además, el Julio Iglesias de 1972 empezaba a mostrarse crítico con la industria musical, la fría matemática de las listas de éxitos*, incluso del movimiento musical con el que había crecido y del que él se sentía al margen. Para Julio, la vida del artista y la magia del negocio en el que él creía se sustentaban en la creación y en las emociones que era capaz de transmitir un artista. Todo lo demás era secundario.

Las olimpiadas de Múnich 72

Julio veía una Europa convulsa, especialmente tras el *Domingo Sangriento* de 1972, la jornada de incidentes ocurridos en Irlanda del Norte donde una manifestación a favor de los derechos civiles y en contra del encarcelamiento a sospechosos de pertenecer al IRA acabó en una matanza. Un pequeño grupo de manifestantes comenzó a lanzar piedras a una de las barricadas de soldados británicos, que respondieron abriendo fuego contra la multitud. En el ataque, trece personas murieron y fueron heridas más de treinta.

La primavera y el verano de aquel año mantuvieron ocupado a Julio Iglesias entre actuaciones en eventos privados, galas y viajes,

* *Cuando vuelva a amanecer.*

observando con cierto desaliento cómo todo lo que se hacía a su alrededor era cada vez más grande, y él apenas tenía conciencia de lo que ocurría. En verano su mujer le anunciaba que serían padres por segunda vez.

Al final del verano Julio fue invitado por el Comité Olímpico Internacional, organizador de los Juegos de Múnich 72. A principios del mes de septiembre, en la villa olímpica de la ciudad alemana, artistas de diferentes países actuaron para los atletas a modo de bienvenida y entretenimiento. Julio Iglesias fue hasta allí en representación de España y, sin saberlo, tal y como recordaba Alfredo Fraile, vivió de cerca uno de los acontecimientos extradeportivos más relevantes de la historia del olimpismo. La noche después de su actuación, a su regreso a la villa, observó cómo unos desconocidos saltaban la valla del recinto donde dormían los deportistas. Sin darle más importancia, Julio se acostó. Al día siguiente, ya en Madrid, supo lo ocurrido. Mientras dormían en la villa olímpica, ocho terroristas palestinos se habían colado en las instalaciones secuestrando a varios atletas israelíes. Murieron once atletas, cinco atacantes y un agente de policía. Julio nunca supo si los responsables fueron los mismos a los que él vio escalar las vallas de la villa olímpica, pero de lo que no hay ninguna duda es de que aquella noche, Julio Iglesias estuvo muy cerca de la tragedia*.

En solo tres años desde su debut discográfico, Julio había pasado del completo anonimato a convertirse en un artista conocido en todo el mundo. Su progresivo viaje a la fama internacional había coincidido con una boda, la paternidad y un agotador ritmo de vida. Físicamente, 1972 fue un año duro para Julio, de alguna manera, por primera vez tuvo verdadera conciencia de todo lo que estaba ocurriendo. Aunque, en realidad, quizás fuera precisamente la falta de conciencia el motivo de su agotamiento. En aquellos primeros años subía al escenario sin el menor control de la situación, cantaba casi por puro instinto, un simple accidente, y cuando terminaba no sabía qué había sucedido. Pasaron muchos años hasta que Julio Iglesias entendió que la construcción del éxito era fruto del trabajo metódico y sistemático,

---

* *Secretos confesables.*

algo muy alejado del golpe de suerte puntual o de un simple accidente casual. Julio entendió que ningún éxito llegaría sin esfuerzo y trabajo, sin aplicar una severa disciplina a su día a día y, por extensión, también a la gente con la que trabajaba. La minuciosidad y el perfeccionismo casi enfermizo serían señas de identidad indelebles de la personalidad de Julio Iglesias.

Una supuesta rivalidad con el resto de cantantes

La casa de discos estaba encantada con los éxitos de su artista. En enero de 1973, Columbia, a manos de Enrique Martín Garea, entregaba en la discoteca Don Chufo de Barcelona el disco de oro a Julio Iglesias, un reconocimiento que tapaba un cierto desinterés por parte del público catalán hacia el artista. La poca asistencia de espectadores durante su última visita a Barcelona provocó le reducción de las fechas previstas en el teatro Poliorama. De vez en cuando salían, y siguieron saliendo en España durante mucho tiempo, incisivas críticas dirigidas a la voz y a la manera de cantar de Julio Iglesias. El imparable despegue internacional de su carrera chocaba con frecuencia con un cierto desapego nacional. Aquella noche en Don Chufo, Julio ofreció un fabuloso recital para el público de Barcelona y, momentáneamente, apaciguó alguna que otra crítica corrosiva.

En aquellos primeros años de carrera, y a pesar de su contrastado carisma y unas ventas en absoluto desdeñables, Julio no gozó del apoyo de la crítica musical, que casi siempre comparaba su voz con la de Camilo Sesto, Nino Bravo o Raphael, intérpretes mucho mejor dotados vocalmente.

«Yo no nací cantante. No tengo ese don natural. ¡Me ha costado mucho trabajo aprender! Yo era un pequeño cantautor que un día compuso *La vida sigue igual* y que, a partir de ahí, empezó a aprender a cantar»*, recordaba Julio.

La rivalidad entre él y el resto de cantantes de la época nunca fue más allá de la propia ambición por ocupar los primeros puestos en las listas de éxitos y los reportajes que aparecían en las revistas del mo-

---

* *Entre el cielo y el infierno.*

mento. En esos reportajes se insistía en una rivalidad entre Julio y Raphael que escapaba de los escenarios. Manuel Román, en su libro *Canciones de nuestras vidas,* recordaba un pasaje vivido con Raphael en 1988: «Julio quiere triunfar cantando en inglés en Estados Unidos, pero a mí me recuerda un poco a Nat King Cole cuando cantaba en español macarrónico. ¿Envidia de Julio Iglesias? ¡No, por favor! ¡Qué me vas a decir a mí! ¡Si Julio Iglesias fue mi maletero un día que yo fui a cantar a Benidorm!», recordaba Raphael.*

Alfredo Fraile confesaría que nunca fueron amigos, pero tampoco enemigos, se respetaban como artistas e incluso actuaron juntos en el homenaje a Lola Flores que se hizo en Miami en 1990 y en programas de televisión en América, como cuando hicieron un dúo con el tema *Somos* en 1990.

Cuando Raphael tuvo su problema de salud y esperaba el trasplante de hígado, Julio llamaba a menudo para ver cómo se desarrollaba el asunto. Y no solo demostró ese interés, sino que se ofreció para todo lo que hiciera falta.

Los dos nacieron el mismo año, ganaron en sendas ediciones el Festival de Benidorm, ambos tenían claro que iban a triunfar y los dos se rodearon de personas que los apoyaron en una carrera difícil para llegar a ser los mejores. Y también tuvieron su apodo. Raphael *el Robabombillas,* porque en sus actuaciones repetía el gesto de subir el brazo y mover la mano como si quisiera desenroscar las bombillas. Y a Julio le llamaban *el Termo,* por la canción *Gwendolyne* (Tan dentro de mí, conservo el calor...)**.

Respecto a Nino Bravo, Julio sentía una tremenda admiración. Cuando Nino falleció en accidente de tráfico, Julio actúo en el concierto homenaje celebrado en Roda de Berà a finales de julio de 1973. Julio cantó algunas de sus canciones y, en representación del resto de artistas participantes, descubrió una lápida en homenaje al cantante valenciano.

---

* *Cuando vuelva a amanecer.*

** *El confidencial,* 3 de marzo de 2019.

Sobre su particular forma de cantar, Julio lo tiene claro: «El secreto está en cantar con el corazón, aunque no tengas una gran voz, pero luego usar la cabeza. Sí, es la inteligencia musical para capitalizar lo que tienes. El asunto es que yo canto para adentro, como hacían mis maestros: Sinatra, Nat King Cole, el Elvis melódico. Pero no intentes repartir porcentajes, traducirlo en una fórmula para el éxito. El arte de cantar, el arte de gustar no tiene lógica»*.

Nace su segundo hijo

En lo familiar, Julio e Isabel serían padres por segunda vez el 25 de febrero de 1973. Asistido por el doctor Iglesias en la maternidad de Madrid, Isabel Preysler daría a luz el primer hijo varón de la pareja, Julio José Iglesias Preysler. Al igual que ocurriera con Chábeli, poco después del nacimiento, Julio reanudó sus compromisos profesionales.

Sin ir más lejos, en abril viajó hasta Mónaco para participar junto a Sammy Davis Jr., Sacha Distel y su adorada Mina en una gala benéfica celebrada en el elegantísimo Sporting Club Casino. Allí, y ante la atenta mirada de la princesa Grace, Julio Iglesias logró un rotundo triunfo en el mismo epicentro de la aristocracia europea. Tal vez, sentada en su trono, mientras aplaudía, la princesa recordó aquel pisotón del joven español en la inauguración de Puerto Banús.

Julio poco a poco fue abriendo puertas por Europa. Si iba a Luxemburgo, y gracias a su enorme carisma y talento, lograba el apoyo de Herbert Tergegen y Monique Lemarcis, los responsables de RTL, la Radio Télévision Luxembourg. Si viajaba a Francia, encontraba la ayuda del responsable de su compañía, Alain Levy, entonces un joven ejecutivo recién fichado por la CBS y que alcanzaría estatus de estrella en el negocio, ocupando puestos destacados en Polygram y EMI. El apoyo de Levy facilitó el ascenso de Julio en Francia, al abrirle por primera vez las puertas del teatro Olympia de París el 22 de marzo de 1973. Como recordaba Alfredo Fraile, fueron muchas las personas que ayudaron a Julio Iglesias en aquellos primeros viajes. Gente como Arthur Mathonet, el empresario que le contrataba los conciertos en Ho-

* Diego Manrique, *El País,* 2015.

landa y Alemania, y que le abrió las puertas del difícil mercado *dutch*. Mathonet era un enamorado del chocolate Godiva y el champán Cristal, afición que muy pronto heredaría Julio Iglesias*.

Las fenomenales ventas de su tercer disco apretaron una larguísima gira de conciertos en 1973. Aquel año Julio recorrió media España conduciendo. Entre 1971 y 1973 se sucedieron una serie de trágicos accidentes aéreos en Ibiza, otro en el aeropuerto de Los Rodeos de Tenerife, uno cerca del aeropuerto de Nantes, o el de aquel avión con destino a A Coruña estrellado a causa de la niebla, catástrofes que no hicieron otra cosa que aumentar el pánico natural de Julio a volar. Siempre que podía, evitaba coger aviones, y subido en su recién estrenado Seat 1430 *Especial* de color azul —el coche del momento y por el que Julio pagó menos de 900 euros, exactamente 147.700 pesetas—, Julio recorrió las carreteras españolas repartiéndose las tareas del volante con su mujer**. Isabel, que acababa de ser madre, todavía lo acompañaba en algunas de sus actuaciones. A pesar de que aún existía pasión entre los dos, el distanciamiento entre ambos era cada vez más evidente. Dos en la carretera, a medio gas.

---

* *Secretos confesables*.
** *ABC*, 11 de marzo de 1973.

14 El conquistador

Por el amor de una mujer, Julio Iglesias

228: 1974, Julio Iglesias cantando a su público.

226-227: 1974, Julio Iglesias, con Isabel, Chábeli y Julio José en su casa de Cádiz.

Poco antes de iniciar la gira veraniega sucedió algo inesperado.

A la puta calle

A pesar de que la relación del día a día con el artista corría a cargo de Alfredo Fraile, era Quique Herreros quien ejercía contractualmente las labores de *manager*. Antes de emprender camino en la carretera, Herreros llamó a Fraile a su despacho para informarle de que dejaba de representar a Julio Iglesias. Convencido de que sus posibilidades económicas eran mucho mayores con Jaime Morey, su flamante fichaje, ya no estaba interesado en Julio. Sorprendido, Alfredo Fraile trató de hacer entrar en razón a Herreros advirtiéndole de lo muy equivocado que estaba, pero la respuesta del *manager* fue tajante: «Mira Alfredo, Julio Iglesias se va. Y si tanto te gusta cómo canta y crees que es tan bueno, te vas a la puta calle con él»*.

Quique Herreros despidió a su empleado y se quedó con Julio Iglesias hasta la finalización de las galas contratadas en verano. No

---

* *Secretos confesables.*

quería ni oír hablar de aquel cantante de dientes blancos, pero tampoco estaba dispuesto a perder el dinero de aquellos conciertos. De la noche a la mañana, Julio Iglesias se había quedado sin representante. En realidad, desde ese momento Alfredo Fraile tomaría las riendas de su carrera, una relación profesional que duraría muchos años más, seguramente los más importantes de su carrera.

Sobre Julio Iglesias, en una entrevista Enrique Herreros fue tajante: «Ni me acuerdo de su cara, ha pasado mucho tiempo». En *A mi manera,* sus memorias de 2015, le dedicó unas breves palabras, eso sí, rotundas: «Julio me dejó ante mis propias narices y después de haber cimentado los pilares de su carrera. Fue la historia de una traición premeditada»; algo que Alfredo Fraile desmintió: «Herreros lo echó a la puta calle, a él y a mí»*.

Sin Herreros, mejor

Aquella gira de 1973 presentaba las canciones de su nuevo álbum, el cuarto de su discografía, y que sencillamente tituló *Soy*. El disco incluía *Minueto,* preciosa canción de Rey Ruiz Martín, y una de las mejores canciones de Manuel Alejandro, *Así nacemos,* un clásico a partir de entonces en el repertorio de Julio Iglesias.

Manuel Alejandro nació en Jerez de la Frontera en 1933. Desde muy joven ha sido compositor, arreglista, director de orquesta, productor e incluso cantante solista. Manuel Alejandro conoció el éxito durante los años sesenta como autor de las canciones más exitosas de Raphael, para quien compuso *Yo soy aquel,* entre muchas otras. Continuó cosechando grandes éxitos en las voces de Nino Bravo, Pedro Vargas, Rocío Jurado y más adelante escribió para José Coruña o Luis Miguel. Para Julio Iglesias escribiría muchas canciones emblemáticas a lo largo de los años.

Coincidencia o pura paradoja, y a pesar de que *Soy* era artísticamente su trabajo más inconsistente hasta la fecha, el despegue internacional definitivo del cantante se produjo una vez alejado del control de Quique Herreros. Al lado de Alfredo Fraile, Julio Iglesias se arreman-

* *Vanity Fair.*

gó y empezó la conquista definitiva del mercado americano. Si bien México o Venezuela ya eran plazas amigas, otros territorios como Colombia o Argentina debían ser tratados casi como si Julio Iglesias fuera un perfecto desconocido. En 1973 Julio también actúo por primera vez en el Carnegie Hall de Nueva York, su primera cita con uno de los escenarios más emblemáticos del mundo y que se saldó con notables críticas. Durante los siguientes años trabajó sin descanso en Estados Unidos hasta lograr un reconocimiento unánime. A pesar de sus declaradas limitaciones vocales, y un moderado retraimiento que lo hacían parecer un hombre extremadamente tímido, lo cierto es que, tan pronto subía a un escenario, Julio Iglesias reclutaba seguidores de manera casi instantánea. Su posterior reencarnación en leyenda tuvo su origen en un incansable trabajo en busca del reconocimiento y el éxito. A principios de los años setenta, cualquiera que asistía a una actuación de Julio Iglesias por primera vez descubría las entrañas de un verdadero ídolo. Como el propio artista dijo en más de una ocasión, él no cantaba, él encantaba.

¡Comunista, castrista, hijo de puta!

Bien es cierto que aquellas primeras aventuras americanas en 1973 de vez en cuando derivaban en peculiares momentos de zozobra. Como la vez que Julio tenía previstas varias actuaciones en la ciudad de Miami y que terminaron literalmente al borde del caos. Fraile había cerrado algunos conciertos en el teatro Gusman, el mismo que en 2001 acogería la grabación del *MTV Unplugged* de Alejandro Sanz, y también en una pequeña sala cabaré llamada Montmartre. Los dos espacios eran diametralmente opuestos; el Gusman recibía a un público distinguido, mientras que el club Montmartre lo poblaba una audiencia bullanguera, en esencia miembros de la comunidad cubana en Florida. Cuando la Orquesta del Chino ejecutó el primer número, se llenó la pista de baile. El cabaré estaba totalmente abarrotado, no cabía ni un alfiler. Esa noche, Julio Iglesias haría su primera presentación importante en Miami y su debut representaba mucho para él. A las doce en punto apareció en la pista. Después de la gran ovación que le dieron al salir, cantó como diez minutos antes de saludar al público. El cabaré estaba repleto de cubanos exiliados del castrismo que aplaudieron una y otra vez los temas del cantante español. Eufórico, vestido con un traje azul terciopelo, tuvo que salir hasta seis veces a saludar a un público que no paraba de aplaudirle. El caso es que, de manera inocente, Julio agradecido por el cariño del público, lanzó desde el escenario un mensaje comprometido.

Sabedor del éxito de la película *La vida sigue igual* en Cuba por las cartas que de allí recibía, anunció a la audiencia del cabaré su deseo de viajar pronto a la isla y ofrecer un concierto delante de «muchos de los que son vuestros familiares». Tan pronto salieron de su boca las palabras «ir a Cuba», la Montmartre se convirtió en un jaleo de dimensiones homéricas. Incontrolables, los asistentes comenzaron a lanzar vasos, floreros, sillas y cubos de hielo al cantante. Una mujer que se estaba comiendo un bistec en una mesa muy cerca de la pista, se levantó con el plato en la mano y le gritó al marido:

«¿No te dije, Pipo, que este tipo era comunista?», y le tiró el bistec con plato y todo*.

El resto del público seguía a lo suyo. A voces, le increpaban: «¡Comunista, castrista, hijo de puta!», a lo que Julio Iglesias, tal y como recordaba Alfredo Fraile, solo pudo responder: «¡Pero si soy más de derechas que ustedes!». Julio Iglesias salió de allí por los pelos, y durante los siguientes años tuvo que sufrir el bloqueo de sus canciones en las emisoras de radio de Miami**. La comunidad cubana no quería ni oír hablar de aquel español al que tomaron por castrista. Ese tipo de cosas sucedían en los principios de su carrera. Con el tiempo, la radio levantaría el veto y, como es sabido, años más tarde Miami se convertiría en la residencia del cantante. Cuando, a finales de los setenta, Julio Iglesias decidió mudarse a Florida, nadie podía imaginar los detalles de su primera y disparatada experiencia en Miami, «Salí del aeropuerto de Miami en un avión especial escondido en un taxi», recordaba Julio.

---

* Autonomía concertada para Cuba.org
** *Secretos confesables.*

Primera gira mundial

Si los límites americanos eran prácticamente inexistentes para Julio, Europa comenzaba a caer rendida con el cantante español. Columbia cedió los derechos de distribución a Philips y los alemanes acertaron con una jugada maestra en forma de dos álbumes recopilatorios. Con un repertorio que ya ofrecía abundante material, unieron sus mejores canciones en los discos *Ich shick' dir eine weisse Wolke* y *Und das Meer singt sein Lied,* extrayendo hasta seis sencillos de los mismos. Las versiones alemanas de *Un canto a Galicia, Por una mujer, Colinas verdes* o *Cuando vuelva a amanecer* irrumpieron en las listas de éxitos durante 1973 y 1974.

La fama de Julio Iglesias fuera de las fronteras españolas podía presagiar el mismo reconocimiento en su país. Pero no fue así. Julio era un artista reconocido en España y naturalmente ya muy popular en 1973, pero distaba mucho de ser el favorito del público y mucho menos de la crítica especializada, siempre ávida de atizar al artista con algún comentario mordaz. Consciente de que en ese momento su verdadero objetivo era el resto del planeta, Julio cada vez pasaba más tiempo trabajando fuera.

En las Navidades de 1973 visitó a la familia de su mujer en Filipinas y tan pronto terminaron las vacaciones se embarcó en la que sería su primera gira mundial. Si hasta ese momento Julio Iglesias había ido por el mundo acompañado por un par de colaboradores como mucho, en la gira de 1974 se rodeó de un equipo de veintiocho personas y más de tres mil kilos en material técnico*. Definitivamente, los días de hoteles baratos, músicos prestados y conciertos en puticlubs habían quedado en el olvido. Durante los dos años anteriores Julio Iglesias había recorrido el mundo entero promocionando sus álbumes. En 1974 llegaba por fin la hora de disfrutar de sus canciones en recintos adecuados y ante audiencias preparadas para recibir al ídolo. Indiscutiblemente, el proyecto de Julio Iglesias superestrella nacería aquel año.

---

* *Cuando vuelva a amanecer.*

En 1974 a la imparable popularidad de Julio Iglesias le había salido una competidora inesperada. La actriz y modelo malagueña Amparo Muñoz acababa de ganar el certamen de belleza Miss Universo celebrado en Manila. El triunfo de Amparo Muñoz en Filipinas copó las portadas de las revistas durante meses. El reinado de la española estuvo marcado por la polémica al negarse a ser manipulada por la organización, lo que terminaría con su renuncia a la corona. Nunca antes una Miss Universo había dimitido.

Durante nueve largos meses, la gira de Julio Iglesias en 1974 lo llevó a escenarios inéditos hasta ese momento. Julio visitó Moscú, Tokio, Bangkok, Singapur, Manila. Repitió en Hong Kong, y lógicamente también recorrió exhaustivamente el continente americano, con paradas en México, Venezuela, Costa Rica, Colombia, Puerto Rico o Argentina. En Argentina Julio contó con el apoyo de Joan Manuel Serrat y su promotor local, Alfredo Capalbo, que lo llevó como telonero del *Noi del Poble Sec* durante la gira de Carnavales de 1974. Serrat era ya casi una figura legendaria en Argentina y aquella gira resultó determinante para el asentamiento de Julio en el país. Especialmente celebrado fue su concierto en el estadio de Vélez Sarsfield. Julio, bajo una lluvia torrencial, lo dio todo en un espectáculo memorable y robó el *show,* siendo el gran triunfador de la noche y encumbrándose, desde entonces, ídolo en Argentina.

Una vivienda alquilada a nombre de un cantante español

La gira también hizo escala en Centroamérica, deteniéndose una de las noches en Nicaragua. Julio actuó con gran éxito en el hotel Intercontinental de Managua, y al día siguiente fue recibido con honores de Estado por el general Somoza en su residencia El Retiro. Algunos años después, el 17 de septiembre de 1980, un comando guerrillero del ERP (Ejército Revolucionario del Pueblo) asesinó en las calles de Asunción al exdictador nicaragüense.

Según se supo mucho después, un comando del ERP, dirigido por el líder guerrillero argentino Enrique Gorriarán Merlo, había ingresado de forma clandestina en Paraguay para preparar el plan de ataque. Tras varios días de vigilancia, montaron una emboscada desde una vivienda alquilada a nombre de un cantante español. Detuvieron el lujoso vehículo Mercedes Benz en el que viajaba el exmandatario nicaragüense con fusiles de asalto M-16 y luego le dispararon con un lanzacohetes. En el atentado murieron Somoza, su asesor financiero Jou Baittiner y el chófer César Gallardo. El nombre del cantante español naturalmente era el de Julio Iglesias.

La llamada Operación reptil, el plan para asesinar a Somoza, empezó a gestarse durante los primeros meses de gobierno del Frente Sandinista, a finales de 1979.

Entrar en Paraguay sin levantar sospechas, hacer el trabajo y salir sin dejar huella era el objetivo de los guerrilleros, integrado por cerca de diez hombres y mujeres. Tras un entrenamiento en Colombia, un primer grupo de tres personas reconoció el terreno tratando de detectar el lugar donde vivía Somoza. Para poder vigilar la casa sin despertar sospechas, alquiló un kiosco de venta de revistas. También alquilaron una casa de seguridad en un barrio popular de Asunción y otra casa sobre la avenida Franco, ahora avenida de España, por donde habitualmente pasaban Somoza y sus guardaespaldas.

Tras comprobar que había una vivienda en alquiler, los guerrilleros se presentaron ante el propietario asegurando que eran representantes del cantante español Julio Iglesias, quien planeaba pasar un tiempo en Paraguay para preparar una película y una serie de conciertos, pero que el mismo deseaba permanecer en el anonimato.

Habida cuenta del destino del general Somoza, está claro que la estrategia funcionó perfectamente*.

El cantante políglota

En Europa Julio atendió compromisos en sus principales mercados, dedicando especial atención al cada vez más abultado público germano, y a la inagotable fuente de seguidores que le seguían en Bélgica y Holanda. Poco antes del verano regresó puntualmente a España, donde tenía una serie de conciertos contratados. De aquella visita españo-

---

* *La mula*, 17 de septiembre de 2015.

la cabe destacar el triunfo que obtuvo durante cinco noches consecutivas en el Florida Park de Madrid. La sala ya se había convertido por derecho en el santuario de los grandes nombres de la época, lugar de peregrinación de la gente guapa del Madrid de los setenta. En los conciertos de Julio aparecieron Cecilia, Pedro Vargas, Palito Ortega o Lola Flores, quien, naturalmente, subió al escenario a cantar una *Gwendolyne* flamenca. Por los viejos tiempos.

Cabe destacar que la competencia artística en aquel tardofranquismo era feroz. Al éxito de Julio habría que sumarle un descomunal lanzamiento en todo el mundo de Camilo Sesto. El alcoyano, con canciones como *Algo de mí* o *Amor, amar,* había conquistado España y Latinoamérica. Raphael era ya una joven leyenda, y la voz de Nino Bravo compartía las listas de éxitos con las delicadas y profundas palabras de Serrat o Cecilia.

Pero había algo en Julio Iglesias que lo diferenciaba de todos. En su decidida apuesta por el mercado internacional, Julio decidió interpretar sus canciones en las lenguas locales, cualquiera que fuera. Si editaban un sencillo en Italia, cantaba en italiano. Si publicaban una canción en Alemania, cantaba en alemán. Julio Iglesias cantó en inglés, lengua que siempre le puso algún problema. Cantó en francés y en portugués. Se atrevió con el japonés en *Como el álamo al camino*. Hasta tuvo un guiño con el país de su mujer, cantando en tagalo, el idioma de Filipinas.

Cuando el resto de artistas pensaron en el mercado natural del idioma español, Julio Iglesias no encontró ninguna barrera en el lenguaje. Si acaso Camilo Sesto, quien sí se acercó hasta el mercado japonés, y se atrevió con el alemán, el inglés o el portugués, hizo algo de sombra al despliegue políglota del cantante madrileño. Es verdad que cantar en alemán o inglés le resultaba incómodo, pero, curiosamente, cuando cantaba en japonés apenas tenía dificultades, una lengua moderadamente sencilla si seguía las instrucciones fonéticas que le indicaban los adaptadores. Fueron muchos los factores que determinaron el triunfo de Julio Iglesias a lo largo y ancho del planeta, pero su atrevimiento con los idiomas fue clave. Cada vez que interpretaba una de sus canciones en un idioma diferente, miles de fans se sumaban a su causa, fueran de donde fueran, cantara en la lengua que cantara.

«Conectar con el público es una magia especial. Hacerlo fácil y en el idioma correspondiente es un esfuerzo que he hecho a lo largo de mi carrera y que me ha permitido conectar con gentes de China, Rusia, Japón, Brasil, Italia, Francia... Los idiomas te aportan mundo, te amplían la visión y, como artista, te dan universalidad. Me faltan bastantes. Creo que he cantado en doce o trece idiomas»,* recordaba Julio algunos años después de sus primeras grabaciones en otro idioma.

El despertar del seductor

Alfredo Fraile poco a poco crecía como *manager* e incorporó a una nueva persona a su equipo. Se trataba de Adriana Anzúa, la persona que durante siete años fue secretaria personal de Julio Iglesias. Adriana era una mujer chilena que vino a España en 1974. Después de que Fraile dejara de trabajar con Quique Herreros, y viendo el evidente despegue de Julio, Alfredo necesitaba que alguien se dedicara en exclusiva a Julio. Adriana comenzó trabajando en la oficina de Fraile para poco después convertirse en la inseparable asistente personal de Julio Iglesias, la persona que le daba de comer, lo vestía, lo cuidaba y estaba todo el tiempo pendiente de él.

La sucesión de álbumes y giras de conciertos se había convertido casi en un proceso matemático. A pesar de que Julio combatía a diario contra la rutina y el aburrimiento, tal y como estaba previsto, 1974 traería una nueva colección de canciones con un trabajo titulado *A flor de piel*.

El álbum mostraba la mayor variedad de colores ofrecida hasta el momento por el artista. *A flor de piel* suponía un paso al frente en materia de canciones, un conjunto de nuevas composiciones entre las que destacaban *Por el amor de una mujer,* escrita por Danny Daniel, y *Manuela,* de Manuel Alejandro.

Unos años antes, Julio Iglesias había visto a otro artista durante un festival interpretando *Manuela,* y pensó que la canción que estaba

* Fernando Toribio, 19 de agosto de 2013.

cantando era hermosa, empezó a preguntar quién era el autor de la misma, y alguien le dijo que era del compositor Manuel Alejandro. Julio Iglesias desde entonces se refiere a Alejandro como el «mayor compositor español de la historia».

Muchos años después, ante el debate de qué era más importante, el autor o el cantante, Manuel Alejandro afirmó que las canciones las vendía el cantante. Ante la pregunta de si le molestaba que presentaran *Manuela* como una canción de Julio Iglesias, Manuel Alejandro contestó con modestia: «Yo soy un hombre de zapatillas y puertas adentro. No me gusta molestar, no tengo mérito alguno. Solo suerte»*.

Cecilia, dama de alta cuna

Para redondear el disco, *A flor de piel* la completaban varias aportaciones de Cecilia, destacando *Desde que tú te has ido* o *Un adiós a media voz*.

Cecilia acababa de incorporarse a la oficina de representación de Alfredo Fraile, quien, poco a poco, iba creciendo en el mundo de la representación de artistas. Cecilia había llegado hasta la oficina de Fraile de la mano de su novio, Luis Gómez Escolar, cantante de Aguaviva y La Charanga del Tío Honorio, artista al que también representaba Fraile. Cecilia había fichado por CBS, compañía que, a pesar del éxito de canciones como *Dama, dama,* mostraba cierto recelo ante la timidez de aquella joven cantautora. De aspecto frágil, lograba despertar la atención de todo el mundo en cuanto se subía a un escenario, una reacción que también provocaba Julio Iglesias. Al principio Julio y Cecilia no se cayeron bien**, eran dos personalidades diametralmente opuestas. Con el tiempo, ambos acabaron congeniando, Cecilia tradujo la versión de *Gwendolyne* al inglés y Julio grabó algunas canciones escritas por ella.

En agosto de 1974 Julio e Isabel viajaron a Marbella para asistir al concierto de Liza Minnelli. Junto a la pareja, compartieron mesa Cecilia y José Alberto Echevarría, *road manager* de Julio. La actriz americana ganadora de un Óscar a mejor actriz por su papel en *Cabaret*

---

* *El mundo.*

** *Secretos confesables.*

(1972), viajaba a Europa para actuar por primera vez. Lo hizo de la mano del empresario José Banús, artífice del puerto deportivo que lleva su nombre, inaugurado cuatro años antes con la presencia de Grace Kelly y el propio Julio.

La actuación atrajo hasta Marbella a un público selecto desde distintos puntos de Europa. Los 1.600 afortunados, entre los que se encontraban Omar Sharif, Antonio el bailarín o el piloto de motos Ángel Nieto, desembolsaron 5.000 pesetas por disfrutar del espectáculo y la cena. Julio e Isabel se encontraban en un buen momento como pareja, y disfrutaron del concierto entre efusivas muestras de cariño y la compañía de su buena amiga Cecilia.

Un par de años más tarde, el 2 de agosto de 1976, Cecilia fallecería en accidente de tráfico cerca de Benavente, un final trágico para una de las figuras más prometedoras de la canción española. Alfredo Fraile recordaría años después que, tras el entierro, acudió al *Festival Expo-Canción* organizado por Luis del Olmo en el Campo Municipal de Roda de Berà, donde actuaban artistas como Juan Pardo, Raphael o José Luis Perales, y también Julio Iglesias. Cuando el cantante le vio llegar dijo:

«Aquí llegan los *managers,* esos que hacen que los artistas nos matemos en la carretera».

A lo que Alfredo Fraile contestó:

«Tienes razón, Julio. Lo malo es que siempre se mueren los buenos. Los hijos de puta no os morís nunca»*.

A pesar de su por entonces buena relación, eran frecuentes los encontronazos profesionales y personales entre Julio y Alfredo. En numerosas ocasiones, Fraile no se sentía bien tratado por Julio. Naturalmente, Alfredo ejerció como *manager* recto y profesional, ayudando en todo lo posible al despegue de Julio Iglesias, pero, además, Fraile actuó como hermano mayor, alguien que contradecía cuando era necesario a la estrella y lo devolvía a la tierra, el único que le decía las cosas que Julio no quería oír**. Poco a poco la relación se fue erosio-

* *Secretos confesables.*
** *Ibídem.*

nando, aunque durante muchos años actuaron como un equipo profesionalmente imbatible capaz de conquistar literalmente cualquier mercado del planeta.

El despertar del seductor

En 1974 *A flor de piel* logró encandilar al público colocando los sencillos de *Manuela* y *Dicen* en los primeros puestos de las listas de éxitos, dos canciones monumentales que hicieron de *A flor de piel* el álbum más completo de su discografía hasta ese momento. Después de cinco álbumes de estudio, Julio Iglesias condensaba en un solo trabajo todos los atributos que perseguía como artista, un disco definitivamente catapultado con el lanzamiento del single *Por el amor de una mujer*. La canción escrita por Danny Daniel coloca a Julio Iglesias en el ojo del público femenino. En un momento de escasez de artistas seductores, donde la figura del galán español se encontraba vacante, Julio le susurró a la mujer. Todas y cada una de las mujeres que escucharon *Por el amor de una mujer* pensaron que Julio Iglesias les cantaba solo a ellas. Esa habilidad de hacer creer que te cantaba solo a ti resultó decisiva. «Mi meta es hacer a la gente soñar. Cuando me ven en el escenario lo que imaginan sobre mí y la realidad se unen. Los seduzco. Pero primero tengo que seducirme a mí mismo», recordaba Julio.

En las distancias cortas Julio Iglesias era demoledor. Simpático, divertido y extremadamente educado, tenía un increíble éxito con las mujeres. Era capaz de tratar con naturalidad a cualquiera que tuviera a su lado haciendo que estas se sintieran únicas, un sentimiento que lógicamente todo el mundo disfruta, y que indudablemente le hicieron triunfar como galán, pero también como hombre de negocios; «no podía cantar y canté, y ni siquiera podía ser el más guapo y a veces lo parecí», decía Julio años después.

Conquistador en esencia, todas las mujeres quedaban prendadas de él, y sus hijas, y las nietas de estas..., incluso los maridos. «A veces siento la vergüenza de decir, ¡coño!, la gente debe de estar pensando que he tenido tantas y tantas mujeres. Seguramente he tenido más de las que me he merecido y millones menos de las que ustedes creen», afirmaba el cantante.

Puede que Julio Iglesias no cantara bien, pero transmitía como ninguno. Ya había conquistado América y gran parte de Europa, había vendido millones de discos y, ahora, explotaba como cantante seductor; «la pasión ha estado en mi ADN durante generaciones», sentenció Julio sobre su vertiente de seductor.

15
De la cárcel al Madison Square Garden

Abrázame, Julio Iglesias

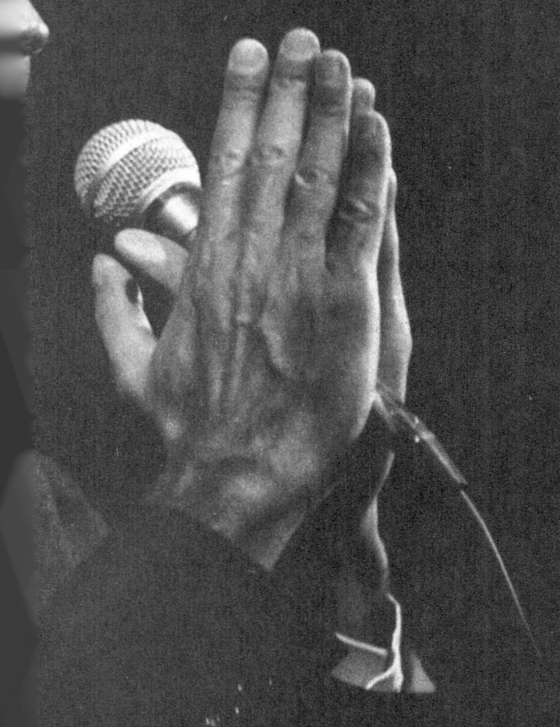

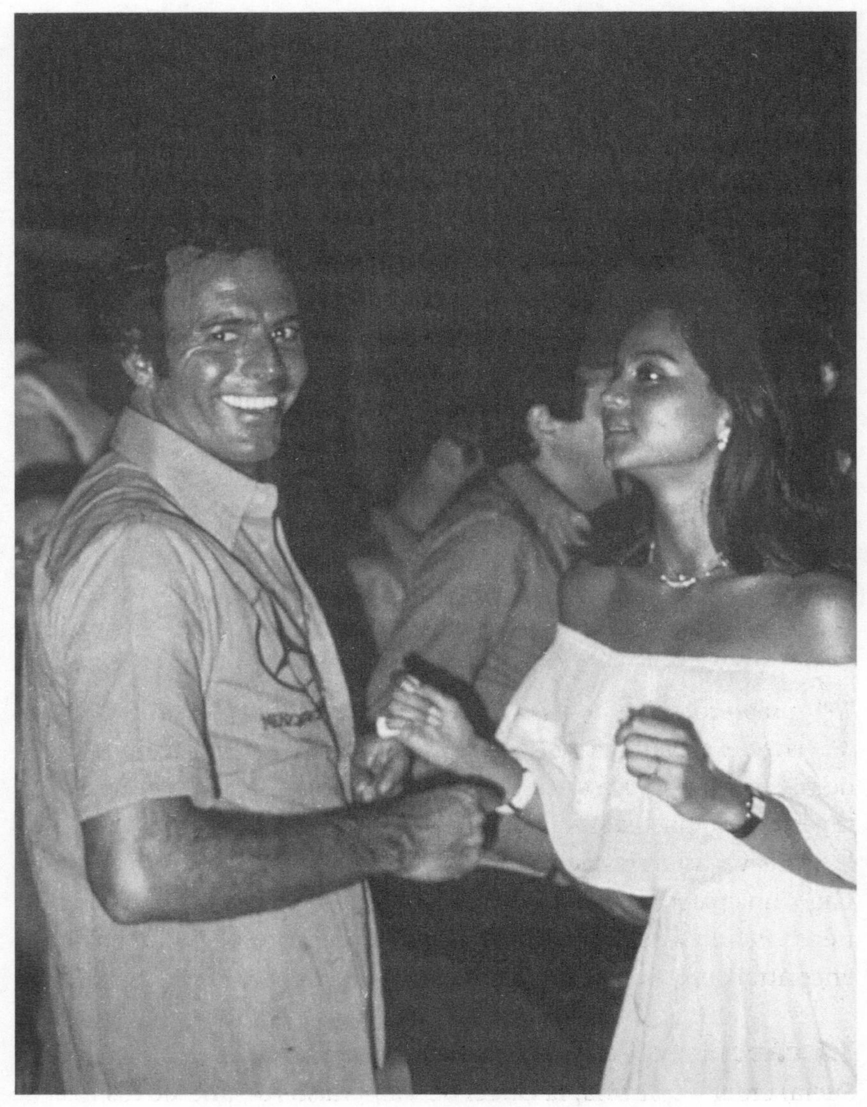

244: Julio Iglesias e Isabel Preysler. © GTRES.

242-243: 8 de junio de 1976, Julio Iglesias actuando en el Olympia de París. © Getty / Francois Lochon.

En febrero de 1975, en el apogeo de la dictadura de Augusto Pinochet, el español viajó hasta Viña del Mar, festival testigo de alguno de sus triunfos más sonados. Pero ese viaje a Chile también lo llevó a un escenario poco habitual, un intento de concierto que tuvo lugar en la cárcel de hombres de Valparaíso, setenta millas al noroeste de Santiago, un episodio poco conocido en la biografía de Julio y que permanece vivo en la memoria de varios antiguos presos políticos que se encontraban recluidos en ese recinto.*

La cárcel de Valparaíso

Sucia, cruel y sombría, la cárcel de Valparaíso fue uno de los más de mil centros que entre 1973 y 1990 se utilizaron para detener a presos políticos durante el régimen de Pinochet. En ese periodo, tres mil opositores del dictador fueron asesinados o desaparecieron, y cerca de cuarenta mil personas sufrieron torturas. En Valparaíso los presos po-

* *El Mostrador*, 15 de mayo de 2014.

líticos vivían de manera precaria y eran atacados constantemente por la policía y el personal de la prisión.

Los presos políticos de la cárcel incluían trabajadores, artistas, estudiantes, profesores, periodistas y abogados. Ellos estaban en el tercer piso. Los dos pisos inferiores tenían presos comunes, por lo general separados de acuerdo con los crímenes; en el primer piso los delitos financieros, en el segundo los delitos violentos. Fue precisamente a un fan de Julio, un preso condenado por fraude del primer piso, a quien se le ocurrió la idea de invitar a su ídolo a la cárcel. Posiblemente sería un preso influyente que se valió de aliados dentro y fuera de la prisión conectados con el entorno del artista, aunque los detalles de cómo se logró el acuerdo son inciertos.

La visita de Iglesias fue anunciada con dos días de antelación. Los reclusos comunes se entusiasmaron, los presos políticos no tanto. Asumieron que Iglesias era partidario de Pinochet, en parte porque el gobierno estaba involucrado en el Festival de Viña del Mar.

Los prisioneros del segundo piso construyeron el escenario la noche anterior al evento, colocado en una zona muy estrecha en el primer piso. La tarima era de 3 x 2 metros como mucho, y tenía un solo micrófono de mala calidad.

El espectáculo estaba programado para las diez de la mañana. Los presos comunes se reunieron en la parte delantera del escenario, mientras que los presos políticos permanecieron en su piso, ajenos al *show*.

Julio, enfundado en un jersey de lana de Chiloé, llegó con seis horas de retraso. Entre peticiones de canciones y autógrafos, se dirigió a los presos: «Aparentemente, soy un hombre libre, pero en realidad soy un prisionero de mis compromisos, de cantar aquí y allá, de los hoteles y aviones. Mis fans no me dejan en paz. Los comprendo muy bien. Les traigo un abrazo fraterno y espero que recuperen su libertad tan pronto como sea posible»*.

Para la mayoría de los presos, aquellas palabras fueron bien recibidas, pero los presos políticos se sintieron ofendidos. Comenzaron a

* Periodismo.com, 16 de mayo de 2014.

gritar «¡hijo de puta!» y cosas peores. Julio no daba crédito, miró a un lado y a otro y se marchó sin cantar una sola canción.

Ya fuera por curiosidad, por dar apoyo a los presos, por pura publicidad o simplemente por imitar a Johnny Cash en las prisiones de Folsom y San Quentin, aquel viaje fugaz de Julio a la cárcel de Chile fue un completo fiasco.

Los fantasmas del accidente

A principios del otoño de 1974, Isabel anunció que serían padres por tercera vez. Chábeli y Julio José eran todavía muy pequeños y su madre ocupaba casi todo su tiempo en estar con ellos. Por su parte, Julio apenas pasaba por casa. Si 1974 le había llevado de gira por medio mundo durante nueve largos meses, la agenda del nuevo año no aparecía mucho más despejada.

En la primera mitad de los setenta, Julio Iglesias todavía tenía el recuerdo de su accidente muy presente. Alfredo Fraile evocaba en sus memorias un episodio que retrataba perfectamente el carácter de Julio en aquellos tiempos. Este se encontraba en su casa de la calle Profesor Waksman y, a las dos de la madrugada, Alfredo recibió una llamada mientras dormía plácidamente en su casa. Al otro lado del teléfono estaba Julio Iglesias: «Alfredo, estoy en la cama y no siento las piernas, creo que vuelvo a estar paralítico.

Isabel no sabe nada todavía. Está dormida aquí, a mi lado. Necesito que vengas urgentemente», le pidió el cantante a su *manager*.

Fraile se vistió y salió corriendo hacia el piso del artista, cerca del estadio Santiago Bernabéu. Una de las empleadas filipinas que atendía la casa le abrió la puerta a Fraile. «El señor está durmiendo», dijo la chica. Alfredo le explicó la situación y entró. Al llegar al dormitorio, llamó a la puerta. «¿Qué haces aquí a estas horas?», preguntó Isabel extrañada. Cuando encendió la luz, se dio cuenta de que su marido estaba en la cama aterrorizado. Julio había tenido una pesadilla*. Alfredo Fraile años más tarde calificaba a Julio como «un solitario com-

* *Vanity Fair.*

pulsivo que necesita la compañía de las personas. Él mismo confiesa que necesita dormir cada noche abrazado a alguien»*.

Julio Iglesias viajó a Francia en el mes de marzo para participar en el concurso *Ring Parade,* en la Antenne 2 de la televisión francesa. Ante una audiencia de más de treinta millones de espectadores cantó *Manuela,* alzándose con un primer puesto cantando en castellano frente a estrellas locales como Joe Dassin. *Manuela* había llegado hasta el programa avalada por su éxito en las listas de ventas galas, alcanzando un meritorio número 3 en el *hit parade.* Después de su aparición en el programa junto a estrellas consagradas, y de la buena recepción de su primera incursión en el mercado francés poco tiempo atrás con *Un canto a Galicia,* Francia definitivamente se rindió a sus pies.

Entre los meses de marzo y mayo grabó los cuatro episodios de la serie *La parcela de Julio Iglesias,* un espacio dirigido por Valerio Lazarov y que, siguiendo la estética de la época, combinaba las actuaciones musicales del cantante con números de baile y pequeñas escenas de humor. Por el programa desfilaron figuras del momento, como Raffaella Carrà, Mari Carmen y sus muñecos o Patty Bravo. Con el zoom de Lazarov y el carisma de Julio Iglesias, la mayoría de los espectadores españoles elogiaron uno de los espacios televisivos más recordados de RTVE.

Los episodios de *La parcela de Julio Iglesias,* a pesar de estar grabados durante la primavera, se emitieron entre los meses de noviembre y diciembre de 1975, fechas en las que los españoles permanecían muy atentos al televisor. El 20 de noviembre de aquel año fallecía Francisco Franco. El entretenimiento inofensivo del programa de Julio Iglesias ofreció un alivio divertido a los espectadores, algo saturados de tanto informativo con marcado acento luctuoso, para siempre recordado en las palabras del presidente del Gobierno Carlos Arias Navarro: «Españoles, Franco ha muerto».

---

* *El Mundo,* 2014.

El teléfono dejó de sonar

El 8 de mayo nacía Enrique Miguel Iglesias Preysler, el tercer hijo de Julio e Isabel. Asistido nuevamente por el doctor Iglesias en la maternidad de la capital, Enrique también trajo un cambio de domicilio familiar.

A medida que la familia iba creciendo, el piso de la calle Profesor Waksman resultaba cada vez más pequeño. Con la llegada de su tercer hijo, los Iglesias Preysler se trasladaron hasta una nueva casa en el número 31 de la calle de San Francisco de Sales. El doctor Iglesias, un experto negociador que ya había hecho algo de fortuna en el pasado con la compra de algunos terrenos, invirtió en tres pisos en el barrio universitario madrileño de Moncloa. Compró uno para su hijo Carlos, otro para Julio, y el tercero para él.

Pero en la nueva casa la pareja comenzó una etapa diferente. Los largos viajes debidos al trabajo y las giras provocaron que el distanciamiento físico entre Julio e Isabel fuera cada vez más frecuente. Con la llegada de Enrique, Isabel albergó una pequeña esperanza de tener más tiempo en casa al hombre a quien entonces amaba. Pero eso nunca ocurrió. Desde entonces, sus tres hijos ocuparon todo su tiempo y ya no acompañaría en sus viajes a su marido; a medida que Julio crecía como artista en medio mundo, sus ausencias en casa se le hacían cada vez más insoportablemente largas a su mujer.

Hasta que un día el teléfono que al otro lado la llamaba «pequeñaja» desde alguna parte del mundo dejó de sonar como lo había hecho en los primeros tiempos.

Julio desaparecía por trabajo durante tres meses o más, y cuando llegaba a la casa de San Francisco de Sales, todo respiraba un aire de teatralidad como si nada pasara, con el artista rodeado de niños y cargado de regalos. Julio ayudaba a sus hijos a montar las vías de un tren o a enganchar los vagones en una aparente escena de familia normal*.

La familia era una buena herramienta promocional, y con frecuencia los Iglesias Preysler aparecían fotografiados en las revistas, adorna-

---

* *La amante de sus maridos.*

dos con esa aura de fascinación que las parejas atractivas con hijos pequeños tienen para la prensa del corazón. Los niños estaban acostumbrados a que las cámaras entrasen y saliesen de su casa para hacer reportajes fotográficos. Supieron que eran famosos desde muy pequeños. Enrique preguntaba continuamente a su madre a qué país había ido de viaje su padre* y para los niños era habitual el trajín de maletas que salían de la casa sin saber muy bien cuándo volverían a entrar.

Además, pronto quedó claro que Isabel era muy atractiva; su valor al lado de Julio solo hacía aumentar la cotización de ambos. Durante años, la proyección de una imagen de matrimonio perfecto, glamuroso y siempre bronceadísimo —«tomábamos tanto el sol que a veces parecía un vestido andando solo», recordaba Isabel—, los convirtió en la pareja más popular del papel *couché***.

Pero dentro de la casa la perspectiva era bien distinta. Isabel observaba la situación con distancia, sabiendo que, poco después, su marido volvería a coger la puerta para marcharse durante meses. Aguantaba sin una queja, aunque el cansancio y el desinterés en su relación eran evidentes. En esa tesitura, Isabel encontró el apoyo muy cerca de su casa. Concretamente en el piso de abajo. Allí vivía su gran amiga y confidente, Carmen Martínez-Bordiú, a quien había conocido en una fiesta de la *jet set* antes de casarse, y con quien combatió la soledad de su matrimonio. La nieta del general Franco se había trasladado hasta San Francisco de Sales a su regreso como embajadores en Estocolmo, tras casarse con el duque de Cádiz, Alfonso de Borbón y Dampierre.

Con la nieta preferida de Franco, a la que alguna vez acompañó a El Pardo para tomar el té con la viuda de Franco, Isabel recuperó los círculos elitistas que había abandonado tras su matrimonio. En aquellos días, Isabel solo buscaba llevar una apacible vida rodeada de sus hijos y nunca pretendió ser otra cosa que la mujer de Julio. En 1975 la idea de ser famosa no formaba parte de su hoja de ruta.

---

* *El Confidencial.*

** *La amante de sus maridos.*

Tres mil mujeres

Isabel no era ajena a las fans que rodeaban a su marido. A diario leía los incontables idilios, reales o inventados, que se le atribuían, así como su reputación como amante consumado. En entornos privados, Isabel confesó su hartazgo cada vez que llamaba a los hoteles donde se hospedaba su marido y una voz femenina contestaba el teléfono. Por entonces, Julio Iglesias ya era una estrella en toda Latinoamérica y su fama de amante prodigioso era legendaria. Según la confesión del cantante, hasta tres mil mujeres habrían saboreado los placeres de su compañía.

Sobre esa asombrosa y mitificada cifra, Julio ha salido al paso en numerosas ocasiones, siempre hablando de que se trataba de una leyenda, una gran broma, « yo era un flaco de mierda. Sí, es verdad que he disfrutado de la fascinación de vivir intensamente y que mis ojos se cruzaran con otros ojos muy rápidamente. Que te devuelvan la mirada es muy difícil, pero a mí la vida me dio esa oportunidad. De eso a que duerma con tres mil mujeres... Aquello lo publicó el *Daily Mirror.* Me levanté por la mañana y le dije a mi *manager:* "Ni se te ocurra desmentirlo"»*.

En 2011 Julio confesó que aquello eran tan solo estupideces que decía haciendo gala de cierta superficialidad. Una superficialidad simpática, anecdótica, provocada por leyendas que le hacían gracia y que el cantante fomentaba.**

Aquel periodo también trajo aparejados momentos reales aunque políticamente incorrectos, vistos hoy con perspectiva, retazos que definen una época global y el momento social que vivía el mundo, un planeta declaradamente machista y que, de alguna manera, acentuaba la construcción de la leyenda del *latin lover;* «¡Era tan fácil! —recordaba Enrique Garea—. Las mujeres subían solas a su habitación. Julio solo tenía que decir: "Dile a esa chica si quiere cenar conmigo". Y la

---

* Antonio Paniagua, *El Comercio,* 5 de mayo de 2017.
** *Vanity Fair.*

otra subía bajándose las bragas. Y los que estábamos alrededor de él... Siempre decíamos que nos podía tocar el reintegro»*.

Las discusiones entre la pareja eran normales, pero Isabel sabía mantener el tipo, nunca perdía la compostura. Frente a la vehemencia hispánica de Julio, Isabel colocaba su pragmatismo oriental; «a una voz mía contraponía siempre el silencio. Y eso era algo que me amargaba aún más. La falta de discusión, de diálogo, hace que dos personas, por mucho que se quieran, acaben por no tener nada en común»**, dijo Julio en cierta ocasión.

Isabel apenas salía a la calle. Julio era un hombre muy celoso y posesivo***. Ella se había acostumbrado a no utilizar vestidos que pudieran llamar la atención de otros hombres. Isabel, sin apenas familia en España, se encontraba cada vez más sola y poco a poco iba aceptando el deterioro de un matrimonio que sobrevivía a duras penas gracias al teléfono.

Isabel comenzó a salir más cuando se dio cuenta de que su marido nunca estaba para ella ni para sus hijos, cuando empezó a hartarse de las prolongadas ausencias de su marido. Julio viajaba continuamente por todo el mundo y ella se cansó de que descuidase a sus hijos****.

Años más tarde Julio se defendió: «Si mi profesión no fuera tan fuerte, mi familia no sería feliz. A lo mejor los abrazos y los besos son más cortos, pero el cariño y la paternidad están vivos. Es cierto que he tenido menos tiempo que otros padres, pero jamás he descuidado a mi familia»*****.

En ese periodo de soledad fue Carmen Martínez-Bordiú quien introdujo a Isabel en las clases sociales acomodadas de una España que empezaba a modernizarse. En 1975 ir de la mano de la nieta de Franco todavía abría puertas entre el poder establecido. Además, la transición política ofrecía un escaparate perfecto para los amigos de la Casa Real, entre los que se encontraba Alfonso de Borbón, primo del

---

* *Vanity Fair,* 11 de mayo de 2015.

** *Entre el cielo y el infierno.*

*** *La amante de sus maridos.*

**** *El Confidencial.*

***** *El Comercio.*

rey de España y marido de Carmen. Poco a poco, Isabel se fue transformando en «la Preysler», dejando de lado la niña que hasta ese momento todo el mundo conocía.

El amor

Mientras todo esto sucedía, Julio Iglesias seguía a lo suyo, y que no era otra cosa que conquistar el mundo. En 1975 no lanzaría un nuevo disco, ¡lanzaría dos! Pero antes, el 20 de mayo, poco después del nacimiento de Enrique, participaría en el concierto homenaje a Gloria Rognoni en el pabellón del Real Madrid. En el espectáculo compartió cartel con Serrat, Lola Flores, Marisol, Rocío Jurado, Miguel Ríos o Enrique Morente.

El primero de los discos de estudio previstos se tituló *El amor,* posiblemente uno de los tres o cuatro mejores álbumes de toda su discografía.

Mucha gente reconoce el enorme éxito de Julio Iglesias, y no les resultaría muy difícil tararear alguna de sus melodías más conocidas aunque no fueran seguidores de su música. Lo que casi todo el mundo olvida es su increíble capacidad para rodearse de tipos con el suficiente talento como para proporcionarle las herramientas fundamentales para comprender su éxito: las canciones. Por encima del personaje mediático, del galán latino y del vividor empedernido, Julio Iglesias triunfó gracias a las canciones. Y en *El amor* había algunas muy buenas.

El amor se abría con *Abrázame,* una de las mejores canciones escritas en España en los últimos cuarenta años. Para ello se apoyó en la figura de Rafael Ferro como pilar esencial en su equipo de composición. Autor de canciones para Mocedades o Rocío Durcal, Ferro firmaría a medias hasta cuatro canciones del disco. La carrera artística de Julio está indudablemente unida a la de Ferro, responsable de los arreglos musicales de sus discos y también de los de la orquesta que dirigía personalmente en escena durante sus conciertos. La figura de Ferro es en *El amor* tan importante como la del propio Iglesias, un perfecto desconocido para el gran público, pero un arreglista elegante y muy eficaz, especialmente a la hora de colocar la voz del solista bien visible en primer plano. *Abrázame* es el perfecto ejemplo de esta técnica. Si

Phil Spector inventó el muro de sonido, los productores españoles en los setenta patentaron las orquestaciones estroboscópicas y el protagonismo vocal ejemplificado en el que se llamaría «Sonido Torrelaguna»*.

El magnetismo de *Abrázame* ha contagiado incluso a artistas a priori alejados de la propuesta estilística de Julio Iglesias. No hay nada más poderoso para un creador que el vigor de una buena canción. La primera vez que escuché las canciones del debut de Iván Ferreiro en solitario, *Canciones para el tiempo y la distancia,* lo hice con Iván en su casa. Ferreiro, un artista que sabe hacer canciones, y que como buen compositor identifica el poderío de una pieza a la primera, cuando me puso su versión del *Abrázame* de Julio Iglesias no necesitó justificarse en absoluto, solo me dijo: «Es una canción cojonuda». Que un artista como él, abanderado de la música de calidad independiente, escogiera como tarjeta de presentación de su nueva etapa en solitario una canción de Julio Iglesias, enviaba un poderoso mensaje a cualquier crítico abonado al prejuicio. *Canciones para el tiempo y la distancia,* un disco concebido para reivindicar precisamente el poder de las canciones, escogía como primer sencillo uno de los mayores éxitos del cantante latino más vendedor de todos los tiempos. Ya lo decía Elvis Presley: millones de fans no pueden estar equivocados.

«¿Quién no ha sufrido prejuicios en un país con tantas opiniones? España es un país que opina, y que opina apasionadamente, y donde la reflexión es difícil, porque somos muy emocionales»**, reflexionó en una ocasión Julio.

El disco de Julio Iglesias incluía versiones de *Love's theme,* de Barry White, *Candilejas,* de la película de Chaplin, o *My sweet lord,* de George Harrison. Pero es *A veces tú, a veces yo* la otra gran canción del disco, junto a la mencionada *Abrázame,* y escrita en esta ocasión junto a Cecilia.

La portada es una imagen icónica de Julio Iglesias sentado en una enorme silla modelo Emmanuelle, con chaleco y americana descansando sobre los hombros y cara de tenerlo todo controlado. La línea que separa lo hortera de la clase es aquí tan delgada que resulta impo-

---

* Óscar García Blesa, *Efe Eme,* 2015.
** *El Periódico de Catalunya.*

sible pensar en otro artista capaz de salir airoso. Si hay una imagen que representa autoestima y seguridad en uno mismo, esta foto derrocha confianza en cada esquina*.

«A México»

Mientras en 1975 arrasaba en medio planeta *Bohemian Rhapsody,* la canción sin estribillo escrita por Freddie Mercury y que elevaría a lo más alto el disco de Queen *A night at the opera,* convirtiéndolo para siempre en icono de la cultura popular, Julio Iglesias continuaba sin pausa su plan de dominación mundial.

El segundo trabajo de Julio en 1975, editado por Alhambra, un sello subsidiario de Discos Columbia, era también un álbum con material inédito, compuesto en esta ocasión por clásicos del cancionero mexicano.

De manera monográfica, *A México* abordaba por primera vez el enorme universo de las rancheras, un género que Julio visitaría a lo largo de su carrera en más de una ocasión. México era el país que de una manera incuestionable había apoyado el desembarco de Julio Iglesias en Latinoamérica. Con estas diez rancheras, piezas muy conocidas de José Alfredo Jiménez, Agustín Lara o Tomás Méndez, Julio hizo un sentido guiño a su público mexicano y, por extensión, también al resto de la región latina. Canciones como *Cucurrucucú paloma, Solamente una vez, Noche de ronda* o *Un mundo raro* cobraron una nueva vida en la particular voz de Julio Iglesias, abriendo para el cantante un camino inexplorado hasta entonces. *A México* se convirtió en un éxito instantáneo, un álbum de género pionero que sería imitado por otros muchos artistas en el futuro.

Además de *El amor* y *A México,* 1975 será el año en el que lance su primer álbum en portugués, *Manuela,* y también en italiano, del mismo título.

Un nuevo año

Entre el 19 y el 21 de febrero Julio viajó a Italia. *Il ventiseiesimo festival della canzone italiana,* el Festival de San Remo de 1976 lo ganó Peppino

---

* Óscar García Blesa, *Efe Eme.*

di Capri con la canción *Non lo faccio più*. Pero lo más relevante de aquella edición fue la gran cantidad de artistas invitados de primer nivel, un hito sin precedentes hasta ese momento, un cartel plagado de éxitos musicales y primeros lugares en las listas de ventas de todo el mundo.

Si alguien brilló con luz propia aquel año fue Julio Iglesias con *Si me dejas, no vale (Se mi lasci, non vale)*. También lo hicieron Domenico Modugno con *Il maestro di violino,* Adamo con *La mia vita,* Ricchi e Poveri con *Due storie dei musicanti* o Rita Pavone y su *E... zitto zitto,* pero ninguna como la actuación de Julio, quien vestido con un impecable traje blanco asombró a un público italiano completamente rendido al cantante español.

A partir de 1976 tras su visita a San Remo, Julio volvió a colocar en el foco de su objetivo comercial el mercado italiano. Desde que en 1969 editara el sencillo *Se lei non c'è* y su continuación en 1970 con *Un uomo solo,* no había vuelto a dedicarle atención a ese mercado. Con el lanzamiento de *Se mi lasci, non vale,* una adaptación italiana con algunas canciones de su álbum *El amor,* Julio Iglesias ya no dejaría de publicar trabajos en Italia.

En marzo, y esta vez acompañado por Isabel, Julio volvió a Francia, donde reventó el Olympia de París, el mismo escenario que durante cuatro noches consecutivas lo había consagrado un año antes. Enfundado en un esmoquin negro y acompañado por una orquesta de más de veinte músicos franceses, Julio abordó las mejores canciones de su repertorio hasta la fecha. *Por el amor de una mujer, Manuela, Abrázame,* la fabulosa versión de *La mer* o *Un canto a Galicia* pusieron en pie al público de París. El concierto fue grabado y publicado el mismo año.

Julio Iglesias en el Olympia supone uno de los hitos musicales de su carrera, condensando en un disco doble lo que se podría considerar el epílogo de la primera etapa discográfica. Su primer álbum en directo ofrecía vibrantes reinterpretaciones de sus canciones. Si en los discos de estudio, en ocasiones Julio podía pecar de cierta ñoñería y de una voz algo afectada, en directo, esas mismas canciones revivían con espíritu renovado. *Julio Iglesias en el Olympia* es un gran álbum, el testimonio musical que retrata con exactitud la figura internacional del cantante español.

América, América, América

A principios de febrero Guatemala sufrió una catástrofe natural sin precedentes, el terrible terremoto del 4 de febrero de 1976, y que acabó con la vida de más de veintidós mil guatemaltecos. Se daba la circunstancia de que Valerio Lazarov se encontraba en el país preparando un especial de Radio Televisión Española con Julio Iglesias.

Lazarov se desplazó hasta Ciudad de Guatemala para ultimar los detalles de *La hora de Julio Iglesias,* un programa encargado por RTVE y que se emitiría durante el mes de mayo. Cuatro días después del horrible temblor, Julio llegó al aeropuerto internacional de la Aurora en Guatemala, y de allí se dirigió hasta el norte del país. Entre la selva y las ruinas mayas de Tikal, grabaron el especial que se emitiría en el mes de mayo, y que no hizo otra cosa que seguir agrandando la figura del cantante.

Por otra parte Argentina sufría un golpe de Estado el 24 de marzo de 1976 que apartaba del poder a su presidenta María Estela de Perón (más conocida como Isabel Perón). El golpe fue liderado por el teniente general Jorge Rafael Videla, junto al almirante Emilio Eduardo Massera y el brigadier general Orlando Ramón Agosti y recibió el nombre de Operación Aries. Los tres formaron parte de la primera junta militar, empezando así el Proceso de Reorganización Nacional hasta el final de la dictadura en 1983. La dictadura dejó huellas imborrables como más de treinta mil desaparecidos, además de alimentar la guerra de las Malvinas, que fue un auténtico desastre.

Julio viajó hasta Colombia, donde coincide con Ramón Arcusa, la mitad del Dúo Dinámico y figura indispensable para desentrañar los éxitos de Julio que estarían por venir. Julio había quedado maravillado por el trabajo de Arcusa en el disco de Manolo Otero y, por mediación de Alfredo Fraile, le ofrecieron el trabajo de producir las nuevas canciones de Julio Iglesias por primera vez. Ramón Arcusa en aquella ocasión declinó la propuesta, consciente de que el artista era un tipo minucioso y exigente hasta la enfermedad en el estudio; «nadie producía a Julio. Solo Julio producía a Julio», diría años más tarde Manuel de la Calva en la biografía del Dúo Dinámico. Arcusa no se subió al barco en ese momento..., aunque habría una segunda oportunidad.

En 1976 Julio siguió abonando el mercado americano y publicó una segunda colección de canciones latinoamericanas. *América* era un título que no ofrecía lugar a la duda, y tal y como hiciera el año anterior con *A México,* Julio Iglesias, con la ayuda del productor Rafael Ferro, fusionó de manera acertada su particular estilo de *crooner* latino con piezas atemporales como *Obsesión, Manhã de carnaval* o *Guantanamera.*

El Madison Square Garden

A lo largo de la carrera artística de Julio Iglesias hay una serie de momentos determinantes, puntos de inflexión decisivos que ayudan a comprender la magnitud de su descomunal éxito. Lo fue su participación en Benidorm, su aparición en el Festival de Eurovisión y lo sería el concierto de 1976 en el Madison Square Garden de Nueva York.

Durante el verano y el otoño de aquel año, Julio ofreció varios conciertos en el Parque de Atracciones de Madrid y visitó Bogotá, México D. F. y Buenos Aires. El éxito de Julio en Latinoamérica y Europa era por entonces rotundo. Los álbumes y sencillos del artista español se colocaban en los primeros puestos de las listas de ventas, y su presencia en los medios de comunicación era constante. Desde que en 1969 lanzara *La vida sigue igual,* Julio había conquistado mercados imposibles, como el japonés o el alemán, y las cifras de venta acumuladas de sus álbumes superaban con creces los diez millones de discos. Pero, si había un mercado que marcaba el paso de la música mundial, ese era el de Estados Unidos, el siguiente y más obcecado objetivo de Julio Iglesias.

Después de sus éxitos en escenarios emblemáticos como el Olympia de París o el propio Carnegie Hall en Nueva York, las tablas del Madison Square Garden asomaban en el horizonte como el penúltimo escalón al reconocimiento artístico global.

Ayudado por los mejores empresarios del mundo del espectáculo, Julio preparó el concierto de Nueva York durante meses. La idea era ambiciosa; no solo se perseguía convocar a la comunidad latina de la Gran Manzana, el objetivo era seducir también al público anglo, convencerlos de que una suerte de Frank Sinatra español estaba en la ciudad.

Naturalmente la numerosa parroquia de emigrantes en Nueva York creó un enorme revuelo antes del concierto y, ayudados por una enorme campaña promocional, la presencia de Tito Puente como artista invitado y los precedentes de Julio en cada uno de los países donde había triunfado, hicieron que las entradas para el concierto se agotaran en pocas horas. Julio Iglesias rompió todos los récords del mítico escenario donde Marilyn Monroe le cantó cumpleaños feliz a JFK en 1962, o la casa donde Frank Sinatra realizó sus números más memorables. Nunca antes nadie había vendido las entradas tan rápido como para el concierto de Julio de 1976 en el Madison Square Garden.

El concierto se retransmitió por televisión a través de Telemundo para toda Latinoamérica, multiplicando la onda expansiva del evento hasta todos los rincones del continente. Por si fuera poco, Alfredo Fraile se las arregló para que, en aquella histórica noche, los directivos de las principales casas de discos de Estados Unidos presenciaran con sus propios ojos el triunfo de su representado. Uno de los principales objetivos del concierto era propiciar un cambio discográfico que abriera las puertas de Norteamérica definitivamente.

Al terminar el concierto, se celebró una fiesta en la sala Morocco, uno de los locales de moda en el Nueva York de los setenta. Allí, y acompañado por Isabel, Julio Iglesias fue recibiendo la felicitación de los ejecutivos discográficos de Ariola, RCA, Polydor y CBS, quienes abiertamente mostraron su deseo de contar con el español en sus respectivas compañías.

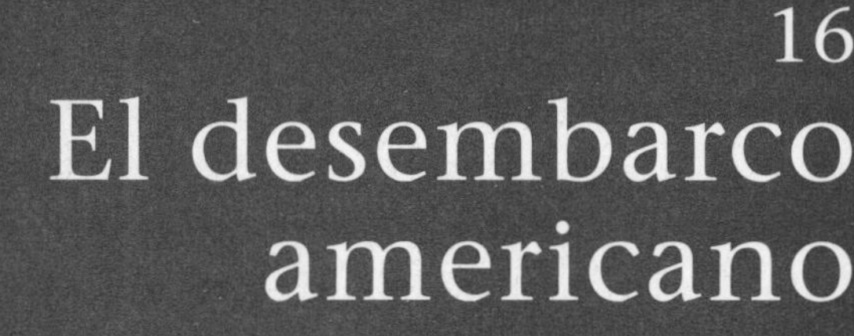

16
El desembarco americano

Soy un truhan, soy un señor, Julio Iglesias

262: Julio Iglesias en 1978. © Getty / Ullstein Bild.

260-261: 1 de mayo de 1978. Julio Iglesias durante una actuación en Torremolinos. Getty / Peter Bischoff.

Mientras Julio construía una nueva carrera en Estados Unidos, su matrimonio en España se desmoronaba. Isabel asumió que el amor, el ingrediente fundamental en el matrimonio, se había perdido. Cada día tenía menos marido, menos compañero y menos amigo, y el matrimonio sobrevivía gracias al teléfono y frecuentes discusiones.

Una pareja rota

El distanciamiento era conocido entre su círculo de amigos y Isabel no podía entender cómo Julio no se daba cuenta de lo que estaba ocurriendo. En diciembre de 1976 Isabel y Julio tuvieron una fuerte discusión. Ella le confirmó a su marido que su relación no tenía solución y que no había más salida que la separación. Julio la convenció para darse más tiempo antes de tomar una decisión tan importante. Él seguía considerando a su mujer una niña, intentando crear una sensación de inseguridad que ya no tenía, una mujer que cada vez sabía mejor lo que quería. No se separaron en 1976, pero a partir de ese momento mientras su marido estuviera fuera de casa, Isabel empezó a hacer su vida, «no me iba a quedar en casa en espera permanente. Saldría con mis amigos bastante más de lo que venía haciéndolo, que no era mucho»*, dijo.

Fue su amiga Carmen quien le abrió los ojos y la impulsó a salir de nuevo al mundo. Isabel Preysler, con unos sólidos principios católicos tradicionales, todavía veía lejos la posibilidad de un divorcio. Sin embargo, se había vuelto a reencontrar consigo misma con un renovado espíritu de libertad. Y lo disfrutaba en sus salidas por las noches de Madrid, en las escapadas a París o en sus viajes relámpago con Carmencita a Nueva York, donde visitaban tiendas y discotecas de moda**. Los continuos viajes de Julio y la presencia de Carmen como apoyo en las ausencias de este fueron en gran medida los principales responsables de la transformación de Isabel Preysler. Mientras los maridos viajaban, ellas se iban de compras, visitaban los salones de los grandes modistos, no se perdían cócteles privados o públicos y acudían a las discotecas de moda. Carmen espabiló a Isabel, y no al revés.

Por entonces, el matrimonio ya había comprado una casa en la urbanización Guadalmar (Torremolinos), valorada en unos 25 millones de pesetas, donde iban a pasar las vacaciones, y donde Isabel encontró cierto resguardo entre un pequeño clan filipino que vivía allí también.

A Isabel le llegaban noticias de relaciones esporádicas de Julio con mujeres desconocidas que frecuentemente eran amantes de una noche. De aquella época todavía le quedan a Julio Iglesias supuestos hijos secretos que levantaron en su día la polémica. Uno de ellos es Javier Santos Raposo, fruto de una presunta semana de pasión en Sant Feliu de Guíxols con la bailarina portuguesa Maria Edite Santos durante una gira veraniega por la Costa Brava en el año 1975. Julio había alquilado un chalé a su gran amigo de juergas, el exjugador del Real Madrid Pedro de Felipe, con el que compartió su adolescencia. La casa se convirtió en lugar de citas clandestinas. Por entonces en España, un país inmerso en plena transición democrática tras la muerte de general Franco, pero que aún conservaba los tics del franquismo, la figura de

---

* *Isabel y Miguel.*
** *El cierre digital.*

Julio Iglesias y de su casa de discos, Columbia, pesaba mucho. Tenían muy bien controlados a los periodistas y las publicaciones. Estas ofrecían noticias en torno al cantante en un tono muy acorde con la moralidad oficial de entonces. Era la imagen de un Julio Iglesias amante de su esposa e hijos, buen padre de familia, miembro de la España de bien*.

El contrato con CBS

Ajeno al derrumbe de su matrimonio, o quizás más preocupado por el relanzamiento de su carrera en Estados Unidos, días después del concierto en el Madison Square Garden de Nueva York, tal y como estaba previsto, Julio Iglesias empezó a reunirse con los diferentes representantes de las principales compañías de discos americanas. De los ejecutivos de Ariola, RCA, Polydor y CBS, Julio se decantó por las palabras y las ideas para conquistar el mercado anglosajón de Dick Asher, el responsable de CBS.

Según recuerda Tomás Muñoz, presidente de CBS España entonces, Dick Asher después del concierto del Madison «quedó fascinado». Asher luchó con todas sus energías por introducirlo en el mercado americano y llevar las canciones de Julio a una nueva dimensión. «Para algunos críticos musicales, en el mundo latino, Julio Iglesias ya estaba pasado en aquel entonces. Creían que no podía dar más de sí», afirmaba Muñoz**.

A mediados de los años sesenta, Asher había sido nombrado vicepresidente de CBS, hoy SONY Music, compañía que manejaba sellos históricos como Epic o Columbia. Al poco de llegar a la compañía tuvo que lidiar con la renovación de Bob Dylan en Woodstock con el sello Columbia tras su accidente de moto. Logró que Dylan se quedara en la compañía y rápidamente fue haciéndose un nombre en el sector gracias a su integridad como hombre de negocios en una industria contaminada y corrupta.

---

* *El cierre digital.*
** *Vanity Fair.*

En 1970 Asher aceptó el cargo de vicepresidente de Capitol Records en la Costa Este, un movimiento desastroso que lo devolvió tan solo un año más tarde a Columbia, cuando Clive Davis le ofreció regresar a CBS. En 1972 Asher se encargó de reflotar a la compañía Columbia en Londres, y tras sus éxitos en Europa fue el responsable de todas las operaciones internacionales de CBS.

Además de ser el último responsable en el desembarco americano de Julio Iglesias, Asher pasará a la historia por su enfrentamiento frontal con los promotores independientes que, desde finales de los años sesenta, suponían un coste de más de diez millones de dólares anuales a CBS. Sonar en la radio era una tarea cada vez más difícil, así que las compañías discográficas contrataban agentes que mediante *payolas* (también conocido como *pay to play)* ofrecían sobornos a los dueños de concesiones de radio para colocarlos en la emisora. Este grupo de agentes independientes se hizo llamar The Network, y Asher terminó con ellos.

Sus sospechas lo llevaron a realizar una prueba determinante. Pink Floyd arrasaba en sus conciertos y la prensa elogiaba su trabajo, así que Asher decidió no utilizar a The Network para promocionar su sencillo *Another brick in the wall.* No pagó a los agentes y ni una sola estación de radio puso el single. Tan pronto se pagó a The Network, el single entró en las emisoras y el álbum *The Wall* alcanzó el número 1.

Tras el experimento, Asher decidió acabar con estas prácticas a pesar de la oposición de su jefe, el presidente de Columbia Walter Yetnikov, quien consideraba a estos agentes independientes cruciales en su negocio. Asher solo veía un modelo de extorsión seguramente asociado con el crimen organizado, sabía que todo aquello podía representar fraude y que si se determinaba que CBS estaba involucrada en cualquier actividad criminal, la Comisión Federal de Comunicaciones podría revocar las licencias de televisión y radio participadas por CBS. En 1981 y junto a Warner, la CBS decidió terminar con el pago a The Network. Su historia está bien documentada en el fabuloso libro *Hit Men,* de Fredric Dannen *(Hit Men: Power Brokers And Fast Money Inside The Music Business),* donde se cuenta con detalle el paso de Asher por el negocio de la música.

Desde el primer momento Dick Asher demostró tener fe ciega en las posibilidades en Norteamérica de Julio Iglesias, un artista no solo capaz de cantar en español y en inglés, sino también en muchos otros idiomas. Pronto le recomendó que para abordar con éxito la aventura debía irse a vivir a Estados Unidos, y Julio, atento al consejo, compró a finales de 1976 una casa en California, donde además de estar más cerca de su nuevo mercado, podría disfrutar de más tiempo junto a su familia.

Cambio de residencia

Julio despidió el año 1976 a lo grande, protagonista de *Desde Miami con calor,* el especial de Nochevieja dirigido por Valerio Lazarov y que recibía a puerta gayola el nuevo año.

La llegada de Julio a la CBS no era una tarea sencilla. Para lograrlo, no solo necesitaba el interés de Dick Asher y Walter Yetnikov, también debía poner de acuerdo a Enrique Martín Garea y el sello Columbia en España, dueños en ese momento del contrato discográfico de Julio.

Los deseos del artista por cambiar de compañía le obligaron a pagar un altísimo precio por su libertad. Prácticamente la totalidad del anticipo contractual de la CBS acabó en manos de Columbia. El nuevo contrato de Julio Iglesias escondía multitud de aristas, recovecos legales y conocimientos sobre temas fiscales que supusieron un enorme desembolso en abogados y gestores. «La CBS nos compró a Julio por cinco millones de dólares», confesó Garea. «Eso serían, a día de hoy, unos diez millones y medio de euros por el chico que se trastabillaba»*.

Precisamente fue la residencia fiscal de Julio Iglesias uno de los asuntos más delicados de la negociación. Sus abogados americanos le recomendaron no residir fiscalmente en España, un país entonces fuera de los convenios de doble imposición, tratados internacionales que contenían medidas para evitar los supuestos de doble imposición fiscal internacional. Cada Estado elaboraba su legislación fiscal de modo soberano, lo que provocaba una superposición de soberanías fiscales,

---

* *Vanity Fair.*

ya que un Estado podía aplicar el principio de territorialidad, mientras que otro podía aplicar el principio de personalidad. Esto a veces provocaba que una misma persona fuera gravada en dos países por una misma renta, que una misma renta fuera gravada por dos personas distintas en dos países diferentes o que un mismo bien terminara gravado en dos países distintos. De este modo, en 1976, las tasas que Julio Iglesias pagara fuera de España debería abonarlas de nuevo en Madrid. Los abogados de Julio le recomendaron hacerse residente de Panamá, un semiparaíso fiscal, algo que a efectos fiscales le resultaría beneficioso.

Y así fue como Julio Iglesias, coincidiendo en unas vacaciones en las islas de las Perlas con el general Torrijos, el líder máximo de la Revolución panameña, se hizo panameño. Alfredo Fraile contrató a los asesores fiscales de la familia del sah de Persia en Nueva York, quienes le aconsejaron que buscara refugio en algún paraíso fiscal. Con la ayuda de Omar Torrijos, entonces presidente de Panamá y fan del músico español, fijaron domicilio fiscal allí.

Omar Torrijos dirigía un gobierno de corte populista que había llevado a cabo la inauguración de escuelas, la redistribución de tierras agrícolas y la creación de empleos, reformas que fueron acompañadas por un ambicioso programa de obras públicas. Durante la administración del general se puso en práctica una política económica liberal que convirtió a Panamá en un centro bancario internacional.

En aquellas vacaciones, Torrijos conoció las intenciones de Julio y le ayudó en las gestiones para solucionar su permiso de residencia. Tan pronto tuvo los papeles en la mano, Julio firmó su contrato con la CBS.

Torrijos murió en un accidente aéreo cuando la aeronave de la Fuerza Aérea Panameña en la que viajaba se estrelló en julio de 1981. La muerte de Torrijos generó cargos de magnicidio. John Perkins relató en su libro *Confesiones de un sicario económico* que la muerte de Torrijos no fue accidental. Según Perkins, Torrijos fue asesinado por la Agencia Central de Inteligencia (CIA), que se oponía a las negociaciones entre Torrijos y un grupo de empresarios japoneses liderados por Shigeo Nagano que proponía la construcción de un canal a nivel por

Panamá. Torrijos murió poco después de la llegada de Ronald Reagan a la presidencia de Estados Unidos, y justo tres meses después de que el presidente ecuatoriano Jaime Roldós Aguilera muriera en circunstancias similares.

Hacienda

Las responsabilidades con Hacienda de Julio Iglesias han formado siempre parte de la propia historia del cantante, rodeada en ocasiones de cierta polémica. En 1977 Isabel Tenaille, la presentadora del programa *Gente* en Televisión Española, preguntó a Julio Iglesias sobre su supuesta adopción de la nacionalidad panameña para evadir impuestos. «Es muy fácil escribir tonterías en los periódicos», contestó Julio, a lo que la presentadora, leyendo el guion, añadió: «Es más difícil escribir en un periódico que cantar tonterías sin comprometerse con nadie»*. Tras la entrevista, la presentadora recibió varias cartas y, al parecer, incluso alguna amenaza de muerte.

Lo cierto es que su condición de residente panameño y su posterior traslado a Estados Unidos fueron fruto de una circunstancia profesional, una manera de abordar su desembarco en el mercado americano de manera más efectiva. Sus impuestos directos los pagaría en España, tributando el 25 % de lo que cobrara en cualquier parte del mundo en su país.

«No vivo en Miami para evadir nada, sino porque me lo exigen una serie de circunstancias profesionales y viscerales, ambientales. Sería incapaz de traicionar a mi país de ninguna manera», reconoció Julio en 1981**.

No obstante, durante los siguientes años, el cantante ha tenido que corregir irregularidades con el fisco español, empezando por una reclamación de la Agencia Tributaria en 1988 por el pago del IRPF correspondiente a los ejercicios 1974, 1975 y 1976 (años en los que ya vivía de manera casi permanente fuera de España), una reclamación que Julio recusó mediante el envío de un certificado del Ministerio de

---

* *El País,* 27 de julio de 1977.

** *Entre el cielo y el infierno.*

Gobierno y Justicia panameño y que el Tribunal Económico Administrativo hallaría contradictorio respecto a las declaraciones del propio Julio, según las cuales su residencia oficial en Estados Unidos no se produjo hasta 1980*.

En 2015, en una entrevista de televisión en el programa *Salvados,* de Jordi Évole, Julio fue tajante: «No tributo en España porque no vivo en España. Si viviese en España, ganaría mucho menos, también es verdad», confesó a Évole. «Nunca he dejado de pagar un puñetero impuesto en ningún lugar del mundo», insistió el cantante, quien además enfatizó que creía «en la justicia de la riqueza, aunque no en el reparto de esta»**.

Un truhan

En el verano de 1977, año en el que el cantante alcanza la cifra de treinta y cinco millones de discos vendidos en todo el mundo y su álbum *El amor* asciende a las primeras posiciones en cuarenta y cuatro países, Julio daría con su nuevo socio artístico, el productor que lo llevaría a lo más alto.

Antes de iniciar el primero de sus discos con la CBS, Julio debía aún terminar su contrato con el sello Columbia. Arropado por Ramón Arcusa, pieza clave en la nueva etapa discográfica que estaba a punto de empezar el cantante, y que ahora sí estaba preparado para trabajar junto a la estrella, Julio se encerró en los estudios Sonoland de Madrid y Kirios, en Alcorcón, y grabó el álbum *A mis 33 años,* un trabajo editado el 23 de septiembre de 1977, un disco fabuloso que incluía *Soy un truhan, soy un señor,* una de las canciones que serían santo y seña del artista español desde ese momento. «Cuando digo "Soy un truhan, soy un señor" se me llena la boca de voz y las paredes me repiten el eco, y si es al aire libre, escucho el clamor de los españoles que siempre están ahí»***, recordaba Julio de su mítica canción.

---

* *Cuando vuelva a amanecer.*
** *Salvados,* La Sexta.
*** *Entre el cielo y el infierno.*

Ramón Arcusa escribió *Soy un truhan, soy un señor* pensando en que la cantara Manolo Otero, el compañero de Julio Iglesias en su aventura rumbo a Benidorm, pero finalmente la canción acabó en manos de Julio, quien reconocería que *Soy un truhan, soy un señor* «está en la línea de lo que a la gente le llega al fondo, de lo que quiere ver en mí, el aire del golfo español, del cínico de corazón tierno»*. Julio estrenó la canción en Televisión Española el 15 de junio de 1977, el mismo día de las primeras elecciones democráticas españolas tras la muerte de Franco. Aquella melodía quedó para siempre atada a la figura de Julio Iglesias, una canción que arrancaba con un sutil coro femenino, el harén particular que susurraba al cantante en las mentes pícaras y gamberras de medio planeta. *Soy un truhan, soy un señor* quizás no sea la mejor canción de Julio Iglesias a lo largo de su carrera, pero ninguna como esta para mostrar de manera fiel lo que representa la figura del cantante a ojos del mundo. Si hay una canción que automáticamente viene a la cabeza cuando se menciona su nombre, *Soy un truhan, soy un señor* aparece de inmediato. Un clasicazo, pero sobre todo, una gran canción.

Arcusa recordaba que, durante la grabación de *Soy un truhan, soy un señor,* empezó a recibir llamadas para que reuniera al Dúo Dinámico. Un día Antonio Asensio, el dueño de Antena 3 entonces, les propuso presentar con sendos conciertos del Dúo Dinámico la nueva cabecera del grupo empresarial que presidía Asensio, *El Periódico de Cataluña,* dos presentaciones en Madrid y Barcelona. Arcusa dijo que no: «No, no, no puede ser, no podemos, ni tenemos músicos, ni equipo, ni nos acordamos de las canciones, y no podemos». Al cabo de un rato insistieron: «Oye, que al señor Asensio no se le puede decir que no». Y entonces le pidieron una cifra como la que ganaba el que más entonces, Serrat o Víctor Manuel, mientras que Julio Iglesias los animaba: «Oye, os dejo el equipo y los músicos, decidle que sí». «Le pedimos una burrada para nosotros entonces», recordaba Arcusa, y acep-

* *Entre el cielo y el infierno.*

taron, y el Dúo Dinámico regresó a los escenarios gracias al apoyo y los músicos de Julio Iglesias.*

Julio Iglesias y el Dúo Dinámico, es decir, Ramón Arcusa y Manuel de la Calva, compartieron a lo largo de los años una estrecha relación tanto personal como profesional, sustentada, fundamentalmente, en el enorme respeto y admiración que mutuamente sentían ambos artistas.

A mis 33 años también tuvo una versión en francés como *Aimer la vie,* un éxito descomunal que lo convirtió en artista del año sellando para siempre su estatus de superestrella en el país. *Aimer la vie* incluía muchas de las canciones del álbum original y también una versión inédita de *Gavilán o paloma,* rebautizada como *Amigo,* un éxito escrito por Rafael Pérez Botija y que había popularizado Pablo Abraira, un interesante cantante melódico en la estela de Julio, Camilo Sesto o Lorenzo Santamaría y que, con *Gavilán o paloma,* una canción superlativa, pasaría a engrosar la lista de imprescindibles en los karaokes de media España.

A mis 33 años alcanzó los primeros puestos en cincuenta y seis países y embarcó a Julio en una nueva gira por Europa y Latinoamérica. Tras el éxito de *Aimer la vie,* también lanzaría su tercer álbum en italiano, *Sono un pirata, sono un signore,* disco que lo lleva también a ser nombrado artista del año en Italia.

El álbum alcanzaría el disco de oro en China, Colombia, Canadá y Holanda, y disco de platino en Argentina, Francia, México y Brasil, poniendo un brillante epílogo a su etapa en discos Columbia.

Un concierto histórico

Pero, antes de despedir el año, Julio Iglesias vivió uno de los mayores acontecimientos musicales en toda la historia de América Latina. En el Estadio Nacional de Chile, cuando Pinochet gobernaba con mano de hierro en una dictadura sin escrúpulos, y ante una audiencia de más de cien mil enfervorizados fans, Julio ofreció un concierto histórico. Si los Beatles actuaron en España entre el oscurantismo de la época de Franco, Julio lo hizo en los tiempos más cruentos de Pinochet.

---

* Óscar Cubillo.

Como forma de promocionar su concierto en el Estadio Nacional, el departamento de Prensa de Televisión Nacional de Chile invitó a Julio a dar inicio al informativo *60 Minutos,* un privilegio a la altura de las superestrellas.

Julio llegó al estadio a media tarde y, montado sobre un vehículo descapotable como los jefes de Estado o el mismísimo papa, antes de empezar a cantar dio una vuelta completa al estadio saludando con su impecable traje blanco ante el griterío del público. En los años setenta, tal y como habían vivido anteriormente los Beatles en sus conciertos, los asistentes no ocupaban el espacio del terreno de juego y disfrutaban de los conciertos detrás de las vallas que separaban las gradas del campo. A mitad del espectáculo, y visiblemente emocionado, Julio se bajó del escenario para acercarse hasta el público. Debido a la fuerza del gentío y de manera inesperada, una de las vallas de protección se desplomó y Julio quedó atrapado por unos instantes entre la muchedumbre. Con una evidente cara de susto, Julio volvió a tropezar un par de veces antes de recuperar de nuevo las tablas del escenario y agradecer una vez más al público su cariño.

No cabe duda de que durante el tiempo que duró el concierto, el público chileno pudo olvidarse del régimen político que los oprimía. Así eran las cosas en 1977.

Dos años después de que visitara la cárcel de Valparaíso, Julio Iglesias lanzó la canción *Soy un truhan, soy un señor*. Cuenta la leyenda negra que el régimen de Pinochet mantuvo un centro de detención y tortura secreta en la calle Irán 3037, en Santiago. Uno de sus apodos era La Discoteca. Los detenidos han dado testimonio de cómo los obligaban a escuchar la canción de Julio Iglesias, y otras canciones en ese centro. Los torturadores lo reproducían sin parar a un volumen ensordecedor, para ahogar el sonido de los gritos de sus víctimas.

A colación de la actuación de Julio Iglesias en el mismo escenario donde Víctor Jara fue torturado y ante posibles susceptibilidades y polémicas sobre la legitimidad artística para actuar en países con regímenes no democráticos, seis años después de la mítica aparición en el Estadio Nacional de Chile, el cantante español fue tajante: «No hago política, solo canto para distraer».

Ajeno a cualquier trasfondo político, hoy resulta difícil imaginar el grado de popularidad que llegó a alcanzar en ese momento Julio Iglesias, posiblemente, en términos de popularidad, el artista más grande que había pisado Latinoamérica hasta la fecha. «Yo tengo que decir que dispongo de la inmensa suerte de cantar para los pueblos, y no para los gobernantes».

17
Hasta la vista

Stayin' Alive, Bee Gees

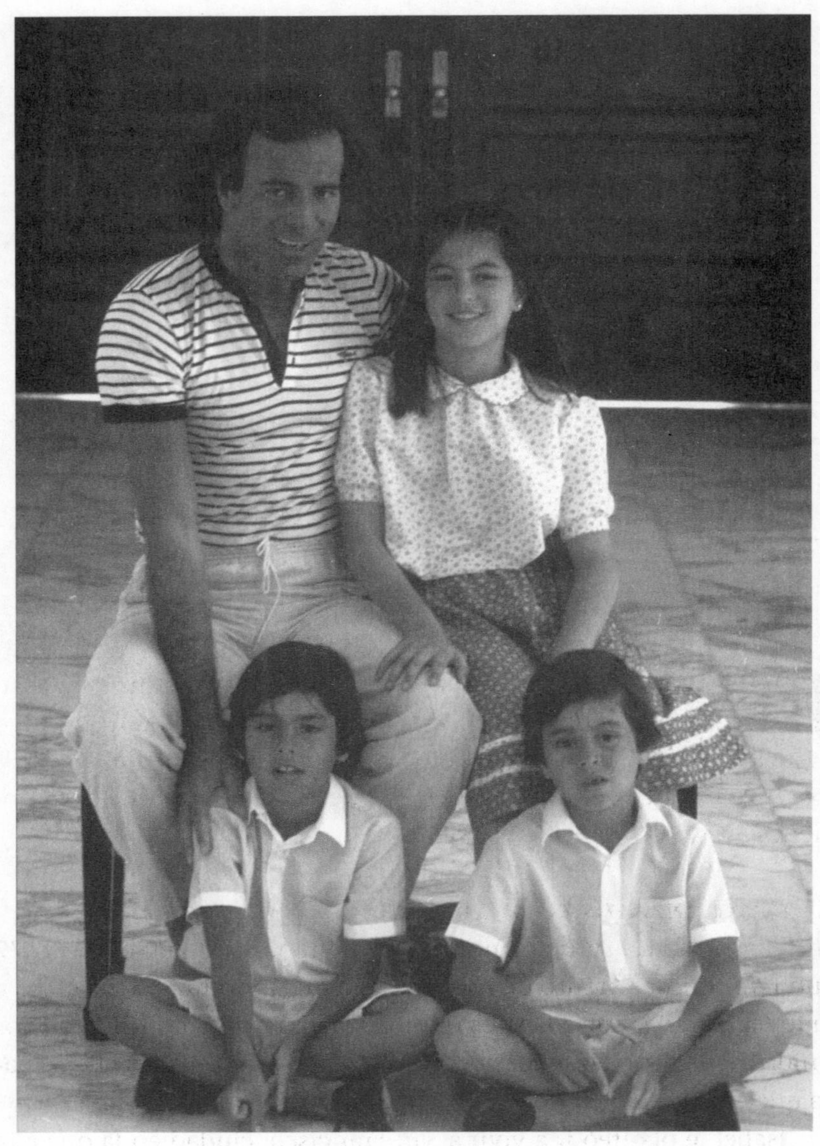

278: Julio Iglesias en Torremolinos con sus hijos Chábeli,
Enrique y Julio José. Getty / Peter Bischoff.

276-277: Madrid, 1980. El cantante Julio Iglesias junto a las trillizas argentinas (María Laura, María Eugenia y María Emilia) que le hacían los coros en sus conciertos. © Album / EFE.

Julio Iglesias, consciente de la zozobra de su matrimonio, hizo un último intento por salvar a su familia, «vente a vivir allí conmigo y con los niños. Sabes que necesito la fama y el público, pero vosotros sois para mí imprescindibles. Seguro que superaremos este mal momento»*.

El matrimonio toca fondo

En este contexto, su matrimonio tocó fondo. En el verano de 1977 hubo un último intento de reconciliación cuando Julio le propuso a su todavía mujer que ella y los niños se fueran a vivir con él a Estados Unidos. Él insistió en su idea de triunfar en América y, para ello, España quedaba lejos de todo.

Isabel le planteó ir a vivir a San Francisco, ciudad en la que ella tenía familiares y se sentiría arropada. Además, estaba más cerca de Filipinas y le encantaba la cultura y el tipo de vida de Estados Unidos.

* *Isabel y Miguel.*

A pesar de no ser la mejor ciudad para afrontar su lanzamiento discográfico, Julio aceptó. Pero aquello de San Francisco nunca ocurrió.

Isabel entendió que el problema no residía en el entorno, sino en el mundo que le rodeaba. Se sintió profundamente dolida por la actitud de su marido, que no quería prescindir absolutamente de nada y de nadie. Su profesión prevalecía, sintiéndose ella relegada a un segundo puesto. No tenía a su lado a la persona que había elegido para contarle sus preocupaciones cuando llegaba a casa, no podían celebrar juntos los pequeños acontecimientos cotidianos ni podía ofrecerle su cariño día a día.

Julio había terminado 1977 con unas cifras acumuladas de casi cuarenta millones de discos vendidos en todo el mundo y, en la cima de su popularidad, afrontaba el nuevo reto de asentarse en Norteamérica dispuesto a convertirse en el artista más grande del planeta. Una vez solucionado todo el entramado contractual con CBS, y siguiendo las recomendaciones de Dick Asher, Julio Iglesias tomó la decisión de instalarse definitivamente en Estados Unidos.

Con el ojo puesto en EE. UU., Julio siguió viajando a Europa, publicó en Italia *Sono un pirata, sono un signore* y en enero de 1978 participó de nuevo en el Festival de San Remo, esta vez junto a figuras como Grace Jones, Bonnie Tyler o Riccardo Cocciante. En febrero regresó a Chile y cantó en Viña del Mar, para después regresar al emblemático teatro Bussoladomani de Viareggio, donde su actuación ante más de diez mil espectadores fue además retransmitida por la televisión italiana. Las actuaciones se fueron sucediendo a lo largo de todo el año en una agenda prácticamente infinita.

La amante del militar

No cabe duda de que a estas alturas de su carrera, Julio Iglesias sobrepasaba el estereotipo de artista de fans. Julio gustaba a hombres y a mujeres de todas las edades, de cualquier país y fuera cual fuera su religión o cultura. Durante años representó a la perfección el papel del canalla seductor, unos atributos perfectamente descritos en su éxito *Soy un truhan, soy un señor*. Bien por admiración o por una efímera fama, cada vez que viajaba a cualquier país de Europa, Asia o América,

Julio aparecía rodeado de bellísimas seguidoras. El fotógrafo José María Castellví le susurraba al oído cuando llegaba a un nuevo país: «Julio, una foto tuya con una mujer al lado es una portada». Atraídas por ese imán, fueron muchas las que se retrataron junto a la estrella. Una de ellas sería el detonante definitivo que acabaría con su matrimonio.

Graciela Alfano era una vedete y modelo muy popular en Argentina gracias a su relación con Emilio Eduardo Massera, comandante de la Armada y uno de los miembros de la junta militar que había asestado el golpe de Estado contra Isabel Perón. Massera, casado con Delia Esther Vieyra, con quien tuvo dos hijos, era hombre de la noche y le gustaba mostrarse en sitios de moda de Buenos Aires como Mau Mau y la tanguería El Viejo Almacén. De día, en cambio, conducía con mano de hierro el exterminio de opositores a la dictadura, que dejó miles de desaparecidos*.

Massera era conocido por su atractivo y gran poder de seducción con las mujeres. A pesar de estar casado se le conocieron numerosas amantes, entre ellas había vedetes, actrices, y hasta la esposa de una de sus víctimas, Marta McCormack, la mujer de Fernando Branca, a quien Massera invitó a navegar a vela por el Río de la Plata, y nunca regresó del paseo.

Graciela Alfano, nueve años más joven que Julio, conoció al cantante durante una gira por el país. Simpática y muy hermosa, congeniaron rápidamente. Mientras duró su amistad, ni Julio ni Graciela se escondieron de los medios. Con su amistad, ella lograba un cierto prestigio y él ganaba en popularidad, así que no resultaba extraño verlos juntos en Fechorías o Los años locos, los locales de moda de Buenos Aires**.

El mundial de fútbol

La gira de 1978 de Julio Iglesias coincidió con la celebración del mundial de fútbol, que se celebraba en Argentina durante el mes de

---

* *El Mundo*, 9 de noviembre de 2010.
** *Secretos confesables*.

junio. Julio actuaba coincidiendo con las fechas de los partidos, un rotundo éxito que le reportó grandes beneficios artísticos y económicos.

España después de doce años regresaba a la fase final de un Mundial, la última vez había sido en el de Inglaterra en 1966. Sin embargo, fracasó durante la primera ronda, no pudo alcanzar el sueño de erigirse en campeona. Los presagios fueron negativos desde el principio cuando el equipo español se alojó en La Martona, un espacio poco acogedor situado a las afueras de Buenos Aires; un lugar frío, solitario y con pocas comodidades. El primer partido que jugó contra Austria en Buenos Aires lo perdió 2-1. Después empató con Brasil, cuando tendría que haber ganado. No se recuerda este segundo partido como bueno, allí quedó marcado para siempre Cardeñosa. El jugador bético lanzó la pelota, en una portería despejada, justo en el único lugar donde no debía, es decir, donde se encontraba el defensa brasileño Amaral, el cual logró impedir un gol cantado. Este fallo los aficionados al fútbol lo recuerdan una y otra vez, como si no perdonaran a Cardeñosa. De alguna manera, esa jugada ha sido como una especie de símbolo y de premonición continua sobre la actuación de la selección española en las grandes citas durante muchos años. La maldición se terminó, como todo el mundo sabe, en el Mundial de 2010. En el tercer partido la selección venció a Suecia con un gol de Asensi, pero ya era demasiado tarde. Posteriormente Brasil jugó con Austria y ganó, así ambos equipos pasaron a octavos y España quedó descalificada. Al final la selección argentina ganó el Mundial de 1978.

Antes de la final, Argentina estaba obligada a derrotar por al menos cuatro goles a Perú para clasificarse para la final de la Copa del Mundo de 1978. Los jugadores dirigidos por César Luis Menotti cumplieron con su cometido. Argentina fue una apisonadora en el primer tiempo y se adelantó 3-0. Le quedaba un tanto más para clasificarse. A cinco minutos del final, Leopoldo convirtió el cuarto, y el 6-0 definitivo los llevaba a la gran final ante Holanda. Mientras en el vestuario local del estadio de Rosario Central los jugadores se bañaban con gaseosa y soda, de repente apareció Jorge Rafael Videla con sus secuaces. «Muy bien, muchachos, hemos llegado a la final. El mundial se cierra con nosotros». Los rumores de una visita amenazante del dictador al vestuario de Perú antes del partido han sobrevolado desde entonces. ¿Dónde estuvo Videla durante el partido? Fueron varios los testigos peruanos que aseguraron haberlo visto junto al secretario general de Estados Unidos, Henry Kissinger. Las sospechas de amenazas y presión psicológica perdurarán para siempre. Argentina, justamente, ganó la final ante Holanda en un glorioso partido de la *albiceleste* alzándose con su primera Copa del Mundo.

Las Trillizas de Oro

En aquella gira del Mundial de Fútbol le acompañaron muchos amigos, pero especialmente muchas amigas, modelos que desfilaban antes de los conciertos ante el aplauso del público. Entre las amigas se encontraban también Graciela Alfano y Las Trillizas.

En algún momento de 1977, Alfredo Fraile había visto a tres hermanas idénticas cantando en televisión. Aquellas adolescentes, que apenas contaban diecisiete años entonces, llamaron poderosamente la atención de Fraile, que enseguida pensó que podrían ser un excelente reclamo en los espectáculos de Julio.

Llamó de inmediato a Alfredo Capalbo, el empresario que había llevado hasta lo más alto a Joan Manuel Serrat en Argentina, quien a su vez llamó al representante de las tres chicas.

Alfredo Fraile no se equivocaba, su olfato para el éxito funcionó con estas tres hermanas: María Laura, María Emilia y María Eugenia Rousse. Ellas nacieron en el año 1960 y ya tuvieron éxito y popularidad desde que vieron la luz por primera vez. Su nacimiento se convirtió en noticia en Argentina, pues fueron las primeras trillizas nacidas de forma natural. Emilia y Eugenia eran gemelas y Laura fue la tercera y última en nacer. Desde muy niñas comenzaron su carrera artística, primero en el mundo de la publicidad, protagonizando anuncios para la televisión con apenas cuatro años. Posteriormente, su tío Lalo, que veía su potencial, consiguió que debutaran en un programa muy popular, *Sábados Circulares*, donde ya cantaban y bailaban. Poco a poco se fueron convirtiendo en unas celebridades e iban construyendo una carrera discográfica bajo el manto protector del productor que las lanzó definitivamente a la fama, Ben Molar.

Tras llegar a un acuerdo con Fraile, Mila (Emilia), Coca (Eugenia) y Lula (Laura) se incorporaron casi de inmediato a la gira de Julio Iglesias cantando algunas canciones antes del inicio del *show* principal como aperitivo para el público, y haciendo los coros después durante el espectáculo de Julio.

Las Trillizas vivieron en primera persona el increíble magnetismo de Julio Iglesias y cómo «sus fans se morían por él, hacían cola para estar a su lado. ¿Terminaste? ¡Me toca a mí! Unas subían por la escalera y otras bajaban por el ascensor. Salía una de la habitación y entraba otra, y no se cruzaban», confesaron en 2018 a un programa de radio Argentina las hermanas entre risas*.

Las Trillizas de Oro recuerdan el efecto de Iglesias sobre las mujeres. «Las amaba a todas y todas lo amaban a él» dice María Emilia. «Hacían cola para estar con él, darle un beso, pedirle un autógrafo, hacerse una foto, abrazarlo o lo que fuera. Y él, lejos de sentirse agobiado por el acoso, lo disfrutaba. Entonces era como un dios»**.

Se ha especulado sobre supuestas relaciones de Julio con Las Trillizas, leyendas urbanas que en alguna ocasión sobrepasaban la imaginación de la suma de tres jóvenes bellezas y un *latin lover* en plena acción, algo desmentido por las chicas, siempre rodeadas de sus padres o bajo el cuidado de Lalo, su representante. En 1977 Las Trillizas apenas tenían diecisiete años y Julio era un hombre de treinta y cuatro, si bien Alfredo Fraile en su libro de memorias atribuyó un cierto encariñamiento de Julio por una de las trillizas, aunque sin ninguna relevancia.

Mientras duró su relación laboral con Julio Iglesias, las chicas siempre viajaron con familiares, con sus padres o su tío y su representante. Después de un par de años cobraron cierta popularidad a los dos lados del Atlántico, recibiendo suculentas propuestas para posar juntas en las portadas de *Playboy* o *Interviú*. Las Trillizas, extremadamente católi-

---

* *ABC.*
** *Vanity Fair.*

cas, nunca aceptaron aparecer desnudas en la prensa y un buen día, igual que llegaron inesperadamente a la vida de Julio Iglesias, de repente desaparecieron.

Miedo a Isabel

Aquel tour argentino, y a pesar de la distancia y las dificultades de comunicación de la época, llegó hasta los oídos de Isabel Preysler, quien además tenía familiares en Argentina que la informaban de la situación. Cada poco, Julio aparecía en los medios de comunicación rodeado de mujeres y los chismes que circulaban por todos lados eran para Isabel alarmantes.

César Lucas, fotógrafo de Julio durante muchos años, recordaba un aspecto curioso de la personalidad del cantante, «estaba casado con Isabel, y le agobiaba mucho que ella lo pillara. Si habían quedado para hablar por teléfono, salía corriendo al hotel para estar a la hora acordada. Le daba pavor que ella no lo encontrara. Le tenía un poco de miedo. Eso nos chocaba un poco a todos: iba de macho, pero tenía terror a que su mujer descubriera sus aventuras»*.

Isabel llamaba a Julio por teléfono al hotel Sheraton de Buenos Aires pidiendo explicaciones y este capeaba el temporal como podía. A estas alturas, ella ya conocía las infidelidades de su marido, y las que no sabía, las podía imaginar. Era habitual que Isabel encontrara en los bolsillos de las chaquetas de Julio números de teléfono y nombres de señoritas, pruebas insignificantes que demostraban los delitos carnales**. Isabel era ya una esposa sufridora y engañada que no esperaba nada de su marido, solo discusiones por teléfono después de meses fuera de casa. Hasta que un día dijo basta; «cuando me enteré de las infidelidades de Julio, sobre todo con la argentina Graciela Alfano, me llevé una desilusión muy grande. Julio no era fiel, pero me adoraba. Estoy segura de que me quería de verdad y de que estaba por encima de todas las mujeres, pero me ponía en un pedestal que no existía. Julio era un hombre muy celoso, muy posesivo, y yo

---

* *Vanity Fair.*

** *Secretos confesables.*

hacía todo lo necesario para que él se quedara tranquilo. Hasta que… me cansé»*.

Julio amaba con pasión a su esposa, pero no dudaba en serle infiel, algo que él achacaría a un motivo genético heredado de su padre. Eso, tratándose de un artista como Julio Iglesias, son muchas mujeres.

En una entrevista Julio confesaba entre risas: «La infidelidad es un concepto muy raro. Me imagino a una persona en una mesa escribiendo y que ve pasar a alguien guapo y piensa: "A este me lo follaría"; pues eso es infidelidad. Si piensas que te vas a follar a alguien, estás cometiendo un pecado, y esos los cometo todos los días»**.

Si algo quería Julio, era su carrera. Le fue infiel a Isabel durante gran parte de su matrimonio, y, como casi todos los infieles, era también celoso. Isabel siempre permanecía en su casa, apenas salía con sus amigas y cuando viajaba tenía que quedarse en los hoteles porque no podía bajar sola ni a comer.

Te lo voy a decir una sola vez

No cabe duda de que los compromisos internacionales de Julio Iglesias dinamitaron desde el principio una relación que pasaba más tiempo discutiendo al teléfono que disfrutando en persona. Desde el nacimiento de Enrique, Isabel se dedicó en cuerpo y alma a sus tres hijos y lo único que sabía de su marido eran las noticias que leía en las revistas o en alguna aparición en televisión. Huelga decir que Julio estuvo muy poco tiempo junto a su familia. Su papel de padre durante aquellos años se relegó a una presencia casi testimonial. Julio Iglesias Jr. años más tarde reconocía que veían muy poco a su padre: «Yo hay veces que veía a mi padre cuatro días al año, pero esos días eran especiales porque nos decía cuatro cosas y ya nos había dicho todo para tres años»***. Pero, al margen de la indiscutible ausencia del padre y el cansancio ante los continuos rumores de infidelidad, la separación escondía otras razones también determinantes.

---

* *La amante de sus maridos.*
** *El Tiempo.*
*** *Vanity Fair.*

Para Julio, el fracaso de su matrimonio se debió a que ellos dos no se acercaron lo suficiente al que debiera ser su futuro, o, dicho de otra manera, a Isabel le importaba más bien poco la carrera musical de Julio Iglesias, ella lo que quería era un marido en casa. A pesar de su amor verdadero por Isabel, y de tener tres hijos con ella, a Julio lo que más le importaba era su carrera como cantante, nunca lo negó.

Tampoco ayudó que Isabel tuviera una relación más bien tensa con Charo, su suegra. La madre de Julio nunca fue la mejor amiga de Isabel. Debían aguantar la compostura familiar y ser educadas la una con la otra, aunque lo cierto es que no se soportaban.

Con todos estos ingredientes, la relación de Isabel y Julio se perfiló casi desde sus inicios como un dibujo confuso, una relación contradictoria y difuminada, construida desde el principio en el intento de mitificación por parte de Julio hacia su amor por Isabel, y la certeza de que ella no se casó enamorada pero hizo esfuerzos por ser una buena esposa, una buena madre y querer a su pareja.

Así las cosas, a su regreso de Argentina, Isabel fue a buscar a Julio al aeropuerto de Madrid-Barajas. La sola presencia de su mujer en la zona de recogida de equipajes ya era algo extraño. Casi nunca lo hacía y Julio de alguna forma sospechó que algo estaba pasando. Con una nerviosa sonrisa de oreja a oreja, se acercó hasta su mujer y con premeditada naturalidad le dijo:

—¡Isabelita!

Frente a frente, sin levantar la voz, Isabel habló despacio a su pareja:

—Julio, tú tuviste que pedirme muchas veces que nos casáramos, pero yo te voy a decir una sola vez que nos separamos*.

«Él le pidió perdón e incluso se puso de rodillas en el aeropuerto. Pero ella ya tenía la decisión tomada. Estaba cansada y lo dejó definitivamente», recuerda Alfredo, que justo después se llevó las maletas del artista a su casa.

Julio se marchó del aeropuerto y ya no volvió a casa con Isabel nunca más.

---

* *Secretos confesables.*

El 21 de julio de 1978, la pareja ponía fin a siete años de matrimonio a través de un comunicado. Nadie, a excepción del núcleo de confianza, supo nada hasta el momento de la publicación de la noticia, anunciada finalmente a través del diario *Arriba,* uno de los periódicos propiedad del llamado Movimiento Nacional, y de la revista *¡Hola!*

El entonces redactor jefe de *¡Hola!,* Jaime Peñafiel, recibió a Julio en su despacho. Julio, con el rostro demacrado, apareció acompañado de Alfredo Fraile para entregarle un papel firmado por Isabel y él en el que en diez líneas liquidaban siete años de matrimonio:

> *Saliendo al paso de posibles especulaciones o noticias escandalosas, que pueden tener origen en la situación personal nuestra, conjuntamente nos consideramos obligados a explicar de una vez para siempre la determinación a la que libremente hemos llegado de separarnos legalmente. Ante todo, el supremo interés por nuestros hijos nos obliga a resolver de una forma amistosa y legal nuestras situaciones personales. Las razones, por ser íntimas, quedan para siempre en nuestra conciencia.*

Fue Julio Iglesias quien decidió cómo dar la noticia, redactarla y ofrecerla a los medios, aunque Isabel exigió que se hiciera de forma conjunta. Terminado el matrimonio, Isabel Preysler inició las acciones judiciales para reclamar los bienes que le correspondían, una cifra que, según distintas fuentes, variaba desde ciento ochenta mil pesetas a cerca de un millón de pesetas mensuales. A Isabel también le quedó el chalé en Guadalmar, en la Costa del Sol, y la vivienda de la madrileña calle de San Francisco de Sales, en el centro de Madrid, que el matrimonio había adquirido por doce millones de pesetas. En la separación, Isabel actuó con generosidad pudiendo haber sido mucho más dura económicamente con el cantante, ya que había contraído matrimonio sin separación de bienes y tenía derecho a los gananciales. Isabel no peleó por el dinero, «cuando nos separamos Julio y yo teníamos una cuenta conjunta. Podría haber ido a por ella, pero nunca se me hubiera ocurrido»*. Por entonces la fortuna de Julio Iglesias ya se valoraba

---

* *Sur.*

en más de quinientos millones de pesetas. Sin embargo, en su conciencia pesaba que la fortuna de Julio había sido ganada por él tras muchos años de sacrificio y, sobre todo, era ella quien abandonaba a su marido. Además, a Isabel lo que más le preocupaba en la negociación era el futuro de sus hijos, a los que deseaba conservar a su lado.

En 2013 Isabel hacía gala de su independencia económica: «Me encanta no tener que rendir cuentas económicas a nadie, aunque la verdad es que he tenido mucha suerte con los hombres que han estado en mi vida. No me habrá ido bien en los matrimonios, pero todos se han portado muy bien conmigo. Julio me ha tratado como si fuera la reina de Saba»*.

Supuestas infidelidades en una sola dirección

En un primer momento, todo apuntó a que el detonante principal de la separación fue la persistente infidelidad de Julio Iglesias. Pocos podían prever entonces que las supuestas infidelidades no iban en una sola dirección.

Antes de anunciar la separación, Jaime Peñafiel recordaba haber recibido la visita de Isabel en su despacho de la revista *¡Hola!* en la calle Miguel Ángel de Madrid. Acompañada de la duquesa de Cádiz, Isabel, con el rostro desencajado, le mostró una misteriosa cinta que había recibido. En el despacho de la revista juntos escucharon una cinta de casete donde se revelaban unas supuestas infidelidades de Isabel Preysler.

Llena de miedo, del propio miedo que sentía y no podía ocultar, intentaba justificarse ante Peñafiel, un buen amigo de la familia, por haber sido pillada *in fraganti* en una falta que supuestamente tenía nombre y título: el marqués de Griñón. Quizá porque pensaba que no hay mejor defensa que un ataque, habló con Peñafiel de sus frustraciones, de las ausencias de Julio, de sus infidelidades, de sus soledades**.

Aquella visita a la redacción de la revista *¡Hola!* se produjo el mismo día de la llegada de Julio a Madrid desde Argentina. Isabel precipi-

---

* La otra crónica, *El Mundo,* 2013.
** *La amante de sus maridos.*

tó todos los acontecimientos en pocas horas, visitando también el despacho de Antonio Guerrero Burgos, abogado relacionado con El Pardo y al que Isabel se acercó para pedir asesoramiento ante la inminente separación. Isabel Preysler actuó con celeridad. Fueran ciertos o no los rumores sobre su supuesta infidelidad con el marqués, para la opinión pública, en ese momento, la mujer abandonada, despechada y sola era ella*.

Releyendo el primer párrafo del comunicado de la pareja, «Saliendo al paso de posibles especulaciones o noticias escandalosas...», tal vez los escándalos no estaban donde todo el mundo imaginaba. Como los buenos *thrillers,* los pequeños detalles ayudan a mantener el misterio y, a veces, a resolverlo. Julio fue siempre un eterno truhan, un conquistador de corazones, el perfecto *latin lover*. Con perspectiva, parece que Isabel Preysler también.

Para comprender toda la ecuación de uno de los matrimonios que más han dado que hablar durante los últimos cincuenta años, seguramente habría que remontarse hasta el mismo día que se conocieron. Ella pensó que se casaba con un hombre que ya era un cantante importante, pero que a la larga dejaría la canción para hacerse abogado, que sería un buen padre y un buen marido. Solo acertó con lo de cantante importante.

La separación dejó desolado a Julio Iglesias, que se fue a Puerto Rico a retirarse momentáneamente del mundo. Alojado en el hotel Caribe Hilton de San Juan, Julio vivió todo el alboroto que levantó la noticia de su separación lejos de España.

En algún momento Julio sospechó que alguien podría haber alejado a Isabel de su lado. Había llegado a sus oídos que su mujer, una madre de tres niños, sola en Madrid, salía demasiado por las noches. Ante esa tesitura, Julio mandó averiguar si ocurría algo extraño. Durante varios días, sin levantar sospechas, un detective siguió los pasos de Isabel. Después de sus pesquisas, no pudo determinar ningún comportamiento que invitara a pensar en infidelidad alguna de Isabel

---

* *La amante de sus maridos.*

Preysler con el marqués de Griñón o con ninguna otra persona, así que el trabajo del detective terminó sin mayor novedad*.

A su regreso de Puerto Rico y ya separado, Julio se asentó definitivamente en América. La ciudad ideal para afrontar su plan de ataque en el mercado norteamericano era Miami, así que Julio escogió Miami Beach como residencia en Estados Unidos. Mientras encontraba una casa definitiva, se alojó durante algunos meses en los apartamentos Mar del Plata en la avenida Collins. Poco después se mudó hasta una casa de aspecto colonial en North Bay Rd., en la bahía, justo al lado de la de los hermanos Gibb, los miembros del grupo de moda en ese momento, los Bee Gees.

Una nueva Isabel Preysler

Los tres niños, tras la dificultosa separación conyugal, continuaron su educación en Madrid sin romper con los vínculos tradicionales y pasando sus vacaciones en Miami con el padre, para ir así conociendo poco a poco ese ambiente tan distinto.

Julio José, el hijo de Julio, aseguraba que «el divorcio no fue un trauma para nosotros. Lo he hablado con mis hermanos y la verdad es que nosotros no nos podemos quejar de nada. ¿Que no tuvimos una infancia como otra familia normal? Sí, pero no nos faltó de nada y tuvimos una infancia maravillosa»**.

Gente cercana al cantante cree que Julio no dejó de arrepentirse de haber pasado tanto tiempo fuera de su casa, y no dejó de sentirse culpable. Dicen que Julio Iglesias siempre fue consciente de que el amor de su vida había sido Isabel. Julio Iglesias cantaría una letra sentida: «Por un poco de tu amor, por un trozo de tu vida, la mía entera yo te la daría», decía con sentimiento profundo en *Por un poco de tu amor,* una de sus más famosas canciones.

Isabel Preysler confesó que se casó con Julio Iglesias embarazada y que cuando decidieron casarse no era el momento, pero que después fue muy feliz junto a él, un hombre que se comportó de forma adora-

---

* *Secretos confesables.*

** *Vanity Fair.*

ble con ella hasta el final. Las cosas se pusieron más tensas cuando ella le pidió el divorcio, «mi madre no podía entender que me separara de un señor que me amaba tanto, porque, claro, Julio no era fiel, pero me adoraba»*.

La desunión familiar provocó un cisma en el clan de los Preysler. Sus padres jamás aceptaron esta separación y dejaron de llamarla. Que una mujer decidiera separarse de su marido, que era famoso y triunfador, sorprendió a muchas mujeres. Pero a ella parecía darle igual. Su primera meta, separarse de un marido infiel, estaba lograda. Y con la popularidad adquirida, algo que no persiguió pero que aprovechó, podría conquistar nuevos objetivos. Isabel Preysler dejó muy claro a todos sus enemigos que continuaría en el punto de mira de los españoles sin la necesidad de ser la mujer del cantante español más internacional.

Las malas lenguas llegaron a decir que Julio le advirtió de que ya no tendría nunca más la oportunidad de salir en las portadas de las revistas, cosa que a ella le encantaba, a lo que Isabel habría respondido que saldría en ellas tanto o más que él. «Eso no lo he dicho en mi vida, vamos, ni se me ha pasado por la cabeza, ni Julio lo puede decir y me ha asegurado que no lo ha dicho jamás porque no es verdad»**.

Caminos separados

Fue por entonces cuando Julio Iglesias, ya convertido en una celebridad tras su definitivo acuerdo con la discográfica CBS, adquirió una casa en Miami para dar definitivamente el salto internacional e introducirse de lleno en el *show business*. Necesitaba refugiarse en su profesión para sobrellevar un fracaso amoroso que para él fue traumático, como recuerdan las letras de las canciones que por entonces compuso con gran éxito.

Isabel siguió su camino dejando de lado las críticas, mostrándose como una mujer templada. Al poco tiempo de separarse de Julio, imaginó que su tiempo de fama había terminado y volvería a ser una

---

* Europa Press.
** *El cierre digital.*

mujer normal, alguien completamente anónimo. Pronto descubrió que una vez que su figura había entrado en el foco de las revistas del corazón no sería fácil salir, ese camino era irreversible.

Sin solución de continuidad, Isabel intuyó que la popularidad y la fama no solo reportaban una vida confortable, eran también una lucrativa manera de vivir. Del mismo modo que rentabilizó desde entonces sus apariciones en la prensa y los diferentes medios de comunicación, su figura también se vio atada a un modelo rosa del que no ha podido escapar. Igual que llegó a las portadas de manera inesperada, Isabel tampoco pudo decidir en qué momento dejarlo. Su figura era extraordinariamente rentable en el mercado del corazón, y ese mismo mercado no la ha dejado salir desde entonces, algo que por otra parte, tampoco ha disgustado especialmente a Isabel Preysler.

Una vez divorciada, Isabel volvió a vivir de manera libre, algo que apenas recordaba desde su llegada a Madrid con tan solo diecinueve años. Su amiga Carmen Martínez-Bordiú se separó casi al mismo tiempo, y Alfonso de Borbón culpó a Isabel de la ruptura de su matrimonio. «Carmen veía con frecuencia a algunas amigas divorciadas. Hubo influencias nefastas y sutiles. Las que suelen aparecer en las rupturas matrimoniales. Hubiera debido prestarle más atención. Una manzana podrida estropeó todo el cesto»*. Según el duque de Cádiz, Carmen era joven y se dejó influir.

Convertida en toda una celebridad de la sociedad del momento, dos años más tarde de su separación con Julio Iglesias, Isabel Preysler se convirtió en marquesa al casarse con Carlos Falcó y Fernández de Córdoba, marqués de Griñón, con quien tuvo a su hija Tamara Isabel, nacida el 20 de noviembre de 1981.

La cultura del pelotazo

La felicidad de los marqueses fue efímera. En 1983 empiezan los rumores de separación y llega el escandalazo de los ochenta, cuando Isabel le abandonó por Miguel Boyer, amigo de su marido y ministro de Economía del gobierno socialista de Felipe González. Boyer, casado

---

* *Estrella digital.*

con Elena Arnedo cuando conoció a Isabel, tenía encuentros clandestinos con la Preysler en el ático del ministerio y usaba un alias para sus citas. El superministro terminó renunciando a su cargo por Isabel.

Un 5 de febrero de 1985, coincidiendo con su cuarenta y seis cumpleaños, el entonces ministro presentó a su amante a su círculo de amistades en una cena íntima en su apartamento del ático del Ministerio de Economía. Entre los contados invitados se encontraban Mariano Rubio, gobernador del Banco de España; Manuel de la Concha, presidente de los agentes de Cambio y Bolsa; y Carlos Solchaga, ministro de Industria y futuro ministro de Economía, el núcleo duro de la *beautiful people* socialista, y que terminarían siendo protagonistas de uno de los grandes escándalos económicos de corrupción del *felipismo:* Ibercorp.

Este escándalo surge en el centro del Banco de Inversiones Ibercorp y salpicó a figuras relevantes de la vida económica de la España de los años ochenta, que vivían en una burbuja de prosperidad. Entre los implicados se encontraban el gobernador del Banco de España durante ese periodo, Mariano Rubio, y el exconsejero del Banco Hispano Americano, Jaime Soto López-Dóriga. Durante el año dorado socialista, 1992, el Banco de Inversiones Ibercorp fue intervenido por el Banco de España. En aquel momento el presidente de dicha institución era Manuel de la Concha. Dos años después saltó a los medios de comunicación que el gobernador del Banco de España poseía una cuenta secreta de dinero negro en Ibercorp, de unos setecientos ochenta mil euros. Esto supuso la detención tanto de Mariano Rubio como de Manuel de la Concha y que ambos ingresaran en prisión.

Aunque el romance con Miguel Boyer se niega, en 1985 la ruptura de Carlos Falcó e Isabel Preysler es definitiva. En marzo de 1986 Isabel y Miguel son sorprendidos juntos por primera vez por los fotógrafos y la pareja decide definitivamente no ocultar su amor. El 2 de enero de 1988, Isabel y Boyer contraen matrimonio. La boda civil se celebra en la más absoluta intimidad aunque no consiguen evitar ser fotografiados a la salida del registro civil de Madrid. Este matrimonio tuvo una hija, Ana Isabel Boyer Preysler, nacida el 18 de abril de 1989.

Villa Meona

La pareja Boyer Preysler decidió entonces construirse una villa de ensueño en la urbanización madrileña de Puerta de Hierro. En plenas obras, la revista *Tribuna,* dirigida por Julián Lago, publicó los planos de la casa: 5.045 metros de parcela, 44 habitaciones, 13 cuartos de baño, 15 lavabos, siete bidés y varias casetas de perro con calefacción. El autor de la filtración de los planos fue José María Ruiz-Mateos, auténtico azote del ministro desde que Boyer expropiara Rumasa y Ruiz-Mateos le agrediera con el famoso «que te pego leche», momento icónico del *felipismo* y, por extensión, una representación exacta de la «España de pandereta», la frase que acuñó el poeta Antonio Machado en su poema *El mañana efímero:* «La España de charanga y pandereta, cerrado y sacristía, devota de Frascuelo y de María, de espíritu burlón y de alma quieta».

El periodista Alfonso Ussía bautizó la casa de los Boyer Preysler como Villa Meona en una divertidísima columna en el diario *ABC,* una columna que es de suponer no hizo tanta gracia a la pareja. La casa resumía a la perfección los años locos de la *beautiful people* socialista. Ussía acertó con aquel Villa Meona, un sobrenombre perfecto para describir la absurda cantidad de cuartos de baño que acabó con la credibilidad cultural del *felipismo.*

Desde la publicación del reportaje, Villa Meona se convirtió en la casa favorita del cachondeo nacional, especialmente cuando el exministro compareció en prensa para desmentir los datos del casoplón. Boyer dijo que la casa no tenía dieciseis cuartos de baño, como algunos malintencionados andaban diciendo por ahí, sino «solo trece». Villa Meona fue desde entonces el símbolo político, económico y generacional del pelotazo, una herencia que desencadenaría en una etapa de caos institucional en el seno del gobierno.

Isabel y Miguel vivieron como feliz pareja hasta el fallecimiento de Boyer en 2014 tras una larga enfermedad. En la madrugada del 29 de septiembre, Miguel Boyer fue ingresado de urgencia. Tan solo una hora más tarde de su ingreso, mientras Isabel y su hija Ana esperaban en la sala contigua, la doctora Mercedes Cuesta, directora médica del centro, les informó de que Miguel había fallecido a causa de un tromboembolismo pulmonar, por lo que ni esposa ni hija pudieron despedirse de él en vida. Julio José Iglesias recordaba al que fuera pareja de su madre con cariño: «Estuvo con mi madre más de veinte años. Aunque parecía muy serio, era muy gracioso y simpático. Ha querido mucho a mi madre»*.

Reina de corazones, mujer misteriosa

Tras el fallecimiento de Miguel Boyer, seguramente el amor de su vida, Isabel Preysler llevó su dolor en silencio, de manera introvertida y disciplinada, virtudes que la ayudaron a sobrellevar la enfermedad de su marido, del que no se separó en la última etapa de su enfermedad. Con el paso del tiempo ha ido reconstruyendo su vida disfrutando sobre todo de sus cuatro nietos, Alejandro y Sofía, hijos de Chábeli y Christian Fernando Altaba, y Nicholas y Lucy, hijos mellizos de Enrique y Anna Kournikova.

Muy pocos meses después de la muerte de Boyer, concretamente en la primavera de 2015, un editor de una revista marcó el número de teléfono de Isabel Preysler para informarla de que tenía fotos reveladoras de ella junto a Mario Vargas Llosa en la casa de Enrique Iglesias en Miami, y que pensaba publicarlas, las pruebas definitivas que confirmaban la relación de la pareja.

La Preysler, viuda reciente, acababa de vivir cómo los medios de la prensa rosa le atribuían una supuesta relación con el presidente del Real Madrid Florentino Pérez, una información confusa y nada contrastada. Cansada de los rumores, en junio de 2015 Isabel y el premio Nobel hacían oficial su noviazgo ante la sorpresa de Patricia, entonces todavía esposa del literato. Y hasta hoy.

Desde que Isabel apareciera en la fiesta de Juan Olmedilla e irrumpiera en la vida social española, y, por defecto, se convirtiera en una protagonista más del paisaje sociocultural del último medio siglo, una palabra se repite siempre al hablar de Isabel: misterio.

Sus rasgos exóticos, su elegancia, una sonrisa casi perfecta y ese saber estar en el sitio adecuado en el momento adecuado han sido

---

* *Vanity Fair.*

escrutados con admiración y también envidia a lo largo de cinco décadas. Además de su encanto natural y personaje aspiracional, imagen perfecta para marcas como Porcelanosa o Ferrero Rocher, Isabel Preysler representaba el estereotipo oriental mejor que nadie, la geisha capaz de seducir a cualquier hombre que se le pusiera por delante utilizando delirantes artes amatorias. Cuando la revista *Tiempo* anunció su romance con Boyer, el titular fue explícito, «Le tocó la china», aludiendo al «carrete filipino», una desconocida habilidad sexual que supuestamente manejaba la Preysler. El «carrete filipino» se hizo famoso en los burdeles de Filipinas siglos atrás. De acuerdo con los oriundos de la isla, esta técnica consistía en atar un cordel o hilo a la base del pene y apretar con firmeza para constreñirlo, alargando así el tiempo de erección e intensificando la sensación de la eyaculación. Naturalmente, El «carrete filipino» no es más que otra leyenda urbana asociada a la Preysler. A día de hoy, no hay fuentes fidedignas que demuestren el uso de tan sugerentes manualidades por parte de Isabel.

Con el paso de los años resulta difícil descifrar los logros de Isabel Preysler para fascinar a la sociedad española. Reina indiscutible de las revistas del corazón, Isabel ha ganado grandes cantidades de dinero sin saberse muy bien por qué. De secundaria de Julio Iglesias, pasó de la noche a la mañana a liderar papeles de protagonista, bien como mujer despechada, marquesa, amante ministerial, madre y abuela o musa de un premio Nobel.

Su salto de consorte a primera dama se puede escenificar en detalles pequeños; desde 1970 la imagen pública de Isabel Preysler creció en el papel *couché* enseñando su perfil malo, o menos bueno, para que Julio mostrase en las fotografías su lado derecho. Cuando la Preysler visitó el programa de televisión *El Hormiguero*, por primera vez, Pablo Motos, su conductor, cambió su posición habitual para que Isabel Preysler se sentase del lado que más le favorecía, el perfil derecho, el mismo que Julio Iglesias por supuesto*.

* Raquel Piñeiro, *Vanity Fair*, 23 de febrero de 2019.

Un poco pájaro loco

Oficialmente un hombre separado, tras su periplo de desconexión en Puerto Rico, donde su amigo Santiago Villar, el distribuidor de los relojes Cartier, le ayudó a que no le faltara de nada en San Juan*, y con su base definitiva en América, Julio encontró en Miami Beach su lugar perfecto de residencia en Estados Unidos. En los apartamentos Mar del Plata, en la avenida Collins, pensaba en su futuro y también en los errores cometidos en el pasado. Aunque era un escenario más que posible, la reacción de Isabel Preysler lo dejó desconcertado. Julio sabía que había jugado con fuego, aunque entendía que sus escarceos, asumidos por su exmujer, de alguna manera formaban parte del juego del amor. Pero Julio se acercó demasiado a la llama y esta vez se quemó. Julio Iglesias aceptó la decisión de su mujer sin rencor y públicamente defendió, y ha seguido haciéndolo, a su primera mujer, un bastión fundamental en su vida: «Le debo a Isabel muchísimas cosas, le debo un apoyo moral en mi vida, yo soy un poco pájaro loco y ella es seria»**.

Cuando se mudó a la casa de aspecto colonial en North Bay Rd., en la bahía, ahora más que nunca su único objetivo era la música, triunfar en Estados Unidos y convertirse en el artista más grande del momento.

---

* *Secretos confesables.*

** *Entre el cielo y el infierno.*

TERCERA PARTE

(1978-1989)

«Si los peces aplaudieran, actuaría en el mar».

Julio Iglesias

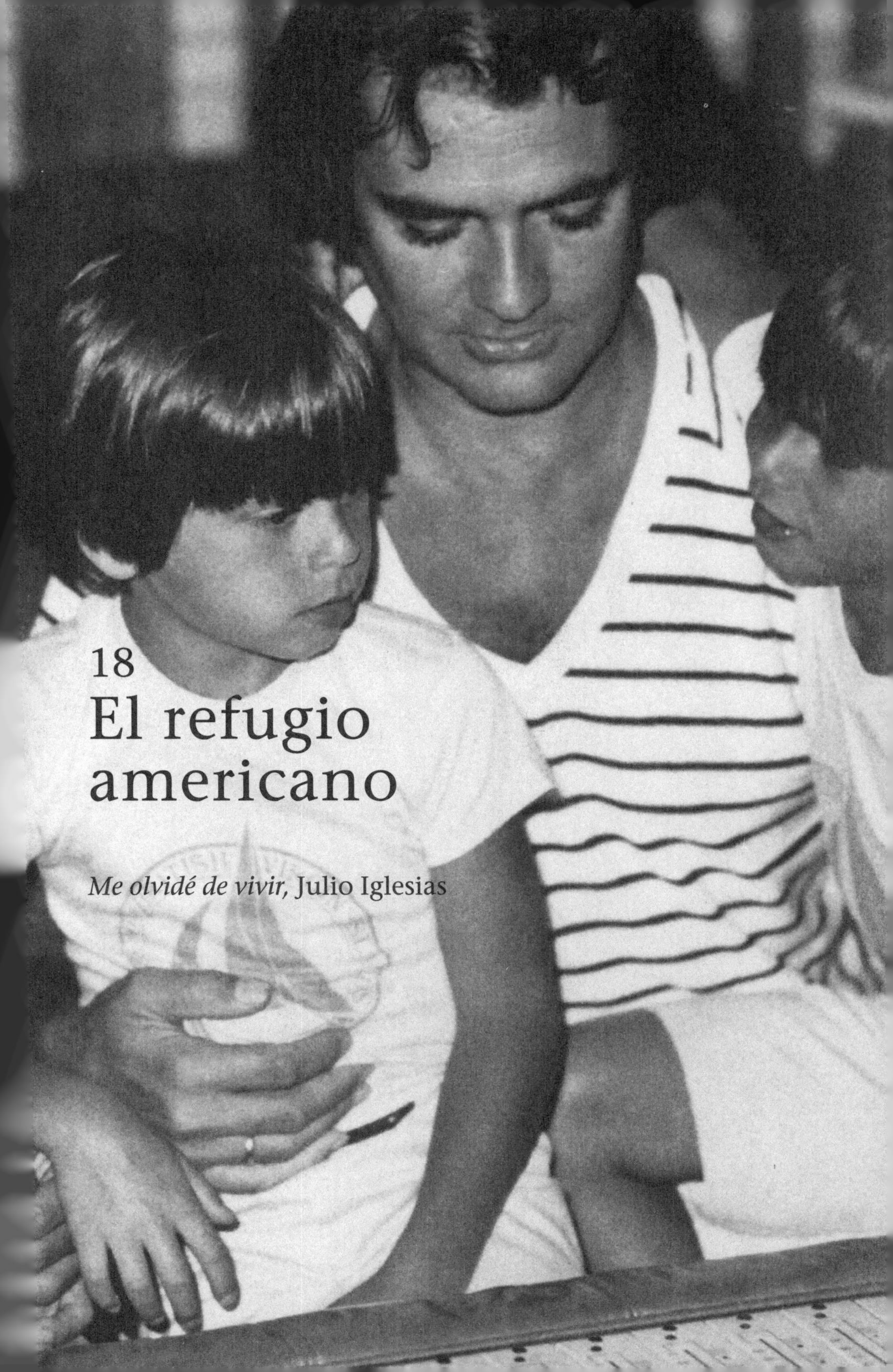

18

El refugio americano

Me olvidé de vivir, Julio Iglesias

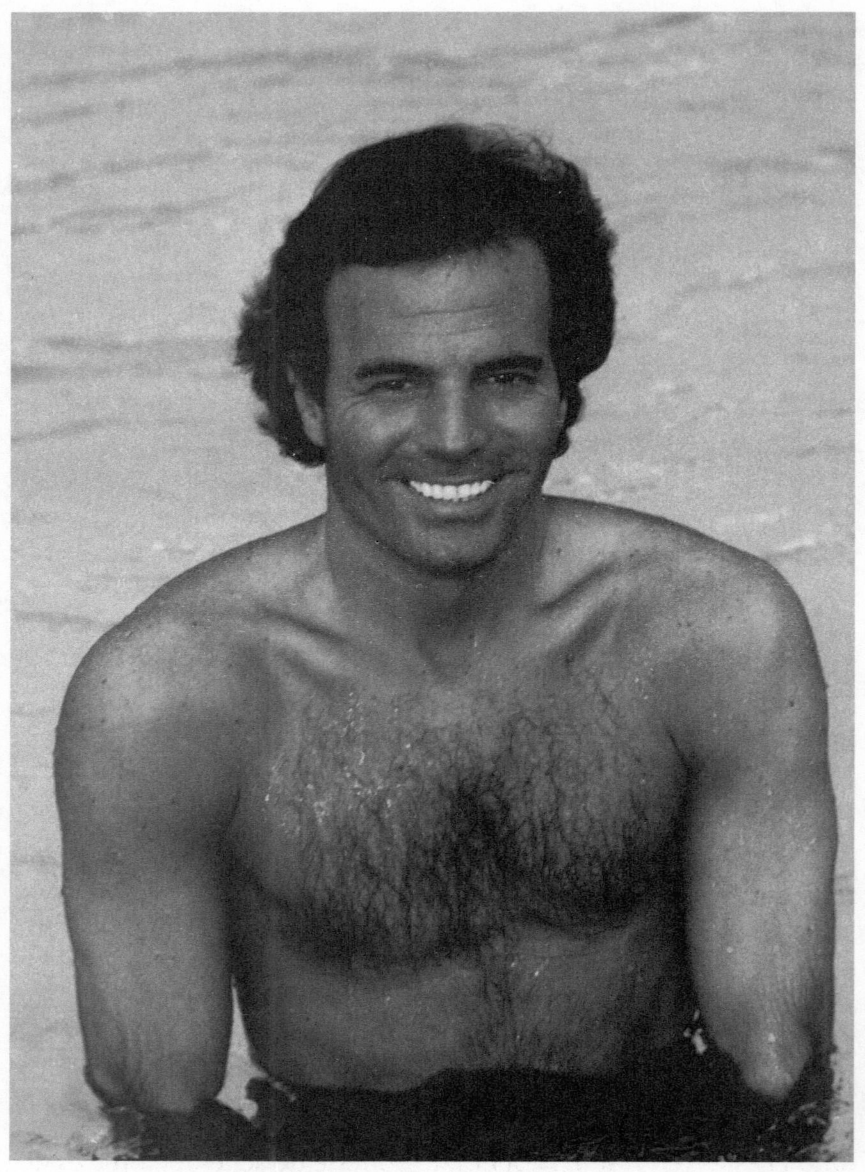

302: 10 de junio de 1980, Julio Iglesias posando en su piscina de Miami. © Getty / Santi Visalli.

300-301: Julio Iglesias con sus hijos Chábeli, Enrique y Julio José y Ramón Arcusa en el estudio de grabación en Miami. © GTRES.

La llegada de Julio Iglesias a Estados Unidos anunció el periodo más productivo y brillante de toda su carrera, uno de los episodios artísticos más deslumbrantes de la historia de la música. Sin embargo, no fue fácil. A su llegada a Miami, Julio sufrió mucho; «mis primeros tiempos en Norteamérica fueron muy duros. Aleccionadores, enriquecedores, pero durísimos. Yo llegué allí demasiado mayor, a los treinta y cinco años, cuando ya tenía muy aferrado el sabor, el olor y el color de mi tierra. El choque fue muy fuerte y lo pase fatal»*.

Un daño colateral

Aunque al principio no le resultó sencillo aceptar su separación, atisbando incluso un momento de crisis personal, 1979 alumbró a un Julio Iglesias renovado. Después de ponerse de acuerdo, a través del tribunal eclesiástico de Brooklyn en Nueva York, Julio e Isabel consiguieron la nulidad matrimonial en agosto de ese año. Su condición de

---

* *La Vanguardia,* 8 de septiembre de 1988.

soltero y su firme determinación de conquistar Estados Unidos marcarían el inicio de la etapa más prolífica de su carrera.

La separación también trajo un daño colateral que hería profundamente a Julio. Como parece lógico, Isabel se quedó al cuidado de los tres niños. La agenda de Julio Iglesias resultaba incompatible con la dedicación de padre. Por si fuera poco, terminado su matrimonio, algunos medios empezaron a calificarlo como un mal padre. Julio Iglesias no compartía el mismo tiempo con sus hijos que, digamos, un padre de corte convencional, pero la propia vida de Julio no lo era. Puso el foco en su carrera y la educación de sus tres hijos corrió la mayoría del tiempo a cargo de Isabel, algo que no necesariamente implicaba que Julio Iglesias fuera mal padre por mucho que él mismo se atribuyera en numerosas ocasiones sus defectos como cabeza de familia.

La elección de Miami como nueva residencia no era una decisión en absoluto casual. Miami se colocaba como epicentro del mercado latino, trampolín para el asalto norteamericano. Además, su posición geográfica permitía un traslado mucho más cómodo hasta el resto de países latinoamericanos. México y Centroamérica apenas a un par de horas de vuelo, y sus viajes al Cono Sur le permitían conservar un cambio horario amable. Teniendo en cuenta además que Julio tenía a Dick Asher, su nuevo jefe en la CBS, a tres horas de vuelo hasta Nueva York, y que para Julio Estados Unidos era su mercado prioritario, la elección de Miami se antojó conveniente y necesaria.

Emociones

En el contexto sociopolítico, 1978 había alumbrado en Roma a un nuevo papa. El cardenal Karol Wojtyła es elegido con el nombre de Juan Pablo II en *el año de Los tres papas*. Karol Wojtyła, tras la muerte de Pablo VI y Juan Pablo I, quien murió treinta y tres días después de haber sido electo, gobernó la Iglesia hasta 2005.

En 1982, algunos años después de su nombramiento como papa, Juan Pablo II visitó España. En Madrid, el alcalde Enrique Tierno Galván lo recibió en la plaza de Gregorio Marañón mientras el papa descendía del coche blanco blindado, el famoso «papamóvil», en el que también viajaba el cardenal arzobispo de Madrid, Vicente Enrique y Tarancón.

Miles de madrileños ocupaban las inmediaciones del lugar y el paseo de la Castellana y todos los edificios de la plaza de Gregorio Marañón tenían la bandera vaticana en las fachadas y el lema papal, *Totus tuus,* mientras que varios colegios de niñas cantaban *La vida sigue igual,* de Julio Iglesias*, todo muy poético y celestial.

La CBS de Dick Asher y Walter Yetnikov había contratado a Julio Iglesias convencida de su enorme potencial y utilizando un sencillo axioma de marketing; vender muchos discos invirtiendo dólares de manera atinada. Así, el 7 de noviembre de 1978, Julio Iglesias y la CBS lanzarían mundialmente el que sería de manera oficial su primer disco bajo el sello norteamericano. Su álbum *Emociones,* nuevamente con la producción de Ramón Arcusa, ayudado en los arreglos por Rafael Ferro y con algunos temas firmados junto a su inseparable Manuel de la Calva del Dúo Dinámico, marcaría un nuevo hito en la carrera de Julio. El disco incluye la estupenda *Voy a perder la cabeza por tu amor,* de Manuel Alejandro; *Pregúntale,* de Ramón Arcusa y Manuel de la Calva; o *Un día tú, un día yo,* escrita por Phil Trim, el cantante de Trinidad y Tobago que fuera en su día líder de los famosísimos Pop Tops a finales de los sesenta.

Separado definitivamente de Isabel Preysler, Julio incorpora en el repertorio del disco *Con una pinta así,* un ajuste de cuentas con forma de canción, una canción menor pero con una letra que quizás tuviera como destinataria a Beatriz Arrastia, su antigua suegra; «Yo no sé, señora, por qué piensa mal de mí. Yo no sé, señora, qué le han dicho por ahí. Su hija y yo, señora, nos casamos por amor. Sé que usted soñaba un buen partido, algo mejor».

Me olvidé de vivir

Pero *Emociones* sobre todo incluía *Me olvidé de vivir,* uno de los grandes himnos de siempre del repertorio de Julio. Escrita por Pierre Billon —el hijo de George Brassens, quien fuera cantautor francés y principal exponente de la *chanson française* y uno de los mejores poetas de la

* *El País,* 1 de noviembre de 1982.

posguerra—, y Jacques Revaux, mundialmente recordado por ser el autor de *Come d'habitude,* o lo que es lo mismo, los andamios del *My way* de Paul Anka que haría inmortal Frank Sinatra.

Me olvidé de vivir, J'ai oublié de vivre en su título original, había sido grabada por primera vez por el cantante francés Johnny Hallyday en 1977, quien la incluyó con gran éxito en su álbum de estudio *C'est la vie (Así es la vida),* un disco que Hallyday tituló así en homenaje a Elvis Presley, que había fallecido apenas dos meses antes.

Johnny Hallyday, nacido como Julio Iglesias en 1943, tuvo una infancia peculiar. En el París ocupado por los nazis, su padre lo abandonó a la semana de haber nacido. Su madre, sin fuerzas para criar al niño, lo dio en adopción a la familia de su marido, quienes se sentían responsables del abandono del bebé. Hallyday se crio con su tía paterna, una antigua actriz de cine mudo casada con un noble mitad etíope y mitad alemán y acusado de haber colaborado con los nazis en Francia. Johnny (Jean-Philippe) y su familia adoptiva tuvieron que huir a Londres ante posibles represalias. En Inglaterra Johnny se dedicaría con todas sus fuerzas al mundo del espectáculo, siendo una de las figuras legendarias de Francia. Julio Iglesias y Johnny Hallyday fueron amigos y llegaron a cantar juntos *Me olvidé de vivir* y *J'ai oublié de vivre,* cada uno en su idioma original, un verdadero momento de grandes divos.

En poco más de cuatro minutos, *Me olvidé de vivir* capturaba de manera sintética todos los atributos que hicieron de Julio Iglesias el artista más grande de su época; buenas composiciones, excelentes arreglos y unas interpretaciones cercanas e inimitables. *Me olvidé de vivir,* además, de manera deliberada o por pura necesidad del artista, mostraba un retrato bastante fiel de su vida durante los últimos diez años, el lamento de un cantante que había perseguido el éxito y crecido hasta el infinito, pero que en el camino, efectivamente, había olvidado vivir. «De tanto correr por la vida sin freno, me olvidé que la vida se vive un momento, de tanto querer ser en todo el primero, me olvidé de vivir los detalles pequeños». Julio la describiría como «una canción hecha en un momento de nubes. Después sale el sol»*.

---

* *Almería 360,* 27 de junio de 2013.

La grandeza de *Me olvidé de vivir* se certifica por el gran número de versiones que han aparecido en voces de todos los géneros e idiomas a lo largo de los años. *Me olvidé de vivir* ha revivido en la voz de la estrella mexicana Alejandro Fernández, quien la canta junto a su padre, Vicente. También en la del ídolo brasileño Alexandre Pires o en la curiosa versión alemana *Und das nannte er Leben,* cantada por la estrella Howard Carpendale. Existe la opción merengue de Toño Rosario, la versión del inclasificable Macaco y la de Loquillo, el icono rock de los años ochenta en España. Todos han sucumbido ante el poder de una canción redonda.

En cierta ocasión el diario *Clarín* preguntó a Julio de qué se arrepentía y Julio fue taxativo: «De haber nacido pronto. Mi padre y mi madre tendrían que haberse echado ese polvo veinte años después. Yo tendría que haber nacido en 1966 o 1967, con el sonido de esos años en el oído. Ahora me estoy dando cuenta de cuánta razón tenía cuando escribí y cuando canté canciones como *Me olvidé de vivir*».

Emociones supera todas las expectativas y durante ocho semanas se convierte en el álbum más vendido en Alemania. El disco incluía grandes éxitos que se convierten en número 1 en países de Europa, América, Asia y el Oriente Medio, siendo la primera vez que canciones en español se sitúa en el número 1 en países de lengua distinta. El tema *Quiéreme mucho* llega al número 1 en Alemania y la versión en francés del disco *Emociones,* llamada *A vous les femmes —A vosotras las mujeres—* vende un millón de discos en Francia, consolidando la posición de Julio Iglesias como el artista más importante del momento, al lograr arrebatar esa posición dominante a los grandes nombres anglosajones de la época.

La Flaca

No es que Julio Iglesias olvidara pronto a Isabel Preysler, naturalmente aquella mujer le marcaría para siempre, pero la teoría de que un clavo saca a otro clavo sí que funcionó con Julio.

En 1979, en plena inmersión en la ciudad de Miami, María Conchita Alonso, una actriz y modelo venezolana que fugazmente había sido amante de Julio, quedó un día a cenar en el restaurante del hotel

Mutiny donde se alojaba el cantante. María Conchita aquella noche llegó acompañada de una amiga, Virginia Sipl. Julio se quedó *ojiplático* cuando descubrió la belleza de aquella joven venezolana*.

Virginia Sipl y María Conchita habían entablado amistad en el certamen de Miss Venezuela en 1975. Virginia pertenecía a la agencia de modelos de Osmel Sousa, quien le propuso participar en el concurso de belleza y en el que finalmente quedó en cuarto lugar.

Sipl venía de una familia adinerada de Venezuela, una mujer inteligente y culta, además de muy divertida y extraordinariamente bella. El caso es que Julio y Virginia congeniaron estupendamente, la misma noche la invitó a dormir en la habitación del hotel y pocos días después de conocerse se convirtieron en amantes, una relación fundamental para Julio y que llevaría a la Flaca hasta su nueva casa.

La casa de Indian Creek

Su estancia en la casa colonial de la bahía de Miami con los Bee Gees de vecinos apenas duró un año. Un día, Julio supo que una preciosa villa en Indian Creek se ponía a la venta y fue a verla.

Indian Creek, ubicada en el condado de Miami-Dade, era una pequeña isla de poco más de un kilómetro de superficie total, y en la que se repartían poco más de treinta casas. Desde su construcción, Indian Creek albergaba un increíble campo de golf con dieciocho hoyos, mansiones de lujo con embarcaderos privados, en un espacio de paz solo para los bolsillos más adinerados del planeta.

En un momento en el que la escalada de Julio hasta la cima del mundo empezaba a labrarse de manera seria, Indian Creek ofrecía tranquilidad, discreción y total protección. Con acceso exclusivo a través de un único puente vigilado, la pequeña isla era un planeta al margen de la vida de Miami, el universo de Indian Creek pertenecía en exclusiva a los habitantes de aquel paraíso inalcanzable para la mayoría de los mortales.

Julio Iglesias llegó hasta Indian Creek de la mano de su amigo y *broker* Gerardo Álvarez, a quien a su vez se lo había presentado Óscar

---

* *Secretos confesables.*

Rodríguez, el abogado de Julio. En 1980 Julio habló con Alfredo Fraile, «este es el sitio, aquí levantaré mi casa»*. Previo pago de casi novecientos mil dólares, un fortunón para la época, Julio Iglesias compró la mansión de sus sueños. «Cuando yo encontré el sitio había aquí una vieja casa con una vieja mujer que vivía sola. Hice lo que pude por comprar el sitio. No fue fácil, pero lo conseguí»**, recordaba Julio.

Tan pronto fue suya, remodeló y cambió la casa dándole un aspecto a su gusto. Mandó traer desde España a Jaime Parladé, un decorador que renovó la casa junto a Mario Conio. En septiembre de 1980 Julio terminó la remodelación incluyendo una piscina, un bungaló y un embarcadero nuevo, sin olvidarse de sus hijos, a los que guardó una cómoda habitación.

Situada en el número 5 de Indian Creek Rd., el interior de la casa de Julio crecía entre numerosos armarios, grifos dorados y su dormitorio con toallas con las iniciales J. I. en el baño y una cama de color crema donde, cerca de la cabecera, aparecía un sorprendente busto de Franco***. En aquellos ochocientos metros de casa, Julio se gastó algo más de medio millón de dólares en la remodelación y la decoración y, después de la debacle de su primer matrimonio, volvía a ser feliz.

Julio instaló en Indian Creek a la Flaca, alguien que de manera abierta ejerció las labores de esposa. Virginia cuidó de la casa e incluso de los hijos de Julio cuando aparecían por Miami. Julio estaba encantado con aquella mujer, alguien a quien, de no existir su reciente separación con Isabel, no hubiese sido descabellado imaginarla como su esposa de verdad. Virginia Sipl, mientras duró su relación con Julio Iglesias, aportó alegría en la vida de la estrella, siempre a la sombra de Julio, aceptando su rol de amante secreta. Julio jamás hizo oficial su relación y era difícil verlos juntos en público. Iglesias adoptó su cada vez más rentable imagen de *latin lover,* el gran soltero de oro de la canción y Virginia lo aceptó****.

---

* *Entre el cielo y el infierno.*

** *Ibídem.*

*** *La Razón.*

**** *Secretos confesables.*

Julio siempre mostró un enorme cariño por aquella mujer que cuidaba tanto de él. Naturalmente, Virginia también conocía la querencia de Julio por el resto de mujeres, y con frecuencia la estrella aparecía fotografiado con otras. Seguramente a Virginia aquello le dolía, pero no lo dijo nunca. Mientras estuvieron juntos, Julio supo de la importancia vital de la Flaca y la trató como lo que era, una increíble mujer.

La familia cerca también es un problema

Lo primero que hizo en su nueva residencia fue traerse desde España a su madre y a su hermano Carlos, su esposa y sus tres hijos.

Charo y el doctor Iglesias llevaban más de treinta años viviendo un matrimonio ficticio. La nueva vida de Julio en Estados Unidos deshizo el único vínculo que unía a sus padres. En países distintos, la separación de los padres de Julio ya no era solo emocional, ahora también era geográfica.

Hasta 1984 Charo vivió en la mansión de Julio en Indian Creek, donde tenía un lujoso apartamento y disfrutaba de un Cadillac último modelo a su entera disposición.

En ese año de 1984 se trasladó a vivir con sus tres nietos, Chábeli, Enrique y Julio José, a la casa que había pertenecido a Alfredo Fraile, en Bay Point*.

Por su parte, el doctor Iglesias vivía su vida en Madrid y acompañaba a Julio de gira de vez en cuando. Divorciado legalmente de Charo en 1981, se recordaba a sí mismo entonces como «un hombre divertido, me sobraban las mujeres. En el club Fontoria era uno de los galanes más cotizados. Si a esto le añadimos que tenía un Mercedes y un chófer, las volvía rematadamente locas»**, un personaje único y entrañable.

La llegada de Carlos, quien dejaba en España una prometedora carrera como médico, no fue una buena noticia para Alfredo Fraile. En esta nueva etapa en la vida de Julio, Carlos llegó para encargarse de los asuntos económicos de su hermano. Carlos Iglesias se incorporó a la

* *El Mundo*, 2002.
** *Voluntad de hierro.*

oficina de Miami en el 601 de Arthur Godfrey Rd. para llevar el control de la creciente fortuna de Julio.

Al principio la relación entre Carlos y Alfredo fluyó de manera cordial, cada uno dedicado a su parcela, hasta que un buen día Julio anunció a Fraile que debería repartir su sueldo con Carlos. A Fraile aquella noticia le cayó como una bomba, consideraba injusta la decisión basándose en los pocos méritos adquiridos hasta ese momento por el hermano, quien, según la opinión de Fraile, sencillamente cobraría un sueldo por ser quien era. Alfredo aceptó las nuevas condiciones, pero las cosas entre él y Julio poco a poco se irían torciendo.

A partir de ese momento, Carlos Iglesias empezó a tener voz en todas las decisiones que hasta ese momento había gestionado con éxito Alfredo Fraile, y no fueron pocos los encontronazos profesionales entre los dos. Fraile culpó a Julio de haber creado aquella situación, aunque el mal ya estaba hecho.

Carlos ofreció cierta tranquilidad a Julio en cuanto al manejo de su patrimonio se refiere, nadie mejor que un hermano para vigilar una fortuna que crecía sin límite a diario. Seguramente ese movimiento sí resultó acertado, aunque el propio Carlos viviría en sus carnes algún desaire de su hermano, quien lo llegó a acusar de hacerse rico a su costa.

Para Alfredo Fraile la etapa de Carlos Iglesias fue un periodo malo. Carlos trataba mal a los periodistas y siempre buscaba argumentos para no invitarlos a las giras, algo que Fraile había hecho a lo largo de los años para tratar de hacer crecer la figura de Julio Iglesias. Para Fraile, Carlos no era más que un reflejo de cómo su hermano lo trataba a él, un Julio Iglesias egoísta que pretendía que todos cuidaran de él, sin dar nada a cambio; «ese era su gran problema, que Julio no daba nada, solo quería recibir», recordaba Alfredo*.

* *Secretos confesables.*

19 Imparable

De niña a mujer, Julio Iglesias

314: Jerusalén, 1 de septiembre de 1981. Julio Iglesias durante un ensayo previo a su concierto en el Sultan's Pool Ampitheatre de Jerusalén. © Album / EFE.

312-313: 1981. Julio Iglesias y Chábeli posando en Miami. © Getty / Peter Bischoff.

Julio Iglesias desembarcó en Estados Unidos como un tornado, lanzando un primer disco superventas y posicionando su marca personal como una de las más rentables del negocio discográfico.

Reinventando el negocio

A través de la CBS, Julio llegó a la compañía Rogers & Cowan, la agencia de comunicación fundada en 1950 por Henry Rogers y Warren Cowan en Los Ángeles, y que en sus inicios logró la representación independiente de numerosas estrellas del cine hasta ese momento atadas por contrato a las grandes productoras, reinventando así el negocio de la representación de artistas. Rogers & Cowan posicionó brillantemente la figura de Julio en los principales medios de comunicación de Estados Unidos. Con Sandy Friedman, la persona que manejó su imagen en Rogers & Cowan, Julio se coló en las casas de los americanos como el perfecto conquistador latino, el educado y elegante seductor, una representación crucial en la construcción de su colosal triunfo en América.

Además de la CBS y Rogers & Cowan, Julio sumó una tercera pata esencial en la infraestructura industrial de su negociado. Para alcanzar sus objetivos de llegar a todos los rincones de Estados Unidos era imprescindible una sólida alianza con una poderosa agencia de contratación, alguien que llevara las actuaciones de Julio Iglesias a los escenarios más importantes del país. Y ahí apareció la figura de Dick Allen, director de la prestigiosa agencia William Morris y que, finalmente, haría ganar millones de dólares a Julio. El español fue cabeza de cartel en los principales locales de Florida, California, Texas, Nueva York y pisó con fuerza los escenarios de los casinos más emblemáticos de América, el verdadero termómetro de los artistas *caros* y, por extensión, el refugio vedado en exclusiva para las grandes figuras. Y Julio Iglesias lo era.

Tropecé de nuevo con la misma piedra

La primera aventura de Julio Iglesias en el mundo del cine, la bisoña *La vida sigue igual* en el ya lejano 1969, había resultado un juego casi juvenil, un experimento que capitalizaba la historia de superación de aquel joven casi desahuciado que logró triunfar con fuerza y tesón. A pesar de que aquella primera incursión en la gran pantalla fue un razonable éxito, Julio nunca se sintió actor, por eso, en lo más alto de su carrera, resultó un movimiento extraño el estreno de *Me olvidé de vivir,* su segunda y última aventura como actor. La película *Me olvidé de vivir,* titulada originalmente *De todos los días, un día,* apareció dos años después de la canción del mismo título y que fuera un rotundo éxito en 1978.

La carísima coproducción argentina, mexicana y estadounidense, dirigida por el realizador cubano Orlando Jiménez Leal, protagonizada por Julio Iglesias, la cubana Isa Lorenz, Ana Obregón, Las Trillizas de Oro y Emilio Gutiérrez Caba, se grabó en Miami, Nueva York, París, Tikal y Chichicastenango (Guatemala) y la isla Contadora (Panamá). Estrenada el 5 de abril de 1980, contaba la historia de un Julio Iglesias que finalizada su gira europea en París y antes de marchar a Estados Unidos, decidía descansar en la tranquila isla Contadora en Panamá. Allí Julio conoce a Claudia, una estudiante de arqueología alemana, ajena completamente al mundo artístico del cantante y juntos viven una tierna relación, un guion ñoño para una película rematadamente mala. Si *La vida sigue igual* respiraba cierta candidez que la hacía entretenida en su ingenuidad, *Me olvidé de vivir* no tenía razón de ser. «Soy el peor actor del mundo. La veo y digo: "¿Cómo es posible que sea tan malo?"», reconoció Julio.

Me olvidé de vivir era un pretendido alegato al alto precio que hay que pagar para alcanzar el éxito, una prolongación de la propia vida de Julio Iglesias, el descuido de la vida privada y de la familia por la ansiada fama que había perseguido desde joven. En una entrevista para el *El Periódico de Cataluña,* el actor Emilio Gutiérrez Caba, quien participó con Julio Iglesias en la película, contó que durante el rodaje el cantante solía hablar de «lo que había significado Isabel Preysler en su vida».

La canción *Me olvidé de vivir* era para Julio Iglesias «un cuadro que pintas un día en que el cielo está gris. Nosotros pintamos cuadros, pintamos emociones». La película sin embargo no despertaba emoción alguna. Después de *Me olvidé de vivir* lo cierto es que Julio recibió más ofertas para volver a actuar, algunas incluso con nombres importantes, como cuando Milos Forman lo llamó para rodar *Habana,* que finalmente protagonizaría Robert Redford. Ante la propuesta de Milos Forman, Julio fue categórico: «Si ustedes quieren que mi carrera se vaya a la mierda, ¡contrátenme!»*.

La vuelta al mundo

Con la firma de su nuevo contrato, era lógico pensar en la aparición tarde o temprano de un álbum recopilatorio del artista. Así, entre 1978 y 1979 aparecieron los interesantes *The 24 Greatest Songs* y *24 Éxitos de Oro,* dos ejercicios comerciales que resumían con bastante acierto el trabajo de Julio hasta la fecha.

Como había hecho desde su triunfo en Benidorm, Julio agarró las maletas y volvió a dar la vuelta al mundo. Julio y su séquito viajaron

---

* *El Comercio,* 31 de enero de 2012.

hasta Israel empujados por los ejecutivos de la CBS, muchos de ellos judíos, para ofrecer su primer concierto en un teatro de Tel Aviv.

En Israel, Alfredo Fraile recordaría la afición de Julio Iglesias por colocar una bandera española junto a la del país local en todos los escenarios que pisaban. En 1979 en Israel no resultaba muy sencillo localizar una bandera española en la tienda de la esquina, por lo que la insignia que apareció fue la de una amable donación de un restaurante de comida española de Tel Aviv*.

Julio regresó a Italia, donde el álbum *Emociones* había superado con creces la extraordinaria cifra de un millón y medio de discos vendidos. Viajó hasta Francia, bautizado como «el más grande seductor del mundo del espectáculo, después de Valentino»**, donde actuaría en el especial de Navidad junto a figuras como Elton John o Mireille Mathieu. Desbancó a Roberto Carlos como artista más vendedor en Brasil y reventó los escenarios de Argentina, Chile y la República Dominicana. En Estados Unidos, que acababa de ver la llegada a las tiendas de *Off the wall,* el primer álbum en solitario de Michael Jackson tras separarse de los Jackson Five, Julio Iglesias ya era oficialmente «el Sinatra español», haciendo temblar los cimientos del *show business* del país, atónitos ante la brutal irrupción del español en su mercado.

El vuelo de Julio Iglesias

Para principios de 1980, Julio Iglesias preparó una histórica residencia de diez fechas en México D. F. con todas las localidades agotadas. Entre Latinoamérica y Europa, puntualmente aterrizaba en España, donde participó en dos actos con carácter humanitario, en el Palacio de Deportes de Madrid, ofreciendo una gala a beneficio de niñas y niños minusválidos auspiciada por la Fundación Reina Sofía, y en Barcelona, para el Hospital Infantil de San Juan de Dios.

En 1980, mientras Julio Iglesias ofrecía conciertos con carácter benéfico, el cantante se encontró con una España que todavía lloraba

---

* *Secretos confesables.*

** *Jours de France.*

la reciente muerte de Félix Rodríguez de la Fuente. Rodríguez de la Fuente había encontrado un hueco en los hogares españoles por *El hombre y la tierra*, mítica serie de la televisión pública. Aventurero, naturalista y buen divulgador ambiental, sus documentales forman parte de la memoria colectiva. Precisamente rodando uno de ellos en Alaska, Félix Rodríguez de la Fuente fallecía en un accidente aéreo el 14 de marzo. Él, junto a dos de sus colaboradores y el piloto de la avioneta se precipitaron al vacío mientras rodaban una carrera de trineos empujados por perros.

Terminada su presencia en España, dirigida por su amigo Valerio Lazarov y producida por la Radio Televisión Italiana (RAI), Julio viajó a Grecia, Italia, Holanda, Montecarlo, Francia y Egipto para grabar el programa *El Vuelo de...*, un monográfico de una hora de duración que profundizaba en la figura de Julio y que fue otro gran éxito de la RAI.

En septiembre de 1980 viajó hasta El Cairo y ofreció una nueva gala benéfica organizada por Jehan Sadat, la mujer del presidente de Egipto Anwar el Sadat. Julio recibió un increíble trato en Egipto y fue alojado con la familia Sadat en su casa de Alejandría, al norte del país; «el Sadat es un hombre valeroso y quiero que se sepa, exquisito, de una cultura elegante, que mira con unos ojos de fuego y de vieja sabiduría»*, dijo en su día Julio sobre el mandatario. Entre el olor de las tazas de té y las pipas de agua, Julio vivió una increíble experiencia de hospitalidad en el delta del Nilo, puerta del Mediterráneo y centro cultural del mundo antiguo. En 1980 su música sobrevoló la meseta de Giza, con las pirámides de Keops, Kefrén y Micerinos de fondo y con la Gran Esfinge como deslumbrante testigo. Tras Frank Sinatra, Julio sería el segundo músico internacional en cantar al pie de la última de las Siete Maravillas del Mundo, «solo invitaban a artistas que se llevaran bien con la Esfinge y tuvieran una música no muy fuerte»**, recordaba Julio.

---

* *Entre el cielo y el infierno.*
** EFE.

En ese mismo viaje, pocos días después regresaría a Israel para ofrecer un concierto en Jerusalén en beneficio de los hospitales de Tel Aviv y en el que Julio renunció a su caché. Su posición de icono global en 1980 la combinaba con actuaciones en grandes escenarios y apariciones con carácter filantrópico, elevando su figura a cotas nunca antes conocidas por ningún otro artista latino.

Antes de meterse de nuevo en el estudio, Julio aún tendría tiempo de compartir plató de televisión con John Travolta, France Gall y Rommy Schneider en Francia.

Las llaves de la ciudad

Julio también viajaría a México, donde vivió una experiencia surrealista... y peligrosa. Según explicaba Alfredo Fraile, durante un concierto en México en 1980, mientras Julio cantaba sobre el escenario, un hombre se acercó a Fraile diciendo que quería hablar con él. El tipo, mientras se metía una raya de cocaína con una llave, le explicó que era el jefe de la lucha contra la droga de la zona. A continuación, el hombre le dijo que era el cumpleaños de su madre y que le haría mucha ilusión que Julio fuera hasta su casa a cantarle unas canciones a cambio de la suma de dinero que le dijese. Atónito, Fraile le dijo que aquello era imposible. Pero al jefe de la lucha antidroga cocainómano aquella respuesta no debió de gustarle demasiado. Amenazante, le dijo a Fraile que al terminar el concierto iría a buscarlos.

Julio siguió cantándole a su público mexicano ignorante de todo lo que sucedía en el *backstage*. A mitad de la actuación, el jefe de la lucha antidroga le lanzó una pistola al escenario.

«¡Aquí tienes las llaves de la ciudad, Julio Iglesias!», le dijo desde el público.

Al acabar el concierto, Fraile le explicó la situación a Julio, le dijo lo de la raya de coca, lo de que le cantara a su madre y que la pistola que había aparecido sobre el escenario era de aquel pirado. Naturalmente, en un principio Julio se negó a cantarle a la madre de aquel descerebrado, pero ante el pánico de Fraile, Julio y Alfredo aparecieron en la casa de la señora, le cantaron un par de canciones y el jefe de la lucha antidroga les lanzó un sobre con diez mil dólares. Tal y como recordaba Alfredo Fraile, cogieron el dinero y se marcharon sin discutir..., por si acaso*.

Después de México y tras algunas semanas en los estudios Criteria de Miami registrando las canciones de su nuevo disco, Julio acabaría el año en Perú y Colombia, visitando el teatro Colón de Bogotá, el Festival Internacional de la Canción de Ibagué, la ciudad de Medellín y Bucaramanga, otro año de esfuerzo colosal que iniciaría el reinado de Julio Iglesias en el negocio de la música durante toda la década de los ochenta. «Esto que yo hago, este enorme esfuerzo, hoy aquí, mañana allí, la grabación diaria, los viajes, las galas, los estadios, los aeropuertos, es así desde hace tres intensos años. Todo esto es agobiante, pero así lo quiero. Estoy haciendo lo que deseo. Nadie me ata. Soy yo», confesaba entonces Julio.

Relaciones difíciles

Después de que Alfredo Fraile la trajera a la oficina en 1974, Julio despidió a su secretaria y asistente personal, Adriana Anzúa. Según Fraile, Anzúa era la persona que mejor conocía a Julio y aquel despido fue un acto caprichoso del cantante, que, de pronto y sin motivo aparente, le dijo a la mujer que se marchara.

Anzúa regresó a Chile y Julio no supo nada de ella hasta que meses más tarde le dijeron que Adriana tenía cáncer y necesitaba dinero. Julio actúo rápidamente y envió una cantidad importante de dinero para el tratamiento durante meses. Hasta que, según el testimonio de Fraile, un día, sospechando que lo del cáncer era un timo, Julio dejó de hacerlo.

Meses más tarde, Julio Iglesias viajó a Buenos Aires para ofrecer un concierto. Una noche, cenando en el restaurante Los años locos, apareció Adriana. Según recordaba Fraile, Julio se mostró simpático y feliz al comprobar que lo de su enfermedad era mentira. Adriana Anzúa entonces se echó la mano a la cabeza y se quitó la peluca que cubría su cabeza calva.

---

* *Secretos confesables.*

«Vengo a decirte que sí es cierto que estoy enferma, y a que lo compruebes por ti mismo. Quiero que sepas que el dinero que me has mandado me ha servido para intentar curarme, aunque no logro vencer la enfermedad. Pero, sobre todo, quiero que sepas que no te he engañado. Ni ahora ni nunca»*.

Poco tiempo después, Adriana Anzúa falleció.

«Su carrera estaba por encima de todo. Luchaba para que nada entorpeciera su camino. Y con esa actitud fue dejando a mucha gente en el camino», reconocía César Lucas, el fotógrafo oficial en sus comienzos. «Hice bien en dejarlo; si no, habría acabado como los demás. Él iba arrasando». César Lucas y Julio terminaron su relación cuando Julio estaba preparando su salto a Estados Unidos. «Me ofreció irme con él y yo no quise. Me dijo: "Con el dinero que vas a ganar y las mujeres que vas a tener". Lo rechacé y se rompió nuestra amistad. Su orgullo no podía entender que alguien le dijera que no»**, recordaba el fotógrafo.

Su dedicación casi obsesiva por el trabajo y, según los testimonios de Alfredo Fraile, su comportamiento en ocasiones caprichoso y poco comprensivo, poco a poco fueron haciendo más difícil la relación entre el *manager* y la estrella.

A finales de 1980 aparecería otro personaje esencial en la vida de Julio. Toncho Nava, compañero de colegio en los Sagrados Corazones y también en el Real Madrid, llegó al círculo cerrado de Julio. Jugador del primer equipo de baloncesto del Real Madrid a finales de los años sesenta, Toncho Nava, una vez terminada su carrera deportiva, llegó a Miami como delegado comercial de la firma de zapatos mallorquina Yanko. Poco después de que Julio conociese la noticia de que su amigo estaba en Miami, le propuso trabajar en su equipo de relaciones públicas.

No vayas presumiendo por ahí

Dick Asher y Walter Yetnikov se frotaban las manos. A finales de 1980 Julio Iglesias ya era el artista más vendedor de la CBS; concretamente,

---

* *Secretos confesables.*
** *Vanity Fair.*

durante el periodo 1979-1982 fue el mayor vendedor de discos en Estados Unidos y Latinoamérica, con unos ingresos anuales estimados de sesenta y nueve millones de dólares*, a la cabeza de los artistas internacionales de CBS Internacional, «vendo más que Barbra Streisand o Billy Joel, el primero que va a firmar un contrato por quince millones de dólares por cinco años»**.

En la que sería la tercera producción de Ramón Arcusa, en 1980 Julio Iglesias publica un nuevo álbum, *Hey!*, uno de sus trabajos más conocidos y en el que contó desde la sucursal de la CBS en España con el apoyo incondicional del ejecutivo Tomás Muñoz, nombre indispensable en las carreras de Raphael, Miguel Bosé o Joaquín Sabina, solo por citar unos pocos. Doce años antes, cuando Muñoz se incorporó a la oficina de Hispavox en Madrid en 1968, ya le habían hablado de un chico que a su regreso de Londres andaba por ahí enseñando su canción *La vida sigue igual* con bastones.

Hispavox no movió ficha entonces y finalmente firmó con la Columbia de Enrique Garea, provocando el tsunami artístico más extraordinario logrado por un artista latino. Pero la vida de un ejecutivo discográfico da muchas vueltas, una industria endogámica que se nutre constantemente de los trabajadores de la competencia. Muñoz llegó a la CBS en 1980 desde Hispavox y por fin tuvo la oportunidad de trabajar con Julio Iglesias.

«¿Usted cree que un chico con dos muletas va a conseguir algo?», le preguntaron a Tomás Muñoz, entonces director de Hispavox en 1968. «Había tenido un accidente casi mortal en 1964. Los médicos querían hacerle una operación en la espina dorsal cuyos riesgos eran imprevisibles, pero su padre se opuso. Durante ese tiempo escuchó las camillas que se llevaban los cadáveres a la morgue y los llantos de los niños que nacían en la unidad de maternidad. Así escribió: "Unos que nacen, otros morirán"»***.

---

* *Secretos confesables.*
** *La Vanguardia,* 2 de mayo de 1979.
*** *Vanity Fair.*

El álbum *Hey!,* naturalmente incluía el sencillo del mismo título, uno de los temas más representativos de Julio, donde el artista muestra sus genuinas formas interpretativas en todo su esplendor. *Hey!* incluye uno de los estribillos que, quien más, quien menos, todo el mundo ha tarareado alguna vez en la vida; «Hey! No vayas presumiendo por ahí, diciendo que no puedo estar sin ti, ¿tú qué sabes de mí?», una canción hecha a medida del artista y que fue número 1 en más de medio mundo.

Ayudado por Manuel de la Calva, autor de la notable *Por ella,* la impresionante respuesta internacional que supuso la canción *Hey!* obligó a Ramón Arcusa a reunir diez canciones de manera precipitada, presentando un conjunto un tanto desequilibrado. Grabado a caballo entre los estudios Criteria de Miami y Sonoland en Madrid —al margen de *Por ella; Un sentimental,* compuesta por Rafael Ferro, o la secuela gallega de *Un canto a Galicia* titulada *Morriñas*—, en *Hey!* se incluyen una combinación de canciones nuevas y clásicos de toda la vida. Desde el bolero *La nave del olvido, Ron y Coca-Cola,* de las Andrews Sisters o *Pájaro chogüí,* de Luis Alberto del Paraná, el álbum *Hey!* no ocupa los mejores momentos de su repertorio, pero alcanzaría las primeras posiciones en casi todo el mundo, con unas ventas globales por encima de los veinte millones.

Si a *Hey!,* nominado al premio Grammy al Mejor álbum de pop latino, le sumamos el fenomenal éxito de *Sentimental,* la versión francesa del álbum que le llevó a despachar otro millón en Francia, disco de oro en Canadá y que le coronó como el artista más popular, según la revista *Paris Match,* no es exagerado decir que a finales de 1980 Julio Iglesias era, literalmente, el rey del mundo, o como diría Tomás Muñoz: «Julio Iglesias es el personaje español del siglo XX»*.

De niña a mujer

Julio Iglesias había despedido el año 1980 viendo la victoria presidencial del candidato republicano Ronald Reagan sobre el demócrata Jimmy Carter, un final de año marcado en lo musical por el asesinato de John Lennon. El 8 de diciembre, poco antes de las once de la noche,

* *El Mundo,* 9 de mayo de 2004.

Mark David Chapman disparó a Lennon a las puertas del Dakota, el apartamento de Nueva York donde vivían John y Yoko Ono, hiriendo de muerte al cantante. El mundo enteró lloró la muerte de uno de los artistas más grandes de la historia.

Y, en parte por ello, Julio Iglesias empezaba a sentir una seria preocupación por su seguridad, «yo quiero cuidar de mi intimidad. El día que mataron a John Lennon me quedé frío, helado, como de piedra. Y no porque pensara que aquello sería fácil que lo hicieran conmigo otro día, otra noche, al salir o entrar de cada casa, sino porque hay gente que puede matarte con una sonrisa en los labios, por un autógrafo. Solo por eso»*, recordaba Julio entonces, unos temores que desgraciadamente muy pronto le tocarían muy cerca.

En 1981 las cosas en España tampoco habían arrancado tranquilas. Tras la dimisión de Adolfo Suárez como presidente del Gobierno, y el intento de golpe de Estado, con el teniente coronel Tejero al frente durante el pleno de investidura de Leopoldo Calvo-Sotelo en el mes de febrero, en el país sobrevolaron durante días viejos fantasmas del pasado.

En este contexto, Julio Iglesias, inmerso en un estado de creación hiperbólico, recibía en Viña del Mar la Gaviota de Plata del festival y lanzaba otro disco al mercado, un trabajo que, persiguiendo el más difícil todavía, aspiraba a superar el éxito de *Hey!*

De niña a mujer, de nuevo con Ramón Arcusa a los mandos, mejoraba notablemente la colección de canciones de su predecesor e incluía la fabulosa *De niña a mujer,* clásico entre los clásicos del repertorio de Julio, y una canción que dedicaba a su hija, protagonista indiscutible de la portada del disco.

Chábeli abandonaba la niñez y poco a poco se adentraba en la difícil etapa vital de convertirse en un proyecto de mujer. Julio le cantó a su niña una canción inspirada en un boceto de Tony Renis, aquel cantante que triunfó en San Remo e inspiró a Julio a dedicarse a la canción. Escrita por Carlos Enterría, Julio remató la letra de la canción en un avión de viaje a Venezuela: «Eras niña de largos silencios y ya me

---

* *Entre el cielo y el infierno.*

querías bien. Tu mirada buscaba la mía, jugabas a ser mujer». Con todos los elementos para triunfar, *De niña a mujer* logró un éxito monumental. «Sé que hará llorar a muchos padres que, como yo, estén viendo crecer a su hija», recordaba Julio poco después.

Chábeli era el ojo derecho de su padre, una joven físicamente igual que Isabel, una niña traviesa que había llegado al mundo de forma precipitada. En el colegio destacó por su alegría y sus travesuras, y también por no ser una buena estudiante. «Chábeli se comporta emocionalmente como yo, es mi cincuenta por ciento. En el exterior es como su madre, pero por dentro es como su padre, como soy yo»*, declaraba Julio.

«Volver a empezar»

Ramón Arcusa, después de tres discos, se había convertido en el perfecto socio musical de Julio. Arcusa aceptó desde el primer momento su condición de secundario de lujo, otorgando a Julio el rol principal, atendiendo sus necesidades y asumiendo que él y todos los que trabajaban a su alrededor estaban al servicio de la estrella. Ramón, de alguna manera, llegó a formar parte del círculo familiar de Julio Iglesias, con quien discutió muchas veces y a quien calificaba como «una máquina de trabajar»**, un matrimonio musical difícil pero al que Julio reconocería como «persona clave en mi carrera, un elevado tanto por ciento se lo debo a él»***.

Pero había muchas grandes canciones en el disco, clásicos del pop de los años treinta, cuarenta y cincuenta, y donde sobresale *Volver a empezar,* de Cole Porter, tema que le abrió definitivamente las puertas del mercado británico. Cole Porter escribió la canción en 1935 y artistas como Frank Sinatra o Tom Jones ya habían dado buena cuenta de su potencial. *Begin the beguine,* el álbum recopilatorio de Julio Iglesias, alcanzó el número 1 en Gran Bretaña y le permitió actuar más adelante en el Royal Albert Hall londinense. Julio se convertía en el primer

---

* *Entre el cielo y el infierno.*
** *La Vanguardia*, 7 de agosto de 1983.
*** *Entre el cielo y el infierno.*

artista español en situarse en el puesto más alto de las listas en las islas y las radios comenzaron a tocar la versión española, algo completamente insólito. Después de la conquista de Estados Unidos, técnicamente, Gran Bretaña era el único mercado musical que quedaba por abordar, y con *Volver a empezar* Julio puso la última bandera que le faltaba en su particular mapa del *Risk*.

Julio analizaba entonces las razones de su fenomenal triunfo, un análisis al margen de estilos o tendencias, sujetado exclusivamente en los gustos y demanda de la calle. «No es cuestión de que sea bueno o malo. Hay una cosa que es evidente: hay un caviar que puede ser mejor que otro, o unos garbanzos que son mejores y otros peores. Por lo tanto hay una música, también, que es mejor que las demás. ¿Cuál es?, pues la que gusta a la mayoría. La calidad de un Picasso, que es universal, es cuantitativa. Yo no hago cosas sin calidad. No sé hacerlas. En lo mío soy el mejor del mundo»*.

De niña a mujer escondía joyas como *Isla del sol,* popularizada en los años cincuenta por Harry Belafonte; *Después de ti,* escrita por el Dúo Dinámico; el *Grande, grande, grande* que había bordado Mina y que en la voz de Julio brillaba con unos estupendos arreglos de Rafael Ferro, o *Y pensar,* una canción de Dino Ramos que funcionaba en el medio tiempo clásico de Julio.

El más grande

En 1981 Julio ofreció apoteósicas actuaciones en el Palacio de Congresos de París ante más de tres mil setecientos espectadores cada noche. La princesa Grace de Mónaco lo invitó a la Gala de la Cruz Roja que cada año se celebraba en Montecarlo, uno de los eventos sociales más señalados del calendario, y por donde antes que Julio habían pasado Sinatra, Nat King Cole o Charles Aznavour. La recién llegada Nancy Reagan, primera dama de Estados Unidos, también lo invitó al concierto benéfico celebrado en el teatro Wolf Trap de Vienna, en Virginia. En esencia, si había algún evento relevante en el planeta, allí estaba Julio Iglesias.

---

* *Entre el cielo y el infierno.*

Había llegado un momento en el que las fronteras de Julio Iglesias eran inexistentes. *De niña a mujer* se situó en el número 1 en España y Julio fue nombrado Artista de la Década por la revista *Cambio 16*. Vendió más de dos millones en Brasil, llevando a la estrella hasta el Estadio Flamengo en Río de Janeiro, donde Julio derritió a más de ochenta mil espectadores. En China el álbum despachó un millón doscientas mil copias en el tiempo récord de seis meses.

En octubre de 1981, durante un desfile militar, Moḥamed Anwar al Sadat, el que fuera amigo personal de Julio Iglesias, el hombre que lo había alojado en su casa y llevado hasta Egipto en la mítica actuación frente a las pirámides, fue asesinado a balazos por soldados durante un desfile. En 1978 Anwar al Sadat había sido galardonado junto con el primer ministro israelí Menájem Beguín con el Premio Nobel de la Paz por los acuerdos de paz de Camp David, que dieron lugar a una paz negociada entre Egipto e Israel. La muerte de Anwar al Sadat, recordado en su país como el héroe de la guerra y la paz, y cuya hija Jehan era una entusiasta seguidora de Julio, entristeció profundamente al cantante.

Julio Iglesias regresaría a Israel y ofrecería un concierto en el anfiteatro de la Piscina del Sultán de Jerusalén ante más de veinte mil espectadores, una actuación que se registraría en vídeo para su posterior venta. Poco después, Julio recibía en París el CBS Cristal Award por superar los cinco millones de álbumes vendidos en todo el mundo.

El disco *De niña a mujer* arrasó en Japón, y en Francia los elogios de la prensa lo coronaban como «el nuevo Valentino», subrayado por el poderoso texto del diario *Le Monde:* «Julio tiene una finura casi animal, una manera de cantar que viene del corazón». En Inglaterra el *Daily Mail* lo definía «como el hombre que trajo de nuevo el romance a las listas de éxitos musicales». Allí donde llegaba la música de Julio Iglesias, la secuencia de rendición generalizada se repetía*.

Pero cuando todo es perfecto, normalmente alguien viene a estropearlo.

---

* *Cuando vuelva a amanecer.*

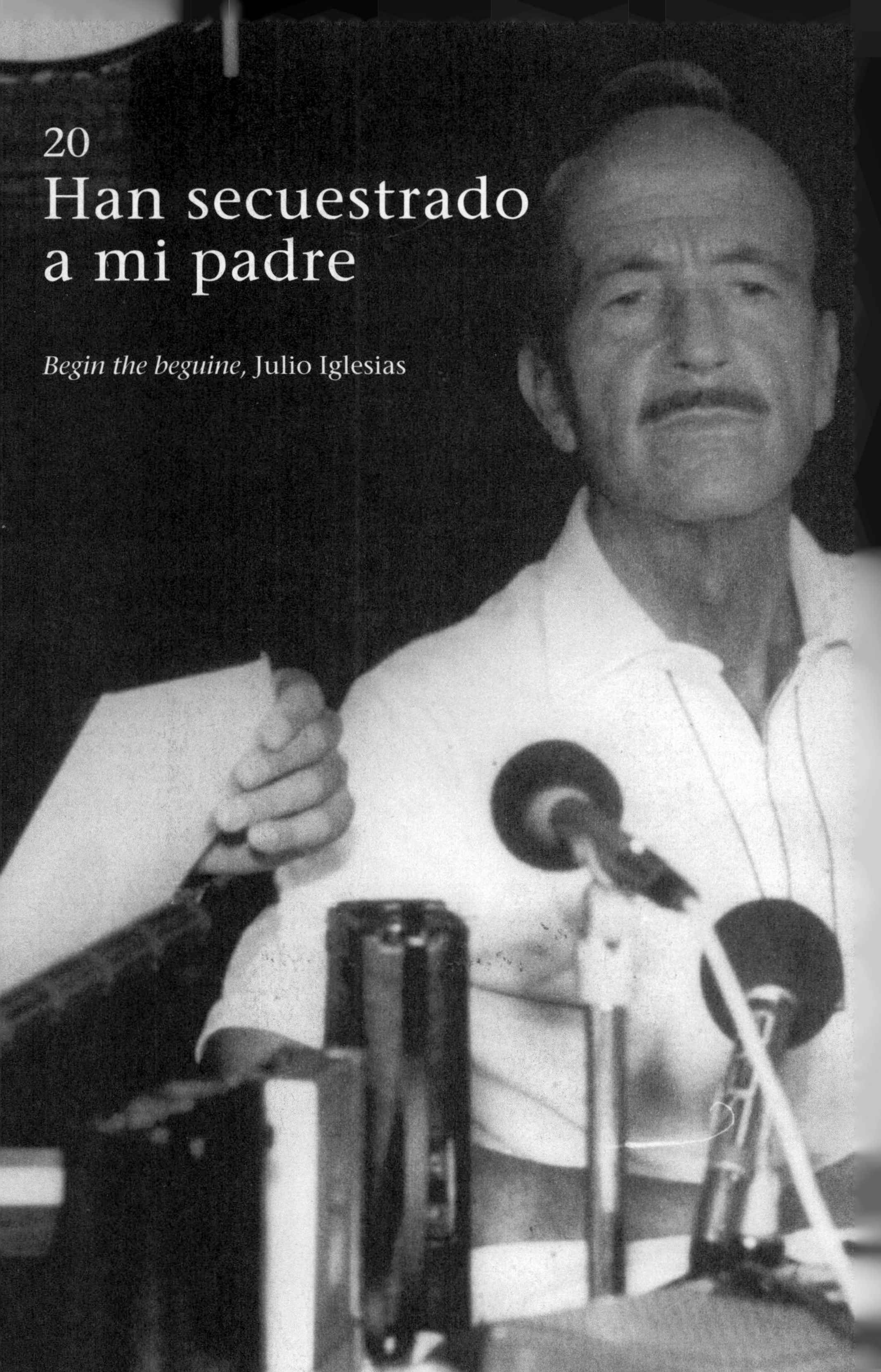

20
Han secuestrado a mi padre

Begin the beguine, Julio Iglesias

332: Diciembre de 1981. Julio Iglesias y su padre, el Dr. Julio Iglesias Puga, en un aeródromo de Miami. © Album / EFE.

330-331: Julio Iglesias y su padre en rueda prensa tras la liberación de este último, secuestrado por ETA. © GTRES.

Sin saberlo, en las Navidades de 1981, la familia Iglesias estaba a punto de vivir una experiencia terriblemente angustiosa en primera persona. Algunos meses antes de que lo secuestraran en diciembre de 1981, el doctor Iglesias empezó a recibir insistentes llamadas de un misterioso periodista que decía trabajar para una cadena de televisión alemana. El doctor andaba entonces bastante ocupado en su trabajo en la maternidad, y a pesar de que aquel periodista lo llamó más de diez veces, no le hizo mucho caso.

El anzuelo del regalo

El doctor Iglesias era un hombre vanidoso, él así lo admitía. Le gustaba que lo reconocieran por la calle y disfrutaba siendo el padre de Julio Iglesias. Desprendiendo cierta ternura, el doctor era presumido y siempre que se le reclamaba acudía allí donde lo llamaran para contar batallitas sobre su hijo famoso. Siempre que podía acompañaba a su hijo a los mejores conciertos de la gira, viajando con su primogénito por todo el mundo. Simpático y educado, el doctor Iglesias representó mejor que nadie el papel de *padre del artista*.

En 1981 el doctor trabajaba en la maternidad de la calle O'Donnell, y no era extraño que de vez en cuando recibiera propuestas para participar en reportajes y entrevistas para medios de comunicación de todo el mundo. A pesar de que no había respondido a las peticiones de la cadena de televisión alemana, y que el doctor ya había dado por zanjado el asunto, aquel joven periodista un día se presentó de improviso en el hospital.

El chico, a ojos del doctor, tenía buen aspecto, bien vestido, un muchacho educado y formal que se acercó hasta el despacho de la maternidad para explicarle las intenciones de la cadena alemana para la que trabajaba. El misterioso canal de televisión proponía un programa especial sobre la figura de su hijo, donde además del propio testimonio de Julio, intervendrían personas cercanas a él, incluyendo a su madre, su hermano y, naturalmente, su padre.

A pesar de que la idea del programa resultaba atractiva, el doctor declinó la propuesta alegando que ya se había contado todo lo que se podía contar sobre su hijo, y que él poco podría aportar. Sin darle mayor importancia, el doctor siguió con su trabajo y definitivamente aparcó el tema.

Solo una semana después el periodista volvió a la carga, encontrando la misma respuesta por parte del doctor. Regresó una vez más siete días después, y luego otra vez más, y siempre recibió el no del padre de Julio Iglesias por respuesta.

Días más tarde una joven, una falsa reportera de Televisión Española que aseguraba que solía colaborar con el canal germano, con el fin de convencerlo y plantear la entrevista ante las cámaras en el mes de diciembre, se presentó un día en casa del doctor en San Francisco de Sales con un cuestionario con las posibles preguntas para el especial de televisión. La mujer era muy guapa y elegante, «incluso intentaron otras armas de seducción»*, recordaba el doctor, pero su posición al respecto era firme.

El doctor acababa de regresar de Miami, donde había pasado la Nochebuena con sus hijos, Julio y Carlos, y Charo, todavía su mujer

* *Voluntad de hierro.*

pero exesposa *de facto* desde que Rosario se mudara a América con Julio. El doctor estaba a punto de viajar a Canarias para pasar el fin de año junto a su novia Begoña, una mujer casi cuarenta años más joven que él y que había conocido durante una visita ginecológica de la madre de ella. Durante el ingreso y convalecencia de la madre de Begoña en el hospital, el doctor Iglesias y la joven iniciaron su relación. Así se las gastaba el doctor, no perdía el tiempo, un conquistador en toda regla.

Como última estratagema, los responsables del programa de televisión alemán decidieron utilizar como anzuelo un regalo. Enviaron un aparato de televisión en color de marca alemana a casa del doctor, según ellos, un obsequio de la cadena que ofrecían a todos sus invitados. El doctor, intrigado por la insistencia y también abrumado por el innecesario agasajo, aceptó el regalo y, cuando recibió una nueva llamada del periodista alemán respondió: «Venga, chico, me has convencido, vamos a grabar el reportaje»*.

Esto es un secuestro

El periodista arregló con el doctor el mejor momento para llevar a cabo la entrevista, que quedó cerrada para el día siguiente, el 29 de diciembre de 1981 a las diez y media de la mañana.

El doctor Iglesias convino con los periodistas que le pasaran a recoger por su casa de Madrid en la calle San Francisco de Sales, pero llegada la hora allí no apareció nadie. Con un enfado considerable por el inexplicable desplante, el doctor agarró su coche y se marchó de camino a la maternidad. Tan pronto aparcó su vehículo en la calle O'Donnell y cuando ya se disponía a entrar por la puerta de entrada del hospital, apareció por sorpresa el misterioso periodista.

«Doctor, doctor, no hemos podido llegar a su casa por culpa del tráfico. Al ver que no llegábamos a su casa hemos decidido venir aquí», dijo el chico.

El doctor, atento, le contestó que no se preocupara, que ya buscarían otro día con más tiempo.

---

* *Voluntad de hierro.*

«Doctor, no puede ser, tiene que ser hoy. Hemos alquilado un estudio en Prado del Rey, y si no lo hacemos, mis jefes me matan», argumentó angustiado el periodista*.

El padre de Julio, después de muchos años cerca de ellos, conocía el duro trabajo de un periodista, y viendo el agobio de aquel joven, aceptó.

El doctor preguntó entonces cómo irían hasta los estudios de televisión de Prado del Rey, a lo que el joven respondió que le llevarían en el coche de producción del canal, y una vez que el reportaje estuviera terminado, le llevarían de vuelta a casa. Aparcado justo enfrente, en el callejón que hacía esquina con el Hospital Santa Cristina, entre el clásico bullicio de las fiestas navideñas y un tumulto de peatones cargados con bolsas llenas de regalos, el doctor, acompañado del insistente joven, llegó hasta el callejón y se metió en el coche.

En el asiento delantero del Seat 131 de color rojo esperaban sentados dos hombres jóvenes, dos tipos de aspecto descuidado, mal vestidos, con pinta de guerrilleros de menos de veinte años y que no abrieron la boca durante todo el trayecto. Acostumbrado al joven periodista bien parecido, el aspecto de aquellos hombres desconcertó al doctor.

El joven periodista le preguntó entonces por qué no utilizaba escolta, a lo que el doctor respondió que él no era nadie, «mis nietos, sí, porque son los hijos de Julio Iglesias. Pero yo no tengo por qué temer nada. No soy ningún empresario ni gente con dinero como los que secuestra ETA»**.

El coche siguió su curso, desde la calle O'Donnell hasta la M-30, y de allí en dirección a la carretera de la Playa. Cuando llegaron a Puerta de Hierro, el coche no giró en dirección Casa de Campo, el camino lógico para llegar hasta los estudios de Prado del Rey. Sorprendido, el doctor indicó al conductor que se había equivocado. No obtuvo respuesta.

---

* *Voluntad de hierro.*
** *Ibídem.*

El vehículo se desvió por un camino de tierra, un monte cerrado repleto de árboles que al doctor le recordaba a Somontes, el área del monte de El Pardo que se extendía alrededor del curso medio del río Manzanares.

Recorridos algunos metros por la vereda, el Seat 131 de color rojo se detuvo. El joven sentado al lado del conductor y que no había abierto la boca en todo el viaje se dio la vuelta. Empuñando una pistola con silenciador que dirigió al vientre del doctor, esta vez sí habló:

«Esto es un secuestro, si no cooperas te mato»*.

La reacción inmediata, casi mecánica, del doctor fue callarse. Aterrorizado, el padre de Julio se quedó por tiempo indefinido paralizado, muerto en vida. Lo agarraron y, a empujones, lo sacaron del coche manteniendo su amenaza de matarlo. Los secuestradores dieron entonces un cóctel de somníferos y pastillas al doctor, que las tragó como pudo antes de que con un esparadrapo sellaran su boca. Lo metieron en un saco y el doctor perdió el conocimiento, «sentí un golpe seco en la cabeza. Deduzco que me metieron en el maletero, y al cerrar me dieron con el capó. Ya no recuerdo más»**.

Baltasar y Gloria

Más adelante el doctor supo que le cambiaron de vehículo, a una furgoneta que enfiló la Nacional II ya en manos de sus dos nuevos captores, Baltasar y Gloria. Pero en ese momento todo era miedo en la cabeza del doctor.

El coche viajó a media tarde hasta Trasmoz, un pequeño pueblo al oeste de la provincia de Zaragoza, una minúscula población situada en la comarca de Tarazona en dirección a Pamplona y Bilbao. Rodeado por montes, Trasmoz vivía azotado por el cierzo, el viento seco y frío típico de Aragón, una aldea habitada por menos de ochenta personas y donde residió Manuel Jalón Corominas, el español inventor de la fregona. Trasmoz había envejecido entre leyendas sobre brujas y aque-

---

* *Voluntad de hierro.*

** *Ibídem.*

larres, el único pueblo español oficialmente maldito y excomulgado por la Iglesia católica.

Gloria y Baltasar se habían encargado del traslado. Gloria iba detrás, Baltasar en el asiento del copiloto y el doctor en el maletero. A la llegada a Trasmoz, Guti, el padre de Gloria, ayudado por otro hombre, subió al doctor a una habitación de su casa. Cuando los efectos de los somníferos desaparecieron, casi dos días después de su captura, el doctor Iglesias se despertó en un cuartucho de nueve metros cuadrados en el que había tres sillas, una cama y un cubo para hacer pis, y hacía mucho frío, un frío helador; «no tengo ducha y el suelo de baldosa es muy frío»*, describió el doctor sobre el zulo.

Baltasar Calvo Gabate había nacido en Zaragoza en enero de 1957, pero se había criado en Trasmoz. Vivía a solo unas calles del lugar donde retuvieron al doctor. Baltasar trabajaba de fontanero en Zaragoza, y después de la mili y quedarse sin trabajo, regresó al pueblo. Allí conoció a Gloria Gutiérrez Fombellida, una joven que había llegado desde Asúa, cerca de Bilbao.

De vez en cuando Baltasar salía de fiesta a una discoteca de Tarazona, un pueblo próximo a Trasmoz. En Tarazona, Gloria y Baltasar empezaron a salir sin que el muchacho sospechase que su novia pertenecía a ETA. Era 1980, él tenía veintitrés años y ella diecinueve**.

Gloria se había incorporado a la organización en 1979. Un día su padre le explicó su compromiso con ETA y le preguntó si querría ayudarle. Una hora después, Gloria estaba cargando armas en una furgoneta para dejarlas en un zulo que había construido su padre en Erandio.

En abril de 1981 Baltasar descubrió que su chica era miembro de ETA cuando Gloria le dijo un día que no entrara en su casa. Aquella casa que no quería que viera su novio pertenecía a José Luis Gutiérrez, *Guti,* su padre. Guti era un albañil de Barakaldo, un «polimili», nombre que recibían los que pertenecían al aparato político-militar de ETA.

---

* *Voluntad de hierro.*

** José María Zavala, *Secuestrados.*

Fue él quien compró la casa de Trasmoz situada en la plaza de España, el lugar donde estuvo secuestrado el doctor Iglesias.

En 1980 Baltasar supo definitivamente que su novia y su suegro pertenecían a la banda terrorista cuando, pocos días después de que Gloria le negase la entrada a su casa en Trasmoz alegando que había unos invitados, los periódicos publicaron la liberación de Luis Suñer, el empresario que había creado un imperio industrial con las empresas Cartonajes Suñer y Avidesa. Casualmente, al día siguiente de la liberación del empresario valenciano, Gloria le dijo que los visitantes se habían marchado. Blanco y en botella.

Así que, con todos estos antecedentes, un día Guti le pidió a su yerno que le ayudase a construir un zulo y, sin quererlo, Baltasar se convirtió en cómplice de aquella trama familiar proetarra.

Caminando diez kilómetros diarios en una habitación

Durante su encierro, el doctor Iglesias fue cambiado de ubicación en varias ocasiones, aparentemente algo muy común cuando secuestraban a alguien. Al poco de llegar lo llevaron unos días al corral contiguo a la casa, con los chorizos colgando del techo y el resto de embutidos repartidos por la estancia. De vez en cuando le hacían subir y bajar escaleras para confundirlo; pero, para entonces, por el acento de las voces que llegaban de la calle, el doctor ya sospechaba que se encontraba en algún lugar de Aragón.

El doctor contabilizó a cuatro raptores, siempre encapuchados. Cuando aparecían en el cuartucho, el doctor Iglesias trataba de «mirar hacia arriba» para no ver sus ametralladoras. Durante su cautiverio se sintió bien tratado y rezó y se dedicó a cuidarse, a beber mucha agua y a dormir.

El padre de Julio recordaría después que la mujer lo trató estupendamente, era una fan de su hijo que lo tranquilizaba diciendo que lo cuidarían bien. La primera noche, Gloria le llevó pavo y langostinos. Después de aquella cena, el doctor no la volvió a ver. Sus guardianes cambiaron, a partir de entonces fueron dos hombres con antifaz y gorra.

El doctor recorría la habitación de esquina a esquina, caminando más de diez kilómetros diarios en una estancia de nueve metros cuadrados. Calculó los pasos que podía dar de pared a pared y, como un loco, comenzó a caminar, dos pasos hacia delante, dos pasos hacia atrás, dos pasos pequeñitos, dos pasos grandes, así hasta veinticinco mil*. «Me sentí peor que en la Guerra Civil, cuando me tuvieron preso», contaría después. Durante su cautiverio soñó que lo mataban, que volvía con sus hijos, que nunca lo encontraban. En su encierro, mientras sus guardianes dormían en el cuarto de al lado, el doctor tuvo mucho tiempo para pensar.

Llega la noticia a Julio

Sin noticias del doctor durante todo el día, la misma noche del día 29, el abogado de la familia Iglesias, Fernando Bernáldez, a petición de los miembros del clan, puso una denuncia por desaparición en el juzgado de guardia.

En la mañana del día 30, Alfredo Fraile recibió la llamada de su cuñado.

«Alfredo, ¿estás con Julio?».

Fraile respondió que no.

Su cuñado le informó con voz grave de la situación. Le dijo lo del secuestro del padre de Julio, que las sospechas apuntaban a ETA, que él se encontraba en la Dirección General de la Policía y que fuera inmediatamente a buscar a Julio donde estuviera para darle la noticia. Su cuñado le dijo que la policía quería que fuera él y nadie más quien le diera la noticia**.

El cuñado de Fraile no era otro que el periodista deportivo José María García, alguien con un notable poder entre los medios de comunicación y autoridades, y quien por su influencia y contactos entre los medios había recibido la primicia de la noticia. García se mantuvo cerca de la familia Iglesias durante todo el secuestro.

---

* *Voluntad de hierro.*

** *Secretos confesables.*

José María García, uno de los locutores más emblemáticos en la historia de la radio española, había iniciado su carrera profesional como reportero en Radio España a principios de los sesenta, pasando un año después a debutar en prensa escrita en el diario *Pueblo* y también en televisión, donde colaboró en varios programas de TVE. En 1972 ficha por la Cadena SER, siendo el precursor de la radio deportiva de medianoche, dentro del programa *Hora 25*. Con la llegada de la emisora privada Antena 3 en 1982 estrenaría su programa *Supergarcía,* referencia de la emisora, emitido a las 00:00 y que durante diez años fue líder indiscutible de la radio deportiva.

Alfredo Fraile salió en busca de Julio para comunicarle las preocupantes noticias que le había contado su cuñado. Cuando llegó a su casa, Julio estaba desayunando, recién levantado después de una larga jornada de trabajo en el estudio de grabación la noche anterior.

Julio se sorprendió de ver a Fraile en su casa tan temprano. Cuando Alfredo le dijo que le había llamado José María García desde España para contarle un grave problema, Julio saltó de inmediato: «Le ha pasado algo a mi padre»*.

Julio sabía que cualquier noticia relacionada con sus hijos le llegaría por su exmujer. Cualquier noticia urgente desde España solo podía estar relacionada con su padre. Y entonces Alfredo Fraile le explicó.

Julio cambió el semblante, empezó a caminar por la casa mientras gritaba sin parar. Se culpaba del secuestro por su propio éxito, «¡maldigo ser Julio Iglesias!, ojalá pudiera dar todo lo que tengo por que mi padre esté bien y no le pase nada»**, decía.

Pasado un rato, algo más calmado, Julio y Alfredo llamaron a José María García, quien se encontraba en la jefatura de policía, y donde el responsable policial les ofreció los detalles que se conocían hasta ese momento***.

---

* *Secretos confesables.*
** *Ibídem.*
*** *Ibídem.*

Julio había recibido amenazas con anterioridad

La noticia trascendió a la opinión pública el día 30. A través de Alfredo Fraile, se supo entonces que Julio había recibido amenazas con anterioridad y ya sospechaba desde tiempo atrás la posibilidad de un secuestro familiar. Desde que Julio Iglesias había logrado una imparable notoriedad internacional, su nombre, y por extensión el de cualquier miembro de su familia, formaba parte de la lista de los principales objetivos criminales. En 1980 Julio recordaba: «hace unos días una revista española habló de mi secuestro posible. Sentí más miedo por los míos que por mí mismo. Sé que en algún lugar, a estas horas, hay gentes que piensan en mí de forma no diría yo que negativa, sino algo más fuerte»*.

Tiempo atrás también intentaron secuestrar a Chábeli en un hotel de Ibiza. Los Mossos d'Esquadra de Catalunya descubrieron el plan del mafioso lyones Jean Louis Camerini para secuestrar a la hija de Julio en Ibiza. Camerini había sido acusado del secuestro de Melodie Nakachian, hija del magnate libanés afincado en España Raymond Nakachian y de la cantante coreana Kimera. La niña, que entonces tenía cinco años, fue secuestrada en Estepona, cuando su hermano la llevaba al colegio, un secuestro llevado a cabo por tres personas armadas que pertenecían a una banda de más de una decena de integrantes. Su cautiverio se prolongó durante once días, hasta que fue liberada por agentes de los GEO en un apartamento de Torreguadiaro, cerca de Sotogrande. Nakachian y su esposa, que fueron asiduos de las fiestas de la Costa del Sol, sobre todo durante el mandato de Jesús Gil al frente del ayuntamiento de Marbella, se alejaron de la vida pública tras la puesta en libertad de su hija**.

Aquellas amenazas ya habían alertado a Julio y motivaron al cantante a proteger a sus hijos y a Isabel Preysler con un servicio de escolta personal. El doctor, tal y como había confirmado ingenuamente a sus captores, había renunciado a los guardaespaldas. Para pasar desapercibido, el doctor solo había accedido a comprar un utilitario discre-

---

* *Entre el cielo y el infierno.*
** *La Vanguardia.*

to y deshacerse del lujoso Mercedes que le había regalado su hijo. Todo aquello empezó a obsesionar a Julio, profundamente preocupado por los temas de seguridad y que le haría no reparar en gastos a la hora de proteger a los suyos.

Les doy lo que quieran

Julio, después del éxito internacional de su álbum *De niña a mujer,* seguramente en el punto más alto de popularidad de su carrera, recibió la terrible noticia cuando se encontraba grabando su nuevo disco en Miami. En su casa de Indian Creek, Julio acababa de regresar de una gira de teatros que lo había llevado hasta Argentina. Reunió a su hermano y a su madre y contactó con Isabel, que en ese momento disfrutaba junto a sus hijos de unos días de esquí en la estación suiza de Gstaad.

«Esto lo han hecho porque soy Julio Iglesias y quieren mi dinero. Les doy lo que quieran, porque lo que necesito es tener a mi padre vivo conmigo», dijo Julio entonces.

El mismo día que supieron lo del secuestro, Carlos viajó desde Miami hasta Madrid. En la capital española, el hijo pequeño del doctor asumió las tareas de portavoz familiar. Pensando que sería más sencillo que los terroristas localizaran a Julio en Miami, nunca se planteó la opción de que Julio viajara también a España.

La primera pista que obtuvo la policía fue el tique de aparcamiento colocado a las 11.15 horas del día 29 junto al volante del coche del pequeño utilitario del doctor.

Una vez confirmada la noticia del secuestro, Julio se derrumbó. Durante días ni comía ni dormía, solo buscaba estar solo, pendiente del teléfono permanentemente en contacto con sus familiares y abogados*. En aquellos días tuvieron que convencerlo para que tomara alguna pastilla que le permitiera descansar, al menos un par de horas cada día.

A Julio le rompía el corazón pensar en cómo estaría pasando su padre el terrible momento. Julio sabía que el doctor Iglesias era un hombre fuerte, pero que si el proceso del secuestro se alargaba en el tiempo,

* *La Vanguardia,* 31 de diciembre de 1981.

lo pasaría muy mal. Siendo un hombre dinámico y muy activo, la peor receta para el doctor era precisamente estar encerrado.

Una pista crucial

El 31 de diciembre agentes del FBI llegaron a casa de Julio, pincharon los teléfonos, enviaron a un psicólogo y dijeron que, para ellos, aquel secuestro llevaba la firma de ETA*.

Pocos días después, Joaquín Domingo Martorell, jefe de la célula antiterrorista de la policía española, obtuvo una pista crucial. Martorell había logrado por parte de un etarra capturado en una redada en un bar de Bilbao un soplo fundamental. Gracias al confidente, la policía supo que ETA estaba detrás del rapto. Investigando el paradero del empresario vasco José Lipperheide Heinke, las fuerzas de seguridad descubrieron el escondite del doctor, pero, de manera discreta, la policía nunca informó lo de la banda terrorista ni a los medios de comunicación ni a la familia Iglesias.

El día de la liberación

Los días pasaban y el nerviosismo crecía entre Julio y su familia. Alfredo Fraile canceló toda la agenda del artista, fechas que incluían actuaciones en programas de televisión en Francia e Inglaterra.

Tres semanas después de su rapto, el doctor Iglesias estaba a punto de salir de aquel pequeño zulo en el pueblo zaragozano de ochenta vecinos. El jefe de la célula antiterrorista de la policía española tardó ocho largos días en ultimar todos los detalles del rescate. Finalmente, Joaquín Domingo Martorell, después de cuatro días vigilando los movimientos de los secuestradores, puso en marcha el operativo en la madrugada del 17 de enero de 1982. En mitad de las fiestas de San Antón, los vecinos del pueblo bailaban ajenos a un desenlace de película. Un vecino recuerda que «el pueblo entero estaba mamado, el pueblo estaba de celebración. La gente se creía que había policías y guardias civiles por algo de la fiesta, para controlar. Pero estaban buscando la casa de los etarras, iban por los tejados». Otra vecina recuer-

---

* *Secretos confesables.*

da que «cuando vinieron los GEO no te imaginas la que se formó. Nadie del pueblo podía imaginar que Papuchi estuviese ahí, y menos que el Baltasar era uno de los secuestradores. La culpa era de ella, que le metió en eso. Él era muy buen chico. Es lo de siempre: tiran más dos tetas que dos carretas»*.

El Grupo Especial de Operaciones tuvo que retrasar el asalto. Medio pueblo celebraba la fiesta de San Antón alrededor de una hoguera justo en frente de la casa de Guti.

Los GEO llegaron a Trasmoz a las tres de la madrugada de un domingo lluvioso del mes de enero, cercando por completo la localidad, apostando tanquetas en todos los cruces, y a un policía cada cien metros en un radio de seis kilómetros a la redonda. Los miembros de seguridad de la policía incrustaron explosivos en la puerta de la casa y la volaron por los aires. Ateridos en las heladoras madrugadas de enero en el Moncayo aragonés, los GEO, con trajes, chalecos antibalas y cascos, que en estado de shock el secuestrado confundió con astronautas, lo rescataron. «Doctor Iglesias, está usted liberado. Enhorabuena», fue lo primero que le dijeron. Uno de los GEO lo agarró del brazo y lo sacó al exterior. El doctor, con los nervios, dejó olvidada en el interior de la casa su dentadura postiza y salió sin dientes. «Julio dará festivales benéficos para las viudas y los huérfanos de la Policía», acertó a decir el doctor pocas horas después de su liberación**.

Cuando el doctor llegó hasta la delegación de la Dirección de Seguridad en Madrid, con barba de varios días, el padre de Julio Iglesias solo pudo decir: «¡Soy el secuestrado, soy el secuestrado!». Acto seguido se lanzó al suelo y comenzó a hacer flexiones para demostrar que se encontraba físicamente bien.

Papá esta libre

El 19 de enero, en la noche española, media tarde en Miami, José María García llamó a su cuñado: «Han encontrado al padre de Julio».

---

* *El español.*

** *Vanity Fair.*

Pasadas las nueve y veinte de la noche en Miami, Carlos llamó a su hermano y, emocionado, exclamó: «Papá esta libre. Lo han encontrado en Zaragoza»*. Cuando saltó la noticia, Julio se encontraba en los estudios de grabación Criteria preparando los detalles de *Momentos* con Ramón Arcusa, el que sería su siguiente disco. El entorno del cantante consideró oportuno que volviera al estudio y se alejara algunas horas al día de la tensión de esperar una llamada de teléfono salvadora. Cuando Julio habló con su hermano, en un principio pensó que los captores se habían puesto en contacto con ellos; «está libre, está bien, lo han liberado cerca de Zaragoza»**, aclaró Carlos.

Julio Iglesias se echó a llorar al conocer la noticia, que le comunicó su hermano Carlos desde Madrid, al tiempo que le decía: «Charlie, Charlie, pero ¿es verdad?»***. La emoción era inmensa en la casa de Indian Creek, donde desde que se conoció la noticia del secuestro todo había sido tristeza y un angustioso silencio.

Rodeado de sus amigos, de Alfredo Fraile, de Toncho Nava y de su jefe de prensa, Julio atendió la llamada del propio presidente del Gobierno, Leopoldo Calvo-Sotelo, quien llamó a Julio Iglesias para darle la buena noticia pasadas las cuatro de la madrugada. Calvo-Sotelo le informó de que su padre estaba en perfecto estado de salud, aunque algo más delgado; «era la primera vez que hablaba con el presidente y tuvo palabras muy afectuosas para mí y para mi familia. Le agradecí su atención y le felicité por la labor de la policía española». Acto seguido Julio llamó al comisario Manuel Ballesteros, responsable de la policía, y habló con su exmujer, Isabel Preysler****.

Julio también conversó con el ministro del Interior, Juan José Rosón, aquel hombre que fuera secretario general de RTVE y le ofreciera una canción para Eurovisión, y cuyo papel, como ministro del Interior en los gobiernos de UCD de la segunda legislatura, fue clave en la disolución de ETA político-militar y también en la reinserción de sus miembros. «Su padre está bien. Ahora está camino de Madrid.

---

* *Cuando vuelva a amanecer.*
** *El País,* 19 de enero de 1982.
*** *Ibídem.*
**** *Ibídem.*

Cuando llegue aquí a las ocho de la mañana (dos de la madrugada en Miami), le llamará», dijo Rosón.

Cuando se cumplían las ocho de la mañana en Madrid, Julio pudo por fin hablar con su padre, una conversación de apenas tres minutos, donde el doctor confirmó a su hijo que se encontraba bien. El doctor le explicó que durante su cautiverio no tuvo contacto con el exterior, no escuchó la radio ni vio la televisión. En todo el tiempo que estuvo en el zulo, en ningún momento pudo ver a sus raptores. La conversación concluyó con un alegato patriótico del doctor: «Ni la CIA ni el FBI ni ninguna. La mejor policía del mundo es la española»*.

El viaje del doctor a Miami

Por la tarde, Julio atendió a los medios de comunicación en el jardín de su casa de Indian Creek. Nuevamente alabó la labor de la policía y confesó que su vida ya no volvería a ser igual. Su escala de valores cambió radicalmente tras el secuestro de su padre y afirmó que había cosas en la vida que estaban por encima de todo lo demás, especialmente el afecto de su familia, muy por encima de los aplausos de su público, «he reflexionado mucho estos días y he podido valorar muy bien el precio del éxito», dijo.

Cuarenta y ocho horas más tarde, el doctor Iglesias, ya con dientes gracias a que un periodista de la revista *Interviú* que los había recogido del zulo mientras realizaba el reportaje se los llevó hasta su casa, voló rumbo a Miami en un avión DC 10 de Iberia, no sin antes pedirle a José María García que lo acompañara a ver a Begoña, su amante. Acompañado de García y de dos policías, el doctor visitó a Begoña, todo un donjuán incluso en los momentos más difíciles**.

El doctor Iglesias Puga llegó al aeropuerto internacional de Miami en el vuelo 957 de Iberia rodeado de grandes medidas de seguridad impuestas por la policía norteamericana, que además aconsejó a Julio Iglesias que no fuera a recoger a su padre al aeropuerto. El cantante esperó en Indian Creek, mientras su madre y Alfredo sí acudieron a reci-

---

* *Voluntad de hierro.*
** *Secretos confesables.*

bir a la familia que llegaba de Madrid. Más de un centenar de periodistas, fotógrafos y cámaras de televisión esperaron en el aeropuerto.

El avión de Iberia tomó tierra a las 16.35 hora local, y el doctor Iglesias, junto a Chábeli, Julio José y Enrique, abandonó el aparato por una escalerilla lateral para dirigirse, junto a Alfredo Fraile y dos policías de escolta, a dos helicópteros que los esperaban en la pista con destino a Indian Creek. El periodista José María García y Carlos Iglesias llegaron hasta la terminal, donde los esperaba su madre y la mujer de Carlos, Carmen Domínguez Macaya. Sin hacer declaraciones, se dirigieron hacia Indian Creek en un Rolls Royce negro.

Por fin, allí se celebró el encuentro del doctor Iglesias con su hijo Julio en la más estricta intimidad familiar. Los Iglesias celebraron el reencuentro con una cena, a la que solo asistieron los miembros de la familia*.

La rueda de prensa en Miami

Los medios de comunicación que acompañaron al doctor durante el vuelo recordaban que, tras descansar dos horas en el avión, el doctor ofreció una copa a los periodistas manifestando que pensaba volver a España en abril, después de unas vacaciones y «reposar un poco, que me hace falta. Quiero mucho a España —añadió— y volveré, aunque vuelvan a secuestrarme».

En Miami, de donde, para evitar posibles especulaciones y quizás poner en riesgo la vida de su padre, Julio Iglesias no se había movido desde que conoció su secuestro, el doctor habló por primera vez. En su primera aparición pública tras la liberación, ante la atenta mirada de doscientos cincuenta periodistas de todo el mundo, Julio Iglesias, su hermano Carlos y el padre de ambos comparecieron ante la prensa en el Jockey Club de la ciudad.

Alfredo Fraile entregó tres folios escritos a máquina, un comunicado a los medios anunciando además que aquella comparecencia pública del médico sería su única aparición para hablar de los hechos ocurridos en España. Carlos, el hijo menor del doctor, se oponía a la

---

* *El País,* 20 de enero de 1982.

comparecencia, temeroso de lo que pudiera decir su padre. Fraile y los dos hijos del doctor Iglesias le aleccionaron y le dijeron qué cosas podía decir y cuáles no. El doctor debía decir que lo habían tratado bien.

«¿Cómo voy a decir que me han tratado bien esos hijos de puta?», les espetó el doctor a sus hijos*.

Flanqueado por sus dos hijos, vestido de blanco y con palabras titubeantes y mirada desorientada, ante las continuas aclaraciones de su hijo pequeño, reconoció que sus captores lo trataron correctamente y fueron educados. Sus raptores jamás le dieron explicaciones sobre los motivos que los llevó a secuestrarle, tan solo que se había pedido un rescate confiando en que su hijo lo pagaría. «Hace falta tener una fe enorme para poder soportar veinte días de cautiverio», recordó el doctor. Julio Iglesias Puga manifestó que no pasó miedo en ningún momento, «puesto que yo tengo el mismo carácter y la voluntad que mis dos hijos: somos hombres de mucho temperamento». El doctor también informó de que sospechó durante su cautiverio que se encontraba en la zona del Moncayo, porque cuando los secuestradores le prestaron un diario pudo observar en el mapa del tiempo que los lugares españoles que estaban sufriendo temperaturas más bajas eran las provincias de Navarra y Zaragoza**. Alfredo Fraile también informó de que Julio había decidido crear una fundación destinada a los hijos de policías víctimas de terrorismo.

Años después, el doctor criticó la decisión aleccionadora de sus hijos en aquella rueda de prensa en Miami. El doctor creyó que lo trataron como a un pelele, un mandado que no pudo expresarse como le hubiera gustado. No le gustó que lo llevaran a Miami cuando perfectamente podría haber hablado en Madrid. Sus hijos pensaron que solo diría tonterías y se proclamaron como únicos portavoces válidos. Para el doctor, sus hijos no acertaron y él, a diferencia de otros hombres y mujeres que habían pasado por situaciones similares a la suya, no pudo decir lo que le sucedió realmente durante su encierro***.

---

* *Secretos confesables.*
** *El País,* enero de 1982.
*** *Voluntad de hierro.*

Enigmas del secuestro: ETA y Carlos *el Chacal*

ETA mantenía una tregua ficticia desde febrero de aquel año y nunca reivindicó públicamente el secuestro. En un intento de que no se la relacionase con el asunto del doctor Iglesias, ETA solicitó la colaboración de Ilich Ramírez Sánchez, más conocido como Carlos *el Chacal*.

El Chacal, terrorista venezolano y uno de los fugitivos internacionales más buscados, se había unido a principios de la década a la lucha por la causa palestina, y en 1975 había asesinado a punta de pistola a dos policías franceses y un civil libanés.

Ramírez, autodenominado *Carlos,* desapareció entonces en Yemen del Sur y el periódico británico *The Guardian* comenzó a llamarle *El Chacal* después de que fuera encontrado entre sus pertenencias un ejemplar de la novela *El día del Chacal,* de Frederick Forsyth.

La madrugada del 15 de agosto de 1994, Ramírez fue secuestrado en Jartum por su propia escolta. Trasladado a un aeropuerto privado en la República de Sudán, miembros encubiertos de la policía francesa lo montaron en un avión y lo trasladaron a Francia. Ramírez Sánchez está encarcelado en la Maison centrale de Poissy, en Francia, condenado a cadena perpetua por los homicidios de los dos policías franceses y el ciudadano civil árabe, ocurridos en 1975.

Un millón de dólares en una bolsa de color negro

Tras el secuestro del doctor Iglesias, ETA se puso en contacto con el terrorista huido venezolano. El Chacal les ayudaba a conseguir armas a cambio de dinero, y en el caso del doctor, les pidió que cobrasen el rescate en Líbano. En realidad todo el asunto del Chacal era un ardid de ETA que contribuyó a un estado de confusión total. ETA político-militar, en tregua desde febrero de 1981, necesitaba dinero.

«El acuerdo era de ocho millones de dólares para ETA y dos para nosotros»*, revelaría El Chacal. El trato lo negociaron en Budapest El Chacal y el «polimili» Luc Groven, *Lucas*. Se dijo que ETA pidió dos mil millones de pesetas a la familia Iglesias como precio por la

* *El Mundo*, 13 de junio de 2013.

liberación del doctor. Pero este siempre aseguró que no se les pagó «ni un céntimo»*.

Durante los días siguientes, hasta siete presuntas bandas de delincuentes se acercaron hasta la familia para cobrar el rescate, una entrega que jamás se realizó al no ofrecer las pruebas necesarias para creerlos. Por si acaso, Julio Iglesias ya tenía preparados tres millones de dólares para salvar a su padre.

Tan pronto supo que ETA estaba detrás de todo el asunto, y que lo que buscaban era dinero, Julio Iglesias ordenó ir al banco, sacar varios millones de dólares y enviar uno de manera urgente hasta Madrid.

Jorge, el hermano de Fraile, y con el conocimiento de la policía y de las autoridades aduaneras, metió un millón de dólares en una bolsa de color negro y viajó hasta España. Según recordaba el doctor Iglesias, su hijo habló personalmente con el presidente Ronald Reagan para que autorizara la extracción de las divisas**. En el viaje reservaron dos asientos; uno para Jorge Fraile y otro para la bolsa de dinero. Desde Madrid se había pedido que no se moviera ningún dinero, pero Julio desoyó la recomendación. Pensaba que si se necesitaba dinero de manera urgente, lo mejor era resolverlo al instante. Y para eso el dinero debía estar en España.

Un golpe de suerte

A pesar del notable éxito del rescate, una fuente policial muy cercana al caso y que prefiere mantener el anonimato explica que «el éxito de la operación fue sobredimensionado»***. «Fue un gran trabajo, pero lo que quería la policía era dar la impresión de que tenían controlados a los de ETA. Nunca se ha probado, pero en aquella época se decía que Julio Iglesias hijo, el cantante, sí llegó a pagar a los secuestradores».

También resultó extraño que los captores no se pusieran en contacto con la familia durante los veintiún días que duró el secuestro. No hubo llamadas ni peticiones de rescate, solo una carta enviada a la

* RTVE, rueda de prensa Miami, 1982.
** *Voluntad de hierro.*
*** *El Español.*

embajada de España en Líbano pidiendo veinte millones de dólares, una carta que llegó el día 20, al día siguiente de la liberación. Aquella sucesión de incongruencias llevó a pensar que, tal vez, el rescate del doctor no fue otra cosa que un golpe de suerte y que, buscando al empresario vasco José Lipperheide Heinke, la policía dio por casualidad con el padre de Julio Iglesias*. Otra teoría más en un caso extraño.

Pablo Escobar y otros misterios sin resolver

En 1995 en el diario *ABC* también apareció una sorprendente noticia. Aparentemente, durante el cautiverio del doctor, Julio habría solicitado el asesoramiento de Pablo Escobar, el mismo jefe del cártel de Medellín. Escobar «había utilizado el *know-how* de ETA para someter al Estado colombiano a su voluntad», según relataba Juan Pablo Escobar, su hijo, asegurando que no fue más allá porque estaba centrado en la guerra del país**.

En 1979 Julio y Escobar coincidieron en una discoteca de la ciudad de Cali. Durante ese periodo el nombre y el apellido del capo colombiano no saltaban a la prensa por sus delitos, sino que aparecía por sus pasos como piloto de carreras.

Ese mismo año, poco después de salir de la cárcel, Pablo Escobar debutaba como piloto en la primera prueba de la Copa Renault 4 celebrada en el circuito de Tocancipá, Bogotá. El Renault 4 de Escobar, de color blanco, portaba el número 70 y, como no podía ser de otra forma, contaba con los mejores componentes del mercado y repuestos prácticamente ilimitados.

Escobar también era un amante de la música, disfrutaba con los ritmos alegres de las orquestas Billo's Caracas Boys y Los Graduados. Le gustaba escuchar a Piero, Joan Manuel Serrat, Camilo Sesto, Julio Iglesias y, su ídolo, Leonardo Fabio.

Durante un fin de semana, la Copa Renault se trasladó a Cali, y Escobar y su equipo ocuparon varias habitaciones del hotel Intercontinental. Allí también se encontraba Julio Iglesias porque esa misma

---

* *Secretos confesables.*
** *El Mundo*, 12 de abril de 2015.

noche de sábado se presentaba como artista en la discoteca Los años locos. El capo ni corto ni perezoso compró más de cien entradas para asistir al concierto, y no se conformó solo con eso, sino que también invitó a sus rivales*.

Escobar, pocos meses antes del secuestro del padre de Julio Iglesias en 1981, también sufrió en sus carnes el rapto de su propio padre. La noticia, supuestamente, hablaba de la existencia de una cinta donde Julio pedía la ayuda del jefe del cártel y este le habría ofrecido el envío a España de un comando de élite de su organización para solucionar el asunto**.

Detención y juicio

Tras la liberación del doctor Iglesias los autores del secuestro fueron arrestados. La Fiscalía reclamaba penas de entre once y quince años de cárcel, pero estas se vieron reducidas a la mitad, especialmente en el caso de Baltasar Calvo, a quien se le acusaba de «colaboración con banda armada».

En junio de 1983, ante la sección segunda de lo penal de la Audiencia Nacional, en el transcurso del juicio oral celebrado contra seis presuntos militantes de la organización terrorista ETA político-militar acusados de haberlo mantenido secuestrado, Julio Iglesias Puga no reconoció a sus presuntos secuestradores, renunciando a la indemnización de cinco millones que le correspondía por su secuestro.

Sorprendentemente, durante el juicio los seis presuntos militantes de la organización terrorista —Juan Gregorio Egusquizaga, Jesús Urrutia, Gloria Gutiérrez, Alberto Mendiguren, Baltasar Calvo y José Luis Gutiérrez—, a pesar de que cuatro de ellos habían sido detenidos en la madrugada del 17 de enero de 1982 en Trasmoz, en la misma casa en la que se encontraba el doctor Iglesias, y otro había sido arrestado en Axpe (Vizcaya) con una carta del doctor Iglesias dirigida a sus familiares, aseguraron no saber nada del secuestro.

* *El Mundo*, 12 de abril de 2015.
** *ABC*, 4 de marzo de 1995.

La extraña declaración del doctor

Más chocante fue la declaración del doctor Julio Iglesias Puga. En el centro de la sala del juzgado, quizás víctima del síndrome de Estocolmo —algo que él negaría en sus memorias—, en el que el secuestrado acaba estableciendo una corriente de simpatía hacia sus captores, el doctor declaró de forma contradictoria. Empezó asegurando que no reconocía a ninguno de los acusados, para inmediatamente asegurar que la procesada Gloria Gutiérrez «era una chica adorable» y que le había «servido amablemente» el tiempo de su cautiverio. «A ver, le tratamos de maravilla, pero me arrepiento de aquello», recuerda Baltasar.

Durante el juicio, el doctor Iglesias desmintió que Baltasar y Gloria le pidieran veinte mil pesetas para lavar su ropa, y añadió que el dinero lo dio él para comprar ropa interior de invierno. En el libro *Secuestrados,* de José María Zavala, Gloria describe el suceso así: «Son las tres, hora de almorzar. Iglesias me pide que le entregue algo de ropa. No sé qué decirle, pero él insiste en que tiene frío. Abre su cartera y me ofrece dinero. Le indico que antes debo consultarlo. Mi padre y yo nos reímos ante aquella situación. Nos parece muy extraña, pero no vemos ninguna objeción. Así que vuelvo a la habitación del secuestrado para pedirle veinte mil pesetas».

El testimonio del doctor descubrió aspectos secretos de su secuestro, como esa carta que fue entregada en Líbano, en una sucursal de la casa discográfica CBS en la que se pedía el rescate, o esas otras dos cartas escritas por el propio secuestrado y encabezadas con una información publicada en su día por el diario *ABC* y cerradas con unas frases lacónicas y emotivas recordando «mi amor y mi cariño eterno».

Todas las declaraciones fueron calificadas por el ministerio fiscal como sorprendentes. El representante del ministerio público aseguró que «lo que hemos oído aquí nos ha llenado de asombro y de sorpresa», y que se habían dado «versiones inverosímiles». Se refería el fiscal no solo a las declaraciones de la víctima, sino también a las de los seis imputados, que habían negado lo que confesaron en su día ante la policía y el juez.

Las condenas

Para cuatro de los procesados, el fiscal pidió una pena de once años de prisión por un delito de detención ilegal; para Baltasar Calvo reclamó ocho, por considerarlo colaborador, y para José Luis Gutiérrez, *Guti,* pidió quince al considerarle reincidente, por haber participado con anterioridad en el secuestro de Luis Suñer. Finalmente, en el juicio oral, celebrado en junio de 1983, el doctor Iglesias renunció a cualquier indemnización y elogió a la mujer que le vigiló. Egusquizaga fue condenado a ocho años; José Luis Gutiérrez, a seis años y un día; Mendiguren, a cuatro años; Urrutia, a tres; Gloria, a dos años, y Baltasar, a un año y seis meses.

Gloria y Baltasar se casaron en la cárcel, «yo no era de ETA, era mi mujer. Nos queremos mucho. Vivimos juntos en Erandio, con nuestros dos hijos. Venimos a Trasmoz a menudo, en festivos, vacaciones».

En la cárcel, Gloria y Baltasar firmaron el Manifiesto de los 43, un documento donde cuarenta y tres miembros de ETA que cumplían condena renunciaron a la lucha armada y solicitaron el indulto individualmente.

El fin de ETA político-militar

ETA político-militar mantuvo su actividad armada hasta 1983, aunque sin sus comandos especiales y ya con unos representantes civiles*. Hasta su definitiva desaparición, secuestró a varias personas, realizó distintos atentados y demostró una capacidad similar a la de ETA militar. ETA político-militar explicaba la disolución de la organización así: «La lucha armada y ETA, que en un momento fueron necesarias para Euskadi, ya han cumplido su papel y hoy ya no hay razones históricas para que sigan existiendo».

A pesar de que no fue un cautiverio excesivamente largo, comparado con otros secuestros perpetrados por ETA, el doctor sufrió las secuelas del encierro. Durante algún tiempo no pudo dormir bien y tuvo que sobrevivir a base de medicamentos. Reconoció que aquel episodio le llevó a pensar incluso en el suicidio.

---

* Javier Marrodán.

El cuarto donde durante veinte días de 1981 estuvo preso el doctor Iglesias se reconvirtió con los años en una bodega. Allí se esconden hoy unos vinos buenísimos.

Cambio de vida tras el secuestro

Empezando por la de su padre, y terminando en la de sus propios hijos, la vida de Julio Iglesias cambió radicalmente después del secuestro del doctor.

Fue un periodo convulso, antes de que su padre fuese secuestrado, ese mismo año, aconteció otro rapto que conmocionó a la sociedad española, igual que poco después lo haría el del doctor Iglesias. El domingo 1 de marzo de 1981, durante el partido donde el Barça vencería al Hércules por 6-0, la estrella del equipo, Enrique Castro, *Quini*, metería dos goles. Sin embargo, no recordaría ese domingo por el éxito y la gloria, sería por algo muy distinto. A la salida del Camp Nou, rumbo a su hogar, *Quini* fue secuestrado por tres hombres en paro, desesperados. Estos pensaron que si secuestraban a toda una estrella del fútbol solucionarían sus problemas económicos, pero no tuvieron en cuenta el daño y el dolor que ocasionaron tanto al jugador como a su familia.

Los secuestradores metieron a *Quini* a la fuerza en una camioneta y condujeron hasta Zaragoza, allí lo tuvieron escondido durante veinticinco días. El secuestro se produjo poco después del golpe de Estado y durante una época en la que ETA estaba dejando un reguero de atentados.

Finalmente tanto la policía española como la suiza desarticularon a los secuestradores y liberaron a la estrella de fútbol, que había permanecido oculto en un zulo que se encontraba en un taller mecánico. Por casualidades de la vida hallaron a *Quini* muy cerca de donde más tarde localizarían al doctor Iglesias: Trasmoz.

El traslado de los niños a Miami

La captura de su padre y los continuos secuestros de empresarios y celebridades, incluyendo la de Quini, aterrorizaron al cantante, que a partir de entonces extremaría sus medidas de seguridad y naturalmente también las de su familia.

La primera decisión de Julio tras la liberación del doctor afectaba directamente a sus hijos. Obsesionado con la seguridad de su familia, Julio Iglesias pensó que sus hijos estarían libres de posibles amenazas si se trasladaban a Estados Unidos. De este modo, y de acuerdo con Isabel, Julio decidió que Chábeli, Julio José y Enrique se mudaran con él a Miami.

Después del secuestro de su abuelo «nos quitaron de en medio. Si no, aún seguiría en mi país. Lo peligroso fue que lo liberaron sin pagar rescate. Tuve que dejar a mi madre en España. Nos llevaron a Miami a vivir con mi padre. Decíamos que fuimos para aprender inglés, pero era mentira»*, recordaba Enrique Iglesias años más tarde.

Para Enrique aquella decisión fue un momento muy duro, descubrir la soledad con apenas siete años resultó especialmente difícil para el hijo pequeño de Julio Iglesias. Enrique, durante los dos primeros meses, no dejó de llorar ni un solo día. Su padre estaba prácticamente todo el día fuera, grabando, viajando o actuando en algún país del mundo. Para aquel niño el cambio de Madrid a Miami fue brutal. Su hermano Julio José también recordaba el secuestro de su abuelo como uno de los momentos más dolorosos de la familia, yendo a partir de entonces al colegio, al parque, a todos sitios con escoltas. Para el chaval era extraño tener escoltas a su lado todo el rato con tan solo ocho años**, «nos dolió separarnos de mi madre, porque ella siguió viviendo en España, y más al ver tan poco a nuestro padre. Tenía solo ocho años, pero viéndolo ahora con el paso del tiempo, entiendo la decisión», reflexionó Julio Iglesias Jr.

Las secuelas del doctor

La vida del padre de Julio después de la liberación tampoco fue sencilla. Durante las semanas que siguieron a su rescate, el doctor veía secuestradores por todos lados. Cuando conducía su coche y veía otro vehículo detrás del suyo, el doctor solo podía pensar: «Este cabrón me viene a secuestrar»***.

---

* *El Mundo.*

** Telecinco, 2011.

*** *Voluntad de hierro.*

Después de algunas semanas en Miami, el doctor Iglesias decidió regresar a España y trató de recuperar la rutina de su vida. Protegido por escoltas del Ministerio del Interior, regresó a la maternidad de O'Donnell. La escolta del Estado duró poco, y cuando el gobierno dejó de cubrir los gastos, su hijo le procuró el servicio de dos expolicías, Vicente Frutos y Jesús Martín, para protegerle.

En la maternidad, el doctor ya no pudo hacer una vida normal. Todos sus compañeros le preguntaban insistentemente por los detalles de su secuestro, y el doctor lo único que quería era olvidarlo. Fue entonces cuando, por primera vez, se planteó dejarlo, jubilarse y aparcar definitivamente el trabajo.

El doctor visitó al doctor López Zenón, jefe de Psiquiatría de la Ciudad Sanitaria Provincial de Madrid. Con el informe del médico en la mano, al doctor Iglesias le dieron la invalidez absoluta, aunque durante algún tiempo mantuvo su plaza como médico de la Seguridad Social.

No duró mucho. Decaído y sin fuerzas, el doctor Iglesias acudió a la consulta del hijo del doctor López Ibor, responsable de Psiquiatría en el Hospital Ramón y Cajal. Allí, el padre de Julio argumentó que se encontraba sin ánimo y muy alterado, y que le resultaba imposible seguir como jefe de Ginecología de la Seguridad Social. No le creyeron, la comisión le veía con capacidad suficiente para seguir trabajando y, abatido, el doctor pidió la jubilación y no volvió a trabajar nunca más.

21
Sin mirar atrás

Quijote, Julio Iglesias

362: 6 de octubre de 1982. Julio Iglesias y Vaitiare en París.
© Getty / Patrice Picot.

360-361: Julio Iglesias con sus hijos Chábeli, Enrique y Julio José en el Seaquerium de Miami. © GTRES.

En 1982, feliz de tenerlos cerca de él en Indian Creek, Julio describía a sus hijos de manera serena: «Julio es el que parece más filipino de todos. Es rápido, buen deportista. Enrique es el más Iglesias de todos. No son muchachos extravagantes, ni traumatizados por nada. Viven y se dejan querer como todos los demás niños. Se crían muy mimados, como todos los hijos de matrimonios separados. Están sanos, son inteligentes, y Julio es mucho más ingenuo que Enrique. Chábeli es mi ojito derecho. Se me nota mucho y no deseo ocultarlo».

Con sus hijos en Miami, Julio retomó su actividad normal y reanudó la grabación de su siguiente disco. Si algo quería Julio Iglesias en 1982 era recuperar cuanto antes el pulso natural de su vida, pasar página y mirar hacia delante.

El mejor momento profesional de Julio Iglesias

Titulado *Momentos*, el nuevo disco de Julio Iglesias se grabó casi en su totalidad en los ya habituales estudios Criteria de Miami, espacio casi igual de habitual que su ya consagrada asociación profesional con Ramón Arcusa.

Después de las difíciles situaciones vividas por el cantante tan solo unas pocas semanas atrás, *Momentos* capturó a la perfección, nunca mejor dicho, el mejor momento profesional de Julio Iglesias. *Momentos* se levantaba como un título sencillo pero también perfecto, entregando una de las colecciones de canciones más inspiradas a lo largo de toda su carrera.

Momentos escondía en su interior piezas esenciales en la discografía de Julio. Allí emergía *Nathalie,* escrita por el propio Julio junto a Ramón Arcusa; la preciosa *Las cosas que tiene la vida,* de Danny Daniel; el tema *Momentos,* balada del asiduo colaborador Tony Renis; la versión de *La paloma,* una habanera clásica escrita a mediados del siglo XIX por Sebastian Iradier; *Con la misma piedra,* de Jorge Massias, y, sobre todo, *Quijote,* una canción monumental escrita a ocho manos entre Julio Iglesias, Manuel de la Calva, Ramón Arcusa y Gianni Belfiore, un retrato fiel de la vida de Julio Iglesias y de la propia personalidad del artista, una canción que incluía versos atinados, el reflejo perfecto de la imagen que proyectaba en ese momento el cantante: «Y me gustan las gentes que son de verdad, ser bohemio, poeta y ser golfo me va, soy cantor de silencios que no vive en paz, que presume de ser español donde va».

En el apogeo de su nuevo disco, Julio Iglesias fue testigo del cambio político en España. El 28 de octubre de 1982, el PSOE lograba la victoria electoral y Felipe González se convertía en presidente del Gobierno de España, un político de izquierdas por el que, lejos de su natural ideología, Julio sentía un sincero respeto y pública admiración. Por primera vez desde las elecciones generales de 1936 un partido de izquierdas iba a formar gobierno, culminando así la Transición española.

Vaitiare, una niña mayor

Tras los difíciles acontecimientos que rodearon los últimos meses, Julio Iglesias encontró en 1982 una sorprendente compañera de viaje. Durante sus giras promocionales por todo el mundo, Julio recaló en Oceanía en 1981. Allí conoció a la madre de Vaitiare, una mujer que pertenecía a la casa real de Makea de las Islas Cook, que compartía su vida entre Los Ángeles y Tahití y que fue en cierta medida la celestina en el encuentro de su hija con Julio Iglesias.

Julio conoció a Vaitiare cuando esta tenía tan solo diecisiete años. Vaitiare Eugenia Hirson era una aspirante a modelo, más cerca de ser una niña mayor que una mujer joven. Cuando se conocieron, Julio tenía treinta y siete años, una diferencia notable incluso para un conquistador que no tenía dificultad alguna en lograr el amor de una mujer. Cuando conoció su edad, Julio solo pudo decir:

«Cuando seas mayor de edad, llámame y serás mi novia»*.

Indiscutiblemente a Julio le encantaba aquella chica. Amante de las mujeres exóticas, Vaitiare reunía todos los atributos que volvían loco al cantante y, aún más importante, a su lado Julio Iglesias se rejuvenecía.

Tal y como le dijo Julio en su primer encuentro, al cumplir los dieciocho años Vaitiare llamó a Julio.

La gran gira mundial

En 1982 Julio arrasó en Japón, país en el que fue nombrado Brightest Hope Male Vocalist por el Comité Nacional de éxitos del país. Una estatua de Julio Iglesias, en cera y a tamaño natural, se inaugura en el Museo Grévin de París y el álbum *Momentos* alcanzaba los primeros puestos en noventa países. Rematando un año colosal, Julio y su nuevo álbum eran nominados para un premio Grammy en la categoría de Mejor álbum de pop latino.

El éxito de *Momentos* embarcó a Julio en una gira mundial que lo llevó por Europa, América Latina y África. Durante catorce noches, el espectáculo del español aterrizó en Las Vegas con todas las localidades agotadas, y Julio, ante la atenta mirada del presidente Ronald Reagan y su esposa Nancy, visitó Washington en el exclusivo homenaje a la leyenda Bob Hope.

En la cena anual de la American Society for Technion celebrada en el salón Bel Air del hotel Century Palace de Beverly Hills, una entidad con sede en Nueva York apoyada por las más importantes figuras

* *Secretos confesables.*

de la ciencia, la cultura y los negocios, Julio Iglesias recibió una recepción espectacular en enero de 1983. Delante de dos mil personas, entre las que destacaban reconocidos empresarios del mundo del cine, ejecutivos de Hollywood y mitos de la gran pantalla como Kirk Douglas, que esa noche recibía el premio Albert Einstein por su labor a favor de Israel, Burt Lancaster o Gregory Peck, Julio, acompañado por cuarenta músicos, ofreció una actuación memorable.

La sucesión de elogios por parte de los actores allí presentes no se hizo esperar. «Julio será el divo de la música de este país en menos de un año», dijo Robert Mitchum; «va a ser muy pronto un ídolo en este país, es elegante y tiene un gran estilo», apuntó Gregory Peck; «maravilloso y único», anunció Kirk Douglas, opinión que compartió su colega Burt Lancaster y que remataría el hijo de Kirk, Michael Douglas: «Julio Iglesias es el mejor cantante del mundo, adorable»*.

Aunque, sin lugar a dudas, la frase más recordada por Julio Iglesias aquella noche llegaría de una mujer. En la fiesta que siguió a la cena, Joan Collins, diez años mayor que Julio, la gran estrella de la serie *Dinastía,* en la cual la actriz desempeñaba el papel de la villana Alexis Carrington, el símbolo del lujo y la ostentación, se acercó hasta Julio Iglesias con una nota manuscrita en su mano. Julio leyó secretamente el contenido del papel: «llámame en media hora»**, decía la nota de Collins. Julio, sin papel de por medio y de viva voz, le contestó inmediatamente: «En veinte minutos».

Un cachorro de león para el rey don Juan Carlos

1983 había arrancado de forma fulgurante, los elogios por parte de la industria llovían de manera incesante y la casa de discos de Julio asistía atónita al poder de seducción masiva del cantante español.

Julio Iglesias visitó España en febrero y fue recibido por el rey don Juan Carlos, que le otorgó una condecoración por su labor artística en todo el mundo, «mi audiencia con el rey fue una audiencia de cariño, porque don Juan Carlos es el rey de los españoles y, por tanto, mi rey».

---

* *Cuando vuelva a amanecer.*

** *ABC,* 10 de enero de 1983.

Julio Iglesias le regaló al monarca un cachorro de león —bautizado *Hey!*—, comprado por el cantante en Sudáfrica. Julio llegó a España acompañado de Vaitiare, la mujer con la que en ese momento se le relacionaba*.

En CBS estaban a punto de lanzar el nuevo trabajo de Julio, *In concert,* un álbum en directo que recogía canciones de sus actuaciones en el NHK Hall Theatre de Tokio, el Opera Hall de Melbourne, el Royal Albert Hall de Londres y el Palais de Congrès de París, un trabajo en el que los responsables de CBS invertirían millones de dólares y que Julio apoyaría con actuaciones en el Radio City Hall de Nueva York, el Universal Amphitheatre de Los Ángeles y el Gran Hotel MGM de Las Vegas. *In concert,* a pesar de ser un trabajo menos sólido que el estupendo directo *En el Olympia,* logró despachar dos millones de copias.

En abril Julio viajó hasta Japón, país en el que el disco *De niña a mujer* había arrasado. Allí, con todas las entradas agotadas en menos de una hora, ofreció conciertos en Osaka, Tokio, Nagoya, Fukuoka y Yokohama. En 1983 las ventas de los discos de Julio en el país nipón lo colocaban, con gran diferencia, como el artista más importante del momento.

La conquista del corazón de los españoles

Tras una fugaz visita a Estados Unidos, Julio regresó a España, donde —después de más de tres años sin pisar los escenarios—, ofrecería una de las giras más recordadas de su carrera, durante la que actuó en nueve escenarios de la geografía española.

En el verano de 1983, después de desplegar un impecable espectáculo de luz y sonido sobre un inmenso escenario de cuatrocientos metros cuadrados, Julio actuó en Elche, Málaga, Valencia, A Coruña, Santander, y dos veces en Palma de Mallorca, la primera de ellas con carácter solidario para recaudar fondos para las distintas asociaciones benéficas mallorquinas propuestas por la Fundación Reina Sofía, y donde se recaudaron más de doce millones de pesetas que el propio Julio entregó en forma de cheque a la reina en el Palacio de Miravent.

---

* *El País,* 11 de febrero de 1983.

Al día siguiente, el artista español volvería a otro escenario de las islas, en esta ocasión al abarrotado estadio Lluís Sitjar, donde veinte mil espectadores aclamaron al ídolo.

Previa visita al presidente de la Generalitat Jordi Pujol, quien recibió a Julio en el palacio de la Generalitat, el 5 de septiembre Julio Iglesias transformó el estadio del Camp Nou en un inmenso coro donde más de setenta mil voces cantaron al unísono las canciones de la estrella. Julio, que en un momento del espectáculo invitó al escenario a Plácido Domingo y al astro argentino Diego Armando Maradona, triunfó en Barcelona y tuvo la sorna de anunciar al entonces presidente del Barça Josep Lluís Nuñez: «Es usted un valiente por dejar que un madridista de corazón como yo actúe en el Camp Nou»*.

Aquel concierto de Barcelona fue la antesala del último y más multitudinario espectáculo de Julio en España hasta la fecha. En Madrid, pocos días antes del *show,* Julio había celebrado el cumpleaños de Chábeli en el restaurante del hotel Villa Magna acompañado de su exmujer y sus otros dos hijos. Julio también aprovechó su estancia en la capital para reunirse en la Moncloa con el presidente del Gobierno, Felipe González, y también, en la sede del Ayuntamiento, con el alcalde de Madrid, don Enrique Tierno Galván.

El 12 de septiembre de 1983, ante más de noventa mil espectadores, y con la presencia de la reina doña Sofía, Julio Iglesias ofreció un recital apoteósico en el estadio Santiago Bernabéu, reivindicando su figura de artista universal y logrando, por fin, un reconocimiento unánime de público y crítica, una suerte de regreso del profeta a su tierra, un monumental triunfo que el diario *ABC* calificó como el triunfo de «uno de los pocos españoles universales del siglo XX» y que coronó con una frase que terminaba con todos aquellos que habían descalificado en el pasado al cantante: «Los sordos estaban en España». Julio, después de casi quince años desde su aparición en el Festival de Benidorm, por fin conquistaba el corazón de los españoles.

* *El Mundo Deportivo,* 2 de septiembre de 1982.

Julio cumple cuarenta años

En España, y rodeado de los principales políticos e intelectuales del momento, Julio recibió el ABC de Oro, un galardón que en la sede del diario en Madrid entregaban los redactores del periódico. Al homenaje acompañaron a Julio personalidades tan dispares como los reyes Simeón y Margarita de Bulgaria, la princesa Ana de Francia, el líder de Alianza Popular Manuel Fraga Iribarne, el académico de la lengua Lázaro Carreter, el director de cine José Luis Garci, la actriz Pastora Vega o Ana García Obregón. Agradecido por el reconocimiento, pocos días después Julio salió rumbo a París.

En la capital francesa, a finales de septiembre Julio Iglesias recibía el disco de diamante concedido por el *Libro Guinness de los récords* por las ventas de más de cien millones de discos, recibiendo además la Medalla de París de manos del alcalde Jacques Chirac. Los fastos del récord guinness culminaron en la celebración del cuarenta cumpleaños de Julio, una cena en el restaurante Le Pré Catelan, preparada por los tres chefs más prestigiosos de Francia: Paul Bocuse, Roger Vergé y Gaston Lenôtre. Acompañado por Ursula Andress, Roman Polanski, la hija de Giscard d'Estaing, José María García, Jaime Peñafiel, el hijo del general De Gaulle y otras muchas personalidades, Julio se dio un baño de cariño, fama y multitudes sin precedentes.

«El show de Johnny Carson»

Julio Iglesias consolidó su posición dominante en Estados Unidos con la entrega del disco de oro por su álbum *Julio* y con su presencia en *El show de Johnny Carson* en su primera entrevista en el *show* nocturno de la estrella de la televisión. En el programa de Johnny Carson en 1983, el inglés de Julio era todavía inseguro, sus piernas temblaban y Carson acabaría charlando con él en castellano. Vaitiare Hirshon, la joven tahitiana con la que estuvo relacionado desde 1982 lo esperaba fuera del plató. «Al terminar la entrevista nos fuimos a cenar a Mr. Chow. Julio estaba entusiasmado, pero nervioso al mismo tiempo. Me contaba que el mercado americano era el más grande del mundo y también el más difícil. Hablaba como un niño, excitado ante lo desconocido. En un momento dado me abrazó y me preguntó si debería abandonar aquel sueño. "Lo dejaré todo, si tú quieres que lo deje". ¡Yo me reí ante aquel comentario tan absurdo!», decía Vaitiare en una entrevista*.

Además de su aparición en el *show* más importante de la televisión, Julio participó en el Festival de la Asociación de Música Country de Nashville junto a la leyenda sureña Willie Nelson. En noviembre de 1983, Julio aceptó la invitación de Frank Sinatra para cantar en el Variety Club All Star Party, concierto benéfico emitido por la NBC norteamericana, ante más de setenta millones de espectadores. La recaudación del concierto fue a parar al Hospital Infantil de Seattle, y Julio y Sinatra estuvieron acompañados por las estrellas de Hollywood Cary Grant, James Stewart o Richard Burton.

Para concluir un año histórico, el presidente Ronald Reagan invitó a Julio a la Casa Blanca para participar en el especial de Navidad que cada año cerraba la temporada. De alguna manera, las palabras de los responsables de la CBS resultaron acertadas y también premonitorias: «1983 ha sido un año extraordinario para Julio Iglesias en Estados Unidos, 1984 será el año del cantante español en el mercado norteamericano», dijo Donald Grant presidente de la CBS. Y así fue.

---

* *Vanity Fair.*

22

El príncipe de Bel Air

To all the girls I've loved before,
Julio Iglesias y Willie Nelson

374/1: 1980. Los reyes de España reciben a Julio Iglesias y a sus hijos en el Palacio de La Zarzuela. En el centro la Seño y a la derecha Alfredo Fraile. © Getty / Gianni Ferrari.

374/2: portadas de discos de Willie Nelson y Julio Iglesias, la exitosa asociación imposible. © Óscar García Blesa.

372-373: 12 de diciembre de 1983. Julio Iglesias, el presidente Ronald Reagan, la primera dama Nancy Reagan, Andy Williams y Leslie Uggams durante la grabación del programa titulado *Christmas in Washington*. © GTRES.

Todavía muy afectado por el rapto de su padre y por el intento de secuestro de Chábeli en un hotel en Ibiza, Julio Iglesias seguía obsesionado con la seguridad. Los niños vivían con «la Seño», la mujer que se encargó del cuidado y educación de los hijos de Julio, una vida surrealista, idas y venidas al colegio protegidos por escoltas. Para colmo, Julio apenas aparecía; «mi padre pasaba en casa un día al mes», recordaba Julio José*.

Una familia casi normal

Ser hijo de Julio Iglesias, con sus cosas buenas y también sus momentos malos, necesariamente ofrece una infancia distinta a la de los demás. Los hijos de Julio crecieron felices y jamás se sintieron abandonados, pero aceptaron con resignación las ausencias de su padre. Chábeli, Julio José y Enrique casi siempre estaban en la casa que Julio había preparado a su madre en Miami, aunque, naturalmente, en Indian Creek también tenían un cuarto para ellos. Según contaba

* *Vanity Fair.*

Alfredo Fraile, en ocasiones, cuando los niños estaban fuera de casa, eran reclamados para ir al lado de su padre y Chábeli, la hija mayor de Julio, sospechaba que su padre los llamaba solo por interés: «Será que ha llegado el fotógrafo del *¡Hola!* y quiere que vayamos a posar». Para Fraile, Julio prefirió dirigir su paternidad a distancia, «Chábeli, Julio José y Enrique crecieron con ese estigma. Los hijos se sentían utilizados»*.

No obstante, desde que era un niño, Enrique había crecido viendo a la prensa revolotear por su casa. A pesar de ser pequeño, Enrique Iglesias sabía muy bien quién quería de verdad a su padre y quién era un interesado**.

Enrique ha asegurado en más de una ocasión que crecer a la sombra de su padre no le influyó de manera negativa, más bien al contrario, ya que algunos de los recuerdos más entrañables que guarda son de los años en que le acompañó en sus conciertos alrededor del mundo. «Crecer así fue genial, era maravilloso de hecho. A mí siempre me fascinó. Además, me permitió viajar muchísimo cuando era pequeño, algo que personalmente me encantaba. Tuve una infancia genial, visitando sitios que la mayoría de los niños no tienen la oportunidad de conocer. Además, a los dieciocho años, tenía la impresión de haber aprendido ya muchísimo»***.

Para Alfredo Fraile, seguramente el hombre que mejor lo conocía, Julio fracasó en la construcción de una familia normal y nunca pudo alcanzar el cariño de sus hijos. En cierta ocasión, mientras Julio y sus hijos celebraban una comida familiar en casa de Alfredo, quien también se encontraba con toda su familia, el cantante se levantó de la mesa y se marchó cabizbajo a caminar por el jardín. Fraile se acercó hasta él y lo encontró abatido, llorando. Julio entonces se confesó con su *manager:* «Lloro porque te tengo envidia, Alfredo. Envidio la familia que has creado y que yo no he podido tener»****.

---

* *El País / Secretos confesables.*
** *El Mundo.*
*** Fusion Live.
**** *Secretos confesables.*

La Seño

A pesar de haber crecido felices, tras su llegada desde España, los hijos de Julio tardaron algún tiempo en acostumbrarse a la nueva vida de Miami.

Julio José recuerda que «cuando nos fuimos a Miami solo veíamos a mi madre verano y Navidades. Al final te acostumbras a ver solamente a tu madre en verano y en invierno»*.

Durante las largas ausencias de su padre, Chábeli, Julio José y Enrique crecieron al lado de la Seño, Elvira Olivares, una mujer pequeñita, tímida y discreta que había llegado a la vida de los Iglesias Preysler como niñera años atrás, cuando Julio e Isabel todavía estaban casados y veraneaban en el chalé de Guadalmar, en Torremolinos. La Seño, a su manera, hizo las veces de madre y de padre, una *tata* que se encargó de buena parte de la educación de los niños durante sus primeros años en Estados Unidos.

«Teníamos que comer con las monedas debajo de las axilas», explicaba Julio José en una entrevista, una rutina con la que la Seño intentaba corregir la postura de los pequeños a la hora de sentarse a la mesa**.

Con la Seño, los niños se hacían la cama, tenían que rezar cada noche, iban a misa todos los domingos y la educación era lo más importante. Cuando incumplían algunas de las tareas, su niñera les imponía leves castigos; «si no nos portábamos bien, no salíamos a la calle el fin de semana o teníamos que escribir algo unas mil quinientas veces», recordaba con cariño Julio José, «era muy tierna, una persona muy importante en mi vida, una segunda madre»***.

Isabel Preysler le confió ciegamente a la Seño sus tres hijos; «mi madre confiaba mucho en ella. De hecho, si no hubiera venido con nosotros a Estados Unidos, nunca habríamos ido», recuerda Julio José.

---

* TVE.
** *ABC.*
*** *Ibídem.*

La Seño cobraría especial relevancia algunos años después. Enrique, el hijo pequeño de Julio, creció en Miami al cuidado de Elvira. Ella lo ayudó, casi en secreto, a financiar su primera maqueta para darse a conocer entre las compañías de discos. La Seño, a espaldas de su padre, le prestó a Enrique el primer puñado de dólares para que intentara cumplir el sueño de cantar; «menos mal que vino la Seño; si no, me hubiera criado "jodidillo"»*, recuerda Enrique.

El «Thriller» de Julio

Profesionalmente, las cosas iban viento en popa en la vida de Julio Iglesias. Vendía discos como rosquillas, reventaba escenarios en los rincones más lejanos del planeta y su posición de estrella mundial estaba completamente consolidada.

Si Julio Iglesias había sido el artista latino del año, el dominador del mercado en 1983 fue Michael Jackson. Su irrupción en las casas de medio mundo con el exuberante *Thriller* convertiría este en el álbum más vendido de la historia y a Jackson en indiscutible *Rey del Pop*.

Publicado el 30 de noviembre de 1982, después del éxito de la crítica y comercial de *Off the wall,* Michael Jackson y Quincy Jones reescribieron la historia de la música con un álbum inmortal, un trabajo que incluía entre otras muchas joyas *The girl is mine, Wanna be startin' somethin', Billie Jean* y, por supuesto, *Thriller*.

Para la generación que crecimos a finales de los setenta y principios de los ochenta, la Nochevieja de 1983 fue musicalmente memorable. Como mandaba la tradición, poco antes de empezar a comer las uvas, las familias se reunían frente al televisor para ver el monográfico de humor de Martes y 13, la pareja de moda en la España de la época. Tras su éxito en Estados Unidos, los dos cómicos anunciaron el estreno del videoclip de *Thriller* en TVE, un acontecimiento inolvidable para todos los que asistimos a aquel increíble despliegue de bailes zombis, medios ilimitados y talento desbordante.

Lo que poca gente sabe es que Julio Iglesias fue crucial para el estreno de *Thriller* en España. Mientras el álbum de Michael Jackson

---

* *El Mundo.*

era número 1 en medio planeta, en España *Thriller* permanecía en el anonimato. El presidente de CBS Internacional, en un encuentro con Julio, le preguntó cómo era posible que el disco de Jackson no existiera en España. El presidente le pidió a Julio que utilizara sus contactos: «Julio haz algo. Tanto que presumes de lealtad a la compañía, de ser un hombre de empresa, que lo eres, usa tus influencias, tus contactos, los necesitamos». Y de este modo, TVE, a través de la estrella española, estrenó *Thriller**. Si recuerdas aquella Nochevieja y te impresionó aquel videoclip, ten presente que lo viste gracias a Julio Iglesias.

Dirigido por John Landis, el realizador de películas como *The Blues Brothers* (1980) o *An American Werewolf in London* (1981), a lo largo de sus más de trece minutos de duración, el videoclip de *Thriller* revolucionó las reglas de la industria musical y se convirtió en todo un fenómeno mundial. Desde la irrupción de *Thriller* todos los artistas entendieron la eficacia promocional de los videoclips, integrándolos inmediatamente en sus planes de lanzamiento. El videoclip de *Thriller* contribuyó al extraordinario éxito del álbum, convirtiendo a Jackson en la gran figura musical del momento.

Un hombre tímido rodeado de estrellas

Michael Jackson partía como claro favorito en la 26.ª entrega de los premios Grammy celebrada el 28 de febrero de 1984 en el Shrine Auditorium de Los Ángeles, y hasta allí viajó Julio para entregar uno de los premios.

Gracias a su presencia casi permanente en los medios de comunicación, Julio Iglesias había transmitido una imagen exterior de hombre extrovertido, pero, en contra de lo que pudieran mostrar las apariencias, en la intimidad era un tipo bastante tímido. Julio inventaba excusas y solía poner pegas a la hora de acudir a grandes eventos y recorrer la alfombra roja, y siempre que podía prefería huir de los focos y pasar desapercibido.

---

* *Cuando vuelva a amanecer.*

En cierta ocasión, durante las Navidades de 1982, Julio había rechazado una invitación de la televisión americana para cantar *Noche de paz* junto a estrellas como Donna Summer o el coro de la academia militar de West Point. Allí estaría Ronald Reagan y la atenta mirada de todos los americanos. Después de negarse repetidamente, accedió, logrando otro hito más en su carrera*. A Julio Iglesias le empezaba a agotar el papel de estrella, siempre obligado a llevar *el disfraz de Julio Iglesias* puesto. Alfredo Fraile recordaba nítidamente el momento: «Con Ronald Reagan delante, no quería salir. Que si hacía el ridículo, que si su inglés... Y le obligué porque era yo quien había firmado el contrato. "Pues cantas tú", me dijo. Cantó y tuvo un éxito de narices. Pero había que decírselo cuarenta veces y enfadarse»**.

Pocos años antes, en 1981, en pleno proceso de construcción de su leyenda, Julio Iglesias exorcizaba en voz alta su más profunda verdad, sus deseos ciertos y las razones que lo empujaban a vivir cada vez más desde fuera para dentro, y no al revés: «¿Por qué acabo de decir que no hoy mismo a un contrato en Las Vegas por siete días? ¿Por qué no fui la otra mañana a jugar al tenis con Barbara Sinatra, a esa fiesta que acuden los más grandes de Norteamérica? ¿Por qué no acudí a una cita con los Óscar junto a Pavarotti, al que admiro tanto, aunque solo fuera para entregar el premio a la mejor música? ¿Por qué suena mi teléfono y me habla la esposa del presidente Sadat, para invitarme a la presentación de la obra teatral de Liz Taylor en Washington, donde estarán los Reagan, y yo no acudo a la cita que hará felices a tantos mortales? Sé que a la leyenda lo mejor es decirle que no para que venga. Pero no lo hago por eso, sino porque lo siento. Madrid acaba de ofrecerme treinta días cantando a cambio de cien millones de pesetas. No. Prefiero ir a España seis días, escondido, si es que puedo, a comer algo de marisco en un paisaje de niebla y piedra en Galicia, donde está mi lejano origen celta, ese que me llena de dudas y de música de gaitas muchos días, de nostalgia»***.

---

* *Secretos confesables.*
** *El Mundo,* 8 de marzo de 2014.
*** *Entre el cielo y el infierno.*

Un amigo llamado Michael Jackson

Durante la ceremonia de los Grammy, Julio debía sentarse al lado de Michael Jackson, formando así seguramente la pareja musical más poderosa en todo el mundo en 1984, los dos hombres que gobernaban el mercado discográfico latino y anglosajón. Poco antes de comenzar la gala, Julio se acercó hasta el asiento asignado, donde a su lado como estaba previsto le esperaba Michael Jackson. Después de que los dos astros se saludaran, segundos antes del comienzo del espectáculo, Julio se cambió de butaca y su lugar lo ocupó Alfredo Fraile*. Julio Iglesias deliberadamente se apartó del hombre que acapararía todos los focos aquella noche.

El evento, presentado por John Denver y televisado en directo por la CBS, certificó el triunfo de Michael Jackson, ganador absoluto de la noche con ocho premios, uno de los cuales —el de Grabación del Año por la canción *Beat it*— se lo entregó en el escenario Julio Iglesias.

Michael Jackson y Julio ya se conocían de antes, y llegaron a ser buenos amigos. En 1982, Michael Jackson viajó a Miami para terminar la canción *Muscles,* que había escrito para Diana Ross, y que esta incluiría en su nuevo trabajo *Silk electric,* uno de sus mejores discos en los años ochenta y que contaba con una espectacular portada de Andy Warhol. Cuando conoció la noticia, Julio invitó a su amiga Diana a que se alojara en Indian Creek, y cuando esta le informó de que Michael también estaría con ella en Miami, Julio extendió la invitación al genio de Indiana.

Toncho Nava, el que fuera secretario personal de Julio, recordaba que a Diana Ross le ofrecieron la habitación de Julio y a Jackson la de Charo, la madre. Después de ver la casa, Michael Jackson finalmente durmió rodeado de peluches en el cuarto de Chábeli**.

En una entrevista de Fernando Correa a Julio Iglesias para un medio venezolano, cuando este le preguntó por Michael Jackson, Julio mostró su admiración: «He estado en su casa hace una semana. Es el

---

* *Secretos confesables.*
** *Vanity Fair.*

personaje más solo y atormentado que he conocido en mi vida. Pero con esa soledad elegida que sufren los grandes genios»*.

Un año más tarde, en mayo de 1984, en unas declaraciones tras su éxito en Estados Unidos, Julio declaraba: «Me he encerrado un año en un estudio de grabación, he aprendido a frasear como los americanos, a entender su humor, su música. Me he adaptado. Tanto que en el siguiente álbum haré un *dueto* con Michael Jackson...»**. Desafortunadamente la anunciada colaboración nunca se produjo.

Willie Nelson y Julio Iglesias, una pareja imposible

De entre todas las posibles combinaciones de artistas que uno pueda imaginar, casi con total seguridad nadie hubiera apostado por el éxito de una pareja formada por un cantante latino, engominado y vestido de punta en blanco en trajes de seis mil dólares, y un granjero fumador de marihuana sólidamente abrochado a la América *cowboy* más profunda. Pero en la música no existen reglas, y la química entre dos artistas asombrosos y la potencia de una gran canción lograron hacer magia.

Tal y como habían pronosticado los responsables de la CBS, 1983 había sido un año extraordinario para Julio en Estados Unidos, pero 1984 sería el año definitivo del cantante español en el mercado norteamericano.

Resulta curioso que para algunos críticos musicales en España Julio Iglesias ya estuviera pasado de moda, pues el nuestro era un país donde había calado fuerte La Movida y en la radio solo aparecían grupos como Mecano, Golpes Bajos, Los Secretos, Alaska y los Pegamoides o Radio Futura. Para la gente joven española, la historia de un señor con traje al que sistemáticamente comparaban con Sinatra, a priori no era muy interesante. De momento.

---

* Fernando Correa, Venezuela.

** *El País,* mayo de 1984.

La estrella country que no conocía a Julio Iglesias

Para empezar la construcción del gran asalto, Dick Asher y el resto de ejecutivos de CBS entendían que resultaba prioritario asociar a Julio Iglesias con artistas locales, una comunión orgánica y nada forzada que acercara al español hasta las raíces americanas. Y, de manera casual, ocurrió la asociación imposible.

Willie Nelson, uno de los más populares cantantes de country de todos los tiempos, que entre 1962 y 1993 consiguió veinte números 1 en las listas de éxitos norteamericanas, y que a principios de los años setenta cambió de imagen, pasando de la del cantante country tradicional a otro estilo abandonado y algo desastroso, en 1983 se encontraba en Londres con su mujer.

Un día, a medianoche, mientras Willie oía la radio escuchó la voz de Julio. Al día siguiente, Connie, su esposa, se acercó hasta la tienda de discos Virgin Megastore y compró el último disco de Julio a su marido. «Me encantaría cantar con él», dijo la estrella country a su mujer*.

Willie Nelson llamó a Mark Rothbaum, su *manager,* quien a su vez se puso en contacto con el entorno de Julio, concretamente con Dick Asher, también amigo de Nelson, y la maquinaria entonces comenzó a funcionar.

Julio ya estaba trabajando en las canciones de su siguiente disco, un álbum dirigido casi de manera exclusiva al mercado norteamericano. Entre la primera selección de canciones se encontraba *To all the girls I've loved before,* una composición de Albert Hammond grabada originalmente en 1975 en su álbum *99 Miles from L. A.* que había escrito para Frank Sinatra y que la Voz nunca llegó a grabar.

Alfredo Fraile recuerda que cuando Julio escuchó por primera vez la canción, lanzó la cinta de casete al suelo de la habitación y dijo:

«Esto es una mierda, ¿cómo me podéis proponer algo así?».

No resultó extraño que Julio reaccionara así, acostumbraba a responder con escepticismo cuando algo nuevo llegaba a sus manos**.

* Joe Nick Patoski, *Willie Nelson. An Epic Life,* Little, Brown, 2009.
** *Secretos confesables.*

Después de reconsiderar el verdadero potencial de la canción, Julio se mostró entusiasmado con la idea de trabajar con Willie y dio el visto bueno a la colaboración.

Para entonces, Willie Nelson ya había tenido tiempo de asimilar la dimensión artística de aquel cantante español, al que, hasta haberlo escuchado por la radio en Londres, no conocía de nada.

Un día, Darrell Royal, mítico entrenador universitario de fútbol americano e íntimo amigo de Nelson, se acercó en un carrito de golf hasta su casa en Pedernales después de oír que Julio Iglesias viajaría a la casa de Nelson en Texas para grabar una canción con él. En el rancho de Nelson, rodeado de campos de golf, Darrell Royal le preguntó a su amigo qué canción cantarían, a lo que Nelson contestó de inmediato:

—No tengo ni idea, Julio trae la canción con él.

—¿Y ya sabes si te va a gustar? —respondió el entrenador.

—Entrenador, ¿tiene idea de la cantidad de discos que ha vendido ese hijo de puta en Europa?*. Alguien que vende esa cantidad de discos necesariamente tiene que tener buen gusto**.

¡Qué coño pinto yo aquí!

Julio viajó en *jet* hasta Texas y llegó al rancho acompañado de Hal David y Albert Hammond, los compositores de la canción; Richard Perry y Ramón Arcusa, productores de la misma; y Alfredo Fraile.

En aquel entorno rural, Julio se bajó de su limusina enfundado en un inmaculado traje blanco, camiseta blanca, zapatos blancos y calcetines blancos a juego. El entrenador Darrell Royal pudo vislumbrar los pensamientos que pasaban por la cabeza de Julio cuando entró en el rancho, «¡qué coño pinto yo aquí!», debió de pensar. Para el resto de colegas de Nelson que vieron la escena, la llegada de la comitiva de la estrella española solo era comparable con la de la mafia, con todos aquellos tipos perfectamente vestidos hablando un idioma extraño.

---

* *Willie Nelson. An Epic Life.*

** Willie Nelson, *It's a long story. My life,* Little, Brown, 2015.

Richard Perry y Ramón Arcusa habían trabajado a contrarreloj la base de la canción en Miami, así que, técnicamente, en Texas solo habría que incluir las voces de Willie y Julio.

Willie Nelson tenía un estudio de grabación en la casa del rancho, y hasta allí se dirigió Julio.

Cuando entró en la casa, inundada de un sabor típicamente vaquero y envuelta en una niebla con un profundo olor a marihuana*, Julio se topó con un señor con coleta de cincuenta años que, a modo de complemento estilístico, llevaba una bandana roja en la cabeza, camisa vaquera y unos pantalones cortos descosidos. El abrazo entre el Willie Nelson vaquero y el Julio Iglesias recién salido de un capítulo de *Corrupción en Miami* fue un delirio *kitsch*.

Pocos minutos después Julio habló en voz baja con su *manager:* «Alfredo, yo no canto con un tío con esas pintas. Fíjate cómo va, yo no puedo, es que no puedo»**.

Willie se dirigió a Julio educadamente y le preguntó:

—Espero que no te importe esta atmósfera tan casera.

—Para nada —respondió Julio.

Acto seguido, Willie Nelson se encendió un enorme porro de *maría****.

Nelson se mostró un tipo encantador y después del pánico inicial de Julio, los dos cantantes se entendieron a las mil maravillas. Nelson combatía los efectos de un cáncer fumando marihuana, algo que le llevaría a convertirse en un ferviente defensor de los atributos paliativos de la *maría*. Mark Rothbaum, el *manager* de Nelson, le pidió a su representado que evitara fumar delante de Julio; «es abogado», le dijo****, aunque Willie no le hizo mucho caso.

La grabación en Texas fue finalmente una fiesta y el resultado de *To all the girls I've loved before,* un triunfo insospechado. Julio y Willie grabaron tres tomas de la canción en el estudio, y al finalizar la tercera toma de la grabación, Julio se arrodilló frente a la leyenda del coun-

---

* *Secretos confesables.*

** *Ibídem.*

*** *It's a long story. My life.*

**** *Willie Nelson. An Epic Life.*

try reverenciando el estupendo trabajo de Willie*. Esa tercera grabación fue la que finalmente se usó para el disco.

Un éxito instantáneo

To all the girls I've loved before se lanzó como single en marzo de 1984, anticipo del esperado nuevo álbum de Julio. El dúo que nadie habría sospechado se convirtió en un éxito instantáneo, la canción de mayor éxito de Julio Iglesias en América, el tema que le abrió las puertas del mercado anglo en Estados Unidos, alcanzando el número 1 en la lista de música country, el número 5 en el Hot 100 de *Billboard*, el 1 en Bélgica y Canadá, además de aparecer en las listas europeas, australianas, sudafricanas y de Nueva Zelanda.

Si el éxito de Julio en América fue enorme, el éxito europeo de Nelson fue aún más grande. En 1984 Nelson e Iglesias fueron nombrados en Estados Unidos Dúo del año por la Asociación de Música del País, y *To all the girls I've loved before* logró el premio a la Canción del Año.

La canción *To all the girls I've loved before* renacería muchas más veces después, con reinvenciones de Merle Haggard, Engelbert Humperdink o Alanis Morissette, pero la unión de Julio y Willie demostró a todo el mundo lo impredecible que es este negocio. Afortunadamente, de vez en cuando, la magia de la música permite asistir a combinaciones irrepetibles con resultados inimaginables. Nadie hubiera anticipado el descomunal éxito de aquellos dos perfectos extraños, dos individuos habitantes de planetas diferentes que conectaron gracias al maravilloso poder de una canción.

To all the girls I've loved before ayudó de forma inimaginable a la americanización de Julio. Su alianza con Willie Nelson, una leyenda y símbolo de la más pura tradición de la *americana* resultó bombástica. De alguna manera, y contra todo pronóstico, Willie Nelson envió un mensaje a todos los americanos: «Julio es de los nuestros».

---

* *Willie Nelson. An Epic Life.*

Cantando en la Casa Blanca

En febrero de 1984 Julio fue invitado por Ronald Reagan en la gala de homenaje a la desaparecida princesa Grace de Mónaco. Acompañado por el presidente y su esposa, el príncipe Rainiero y sus hijas, Carolina y Estefanía, el evento recaudó fondos para la Fundación Princesa Grace.

Poco después del lanzamiento de *To all the girls I've loved before,* Julio recibió de nuevo una llamada del presidente Reagan. Ante la visita del presidente de la República Francesa François Mitterrand a Estados Unidos, Ronald Reagan pidió a Julio amenizar la cena de gala del 22 de marzo de 1984 en el East Room de la Casa Blanca. Ante la atenta mirada de los presidentes y sus esposas, Nancy Reagan y Danielle Mitterrand, Julio abrió la noche con el bolero *Sabor a ti,* y cantó también en francés e inglés, un despliegue lingüístico que sedujo al anfitrión.

Desde el escenario, Julio dijo estar nervioso y recordó que cuando era joven su padre le insistió en la importancia de aprender inglés. Por eso el doctor le envió a Cambridge, pero su padre no contaba con que se enamoraría perdidamente de una chica francesa, razón por la que su francés era ligeramente mejor. El distinguido público agradeció la ocurrencia de Julio con unas risas cómplices.

Al terminar, las dos parejas de mandatarios subieron al escenario y estrecharon la mano de la estrella. Mitterrand dio paso a Reagan, que agarró el micrófono:

«¡Y decía que estaba nervioso! Europa se ha mezclado con los Estados Unidos gracias a tu increíble talento, de verdad que te estamos profundamente agradecidos»*.

El público rompió en aplausos, Julio mostró su agradecimiento con ese gesto característico tan suyo de juntar las manos a modo de bendición, y el presidente de Estados Unidos desapareció. Así era la vida de Julio Iglesias en 1984.

---

* Ronald Reagan Presidential Library.

Bel Air 1100

To all the girls I've loved before formaba parte de su nuevo trabajo. Para la nueva aventura, los responsables de la CBS determinaron que era necesario un cambio de aires. Su posición dominante en Miami era indiscutible y, en el proceso de conquista del resto de la nación, la ciudad de Los Ángeles emergía como el destino ideal como plataforma de lanzamiento.

En un primer momento, Julio se mostró reticente a mudarse a Los Ángeles, incluso se planteó dejar América y, cansado de su aventura americana y del enorme cambio que había supuesto el éxito en su vida, regresar a España*.

Pero aquello de volver a España solo fue un bajón pasajero y Julio cogió sus bártulos y se fue a vivir a California.

Los Ángeles albergaba, parafraseando a Francisco Umbral, «el meollo del cogollo del bollo». Todo lo que tenía que pasar en el negocio del entretenimiento pasaba en Los Ángeles. Los estudios de Hollywood, los directores de cine, los mejores estudios de grabación y, sobre todo, los mejores productores musicales estaban allí.

Después de su lujosa vida en Indian Creek, la nueva residencia californiana debía estar a la altura. Julio Iglesias se mudó a una preciosa villa en el 1100 Bel Air Place de Beverly Hills, en una exclusiva urbanización, que había pertenecido a un productor de cine italiano, una casa recubierta de madera construida en 1948, rodeada por muros y una gran puerta de hierro, con biblioteca, chimenea, pista de tenis y piscina con vistas a la ciudad, una residencia nada exagerada en comparación con la del resto de sus vecinos, y en la que Julio ideó gran parte de *1100 Bel Air Place,* el título de su nuevo disco, que naturalmente correspondía con la dirección de la mansión.

En Bel Air se acomodó el círculo más cercano de Julio. Allí trabajaron Alfredo Fraile, Ramón Arcusa y Toncho Nava. Cada domingo Toncho preparaba una paella, y los españoles que andaban cerca tenían la excusa perfecta para acercarse hasta la casa de Julio y disfrutar de comida típicamente española. Por allí pasaron actores y músicos, di-

* *Secretos confesables.*

rectores de cine y políticos. La casa se convirtió en un lugar de peregrinaje de glorias como Diana Ross y Carole King, Linda Evans y Joan Collins, que iban a comer con su ídolo la paella española. El presidente del Comité Olímpico Internacional, José Antonio Samaranch, con motivo de los Juegos Olímpicos de Los Ángeles 84, también apareció por allí en una fiesta que Julio brindó a la delegación española en las olimpiadas. Durante los meses que Julio Iglesias vivió allí, en el 1100 de Bel Air habitaron personajes de todo tipo. Hasta Ana Obregón apareció un día por sorpresa y estuvo en la casa durante una semana*.

La escritora Maruja Torres también estuvo por allí preparando su novela *Oh, es él*. Los recuerdos de Torres respecto a Julio en una entrevista de 2012 resultan reveladores: «En aquel momento me pareció un fascista asqueroso. Un amigo del poder, pero que estaba mucho más a gusto con el poder si este era machista, estaba a favor de los ricos y no tenía que pagar impuestos. Recuerdo que trataba bien a los que estaban por encima y mal a los que estaban por debajo. Le gustaba humillar a sus propios empleados. Humillaba a su *manager*. Es de aquellos de "¡Cómo puede haber un hombre, un voto! Hay personas que no merecen un voto". Lo saqué en mi libro. En una ocasión se asomó al balcón de su mansión de Los Ángeles y dijo: "Esto es América, Maruja, esto es el progreso. Y Europa está acabada"»**.

En 2017 Julio recordaba la visita de la escritora: «Maruja me "desquería" mucho. Pero con el tiempo se aprende a querer más a la gente. Yo la quiero mucho a Maruja. Escritora descomunal, muy inteligente. Estuvo cerca de mí en California y en esa época yo era muy malo, muy malo, jugaba a ser entre gilipollas y vividor»***.

Un compromiso con el idioma

La estancia de Julio Iglesias en Los Ángeles fue una combinación de trabajo y una lúdica exhibición de relaciones públicas al más alto nivel. Julio entabló amistad con Kirk Douglas y con Barbara Sinatra, la mujer

---

* *Secretos confesables.*
** Jotdown.es.
*** *El Periódico de Catalunya.*

de la Voz, que se confesaba una ferviente admiradora de la música de Julio.

Además de la indiscutible presencia de Ramón Arcusa, el nuevo disco debía contar con un productor americano, y ahí apareció la figura de Richard Perry.

La principal barrera de Julio en América hasta la llegada de *1100 Bel Air Place* había sido no cantar en inglés. Estados Unidos, a pesar de aceptar ocasionalmente éxitos en otros idiomas *Volare, Dominique...*, exigían a las estrellas foráneas un compromiso con su idioma. Julio había cantado numerosas ocasiones en inglés en el pasado, había grabado discos e incluso había estudiado el idioma en Inglaterra, pero el intento de conquista del mercado estadounidense necesitaba de un esfuerzo adicional, una inmersión lingüística casi total. La CBS lo sabía y por eso llamó a Richard Perry. «La música moderna tiene una patria en el mundo de hoy. Y esa patria es Estados Unidos. Ahora hay que cantar en inglés para llegar ahí arriba, que es donde yo quiero estar»*, recordaba Julio ante su inminente aterrizaje en Norteamérica.

A finales de los sesenta, con poco más de veinte años, Perry entró en el mundo de la producción trabajando en *Safe as milk,* el debut de Captain Beefheart, o *Fats is back,* de Fats Domino. En 1968 logró su primer Top 10 con el álbum *God bless Tiny Tim,* de Tiny Tim.

Ya en los setenta e instalado en Los Ángeles, Perry coleccionó producciones de altura, trabajando para estrellas como Harry Nilsson, Barbra Streisand, Carly Simon, Art Garfunkel, Diana Ross, Martha Reeves, Manhattan Transfer o en el álbum *Ringo* (1973), de Ringo Starr, el batería de The Beatles. Entre 1978 y 1982, como empresario, Perry también alcanzó un notable éxito con The Pointer Sisters en Planet Records, su propia compañía de discos. A título completamente personal, debo agradecer a Richard Perry que fichara al grupo The Plimsouls, una semidesconocida banda californiana y uno de mis artistas favoritos de siempre, autores del himno Power Pop, *Now*. Aquí queda dicho.

---

* *ABC Blanco y negro,* 12 de junio de 1988.

La casa por la ventana

Como no podía ser de otra manera, la CBS no reparó en gastos para la grabación de *1100 Bel Air Place.*

El álbum se grabó en los Sunset Sound Studios, en el 6650 de Sunset Boulevard, muy cerca del Paseo de la Fama. Creado con el apoyo personal de Walt Disney en 1958 por el director de grabación de los estudios Disney Tutti Camarata, en 1984 Sunset Sound Studios era uno de los mejores estudios del planeta.

Durante las largas jornadas de grabación de *1100 Bel Air Place,* Julio coincidió con Prince, que se encontraba en otra de las salas del estudio terminando su álbum *Purple Rain.* Entre descansos y tiempos muertos, Julio y Prince solían salir a jugar al baloncesto en la pista adyacente a Sunset Sound; «a pesar de lo bajito que era, nos dio unas palizas descomunales»*, recordaba Alfredo Fraile en sus memorias.

Julio, acompañado de los mejores profesionales del negocio, trabajó duro en la preparación y grabación de *1100 Bel Air Place;* «me he encerrado un año en un estudio de grabación, he aprendido a frasear como los americanos, a entender su humor, su música»**.

En aquella época, Julio se dedicó en cuerpo y alma a mejorar su inglés. «Me ha costado muchísimo trabajo aprender. He tenido una profesora quince horas diarias, una chica guapísima de veintisiete años que no hablaba nada de español. Ahora ella habla mi idioma perfectamente, pero yo sigo sin saber inglés». Que cada cual saque sus propias conclusiones del comentario de Julio.

El listado de músicos que participaron en la grabación del disco reunió a la flor y nata del negocio de la música. Descontando la figura de Richard Perry, una estrella de la producción, Ramón Arcusa, leyenda viva del pop en español, y los nombres de los autores de las canciones entre los que, solo por citar unos pocos, destacaban las figuras de Albert Hammond, Tony Renis o Michael Hazelwood, la nómina de participantes en *1100 Bel Air Place* daba escalofríos.

---

* *Secretos confesables.*
** *El País.*

Por el estudio pasaron el teclista David Foster (Alice Cooper, Whitney Houston, Rod Stewart, Michael Jackson), el guitarrista Michael Landau (James Taylor, Pink Floyd, Miles Davis), la leyenda del saxo Stan Getz, creador del álbum inmortal *Getz/Gilberto* (1963) con Antonio Carlos Jobim y João Gilberto, y que incluía *The girl from Ipanema,* o Mike Porcaro, bajista de la banda Toto.

«*Ueah!*», historia de la música norteamericana

Por si todo esto fuera poco, *1100 Bel Air Place* contó con artistas invitados de postín. Al ya conocido Willie Nelson se le sumaron Diana Ross y ni más ni menos que los mismísimos The Beach Boys. Ya fuera por sus músicos, sus productores, los arreglistas o los artistas invitados, *1100 Bel Air Place* estaba conectado en algún punto con gran parte de la historia de la música norteamericana de los últimos cuarenta años.

Diana Ross participó en la deliciosa *All of you.* Escrita por Tony Renis, alcanzó el número 1 en España y entró en el Top 20 en la lista de *Billboard.* Pero lo cierto es que Diana Ross no fue la primera opción. Antes que ella, la CBS intentó que Julio cantara con Barbra Streisand.

Con el objeto de convencer a la gran diva, Julio organizó una cena en casa de la actriz Jane Seymour, donde además de Barbra Streisand también estaba Warren Beatty*. Pero la colaboración entre los dos astros nunca cuajó y Dick Asher, acertadamente, propuso la opción de Diana Ross, quien además se convertiría en una buena amiga de Julio. «Cantar con una mujer negra, con una reina negra de la música como Diana Ross no es fácil, porque tiene otros sentimientos en las voces, otra forma de cantar...», recordaba Julio**. Igual que *To all the girls I've loved before* acercó a Julio a la América tradicional, el *All of you* con Diana Ross lo llevó a un público más sofisticado, esa audiencia que se movía con elegancia entre el pop y el soul.

Por su parte, The Beach Boys pusieron sus voces en la mítica *The air that I breathe,* escrita por la pareja Hazlewood y Hammond en 1973 para Phil Everly, de los Everly Brothers, y que posteriormente grabaran

---

* *Secretos confesables.*
** *El País.*

The Hollies. *The air that I breathe,* en la producción de *1100 Bel Air Place,* contaba con los arreglos vocales de Brian Wilson, que, después de estar alejado del grupo por problemas de salud, acababa de regresar a la banda. Muchos años después *The air that I breathe* cobraría un inesperado protagonismo para sus autores. En 1992 la banda británica Radiohead acababa de lanzar *Creep,* su primer sencillo. Hazlewood y Hammond, después de un juicio por plagio, fueron acreditados como coautores de *Creep* por su extraordinario parecido con *The air that I breathe.*

En *1100 Bel Air Place* Julio rendía un fabuloso homenaje al estándar norteamericano con su reinterpretación de *When I fall in love,* clásico de 1952 y que antes habían cantado Doris Day, Sam Cooke o Marilyn Monroe. En la versión de Julio, Stan Getz, el más famoso saxofonista blanco de la historia del jazz, regala un solo atemporal. El álbum *1100 Bel Air Place* también incluía otra canción esencial en el cancionero de Julio. Allí estaba, rodeada de temas en inglés, *Me va, me va,* escrita por Ricardo Ceratto e indispensable desde ese momento en los conciertos del Julio. Para la historia, el *Me va, me va* incluía su onomatopeya más celebrada, ese imposible *«Ueah!»* magistral, la marca registrada de Julio Iglesias para la posteridad.

El mayor triunfo de su carrera

Los objetivos planteados por CBS con *1100 Bel Air Place* superaron todas la expectativas. El álbum vendió la extraordinaria cifra de cuatro millones de copias solo en Estados Unidos —despacharía otros cuatro en el resto del mundo—, y la inercia de su éxito colocó hasta seis álbumes de Julio Iglesias de forma simultánea en la lista de *Billboard,* hecho que hasta entonces solo habían logrado Elvis Presley y The Beatles, palabras mayores.

La aceptación del primer álbum en inglés de Julio por el público americano fue una señal de la creciente internacionalización de la cultura pop. En el caso de Julio, su éxito llegó con una brillante combinación de talento, marketing y un llegar en el momento adecuado.

Terminada su aventura en California, Julio regresó a Miami con el mayor triunfo de su carrera en el bolsillo. Julio Iglesias cerró la verja de hierro del 1100 Bel Air Place y siguió sumando éxitos. «Estoy contento. Ha sido una aventura apasionante meterme en el mercado norteamericano. Porque una cosa es cantar en inglés y otra meterse. Algo casi imposible, que aunque suene muy pedante es la primera vez que un artista no anglosajón lo consigue»*, recordaba Julio pocas semanas después de terminar de grabar.

Meses después, Quincy Jones, el productor del *Thriller* de Michael Jackson, compró la casa de madera y ladrillo del 1100 Bel Air Place, todavía con el espíritu de las canciones de Julio Iglesias flotando en el aire.

* *El País*.

23
La chispa de la vida

All of you, Julio Iglesias

398: 28 de mayo de1984. Julio Iglesias y su exesposa Isabel Preysler posan junto a su hijo Enrique el día de su Primera Comunión. Junto a ellos el segundo hijo de la expareja, Julio, y la hija de Isabel Preysler y el marqués de Griñón, Tamara. © Album / EFE.

396-397: septiembre de 1984. Julio Iglesias y Diana Ross durante una actuación. © Getty / Time & Life Pictures.

El número 1 en Estados Unidos de *To all the girls I've loved before* provocó una alianza comercial histórica. Coca-Cola, la marca más reconocida del planeta, firmó con Julio Iglesias el que entonces se conoció como «el contrato del siglo». El cantante rodó el primer spot de Coca-Cola, una pieza de veinticinco segundos en el que trabajaron cuatrocientas personas, en un estudio de grabación vacío, donde Julio aparecía vestido de blanco, en un espacio lleno de humo, solo ante el micrófono y con los cascos puestos cantando *All of you*. Definitivamente, Julio Iglesias había conquistado América y, por extensión, el resto del mundo.

«La cola preferida por la Nueva Generación»

Roger Enrico, nuevo presidente de Pepsi USA en 1983, decidió apostar por Michael Jackson como la imagen de Pepsi-Cola frente a Coca-Cola, su gran rival. La apuesta de Enrico se sustentaba en un eslogan contundente: *La cola preferida por la Nueva Generación*.

El nuevo posicionamiento de Roger Enrico golpeó de lleno los cimientos de Coca-Cola en la década de los ochenta. La utilización de la imagen de un joven genio de la música que acababa de ganar ocho premios Grammy con su álbum *Thriller,* el más vendido de la historia, fue un golpe certero.

Pocas veces en la historia del marketing, la imagen de una estrella se había asociado de manera tan contundente con un producto que hasta ese momento no había logrado un posicionamiento significativo frente a un líder indiscutible.

Coca-Cola, en un movimiento comercial incomprensible, en respuesta a la *Nueva Generación* de Pepsi escogió a Bill Cosby para lanzar la *New Coke,* el mayor error de la historia de Coca-Cola.

Tras este fiasco, con manifestaciones públicas de consumidores leales defraudados incluidas, Coca-Cola tuvo que retroceder.

Michael Jackson y Pepsi siguieron juntos prácticamente toda la década de los ochenta, aunque el accidente que sufrió en 1984 grabando un anuncio para la marca el 27 de enero en el Shrine Auditorium de Los Ángeles, ante más de tres mil fans, marcó un antes y un después para el Rey del Pop. Después de quemarse el pelo con unos fuegos artificiales y sufrir heridas de tercer grado, Michael Jackson no volvió a ser el mismo. El accidente provocó una espiral de cirugías estéticas y, lo que es más grave, la adicción a las drogas y analgésicos que terminó por costarle la vida.

Julio, al rescate de Coca-Cola

En su estrategia de reposicionamiento y para recuperar el mercado perdido, Coca-Cola, después de la debacle comercial de la *New Coke,* volvió al ataque.

El presidente de Coca-Cola, Donald R. Keough, en rueda de prensa celebrada el 2 de mayo de 1984, anunció el acuerdo con el artista español: «Es para mí un gran placer informarles de que Julio Iglesias es ahora nuestro socio». El ejecutivo asoció las dos marcas de éxito utilizando una interesante comparación. Para Keough había quedado demostrado que cada treinta segundos en algún lugar del mundo alguien escuchaba una canción de Julio Iglesias y, quizás, mientras escuchaban su música disfrutaban de una botella de Coca-Cola*.

---

* *El País. Cuando vuelva a amanecer.*

El anuncio de la unión fue transmitido por televisión en directo vía satélite a casi noventa países. Más de un centenar de periodistas y equipos de televisión recogieron el acto entre Donald R. Keough y Julio Iglesias.

Donald R. Keough informó de que, a lo largo de tres años, Julio promocionaría los productos de Coca-Cola de todo el mundo a través de anuncios de prensa, radio y televisión, rodando seis anuncios cada año, para hacer un total de dieciocho dirigidos al mercado mundial.

El cantante rodó el spot de Coca-Cola vestido de blanco, solo ante el micrófono cantando *All of you.* Julio también rodó anuncios para Coca-Cola *Light.* Su llegada al mercado español en los años ochenta marcó un hito en nuestro país creando la cultura de los productos *light.*

Coca-Cola *Light* comenzó a comercializarse en Estados Unidos en 1982. Su rápida aceptación logró que en pocos años estuviera en casi todos los países del mundo. A España llegó en mayo de 1984, y su irrupción supuso el nacimiento de los refrescos *light* en nuestro país, referente de modernidad y que en parte debió su éxito a sus famosas campañas de publicidad. En 1984, Julio Iglesias y la actriz Rene Russo eran los encargados de protagonizar el primer anuncio de la marca en el mercado español. Luego le siguieron cantantes como Elton John, Whitney Houston o Paula Abdul, y actrices como Demi Moore o Uma Thurman, aunque el primero fue Julio.

Como anécdota, cabe anotar el éxito de la canción parodia que registraron los Hombres G pocos años después a colación de la creciente invasión de la cultura *light* en España. *Chico, tienes que cuidarte,* extraída de su álbum *Voy a pasármelo bien,* era en palabras del grupo una «especie de parodia ante la insoportable oleada de productos *light* que nos acosaba. Todo el mundo nos decía eso de "chico, tienes que cuidarte" y ya no podíamos más»*.

El *«contrato* del siglo», por el que durante tres años la marca ofrecía a Julio Iglesias tres mil millones de pesetas, dieciocho millones de euros, incluía también el patrocinio de la inminente gira mundial, que

---

* Texto interior Hombres G, Singles 1984-1993.

recorrería cincuenta ciudades del mundo desde el 2 de junio hasta el 30 de diciembre.

La gran gira mundial

Tal fue el éxito de *1100 Bel Air Place* que, en un momento dado, Julio tuvo que renegociar su contrato con la CBS. El primer contrato incluía una cláusula de royalty progresivo, donde Julio se quedaba con un enorme porcentaje de las ganancias si superaba un número determinado de discos, cifra que naturalmente superó con creces. El nuevo contrato seguía siendo muy favorable para el cantante pero, sobre todo, protegía a su compañía de terminar en la ruina por el pago de royalties al artista*.

En mayo de 1984, Julio Iglesias llegó a Madrid procedente de Los Ángeles para asistir a la primera comunión de su hijo menor, Enrique, y recibir el premio Hombre de Nuestro Tiempo, concedido por la revista *Tiempo* junto con el ministro de Defensa, Narcís Serra, y Juan Antonio Samaranch.

Pocos días después, concretamente el 2 de junio, Julio Iglesias arrancó la mayor gira de su vida con un concierto benéfico en las Naciones Unidas de Nueva York.

Durante más de siete meses Julio recorrió el planeta ofreciendo más de ciento veinte conciertos. La coincidencia de su gira con el lanzamiento internacional en el mes de junio de *1100 Bel Air Place* hizo que tan solo cinco días después de su estreno superara el millón de copias en Estados Unidos y provocó que las ventas del álbum se dispararan por encima de los ocho millones de discos en todo el mundo.

La gira mundial, la primera de semejante envergadura que afrontaba Julio Iglesias, ofrecía un despliegue técnico y humano gigantesco. Con el propósito de convencer al público estadounidense acostumbrado a los grandes espectáculos, el *Julio Iglesias World Tour 84* no escatimaba en luces, pirotecnia, efectos especiales, músicos en el escenario, orquestas, camiones llenos de carga subiendo y bajando del escenario, en definitiva,

---

* *Secretos confesables.*

un *show* monumental en el que Coca-Cola invirtió más de doce millones de dólares.

El *Julio Iglesias World Tour 84* viajó desde Nueva York hasta China y de allí de vuelta a Estados Unidos, donde el cantante actuó en Washington el 4 de Julio. En la conmemoración de la fiesta de la Constitución americana, Julio Iglesias se plantó frente el Washington Monument, en la capital del país, ante más de medio millón de espectadores*.

Entre veteranos de la guerra de Vietnam y compartiendo cartel con reconocidos artistas, como Ringo Starr, The O'Jays, America o Three Dog Night, Julio, con la camisa desabrochada cantando con los Beach Boys, ofreció el recital más multitudinario de su carrera. Todos los beneficios del concierto que celebraba el día de la Independencia se donaron a organizaciones contra el hambre alrededor del mundo.

Julio viajó después hasta Los Ángeles, donde, coincidiendo con los Juegos Olímpicos de Los Ángeles 84, ofreció otros diez conciertos —para los que se agotaron todas las localidades— en el Universal Amphitheatre.

Nada igual desde Frank Sinatra

El *Julio Iglesias World Tour 84* lo llevó hasta Quebec y Montreal, en Canadá, a los casinos de Atlantic City y Las Vegas, actuó en San Diego y el lago Tahoe, y durante una semana reventó el Radio City Hall de Nueva York.

En Nueva York, donde en tan solo quince horas agotó todas las entradas de la semana facturando más de un millón de dólares en tiques, Julio salió al escenario relajado. A pesar de estudiar inglés quince horas al día, lamentó su pronunciación; «¡es lo peor!»**, dijo a su audiencia.

Sus canciones de atmósfera romántica y la apuesta por el *crooner* latino conquistaron al público de la Gran Manzana. Julio recuperó en su triunfo del Radio City Hall la figura del cantante melódico con voz delicada. Desde que el público estadounidense abrazara la tradición

---

* *Washington Post*, 5 de julio de 1984.
** *New York Times*.

de la balada romántica de Frank Sinatra, Tony Bennett o Nat King Cole, no se había visto nada igual.

En septiembre, invitado por su esposa Barbara, Julio asistió al cumpleaños de Frank Sinatra y durante el mes de octubre llevó el *Julio Iglesias World Tour 84* hasta Europa, desplegando el nuevo repertorio en míticos escenarios como el teatro Rex de París o el Royal Albert Hall en Londres.

Paradójicamente, el *Julio Iglesias World Tour 84* no llegaría a España y tampoco tuvo en los medios la repercusión que internacionalmente estaba logrando Julio Iglesias en medio planeta. En una España conmocionada con la muerte de Francisco Rivera, *Paquirri,* los éxitos de Julio fuera de nuestras fronteras quedaron tristemente en un segundo plano. El 26 de septiembre en la plaza cordobesa de Pozoblanco, el matador de treinta y siete años sufrió una cornada mortal. Mientras miles de personas lloraban en España su muerte, en Europa Julio Iglesias dejaría su huella en países como Alemania, Suecia o Dinamarca.

Julio Iglesias acabaría el año en Japón, con quince noches en la sala Budokan ante veintidós mil enfervorecidos fans cada noche. Viajó a Sídney, Perth, Melbourne y Canberra, en Australia, y ofreció un último concierto en Hawái en la gira más agotadora de su carrera; «nunca he gozado, ganado, sufrido, triunfado, viajado, perdido, vivido, reído, peleado, pensado y amado como en estos cinco meses de mi vida», recordaría Julio*.

---

* Revista *¡Hola!*

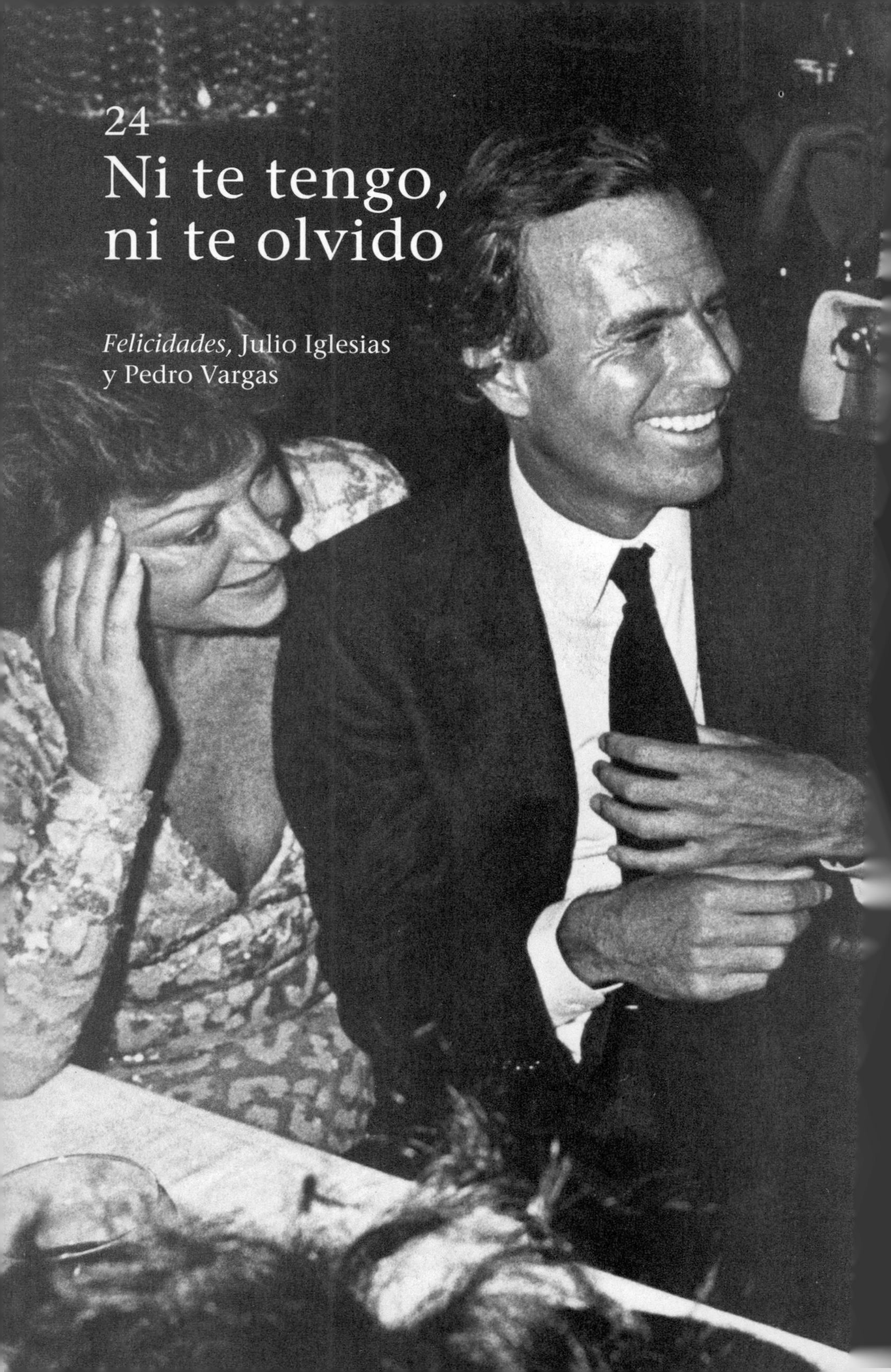

24
Ni te tengo, ni te olvido

Felicidades, Julio Iglesias y Pedro Vargas

408: 28 de mayo de 1984. Julio Iglesias llegando a Madrid procedente de Miami, para recibir el Long Play de Oro. Su padre, Julio Iglesias Puga, y su representante, Alfredo Fraile, le esperaban en el aeropuerto de Barajas. © Album / EFE.

406-407: Nueva York, 31 de diciembre de 1985. Stevie Wonder, Julio Iglesias y Regine durante la fiesta de nochevieja celebrada en Regine's. © Getty / Ron Galella.

Poco antes de finalizar el *Julio Iglesias World Tour 84* Alfredo Fraile, el compañero de aventuras y fiel escudero de Julio Iglesias durante quince años, dijo basta.

Estoy hasta los cojones de Julio Iglesias

Después de los conciertos en Canadá, Julio y Alfredo discutieron. Como es normal, Julio veía las cosas con los ojos de un artista, mientras que Fraile trataba de aplicar la lógica a las decisiones de su representado. En el camerino tras el concierto de Quebec, tal y como recordaba Alfredo Fraile en sus memorias, las desavenencias entre los dos fueron definitivas. Ante la argumentación de Fraile sobre las diferencias entre el concierto de Quebec, donde Julio había triunfado de manera colosal, y el espectáculo de Montreal, donde el artista no se sintió cómodo en el escenario, Julio le preguntó a Alfredo:

—¿Por qué tienes siempre una respuesta lógica a todo lo que te pregunto?*.

---

* *Secretos confesables.*

—Porque yo soy un hombre lógico, lo he sido toda mi vida, ya me conoces —respondió Fraile.

—¿Sabes lo que te digo?, que estoy hasta los cojones de que seas tan lógico —replicó Julio ahora más airado.

La respuesta de Alfredo no se hizo esperar.

—¿Pues sabes lo que te digo? Que yo estoy hasta los cojones de Julio Iglesias, que no te aguanto más —sentenció Alfredo*.

Fraile, después de decirle que no le vería más «en su puta vida»**, se dio la vuelta y se marchó rumbo al aeropuerto y, de allí, a su casa de Miami.

Después de quince años, Alfredo Fraile estaba cansado. Pero también dolido con Julio, a quien en una carta le explicaba los motivos de su decisión, pero sobre todo, le explicaba que sentía que él había dado mucho más de lo que había recibido por parte de Julio. Fraile sabía que cuando leyera sus palabras no habría marcha atrás. Para Fraile, en la mentalidad de Julio no cabía que alguien lo abandonara sin que él estuviera de acuerdo.

La despedida no tenía vuelta atrás y Alfredo Fraile asumió que Julio no aceptaría un abandono sin su consentimiento. En sus memorias, Fraile recordó de manera cristalina las palabras que un día tiempo atrás le dijo Isabel Preysler: «Alfredo, Julio nunca nos perdonará a ti y a mí que nos hayamos ido de su lado»***.

Un breve reencuentro

Durante dos años Alfredo no volvió a ver a Julio Iglesias, concretamente hasta el mes de abril de 1986.

El 26 de abril de 1986 tuvo lugar en Chernóbil el accidente nuclear más grave de la historia. Durante un ensayo rutinario de seguridad, una sucesión de coincidencias y errores humanos se saldaron con la expulsión de doscientas toneladas de material radiactivo al aire —liberando más radiación que la bomba lanzada sobre Hiroshi-

---

* *Secretos confesables.*
** *Ibídem.*
*** *Ibídem.*

ma—, que causaron treinta víctimas directas justo después del accidente y varias décadas de fallecimientos como consecuencia de las secuelas radiactivas de la catástrofe.

La ciudad más afectada fue Pripyat, donde vivían los trabajadores de la planta nuclear, a ciento veinte kilómetros de la capital de Ucrania, Kiev.

La nube radiactiva generada se propagó sobre Europa por acción del viento contaminando en mayor medida Bielorrusia, Polonia, Checoslovaquia y Ucrania. Solo un día después, todavía con la noticia de la catástrofe de Chernóbil muy fresca en la memoria, Julio Iglesias fue al encuentro de un viejo amigo.

Desde Miami Julio voló hasta Ciudad de México. El gran Pedro Vargas, con quien el año anterior había grabado la estupenda *Felicidades*, recibía la Encomienda de Isabel la Católica.

Julio, acompañado por Rocío Jurado, Pedro Carrasco, Tico Medina y José Luis, el conocido restaurador que le prestó su finca para poder casarse con Isabel, asistieron en la embajada de España a la imposición de la medalla, concedida en nombre del rey Juan Carlos I y que le entregó el embajador de España, Pedro Bermejo Marín.

Además de la medalla, el 27 de abril de 1986 Pedro Vargas celebraba su ochenta cumpleaños en el hotel María Isabel. Hasta allí se acercaron amigos de la leyenda mexicana y le cantaron. Julio, Roberto Carlos, José Luis Rodríguez *el Puma,* Plácido Domingo y Frank Sinatra amenizaron una velada histórica. Allí fue donde, después de casi dos años, Julio se reencontraría con Alfredo Fraile.

Julio saludó a su antiguo *manager* con afecto, quitando hierro a su separación y le dio una noticia sorprendente:

—Si te sirve de satisfacción, he de decirte que poco después de que tú te fueras eché a mi hermano Carlos, porque él nos enemistó mucho.

Alfredo lamentó la noticia y le recordó que su hermano al menos le daba un cariño sincero. Julio respondió de inmediato.

—Sí, pero tú también eras como mi hermano, y te fuiste*.

---

* *Secretos confesables.*

Ahora con Adolfo Suárez

Fraile, poco después de dejar su relación con Julio Iglesias, se había embarcado en un reto de gran envergadura trabajando para Adolfo Suárez como candidato a las elecciones generales de 1986. El CDS, el partido de Suárez, había sido derribado en los comicios de 1982 y ahora se enfrentaba al inexpugnable PSOE de Felipe González y Alfonso Guerra.

Seguramente fruto de su inevitable recuerdo de los años vividos junto a Julio, Alfredo Fraile* utilizó una estratagema para acercar a Suárez a la gente. A Suárez sus amigos lo seguían llamando «presidente» pero en la calle ya no lo era. Adolfo Suárez dejaba entrever una personalidad muy insegura y Fraile lo animó a quitarse la chaqueta en los actos públicos tal y como hacía Julio Iglesias. «¡Pero cómo voy a quitarme la chaqueta!», decía el expresidente Suárez, hasta que finalmente accedió y convirtió sus mítines en un espectáculo del que la gente salía entusiasmada.

Resulta curiosa también la conexión entre Julio y el presidente Suárez a lo largo de toda su carrera, desde su etapa como director general de Radiodifusión y Televisión cuando *Gwendolyne,* hasta sus últimos días ya enfermo. Julio Iglesias recordaba el germen de una imagen icónica —aquella del expresidente Suárez caminando de espaldas con su majestad, el rey don Juan Carlos I—, una idea original que Julio le dio a Suárez Illana, el hijo del expresidente Suárez; «estábamos hablando en mi casa, mientras él pasaba unos días de vacaciones con su mujer y sus hijos. Conversábamos sobre cómo se podría ver el cariño profundo que tenía el rey Juan Carlos por Suárez y Suárez por el rey, sin que se reflejara el alzhéimer del presidente. Le dije que, cuando estuvieran paseando, le hiciese una foto de espaldas, como la famosa de Kennedy. Y lo hizo de maravilla porque la foto es preciosa».

En ese periodo, Fraile también trabajó brevemente con Bertín Osborne, otro de los muchos cantantes melódicos que envidiaban el éxito de Julio Iglesias desde que se afincara en Miami. En 1986 Bertín recurrió a Alfredo para que llevara sus asuntos artísticos durante unos cuantos meses. Sin comprometerse a ser su representante, Fraile lo

---

* *Información,* 25 de marzo de 2014.

llevó a Los Ángeles, donde Bertín firmó un sustancioso contrato para grabar un disco en inglés con Capitol Records.

Poco después, Alfredo Fraile se despidió amistosamente de Bertín, y este alcanzó algunas metas que sin el apoyo de Fraile no habría alcanzado*.

La única persona que confió en él

Julio y Alfredo continuaron con su vida y, puntualmente, se fueron encontrando en el camino, pero Julio Iglesias y Alfredo Fraile nunca volvieron a trabajar juntos.

En 2017 Julio envió un vídeo de felicitación a la mujer de Alfredo por su setenta cumpleaños. «Fue un gesto muy bonito. Lo quise y lo sigo queriendo, pero era muy difícil trabajar con él. Era muy exigente y dependiente. A tres de mis seis hijos no los vi nacer. O me divorciaba de él o lo hacía de mi mujer. Y encima era tremendamente inseguro, tenía pavor a fracasar o hacer el ridículo. Yo lo llamaba "Mr. No", porque decía que no a todo. No podía más», reconoció en 2018 Alfredo**.

«Fui la única persona, junto a Enrique Garea, que confié en él. Le pedí dinero a mi padre, y mis tías nos adelantaban el coste de los viajes de promoción. La inseguridad de Julio Iglesias facilita su creatividad. Necesita siempre un empujón. Creo que no ha tratado muy bien a los que le hemos querido. Aposté toda mi vida y mi patrimonio por Julio Iglesias, pero no se deja querer»***.

Un disco decididamente malo en las Bahamas

En la nueva vida sin Alfredo Fraile, Julio Iglesias afrontó la inevitable grabación de un nuevo disco. El estresante trabajo de promoción de *1100 Bel Air Place* y la agotadora gira mundial que lo llevó a recorrer el planeta provocaron que Julio afrontara la grabación de su nuevo disco envuelto en un estado de ánimo muy bajo. «Acabo de pasar los

---

* *Libertad digital,* 7 de diciembre de 2017.
** *Vanity Fair.*
*** *La Opinión de Coruña,* 25 de marzo de 2014.

seis meses más difíciles de mi vida. He luchado como un loco para conseguir el éxito mundial. Lo he conseguido y lo estoy pagando muy caro. Si no hubiera tenido voluntad y disciplina, estaría en un sanatorio»*, reconocería a final de año. Cansado y buscando algo de reposo físico y emocional, Julio se marchó a las Bahamas para grabar *Libra,* su siguiente trabajo.

Nuevamente con la producción de Ramón Arcusa, por méritos propios el hombre fuerte en la discografía de Julio, *Libra* se grabó en cuatro localizaciones distintas: Nassau, Madrid, Los Ángeles y Río de Janeiro.

Su retiro a *Capricornio,* su casa en las Bahamas, supone un regreso a las baladas y al romanticismo más clásico. Al margen de *Felicidades,* el excelente dúo con Pedro Vargas; *Ni te tengo, ni te olvido,* escrita por Luis Gardey; y *Tú y yo,* escrita por Danny Daniel y seguramente la canción más inspirada de *Libra,* el resto del disco se desenvuelve entre medianías y canciones vulgares. Bien por cansancio o por una selección de repertorio precipitada, *Libra* no alcanza a competir siquiera mínimamente con el excelente *1100 Bel Air Place* o los inspirados álbumes *Momentos* o *Emociones.*

A pesar de lograr unas ventas importantes —a estas alturas, prácticamente cualquier cosa que tocara Julio Iglesias era sinónimo de éxito—, artísticamente *Libra* supuso un retroceso en su carrera y como el propio Julio confesaría tan solo dos años más tarde: «Ahora me siento feliz. He superado casi un año y medio de profunda depresión, durante la que me encerré en una casita pequeña y no hice otra cosa que mirar al techo y grabar un disco, *Libra,* que es decididamente malo»**.

Emocionalmente Julio estaba deshecho, reconocía no tener a ninguna mujer en ese momento en su vida, más preocupado en esos días de ocuparse de sí mismo. En una entrevista de 1985, preguntado por su próxima conquista, Julio fue sincero: «Yo mismo».

---

* *Paris Match / El País.*

** *ABC,* 10 de julio de 1987.

France, *mon amour*

Durante veinte noches Julio Iglesias encandiló al público francés con sus conciertos en el teatro Rex de París. En su estancia en Francia también aprovechó la oportunidad de colaborar en la gala antidroga, patrocinada por la Fundación SOS-Droga Internacional, donde Julio departió con el alcalde de París, Jacques Chirac, el diseñador Yves-Saint Laurent o el actor Anthony Quinn. Con la asistencia del primer ministro, Laurent Fabius, y el ministro de Cultura, Jack Lang, Iglesias presidió la velada antidroga*.

En el Rex, el escenario más grande de París, delante de seis mil espectadores, Julio Iglesias alcanzó la gloria. Las entradas para los conciertos del español llevaban semanas agotadas, y, en un estado de euforia descontrolada generalizada, hasta tres autocares de la policía vigilaban los aledaños del local.

Antenne 2, la televisión matinal del segundo canal, fue inaugurada con la presencia del cantante, y sus seguidoras francesas fueron interrogadas a la entrada del teatro con una sola pregunta: «¿Le gustaría a usted hacer el amor con Julio?». Una señorita aseguró que se lo comería crudo**. Poco después, todavía en Francia, Julio, en una cena en Maxim's de cien cubiertos para otras tantas personalidades, aprovechó para lanzar internacionalmente una nueva línea de zapatos***. La relación entre Francia y Julio Iglesias en 1985 era sencillamente un matrimonio perfecto.

El telón de acero contra Julio

En marzo de 1985, tras la muerte de Konstantín Chernenko, Mijaíl Gorbachov lo sustituye en la presidencia de la Unión Soviética. Elegido secretario general del Partido Comunista, Gorbachov anunció un cambio en la estancada economía rusa impulsando la *Perestroika*. En plena Guerra Fría, los éxitos de Julio Iglesias en Estados Unidos provocaron que al otro lado del telón de acero los medios de comunicación

---

* *El País*.
** *Ibídem*.
*** *Ibídem*.

soviéticos descalificaran el trabajo del español, calificándolo de simple, falto de cualquier valor social y que su integridad había sido vendida a cambio de dinero*.

La Guerra Fría provocó situaciones surrealistas en la Unión de Repúblicas Socialistas Soviéticas (URSS), decisiones políticas que afectaban directamente a la expansión musical de Julio en la Europa comunista.

En 1985, ya con Gorbachov como secretario general, en la Unión Soviética existió una lista negra de artistas cuya música debía ser prohibida en las emisoras. Julio Iglesias era el único español.

Desde la década de los años sesenta, las autoridades soviéticas sintieron verdadero pavor a la posibilidad de un asentamiento de la música rock en la URSS. La idea de ver triunfar lo que para ellos eran bandas violentas, racistas y anticomunistas entre los jóvenes rusos los aterraba.

La lista negra de los artistas prohibidos se conocía como «Lista aproximada de grupos musicales y artistas extranjeros cuyos repertorios incluyen composiciones nocivas», y fue realizada y distribuida entre las emisoras de radio en 1985 por el Komsomol, la organización juvenil del Partido Comunista de la Unión Soviética.

AC/DC y Julio Iglesias lideraban la lista de artistas «neofascistas» para la URSS, recomendando que sus canciones no fueran pinchadas en las emisoras de radio de la Unión Soviética. Lo mismo le pasó a David Byrne y a sus Talking Heads, aunque no fueron prohibidos por fascistas, sino por «atentar contra los valores socialistas».

Pero hubo más. Alice Cooper fue considerado «violento», al igual que Black Sabbath, Scorpions, Iron Maiden o Village People. Por su parte, Tina Turner o Donna Summer eran prohibidas «por sexuales y eróticas». Pink Floyd «interfería con la política exterior de la URSS», mientras que los Sex Pistols y los Ramones eran considerados sencillamente «punks», la etiqueta más acertada de toda la lista. Judas Priest encabezaba a los «anticomunistas y racistas»; Kiss, a los «nacionalistas», mientras que a Van Halen se le acusaba de hacer «propaganda antisoviética».

* *Cuando vuelva a amanecer.*

Solo algunos años más tarde Julio Iglesias terminaría con el absurdo veto de la Komsomol y, al igual que había hecho en el resto del mundo, triunfó en la misma Plaza Roja de Moscú.

Música solidaria para el mundo

A mediados del mes de abril de 1985, Julio colaboró en la canción *Cantaré, cantarás,* escrita por Juan Carlos Calderón y Albert Hammond, y dirigida a la fundación filantrópica Hermanos, para ayudar a los niños más desfavorecidos de Latinoamérica, el Caribe y África, una iniciativa inspirada por las notables y muy recientes acciones de Band Aid en Inglaterra o USA for Africa en Estados Unidos.

Musicalmente el año 1985 había arrancado a lo grande. *We are the world,* escrita por Michael Jackson y Quincy Jones, y grabada por la denominada banda USA for Africa —un conjunto de estrellas lideradas por Lionel Richie, Diana Ross, Michael Jackson, Tina Turner, Stevie Wonder, Bob Dylan o Bruce Springsteen—, fue sin discusión la canción del año. Su grabación se realizó el 28 de enero y fue publicada por Columbia Records, y solo en Estados Unidos vendió más de siete millones de sencillos. Los más de cincuenta millones de dólares obtenidos fueron donados a una campaña humanitaria para intentar acabar con la tremenda hambruna en Etiopía.

En *Cantaré, cantarás* Julio compartía protagonismo con nombres célebres como Roberto Carlos, Plácido Domingo, Celia Cruz, José Feliciano, Rocío Jurado, *El Puma* o Lucho Gatica. *Cantaré, cantarás* se estrenó en todas las televisiones de Latinoamérica simultáneamente, y contó con un documental narrado por el actor Ricardo Montalbán. Quincy Jones, el productor y director de *Thriller,* asistió a la sesión de grabación de la canción y felicitó a todos los intérpretes por su contribución al proyecto y por participar en la realización del tema.

Por México y Colombia

Dos tragedias sacudieron Latinoamérica en 1985 y en las que, como no podía ser de otra manera, en la medida de sus posibilidades, Julio, siempre implicado en causas benéficas, ofreció su ayuda.

El 19 de septiembre México fue sacudido por un terrible terremoto, el más grave y dañino en la historia escrita del país. El epicentro se localizó en la costa de Michoacán, y el seísmo afectó la zona centro, sur y occidente de México, en particular a la ciudad de México.

El número exacto de muertos, heridos y daños materiales nunca se conoció con precisión. En cuanto a las personas fallecidas, solo existen estimaciones; tres mil ciento noventa y dos fue la cifra oficial, mientras que veinte mil fue el dato resultante de los cálculos de algunas organizaciones. Doscientas cincuenta mil personas se quedaron sin casa y aproximadamente novecientas mil se vieron obligadas a abandonar sus hogares.

Para la memoria quedaron tres recién nacidos (dos niñas y un niño) que fueron rescatados entre los escombros del Hospital Juárez siete días después del terremoto. A esos bebés se les llegó a conocer como «los bebés del milagro». En los siete días que permanecieron bajo los escombros, los bebés estuvieron completamente solos, no hubo nadie que les diera de comer o beber, nadie que los cubriera y les diera calor, y a pesar de tener todo en contra, los tres salieron vivos.

Julio Iglesias, conjuntamente con Plácido Domingo y José Luis Rodríguez, *El Puma,* así como un elenco de estrellas conectadas vía satélite desde Argentina, Chile, República Dominicana, Perú, España y Venezuela, ofreció un espectáculo de trece horas de televisión en directo para cincuenta y seis países con el fin de recaudar fondos para los damnificados del terremoto. El especial *México, estamos contigo,* emitido el 30 de septiembre, alcanzó los cinco millones de dólares de recaudación. Días después, el 6 de octubre, Julio viajó a México para ofrecer un concierto en el auditorio de San Ángel cuya recaudación íntegra fue a manos de las víctimas. En México, Julio Iglesias adoptó a dos niños, huérfanos tras el seísmo.

Omayra Sánchez, una niña colombiana

Pero aquel 1985 los fenómenos de la naturaleza fueron especialmente crueles con América.

El 13 de noviembre de 1985 el volcán Nevado del Ruiz, *el león dormido,* hizo erupción. Esta desencadenó en un enorme flujo de sedimento y agua, el mayor desastre natural de Colombia, enterrando el municipio colombiano de Armero, en donde se calcula que murieron más de treinta mil habitantes.

La imagen de aquella tragedia sería para siempre Omayra Sánchez, una niña colombiana de trece años que murió en Armero víctima de la erupción. Omayra adquirió reconocimiento mundial al estar tres días atrapada entre el barro, los cascotes de su casa y los cuerpos de sus propios familiares. Mientras las cámaras de televisión transmitían la agonía de la joven enterrada hasta el cuello por el lodo, su valentía y dignidad conmovieron a los periodistas y socorristas, y también al mundo entero. Sesenta horas después de la erupción, Omayra murió.

La niña se ha mantenido como una figura en la cultura popular, recordada a través de la música, la literatura y artículos conmemorativos. Su imagen de desconsuelo, hundida bajo el agua con solo un brazo apoyado sobre una rama de árbol, es una de las representaciones más dramáticas y sobrecogedoras de la impotencia humana.

Julio Iglesias, hombre generoso desde el inicio de su carrera, organizó y participó en el maratón televisivo celebrado en Nueva York con el fin de recaudar fondos para las víctimas de la tragedia del Nevado del Ruiz. Desde el escenario, Julio animó a los telespectadores a colaborar en *Por ti, Colombia,* un hermoso gesto de humanidad por parte del cantante español.

Una estrella en Hollywood

Después de las terribles tragedias de México y Colombia, Johnny Grant el presentador radiofónico, productor televisivo y alcalde honorario de Hollywood, entregó a Julio Iglesias la reproducción de la estrella con su nombre en letras doradas, distintivo que le hacía acreedor de una estrella sobre el suelo del Paseo de la Fama de Hollywood, símbolo irrefutable de la consagración de su carrera artística. La estrella de Julio hacía el número 1.814, brillando con luz propia en la zona sur del Hollywood Boulevard, frente al hotel Roosevelt. En sus palabras a los medios poco después de recibir el reconocimiento, entre muecas de satisfacción, Julio acertó a decir: «Mis hijos no me lo van a creer»*.

Julio se marchó a Londres, y junto a Michael Caine, Chevy Chase, Duran, Charlton Heston y Ben Kingsley, el 8 de diciembre participó en el Bob Hope's Happy Birthday Homecoming London Royal Gala, en homenaje a Bob Hope, la leyenda que durante más de sesenta años de carrera triunfó en el teatro, el cine, la radio y la televisión.

El 29 de diciembre Julio y Shura Hall, esposa de Ramón Arcusa, ejercieron de padrinos del quinto hijo del exmatador de toros Manuel Benítez, *El Cordobés*. Después de la ceremonia religiosa oficiada en la catedral católica de Nassau, todos se trasladaron a la mansión Capricornio, que Julio tenía en la capital de las Bahamas. Allí ofreció una gran mariscada regada con vino español y champán francés antes de viajar a Nueva York.

El que se suponía que iba a ser un año tranquilo, Julio Iglesias lo terminó sobre el escenario. En el Essex House Hotel de Nueva York, Julio Iglesias ofreció un concierto de Nochevieja para trescientos afortunados. Entre ellos también figuraba Manuel Benítez. La hija mayor del Cordobés subió al escenario para entregar una rosa a Julio, que le dedicó una canción.

En una entrevista el Cordobés recordó cómo un día en las Bahamas se le acercó Julio y le dijo: «Solo te envidio en una cosa». Podría ser cualquier cosa, desde su destreza torera a su naturalidad personal, pero no. Lo que Julio Iglesias envidiaba de Manuel era que había sido portada de *Life,* la mítica revista estadounidense, y el cantante madrileño no. Y no una vez, sino tres**.

También se encontraban allí su amigo el exfutbolista del Real Madrid Pedro de Felipe, que desde hacía algún tiempo se había incorporado al equipo de Julio encargado de dirigir la venta y promoción de todos los productos que llevaran su nombre. En el Essex House Hotel compartieron asiento el genio del arte pop Andy Warhol y la actriz

---

* *El País,* 9 de noviembre de 1985.
** *El País.*

Mariel Hemingway. Julio cobró cerca de cuarenta millones de pesetas por cantar hora y media en la noche de Fin de Año*.

Al finalizar el concierto, ya en 1986, Julio, Andy Warhol, Mariel Hemingway, el Cordobés y el resto de amigos invitados, se trasladaron a la discoteca Regine's de Nueva York, donde Julio se encontró con su colega Stevie Wonder.

Aquella noche, Julio no dejó escapar la oportunidad de charlar con Stevie y dejarle su tarjeta de visita. Julio admiraba profundamente al artista de Míchigan, y entre sus deseos figuraba la idea de, después de algún intento inacabado en el pasado, poder por fin cantar juntos algún día. Aquella velada en Nueva York siguió construyendo una sincera amistad que desembocaría en una fenomenal relación profesional.

---

* *ABC*.

25

Un millón de amigos

My way, Frank Sinatra

424: circa 1986. Julio Iglesias delante de su avión privado.
© Getty / Jean-Claude Deutsch.

422-423: 6 de abril de 1986. El presidente del Gobierno, Felipe González, recibe en su despacho del Palacio de la Moncloa al cantante Julio Iglesias y al torero Manuel Benítez «El Cordobés». © Album / EFE.

A Frank Sinatra le entusiasmaba estar rodeado de amigos, especialmente si eran italianos. A finales de los setenta, en el desierto de Palm Springs, Sinatra solía organizar fiestas con sus colegas, reuniones donde la Voz cocinaba salchichas y pimientos, mientras su mujer Barbara preparaba deliciosos platos de pasta.

Gracias, señor

A Sinatra, además de alternar con sus amigos, lo que le gustaba de verdad era jugar al golf. Frank cogía el teléfono y llamaba a Sammy Davis Jr., Dean Martin y al resto de la pandilla y organizaba cada año un torneo solidario de golf en el Canyon Country Club. De aquellas reuniones nació el *Love-In,* una gala benéfica que trató de conservar el espíritu de aquellas primeras reuniones con sabor a barbacoa.

En febrero de 1986 Julio Iglesias viajó hasta Palm Springs, en California. En aquella época Julio pasó unos días en la casa de la Voz, una lujosa residencia en medio de un oasis de artificio para estrellas de Hollywood, una casa de ladrillo rodeada de cocoteros donde Julio dormía en una habitación con techo y paredes empapelados con hojas verdes de palmera. Sinatra y Julio se habían convertido en grandes amigos, especialmente después de que en 1983 el madrileño cantara *Begin the beguine* a Sinatra en un programa navideño. Al final de la actuación, Frank se acercó a él y en español le dijo: «Gracias, señor», añadiendo en inglés: «*I love you*».

Bajo el lema de «Sinatra será Cupido a beneficio del hospital», el cantante español actuó en *Love-In III,* el evento creado por la Voz para recaudar fondos para el Palm Springs Desert Hospital. Acompañado de otras estrellas como Dionne Warwick y el propio Ol' Blue Eyes en persona, en la gala del Palm Springs Hilton Riviera, Julio siguió construyendo su relación de amistad con Sinatra*.

«Era un hombre increíble, cantaba bonito, era generoso. A mí no tenía por qué quererme y me quería mucho. Recuerdo que me ofreció que me representara su *manager,* de modo que Eliot Weisman gestionó mis asuntos durante siete años. Canté con Sinatra en conciertos benéficos, en su disco de duetos... Era un maestro», recordaba Julio hablando de la Voz**.

En la plaza con el Cordobés

Julio regreso a España para ver a un amigo. El sábado 5 de abril de 1986, la plaza de toros de Las Ventas acogía un festival a beneficio de los damnificados por la erupción del volcán Nevado del Ruiz en Colombia.

A pesar de la lluvia y el viento que estropearon la jornada, Julio acompañó a su amigo el Cordobés, que regresaba a la arena de Madrid por primera vez desde mayo de 1971. El Cordobés salió a la plaza acompañado de Antoñete, Andrés Hernando, Palomo Linares, Joselito y Macareno de Colombia.

En la misma plaza de toros, Julio recibió una cita presidencial. Un portavoz del Gobierno de España llegó por el callejón de Las Ventas y le citó para el día siguiente. Esa misma noche cenó con Chábeli y vi-

* Palmspringslife.com.
** *El Comercio.*

sitó Joy Eslava, una las discotecas de sus amigos Pedro Trapote y José Luis Uribarri*.

Los disparatados años ochenta

Trapote había inaugurado la Joy Eslava un 25 de febrero de 1981, tan solo dos días después del 23F, una fecha que aún tenía aturdida por el golpe de Estado a la ciudad de Madrid. Pedro Trapote le compró el local a Luis Escobar, el antiguo marqués de las Marismas (conocido en el cine por sus papeles en la trilogía berlanguiana iniciada con *La escopeta nacional,* en 1978). Trapote, inspirado en el Studio 54 o el Xenon de Nueva York, transformó un antiguo teatro construido en 1871 en una discoteca. Desde 1978, *Aplauso,* dirigido por José Luis Uribarri, se convirtió en el programa musical juvenil de TVE, y con la apertura de Joy, pasó a grabarse en la propia sala desde 1981. Por su escenario desfilando la élite del pop mundial, desde Michael Jackson, Stevie Wonder, ABBA, The Police, AC/DC, Kiss, Donna Summer, Phil Collins a, por supuesto, Julio Iglesias.

Desde 1983 Joy Eslava se convirtió en lugar obligado de paso, no había estrella que visitara la capital y no bebiera un combinado en la barra del bar. Roger Moore, Ira von Fürstenberg, Gina Lollobrigida, Tina Turner, Miguel Boyer, Camilo José Cela, Isabel Preysler, Fernando Fernán Gómez, Lola Flores, Pedro Almodóvar e incluso un joven príncipe Felipe eran habituales de los reservados del local.

Naturalmente, siempre que podía, cuando Julio Iglesias hacía escala en Madrid, trataba de ir a ver a su amigo Trapote en alguna de aquellas delirantes noches de los desinhibidos años ochenta, y donde se vivieron disparatadas anécdotas; «un joven árabe nos pidió comprar toda la recaudación que habíamos hecho esa noche. Y, con una bolsa llena de billetes, se subió a la tercera planta y tiró los dos millones de pesetas de la caja. ¡La gente se volvió loca al ver caer dinero del cielo!»**, recordaba Trapote.

---

* *La Vanguardia,* 7 de abril de 1986.
** *El Mundo,* 1 de marzo de 2011.

Reunión con Felipe González

Julio no desaprovechó su visita exprés a España y puso sus herramientas de trabajo a punto. Como un ciudadano más que anualmente pasa la ITV de su coche, Julio Iglesias envió a París su *jet* privado Falcon 50 para que pasara la revisión de mantenimiento. Desde su despegue internacional, Julio empezó a moverse por el mundo en reactores privados como lo que era, una superestrella.

El domingo por la mañana en la Moncloa, el presidente del Gobierno, Felipe González, recibió a Julio y a su inseparable amigo el Cordobés. Tras sus encuentros en años previos, Julio había afirmado que Felipe González, a pesar de sus diferencias políticas, era un hombre de gran talante, inteligente, brillante y con gran capacidad de estadista, «le he conocido y es un hombre entrañable y carismático»*.

Tan a gusto estaban la estrella y el presidente, que el encuentro de Julio y Felipe en Moncloa se prolongó más de lo esperado y a punto estuvo de perder el avión en vuelo regular de Iberia rumbo a Miami**.

El jefe de prensa

Después de que fuera abandonado por Alfredo Fraile, y que poco más tarde dejara de trabajar con su hermano Carlos, Julio encargó a Fernán Martínez, su jefe de prensa, que manejara sus asuntos.

Periodista y productor de programas de televisión colombiano, nacido en Popayán en 1955, Fernán comenzó a estudiar Derecho, aunque pronto lo abandonó por el periodismo. Su labor periodística se inició en el diario *El Pueblo de Cali,* donde pasó a dirigir la revista de espectáculos *Antena,* para terminar como redactor durante algunos años del periódico *El Tiempo* de Bogotá. En esa época, enviado por el periódico, Fernán realizó una entrevista a Julio Iglesias, quien, fascinado por la creatividad y el profesionalismo del periodista, lo contrató como su jefe de prensa.

Fernán recordaba que en aquellos días tenía una novia, Clarita, que adoraba a Julio. Martínez se propuso hacerle una entrevista dura

---

* Jordi López Pedrol, TVE.
***Ibídem.*

para demostrarle a ella que su novio se podía enfrentar a Julio Iglesias. Fernán lo sentó a charlar durante hora y media, tratando de ser un periodista inteligente y muy *cool*. «La gente esperaba que acabara con él. Y no. El tipo quedó encantado; dijo que nunca habían escrito nada así sobre él, y me invitó al concierto, con mesa y todo, junto a mi novia, que estaba en las nubes. A partir de ese momento, Julio se la pasaba diciendo: "Tienes que trabajar conmigo algún día"».

Algún tiempo después, Fernán Martínez llegó a Miami y a su nueva vida como jefe de prensa de Iglesias. En el aeropuerto lo recogió un Rolls Royce azul y lo llevó a Indian Creek.

Julio también recordaba su experiencia con Fernán: «Soy un poquito el papá de Fernán. Fue mi jefe de prensa, extraordinario. Lo encontré en las calles de Bogotá cuando escribía para una revista de música»*.

Además de su labor como jefe de prensa, Fernán escribió la letra de algunas de sus canciones, como *No me vuelvo a enamorar* y *Esa mujer***.

Años más tarde, Fernán trabajaría con Enrique Iglesias y Juanes. Cuando Fernán terminó su relación con Juanes después de once años, le llamó desagradecido y despreciable, «es un personaje que no quiero ni encontrármelo. Para hablar de Juanes hay que tener en frente un brujo, un abogado, un toxicólogo, un juez, la policía», aseguró.

También terminaría desvinculado de Enrique, a quien lanzó internacionalmente y en medio del éxito se separaron sin explicación. Muchos aseguraron en aquel momento que la pelea entre ellos fue muy delicada y que a día de hoy no se hablan***.

En una entrevista, Julio afirmaba que «Fernán fue muy fuerte para Enrique, muy necesario, como lo fue para Juanes. La vida luego cambia muchas cosas, pero él tuvo un olfato grandísimo. Yo ya estaba hecho cuando trabajamos juntos; en realidad fue compañero mío, no mi profesor, pero sí el profesor de Enrique y el profesor de Juanes en sus inicios. Conmigo aprendió»****.

---

* *El Tiempo.*

** *La Historia con mapas.*

*** *Huffpost.*

**** *El Tiempo.*

Julio, un maestro de la imagen y las noticias

Fernán Martínez recordaba a Julio como el gran maestro del manejo de la imagen, un provocador. Una anécdota llamó la atención de Fernán. Un día, en un restaurante, Julio le dijo lo atractivo que era el camarero, en ese momento un simple comentario estético por parte de Julio, pensó Fernán. Al rato, le insistió en lo atractivo que era el barman, y también que el vecino de la mesa de al lado era muy guapo, y otro cliente al fondo del local, y uno más hasta que Julio le dijo, «Ferni: todos esos hombres son más apuestos que yo, mucho más guapos y atléticos..., pero ¿sabes a quién están mirando las mujeres? ¡A mí, me miran a mí! Y ese es tu trabajo, que ellas crean que este tipo con piernas delgadas, al que comienza a faltarle el pelo y con una piel nada especial, es el más atractivo del mundo. De eso, de que piensen eso, depende que tú y yo comamos»*.

Fernán controló con destreza a los medios de comunicación en beneficio de la imagen de Julio. La mayoría de los *paparazzi* estaban bajo su control. Cuando Julio le decía que iba a un restaurante y que quería estar solo, Fernán se encargaba de contratar a un fotógrafo que lo sorprendiera. Las fotos las escogía Fernán y las hacía llegar en exclusiva a *Paris Match,* a las agencias de noticias, a *Bunte*. «Julio se reventaba de la ira, pero no sabía que era yo el que lo traicionaba por su propio beneficio. La regla para escoger las fotos sigue siendo la misma: nunca se envía a medios una foto en la que, al lado de la estrella, aparezca alguien más joven, más guapo o más alto», recordaba Fernán**.

Julio sabía que tenía que contarle algunas cosas a alguien como Fernán. El jefe de prensa ya se encargaría de que esas historias no se evaporaran. Cuando Julio Iglesias se acostó con Priscilla Presley, «estaba encantado y me lo contó, porque sabía que yo algún día lo haría público», recordaba Fernán. «En otra ocasión se llevó a la cama a una japonesa, y me llamó: "Ferni, ¿de qué tamaño es el clítoris más grande que has visto?". "No sé, Julio —le dije—, ¿unos tres centímetros?".

---

* *El Tiempo.*

** Gustavo Gómez, *SOHO.*

"Pues esta japonesa lo tiene del tamaño de un dedo y es una delicia", me contestó»*.

Cuando Fernán no podía controlar las imágenes de periodistas que no estaban bajo su custodia, utilizaba diferentes tretas. En una ocasión cazaron a Julio con alguien que a Fernán no le parecía de suficiente nivel. Llamó al fotógrafo y le propuso un trato, le dijo que le cambiaba esas fotos de mala calidad por unas espectaculares de la novia negra de Julio en Brasil, «santo remedio»**, recordaba Fernán.

Fernán conocía en profundidad la vanidad de Julio Iglesias. Estando en Los Ángeles, Julio siempre se alojaba en un hotel mediano, nada lujoso ni exagerado. Una y otra vez, Fernán trató de llevarlo a un sitio mejor, pero Julio insistía en que aquel hotel estaba bien y así fue durante años. Hasta que un día, en un ascensor, Julio le dijo: «Oye, gilipollas, ¿sabes por qué nunca dejaremos de venir a este hotel? Porque en el espejo de este ascensor me veo perfecto... ¡es el mejor espejo del mundo!». Ese día, el jefe de prensa comprendió el mensaje del cantante, «entendí que quien rodea a una estrella tiene que ser como ese espejo del ascensor. Uno debe ser el espejo de la persona que se quiere convertir en ídolo»***.

El jefe de prensa utilizó todo tipo de estratagemas para lograr convencer a los medios en Estados Unidos del poder de Julio Iglesias. Después de que cantara con Willie Nelson y luego con Diana Ross, el jefe de la sección de entretenimiento del periódico *Los Angeles Times* seguía sin estar convencido, «decía que Julio no era nadie». Fernán averiguó dónde vivía, un barrio habitado en su mayoría por afroamericanos, donde nadie sabía quién era Julio, y mandó poner una valla frente a la casa donde decía: «Julio Iglesias, 100 millones de discos vendidos, estrella en 60 países, 80 conciertos en Estados Unidos...»; «me dijeron que era una locura gastar dólares en una valla en ese barrio de clase media, pudiendo ponerla en Sunset Bou-

---

* Gustavo Gómez, *SOHO*.
** *Ibídem*.
*** *Ibídem*.

levard», recuerda Fernán. A los diez días, el jefe de la sección de entretenimiento de *Los Angeles Times* habló frente al consejo de redacción del periódico y les comentó que Julio había vendido cien millones de discos, que era famoso en sesenta países, que tenía ochenta conciertos en el país y que había que hacerle algo grande; «no puedes cambiar la realidad, pero sí la percepción de la realidad», comentaba Fernán*.

Cuando viajaron a Japón, y Julio cantaba en el Budokan Hall, fueron a cenar *shabu-shabu,* una variante japonesa de *hot pot* con carne y verdura cortadas finamente, en el restaurante Seryna, uno de esos lugares en los que hay que entrar sin zapatos. Tal vez por accidente, alguien se llevó los de Julio y Fernán creó una noticia de la nada, «en un país donde no se pierde nada, solo a un ídolo le roban zapatos. Y hasta apareció una dama que dijo que los tenía en su poder y ofrecía quinientos dólares por conservarlos».

En otra ocasión Fernán quería que la prensa se hiciera eco de que Julio viajaba en su avión privado. Llamó a un periodista para decirle que Julio había hecho regresar a su *jet* porque habían olvidado subir la salsa de tomate con la que el cantante se comía sus hamburguesas... «¡Noticia mundial! Y verdadera», recuerda Fernán.

Pero a Fernán Martínez lo que más le cabreaba de Julio Iglesias era que llegara con él a los eventos y a la media hora se quisiera ir, y terminaran solos, a las nueve de la noche, comiendo hamburguesas en el hotel. «Hay que irse temprano, Ferni. Julio Iglesias siempre tiene algo que hacer»**.

Campeón de la NBA

En su expansión americana, además de su saludable propuesta artística, Julio empezó a profundizar en su área de negocios. Julio había lanzado con anterioridad perfumes y líneas de zapatos asociados a su nombre, pero ahora también empezaba a interesarse por inversiones alejadas de su faceta artística.

---

* Gustavo Gómez, *SOHO.*
** *Ibídem.*

En 1986 la liga de baloncesto planeaba ampliar la NBA de veintitrés a veinticuatro equipos. Julio Iglesias era uno de los socios capitalistas del grupo que pretendía llevar a Miami un equipo profesional. Entre sus rivales destacaban Minneapolis y Orlando.

En una comida entre amigos, le ofrecieron formar parte del equipo de la NBA que se iba a crear en la ciudad de Miami. El empresario Ted Arison quería que Julio tuviera un 25 o un 30 por ciento. A Julio aquella propuesta le hizo ilusión y por amistad y su afición por el deporte acabó siendo socio en un porcentaje menor.

Junto a Ted Arison, el promotor Zev Buffman, el exsecretario técnico del equipo de los New Jersey Nets Lou Schaffel y el exjugador Bill Cunningham, Julio entró a formar parte como socio propietario del equipo de baloncesto Miami Heat de la NBA, y en la reunión anual de la NBA celebrada aquel año en Phoenix, Julio y sus socios ganaron la plaza.

«Tengo un porcentaje muy pequeño por la amistad que tenía con Ted Arison, el padre del actual dueño Micky Arison»*. Julio Iglesias posee el 2 por ciento.

En 2013 los Miami Heat se proclamaron campeones de la NBA en el séptimo partido ante San Antonio Spurs. Julio Iglesias se convertía de esta manera en el español con más anillos de la liga.

Su pasión por su equipo le llevó a sufrir mucho, trasnochar durante las finales, viendo los siete partidos contra San Antonio y durmiendo poco hasta bien entrada la madrugada.

Junto a Pau Gasol, Marc Gasol y Serge Ibaka, campeones con Los Angeles Lakers y los Toronto Raptors, el cantante es el otro español campeón de la NBA, aunque se resta importancia por ello. «Yo no me merezco los anillos. El éxito es cosa de los jugadores, del equipo técnico, los fisios...»**.

Julio reconoció que guarda una réplica de los anillos por el cariño que tiene al equipo en general y a la familia Arison en particular. Sus

---

* *Marca,* 25 de junio de 2013.
** *Ibídem.*

entradas a pie de pista las tiene donadas a una ONG que saca beneficio de ellas para ayudar en sus proyectos sociales*.

Otro año en el escenario

En el mes de junio, Julio se embarcó en una nueva gira de conciertos que le llevó a Japón, Canadá y noventa y tres fechas en Estados Unidos hasta el mes de octubre. Durante esa gira es nombrado presidente honorífico de la Asociación Americana de Distrofia Muscular y realiza un concierto en Los Ángeles a beneficio de la Fundación Ford para niños abandonados. En Texas, Julio convocó a cuarenta y cinco mil personas en el Rodeo de Houston.

El 3 de agosto de 1986, entre las noventa y tres actuaciones de la gira por cuarenta y siete ciudades norteamericanas**,veinte mil espectadores abarrotaron el Madison Square Garden de Nueva York para ver el concierto del cantante español.

La crítica del concierto por parte del *New York Times* elogió el esfuerzo de Julio por cantar en inglés, aunque puntualizaba que «nunca demostró suficiente dominio» del inglés norteamericano para interpretar canciones en ese idioma.

Según el *New York Times,* ese problema es el que le había apartado de los diez primeros puestos de ventas en Estados Unidos. Para el periodista de la influyente cabecera, cuando veía a Julio sobre el escenario tenía la sensación de ver dos personalidades musicales diferentes; la del hombre que cantaba en español, con voz fuerte y apasionada, y la del artista que lo hacía en inglés, un cuidadoso cantante melódico bordeando un terreno delicado.

Eso sí, «a lo largo del concierto —añadió el periodista—, Iglesias desplegó su acostumbrada gracia física, dando a los gestos más simples, una mano en el corazón, el micrófono agitado tras su cabeza, un peso emocional delicadamente calibrado»***.

---

* *Marca,* 25 de junio de 2013.
** *El País,* 5 de agosto de 1986.
*** *New York Times.*

Precisamente fue durante la gira norteamericana cuando Julio vivió un suceso extraño.

Agresión física con golpes de kárate

En el mes de agosto de 1986, en Misuri, un guardia de raza negra de un hotel de San Luis presentó una demanda por «agresión» contra el cantante español. La supuesta agresión habría ocurrido a la llegada de Julio a su hotel antes de participar en dos conciertos en el teatro Fox como parte de su gira estadounidense.

Fernán Martínez dijo que el guardia de seguridad Stephen Clemons pidió trescientos mil dólares de indemnización por «agresión física con golpes de kárate en el cuello y ofensa pública». Naturalmente Julio desmintió de forma categórica las razones de la demanda. En un comunicado Julio se mostró «totalmente sorprendido» por una acción que, dijo, fue un intercambio de «amistosos saludos» con dos guardias del hotel Omni International. Por su parte, Clemons declaró que Julio se le acercó y le dijo: «No me gusta tu color» y a continuación tapó su nariz con los dedos y le dio un golpe de kárate en el cuello.

Fernán Martínez negó las acusaciones: «Julio es el hombre más pacífico del mundo». En su comunicado, Julio subrayaba que «antes de subir a mi habitación del hotel Omni International intercambié amistosos saludos con los guardias de seguridad del hotel en el salón de entrada y uno de los guardias presentó una demanda contra mí por trescientos mil dólares, justo al día siguiente». «Me quedé totalmente sorprendido», dijo entonces Julio, por algo que no era «nada ofensivo».

«La verdad sea dicha, nunca he ofendido intencionadamente a nadie» y «ciertamente nunca pretendí molestar al señor Clemons y lamento que haya entablado una demanda contra mí». «El espectáculo es mi vida y me encanta hacer feliz a la gente», terminó.

Fernán, después de la demanda, recogió abundante información sobre la personalidad de Clemons, quien, al parecer, tenía precedentes de demandas contra otras muchas personas por motivos insignificantes. De acuerdo con las fuentes consultadas por el jefe de prensa de Julio, Clemons padecía «manía persecutoria por su condición social», lo cual le habría llevado a «interpretar erróneamente un gesto cariñoso del cantante». Afortunadamente, el caso no tuvo mayor trascendencia y se archivó enseguida.

En la parte positiva de su viaje a Misuri, Julio Iglesias se encontraba en San Luis para dar su segundo concierto y tenía pensado viajar a Lexington (Misuri) para continuar su gira. El gobernador de Misuri y el alcalde de San Luis acababan de declarar el 18 de agosto como «Día de Julio Iglesias»*, un honor reservado solo a las grandes celebridades. Desde ese momento Julio tendría su propia festividad en un estado norteamericano, otro pasito más en su imparable institucionalización como individuo relevante en Estados Unidos.

El viejo amigo Willie

Willie Nelson había proporcionado a Julio Iglesias el mayor éxito en Estados Unidos de toda su carrera. *To all the girls I've loved before* se había convertido en un estándar en las emisoras del país y había abierto de forma definitiva el camino hacia el éxito.

Con motivo de la segunda edición del Festival Farm Aid, Julio acudió hasta Texas a la llamada de su amigo.

En 1985, Willie Nelson, Neil Young y John Mellencamp organizaron el primer concierto Farm Aid con el objetivo de recaudar fondos y sensibilizar a la nación sobre la progresiva pauperización del entorno rural y de las familias granjeras americanas que, a falta de recursos, terminaban abandonando el campo. «La culpa la tiene Bob Dylan. Cuando hizo el Live Aid Show, dijo que sería bonito que parte del dinero fuera para los granjeros. Pensé que esa era una gran idea», dijo Nelson cuando creó Farm Aid**.

El 4 de julio de 1986, en un día extremadamente caluroso, a las afueras de Austin, en la pequeña localidad de Manor Downs, Julio Iglesias salió al escenario junto a Willie Nelson para interpretar su gran éxito. En Farm Aid II, Julio compartió escenario con nombres esenciales de la más arraigada cultura norteamericana. Por allí desfilaron Alabama, Stevie Ray Vaughan, The Beach Boys, Rita Coolidge, Bob Dylan, Steve

---

* *El País,* 22 de agosto de 1986.
** Apnews.com.

Earle, Emmylou Harris, Los Lobos, John Mellencamp, Tom Petty and The Heartbreakers, Neil Young, Kris Kristofferson y un largo etcétera de artistas lejanamente conectados con el *latin lover* español, pero que demostraba el asombroso mimetismo de Julio Iglesias, capaz de salir airoso entre las más respetadas figuras country rock de todos los tiempos.

Emitido por el canal de televisión VH-1, millones de espectadores pudieron comprobar una vez más a la extraña pareja en acción. Willie con sombrero de paja, camiseta de tirantes y pantalones vaqueros cortos, y Julio, con una elegante chaqueta *blazer* de Ralph Lauren, camisa de blanco inmaculado y pantalones rojos, ofrecieron una de las rarezas más extraordinarias vistas nunca sobre un escenario ranchero.

La Estatua de la Libertad

La relación entre Julio Iglesias y Coca-Cola se extendió más allá de la gira *Julio Iglesias World Tour 84*. Coca-Cola iba a patrocinar las obras para la restauración y futura conservación de la Estatua de la Libertad, que cumpliría cien años en 1986, y Julio Iglesias se uniría a la campaña a través de recitales benéficos. «Siendo primero español, después mediterráneo y europeo, puedo apreciar, especialmente, lo que simboliza la Estatua de la Libertad para el mundo. Para mí significa hermandad y espíritu de hermandad entre las naciones, y así quedó patente en el comentario que el presidente Reagan y el presidente francés, Mitterrand, hicieron en mi presencia sobre este tema. La Estatua de la Libertad es un recuerdo de que las naciones pueden compartir ideales y que las gentes de cualquier lugar pueden mirar a sus similitudes antes de mirar a sus diferencias»*, había expresado en 1984 el cantante español acerca del emblemático monumento.

El 28 de octubre, acompañado por la Orquesta Filarmónica de Nueva York, bajo la dirección del prestigioso director de orquesta indio Zubin Mehta, así como por Charles Aznavour y Plácido Domingo, Julio actuó en el Lincoln Center de Nueva York para celebrar los cien años de la Estatua de la Libertad, que había sido inaugurada por el presidente Cleveland en 1896. Los tres artistas cantaron por separa-

---

* *El País,* 1984.

do y, al final, Julio Iglesias, Charles Aznavour y Plácido Domingo interpretaron juntos la canción *Love Songs for the Lady*. Al terminar, el público aplaudió, y de manera cómplice, sonrió ante el poderío operístico de Plácido frente a sus dos colegas, mucho más cercanos a la balada pop que a la profundidad vocal del tenor. «Plácido y yo hemos cantado muchísimas veces juntos. Para mí es como si fuera mi hermano. Plácido se adapta a mí, pero yo no puedo adaptarme a Plácido», reconocía Julio*.

---

* *El Comercio,* 5 de mayo de 2017.

26
Un hombre solo

Lo mejor de tu vida, Julio Iglesias

442: Nueva York, 29 de diciembre de 1985. Julio Iglesias en el brindis para celebrar su próximo concierto de Nochevieja en Essex House, cubre su mirada con gafas oscuras. © Getty / Ron Galella.

440-441: 6 de abril de 1987. Castillo de Manzanares. Julio Iglesias durante la presentación del álbum *Un hombre solo,* compuesto, orquestado y producido por Manuel Alejandro (sentado al piano). © Album / EFE.

Durante su etapa en la residencia del 1100 Bel Air Place, Julio fue a la consulta de un cirujano plástico. Acababa de cruzar la barrera de los cuarenta años, solía quejarse de las arrugas de su cara y quería que aquel doctor se las borrará, «a ver si me rejuvenece un poco», decía*. «Estaba en el momento más bonito de mi vida, pero yo no me quería»**.

A pesar de su monumental éxito en todo el planeta, Julio empezaba a tener miedo a la pérdida de atractivo, al paso de los años y a una prematura vejez. Julio Iglesias se sentía cada vez más solo, y ni el triunfo ni su vida rodeado de asombrosas mujeres llenaban un vacío existencial que lo llevarían a una depresión profunda.

Más loco que una cabra

Después de la visita al doctor, Julio llegó a Bel Air Place decepcionado. El médico le explicó que su problema no eran las arrugas provo-

---

* *Secretos confesables.*
** *Buenas Noches, Cecilia,* Canal 13, 20 de abril de 1997.

cadas por la edad. El cirujano plástico americano le confirmó que su piel estaba deteriorada por culpa de sus largas sesiones al sol; «yo le podría operar hoy mismo, pero con la piel como la tiene, tendría que estar operándose cada tres o cuatro años», le dijo el doctor*.

Alfredo Fraile recordaba aquellos días de cirugías: «Yo le acompañé a la consulta del mejor cirujano de Los Ángeles, al que pidió que le quitara cinco años de encima. Y aquel médico, un profesional honesto, le dijo que le operaría si dejaba de tomar el sol y esperaba un año tratándose una piel destrozada. Al salir, Julio dijo: "Este cabrón no ha querido arreglarme". No hizo ningún caso y se operó con un médico en París que le dejó fatal y tuvo que estar meses recuperándose»**.

«Cuando yo tenía cuarenta años estuve cantando en París durante veinticinco días y estaba muy cansado. Un médico amigo mío me dijo que podía quitarme el cansancio de los ojos operándome. Yo estaba más loco que una cabra y le dije a mi padre: "padre que mañana me voy a operar"; no dio tiempo ni a llegar allí, a las seis de la mañana me operé y perdí la distancia entre mi alma y mis ojos, y durante dos años enteros estuve con un psiquiatra escondido en una casa, perdí el contacto con todas las cosas. Me desesperé, me amargué la vida, me confundí, amargué la vida de mis gentes, dejé de aprender, me escapé..., y empecé a nadar, a nadar y a nadar hasta que me cansé y se me fue el miedo, así hasta que un cirujano bellísimo, porque ningún cirujano quería tocar mi ojo porque tenía el nervio tocado y sin expresión, me rehízo en Chicago el 70 por ciento de mi alma»***.

En 2013 Julio habló por primera vez de las cirugías plásticas que se había practicado: «Me he sometido a dos cirugías y nunca en el lugar que yo quería», recordando que, cuando tenía cuarenta años, se sometió a una cirugía en los ojos que no salió bien, y le dejó una mirada irreconocible.

El trauma que le produjo la operación le llevó a retirarse a Nassau, en las Bahamas, sumido en una gran depresión por cómo le habían

---

* *Secretos confesables.*
** *El Mundo,* 8 de marzo de 2014.
*** *Buenas Noches, Cecilia,* Canal 13, 20 de abril de 1997.

dejado. «Tenía los ojos saltones y la mirada perdida. La gente pensaba que me drogaba, pero nada de eso, era una depresión psicosomática total porque no reconocía mi mirada, hasta que un médico de Chicago me volvió a rehacer mi expresión de los ojos»*.

En 1987 Julio se quitó una vieja cicatriz en la sien y se corrigió la nariz; «un trabajo de mierda», dijo entonces. «Aquellos cabrones», como los llamó entonces, le lesionaron un nervio óptico**.

La música lo salvó de la depresión

El año 1987 arrancó con el Bravo Award, que otorgó a Julio Iglesias el Premio Vida como mayor figura de la música latina. Fue nombrado Marshall of the Mardi Gras Festivities en Nueva Orleans y, en la gala de los premios Grammy, junto a Olivia Newton John, entregó a Burt Bacharach y Carole Bayer Sager el premio a la Mejor Canción por *That's what friends are for,* tema que interpretaban Dionne Warwick, Elton John, Gladys Knight y Stevie Wonder. En la cima de su popularidad, durante esta época, Julio Iglesias era presentado asiduamente en la televisión estadounidense como «el cantante más famoso del planeta». Julio lo tenía todo, pero no era un hombre feliz.

La gente ambiciona la fama como pueda ambicionar el poder o el dinero, pero nadie sabe lo que es realmente la fama hasta que la llega a tener de verdad. A Julio Iglesias todo aquello lo fulminó durante más de un año. En 1987 diferentes mujeres habían entrado y salido en la vida de Julio, mujeres como la Flaca; la modelo holandesa Yolanda Hadid, con quien se le vio en el Sam's Cafe en Nueva York; la maniquí americana Lee Richards, quien había acompañado a Julio hasta la plaza de toros de Las Ventas*** para ver al Cordobés; la modelo Pamella Bordes, o Vaitiare, la joven modelo tahitiana, diferentes nombres de mujer para retratar a un hombre que a pesar de su éxito estaba completamente solo.

---

* *Exclusiva Digital.*
** *El País,* 28 de agosto de 1995.
*** *La Vanguardia,* abril de 1986.

En 1969 su buen amigo Frank Sinatra había pasado por un episodio depresivo similar. La Voz tenía entonces cuarenta y nueve años y se encerró en la música y grabó una canción, *A man alone,* escrita por el poeta y uno de los *crooners* más oscuros Rod McKuen.

McKuen ofreció a Sinatra un disco conceptual sobre la soledad, que él abrazó con su privilegiada voz, ofreciendo el disco más profundo y a la vez más incomprendido de su carrera. Por aquel entonces, Sinatra era un hombre atormentado, inmerso en una gran crisis personal. Tras más de dos años de matrimonio, su divorcio con Mia Farrow lo sumió en una depresión que trató de exorcizar en *A man alone.*

En una entrevista con la revista *Life,* Sinatra dijo que «me gustaría no hacer nada durante los próximos ocho meses, quizá un año». Sus allegados apuntaban que el artista estaba harto de entretener a la gente y aburrido de cantar unas canciones que ya no le representaban. Por el contrario, las piezas incluidas en *A man alone* tenían mucho más que ver con el turbio momento que atravesaba el artista.

Julio, en 1987, cansado y aburrido de su papel, vivía un momento personal muy parecido al de su amigo Frank.

El maestro Manuel Alejandro

En 1987, y a sugerencia de Tomás Muñoz, el presidente de la CBS en España, Julio Iglesias se encerró en el estudio junto a Manuel Alejandro para preparar las canciones del que sería uno de los mejores álbumes de toda su carrera, *Un hombre solo.*

Tomás Muñoz le propuso trabajar de manera conjunta con el maestro Manuel Alejandro en un disco compuesto íntegramente por canciones del compositor jerezano. Entusiasmado, Julio abordó el primer disco conceptual de su carrera, un trabajo que mostrara la angustia del que todo lo posee, pero que en su viaje interior descubriera los verdaderos peajes de la fama, el dinero y el amor.

En los inicios de su carrera Manuel Alejandro se dedicó a escribir canciones por casualidad. Una fractura en el codo derecho lo retiró del piano y lo lanzó a la canción ligera. Igual que Julio Iglesias, Manuel Alejandro probó en el Festival de Benidorm, donde interpretó *Se muere por mí la niña* con su característica voz grave y ronca, pero el andaluz no logró ni siquiera clasificarse.

Después de su lesión en el codo, Manuel Alejandro se dedicó a escribir canciones y le puso música a las carreras de Nino Bravo, Marisol y con Raphael, se presentaría a Eurovisión en 1966 con *Yo soy aquel* y en 1967 con *Hablemos de amor,* logrando el reconocimiento definitivo como autor.

Cuando Julio escuchó las canciones que Manuel Alejandro había preparado para él su estado de emoción era palpable, «cuando se puso al piano y me cantó las canciones al oído, me parecieron muy entrañables, muy bellas, muy directas. Sabía que iban a llegar al público irremediablemente»*.

Lo maravilloso del trabajo de Manuel Alejandro en este disco es que no era él quien hablaba en esas letras, en *Un hombre solo* el de Jerez se ponía en la piel de Julio Iglesias**.

Una radiografía exacta de Julio Iglesias

A diferencia del inglés, en castellano no es lo mismo estar solo *(alone)* que sentirse solo *(lonely)****. Y *Un hombre solo* es precisamente eso, un disco *lonely*. Pocos días antes de empezar a grabar, Julio reconocía que «el disco de Manolo Alejandro que voy a grabar posiblemente sea el mejor de toda mi vida»****.

La canción que da título al disco es, después de casi veinte años de carrera, la radiografía más exacta de la vida del artista escrita jamás. En *Un hombre solo* el cantante más famoso del planeta deshechiza la soledad del artista de éxito, permanentemente rodeado de fans, amado por las más bellas mujeres, pero tremendamente vacío por dentro. Manuel Alejandro, en unos versos inspirados, capta la misma esencia de Julio Iglesias, un retrato certero y doloroso de lo que pasaba por la cabeza del cantante en 1987: «Lo tengo todo, completamente todo, mil amigos y amores y el aplauso de la noche. Lo tengo todo, comple-

---

* Pedro Touceda, *ABC Blanco y Negro,* 2 de agosto de 1987.
** *Vanity Fair.*
*** Luis Landera, *Jot Down.*
**** *Cuando vuelva a amanecer.*

tamente todo, voy por la vida rodeado de gente que siento mía. Voy de abrazo en abrazo, de beso en risa, me dan la mano, cuando es precisa, la loca suerte besa mi frente por donde voy. Pero cuando amanece, y me quedo solo, siento en el fondo un mar vacío, un seco río, que grita y grita que solo soy un hombre solo».

Como dijo Julio en una entrevista de la época, «cuando las luces se apagan, los artistas nos vamos a otro lugar y estamos solos como cualquier otra persona»*. Manuel Alejandro, en relación con su mimetismo con el intérprete de sus composiciones, recordaba que «siempre escribo las canciones pensando en el perfil del artista y, sobre todo, en cómo creo que el público lo ve»**.

Manuel Alejandro y Julio Iglesias encajaban personalmente muy bien, sentían admiración mutua y, sobre todo, se respetaban. El compositor jerezano, en su día, dijo de él que «Julio es el buen hacer, el buen decir, el sentido de la estética, del buen gusto, el no querer molestar nunca, la sencillez. Es como un buen vino, en sus años medios. Me quedo muy a gusto cuando canta mis canciones»***.

«Un hombre solo»

Grabado entre 1986 y 1987 a caballo entre los estudios Torres Sonido Parquelagos en Madrid, Lion Share y Record Plant de Los Ángeles y Criteria Miami, *Un hombre solo* es un trabajo mano a mano entre Manuel Alejandro y Julio Iglesias, el primer álbum en muchos años en el que su fiel productor Ramón Arcusa no se ponía a los mandos. El álbum arrancaba con la inmensa *Lo mejor de tu vida,* una deliciosa balada que fue lanzada como el primer sencillo del disco. Con *Lo mejor de tu vida* Julio se convirtió en el primer artista masculino latino en estar trece semanas en el número 1 en el Billboard Hot Latin Tracks, solo superado muchos años después por la canción *Me enamora,* de Juanes, número 1 durante veinte semanas.

---

* *Jot Down.*
** *Vanity Fair.*
*** *Ibídem.*

La canción debutó en el Billboard Hot Latin Tracks en el número 14 el 30 de mayo de 1987 y alcanzó el número 1 la siguiente semana. De esta forma, *Lo mejor de tu vida* estableció además el récord de la canción que había logrado escalar el mayor número de posiciones hasta llegar al número 1 (del 14 al 1), manteniendo el récord hasta 2007, cuando la canción *Manda una señal,* de Maná, se lo arrebató desde la posición 22 hasta el número 1.

La canción también fue grabada en italiano, *Innocenza Selvaggia,* incluida en *Tutto l´amore che ti manca* en Italia, y en portugués, *O melhor de tua vida,* del álbum *Un hombre solo Brasil,* logrando en ambos países un reconocimiento unánime.

Además de *Lo mejor de tu vida,* entre las diez canciones del disco destacaba *Que no se rompa la noche,* un tema con aire sudamericano con excelentes arreglos que, con el tiempo, sería el tema más conocido del álbum, un clásico instantáneo en el repertorio de Julio que abordaba la fragilidad del amor. *Que no se rompa la noche,* una balada de corte clásico, se editó como segundo sencillo del disco y al igual que *Lo mejor de tu vida,* también alcanzó el número 1 en el Billboard Hot Latin Tracks.

En *Evadiéndome,* Julio Iglesias se pone en la piel de un hombre intentando afrontar un desengaño amoroso y huye de la realidad para evitar el dolor, y *Alguien,* con una preciosa letra con un punto de misterio, en un disco introspectivo y lacónico como era *Un hombre solo,* invita por fin al optimismo ante la llegada de un amor que definitivamente llene su vida, metáforas más o menos inspiradas en la propia vida del cantante, canciones que, de un modo u otro, abordaban la soledad de Julio Iglesias.

Julio comparó el proceso creativo de las canciones con la concepción de un cuadro: «Manolo es capaz de hacer nuevas esas palabras tan viejas que tiene el amor. Para el disco, él empezó a pintar un cuadro y yo estaba detrás y él pintaba y pintaba, y cuando un día me dijo que mirara el cuadro, me reconocí totalmente»*.

---

* *Jot Down.*

Manuel Alejandro solo tiene buenas palabras para el cantante. De Iglesias siempre destaca lo fácil que lo hacía todo y la confianza que tenía en él como cantante: «Es muy sencillo, no hace aspavientos. Será porque, como buen andaluz que soy, tengo un gran sentido del ridículo»*.

Un hombre solo profundizaba en la extraña paradoja de la soledad del hombre que lo tenía todo y vivía una vida deshabitada, un contrasentido colosal pero legítimo, y que el maestro Manuel Alejandro plasmó en *El mar que llevo dentro,* la pieza más breve del disco, y quizás también la más hermosa:

Mis recuerdos van conmigo
cuando quiero y sin querer,
que no piensen que me olvido
de mi tierra alguna vez.

Y es el mar que llevo dentro,
aquel mar de mi niñez
que hoy aún me está doliendo
como duele lo que quieres

Un hombre solo se presentó en España el 5 de mayo de 1987 en el castillo románico de Manzanares el Real. En la rueda de prensa (en la que la foto de la portada, un hombre triste y pensativo en una imagen de intencionada soledad, lo ocupaba todo), Julio dejó claro a los periodistas que «lo tengo todo, completamente todo», haciendo hincapié en que ahora era un hombre feliz y puntualizó: «Soy más inteligente de lo que la gente piensa aquí». Cuestionado sobre si su disco traía alguna novedad responde sonriente: «¿Y cómo voy a cambiar con lo bien que me va?»**.

El disco *Un hombre solo* obtuvo un espectacular éxito internacional. El álbum recibió la certificación de ocho discos de platino en Argenti-

---

* *El Mundo.*
** *El País,* 6 de mayo de 1987.

na, cinco discos de platino en México, Colombia, Chile, España y Brasil, y cuatro discos de platino en Venezuela y Estados Unidos.

Un hombre solo fue galardonado con el Grammy a la Mejor interpretación de pop latino y vendió tres millones de copias en todo el mundo. Tras la publicación del disco, Manuel Alejandro dijo que Julio Iglesias era el mejor intérprete de sus canciones alabando la simplicidad de su obra.

Pocas semanas después, Julio viajó hasta Argentina para presentar las canciones de su nuevo trabajo ante el júbilo de un país que había abrazado *Un hombre solo* como ningún otro disco del cantante español con anterioridad.

En 1987, con su álbum recopilatorio *Julio,* se convirtió en el primer artista en vender más de dos millones de ejemplares en Estados Unidos con un disco en lengua no inglesa. Antes de terminar el año, Julio Iglesias ofrecería veinte conciertos en la mítica sala Scala 2, de Río de Janeiro, y de allí voló hasta Miami, donde, como venía siendo tradición, despidió el año encima de un escenario.

Julio Iglesias empezó el año siendo un hombre solo, pero al final de curso logró sonreír.

27
Mi obra maestra

My love, Julio Iglesias & Stevie Wonder

454: circa 1985, Julio Iglesias. © Getty / Deborah Feingold.

452-453: 9 de octubre de 1988. Julio Iglesias, Sidney Poitier y Gregory Peck durante un homenaje a este último. © Getty / Jeff Kravitz.

Durante 1988, Julio Iglesias centró su trabajo casi de manera exclusiva en el lanzamiento de *Non Stop,* el que sería su segundo álbum íntegramente en inglés, naturalmente dirigido a seguir sembrando el mercado estadounidense tras el descomunal éxito de su predecesor, *1100 Bel Air Place*. Para el cantante, *Non Stop* era su obra maestra, pero Julio esta vez estaba equivocado.

Y por fin llega el premio Grammy para Julio

Después de sus tres nominaciones anteriores como Best Latin Recording por *Hey!* en 1981, Best Latin Recording por *Momentos* en 1983 y Best Country Vocal Performance by a Duo or Group por *As Time Goes By,* con Willie Nelson en 1985, en 1988 Julio Iglesias ganaba por fin su primer premio Grammy en la categoría de Mejor interpretación de pop latino por el álbum *Un hombre solo*.

En la trigésima edición de los premios más importantes de la música, celebrada en el Radio City Hall de Nueva York, Julio venció a Emmanuel, a José José y al *Soy como quiero ser* de Luis Miguel. Aquella edición, presentada por Billy Crystal, coronó como Mejor Álbum del

Año a U2 con *The Joshua tree,* mientras que el *Graceland* de Paul Simon se llevaba a casa el Premio a la Mejor Grabación del año.

Desde el escenario, Bono habló de su profunda preocupación por la situación política en Sudáfrica. Minutos antes, Michael Jackson había interpretado una versión góspel de su éxito *Man in the mirror,* canción incluida en su álbum *Bad,* y que solo lograría llevarse a casa un premio aquella noche. *I wanna dance with somebody (who loves me)* de Whitney Houston se llevó el premio a Best Pop Performance y Aretha Franklin también fue galardonada en aquella gala. Después de seis años celebrando los premios en Los Ángeles, los Grammy de 1988 regresaban a Nueva York, y desde las pantallas de Times Square, donde los neoyorquinos siguieron la retransmisión, toda la ciudad pudo comprobar el segundo premio Grammy para un artista español en su historia. Antes que Julio, en 1984, Plácido Domingo consiguió el galardón en la categoría de Mejor interpretación de pop latino por *Always in my heart (Siempre en mi corazón).*

Mi obra maestra

Julio Iglesias, con las canciones en la mano, consideraba *Non Stop* en el diario *New York Times* como «mi obra maestra», aunque el bueno de Julio esta vez no acertó. Julio defendía su nuevo trabajo, pero sobre todo el conjunto de canciones que lo componían. «Desde las primeras canciones, de amor infantil, hasta *Un hombre solo,* hay una gran evolución. Y en el plano musical se nota sobre todo en el último álbum. Comencé escribiendo canciones, continué escuchando canciones y ahora disfruto interpretando canciones de los grandes autores; estoy un poco seco para escribir. Antes era muy infantil, cantaba mucho más con el corazón que con la cabeza; ahora canto con el corazón y con la cabeza»*.

Non Stop fue un disco extraordinariamente caro. Más de tres millones de dólares se gastaron los ejecutivos de la CBS en la secuela de *1100 Bel Air Place,* un trabajo honesto y bien acabado, pero que a la postre no lograría los éxitos de su primer intento.

* *Clarín,* febrero de 1988.

Non Stop fue seguramente el disco más caro grabado hasta ese momento, un proyecto que se fraguó durante más de dos años y que de las setenta y siete canciones que el artista grabó durante ese tiempo, tan solo nueve llegaron al disco final.

Durante dos años y medio de trabajo Julio fue, como siempre, extremadamente exigente, perfeccionista hasta lo enfermizo, uno de los atributos que lo han acompañado siempre. Julio Iglesias tuvo que volver a adaptar su manera de cantar al fluir mucho más gutural del inglés, y para ello contó con la ayuda de Julie Adams, su profesora de dicción; «no soy un cantante de rock, pero creo que he conseguido adaptarme a esta lengua y a este ritmo. Antes tenía que pensar cada palabra inglesa antes de cantarla. Ahora me salen naturales. Y con ellas, los sentimientos»*.

Desde la portada del disco, donde Julio aparecía sentado en camiseta y pantalones blancos, suspendidos por unos tirantes, el cantante español proponía un nuevo rumbo en su música. El nuevo look de Julio se desligaba de la etiqueta y su característica elegancia en un claro mensaje de cercanía. En *Non stop* desaparecían el esmoquin y la corbata, Julio se mostraba más seguro de sí mismo que nunca antes en su carrera.

Stevie Wonder: a su lado yo solo aprendo

Grabado en estudios de Inglaterra y Estados Unidos, y con la producción de Humberto Gatica, Tony Renis, Ramón Arcusa y el propio Julio Iglesias, *Non Stop* reunía una selección de títulos en inglés entre los que destacaba *My love,* la canción a dúo con Stevie Wonder.

Su vinculación artística con Stevie Wonder fue importante, por eso no está de más conocer la trayectoria de este peculiar cantante y su lugar dentro del universo de la música. Wonder nació en 1950 en Míchigan, en la ciudad de Saginaw. Fue un bebé prematuro y, como todavía no se habían desarrollado las retinas de sus ojos, nació ciego. Pero esto no fue un hándicap para su educación musical. Siendo niño, su madre dejó el hogar conyugal y se trasladó a Detroit. Así, en esta

* *ABC.*

gran ciudad, el «pequeño Stevie», como todos lo conocían, aprendió a tocar un montón de instrumentos: el piano, la batería, el bajo o la armónica.

Durante su juventud conocería a Syreeta Wright, que además de trabajar en el departamento de distribución de la Motown también hacía los coros a otros cantantes y logró lanzar su carrera como cantante en solitario al grabar un single creado en un principio para Diana Ross, *I can't give back the love I feel for you.* Los dos se casarían en septiembre de 1970, pero su matrimonio fue efímero, no llegó ni a los dos años; sin embargo, juntos escribieron varias canciones que serían grandes éxitos con la voz de Wonder, como *If you really love me.*

Pero Stevie alcanzaría los cielos en el año 1972 cuando consiguió su libertad creativa dentro Motown con la firma de un contrato millonario. Fruto de este pacto grabó un disco mítico, *Music of my mind,* y creó además una de sus obras maestras, *Superstition.* Lo que hizo a este disco especial y único fue que Wonder grabó casi todos los instrumentos del álbum, se encargó de los arreglos, compuso sus canciones y llevó a cabo la tareas de producción. Un artista para todo... Y desde este momento su carrera fue imparable, plagada de éxitos, premios y reconocimientos. Solo tuvo un parón por un accidente de tráfico en 1973 que le mantuvo en coma varios días. Durante su década dorada, la de los setenta, salió uno de sus mejores discos, *Songs in the key life.*

La década de los ochenta es la de colaboraciones estrellas con otros artistas de renombre como Paul McCartney, Barbara Streisand o Michael Jackson con la mítica *We are the world.* Y por primera vez metería la cabeza en la industria cinematográfica con una de las bandas sonoras de los ochenta, *La mujer de rojo.* No solo alcanzaría la fama con la canción que da título a la película, sino también con *I just called to say I love you.*

Si bebes, no conduzcas

En España, Stevie Wonder se encontraba en el punto más alto de su popularidad. Tras el éxito de la película *La mujer de rojo,* donde Wonder firmaba la canción principal, *I just called to say I love you,* el Gobierno de España había lanzado una campaña para combatir los accidentes en las carreteras.

A principios de los ochenta se iniciaron los controles de alcoholemia en el marco de múltiples campañas para erradicar el alcohol entre los conductores. Sin duda, la campaña televisiva *Si bebes, no conduzcas* de 1985, protagonizada por el cantante Stevie Wonder, fue un éxito rotundo. Supuso el inicio de una serie de campañas de prevención cada vez más duras e impactantes con imágenes sobrecogedoras de efectos indudables sobre los conductores. Indirectamente, Stevie Wonder salvó muchas vidas en las carreteras de España.

Leyendas urbanas cuentan que algunos años antes Julio y Stevie Wonder coincidieron en España mientras actuaban en recintos separados. Finalizados sus conciertos, Stevie Wonder le dijo a Julio que tenía una canción para él. Aquella canción nunca tuvieron oportunidad de grabarla, y Stevie Wonder la reconvirtió en *I just called to say I love you*. Más o menos un año después de que Stevie Wonder conquistara el planeta con la canción, las dos estrellas volvieron a reunirse, quizás en la fiesta de Nochevieja del Regine's en Nueva York. En esta segunda ocasión, Stevie se disculpó por no haber llevado juntos a buen puerto *I just called to say I love you* y le ofreció *My love**.

Todo lo que canté hasta ahora era pura mierda

Respecto a sus colaboraciones con las grandes voces de la canción, Julio era modesto en la época: «He tenido la oportunidad de cantar con los mejores cantantes del mundo. A su lado yo solo aprendo, aprendo y aprendo»**.

En aquella época Julio dudaba de sus habilidades como cantante, diciendo que en los setenta cantaba muy mal, «como el culo». En una entrevista Julio contaba que cuando Stevie Wonder vino a España, la prensa española le preguntó: «¿Ha cantado ya con Julio?», a lo que Stevie, con mucha desenvoltura, respondió: «El día que aprenda»***.

---

* Prince.org.

** Timeoutshanghai.com.

*** *Vanity Fair.*

Según la opinión de Fernán Martínez, Julio está equivocado: «Julio Iglesias es uno de los cantantes más afinados que existen. Su melodía es universal. No entra nunca antes ni después: siempre en el momento preciso y nota enseguida si un instrumento de la orquesta desafina». Fernán recordaba que «los cantantes buenos están en las catedrales, en el coro, decía Julio, pero nunca van a triunfar, porque no expresan; artista no es el que hace las cosas perfectas, sino el que comunica»*.

Julio aseguraba que de joven cantaba peor que ahora y que con la edad aprendió a educar su voz, como dos de sus grandes ídolos, Elvis Presley y Frank Sinatra; «yo he aprendido a cantar más tarde. A conocer mi voz. Antes no tenía ni puta idea»**.

Durante la promoción de *Non Stop* Julio confesaba que sus tres cantantes favoritos eran Nat King Cole, Elvis Presley y Frank Sinatra, y reconocía que cantar con Stevie Wonder fue una de las cosas más difíciles que había hecho en su vida; «su estilo es tan personal que uno corre el peligro de perder su propio camino tratando de seguirle»***.

En *My love* Julio y Stevie Wonder no le cantaban a ninguna mujer, como el título pudiera sugerir. La pareja le canta al amor, pero es el amor a los desheredados por la naturaleza, a los discriminados por la sociedad, a los que la suerte les ha vuelto la espalda.

En una entrevista de la época, preguntado si a *la voz latina* le había costado adaptarse a *la voz de los ghetos,* Julio reconoció que sí, y también que «todo lo que canté hasta ahora era pura mierda»****.

«My love»

Julio había puesto mucho esfuerzo en aquella canción; «me llevó tres años hacer *Non Stop,* junto a Stevie Wonder, Chicago, Earth, Wind & Fire, David Foster, mucha gente negra interesante»*****.

---

* Gustavo Gómez, *SOHO.*
** Lino Portela, *Revista DON.*
*** *ABC,* 22 de mayo de 1988.
**** *ABC.*
***** *New York Times,* 18 de mayo de 1988.

Julio admiraba profundamente a Stevie Wonder y estaba orgulloso de aquel tema, una balada al más puro estilo *We are the world,* y donde, además de disfrutar de la deliciosa voz de Stevie, la canción regalaba un inconfundible solo de armónica, sello indiscutible de la música de Wonder. Para el cantante español, *My love* estaba predestinada a «convertirse en el himno de los negros y los latinos en Estados Unidos»*, declaraciones que con perspectiva quizás resultan algo exageradas.

My love se editó como primer sencillo de *Non Stop,* alcanzando un meritorio Top 5 en Inglaterra e Irlanda. En Estados Unidos la canción llegaría hasta el puesto 84 del Billboard Hot 100, resultados aceptables, pero indiscutiblemente más moderados que los pronósticos de la CBS.

Lo cierto es que el resto de canciones del disco se movían en un universo de baladas bien arregladas, pero de fondo intrascendente. Exceptuando la recomendable *Ae, ao,* uno de los momentos más inspirados del disco, donde *Non Stop* sale del tedio de la balada monótona; *If I ever needed you (I need you know),* preciosa balada donde la voz de Julio destaca de manera brillante, y *Love is on our side again,* canción grande donde Julio canta en inglés mejor que nunca antes, el resto del disco quedaba un tanto diluido.

El mundo por montera

Con todo, el álbum tuvo una preventa de ochocientos cincuenta mil discos en Estados Unidos, una barbaridad. Con cuarenta y cuatro años, Julio Iglesias en Estados Unidos ya solo competía en ventas absolutas con Elvis Presley y Bing Crosby, palabras mayores.

En 1988, y presentando *Non Stop,* se enfrentaba a una nueva gira que recorrería el planeta. Julio viajó hasta China, donde además de grabar el vídeo de *My love* en la Ciudad Perdida, se convertía en el primer artista internacional en grabar un especial de televisión para una audiencia de más de cuatrocientos millones de chinos. En el especial de televisión, Julio cantó a dúo *To all the girls I've loved before* con la presentadora del programa.

---

* Pedro Touceda, *ABC,* 2 de agosto de 1987.

Tras siete años sin ir, en marzo Julio Iglesias viajó también hasta Argentina, actuando en Rosario, Mar del Plata y Buenos Aires, y donde en 1988 el cantante ofreció suculentos titulares. Encantado con su nuevo yo tras la grabación de *Non Stop,* Julio era categórico sobre lo que la gente iba a ver sobre el escenario: «Cuando los argentinos me vean cantar, después de siete años, no se lo van a creer. Ahora soy un cantante excepcional y antes era una mierda. Antes era una persona a la que le habían dado un coche de carreras, y se pegaba golpes por todos lados. Y ahora soy una persona que sé conducir, que participo en las carreras; a veces llego último, pero participo»*.

Julio actuó en Filipinas, donde, delante de la presidenta filipina Corazón Aquino en su concierto en Manila, cantó la canción tradicional *Dahil sa 'yo.* En Estados Unidos realizó nueve conciertos en el Radio City Music Hall, cinco noches en Los Ángeles y recorrió el país con paradas en multitud de ciudades.

En Europa, en el Festival Estoril Sol de Portugal, compartió cartel con Roberto Carlos y Ray Charles y, de regreso a España, la empresa de cerámica Zirconio, perteneciente al mismo grupo que Porcelanosa, firma que curiosamente promocionaba sus productos con la imagen de Isabel Preysler, le pagó una millonada por el patrocinio de sus diez actuaciones durante el mes de agosto, «seguro que no me pagan más de lo que merezco», reconoció Julio entonces**.

De aquella gira española especialmente emotivo fue su concierto en Benidorm, ciudad que le recibía como homenaje a los veinte años transcurridos desde su triunfo en el Festival de 1968. Emocionado, Julio reconoció en público que «cada día, cuando me despierto, consciente o inconscientemente, hay siempre un recuerdo en mí para esta ciudad»***.

En Marbella su hijo Julio José y Tamara, la hija de Isabel Preysler y Miguel Boyer, estuvieron entre el público. Allí, Julio tuvo un recordado encontronazo con el periodista Jesús Mariñas, al que acusó de haber

* Sibilacamps.com.
** *ABC,* 12 de agosto de 1988.
*** *ABC,* 13 de agosto de 1988.

promovido un plante de los medios de prensa después de que Julio no apareciera a la hora convenida para atender a los medios tras el concierto. Julio fue duro: «Eres lo peor de la prensa española..., la prensa española es divina, pero tú eres un cabrón y un hijo de puta». Bien es cierto que, poco después, el cantante español rebajó el tono, afirmando que Mariñas era un hombre muy emocional y que seguramente un día en el futuro se reirían juntos cuando recordaran el suceso*.

Cobi se cuela en el escenario

En aquella gira Julio Iglesias ofreció conciertos en Matalascañas, Mallorca, Sevilla, Peralada, Santa Cruz de Tenerife, Oviedo y un final de fiesta apoteósico el 8 de septiembre de 1988 en el estadio Camp Nou de Barcelona. Delante de cien mil espectadores, Julio regaló un concierto de ¡cinco horas! que se retransmitió en directo en Televisión Española en una versión reducida. De dicho concierto se seleccionaron los mejores minutos para formar parte del vídeo *Julio Iglesias. En España*.

De aquel histórico concierto, absurda resultó la denuncia del Comité Organizador Olímpico Barcelona 92 (COOB 92) a Zirconio por haber exhibido a Cobi, la mascota de los Juegos Olímpicos de 1992, en la actuación en el estadio del F. C. Barcelona. En el recital del Camp Nou, Julio sacó a escena una reproducción de Cobi, a pesar de que el COOB había denegado su autorización para ello.

El cantante hizo notar en una carta su «pena y extrañeza» por las críticas suscitadas a causa del uso de Cobi en su recital y, en tono de disculpa, aclaró que «se trató de un acto inocente, altruista y espontáneo, motivado exclusivamente por mi mejor voluntad y por la que creí era mi obligación como español». «En ningún momento —continuaba— he obtenido beneficio económico o de otra índole por este gesto»**. El Comité Organizador Olímpico Barcelona aceptó las disculpas y aparcó el asunto.

---

* *Cuando vuelva a amanecer.* / Elvira Yebra, *ABC* / Miguel Nieto, *El País.*
** *El País,* 17 de septiembre de 1988.

De aquí allá por un mundo mejor

El 28 de septiembre Julio se acercó al público más joven y echó una mano al reportero y aventurero más famoso de España, Miguel de la Quadra-Salcedo, quien lo invitó a participar en *Aventura 92,* el programa que en 1979, y a sugerencia de su majestad el rey don Juan Carlos I, ofrecía una experiencia de intercambio a más de nueve mil jóvenes en todo el mundo para viajar a los países latinoamericanos.

Miguel de la Quadra-Salcedo en su juventud había destacado como atleta en el lanzamiento de jabalina «a lo vasco», una técnica que consistía en dar vueltas sobre sí mismo con la jabalina antes de lanzarla. De la Quadra-Salcedo en 1956 pulverizó el récord mundial, sin embargo, la IAAF no homologó el lanzamiento alegando que el «estilo español» suponía un peligro para el público, ya que durante los giros el extremo de la jabalina apuntaba a la grada.

Después del deporte, De la Quadra-Salcedo se colocó al frente del programa *A la caza del tesoro* (1983 y 1984), presentado por Isabel Tenaille, en el que se desplazaba en helicóptero por algún lugar del mundo siguiendo las instrucciones de un concursante que se hallaba en el estudio en Madrid.

En 1988, el programa *Aventura 92* iniciaba en Huelva su singladura a bordo del buque *Guanahaní,* convertido en aula flotante con adolescentes procedentes de los países americanos de habla española y de Brasil.

El programa académico se complementaba con otro de actividades culturales y recreativas en cada puerto, una de las cuales sería la actuación de Julio Iglesias el día 28 de septiembre en el puerto de Santo Domingo, un concierto benéfico para la fundación de Óscar de la Renta, en los Altos de Chavón.

Los Juegos Olímpicos de Seúl

En Australia su concierto fue el acto de apertura oficial de la Exposición Universal de 1988, celebrada en Brisbane, y Julio encabezó la lista de estrellas que actuaron en la ceremonia inaugural de los Juegos Olímpicos.

El 17 de septiembre se inauguraban los Juegos de la XXIV Olimpiada en la ciudad coreana de Seúl, y en cuyo acto de apertura Julio

Iglesias participó junto a otros destacados artistas, una ceremonia inaugural que tuvo lugar en el estadio olímpico de Seúl, con danzas tradicionales, una coreografía de masas con más de mil quinientos bailarines, un baile por la paz, una demostración masiva de taekwondo, bailes folclóricos y la actuación de los artistas invitados.

En un contexto marcado por el final de la Guerra Fría, los Juegos Olímpicos de Seúl 1988 lograron la mayor participación hasta la fecha, si bien estuvieron marcados por el caso de dopaje de Ben Johnson, quien batió a Carl Lewis de manera fraudulenta en la final de los cien metros.

El 21 de noviembre y con la presencia de la reina Isabel, la reina madre y la princesa Margarita, en el Palladium de Londres, Julio hacía una de las últimas grandes apariciones de 1988. Emitido en el *prime time* de la televisión británica, y junto al actor Mickey Rooney y los cantantes Kylie Minogue, Cliff Richard, Banararama, Rick Astley y A-ha, Julio Iglesias brindó a la reina madre una velada entrañable.

Por el escenario del Palladium también aparecieron las actrices de la popular serie de televisión *Las chicas de oro,* mujeres a las que Julio Iglesias no dejaría indiferentes.

El 17 de diciembre Julio Iglesias acudió a la llamada de Lou Rawls, la leyenda de la música negra, ganador de tres premios Grammy y que a lo largo de su carrera había despachado más de sesenta millones de discos, incluyendo el éxito *You'll never find another love like mine.*

Rawls organizaba el *Low Rawls parade of Stars,* un programa de televisión conocido como *An Evening of Stars,* con una impresionante audiencia de más de veinte millones de norteamericanos, y que, además de Julio Iglesias, contaba con una imponente lista de invitados, entre los que destacaban nombres como el de Whitney Houston, Harry Belafonte, el jugador de baloncesto Magic Johnson, la presentadora Oprah Winfrey, el actor Rob Lowe, Little Richard, Bill Cosby o Ray Charles*.

El especial de televisión de Rawls tenía como objeto recaudar fondos para el United Negro College Fund (UNCF), una organización de

---

* *Revista Jet,* 19 de diciembre de 1988.

carácter filantrópico que recaudaba fondos para las becas universitarias de estudiantes negros, y que desde su primera edición en 1980 y hasta 1988 había alcanzado la cifra de cincuenta millones de dólares en donaciones.

En la novena edición de este especial de televisión de más de siete horas y emitido desde el Aquarius Theatre de Los Ángeles y el Clint Holmes Theatre de Las Vegas, rodeado de las estrellas más grandes de la iconografía de Estados Unidos, Julio Iglesias sencillamente era uno más de la familia, en 1988 su cara era tan popular como el más famoso de los artistas americanos.

Viejos fantasmas

Los viejos fantasmas del secuestro del padre de Julio Iglesias volvieron a aparecer, hasta el punto de que contrató como representante en sus negocios de Estados Unidos y Sudamérica a Martorell, el mismo policía que liberó a su padre. El año 1988 arrancaba con el secuestro de Emiliano Revilla a manos de la organización terrorista ETA. Su secuestro duró doscientos cuarenta y nueve días, siendo liberado tras el pago de un rescate millonario por parte de la familia. Fue una importante entrada de ingresos para ETA, organización financiada fundamentalmente a través del llamado «impuesto revolucionario», una historia de extorsión que Julio Iglesias conocía muy bien.

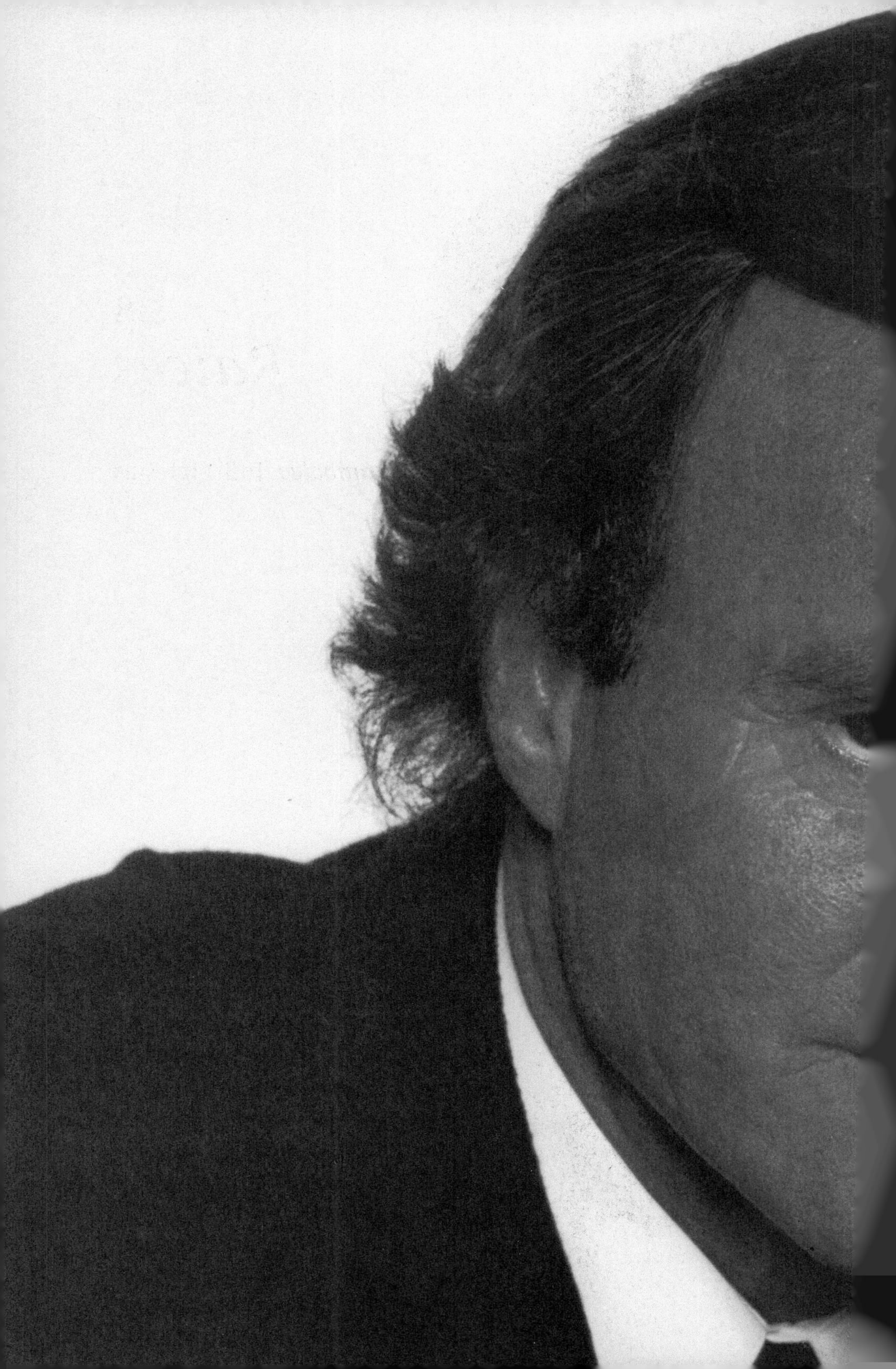

28
Raíces

Bamboleo, Julio Iglesias

470: 7 de enero de 1989. Julio Iglesias en Los Ángeles,
junto a Clint Eastwood y Bette Davis, en el acto de entrega del
Premio Artista del Año. © GTRES.

468-469: Julio Iglesias. © 2005 Getty Images

En 1989 Julio viviría su año de oro. Casi como si de un regalo de los Reyes Magos se tratara, el 7 de enero Julio recibía en Los Ángeles, junto a Clint Eastwood y Bette Davis, el Premio Artista del Año; «creo que ha sido el premio que más satisfacción me ha causado de toda mi vida; la prueba inequívoca de que el público norteamericano se identifica conmigo y con mi música», dijo Julio Iglesias emocionado*.

Las chicas de oro

A finales del año anterior, George H. W. Bush ganaba las elecciones al demócrata Michael Dukakis y se convertía en el nuevo presidente de Estados Unidos después de ejercer como vicepresidente de Reagan durante ocho años.

Bush inauguró su presidencia el 20 de enero de 1989 en plena descomposición del bloque soviético, y en la gala inaugural de su presidencia, emitida para todo el país a través de la cadena de televisión CBS, Julio Iglesias y Frank Sinatra fueron las estrellas invitadas encar-

---

* *ABC Blanco y Negro,* 22 de enero de 1989.

gadas de amenizar la llegada del nuevo mandatario. Para Julio, aquello no era más que una constatación de su fuerte arraigo y aceptación entre el pueblo estadounidense, una invitación oficial a formar parte de la cultura popular del país. Julio Iglesias y Frank Sinatra le cantaron a la nueva administración en una fiesta regada con champán californiano Korbel, donde los invitados pagaron mil quinientos dólares el cubierto; «la actuación en la gala ha supuesto mucho para mí. El hecho de ser el único artista no estadounidense presente realzaba esta actuación»*, dijo Julio.

La opinión de Julio se vio reforzada en el mes de febrero cuando apareció como estrella invitada en la serie del momento. *Las chicas de oro,* la comedia de situación de la cadena NBC estrenada en 1985, aquella desternillante historia de cuatro señoras que, divorciadas o viudas, compartían un chalé en Miami, recibía la visita de Julio el 11 de febrero de 1989. La actriz Estelle Getty, Sofía en la ficción, la más mayor de las protagonistas, presumía de un *affaire* con el famoso cantante español Julio Iglesias, interpretado naturalmente por el propio Julio, que hacía de sí mismo en el episodio.

Para Julio Iglesias el año de 1989 estuvo marcado por tres grandes hitos: su formidable relación con Unicef, el lanzamiento de su disco *Raíces* y la gira mundial que lo llevaría por primera vez hasta la URSS.

Empezar a devolver los favores

Desde el mes de octubre de 1988 Julio y Stevie Wonder empezaron a aparecer en un vídeo promocional proyectado durante los vuelos de la compañía Eastern Airlines, sumándose así a Unicef, «reconozco que la vida me ha tratado con mimo, me ha regalado demasiadas cosas y es hora de empezarle a devolver los favores»**.

A lo largo del año 1989, Julio ofreció una serie de conciertos con fines benéficos: actuó en el teatro Tívoli de Barcelona, donde la recaudación íntegra fue destinada a Aldeas Infantiles; en Rusia, en beneficio de Unicef, la Cruz Roja soviética, el Fondo de la Paz y el Fondo de la

* *ABC Blanco y Negro,* 22 de enero de 1989.
** Pedro Touceda, *ABC,* 30 de julio de 1989.

Infancia de la URSS*. En noviembre, y como embajador de Unicef, ofreció cinco conciertos en Estados Unidos: en Los Ángeles, Chicago y tres noches en el Carnegie Hall de Nueva York para proyectos de salud infantil en Latinoamérica.

El primer concierto en el Carnegie Hall terminó con doce millones de pesetas de recaudación y el artista arrodillado y besando el suelo del escenario mientras dos mil ochocientas personas aplaudían sin parar. Julio justificó su presencia allí explicando que había visto a muchos niños pasando hambre en Asia y Latinoamérica y que haría lo imposible para intentar mejorar sus vidas**. «Es la única organización mundial que cuenta con el apoyo de todos los gobiernos y debo ayudarla porque hay muchos niños en Asia, Latinoamérica, que nos necesitan; conciertos como este pueden salvar vidas», declaró Julio después del concierto a la prensa mientras se abrazaba a cinco niños de las escuelas de las Naciones Unidas en Nueva York***.

Lawrence E. Bruce, presidente de Unicef en Estados Unidos, le hizo entrega en Nueva York de la Mención de Honor de la ONU. Julio, agradecido, en su discurso frente al presidente de Unicef, James Grant, concluyó: «todos sabéis que las mujeres me vuelven loco, pero a partir de ahora voy a hacer más por los niños que por ellas»****.

Raíces

Después de su disco en inglés, en 1989 Julio entregó un nuevo álbum, *Raíces*.

Con la producción de Ramón Arcusa, Julio se metía en el estudio con la idea de recuperar grandes canciones del imaginario popular. Estructurado con una serie de erráticos *medleys* que agrupaban temas latinos, brasileños, italianos, franceses y mexicanos, *Raíces* se estrellaba artísticamente en un trabajo inerte, sin alma, impropio de su autor.

Grabado digitalmente en Criteria y en los estudios Sigla, de Río de Janeiro, *Raíces* ni siquiera incluye músicos de verdad más allá de la

---

* *Cuando vuelva a amanecer.*
** Albert Montagut, *El País,* 3 de noviembre de 1989.
*** *Ibídem.*
**** *Cuando vuelva a amanecer.*

intervención a la guitarra de Gerardo Núñez. Por mucho que la tendencia musical en los años ochenta promoviera el uso de la tecnología, Julio se atasca en un disco más cercano a los populares Max-Mix y Megamixes que a un trabajo perdurable.

Pero no todo eran malas noticias. El poder de Julio Iglesias lo hacía casi indestructible en ese momento y *Raíces* se convirtió en el álbum más vendido de su carrera en España, despachando la friolera de setecientos cincuenta mil discos, convirtiendo a *Raíces* en el disco más vendido hasta entonces en España, ¡que cosas!

El disco, con sus perfidias, maniseros y amapolas, corridos mexicanos, sambas, soles napolitanos y fragmentos de temas franceses, hizo las delicias de los ávidos compradores, pero, indiscutiblemente, se trataba de un disco menor.

El álbum se trastabillaba con versiones de *O sole mio, Ne me quitte pas, Desafinado* o una innecesaria revisión del clásico *La bamba,* que, del mismo modo que no tenía nada de malo, tampoco lo tenía de bueno.

Eso sí, como en casi todos los discos del cantante, siempre había sitio para alguna joya escondida o algún momento memorable. Y *Raíces* también guardaba el suyo. Allí emergía *Bamboleo,* uno de los éxitos de Julio Iglesias que más han hecho bailar. *Bamboleo,* que dio a conocer en todo el mundo el grupo Gipsy Kings, era un éxito regrabado por varios artistas, en varios idiomas, géneros y estilos. Parte de este tema es una adaptación de *Caballo viejo,* una canción folclórica venezolana compuesta por Simón Díaz. Como curiosidad, cabe apuntar que la serie televisiva norteamericana *Glee* presentó una nueva versión como *mashup* mezclado con *Héroe,* de Enrique Iglesias, bautizada en el duodécimo episodio de la tercera temporada como *Bamboleo/Héroe.* Lo más cerca que padre e hijo han estado en una canción.

El éxito del disco no escondía cierta decepción por parte de algunos medios. Especialmente atinado se mostraba Alberto Mallofré en *La Vanguardia,* donde sin ambages cuestionaba la sensación poco triunfal de Julio Iglesias al ver cómo su mayor éxito de ventas en España, después de tantos años, llegará con una colección de canciones añejas, y sobre todo, que sus discos más representativos, los que hicieron a Julio Iglesias un artista reconocible, perdieran en la comparación con *Raíces;* «los discos anteriores, que responden más a su personalidad y a su creatividad, discos que son más enteramente Julio Iglesias, se han vendido mucho menos que *Raíces*. Y esto ha de ser bastante deprimente»*.

La última gira de la década

Como no podía ser de otra manera, el éxito de *Raíces* embarcó a Julio en una extensa gira de conciertos alrededor del mundo.

En verano, y de nuevo con el patrocinio de Zirconio, Julio visitó Andorra, Benidorm, el Es Foguerò Palace de Alcúdia, en Mallorca, la plaza de toros de Málaga, el casino de Sitges, el castillo de Peralada y el casino de Lloret de Mar. Julio viajó también a París y Bruselas, y, a su regreso, actúo en la plaza de toros de Zaragoza, en Granada, el estadio de fútbol Luis Casanova de Valencia y cerró su periplo en España con un apoteósico espectáculo en un abarrotado estadio Santiago Bernabéu en Madrid.

La gira de *Raíces* viajó hasta China, Corea del Sur, Filipinas y Australia, aunque probablemente el momento más memorable de la misma se produjera en octubre, en su primera visita a la URSS, territorio vedado para Julio Iglesias hasta entonces y donde durante ocho noches sus canciones lograron por fin ver la luz.

Julio ofreció cinco conciertos en Leningrado y otras tres actuaciones en el palacio de los deportes del estadio Luzhniki de Moscú.

En su gran año de colaboración con Unicef, Julio Iglesias se entregó a los diez mil moscovitas que llenaban la última noche en el estadio Luzhniki. Emocionado, se pasó gran parte de la velada arrodillado, dando las gracias y recogiendo las flores que sus recién conocidos admiradores rusos le dejaban en el escenario. En un momento dado, cinco niños de Unicef lo acompañaron sobre el escenario, donde Julio jugó y bromeó con ellos antes de abordar su canción *Paloma blanca* en una noche histórica.

---

* *La Vanguardia,* Espectáculos, 16 de agosto de 1989.

En Nueva York, en el The Russian Tea Room, el famoso restaurante de la calle 57, recién llegado de la Unión Soviética, frente a los periodistas Julio explicó que su gira por la URSS había sido «inolvidable»*.

Poco después de sus conciertos en la URSS de la *Perestroika,* el símbolo más reconocible de la Guerra Fría, el Muro de Berlín, levantado en agosto de 1961 y que separaba la zona de la ciudad berlinesa de la República Federal de Alemania (RFA) de la capital de la República Democrática Alemana (RDA), cayó en la noche del jueves 9 al viernes 10 de noviembre de 1989, una noche histórica que ponía fin a veintiocho años de vergüenza.

Gracias a los anuncios de las radios y televisiones de la RFA y Berlín Oeste, bajo la consigna de «¡El Muro está abierto!», muchos miles de berlineses del Este se presentaron en los puestos de control y exigieron pasar al otro lado. Empezaba una nueva era.

A partir de 1990, Julio Iglesias espació los lanzamientos de sus discos y se tomó más tiempo entre gira y gira. Con un nuevo escenario mundial, desde ese momento Julio también abordaría su carrera de una manera diferente.

---

* Albert Montagut, *El País,* 3 de noviembre de 1989.

29
Las mujeres

Voy a perder la cabeza por tu amor,
Bambino

480: Julio Iglesias y Giannina Facio circa 1984 en Nueva York.
© Getty / Images Press.

478-479: 1983. Julio Iglesias, besando a Ursula Andress en la fiesta para celebrar su cuadragésimo cumpleaños en París. © GTRES.

A lo largo de su vida, Julio Iglesias ha tenido un ascendente natural con las mujeres, una relación tornasolada por momentos de luces y oscuridades en sus aproximaciones con el sexo femenino, un espacio donde explotó la figura del *latin lover* sujetado en ocasiones por una inequívoca propuesta machista. Pero Julio también sedujo abiertamente con una mirada sincera y arrebatadora, un icono de carne y hueso que lo convertiría en referente y pionero del fenómeno fan. Julio Iglesias perfeccionó y explotó su faceta de seductor y conquistador como ningún otro artista, perpetuando de manera amable su fama y su leyenda, pero lo hizo con armas honestas, haciendo sentir a sus conquistas que, mientras estuvieran juntos, no habría en ese momento en todo el mundo nadie más importante que ella.

A principios de los años ochenta, en una sincera declaración de intenciones que ejemplificaba su especial relación con las mujeres, Julio afirmaba: «A las mujeres no hay que conquistarlas, lo que hay que hacer es quererlas»*.

---

* *Entre el cielo y el infierno.*

¿Cómo iba a cobrarle Julio a una mujer por acostarse con él?

Pocos años después de aquella afirmación, Julio ofreció un concierto en México. Una vez acabado el espectáculo, por la noche y mientras descansaba en su hotel, Alfredo Fraile fue testigo del mágico y en ocasiones surrealista magnetismo que Julio Iglesias provocaba en las mujeres.

Tal y como explicaba Alfredo en sus memorias, aquella noche Fraile recibió una visita inesperada en su habitación. Se trataba de una mujer, una señora a la que hasta ese momento nunca antes había visto y que después de llamar a la puerta de su cuarto le preguntó si él era el *manager* de Julio Iglesias. Alfredo, sorprendido, contestó afirmativamente y la dejó entrar.

La señora se disculpó por su extraña aparición y por hacerlo a unas horas poco habituales. A continuación, la mujer se presentó como una empresaria de Tijuana dispuesta a contratar los servicios de Julio Iglesias.

La sorpresa de Alfredo Fraile fue en aumento y, amablemente, le explicó que no eran ni las formas ni el momento de llevar a cabo la negociación, invitándola a seguir con el asunto al día siguiente.

La señora lo interrumpió, indicándole que eso no era posible. Volaba a primera hora de vuelta a Tijuana y debía solucionar la contratación de manera inmediata. Preguntó por el precio de Julio Iglesias, a lo que Alfredo, contrariado, respondió que una actuación de su representado oscilaba entre los veinticinco mil y los treinta mil dólares. Sin dejarle terminar, la señora le entregó un cheque de veinticinco mil dólares y solo le preguntó:

—¿Prefiere que se lo extienda a su nombre o al portador?

Alfredo le explicó que debían firmar un contrato y que definitivamente aquello no eran formas. La señora fue ahora mucho más explícita. Le dijo que tenía en sus manos un cheque al portador con el precio que le acababa de decir que costaba contratar a Julio. Y concluyó:

—Yo lo que quiero es acostarme con él. Lo necesito, y no me voy a ir de aquí sin lograrlo.

Alfredo Fraile se quedó blanco. Una vez recuperado, le explicó que aquello no era posible, y la mujer le replicó. Aquella señora, ahora más alterada, le explicó que había enviudado hacía seis años y que, desde la muerte de su marido, lo único que tenía en la cabeza era a Julio Iglesias, el cantante era su obsesión.

Fraile intentó calmarla y le prometió que cuando viajaran a Tijuana, él personalmente se encargaría de que Julio la saludara. A la señora aquello le pareció insuficiente y levantando la voz le dijo:

—Yo no me marcho de aquí sin ver a Julio Iglesias.

Los gritos despertaron a Julio, que ocupaba la habitación contigua a la de Alfredo. Julio llamó a Fraile y le preguntó qué pasaba. Alfredo le explicó la situación y, ante su sorpresa, Julio le preguntó:

—¿Y está bien la señora?

Alfredo Fraile en ese momento ya no entendía nada, así que solo acertó a contestar que la señora no estaba mal, que tendría unos cuarenta años, y que a pesar de no ser una jovencita se cuidaba bien.

—Déjala pasar. Que entre, ya trataré de calmarla —dijo Julio.

Alfredo dejó pasar a aquella señora de Tijuana a la habitación de Julio y se fue a dormir.

A la mañana siguiente, preocupado después de dejar a su artista a solas con la *groupie,* Alfredo entró despacio en la habitación de Julio y le preguntó: «¿Qué pasó anoche?». Julio sonrió y le confesó que tan pronto la mujer de Tijuana entró en la habitación, él rompió en mil pedazos el cheque porque ¿cómo iba a cobrarle Julio a una mujer por acostarse con él?*.

El adalid de la clase y el *charm* mediterráneo

La extraordinaria capacidad de seducción de Julio Iglesias, desde el mismo momento que pisó su primer escenario, ha sido escrutada, elevada a leyenda e imitada sin éxito hasta el infinito. Su relación con las mujeres ha sido un ingrediente esencial en el cóctel de la marca Julio Iglesias, imposible no asociar al cantante con la imagen del eterno conquistador, representante mayúsculo del *latin lover.*

---

* *Secretos confesables.*

Gloria Vanderbilt, la diseñadora que utilizó sus contactos en la alta sociedad para poner de moda los vaqueros y vender más de seis millones de pantalones en 1979, ponía las cintas de Julio mientras conducía a su casa de los Hamptons.

Diane Keaton, la ganadora de un Óscar por *Annie Hall,* musa de Woody Allen y *sex symbol* e icono de la moda en los años setenta, escuchaba *1100 Bel Air Place* en su walkman.

La novelista Judy Green entroncaba a Julio directamente en la liga de Yves Montand y Rod McKuen; Barbara Sinatra y Nancy Reagan se declaraban irredentas fans, mientras que en Europa, la esposa de Mitterrand o la díscola princesa Estefanía de Mónaco no cabían en elogios para retratar su pasión por el cantante español.

Katherine Jackson, la madre de Michael, también adoraba a Julio. «Se presentaba con sus hijos en los estudios donde grababa Michael, los mismos en los que grababa Julio. Pero no iba a ver a su hijo: ¡pasaba de largo y a quien iba a ver era a Iglesias!», recordaba Toncho Nava. «La Toya Jackson no es que fuese fan —contaba alguien muy cercano a Julio durante aquella época—, ¡es que Julio se tenía que esconder! Lo perseguía como una loca». En una entrevista en 2010, La Toya Jackson matizaba su admiración: «Adoro a Julio Iglesias. Y Michael lo sabía, así que me compraba pósteres, fotos, discos, calendarios y todo lo que encontrase. Y con el tiempo se convirtió en buen amigo»*.

De una u otra forma, Julio Iglesias había logrado poner de acuerdo a las mujeres de todo el mundo. Su música era amable, el tipo era un hombre de modales exquisitos, su trato era siempre educado y, además, su simpatía hacía reír de manera natural. Julio representaba a un hombre independiente, con un aura de misterio, cercano y a la vez distante, elitista pero también con la capacidad de conectar con todo el mundo.

Julio, lo confirmaba: «se dice que soy elegante y que doy la impresión de estar siempre en buena forma. Se habla de mi eterna sonrisa y de mi mano siempre en el corazón, de mi facilidad para que mis canciones sean creíbles para las mujeres, de mi fotogenia, y de que, en mis

---

* *Vanity Fair.*

conciertos, alterno los nuevos éxitos con los viejos. Y que canto al amor, siempre al amor»*.

Vestido casi siempre de manera elegante, formal cuando procedía e informal cuando la situación lo demandaba, Julio abrazaba su micrófono, cerraba los ojos y sencillamente empezaba a cantar. Su mezcla de hombre *chic,* recién salido de una partida ganadora de *black jack* en un casino de Las Vegas, con la cercanía innata provocada por el sabor a sal del mar Mediterráneo lo convertía sencillamente en alguien irresistible. Especialmente en Estados Unidos, donde su proyección como el amante perfecto durante la campaña de lanzamiento de *1100 Bel Air Place* lo colocó en una posición vigilante por parte de los medios; «la campaña, sin embargo, grabó la imagen de Iglesias en el público norteamericano como la quintaesencia del amor latino oculto tras un refinado machismo»**, advertía el *New York Times* sobre el advenimiento de Julio como nueva imagen del deseo amatorio de las damas norteamericanas.

«Las mujeres me vuelven loco, pero completamente loco... Desde que cumplí los cuatro años... Pero quiero decir a las estadounidenses que no soy un Superman», avisó Julio.

Proclamado como el «Sinatra español», asociado con Valentino y mayoritariamente envidiado por el resto de sus competidores, que, atónitos, veían inexplicable que aquel tipo que cantaba con un tono de voz casi susurrado y apenas se movía en el escenario pudiera ser de manera indiscutible el cantante más popular del planeta***.

«Mi meta es hacer a la gente soñar. Cuando me ven en el escenario lo que imaginan sobre mí y la realidad se unen. Los seduzco. Pero primero tengo que seducirme a mí mismo», recordaba Julio****.

Aquel hombre alto, de pelo oscuro y permanente bronceado, el adalid de la clase y el *charm* mediterráneo, había vendido millones de discos, encandilado a millones de fans alrededor del mundo, desde Francia a Japón, de Manila a Río de Janeiro, pero también había entregado

* *Entre el cielo y el infierno.*
** *New York Times.*
*** Nytimes.com.
**** *Love.*

su corazón a un número indeterminado de mujeres, eso sí, ciertamente menos que las fabulosas cifras de leyenda.

Julio y la mujeres

A Julio Iglesias le apasionan las mujeres. Es un hecho. Nunca lo ha escondido y su personaje está ineludiblemente ligado a ellas. A lo largo de su carrera ha transmitido con nitidez el mensaje de que es un trabajador extraordinario, dedicado en exclusiva a su profesión. Pero Julio Iglesias también ha disfrutado de la vida, especialmente rodeado de mujeres de ensueño.

A Julio le gustaban las mujeres exóticas, latinas, y también las azafatas. Siempre que podía volaba en la compañía americana Braniff, que, a ojos de Julio, tenía la tripulación femenina más bella del mundo. Según recordaba Alfredo Fraile, con frecuencia los aviones de Braniff llegaban tarde, pero a Julio le daba igual y siempre le decía a Alfredo: «Si al sitio adonde vamos vuela Braniff, vayamos con Braniff»*.

«He cambiado mucho de cuando era joven. Por ejemplo: ahora me aterra volar. No me gusta y me da ansiedad cuando hay turbulencias en el avión. Antes me daba igual: mi único interés cuando subía a un avión era ligarme a la azafata para follármela en el baño. Ah, la Viagra, qué gran invento»**, recordaba Julio en una entrevista.

Dejando al margen sus escarceos púberes con María, aquella muchacha a la que logró robar algún beso en el colegio, su aventura con una mujer casada mayor que él, cuando Julio no era más que un chaval, y el idilio imposible con la joven Gwendolyne, el corazón de Julio, por encima de leyendas y agendas con interminables amantes, casi siempre ha tenido nombres y apellidos.

Naturalmente, la mujer más importante de su vida fue Isabel Preysler. Ella le regaló sus tres primeros hijos, ella le aguantó y, mientras duró, Julio estuvo profundamente enamorado de su mujer. Sus infidelidades, algo que nunca negó, y su dedicación casi absoluta al trabajo,

* *Secretos confesables.*
** Lino Portela, *DON*.

descuidando sus responsabilidades de pareja, hicieron que el matrimonio acabara abruptamente antes de lo que Julio hubiese deseado.

Respondiendo a sus supuestas habilidades con las mujeres, Julio de manera directa y con cierta ironía puntualizaba: «La gente piensa que entiendo tanto de mujeres como de música, y no es así. Yo entiendo de música, pero nada de mujeres. Si entendiera de mujeres mejor me iría»*.

Los primeros escarceos

Mucho antes de que Isabel pusiera sobre la mesa las infidelidades de Julio durante la gira en Argentina de 1978, otros nombres habían aparecido supuestamente asociados al cantante.

«No he estado con muchas mujeres, sino que he estado con muchos amores, que es diferente. He amado mucho y he sido y sigo siendo un flirteador natural. Pero cómo no hacerlo, si la vida siempre coquetea conmigo. Si diera la espalda a eso, sería un amargado», reconocía Julio**.

En 1973 se le atribuyó un romance con la actriz mexicana Sasha Montenegro, una mujer perteneciente a una familia aristócrata de Montenegro. La familia vivió en Argentina y de allí, Sasha Montenegro en 1969 viajó a México, donde realizó una exitosa carrera como diva del cine y vedete en los años setenta.

Poco después, en 1975, aparecería su supuesta relación con la portuguesa Maria Edite Santos. Según ella, conoció a Julio Iglesias cuando estaba casado con Isabel Preysler y mantuvieron relaciones durante más de una semana. Siempre según la versión de Maria Edite, cuando Julio supo de la existencia de su hijo, por medio de una amiga, no quiso saber nada de él.

Maria Edite Santos afirmaba que conoció al artista cuando solo tenía veinte años. Trabajaba como bailarina en una sala de fiestas y el cantante, prendado por su belleza, le propuso que durmieran juntos. Durante más de una semana habrían convivido en un chalé de Sant

---

* Alberto Sotillo, *ABC*, 4 de octubre 1989.
** *El Tiempo*.

Feliu de Guíxols. La portuguesa aseguró que desde la primera noche que estuvo con él supo que estaba embarazada.

«Era un caballero, muy atento, no como ahora», lamenta Maria Edite Santos. «Me arruinó la vida. Mis padres no me dejaron volver a Portugal y tuve que ser madre soltera en Valencia», afirma*.

Maria Edite Santos presentó la primera demanda de paternidad contra Julio Iglesias cuando su hijo Javier Sánchez Santos tenía dieciséis años. Una demanda que el juez aceptó, aunque el cantante recurrió y el Tribunal Supremo le dio la razón**.

En 2018, en el programa de RTVE *Lazos de sangre,* Javier Santos confirmaba que había tenido un encuentro con sus supuestos hermanos en Estados Unidos y que le trataron con amabilidad. Julio José lo confirmaba: «Yo le conocí hace muchos años, puede que haga veinte. Me pareció un chico normal, simpático y agradable. Me da como pena...».

Una Miss Argentina en ropa interior

Durante sus primeros años en Indian Creek, no era extraño asistir a un trasiego de mujeres por la casa. Recién separado de Isabel, por la casa de Miami aparecían fans rescatadas después de un concierto, azafatas conquistadas durante el vuelo o simplemente amigas que compartían su tiempo con Julio. Alfredo Fraile recordaba que en ocasiones se juntaban varias chicas al mismo tiempo, una Miss Argentina en ropa interior se cruzaba con una azafata francesa, mientras una modelo belga medio desnuda correteaba por la piscina.

«Tienes esto que parece la ONU», le dijo un día su *manager****.

Las chicas naturalmente dormían en la casa y, a pesar de que en Indian Creek no había precisamente problemas de espacio, en ocasiones terminaban en el cuarto de algunos de sus hijos, algo que no le hacía ninguna gracia a Chábeli, especialmente después de que un

---

* *Vanity Fair.*

** *El Español,* 6 de julio de 2017.

*** *Secretos confesables.*

día la joven se encontrara en su cuarto el tanga de una de la amigas de papá*.

«Mi padre nos compró una casa al lado de la suya porque no quería que viéramos a todas las mujeres que traía a casa», recordaba Julio José, que también hablaba de «una colección de mujeres que era increíble, bajaban por la chimenea y era como un *recycling*. Las madres de mis amigos estaban enamoradas de mi padre»**.

Entre los nueve y los trece años, Julio José acompañó a su padre varias veces de gira. Fue un periodo que le marcó y del que recuerda anécdotas subidas de tono: «Al final de los conciertos, las mujeres tiraban su ropa interior. A mí me divertía cogerla. Pensaba que era genial poder vivir esos momentos, ver a todas esas chicas dispuestas a todo. Cuando uno es niño, crecer en esas condiciones es muy divertido»***.

Las amigas de Julio durante sus «vacaciones» en Indian Creek solían desordenar toda la casa a su paso. Toncho Nava, el secretario de Julio, un día tuvo la brillante idea de tomar una foto de las habitaciones antes de la llegada de las chicas. De este modo, cuando se iban podía volver a poner todo en su sitio y hacer como si allí no hubiera pasado nada, especialmente útil si la Flaca, la novia oficial, estaba a punto de llegar****.

Durante años la casa de Indian Creek vivió una especie de verbena femenina, mujeres que entraban por la puerta, pasaban unos días en la villa, comían, jugaban, se bañaban, hacían compañía, y un día, igual que habían entrado, se marchaban por donde habían llegado. A todas ellas Julio las trató con el máximo respeto, y todas entendían que existía una mujer oficial*****. Cuando llegaba la hora de despedirse, en la mayoría de los casos, las chicas se marchaban después de haber pasado un rato estupendo.

---

* *Secretos confesables.*

** *Lazos de sangre.*

*** *ABC*, 21 de septiembre de 2014.

**** *Secretos confesables.*

***** *Ibídem.*

Un regalo de despedida

Al igual que Elizabeth Taylor recibía una joya de Richard Burton cada vez que buscaba el perdón por alguna de sus infidelidades, Julio Iglesias tenía un detalle con cada una de sus amantes a la hora de despedirse. Muchos personajes famosos a través del tiempo han buscado el perdón a cambio de regalos.

Julio Iglesias encontró la manera de decir adiós a sus aventuras pasajeras sin que las protagonistas se sintieran desilusionadas. Todas creyeron ser únicas en un momento de su vida y el cantante así se lo hacía saber a través de un detalle, un pequeño recuerdo que con el tiempo se convertiría en norma de la casa.

Se trataba de un reloj de la firma Cartier, modelo Tank, cuyo precio en aquellos años era de trescientos dólares. Una vez que la chica en cuestión se despedía para no volver más junto a su amante, Julio se lo entregaba metido en su estuche. Julio les explicaba que lo había llevado en su muñeca hasta ese momento y, para que siempre recordara el tiempo que habían pasado juntos, se lo regalaba como recuerdo por los buenos ratos vividos. Con su mejor sonrisa explicaba que como ya no se iban a volver a ver, cada vez que mirara la hora recordaría su etapa como amantes. Una manera ocurrente de abrir la puerta y cerrarla para siempre. La chica se marchaba feliz y Julio preparaba el siguiente reloj con su estuche para una próxima despedida.

En realidad, Julio ni lo compraba ni lo elegía; Villar, un amigo joyero, le surtía cada vez que el cantante necesitaba algo. Villar recibía el encargo y, o bien las personas de confianza del cantante, normalmente su secretario, lo recogían, o bien directamente él se lo enviaba a la mansión de Indian Creek. Al principio los relojes se compraban de tres en tres. Con el tiempo, la cantidad aumentó, pasando rápidamente a de diez en diez.

Alfredo Fraile era el encargado de guardar el secreto, que desveló en sus memorias. Las mujeres que estuvieron con Julio nunca supieron que el regalo era común a todas ellas y se marchaban tan felices por tener un objeto personal que había estado en contacto con la piel de su ídolo. Naturalmente, Julio no se había puesto ninguno de aquellos relojes en toda su vida. Alfredo Fraile relató que las chicas se iban contentas por el detalle y la leyenda de los relojes Cartier creció hasta el infinito.

La historia de los relojes Cartier forma parte del histórico de Julio y hubo un momento en el que para saber si la chica de turno decía la verdad cuando contaba su romance con el cantante que las enamoraba solo hacía falta mirar su muñeca*.

Sydne Rome, incompatibilidades profesionales

Después de su separación con Isabel, Julio hablaba de su famosa agenda: «Por ahí está mi libreta roja, creo que hay dentro de esa agenda más de cuatrocientos nombres de mujer»**, reconocía el cantante. La famosa agenda roja de Julio no incluía un nombre especial, «mi vida hubiera sido más hermosa si en esa agenda roja donde guardo los nombres de mujer hubiera tenido aquella noche el teléfono de Marilyn Monroe. Porque de haberlo conocido lo habría hecho sonar y Marilyn no habría muerto. Claro que igual no tendríamos el mito», una declaración contundente del cantante muy seguro de sí mismo.

Leyendas al margen, la agenda existía de verdad, un cuaderno de color rojo de la marca Cartier, con la iniciales J. I. en su cubierta, y que Alfredo Fraile utilizaba para anotar los nombres, teléfonos y direcciones de empresarios, ejecutivos discográficos, músicos y también algunos nombres de mujer, muchos menos de los que las leyendas urbanas han ido agrandando con el paso de los años***, y entre los que con seguridad se encontraba el de Sydne Rome.

Lo de Sydne Rome y Julio Iglesias resultó desde el principio un amor imposible, las agendas laborales de las dos estrellas hicieron incompatible una historia que empezó en un programa de televisión italiana.

De ascendente judío, nacida en Akron (Ohio), Sydne Rome empezó su carrera como actriz en la película de 1969 *Some girls do*. Durante los años setenta participó en papeles para espagueti westerns, rodó

---

* Paloma Barrientos, *La Razón,* 15 de diciembre 2018.
** *Entre el cielo y el infierno.*
*** *Secretos confesables.*

al servicio de Polanski, sus apariciones en las televisiones de Italia y Alemania eran constantes y en 1978 sería compañera de reparto de David Bowie.

En febrero de 1978 David Bowie preparaba el guion de una película titulada *Gigolo,* la historia de un oficial prusiano que volvía de la Primera Guerra Mundial y se convertía en un buscavidas de los salones de baile de época prenazi de Berlín. Su compañera de reparto en la película era Sydne Rome, una apuesta personal de Bowie. También aparecía Kim Novak, en el último papel de su carrera, y Marlene Dietrich, cantando el *Just a gigolo* de Louis Prima.

Sydne se convertiría después en un icono televisivo gracias a sus vídeos de aeróbic y el álbum *Aerobic Fitness Dancing,* llegando en 1980 a debutar en la canción con el single *Angelo prepotente.*

En 1979 Julio participaba en un espacio televisivo donde también aparecía Sydne, una estrella ya consolidada en Italia que atravesaba un momento difícil junto a su marido, el fotógrafo Emilio Lari. Julio y Sydne se conocieron, se fueron a cenar a un restaurante de Roma y, casi de inmediato, congeniaron.

En 1980, durante la participación de Julio en el programa de la televisión francesa *Numero uno,* un espacio dedicado íntegramente al cantante español, Julio invitó a Sydne a cantar con él *I wish you love,* una actuación donde, sentados sobre una silla alta de bar, la química entre los dos artistas era evidente. Si hay una escena que puede representar el significado del concepto «tensión sexual», la actuación de la pareja en Francia es un perfecto ejemplo. «¡Tiene unos ojos tan hermosos! Y además está llena de alegría, de vida, va sembrando la alegría por el mundo»*, recordaba Julio.

Aquella actuación en *Numero uno* fue el detonante de un romance que, de manera esporádica, fue recorriendo el mundo en función de las agendas laborales de sus protagonistas. Sydne se juntaba con Julio en algún concierto cuando podía, y Julio se reunía con Sydne cuando le era posible acudir a algún programa.

* *Entre el cielo y el infierno.*

Coincidiendo con una serie de conciertos en Oriente Próximo, poco antes de que estallara el conflicto bélico en el Líbano, Sydne fue a reunirse con Julio Iglesias en Beirut.

Julio tenía previstas sus actuaciones en un periodo especialmente conflictivo en la zona. Entre 1979 y 1983, los servicios secretos israelíes, con el objetivo de crear el caos entre palestinos y sirios en el Líbano, habían llevado a cabo una campaña a gran escala de atentados con coches bomba causando la muerte de cientos de palestinos y libaneses, en su mayoría civiles.

En plena crisis entre los gobiernos de Líbano e Israel, los ascendentes judíos de Sydne le impidieron cruzar la aduana en el aeropuerto. Voló entonces a Jordania y de allí viajó en coche para reunirse con su amante en la frontera de Líbano*. «Fue a mi encuentro aquel día de las bombas y los disparos, atravesando el Líbano, hasta Baalbek, desde Beirut hasta las ruinas aquellas en las que el sol nunca se ponía. Y sé que se jugó la vida en un camión, siendo judía como es, vestida de mecánico, por estar conmigo unas horas»**, recordaba Julio.

La revista *¡Hola!* capturó para su portada aquel encuentro de amor con las ruinas de Baalbek de fondo y Julio con un turbante en la cabeza como el mismísimo Peter O'Toole en *Lawrence de Arabia*. A su lado, Sydne lo abrazaba en una foto *chic* sencillamente adorable. «Nos hicimos aquellas fotos hermosas en la ruinas de Baalbek, yo de príncipe hijo de la duna y del desierto, solo me faltaba el camello y el alfanje, y ella de beduina, la tuareg más guapa que haya visto jamás. Unas fotos que dieron la vuelta al mundo»***, recordaba Julio sobre aquella mítica sesión.

Poco después, conscientes de que su amor era físicamente imposible, la pareja se dijo adiós. Julio andaba enfrascado en su sueño de triunfar como cantante en Estados Unidos, y Rome avanzaba con paso firme en su consolidación como estrella de la gran pantalla.

---

* *Secretos confesables.*
** *Entre el cielo y el infierno.*
*** *Ibídem.*

«Tiene demasiado trabajo que atender y yo necesito un hombre que me proteja constantemente. No creo que Julio pudiera ser ese tipo de hombre, aunque él es muy generoso y muy divertido. Pero...»*, decía Sydne Rome poco después de terminar su aventura con Julio.

Morritos Jagger

Alrededor del fenomenal éxito de *Begin the beguine* en el Reino Unido, y de las continuas visitas de Julio a Londres para promocionar su disco *De niña a mujer,* los rumores relacionaron a Julio con Bianca Jagger, la exmujer del líder de The Rolling Stones.

En aquellos viajes a la capital británica, Julio departió con grandes celebridades, de Roger Moore a Ringo Starr, y también con Bianca Jagger, divorciada de Mick desde 1979 y, oficialmente, una mujer soltera. El matrimonio estuvo rodeado siempre de rumores sobre adulterio y los Jagger se separaron de manera definitiva en 1979. Bianca llegó a declarar: «Mi matrimonio finalizó el día de mi boda».

En una de aquellas noches londinenses, Julio y Bianca, y también Alfredo Fraile y un reducido grupo de amigos, salieron a cenar a un restaurante chino. Mientras la bellísima Bianca y resto de comensales disfrutaban de la velada, la mesa recibió una visita sorpresa: Mick Jagger en persona.

El cantante de los Stones saludó amablemente a todos los comensales y, poco después, desapareció. Casualidad o no, lo cierto es que la presencia de Mick Jagger fue del todo inesperada y, tal y como explicaba Alfredo Fraile en sus memorias, no impidió que Julio y Bianca volvieran a verse, esta vez a solas**. «La *Bianjagger* me ha llamado ayer, porque dice que le gustaría venir conmigo a no sé dónde, vestida de guerrillera sandinista, que si puede. Bueno, pues que venga. Está además muy guapa con esa ropa. Con la que se ponga. O con la que se quite»***, recordaba Julio en 1981.

---

* Margarita Grollero, *ABC Blanco y Negro,* 12 de noviembre 1980.
** *Secretos confesables.*
*** *Entre el cielo y el infierno.*

Priscilla Presley, la reina del rock

Gracias a Sandy Friedman, la persona que manejó la imagen de Julio en Estados Unidos en la agencia Rogers & Cowan, Julio conoció a Priscilla Presley en una fiesta celebrada en Los Ángeles.

Priscilla Presley no necesitaba presentación. Julio Iglesias conocía perfectamente a la mujer que en 1967 había saltado a la fama tras contraer matrimonio con Elvis Presley. «La vi como tenía que verla, sin el fantasma vestido de lentejuelas con el tupé alto y la guitarra eléctrica de Elvis», recordaba Julio de su primer encuentro.

En septiembre de 1959 Priscilla conoció a Elvis en Alemania mientras era soldado del ejército y, después de un tiempo, comenzaron su noviazgo pese a la inicial oposición de los padres de ella, quien en ese entonces era menor de edad.

Cuando la relación se hizo pública, los padres de la joven la autorizaron a vivir con Presley en *Graceland* solo si él le proponía casarse.

El matrimonio resultó difícil para Priscilla desde el comienzo debido a la fama, el círculo de amistades, el temperamento volátil del artista, la vertiginosa carrera y las muchas infidelidades de Elvis Presley.

Tras la fiesta de Los Ángeles, Priscilla y Julio se cayeron bien, y durante los siguientes días quedaron más veces para verse y salir a cenar hasta que, finalmente, Priscilla lo visitó en su casa en Indian Creek.

Pero antes de visitar Miami, asistieron juntos al Festival de Viña del Mar en Chile en su edición de 1981, donde Alfredo Fraile fue testigo de un larguísimo beso entre la pareja. A Julio, naturalmente, le atraía la espectacular belleza de Priscilla Presley, pero también el hecho de estar, de alguna manera, cerca del Rey del Rock, una de sus referencias musicales indiscutibles. En Chile Julio recordaba que «monté con ella a caballo, lo hice muy mal, la verdad, me puse un poncho de un huaso campesino, quise que me acompañara a un rodeo al pie de los Andes, la invité a mi mesa muchos días, la tomé por la cintura muchas noches, la besé alguna vez»*.

---

* *Entre el cielo y el infierno.*

Para Fraile todo aquello resultaba, en términos de imagen de su representado, oro molido. En sus memorias, su *manager* recordaba lo nervioso que andaba Julio ante la visita de la viuda del Rey del Rock a Indian Creek. Con el objeto de estar listo, Fraile y su equipo prepararon una bebida con guaraná, un excelente motor para levantar el apetito amoroso. Fruto del batido o de la pasión, Julio Iglesias se dio un golpe en la cabeza y llamó a Alfredo Fraile para que acudiera en su auxilio, mientras que, de fondo, el *manager* escuchaba las risas de Priscilla.

Cuando Julio se mudó a Los Ángeles para preparar el disco *1100 Bel Air Place* siguieron viéndose, pero, según relataba Alfredo, sin dudar de su cariño verdadero, aquella relación, potenciada por Rogers & Cowan, la misma agencia de relaciones públicas que representaba a los dos, tenía en el fondo un cariz interesado. En septiembre de 1981 el *National Enquirer* publicó en portada que Priscilla Presley estaba locamente enamorada del «Elvis español». Bill Dakota, un columnista de cotilleos de Los Ángeles, contaba entonces a la prensa que la relación era un montaje de dos partes interesadas y el entorno de Iglesias habría pagado unos veinticinco mil euros para que las fotos y la noticia llegasen al periódico*.

Toncho Nava aclaraba que no hubo ningún montaje. «La relación de Julio y Priscilla existió, pero apenas duró. Y lejos de ser un montaje, él intentó que no se enterase nadie. Cuanto más famosa era la mujer con la que estaba, y hubo unas cuantas supermodelos de la época, más se esforzaba Julio para mantenerla en el anonimato»**.

Pero Julio lo tenía claro, y como el tiempo demostraría, no necesitaba ni a Priscilla ni a ninguna otra mujer para lograr sus objetivos: «No va a ser Priscilla quien me abra, como dicen, las puertas de Estados Unidos. Esas fuertes, pesadas, difíciles puertas del disco americano, porque yo sé cómo abrirlas. La llave está cerca, es lo que deseo por encima de todo en este mundo. Y si tuviera que sacrificar mi vida y la

* *Vanity Fair.*
** *Ibídem.*

más hermosa página de mi vida por conseguirlo, lo haría sin que me temblara el pulso»*.

Giannina, el éxito de su relación fue la falta total de compromiso

Nacida en Costa Rica y aficionada a pasar en su juventud los veranos en Ibiza, en 1977 Giannina Facio saltó a la fama después de posar desnuda para una sesión de fotos publicadas en *Interviú* y *Playboy*.

La fama de la familia Facio se remontaba a los años cuarenta por los cargos gubernamentales de Gonzalo Facio, su padre. El exdiplomático costarricense fue embajador de Costa Rica en Estados Unidos, presidente de la delegación de Costa Rica de la ONU y embajador en México.

Julio conoció a Giannina en el Baile de la Rosa de Monte Carlo, la reunión anual de la alta sociedad internacional que cada primavera vestía de oro y brillantes Mónaco. Creado en 1954, el Baile de la Rosa creció en popularidad tras la boda de la princesa Grace con el príncipe Rainiero III en 1956. La princesa Grace, hasta el día de su fallecimiento, estuvo personalmente involucrada en este gran evento, donde, naturalmente, las rosas eran siempre el elemento central del baile.

Al finalizar el baile, en la que a la postre sería la última aparición de la princesa Grace en el Baile de la Rosa —Grace Kelly fallecería en accidente de coche en septiembre de ese mismo año—, Julio se acercó hasta el club Jimmy'z, donde los invitados seguían de fiesta. Allí pudo ver en acción a Philippe Junot, el exmarido de Carolina, y a Giannina**, la relación que había acabado con el matrimonio de los príncipes de Mónaco.

Julio no volvió a saber de ella hasta un encuentro fortuito en Miami algunos meses más tarde. Mientras él navegaba por la bahía, Giannina, subida a una moto de agua con un inesperado acompañante, saludó al cantante.

---

* *Entre el cielo y el infierno.*
** *Secretos confesables.*

Pocholo, el sobrino de Cristóbal Martínez-Bordiú, marido de Carmencita, la única hija del dictador, y por tanto, sobrino nieto de Francisco Franco, apareció junto a Giannina por la bahía de Miami. Pocholo, quien recibía su apodo porque de pequeño encadenaba una enfermedad con otra, y de estar «pocho» pasó a «Pocholo», estaba en Miami trabajando en el International Bank of Miami enviado por su padre, y también estudiando finanzas.

Cuando Julio vio a la pareja montada en la moto de agua, los invitó a Indian Creek, y Giannina se quedó a dormir. Tal y como recordaba Alfredo Fraile, las palabras de Toncho Nava, el secretario personal de Julio, fueron precisas: «Giannina se subió a la moto, luego al barco, luego a la casa, y de ahí no se bajó en un buen tiempo»*.

La relación intermitente de la Facio con Julio duró varios años, iba y venía, se alojaba durante semanas en Indian Creek y luego desaparecía. Acompañaba a Julio en alguna gira y nuevamente se marchaba.

Durante los años ochenta, Giannina Facio disfrutó de todas las fiestas de la *jet set*. En 1984, en pleno auge del *felipismo,* Giannina se paseaba con Julio por la Costa del Sol como si tal cosa**.Francisco Umbral la definía en sus crónicas como una muchacha permanentemente asombrada, y decía algo que ni admiradores ni detractores se atrevían a contradecir: que en Marbella todas querían ser Giannina como antes habían querido ser Brigitte Bardot***.

Al lado de Giannina, una mujer inteligente, simpática y divertida, y a la que por encima de todo le gustaba pasarlo bien, Julio se sentía vivo y mucho más joven. Con sus idas y venidas, y sin el título de «novia oficial» en un momento en el que Julio repartía amor a diestro y siniestro, la costarricense y el español anduvieron trasteando por espacio de dos años. El éxito de su relación fue precisamente la falta total de compromiso.

Una de las noticias que más trascendió en su día fue cuando la arrestaron en 1984 en el aeropuerto de El Prat de Barcelona. Fue dete-

---

* *Secretos confesables.*
** Lucas Martín, *La Opinión de Málaga.*
*** *La Opinión de Málaga*, 22 de abril de 2016.

nida por unos agentes de la Guardia Civil cuando iba a salir de España porque en el maletín que llevaba había trescientas cuarenta y tres mil pesetas, una cantidad superior al máximo permitido en esa época, que era de cincuenta mil pesetas, trescientos euros. Giannina nunca desveló por qué necesitaba todo ese dinero ni qué pasó después*. Aunque Fraile sí sabía el origen del dinero, era su sueldo como actriz en la película *Popper,* dirigida por el fotógrafo de Julio Iglesias, Jose María Castellví.

Años más tarde la actriz se casó con Ridley Scott, y podemos reconocerla en el personaje que interpreta a la mujer de Russell Crowe en *Gladiator*.

Ningún ser humano me aguantó tanto

La Flaca, Virginia Silp, fue una mujer determinante en la vida de Julio, especialmente durante su difícil periodo de adaptación recién llegado a Miami a finales de los setenta. «Jamás un ser humano me aguantó tanto, me quiso tan por derecho», recordaba sobre ella Julio en 1981.

Cuando la Flaca llegó a la vida de Julio, recién separado de Isabel, este estaba aterrorizado ante la sola idea de volver a enamorarse. Amarrado a su nuevo rol de soltero deseado, Julio dio rienda suelta a su etiqueta de *latin lover,* un personaje que Virginia aceptaba.

Virginia Silp asumió su papel de amante secreta, la mujer a la sombra de Julio Iglesias. Naturalmente la Flaca conocía las aventuras que el cantante disfrutaba cuando se iba lejos de casa, pero, de alguna manera, aquella relación funcionó mientras todos conocían las reglas.

Mientras Julio viajaba por el mundo, a Virginia le llegaban las noticias —en realidad solo tenía que leer las revistas— de los supuestos romances de Julio con Priscilla o Sydne Rome.

La Flaca llegó a ser tan consciente de su papel secundario que, cuando Sydne Rome le regaló a Julio un cachorro de dálmata, un precioso perro al que bautizaron *Hey!,* era la Flaca la que cuidaba el perrito que había llegado a casa como regalo de la amante de su novio. Así era la Flaca.

---

* *Libertad Digital*, 23 de marzo de 2014.

Después de Isabel Preysler, la Flaca seguramente fue la mujer que más dentro tocó el corazón de Julio hasta ese momento y, en palabras de Alfredo Fraile, no llegaron nunca a casarse porque Julio tenía muy reciente el fracaso de su matrimonio con Isabel*. «Yo vivía en su casa, estábamos casados, pues como Dios manda, lo que pasa es que no firmamos papeles, pero eso era un matrimonio»**, dijo en 1990 la Flaca.

Julio Iglesias jamás hizo oficial su relación con Virginia Silp y era raro verlos juntos en público. La Flaca estuvo al lado de Julio durante más de cinco años, juntos levantaron la casa de Indian Creek compartiendo su vida y también la de su familia, actuando casi como si se tratara de una esposa. Tuvo una relación cercana con Chábeli, Julio José y Enrique, a quienes su padre les presentó a Virginia como su novia. «Ha sido, es y será la persona más importante de mi vida», reconocería Virginia en 1984; «él domina todo lo que hago, y todo lo que hago lo hago por él»***, remataba la venezolana. La Flaca llegó a confesar que «Julio quería tener un hijo conmigo, pero yo le dije que antes tendríamos que casarnos»****.

Virginia cuidó de la casa de Indian Creek, se encargó de cuidar el jardín, mimar las plantas, se hizo cargo del inventario de la cocina y decidía cuándo y qué se comía. Durante las largas ausencias de Julio por motivos profesionales, la Flaca solía pasar mucho tiempo con Charo. La madre de Julio congenió con la venezolana, la mujer que había devuelto la sonrisa a su hijo mayor. Con sumo respeto hizo de madre adoptiva cuando tocaba, jugando con los críos de manera natural. Durante el largo tiempo que vivió en Indian Creek, la Flaca fue lo más parecido a la «señora de la casa».

Tuvo un papel protagonista en la vida de Julio durante muchos años. Virginia acompañó a Julio en los momentos buenos y en los malos, y el cantante español verdaderamente quiso mucho a Virginia Silp.

Después de cinco años de relación, Virginia y Julio emprendieron caminos distintos; «si el público quiere saber la causa de nuestra rup-

---

* *Secretos confesables.*
** *Revista Exceso,* 1990.
*** *ABC,* 23 de enero de 1984.
**** *Semana.*

tura, hay que decirlo. Todo es muy sencillo, Julio está extremadamente ocupado, lanzado de lleno a una nueva etapa de su carrera que lo tiene totalmente dominado», dijo la Flaca en una entrevista al poco de romper con el cantante.

Con buena intención, a diferencia de otros acompañantes temporales de la vida de Julio, la Flaca también desmenuzó sus vivencias al lado de Julio en la revista *Semana*. «Después de Julio Iglesias me pasé dos años sin novio. Yo viví como su esposa, yo sé lo que es vivir una vida de matrimonio aunque no me haya casado. Si no me casé con él, no tengo necesidad de casarme con nadie».

Con los años volvió a trabajar de modelo en la agencia Casablancas y se casó con Alejandro Ugarte, con quien tiene una hija: Virginia Alejandra Ugarte Sipl, una mujer de asombroso parecido a su madre.

Era virgen hasta que conocí a Julio

Julio conoció a Vaitiare cuando esta tenía tan solo diecisiete años y él, treinta y siete. Al cumplir los dieciocho, Vaitiare llamó a Julio e iniciaron su relación, una relación extraña donde Julio no se sentía cómodo con aquella diferencia de edad tan exagerada.

Vaitiare viajó por medio mundo con el cantante, y, terminada su relación, aireó su idilio con Julio, atribuyéndole un apetito sexual inabordable. Vaitiare declararía en su momento que «era virgen hasta que conocí a Julio». Según contaba en sus memorias, a Julio le iban los tríos: «Cada noche hay una mujer diferente en nuestra cama. Son como a él le gustan, siempre con grandes pechos y dispuestas a todo»*. «Una vez me contó que Elizabeth Taylor acudió a conocerlo —rememoraba Vaitiare—, ¡y ella intentó besarlo!»**.

En *Muñeca de trapo*, la tahitiana confesaba que «todas comenzamos siendo únicas, pero, con el tiempo, empezamos a ser un estorbo para sus sueños de conquista, donde caben todas las mujeres del mundo». Además, advertía que, como pareja, Julio era celoso y controlador. «No quiero que salgas sin sostén ni que uses tacones de más de siete centí-

---

* Vaitiare Hirshon, *Muñeca de trapo, mi vida con Julio Iglesias*, Ediciones B, 2010.
** *Muñeca de trapo*.

metros, porque de ahí para arriba son zapatos de prostituta», le dijo según el testimonio de Vaitiare.

A principios de los ochenta, en la cresta de la ola, Julio se reconocía «un poco árabe. Lo que me gusta es el juego de amar superficialmente a dos, tres mujeres al mismo tiempo»*.

Sobre la cantidad de mujeres que habían estado con Julio, Vaitiare recordaba: «Sinceramente, no tengo ni idea de con cuántas mujeres dice haber estado y nunca se lo pregunté. Oía comentarios al respecto y me quedaba desconcertada. Pero entendía que, siendo una de las mayores estrellas del planeta, podía tener a la mujer que quisiese. Él mismo solía decir que era una locura atraer a tantas mujeres cuando era un hombre delgado, lejos del estereotipo de conquistador musculado».

Vaitiare también destapó una supuesta afición de Julio relacionada con las drogas: «Julio me da cocaína. No lo quiero aceptar; he estado sin drogas muchos meses. Pero él insiste. Finalmente inhalo la raya y nos metemos en la cama».

La versión de Vaitiare contradice la opinión de Julio respecto a las drogas: «No conozco la droga. No me hace falta. No entiendo nada de esa nieve que quema, pero que sé que está ahí. Quizá algún día he fumado algún cigarrillo de marihuana, pero debo decir que me ha sentado muy mal, una chupada, un dolor de cabeza. Sé que dicen por ahí que me han visto en torno a grandes bandejas de polvo que mata, bandejas de plata por supuesto, y no hay nada más lejos de la realidad. Escapo, huyo, no quiero saber nada de ello»**.

Y esta opinión queda rubricada por su *manager* durante quince años. Categóricamente Alfredo Fraile afirmaba: «Me ha extrañado que afirme que él la introdujo en el mundo de las drogas. Ese era un tema tabú para nosotros. No me imagino a Iglesias enseñándole a fumar marihuana. La sola idea de acercarse a un porro causaba en el cantante un rechazo absoluto. De hecho, en una ocasión despedimos a un músico porque descubrimos que le daba al cannabis»***.

---

* *Entre el cielo y el infierno.*
** *Ibídem.*
*** Alfredo Fraile, *Secretos confesables.*

Una vida vivida intensamente

Julio vivió aquellos años intensamente. Se dedicó en cuerpo y alma a la conquista de su sueño, triunfar en todo el mundo con sus canciones y su música. Pero en el camino, también en cuerpo y alma, repartió su cariño y, en ocasiones, su amor entre numerosas mujeres que lo acompañaron en este viaje. «Yo he aprendido mucho de las mujeres, me di cuenta de que iba a aprender más de las mujeres que de los hombres, entonces me enamoré de ellas profundamente»*.

Todavía estaba por llegar la mujer que compartiría su corazón durante más tiempo, Miranda Rijnsburger, aunque ella llegaría algo más tarde, en un periodo vital completamente diferente del artista.

No obstante, y a pesar de haber vivido acompañado de las más inteligentes y bellas mujeres durante buena parte de su vida, paradójicamente Julio Iglesias muchas veces se sintió un hombre profundamente solo.

Las mujeres vieron en Julio a la perfecta figura del *crooner* latino tímido y también nervioso. Barbara Walters en una entrevista le dijo: «Lo que a las mujeres les atrae de usted es esta cualidad de tristeza que proyecta. Eso les hace pensar que cualquiera de ellas podría hacerle feliz. Usted da la sensación de no tenerlo todo». «Cuando lo tienes todo no aprecias nada», concluyó Julio.

* *El Comercio*, 9 de mayo de 2011.

CUARTA PARTE

(1990-2019)

«A mi edad la inmodestia es falsa».

Julio Iglesias

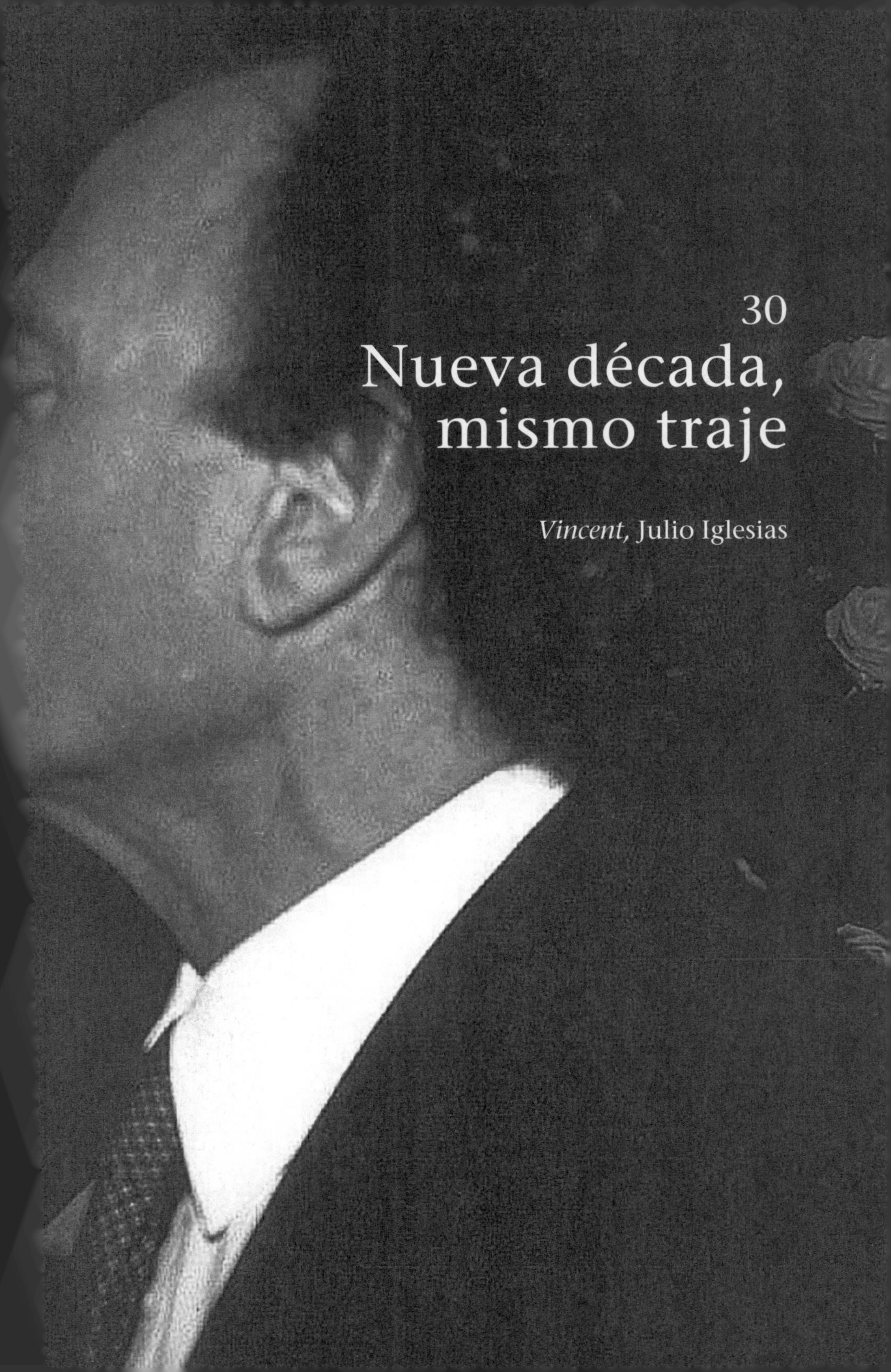

30
Nueva década, mismo traje

Vincent, Julio Iglesias

508: los cantantes Celia Cruz, Julio Iglesias, Lola Flores, Chayanne y José Luis Rodriguez en una fiesta en Marbella. © GTRES.

506-507: Julio Iglesias besando a su esposa Miranda Rijnsburger durante un acto público. © GTRES.

Esa va a ser mi mujer», le dijo Julio Iglesias a la persona con la que viajaba durante una escala en un aeropuerto de Oriente cuando se cruzó por primera vez con Miranda. A la bella holandesa la conoció en diciembre del año 1990 y ya no han vuelto a separarse.

Miranda

Mujer de una belleza reposada, de ojos azules y pelo rubio, la holandesa Miranda Johanna Maria Rijnsburger, nacida el 5 de octubre de 1965 y veintidós años más joven que Julio, ha sabido dar al cantante español el equilibrio y la estabilidad emocional que el eterno seductor necesitaba.

Desde que tiene memoria, Julio Iglesias ha vivido permanentemente rodeado de mujeres. Todas ellas han escrito capítulos fundamentales de su biografía, pero el año 1990 le traería la compañera de viaje que, hasta hoy, se ha convertido en la mujer más importante. El cantante lo ha asegurado en numerosas ocasiones: Miranda «es la mujer de mi vida». No fue una simple frase hecha. El paso del tiempo se ha encargado de confirmarlo.

La pareja se conoció en el aeropuerto de Yakarta (Indonesia) hace veintinueve años y nada hacía prever que aquella joven modelo holandesa, de carácter paciente y discreta, fuese el contrapunto ideal del temperamento apasionado del cantante. Julio conoció a Miranda cuando él tenía cuarenta y seis años y ella solo veinticuatro, y seis meses después de ese primer encuentro, la exmodelo se mudó con Julio a Indian Creek, en Miami.

«Cuando la vio le pasó como con Isabel, se quedó prendado. Le costó trabajo conquistarla. No era ninguna fan de Julio, aunque sabía que era un cantante famoso. Pero tanto insistió mi hijo que al final lo consiguió»*, recordaba el doctor Iglesias.

Meses después de empezar a salir juntos, Julio le presentó a su padre.

—¿Qué te parece esta niña? —preguntó Julio a su padre.

—Guapa, guapa** —contestó el doctor.

A diferencia del momento en el que conoció a Isabel, cuando Julio era un joven de veintiséis años, aún convaleciente de un accidente de tráfico y con una carrera musical incierta por delante, cuando Miranda llega a la vida del cantante este es ya un hombre maduro, rozando los cincuenta, con un historial amoroso imbatible y una posición de éxito en su profesión absolutamente indiscutible. Si Isabel no tenía ninguna información sobre el hombre con el que pensaba compartir su vida, Miranda conocía sobradamente los picos y valles de un artista que, en 1990, ya era leyenda.

Una nueva mujer y un nuevo disco en inglés

Coincidiendo con la llegada de Miranda, Julio Iglesias arrancó la nueva década con la vista puesta en Estados Unidos. A pesar de su inocua propuesta artística, el enorme éxito de *Raíces* le permitió abordar su tercer álbum en inglés en el momento de mayor popularidad en los mercados latinos. Después de conquistar definitivamente España con el disco más vendido hasta ese momento, *Starry night* debía recuperar el pequeño traspié que supuso en EE. UU. *Non Stop*.

---

* *Voluntad de hierro.*

** *Ibídem.*

Para la grabación de *Starry night* Julio vuelve a contar con Ramón Arcusa, su fiel escudero, quien toma los mandos del disco acompañado en esta ocasión de Albert Hammond y Jay Landers, A&R y compositor de grandes figuras como Barbra Streisand o Johnny Mathis.

Arcusa y Julio, tal y como ya hicieran en los discos temáticos *A México* en 1975 y *América* en 1976, recuperan una excelente colección de canciones populares, y *Starry night* se plantea como un disco con versiones de temas muy conocidos en el mercado norteamericano. Estándares del pop de corte más clásico como *Mona Lisa,* temas country como el *Cryin,* de Buck Owens; *Can't help falling in love,* asociado a Elvis Presley, o *99 miles from L. A.,* de Albert Hammond, conforman un álbum concebido para deleitar los oídos del público estadounidense.

Starry night también incluye un guiño británico con el *And I love her,* de The Beatles, y sobre todo con el tema central del disco, *Vincent,* la historia del pintor Van Gogh, según la contó y la cantó Don McLean, de cuyo estribillo saldría el título del disco.

Después de pasar horas leyendo la biografía de Vincent van Gogh, fascinado por la historia de lucha del pintor por mantener su cordura, y por su deseo de ser amado y comprendido, Don McLean, autor del himno inmortal *American pie,* escribió la canción *Vincent (Starry night).*

Una noche del año 1971, mientras contemplaba el cuadro del artista holandés *Noche estrellada (Starry night),* en el Museo de Arte Moderno (MOMA) de Nueva York, McLean sintió curiosidad por conocer más sobre la obra del artista holandés. Después de indagar en su biografía, le puso letra y música a *Vincent,* naturalmente dedicada al genio de la oreja cortada.

Julio y Lola, esa extraña pareja

Envuelto en la preparación de las canciones que formarían *Starry night,* Julio participó en Miami de un merecido homenaje a la Faraona. Desde que se conocieran a finales de los años sesenta, Julio y Lola siempre se apoyaron, quisieron y respetaron mutuamente. Un año antes del homenaje de Miami, mientras Julio participaba en 1989 en la gala inaugural de Canal Sur, de manera espontánea el cantante se acercó hasta el patio de butacas para cantar con Lola Flores las últimas estrofas de *La paloma.* Julio y la Faraona regalaron uno de esos momentos mágicos de la televisión donde lo inesperado se convierte en histórico. Julio y Lola Flores representaban de alguna forma el éxito de la españolidad desde dos ángulos completamente diferentes. Mientras que el cantante madrileño había construido su monumental éxito embutido en un traje de etiqueta y un discurso *chic,* Lola flores lo había hecho en traje de faralaes y con su inagotable derroche de raza.

Desde los inicios de su carrera, Julio siempre tuvo cerca a Lola. Desde la misma noche en la que conoció a Isabel Preysler, entre los relinchos y las coces de los caballos en la fiesta de los Terry, y donde entre todo el follón apareció Lola Flores haciendo su propia versión flamenca del *Gwendolyne,* Lola y Julio sintieron una mutua admiración que duró toda la vida. No cabe duda de que artísticamente formaban una extraña pareja, pero su distancia musical quedaba reducida a la nada cuando juntaban su carisma. Para Julio, Lola era «un monumento tan importante como la plaza de la Cibeles o el Museo del Prado»*.

Después de terminar su inesperada colaboración en Canal Sur cantando *La paloma,* también de manera improvisada, Lola se acercó hasta el escenario para enviar un mensaje de admiración sentida a todos los telespectadores. La Faraona, notablemente emocionada, ante la atenta mirada de Julio solo acertó a decir: «No solo lo conozco como artista, lo conozco como ser humano. Julio no solamente canta, hay que ponerse de pie ante él porque es español, y porque gracias a él se habla de España en el mundo entero». El público rompió en aplausos mientras Julio Iglesias despedía entre sonrisas emocionadas a su amiga.

Con todos estos antecedentes, no resultó extraño que en mayo de 1990 Julio participara y fuera casi el impulsor de la gala homenaje a Lola Flores en Miami.

Organizado por Tomás Muñoz, coincidiendo con el disco de Lola titulado precisamente *Homenaje,* con nueve canciones escritas por José Luis Perales y con la participación de José Luis Rodríguez *El Puma,* el propio José Luis Perales, Raphael, Rocío Jurado, Celia Cruz y todos los miembros de la familia Flores, el James L. Knight Convention Center

---

* *Cuando vuelva a amanecer.*

acogió el 13 de mayo un espectáculo que reunía en un mismo escenario a los artistas más importantes de la industria musical latina en ese momento, y que se retransmitió por televisión a diecisiete países. «Julio Iglesias fue el primero que se ofreció a cantar a dúo conmigo. Yo sé lo que representa el nombre de Julio en el mundo, y por eso me arrodillé ante él. Yo sé que se me criticó por eso, pero no me importa, yo lo hago cuando vale la pena»*.

Soy un hombre rico

En marzo de 1990, meses antes del lanzamiento mundial de *Starry night,* el gobierno de Siria, presidido por Hafez Al-Assad acusó a Julio Iglesias de apoyar de manera permanente a los sionistas actuando delante de soldados israelíes ataviados con ropas de las que emplean los judíos practicantes. Con esta acusación, el gobierno de Al-Assad prohibió a Julio actuar en el país, censuró sus vídeos y sus canciones, e hizo desaparecer del mercado la imagen del cantante.

Julio recibió la noticia del gobierno de Al-Assad con notable distancia. Mientras el gobierno de Siria lo acusaba de sionista, la revista *Forbes* lo incluía entre los quince artistas mejor pagados del mundo. En una lista liderada por el actor Bill Cosby, con más de ciento quince millones de dólares, seguido por Michael Jackson con cien, Rolling Stones con ochenta y ocho y Steven Spielberg con ochenta y siete, Julio aparecía con veintiséis millones y medio ganados entre 1989 y 1990, liderando la lista como el artista latino con más ganancias del mundo. A estas alturas de su carrera, y como no se cansaría de repetir, el dinero para él y las futuras generaciones de Iglesias no sería un problema.

Starry night, grabado entre Los Ángeles y Miami, era un disco continuista y conservador, Julio apenas se arriesga con un repertorio testado. *Starry night,* un álbum desabrido y algo gastado, logró no obstante una aceptación notable. Julio, como siempre había hecho en el estudio, trabajó duro en este proyecto, un disco que fue aplaudido por la crítica especializada estadounidense y que, según Julio: «Es el

---

* Juan Ignacio García Garzón, *Lola Flores: el volcán y la brisa,* Algaba, 2002.

primer disco en inglés que me ha salido del corazón»*. *Starry night* vendió más de quinientos mil discos solo en Estados Unidos, cifras extraordinarias para un cantante foráneo.

Como soporte promocional del disco, *Starry night* contó para su lanzamiento con un programa especial en la cadena HBO y una presencia casi permanente en los principales *talk shows* de la televisión. En 1990 los estadounidenses pudieron ver a Julio compartiendo sofá con Oprah Winfrey, Joan Rivers o el cómico Arsenio Hall. En noviembre de 1990 Julio viajó a Europa para presentar *Starry night* en Francia y en España.

* *ABC Blanco y Negro,* 10 de febrero de 1991.

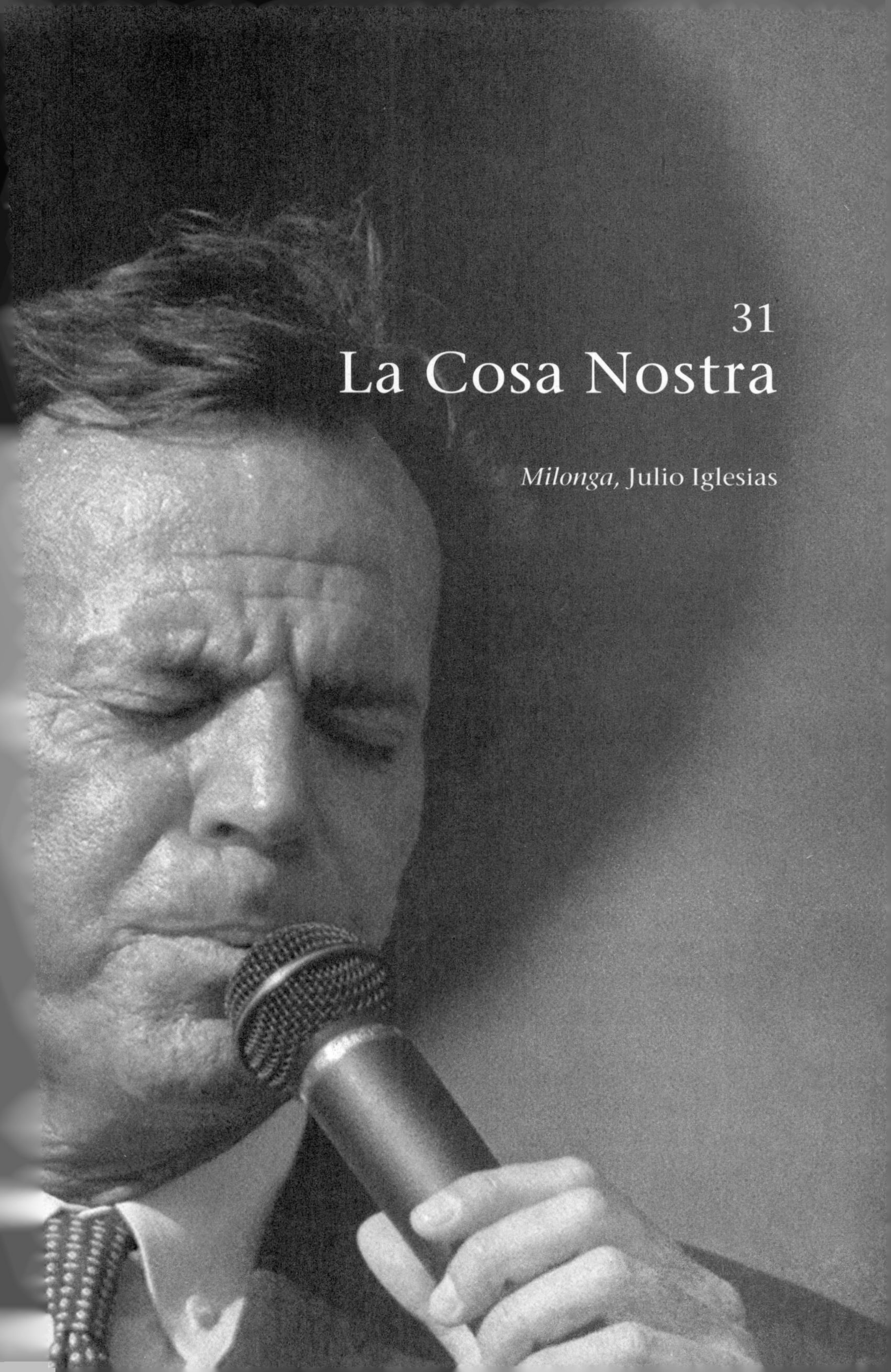

31

La Cosa Nostra

Milonga, Julio Iglesias

518: Ricardo Bofill y Chábeli Iglesias durante un acto público en la época en la que estuvieron casados. © GTRES.

516-517: 26 de septiembre de 1992. Julio Iglesias en la gala para recaudar fondos para las víctimas del huracán Andrew. © Getty / Robert Sullivan.

A principios de 1991 Julio Iglesias se vio inesperadamente relacionado con asuntos de la Mafia. Durante el juicio que se llevó a cabo en Nueva York contra John Gotti, *capo* de la familia Gambino, el nombre de Julio salió directamente relacionado con una de las «cinco familias» mafiosas de la ciudad.

La Cosa Nostra

El FBI, en un documento de 1990, relacionaba a Julio Iglesias con Paul Castellano y John Gotti —a cuyo juicio asistieron amigos como Anthony Quinn—, y hasta citaba un intento de Robert De Niro de contactar con Meyer Lansky para documentarse sobre un personaje que debía interpretar.

John Joseph Gotti, *El apuesto Don,* el nombre de pandilla de Gotti por la elegancia con que vestía los trajes de dos mil dólares, entró en la Mafia en 1966 reclutado como matón por Carlo Gambino, *capo* de la familia Gambino. Tras la muerte de Carlo, Paul Castellano, rival directo de Gotti en la sucesión como futuro jefe, ocupó su posición como número uno de la familia.

John Gotti fue el último gran *capo* mafioso estadounidense. Llegó a la cima del crimen organizado en Estados Unidos al estilo de los grandes *capos:* capacidad de maquinación y falta de escrúpulos a la hora de derramar sangre ajena, algo que Francis Ford Coppola retrató en la saga de *El padrino* con el papel de Marlon Brando inspirado directamente en Gotti.

Por su parte, Castellano, también conocido como *Big Pauly,* sirvió de jefe a la familia Gambino, la familia de criminales más grande de Nueva York durante las décadas de los años setenta y los ochenta. Castellano se presentaba ante todos como un empresario legítimo y se relacionaba con miembros de la alta sociedad neoyorquina, mientras lideraba una empresa mafiosa de millones de dólares. Tras cuatro años en prisión, en diciembre de 1985 Gotti decidió asesinarlo a tiros en las afueras del restaurante Sparks Steak House, y ocupó inmediatamente el puesto del jefe, llevando las riendas de la familia Gambino entre 1985 y 1992.

Julio Iglesias, Sinatra y Robert De Niro

El 9 de mayo de 1991 el *New York Post* publicó que Philip Leonetti, *Phil el Loco,* uno de los principales testigos en el caso contra John Gotti, relacionó a la Cosa Nostra con personajes del mundo del espectáculo como Sinatra, James Caan, Robert De Niro y Julio Iglesias.

Según la información del *New York Post,* Phil el Loco habló de una supuesta asociación en el pasado entre Julio y Phil Castellano. Según la información, Phil el Loco había afirmado que el cantante español estuvo asociado con Paul Castellano, y ahora lo estaría con Gotti, su sucesor.

En 1990 Gotti había sido detenido por el FBI gracias a grabaciones mediante micrófonos ocultos, pero el golpe definitivo llegó cuando uno de sus hombres de confianza se convirtió en testigo del gobierno y respaldó las acusaciones sobre Gotti.

El juicio se celebró bajo grandes medidas de seguridad, por las cuales el jurado permaneció anónimo y ni el mismo juez conocía la identidad de sus miembros. Finalmente, Gotti fue condenado a cadena perpetua. Jill Siegel, la portavoz de Julio Iglesias, calificó de absurda la acusación de Phil el Loco, y desmintió cualquier relación del cantante con la Mafia. De esta forma, Julio daba por zanjado el asunto*.

Las relaciones existieron

Lo cierto es que mucho antes de que Phil el Loco mencionara el nombre de Julio durante el juicio de John Gotti, muchos fueron los artistas a los que la prensa supuestamente relacionó con la Mafia.

El español Xavier Cugat reconoció públicamente haber trabajado para la Mafia, pero el crimen organizado sintió desde siempre una especial atracción por el mundo del espectáculo. Famosa es la relación sentimental del *capo Bugsy* Siegel con la actriz Virginia Hill, y la de Frank Sinatra con figuras del hampa, como Sam Giancana —que salpicó incluso a John F. Kennedy por asuntos de faldas—, Lucky Luciano o Carlo Gambino, algo que el cantante de ojos azules siempre negó.

Alfredo Fraile no esconde que durante su desembarco norteamericano estuvieron muy cerca de las familias de la Mafia: «Las relaciones existieron, igual que con otras figuras de la canción. Nos contrataron los Gambino para actuar en el casino. Pagaban un millón de dólares a la semana. Nos enteramos del alcance del problema cuando mataron de noventa y seis balazos al *capo* Paul Castellano»**.

Una vez eliminado Castellano, Gotti vivió a lo grande y se despidió también a lo grande. En 2002 fue enterrado en un cementerio de Queens con una comitiva de cien coches fúnebres con gigantescas composiciones florales con sus grandes aficiones: un caballo de carreras, una copa de champán, unas cartas de póquer, un puro habano, el símbolo del equipo de béisbol de los Yankees y unos guantes de boxeo en rosas y claveles que se iban esparciendo con el viento desfilaron en Cadillacs negros***.

---

* *ABC*.
** *El Periódico*, 14 de marzo de 2014.
*** *El País*.

Un abogado que soluciona problemas

Durante los inicios de Julio en Estados Unidos, y ante la enorme carga burocrática de la maquinaria promocional en América, Alfredo Fraile recibió la recomendación de utilizar los servicios de Vito Lafata, un abogado especializado en impuestos.

Más allá de sus aptitudes como abogado y hombre que solucionaba problemas, Vito Lafata solía llevar hasta los conciertos de Julio a sus amigos y conocidos, gente poderosa y excelentemente relacionada.

En Atlantic City, después de un concierto, como era costumbre, Julio recibió en el *backstage* a todos sus invitados. Tal y como recordaba Alfredo Fraile, aquella noche en la zona reservada para invitados ilustres empezaron a aparecer personas de distintas edades, desde la abuela hasta la nieta, miembros todos de la familia propietaria del casino, que no era otra que la familia Gambino. Julio estuvo retratándose en Atlantic City con una de las cinco familias de la Mafia neoyorquina como si tal cosa.

Los Gambino fueron a muchos conciertos de Julio Iglesias y llegaron a entablar cierta amistad. Además, eran los socios de muchos de los casinos de Estados Unidos, una de las principales fuentes de ingresos en los escenarios de América para Julio Iglesias.

Alfredo solía recibir invitaciones para ir a comer con ellos a sus restaurantes favoritos o visitar sus casas. Un día fueron hasta la mansión de Paul Castellano en Staten Island, una propiedad de tres millones y medio de dólares desde donde Castellano supervisaba extorsiones a constructores, distribuidores de carne, pornografía y otros negocios ilegales. Muchos miembros del clan Gambino creían que Castellano había llegado a la cima por el comodín de su predecesor, su primo y cuñado Carlo Gambino. Nepotismo y un estilo de vida un poco apartado del mundo finalmente dividieron a la familia Gambino, lo que conduciría a Castellano a la ruina.

Un día en 1985, viajando hacia Los Ángeles, Julio vio el cadáver de Castellano en la portada del periódico y creyó oportuno alejarse discretamente de aquel circulo mafioso.

«Calor», un viaje por la música hispana

Después de anunciar una gira mundial para presentar las canciones de su disco *Starry night* que lo llevaría por ciudades de Asia, Canadá, Sudamérica y Europa, en 1992 Julio presentaba un nuevo disco en castellano, «un álbum callejero, como el de esos perros que van por todas las calles y que toman de cada lugar un poco de algo»*.

Con el título de *Calor,* el nuevo álbum de Julio Iglesias coincidía con la celebración del quinto centenario de América, pero en la rueda de prensa de presentación del mismo, Julio dejó muy claro que su publicación en un año emblemático como 1992 nada tenía que ver con la celebración del V Centenario. *Calor* suponía un regreso a la esencia, una vuelta a las raíces en un disco «lleno de colores de Latinoamérica y España»**, tal y como lo explicaba el propio artista.

Presentado ante la prensa internacional por todo lo alto en un lujoso hotel de Santo Domingo, *Calor* era una incursión en la música latina, desde los tangos hasta temas contemporáneos de José María Cano, compositor de muchos de los éxitos de Mecano***. *Calor* era «un viaje por la música hispana desde Carlos Gardel hasta la del grupo Mecano, desde la Tierra del Fuego hasta los Pirineos», recordó Julio. Durante dos jornadas, el cantante atendió sus compromisos con los medios con entrevistas individuales y una multitudinaria conferencia de prensa que terminaría en una gran fiesta, broche de oro de la presentación y a la que no faltó el doctor Julio Iglesias Puga.

Desde 1990, cuando alcanzó la estabilidad junto a Miranda Rijnsburger, Julio se esforzó por recuperar al público joven latino. Las nuevas generaciones consideraban a Julio un cantante para gente mayor. Así que se rodeó de nuevos compositores, sus canciones regresaron a las radios, en sus conciertos se retiraron las sillas de las pistas para que la gente bailase, y Julio empezó a trabajar en planes de promoción propios de un artista que comenzaba a labrarse una carrera.

---

* *La Vanguardia,* 18 de junio de 1992.

** *Cuando vuelva a amanecer.*

*** *El País,* 2 demayo de 1992.

Durante 1992 Julio presentó las canciones de *Calor* por los escenarios de Centroamérica, Estados Unidos, Europa y Oceanía. Nominado al premio Grammy al Mejor álbum de pop latino por *Calor,* en Miami, de manos de Tomás Muñoz, Julio recibiría el título de Español Universal, un importante reconocimiento por parte de la Cámara de Comercio «por su contribución a la expansión de la lengua y la cultura española en el mundo».

Julio se embarcó en una gira mundial que lo traería a España durante el mes de junio. Patrocinado por la firma Tres In, Julio recibió mil millones de pesetas, más de sesenta millones de euros por veintitrés conciertos, la cifra más alta pagada nunca por un artista en España.

Marca España

Coincidiendo con un año histórico para la imagen internacional de España gracias a dos eventos de enorme repercusión como fueron los Juegos Olímpicos de Barcelona y la Expo 92 en Sevilla, entre los meses de junio y septiembre de 1992, Julio recorrió de norte a sur la geografía española ofreciendo una gira de enorme éxito ante más de seiscientos mil espectadores.

Contra todo pronóstico, Julio Iglesias, una de las figuras públicas más reconocidas internacionalmente, no formó parte de la terna de artistas invitados a participar en los fastos de la Expo; «si hubieran llamado a los Rolling Stones o a Prince y no hubieran contado conmigo, estaría subiéndome por las paredes. Pero la filosofía musical del acto tiene otro enfoque, y yo ante los cantantes de ópera españoles me quito el sombrero»*, diría Julio restándole importancia al asunto.

Como adelantaba Julio con sus declaraciones, la música clásica fue la gran protagonista de las celebraciones musicales de la Expo Universal de Sevilla. La música y la danza clásicas acapararon gran parte del programa de actividades culturales que se desarrollaron en distintos escenarios de Sevilla. Por allí se desplegaron el *Carmen,* de Bizet, con la *mezzosoprano* Teresa Berganza y José Carreras como solistas, y la dirección de Plácido Domingo; *Un ballo in maschera,* de Verdi,

* Pedro Touceda, *ABC Blanco y Negro,* 21 de junio de 1992.

con Domingo, Aprile Millo y Juan Pons; *Fidelio,* de Beethoven; *La Traviata,* de Verdi y también la presencia de la orquesta de la ópera de París-Bastilla, de nuevo con Plácido Domingo, que interpretó otra pieza de Verdi, el *Otelo.* Viendo el perfil mayoritario de los artistas, en la programación de la Expo 92 la propuesta musical de Julio Iglesias desentonaba ligeramente.

No obstante, Julio terminó el año 1992 a lo grande, con dos conciertos masivos en Portugal ante más de cincuenta mil enfervorecidos fans. Viajó hasta África, Asia y Australia, visitó Finlandia, Suecia, Alemania, Bélgica y, en Francia, de manos del Gobierno de la república, Julio Iglesias recibió la Legión de Honor, la más alta distinción del país. «En Francia me trataron siempre con adoración. Ahora mismo me dan ganas de volar a darles las gracias»*, dijo Julio emocionado.

El huracán Andrew

En 1992, una vez más, Julio Iglesias mostró su lado más solidario. Entre el 16 y el 28 de agosto de 1992, el huracán Andrew afectó las islas del noroeste de las Bahamas, el área de Miami en la península de Florida y el sur de Luisiana. Julio Iglesias participó en los actos benéficos para recaudar fondos tras los devastadores daños ocasionados por el huracán.

Andrew fue uno de los ciclones tropicales más destructivos en Estados Unidos durante el siglo XX. Andrew dejó pérdidas de veintiséis mil millones de dólares (la mayor parte de estos daños se produjeron en el sur de Florida), el tercer huracán económicamente más costoso de la historia (después del Katrina de 2005 y del Sandy de 2012).

El Centro Nacional de Huracanes de Estados Unidos registró ráfagas máximas de doscientos setenta y dos kilómetros por hora. Como pasa con la mayoría de los huracanes, lo peor de Andrew fueron los feroces vientos. El huracán provocó veintitrés muertes en Estados Unidos y tres más en las Bahamas.

Julio Iglesias cantó en Miami junto a Crosby, Stills & Nash, Jimmy Buffett, Paul Simon, los Bee Gees, Celia Cruz, Wierd Al' Yankovic o los

---

* Feliciano Hidalgo, *El País,* 1992.

actores Andy García y Whoopie Goldberg, que presentaron el evento. En el momento de mayor popularidad de su carrera tras el enorme éxito de la película *Sister Act,* Whoopie Goldberg y Gloria Estefan cantaron a dúo el clásico de los años sesenta *Shout.*

Organizado por Emilio y Gloria Estefan, una de las parejas más reconocibles de la escena latina, especialmente influyentes en el área de Miami, la gala reunió a más de sesenta mil espectadores que llenaron el estadio Joe Robbie y logró más de un millón trescientos mil dólares en entradas anticipadas, una importante recaudación en favor de los damnificados.

Destacada fue también su aparición el 10 de septiembre de 1993, donde Julio ofrecería un histórico concierto en el Monte do Gozo de Santiago de Compostela como parte de las celebraciones del Año Xacobeo. Julio fue nombrado por el presidente de la Xunta, Manuel Fraga Iribarne, embajador en el mundo del Año Xacobeo; «le admiro porque es un hombre honesto, el más honesto que conozco», dijo Julio entonces sobre Fraga, «Fraga es tan honrado que sigue siendo pobre»*.

El histórico concierto en el Monte do Gozo de Santiago de Compostela y el que se grabó para la posteridad en 1992 en la plaza del Obradoiro supusieron una inyección económica de más de trescientos millones de pesetas, casi dos millones de euros para el cantante, no cabe duda de que un embajador bien remunerado; «no lo hago por dinero, la cantidad que he cobrado la gano actuando en un solo día en cualquier sitio»**, dijo Julio preguntado por sus emolumentos.

«Duets»: Julio y la Voz

Julio afrontó el nuevo año entre conciertos en algunos de los recintos más emblemáticos del mundo y la grabación de su nuevo trabajo en inglés.

Casi sin descanso, Julio saltó del Knight Convention Center de Miami al Caesar's Palace de Las Vegas, y de allí al estudio de Criteria, otro de esos años locos del artista. Julio fue protagonista de los Juegos

---

* *ABC.*

** *Cuando vuelva a amanecer.*

Asiáticos al participar en la ceremonia de clausura con una celebrada interpretación de *La paloma* a dúo con la estrella china Wei Wei en Shanghái.

Wei Wei, actriz y cantante del género musical chino Mandapop, nació en Mongolia Interior y es una de las cantantes más importantes y conocidas de Asia. Tiene el privilegio de ser la artista china que más discos ha vendido en todo el mundo, en total más de doscientos millones de discos. Su gran éxito llegó en 1986, cuando ganó el Concurso Nacional de Jóvenes Cantantes de la televisión china.

Pero 1993 también le trajo a Julio Iglesias la oportunidad de participar en un disco histórico, un álbum icónico donde compartiría protagonismo con la Voz. Capitol Records lanzaba *Duets,* de Frank Sinatra, un disco coral donde intérpretes de varios géneros, de Bono a Liza Minnelli, pasando por Aretha Franklin y Barbra Streisand, Luther Vandross, Carly Simon, Tony Bennett, Natalie Cole, Charles Aznavour, Anita Baker, Kenny G y, por supuesto, Julio Iglesias, unieron sus voces a los clásicos de Sinatra, a quien ni siquiera llegaron a ver físicamente. Una astuta operación comercial que supuso un gran éxito de ventas y que sirvió para presentar las canciones de Frank a una nueva generación.

Eliot Weisman, el que fuera *manager* de Sinatra y posteriormente también de Julio, recordaba en sus memorias los últimos años de la Voz. A Frank Sinatra la idea de meterse en un estudio a cantar una colección de viejos estándares de los que no podía recordar la letra le espantaba. Eliot Weisman recordaba que el disco a punto estuvo de no grabarse, Sinatra no quería meterse en el estudio a «ensayar con una pandilla de cantantes». Cuando por fin accedió, Sinatra no se presentó en dos días en el estudio argumentando que le dolía la garganta. Finalmente, Barbara, su mujer, le preguntó airada a su marido delante de su *manager:* «¿Acaso eres un cantante acabado? ¡Quizás tienes miedo a algo!, tal vez deberías dejarlo, si no te ves capaz, eso es lo que deberías hacer». Sinatra se dio la vuelta y le dijo a Weisman: «Que os jodan a los dos, mañana iré a cantar»*.

---

* Express.Co.UK.

Una vez en el estudio hubo incluso que convencerle para incluir a Bono en el disco como uno de los duetos estrella. Cuando Weisman le habló del cantante de U2, Sinatra solo le pudo decir: «¿Quién cojones es ese?». Lo cierto es que artistas muy importantes como Elton John, Billy Joel y Bruce Springsteen no quisieron ver sus nombres asociados a la Voz, y sus oficinas de representación rechazaron la invitación de Sinatra*.

Duets, el álbum de duetos más vendido en la historia de la música, fue lanzado originalmente en noviembre de 1993 y Sinatra grabó todos los temas en vivo acompañado de una orquesta compuesta por cincuenta y cuatro músicos.

Con *Duets,* Frank Sinatra abría el camino a un género musical que hoy es una herramienta casi obligada para muchos artistas que enfilan el final de sus carreras. Empujado por su familia, ávida de que el cantante aún consiguiera mayor fortuna, animado quizás por una curiosidad inevitable e imparable de regresar a los escenarios, o sencillamente convencido por la brillante idea de su discográfica, Frank Sinatra volvía a Capitol Records, treinta años más tarde de que consiguiera sus mayores éxitos en el sello. Este primer volumen de *Duets* (hubo una secuela al año siguiente) batió todos los récords, convirtiéndose en el disco más vendido de su carrera y ocupando el número 1 en medio planeta.

Julio y Frank Sinatra, en 1993 ya viejos amigos, abordaron juntos el tema *Summer wind,* una canción de Henry Mayer y Johnny Mercer y que popularizara Sinatra en 1965. Incluida originalmente en el álbum *Strangers in the night,* la versión de *Duets* junto a Julio resultaba uno de los momentos más interesantes del disco, donde naturalmente sobresalía la ecléctica combinación de Sinatra y Bono, la magia de Aretha Franklin o la infalible voz de Barbra Streisand.

Como sucediese en sus participaciones en la Casa Blanca con Reagan, o en sus apariciones en los *talk shows* de Johnny Carson, la incorporación de Julio en el álbum de Sinatra no hacía otra cosa que reforzar su posición de hombre fuerte en el negocio de la música y referente indiscutible del mercado latino.

---

* *The life and times of Hollywood,* 28 de diciembre de 2018.

La boda de Chábeli

En septiembre de 1993 Chábeli, la hija mayor de Julio, se casaba con Ricardo Bofill Jr., proporcionando una imagen largamente esperada por los medios de comunicación: Isabel y Julio juntos en la misma fotografía.

Ricardo Bofill Jr. era hijo del famoso arquitecto Ricardo Bofill, un hombre nacido en Barcelona y que a lo largo de su carrera había recibido numerosos premios y reconocimientos —entre ellos la Creu de Sant Jordi en 1973, que otorgaba la Generalitat de Catalunya—, y Serena Vergano, actriz italiana que fuera ganadora de la Concha de Plata en el Festival de Cine de San Sebastián en 1967 por *Una historia de amor*.

Serena Vergano llegó a España en 1962 para rodar junto a Paco Rabal la película *El conde Sandorf*. Rabal, siempre rodeado de artistas, bohemios e intelectuales como Alberti, Picasso, Buñuel, Dominguín o Bofill, invitó a Serena a una de sus reuniones donde conoció al arquitecto. Se casaron y en 1965 nació su único hijo, Ricardo Bofill Jr. El matrimonio se rompió tras la infidelidad de su marido con la modelo Loulou de la Falaise, musa de Yves-Saint Laurent. Loulou era una mujer alta y estilizada, muy delgada. Por otra parte, la musa de Laurent era hija de un conde francés y de una modelo británica. Su nombre real era Maxime de la Falaise. La combinación de sus cualidades físicas y su origen noble creó una nueva generación de mujeres. Las mujeres altas y delgadas se convirtieron en sinónimo de lo aristocrático.

Ricardo Bofill hijo y Chábeli Iglesias se casaron en el despacho de arquitectura del padre del novio el 11 de septiembre de 1993. El escaso número de invitados, unos doscientos, contrastaba en los alrededores del taller de Sant Just Desvern con la aglomeración de unos cinco mil curiosos deseosos de ver a Chábeli y, sobre todo, a su padre.

La boda reunió a la flor y nata de la discreta sociedad catalana, con los invitados de Madrid, incluyendo por supuesto a los dos maridos de Isabel Preysler, Carlos Falcó y Miguel Boyer, entonces su esposo*.

---

* *El País*.

La boda fue oficiada por la jueza de paz Inmaculada Castellví, y el evento provocó una agría polémica entre los medios de comunicación por la venta de la exclusiva del enlace a la revista *¡Hola!* Dicen de Chábeli que las ganancias de su primera exclusiva fue un escaparate plagado de juguetes que le ofreció un reportero siendo aún una niña, a cambio de una información doméstica*. Desde entonces, la hija de Julio fue protagonista o actriz secundaria de la prensa rosa. Eso sí, Chábeli no había comercializado ninguno de sus romances hasta entonces, entre ellos los que mantuvo con Antonio Garrigues Miranda, su primer amor; con Alfonso Goyeneche, hijo de la condesa Ruiz Castillo; o con el aspirante a *playboy* Pablo Hohenlohe.

Se aseguraba que los gastos de la boda corrieron a cargo de Julio Iglesias, una fiesta que se completaba con un grupo rociero, baile de tangos, un recital de piano a cargo de un familiar del novio y el concierto de Julio Iglesias**.

Su amor duró poco y toda España vio un año y medio después el fin del matrimonio. Se divorciaron tras una complicada y polémica relación que acaparó decenas de páginas de revistas. Más de una década después la propia Chábeli explicó en una entrevista que su exmarido «tenía muchos vicios».

Chábeli Iglesias contó tiempo después en una entrevista para *Vanitatis* que su padre no estaba demasiado ilusionado con esta boda teniendo en cuenta la frase que le dijo justo antes de celebrar el enlace: «Chábeli, tengo el avión a diez minutos de aquí; nos vamos todos y les dejamos con la boda»***.

Como todos los eventos en la vida de la hija del cantante desde el día de su nacimiento el 3 de septiembre de 1971, el anuncio oficial del divorcio fue hecho a través de la revista *¡Hola!* Chábeli comunicaba el fracaso de su matrimonio y confesaba que tres semanas antes de su separación su esposo dejó el domicilio conyugal en Miami y vivía en un hotel. La revista acompañaba la nota oficial de los abogados sobre

---

* Theluxonomist.es, 11 de septiembre de 2018.
** *El País*.
*** Bekia.es.

la decisión de la pareja de separarse «de mutuo acuerdo». Y Chábeli afirmaba que la causa del divorcio era incompatibilidad de caracteres: «Lo que Ricardo quiere es una vida muy diferente a la que yo quiero». Chábeli solo dio a entender que ella era «muy casera» mientras su marido es «un gran bohemio».

La periodista Rosa Villacastín atribuye este matrimonio a la rebeldía de Chábeli: «Se enamoraron, se gustaron, pero pronto llegó el desencanto. Ricardo era un cantamañanas, aparte de otras cosas»*.

«Crazy»

En 1994 Julio recibió el premio Ondas especial a la trayectoria más internacional en la historia de la radio. Los premios Ondas, los galardones entregados desde 1954 a los profesionales de radio, televisión, publicidad en radio y música, concedidos anualmente por Radio Barcelona, emisora de la Cadena SER, del grupo PRISA, reconocieron con este prestigioso galardón la apabullante carrera del cantante. En la misma gala, entre otros premiados, también fueron reconocidos los programas *La radio,* de Onda Cero, y *Cifras y letras,* de TVE; la película *La teta y la luna,* de Bigas Luna; Sting, la canción *Contamíname,* de Pedro Guerra, o Ana Belén y Víctor Manuel.

En mayo de 1994 Julio lanzó internacionalmente *Crazy,* el que sería su cuarto trabajo con repertorio en inglés dirigido al público norteamericano.

Crazy era un disco más elaborado que el narcótico *Starry night,* un álbum insípido y deslucido en comparación con *Non Stop,* y especialmente débil si se enfrentaba con el magnífico *1100 Bel Air Place. Crazy* ofrecía una paleta de colores mucho más variada que su predecesor y, en palabras de Julio, representaba «la última oportunidad que tengo de triunfar en Estados Unidos, porque ya soy mayor y hay aquí artistas mucho mejores que yo»**.

En *Crazy* Julio reunió canciones contemporáneas mezcladas con clásicos de siempre, un álbum donde sobresalían *Caruso*; el *Crazy* de

---

* *Vanity Fair.*

** *Cuando vuelva a amanecer.*

Willie Nelson; *When you tell me that you love,* escrita por Albert Hammond y cantada a dúo con Dolly Parton; *Fragile,* a dúo con Sting; o *A song of joy,* la reinvención del *Himno de la alegría,* de Miguel Ríos, con la participación de la Orquesta Sinfónica de Londres.

Producido de nuevo por Ramón Arcusa, Albert Hammond y con la incorporación de David Foster, *Crazy,* que fue presentado mundialmente en un acto en Miami, no logró los ansiados éxitos de *1100 Bel Air Place,* diluyéndose en las listas de ventas, donde solo logró alcanzar el puesto 17 en la lista de los artistas latinos de la revista *Billboard.*

En España, y tratándose de Julio Iglesias, el número 4 de la lista de ventas, por detrás de Joaquín Sabina, Ana Belén y Mocedades, supuso un ligero traspié en términos de las expectativas depositadas en *Crazy* por parte de su compañía y del propio artista. No obstante, y es de justicia subrayarlo, las expectativas de cualquier disco de Julio Iglesias se medían en términos inalcanzables para cualquier otro artista español en ese momento. *Crazy,* a pesar de no ser considerado un triunfo en 1994, vendió solo en Estados Unidos más de setecientos mil álbumes, una cifra a la que nadie se había acercado nunca excepto él mismo, naturalmente. Solo por citar algunas de las asombrosas cifras a las que Julio Iglesias ya estaba abonado, *Crazy* logró el doble disco de platino en España, doble platino en Taiwán o doble disco de platino en Corea, entre otras muchas certificaciones a lo largo y ancho del planeta.

Yo quiero volver a estar en el centro, al lado del *negrete*

Julio participó en dos episodios de la popular serie *Hospital General,* emitidos en junio de 1994, y en Nueva York rechazó la propuesta de Oliver Stone para participar en el remake de *Evita* como Juan Domingo Perón en la nueva versión del musical. Julio ya había tenido suficiente en el mundo del cine con sus dos fallidas participaciones en el pasado y declinó la oferta. Finalmente sería Alan Parker quien se haría cargo de la película, donde Madonna, Antonio Banderas y Jonathan Pryce (en el papel desechado por Julio) lograron un notable éxito.

El lanzamiento de *Crazy* coincidió con la fusión de la CBS y Sony, y no fueron pocos los que achacaron el descenso de ventas de Julio Iglesias a un creciente desinterés y falta de apoyo por parte de la compañía, una teoría muy poco realista, tratándose de un buque insignia para la CBS como era Julio Iglesias. El mercado discográfico vivió precisamente durante el periodo 1991-1999 unos años de bonanza históricos, donde eran habituales los viajes en primera clase de ejecutivos discográficos a cualquier lado del planeta para escuchar un par de canciones, invitaciones masivas a medios de comunicación, procesiones de invitados VIP para asistir a conciertos exclusivos o eventos por todo lo alto con los responsables de las principales emisoras de radio, tratados casi como si fueran jefes de Estado.

Ese era el pan de cada día en la industria discográfica de final de siglo, muy lejos de un momento de recortes o de falta de confianza en un artista consagrado como era el caso de Julio.

Por ello, resulta dudoso que la CBS dejara de apoyar en 1994 a Julio Iglesias, pero este sí dejaría clara una sensación personal: «Iba a la compañía (Sony) y veía que mi retrato iba quedando en la esquina, y yo quiero volver a estar en el centro, al lado del *negrete* (Michael Jackson), porque eso significa que van bien las cosas»*.

Crazy vendió la nada despreciable cifra de tres millones de discos. Poca broma.

* Juan Luis Pavón, *ABC,* 30 de junio de 1995.

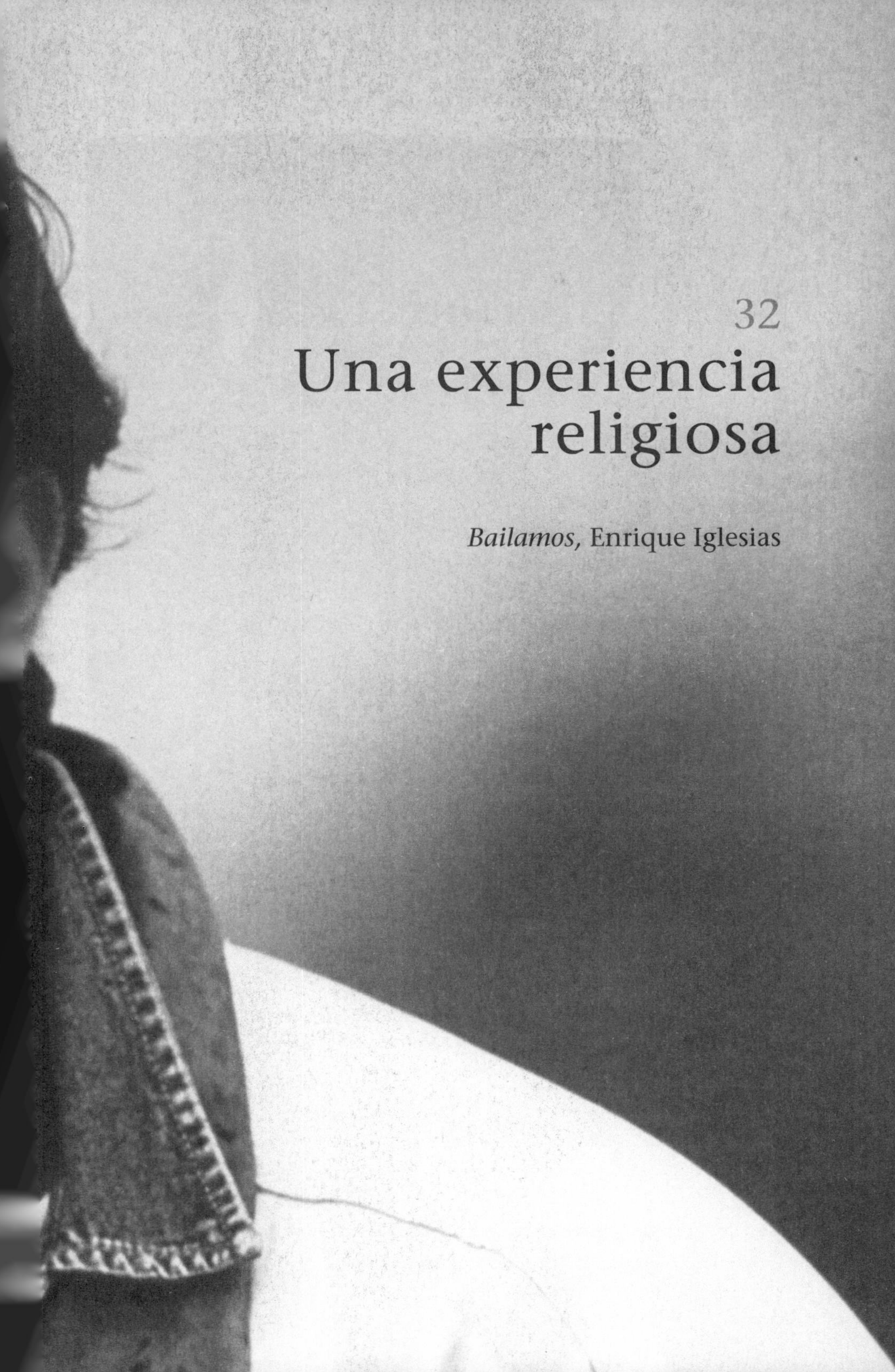

32

Una experiencia religiosa

Bailamos, Enrique Iglesias

536: Enrique Iglesias y Anna Kournikova.
© Album / Nancy Kaszerman-KPA-ZUMA.

534-535: Enrique Iglesias en la época en que lanzó su primer disco. © GTRES.

Hasta 1995 el apellido Iglesias estaba musicalmente ligado en exclusiva a Julio. Pero, de manera inesperada, su hijo Enrique irrumpiría con inusitado éxito ante la sorpresa generalizada, empezando por la de su padre.

Enrique Iglesias y su niñera

Nacido el 8 de mayo de 1975 en Madrid, Enrique, el hijo menor de Julio con Isabel Preysler, apenas tenía veinte años cuando debutó con su primer disco.

Tras el secuestro de su abuelo en 1981 y ante el miedo de sus padres, Enrique y sus hermanos se vieron obligados a separarse de su madre e irse a vivir a la casa de su padre. «Los seis primeros meses los pasé llorando. Lo peor fue dejar en España a mi madre. Miami fue un shock cultural muy fuerte, algo completamente diferente a Madrid, pero que musicalmente me ayudó muchísimo», apuntaba Enrique*.

---

* Telegraph.co.uk.

Chábeli, Julio José y Enrique se fueron a vivir a la inmensa mansión de Indian Creek y ya no regresaron a España.

Enrique, con solo siete años y con una figura paterna casi inexistente, estuvo a cargo de su abuela Charo, el doctor Iglesias y de su niñera Elvira Olivares, *la Seño*. Doña Charo prefería estar con sus otros nietos*, los hijos de su hijo Carlos; el doctor Iglesias iba y venía acompañando a Julio en sus giras por el mundo entero, así que fue la Seño quien se erigió en una segunda madre.

La casa de Indian Creek estaba siempre llena de reporteros, hombres de negocios y las mujeres de Julio, esa era la compañía habitual que solían ver los niños. A los diez años Enrique se mudó, «había demasiada gente alrededor. Nos mudamos a una casa justo al lado». Allí vivió con su abuela y la Seño, a quien le dedicaría su primer álbum**.

La casa a la que se fueron a vivir había sido la de Alfredo Fraile, bautizada como El convento, por aquello de Fraile. El sobrenombre duró poco; tan pronto llegó la madre de Julio y se instaló allí, arrancó el cartel familiar***.

Para el menor de los Iglesias, la presencia de la Seño fue determinante; «admiro muchísimo a Elvira Olivares, que fue la mujer que me crio desde que era un niño. Por todo lo que hizo por mí, mi familia y mis hermanos. Dedicó toda su vida para nosotros. Probablemente no tuvo hijos por nosotros, porque nos estaba queriendo a nosotros. La quiero muchísimo», recuerda Enrique****.

Mi madre hubiera preferido que fuese médico

Enrique decidió dedicarse a la canción muy pronto, «cuando tenía siete años. Antes de acostarme, siempre me ponía al lado de la cama y le pedía a Dios: "Por favor, por favor, algún día dame esto". Pero eso nunca se lo conté a nadie, ni a mi familia ni a nadie, porque si yo lo contaba ahora no estaría donde estoy»*****. Enrique también tenía claro

---

* *Libertad digital,* 15 de mayo de 2014.
** Telegraph.co.uk.
*** *Secretos confesables.*
**** Extra.com.pe.
***** *La Nación.*

que en el seno de su familia, su decisión de dedicarse a ser cantante no sería bien recibida, «seguramente mi madre hubiera preferido que fuese médico. Ella se casó con un músico y sabía que era difícil llevar una vida normal»*.

En 1993 Enrique se graduó en el Gulliver Preparatory School e inició estudios de Administración de Empresas en la Universidad de Miami. Pero, para Enrique, la música siempre tuvo un papel principal desde su infancia, cuando empezó a sentir verdadera curiosidad por dedicarse a ello profesionalmente. Enrique descubrió muy pronto cierta facilidad para la composición de canciones y que era precisamente eso lo que quería hacer. «Al principio me encerraba a escuchar la canción *Only you.* Y después cantaba en la casa de un amigo. Él escribía las letras, me llamaba a casa y me las leía. En general no me gustaba nada, hasta que un día, cuando yo tenía catorce, me llamó a las dos de la mañana y me mostró el tema de mi vida. Ese día, para mí, hizo historia. Ese día decidí que definitivamente iba a cantar»**.

Enrique Iglesias se cambia de apellido

Llegó el día en el que Enrique quiso probar suerte grabando una maqueta de cara a un posible disco, pero en ese momento no le dijo nada a su padre. Pidió prestados unos dólares a la Seño a escondidas de su familia. Sabiendo que sus padres se negarían probablemente a que siguiera los pasos de su padre, decidió pedir ayuda a Elvira. Esta conocía los deseos del joven y lo apoyó entregándole quinientos dólares para que grabara una maqueta con la que posteriormente se daría a conocer en las discográficas.

Se da la circunstancia de que ese dinero con el que se financiaba la grabación lo había cobrado la Seño de indemnización tras ser despedida por Julio en un arrebato aparentemente inexplicable.

Cuando los hijos crecieron y Julio la despidió, la Seño empezó a trabajar con Enrique. Después de más de veinte años trabajando para la familia, Alfredo Fraile recuerda que Elvira fue despedida por la puer-

* Telegraph.co.uk.
** *La Nación*, 31 de mayo de 1997.

ta de atrás, «con un adiós y gracias». La Seño demandó al cantante y logró una compensación económica, un dinero que más tarde le sería muy útil a Enrique*.

«Yo separo mucho mi trabajo de mi familia porque es mi forma de ser, me he criado muy independiente. No crecí con un papá que me llevaba al colegio. Sabía que mis padres estaban ahí si los necesitaba y han sido siempre cojonudos. No me puedo quejar de nada, los quiero más que a nada en el mundo y los defenderé hasta el final porque son mis padres, pero me crie viéndolos poco. Maduré muy rápido y, gracias a Dios, estaba la Seño, que era la que me daba disciplina, me castigaba, me ponía hora de llegada e hizo que no fuera caprichoso. Nunca lo fuimos ninguno de los hermanos, bueno, la más consentida era Chábeli, la niña»**, recordaba Enrique hace algunos años.

En el intento de no ser juzgado por su apellido y por aprovecharse de la fama de su padre, Enrique empezó a darse a conocer por las discográficas de Latinoamérica usando el apellido Martínez, un inexistente cantante originario de Guatemala; Enrique Martínez, guatemalteco. Enrique deseaba ser cantante sin ser juzgado por el peso del apellido Iglesias.

Porque eres mi hijo

Una vez terminadas las canciones del disco, Enrique se las enseñó a su padre. Pero Alfredo recuerda que Julio se dedicó a reprocharle el no haber contado con sus consejos, augurando un fracaso seguro. «Cuando se lo enseñó, su padre le dijo que el disco era una mierda», confiesa Alfredo Fraile. Cuando Julio lo escuchó le dijo a Enrique que ignoraba a qué público se dirigía, si al español o al americano.

A Julio no le gustó que su hijo hubiera actuado a sus espaldas. La bronca fue monumental, tanto que un jovencísimo Enrique hizo las maletas y se marchó a vivir a Canadá. No hubo vuelta atrás. Enrique abandonó los estudios universitarios y no regresó más al hogar paterno.

---

* *Secretos confesables.*
** *El Mundo.*

Enrique Iglesias afrontó su decisión de dedicarse a la música con madurez y, llegado el día, se enfrentó abiertamente a su padre. «Yo no lo conté cuando me decidí a grabar, pero un día me llamó mi padre y me preguntó. Le dije: "Mira, me voy y si me va bien, me va bien, y si me va mal, no podré culpar a nadie". Y sí, me he alejado un poco de mi familia. Siempre trabajando. Pero mi padre y yo nos llevamos bien»*.

En 1994 Enrique consiguió su primer contrato discográfico con el sello Fonovisa. La compañía firmó por tres años con el hasta entonces desconocido artista. De esta forma, Enrique Iglesias pudo grabar su primer disco en Toronto teniendo que dejar así su carrera universitaria. Susana Uribarri, quien en su momento fuera secretaria de Julio Iglesias, recordaba cuando el cantante se enteró de alguno de los movimientos de su hijo: «Estando en un avión Julio recibió una llamada diciendo que su hijo acababa de firmar su primer contrato discográfico por un millón de dólares»**. Cuando Enrique decidió ser cantante, Julio se mantuvo al margen. Él se hizo totalmente a sí mismo sin la influencia de su padre: «no he influido en nada. Me enteré de que mi hijo iba a ser cantante cuando un amigo me contó que acababa de firmar un contrato con Televisa»***, confirmaba Julio.

El 21 de noviembre de 1995 presentó su álbum debut de título homónimo, *Enrique Iglesias*. En él predominaban las baladas pop rock e incluyó canciones de su autoría. *Si tú te vas* fue el primer sencillo de su carrera y el tema con el que se dio a conocer al gran público. A esta canción le siguieron los sencillos *Experiencia religiosa, Trapecista, Por amarte* y *No llores por mí*.

Con su disco debut logró vender casi seis millones de copias y realizó su primera gira de conciertos. En España el álbum fue editado por la compañía discográfica independiente Bat Discos y vendió más de medio millón de copias. Posteriormente el disco se grabó en italiano y portugués.

---

* *El Mundo*.
** *Vanity Fair*.
*** Carlos Prieto, *Público*, 2 de agosto de 2011.

«Creo que mi padre pensó que no tendría éxito. Me decía que no vendería un millón de copias». Alfredo recordaba que cuando Enrique decide hacer su disco quiere hacer algo diferente a lo de su padre: «"Papá, mira qué disco he grabado"... no le sentó bien, lo maltrató en ese momento..., al cabo de un tiempo llamó otra vez y le dijo: "He vendido un millón"; "eso es porque eres mi hijo", ahí Julio se equivocó»*.

Cuando Enrique llevaba vendidos millones de discos, su padre añadió: «Bueno, pero nunca vas a lograr tener un Grammy». Y en 1996 lo consiguió**.

Nadie esperaba mucho de mí

Después de aquel inesperado éxito, Julio, ignorando los resultados, seguía creyendo que su hijo los obtenía a costa de su apellido. «¡Ya haremos un disco juntos, no tengas prisa, hijo, que puede que llegues...!»***.

Pero el distanciamiento venía de muy atrás, de cuando Julio se volcó en su carrera y en cierta medida descuidó las labores tradicionales de padre. El conflicto con Enrique comenzó cuando su hijo no contó con él en ningún momento, algo que a Julio no le sentó bien.

«No son celos», señalaba Alfredo Fraile, «Julio se sintió dolido por esa falta de confianza de su hijo en pedirle consejo». Según Alfredo, Enrique acertó, porque conociendo a Julio hubiese querido estar por encima, darle consejos, hubiese querido cambiar todo lo que Enrique hizo. «Enrique conocía muy bien a su padre y fue él quien prefirió no hacerlo», sentenciaba Alfredo****.

Al llegar a los cuatro millones de discos vendidos, Enrique le comentó: «Papá, ya he vendido más que tú, voy por los cinco millones»; no hubo más conversaciones. Julio se sintió amenazado. Enrique no negó nunca que esas conversaciones hubieran existido: «Aquellas conversaciones me motivaron... En la vida hay dos tipos de personas: la

---

* *El legado de Julio Iglesias,* Canal Sur.
** Telegraph.co.uk.
*** *Libertad digital,* 15 de mayo de 2014.
**** *Europa Press.*

gente a la que le dices algo negativo y se hunden, y los que se van para arriba»*.

Enrique Iglesias logró conquistar el mercado de Estados Unidos en muy poco tiempo, indudablemente en mucho menos tiempo que el que empleó su padre. «Hoy día las cosas pasan más rápido. Enrique tiene un par de cojones. Tiene voluntad de hierro y buenos genes, es un privilegiado»**, reflexionó Julio.

A Ana Obregón, alguien que había estado puntualmente cerca de la familia Iglesias, le costó creer que Enrique fuera a ser cantante: «Era muy tímido. Cuando me llama y me dice que iba a cantar en España no me lo podía creer. Ahora me encanta el éxito que tiene, es un número uno»***. «Yo era el más pequeño de tres hermanos, nadie esperaba mucho de mí. Yo era muy tímido, así que me iba a mi habitación a escribir canciones sobre el amor, la tristeza y el estrés»****, recordaba Enrique.

Aunque no era ajeno al privilegio de haber nacido siendo un Iglesias, tuvo muy claro que su situación familiar le permitiría aventurarse a aquello que deseara. «Yo no canto ni por dinero ni por fama. Yo canto porque me gusta. Nunca me ha faltado plata; desde pequeñito lo he tenido todo. Quizás, si mi historia hubiera sido otra, este ambiente me hubiera vuelto loco, pero a mí, que siempre conviví con esto, no»*****.

Julio José también intentaría su aventura musical; en 1999 Enrique recordaba: «He oído algo de lo que está grabando mi hermano con mi padre como supervisor. Si trabaja y le pone ganas, le puede ir bien pero lo va a tener peor que yo, que solo tuve que cargar con ser el hijo de Julio Iglesias, él nos tiene a los dos»******.

Tal y como anticipó su padre muchos años atrás, Enrique era un crío diferente a sus hermanos mayores. «Yo no podría tenerlo como

---

* *Love.*
** *El Mundo.*
*** *Lazos de sangre,* TVE / *Vanity Fair.*
**** Telegraph.co.uk.
***** *La Nación.*
****** *El Mundo.*

supervisor, en eso nos diferenciamos mucho mis hermanos y yo. Chábeli y Julio José son más parecidos entre ellos y se parecen a mi padre. Yo acabaría a puñetazo limpio con él en un estudio. Su estilo de música no es el mío y su forma de grabar no es la mía»*.

Tres mil mujeres, no

Son muchas las similitudes entre Enrique Iglesias y su padre. Aunque Enrique, bromeando, dijo una vez que él no tenía «cara de golfo», cuesta trabajo distinguirlo de su padre en las imágenes en las que ambos eran unos veinteañeros. Quieran o no, se parecen en muchas cosas**.

El menor de los Iglesias ha perseguido desde siempre no ser comparado con su padre, algo que naturalmente ha resultado un ejercicio estéril. «Hombre, soy su hijo, es normal que nos parezcamos ¿no? Por favor, no me digas que me parezco a mi padre en *La vida sigue igual*. Mi hermano se parece a él más que yo. Y también a mi abuelo, ¡y tartamudea como él! De todas formas, es la prensa la que trata siempre de compararme con él. No compito con él, para nada. Prefiero que me ganen en ventas él o mi hermano que otro cualquiera»***.

No obstante, Enrique en repetidas ocasiones ha echado en cara esa filosofía de vida asociada al *latin lover* y las leyendas sobre haberse acostado con tres mil mujeres, poniendo la carrera por encima de su familia****. Sobre las supuestas tres mil mujeres de su padre, Enrique tiene una opinión certera: «Creo que eso es cosa de la prensa, han exagerado el asunto. En cualquier caso, cuando uno se convierte en una estrella, tu vida sexual aumenta mientras que el amor disminuye»*****.

Enrique desde muy pequeño vivió rodeado de decenas de mujeres que acompañaban a su padre y que no eran precisamente su madre. Desde niño, Enrique construyó un perfil de muchacho tími-

---

* *El Mundo.*
** *Love.*
*** *El Mundo.*
**** Telegraph.co.uk.
***** *Ibídem.*

do y sensible, muy alejado de la imagen que proyectaba su padre; «yo soy de esos que no cuenta nada, me parece ridículo contar con cuántas chicas he estado, nunca he hecho una lista. Y no, no me molesta la imagen de mujeriego de mi padre, sino que me la trasladen a mí. Él puede hacer lo que quiera con su imagen. Las mujeres me encantan y me inspiran, pero me parece ridículo decir que has estado con tres mil mujeres. Como me he criado viendo eso, pues soy lo opuesto»*.

La relación padre hijo

Sobre la mala relación con su padre, Enrique es categórico: «Es una leyenda. Lo que sí es verdad es que tenemos una relación distinta a lo que son un padre y un hijo convencionales. Pero difícil no es. Porque para mí una relación difícil significa estar con alguien con quien no te llevas bien, con quien te peleas. Y yo con mi padre me llevo estupendamente. Que no nos vemos es cierto, pero cuando lo hacemos nos llevamos de maravilla»**.

Julio José quita hierro a la supuesta rivalidad de Enrique con su padre: «Tienen los dos caracteres muy fuertes, pero lo de llevarse mal es mentira. Hablan por teléfono, se ven y se quieren»***.

Aunque Enrique, como no podía ser de otra manera, también admira a su padre: «Tiene un carisma natural sobre el escenario. Es capaz de hipnotizar al público simplemente con la mirada. Eso es increíble. Solía observar eso en mi padre cuando era un niño y alucinaba»****. Exactamente igual que hizo Julio con su padre, cuando veía al doctor Iglesias estudiando sin descanso, Enrique desvelaba la gran virtud de su padre: «Yo he crecido observando su enorme disciplina, su ética en el trabajo. Siempre me decía que no se lograba nada sin disciplina»*****.

---

* *El Mundo.*
** *Elle.*
*** *Vanity Fair.*
**** Telegraph.co.uk.
***** *Ibídem.*

No suelo mandarle mis discos a mi padre

Enrique desconoce la opinión actual de su padre respecto a su música*: «No sé si lo habrá escuchado. Porque yo no suelo mandarle mis discos. Tampoco sé si lo que me fuese a decir realmente me influiría. Y con esto no digo que su opinión no sea importante, pero no estoy seguro de si lo que yo hago es el estilo de música que él escucharía»**.

En cualquier caso, Alfredo Fraile duda que pueda producirse una reconciliación padre hijo: «Es imposible. Enrique también se interesa por su padre; por ejemplo, cuando ha estado enfermo de la espalda. Ha preguntado a sus hermanos». El antiguo *manager* cree que «solo se arreglarán cuando ocurra algo grave o muy positivo, como el nacimiento de un hijo. Entre los dos se ha abierto una herida que no se ha cerrado. Hay ofertas millonarias para que canten juntos. A mí mismo me llamaron y ni me molesté. Veo imposible conseguirlo», aunque Alfredo Fraile sencillamente considera que «Julio no quería más artistas en la familia que él»***.

Enrique y Anna

Enrique Iglesias y Anna Kournikova se conocieron en 2001 en Long Beach, durante el rodaje del videoclip *Escape,* en el que la deportista moscovita aparecía como estrella invitada y donde comenzó una historia de amor que han ido escribiendo año tras año. Aunque en un principio se habló de que el encuentro inicial no fue del todo cálido —se llegó a publicar que Anna acabó llorando entre bambalinas ante algún que otro feo del artista—, finalmente sí que surgió el amor, el mismo que ambos han tratado de mantener todo este tiempo al margen del escrutinio público.

La pareja ya confesaba en 2011 sus deseos de formar una familia, lo que, seis años después, se hizo realidad.**** Los pequeños Nicholas y Lucy nacieron a mediados de diciembre de 2017, tras un embarazo que Anna Kournikova logró llevar en secreto. La pareja, que durante

---

* *Elle.*
** *Ibídem.*
*** *Love.*
**** *¡Hola!*

sus dieciocho años de relación siempre ha intentado mantener su historia fuera del foco, logró que no se filtrara ni un solo detalle del embarazo de la extenista rusa. Los mellizos nacieron en Miami. La familia Iglesias Kournikova vive en la exclusiva zona de Bay Point de Miami —donde también residen Gloria Estefan, Ricky Martin, Cher y Matt Damon.

La paternidad cambió la vida de Enrique desde que nacieran sus hijos mellizos. «Ser padre es uno de los mejores sentimientos del mundo. ¿Cómo me ha cambiado la vida? Ahora conduzco más despacio. Pienso más veces sobre las cosas estúpidas que estoy a punto de hacer antes de hacerlas, soy más responsable», confesó el cantante a su paso por el programa de la televisión británica *Lorraine*. «Quiero hacer con ellos lo que les haga felices», y admite que pese a su frenética carrera hace lo imposible para no pasar más de dos semanas alejado de su familia.

En 2019 Julio desmentía los rumores sobre su falta de relación con su hijo y sobre que no había visto a sus nietos: «Claro que sí. La leyenda dice que no los he conocido: conozco de memoria a mis nietos, monísimos. Yo me veo reflejado mucho en Enrique y él es el papá de sus hijos, que son mis nietos», aseguró Julio en unas declaraciones para *Televisa Espectáculos*. «En mi nieta veo muchísimo Iglesias, en el chaval veo más de la parte rusa. Todo se transmite, la genética es mágica».

Profundizando en esa teoría genética, Julio Iglesias apuntaba sobre la herencia del talento que «uno hereda los genes, nunca los cromosomas. Sí heredas un poco la actitud de la vida, pero no esa cosa interior que caracteriza a cada uno. Tengo unos hijos pequeños que no se parecen mucho a mí, pero el mayor, Miguel, es una copia exacta de Enrique»*.

Una familia bien avenida que Julio en 2019 describía así: «Mis hijos están felices: Enrique, por supuesto; Julio, cantando por todos lados, defendiéndose como puede, le encanta cantar; Chábeli, feliz de la vida con mi nieto y mi nieta»**.

---

* *El Tiempo*, 2011.
** Okdiario.com.

Enrique Iglesias ha ganado los más importantes y prestigiosos premios de la industria discográfica, incluyendo un Grammy al Mejor artista latino y cinco Grammy Latinos. El cantante ostenta el récord de haber situado veintisiete canciones en el primer puesto del Billboard Hot Latin Tracks y cuenta con un total de trece números 1 en la lista dance de *Billboard*, más que ningún otro cantante masculino. Disputas familiares o leyendas inventadas, lo cierto es que Julio en 2011 dedicó unas sentidas palabras a su hijo: «Cuando miro sus ojos hay un amor muy profundo y una profunda admiración, en mi caso, por él. No hay una cosa más bonita en la vida que ver a un hijo triunfar»*.

---

* Carlos Prieto, *Público,* 2011.

33

La carretera

La zarzamora, Lola Flores

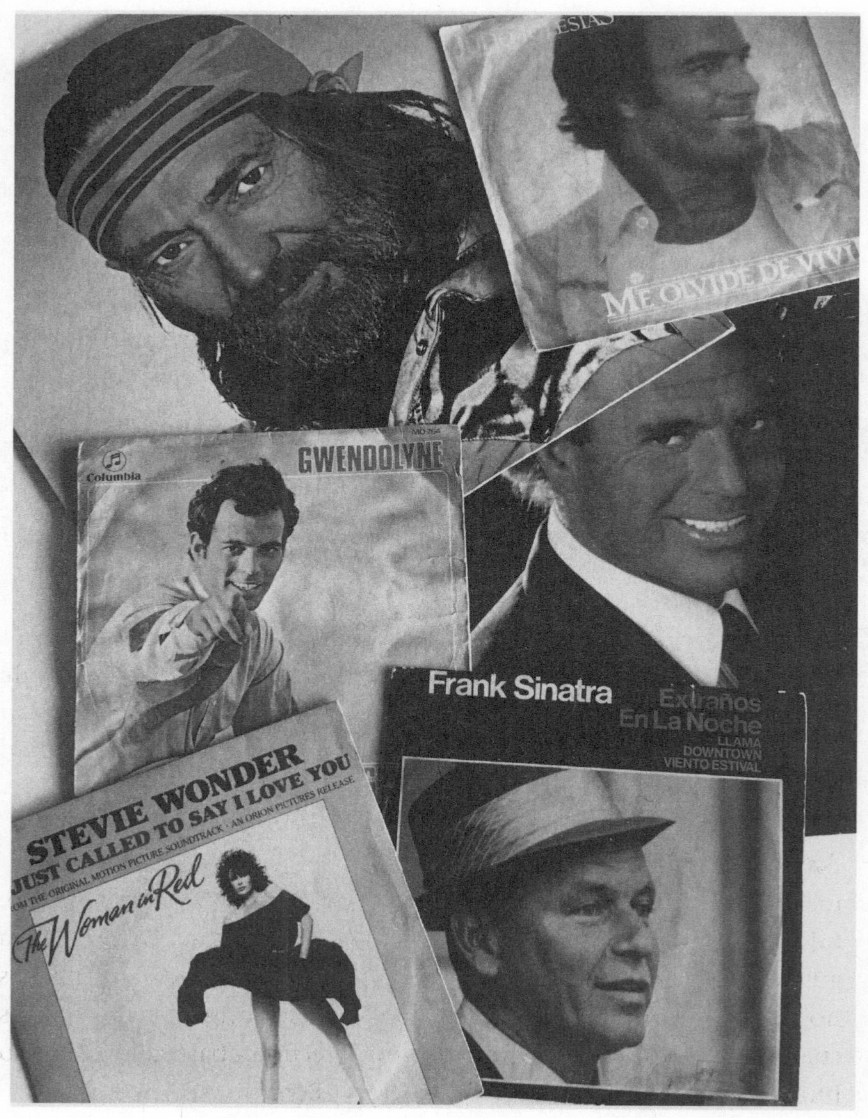

552: discos de Julio Iglesias y de las grandes estrellas con las que ha formado duetos. © Óscar García Blesa.

550-551: 4 de diciembre de 1996. Julio Iglesias recibe un triple disco disco de platino por su álbum Tango. © Getty / Pool BELTRA/VANDEVILLE.

Pocas semanas antes de que Julio lanzara su nuevo disco, el 16 de mayo de 1995, el cáncer se llevó a la Faraona. Julio y Lola vivieron juntos momentos gloriosos a lo largo de su carrera, y los dos sentían una enorme admiración por el otro.

Adiós a la Faraona

Julio y Lola vivieron noches de gloria en los locales de moda de Madrid, lujosos clubs, como Pasapoga o Cleofás, que se convirtieron en la guarida nocturna de los años setenta. Lola y Julio coincidieron muchas noches en el Florida Park, el local que desde sus orígenes, en los años cuarenta, fue ese rincón exclusivo que frecuentaban junto a Rocío Jurado, Tina Turner, Grace Jones o Miguel Bosé.

Los dos forjaron su leyenda a base de una dedicación obsesiva a su oficio y un carisma que nacía desde las mismas entrañas. Lola Flores y Julio Iglesias representaron mundialmente a España y, gracias a su talento, el país envió señales de modernidad hacia el exterior en las horas más grises de la dictadura. Lola Flores era algo más que folclore. Lo resumía a la perfección el prestigioso *The New York Times,* que en el año 1979 publicitaba la actuación que la española realizaría en el Madison Square Garden con una frase que se convertiría en su mejor eslogan: «No canta ni baila, pero no se la pierdan». Ella misma lo reconocía, era una gran artista y sin embargo no era la mejor en nada.

Lola luchó con energía y vitalidad contra el cáncer, que apenas le dio tregua. Consciente de su gravedad, en una ocasión se fue sola a la tumba de Manolo Caracol, la pareja artística que la encumbró a la fama y que fue la gran pasión de su vida: «No me llames todavía, olvídate de mí», le dijo. Pero el cáncer se la llevó. Lola Flores llegó al cementerio de la Almudena en un coche fúnebre envuelta en una mantilla blanca de chantillí, regalo de Carmen Sevilla, y con los pies descalzos, tal y como deseaba.

«Las leyendas nunca mueren. Además, su muerte no me da pena, me da envidia ver todo el cariño que la ha rodeado»*, dijo Julio días después de conocer el fallecimiento de su amiga.

Un disco simple, muy simple

En junio de 1995 Julio lanzaría un álbum importante, *La carretera,* seguramente su mejor disco de la década, un álbum que contó con sus colaboradores habituales Ramón Arcusa y Rafael Ferro, y un nuevo invitado en la producción, Estéfano. Julio abandona las versiones y reúne una estupenda selección de temas inéditos. «En los últimos años he hecho muchos *covers*. Por un lado, porque yo no he vuelto a escribir desde hace unos ocho años, después porque no estuve muy atento a la calle, a los nuevos compositores y porque tampoco me gustaba la música que se hacía en los ochenta».

Desde la inaugural *La carretera,* una composición original de Rafael Ferro, una secuencia cercana a una *road movie* muy alejada del tipo de canciones que había entregado Julio en los últimos tiempos, el álbum ya envía señales de que se trata de un trabajo diferente.

La carretera, el inquietante viaje en coche de un hombre solo sobre una carretera mojada, camino del amor perdido o del suicidio, mien-

---

* *ABC,* 30 de junio de 1995.

tras que una armónica penetra en una música casi fronteriza, enarbola la bandera de un gran disco.

«Hace un año, cuando con Ramón Arcusa decidimos hacer un nuevo álbum dimos con compositores como Donato y Estéfano, y después vino la magia de Roberto Livi. De ahí salió el concepto de este álbum, que también tiene algo de tradicional, pero que es una continuación de lo que he hecho»*. Cierto, *La carretera* era un trabajo distinto, un álbum valiente, pero que de manera mágica sonaba a Julio Iglesias.

Además de *La carretera,* el disco incluía los que se convertirían en nuevos clásicos del repertorio de Julio. Allí aparecía *Baila, morena,* también de Rafael Ferro y que alcanzaría el número 12 en la lista de *Billboard,* y *Agua dulce, agua salá,* de Estéfano, un éxito que escaló hasta el número 3 de *Billboard,* un merengue latino para bailar que recuperó a Julio en las listas de éxitos.

En su nuevo disco Julio incluyó piezas como *Vuela alto,* de Marián y Sandra Beigbeder, hijas de Manuel Alejandro, o las estupendas *Cosas de la vida* o *El último verano,* canciones menos populares que los dos sencillos del disco, pero que redondeaban el conjunto del trabajo.

La carretera despachó cien mil discos el primer día de venta, convirtiendo a Julio en el primer artista que lograba alcanzar el disco de platino en solo veinticuatro horas, precisamente con «un disco simple, muy simple»**, tal y como lo describía él.

En España *La carretera* ocupó durante semanas el primer puesto en las listas de ventas, superando el *HIStory* de Michael Jackson, y vendió la más que respetable cantidad de medio millón de discos.

Durante la rueda de prensa que dio en Madrid para promocionar el quinto disco de platino que recibió por el álbum, un periodista de *El País* le preguntó por sus hijos. Él respondió de forma seca: «Están saliendo adelante. No quiero influir con mi opinión. Ya veremos cómo

---

* *El País,* 29 de junio de 1995.

** Fietta Jarque, *El País,* 1995.

van las cosas»*. El principio del interminable culebrón entre Julio y Enrique estaba servido.

El álbum fue lanzado en cuatro ediciones: castellano, francés, italiano y portugués. Su gran éxito mundial se vio avalado con varios discos de oro y platino en países tan dispares como Holanda, Francia, Indonesia, México, Taiwán, Tailandia, España, Portugal... *La carretera* fue nominado para un premio Grammy en la categoría de Mejor álbum de pop latino, un disco «dedicado a mi padre, a mi madre y a Miranda. Y como siempre a mi perro *Hey!*, que sigue siendo el que mejor conoce la mezcla de las canciones».

«La carretera» sale a la carretera

El disco de Julio incluyó un extensa gira para presentar *La carretera* por Europa con una parada de ocho noches en territorio español. Julio, que percibió ochocientos millones de pesetas por parte de Halcón Viajes y Air Europa, patrocinadores de los conciertos en España, y que contaría con el equipo técnico de Pink Floyd, anunció su nueva gira como «los espectáculos más grandes que se hayan visto nunca en este país sobre un escenario»**.

La salida del álbum fue seguida de una gran gira por Europa de dos meses, incluyendo España, y el resto del mundo, en la que se pudo comprobar cómo ya tres generaciones de admiradores conectaban con su música. Durante 1995 Julio Iglesias asistió asombrado al reciclaje de su público. «Cantamos en Copenhague con chicas de diecisiete años, hace veinticinco años que no tenía un público de esa edad», comentó Julio en 1995. «Ahora tengo la oportunidad de cantar a una nueva generación. Es algo que está pasando en el mundo entero con gente que me ha desconocido los últimos quince años y que ahora van a verme, con veinte años. Cuando veo gente joven a la que le gusta Sinatra y también Nirvana, me asusto. Escucho grupos como Nirvana, Guns N' Roses, Pink Floyd..., en el fondo y aunque suene a blas-

---

* *El País, ICON.*
** *Cuando vuelva a amanecer.*

femia en el mundo de la música, de hecho, yo podría cantar con Guns N' Roses. A lo mejor lo hago, nunca se sabe»*.

Durante 1995 Julio llevó *La carretera* hasta Sudáfrica, Australia, China, Corea, Nueva Zelanda, Taiwán, Indonesia, y muchos países más en una nueva gira mundial.

Pánico en el aire, aterrizaje forzoso

En los viajes de la gira de presentación de *La carretera,* alimentando su pánico a los aviones, durante uno de sus conciertos en Estados Unidos, el 10 de diciembre de 1995, sobrevolando el estado de Virginia, la ventana lateral derecha del copiloto del *jet* privado de Julio estalló rompiéndose en mil pedazos. Por suerte para Julio y gracias a las habilidades del piloto, el aparato pudo aterrizar en el aeropuerto de Norfolk con el reducido pasaje sano y salvo. Julio y los aviones, un amor imposible.

Con Julio se encontraba Susana Uribarri, quien conoció al cantante de niña. Susana era la hija del mítico presentador de Televisión Española José Luis Uribarri, íntimo amigo de Julio, «a veces (Julio) iba a mi casa, antes de separarse mis padres». Cuando ella tenía diecinueve años, en un viaje a Miami «se me ocurrió llamarle, convencida de que no se acordaría de mí...». Pero se acordaba. «Coge el bañador y ven a mi piscina», le dijo el cantante. «Tú algún día trabajarás para mí». Y así fue. A principios de los noventa, Susana ejercía de subdirectora de contratación artística en Antena 3 cuando Julio la telefoneó: «¿Sigues unida sentimentalmente a España?». Y Uribarri comenzó a trabajar como jefa de prensa de Julio Iglesias. «De Julio he aprendido tantas cosas que necesitaría un libro para explicarlas. A su lado he crecido como persona y también a nivel profesional. En fin, qué puedo decir, pues que se trata de esas personas que cuando te las encuentras en el camino, das gracias a la vida». Desde su despacho de Miami, Uribarri ejerció funciones de representante, secretaria y relaciones públicas del cantante.

---

* Fietta Jarque, *El País,* 1995.

Susana Uribarri ahondaba en las señas de identidad del cantante, esa rectitud y exigencia que lo elevaron a leyenda, «creo que estaba escrito. Al final me convertí en su mano derecha. Durante los seis años que estuve con él hice el máster de mi vida. Sé que mucha gente ha acabado mal con Julio, pero no es mi caso. Él es un hombre exigente y muy poco transigente, pero gracias a eso aprendí muchísimo. Julio es adicto al trabajo y un gran hipocondriaco»*.

Uribarri sufrió el accidente de avión al lado de Julio Iglesias. En el vuelo en el *jet* privado del cantante comenzaron a notar cómo el avión descendía sin motivo aparente. Decidieron acercarse a la cabina del avión y se encontraron a los dos pilotos con mascarillas y una de las ventanas fracturadas. Tras un aterrizaje de emergencia, todo quedó en un susto**.

Mi Buenos Aires querido

En enero de 1996, en el Gran Salón del Pueblo de Pekín, Julio Iglesias recibía en China el Golden Record Award en reconocimiento a las ventas millonarias de sus discos en el país. El premio, concedido una vez cada tres años, reforzaba la posición dominante de Julio en el mercado asiático.

Julio abordó el año 1996 con un nuevo proyecto superventas, una aventura osada que se tradujo en uno de sus trabajos más vendedores en años: *Tango.*

Arropado por Ramón Arcusa, Donato y Estéfano, Manuel Alejandro y Roberto Livi, Julio Iglesias se adentró en el inabarcable universo del tango. Para lograr un efecto diferente al del tango tradicional, se mezclaron los sonidos de un bajo electrónico, de una batería y de un instrumento clásico: el bandoneón de Néstor Marconi. Los arreglos del disco corrieron por cuenta de Julio Iglesias, Raúl Parentela y Roberto Livi, mientras que los de cuerdas fueron resueltos por Rafael Ferro y Jorge Calandrelli, un proyecto titánico por la envergadura y la dificultad intrínseca del propio género; «el tango es una cultura sólida,

* *El Diario Montañés,* 7 de julio de 2012.
** Europapress.es.

llena de mil matices, un estilo de vida y una filosofía»*, reconocía Julio.

Uno de los objetivos del proyecto *Tango* era rendirle un homenaje a Argentina, el país de sus amores, popularizando su melodía en todo el mundo. Con un alto nivel de exigencia, como era habitual en él, Julio Iglesias se acercó al acento argentino e incluso al *lunfardo,* la jerga originada y desarrollada en Buenos Aires, Rosario y Montevideo, tres ciudades que vivían una situación sociocultural muy similar debido a la actividad portuaria y a la enorme inmigración desde Europa, principalmente italiana y española, ocurrida a finales del siglo XIX y principios del XX en la zona del Río de la Plata.

Julio y el tango, dos potencias impresionantes

Si de algo andaba sobrado Julio a mitad de los noventa, después de casi treinta años de carrera, era de agallas. Por lo que, más allá del indudable reto, no resultó una sorpresa que se metiera de lleno en uno de sus géneros musicales favoritos, un cancionero histórico que llevó a su terreno de manera natural; «para mí el tango es una música preciosa con unas letras maravillosas. Lo amo, pero no es vital para mí. Yo lo canté de una manera muy simple»**.

Roberto Livi, el productor y *alma mater* del proyecto, avanzó las enormes expectativas del disco. Tras diez meses de intensas grabaciones en Miami, Sony pretendía colocar tres millones de discos en todo el mundo, una muestra de la envergadura, la inversión y la apuesta en torno a este disco. «Si a Julio le sumamos el poder del tango, estamos en presencia de dos potencias impresionantes»***.

Aunque *Tango* no fue una grabación sencilla. Julio Iglesias era el primero en llegar y el último en irse de los estudios de grabación, convencido desde el principio de que este era el disco más importante de su vida. Descontento con la masterización del disco, Julio rehízo el máster pocas semanas antes de su lanzamiento****. Una vez satisfecho

---

* *Clarín,* 9 de enero de 2010.
** *Ibídem.*
*** *La Nación.*
**** *Cuando vuelva a amanecer.*

con el resultado, el álbum salió a la venta en todo el mundo en el mes de noviembre, ocupando el número 1 de la revista *Billboard* en los Estados Unidos y siendo un monumental éxito en España y en Argentina.

Lejos de la ortodoxia

La campaña de radio para el lanzamiento de Julio en Argentina incluía una enigmática y arriesgada pregunta a los oyentes: «¿Te imaginás este tango cantado por Julio...?». La pregunta al país del tango venía acompañada de los acordes de *La cumparsita,* y de alguna manera ponía en alerta a los argentinos sobre las intenciones del cantante español abordando el tesoro musical del país.

Las canciones de *Tango* en la voz de Julio lógicamente se apartaban de la ortodoxia. El álbum era una versión contemporánea y controvertida de doce de los mejores tangos de la historia argentina. De una primera selección de treinta clásicos, finalmente aparecieron en el disco *La cumparsita, El día que me quieras, A media luz, Volver, Yira, Yira..., Mano a mano, El choclo, Uno, Adiós, pampa mía, Mi Buenos Aires querido, Caminito* y *Cambalache.*

Resulta complejo enfrentarse a las inmortales versiones de *El día que me quieras, Volver, Mano a mano* o *Mi Buenos Aires querido* de Carlos Gardel sin salir malherido, pero Julio, con su particular deje de *crooner* latino logró salir airoso de un envite nada sencillo. Sobre Gardel, Julio no escatimó halagos durante la promoción del disco: «Carlos Gardel es un genio. Yo diría que sin lugar a dudas en la música de los últimos cien años, es el más grande autor intérprete latino. Por su estilo, por su manera de ser, por lo que escribió en el tiempo en el que vivió, sus palabras son de hoy»*.

Roberto Livi negó rotundamente que se tratara de instalar en el mercado a Julio Iglesias como el nuevo Gardel «porque, sencillamente, Julio no es Gardel»**. Julio Iglesias profundizaba en su máximo respeto por un género intocable y al que él se acercaba con venera-

---

* *Buenas Noches, Cecilia,* Canal 13, 20 de abril de 1997.
** *La Nación.*

ción y decoro; «con mi disco no he tratado de revitalizar el tango, porque tiene vida propia. No soy un artista que se atreva a esas cosas»*.

Después de muchos años de discos cercanos al pop adulto contemporáneo y sin un álbum ciertamente sólido, a excepción de *La carretera*, el *Tango* de Julio recuperó la esencia del cantante español devolviéndole de algún modo a sus raíces como artista. Estos doce tangos, casi todos de la época gloriosa de los años treinta y cuarenta, reactivaron la marca Julio Iglesias como artista de tendencia y, lo que es más importante, acercaron un género universal a un público completamente nuevo. Naturalmente no se trataba de un disco para las audiencias exquisitas, quienes observaron en el *Tango* de Julio Iglesias una osadía cercana a la herejía. En el libro *Cuando vuelva a amanecer,* el periodista musical Jordi Bianciotto apuntaba que Julio «difícilmente podía abordar con éxito un repertorio de tangos, un género que requiere un carácter y una actitud expresiva muy precisa, y contra el que se han estrellado incluso argentinos ilustres como Andrés Calamaro»**.

El cantante era plenamente consciente del riesgo y sus limitaciones cuando se enfrentó al reto de *Tango:* «Yo he cantado el tango. Mal, pero lo he cantado. Mal entre comillas. Pero, como soy un poco modesto, me gusta decirlo así. El tango tiene muchas acepciones. Hay un tango complejo, que solo lo puede hacer la gente que lo sufre. En cambio, para mí, el tango es una música preciosa con unas letras maravillosas», recordaba Julio muchos años más tarde***.

Argentina está de moda

Tango alcanzó los seis discos de platino en España con más de seiscientos mil álbumes vendidos, unos números extraordinarios tratándose de un disco asociado a un género no precisamente multitudinario en España. Distinta, naturalmente, fue la recepción del trabajo de Julio en Argentina, cuna del tango, y donde el disco fue recibido con aplausos.

---

* *ABC,* 7 de febrero de 1997.
** *Cuando vuelva a amanecer.*
*** *El Mundo,* 9 de enero de 2010.

Tal fue la repercusión del disco en Argentina, que el diario *La Nación* relacionó un incremento de los turistas a la capital del país con el disco de Julio Iglesias: «La enorme publicidad que se está realizando sobre el disco de Julio Iglesias ha provocado un enriquecimiento de información sobre Argentina. Los turistas que llegaron el último año a la capital marcaron un récord de ocho millones de visitantes, mientras que el año anterior la cifra fue de cuatro millones».

Livi reafirmaba su confianza en este disco: «Creo que va a desatarse una fiebre de tango en el mundo impulsada por Julio Iglesias y apoyada en ciertos hechos puntuales, como las esporádicas visitas a la Argentina de Robert Duvall para bailarlo, el interés mundial que ha generado la *Evita* que interpretará Madonna y la reciente utilización de un tango para musicalizar el aviso publicitario que protagonizó Antonio Banderas con la argentina Valeria Mazza. Estas son algunas de las muestras de esta tendencia en crecimiento»*.

La decisión de Julio Iglesias de cantar tangos desató cierta polémica sobre la propiedad intelectual de las canciones a través del tiempo. Cada uno de los tangos del nuevo disco incluía tres firmas: Gardel, Le Pera y Livi.

El tango redondea un año extraordinario

En un año extraordinario, *Tango* fue estrenado con treinta y cinco discos de oro y multiplatino en todo el mundo. Se estima que las ventas de este disco alcanzaron los diez millones de copias. La Federación Internacional de la Industria Fonográfica (IFPI) otorgó en 1996 a Julio Iglesias el Platinum Europe Award, disco de platino en reconocimiento a la venta en Europa superior a un millón de copias por su álbum *Crazy* y otro por *La carretera*. Este año es nominado para un premio Grammy en la categoría de Mejor álbum pop latino por *La carretera* que también recibe el premio Billboard al Mejor álbum pop latino del año.

Recordando su álbum *Tango* y la trascendencia de aquel audaz movimiento, en 2017 Julio rememoró algo que había vivido junto a su admirado Frank Sinatra y el porqué del monumental éxito de su

---

* *La Nación.*

disco argentino: «Yo viví muchos momentos con Frank Sinatra, cantamos juntos en muchos conciertos, hicimos duetos y lo conocí muy bien. Recuerdo que hizo un disco con Quincy Jones que se llama *L. A. is my Lady* (1984), que no es muy bueno porque salió de su género. Quincy acababa de producir a Michael Jackson, que estaba muy de moda y era un genio. Así, a Frank se le ocurrió hacer un álbum con él, pero no consiguió lo que buscaba. Lo que hago yo es no cambiar las asonancias de la música ni de mi vida. De esa forma hice *Tango,* sin el bandoneón ni el piano, que ya lo tiene naturalmente el pueblo argentino. Hice el tango a mi manera y es un álbum que vendió catorce millones de copias en todo el mundo. Fue histórico»*.

Voces unidas

Poco antes del lanzamiento internacional de *Tango* y con motivo de los Juegos Olímpicos de Atlanta 96, Julio participó en el proyecto *Voces unidas,* uno de los cinco discos editados para promocionar los juegos. El álbum fue lanzado el 14 de mayo de 1996. Los otros cuatro, en inglés, abordaban los géneros de pop, R&B, country, clásico y jazz.

La idea del proyecto surgió de Emilio Estefan y José Behar, presidente de EMI Latin. Con la premisa de reunir a los artistas más importantes de habla hispana para cantar alrededor de un evento como los Juegos Olímpicos, nació la canción *Puedes llegar*. Estefan y Behar hablaron con los ejecutivos de las Olimpiadas de Atlanta para oficializar el proyecto y veintisiete vocalistas pusieron su voz en el disco. Y aunque no todos estuvieron en el mismo estudio, sí lograron vía satélite realizar un álbum que incluía canciones de Marc Anthony, Selena, Marta Sánchez, Paulina Rubio o Jon Secada, entre otros.

El presidente de EMI Latin resumía el proyecto: «*Voces unidas* estaba dirigido a América Latina y España, con un mensaje de unidad internacional. Los hispanos, en Latinoamérica y España, tenemos culturas y costumbres distintas, pero hay algo espiritual que nos une, y esto es el idioma».

---

* *Billboard,* 2017.

El single promocional fue *Puedes llegar,* escrita por Gloria Estefan y Diane Warren, y grabado por Gloria Estefan, Carlos Vives, Plácido Domingo, Patricia Sosa, Julio Iglesias, Ricky Martin, Jon Secada, José Luis Rodríguez, Alejandro Fernández y Roberto Carlos. Según Carlos Vives, «los Estefan quisieron que Colombia se hiciera presente en el álbum y vieron en mí a un representante del país». Vives grabó la segunda estrofa y el coro de *Voces unidas* en los estudios Crescent Moon de Miami al lado de Julio y calificó la experiencia de única.

34

El refugio de Punta Cana

Theme from Harry's game, Clannad

568: Punta Cana, República Dominicana, 30 de septiembre de 2003. Julio Iglesias durante una entrevista con motivo del lanzamiento de su álbum *Divorcio*. © Album / EFE.

566-567: Santo Domingo (Rep.Dominicana) 16 de octubre de 2004. El grupo Punta Cana hace entrega de un colegio a la comunidad de esa localidad del este del país. Izq. a der: Julio Iglesias, Oscar de la Renta, la Ministra de Educación Alejandrina Germán, el presidente dominicano Leonel Fernández y Ted Kheel. © Album / EFE.

1997 fue un año de reconocimientos. Julio Iglesias recibió en Mónaco el premio World Music al Mejor cantante latino; en Miami, la Medalla de Oro de la Sociedad General de Autores de España por su contribución a la música; y el Radio City Hall le hizo entrega de la distinción como el artista no estadounidense que más conciertos había realizado en dicha sala de Nueva York. Recibe también el premio Pied Piper de ASCAP's en el Quinto Aniversario de los Premios de la Música Latina, uno de los días más señalados de su carrera artística al ser el primer artista latino en conseguir el más prestigioso galardón de la Asociación Norteamericana para las Artes. Iglesias es honrado también por el alcalde de Miami, Joe Carollo, que proclama el 8 de septiembre como Día de Julio Iglesias.

Con el unánime apoyo del público tras el rotundo éxito de *Tango,* Julio se lanzó a la carretera en una gira que lo llevaría durante todo 1997 por Asia, América y Europa.

«Únicos 97»

La gira *Únicos 97* desplegó un nuevo espectáculo por nueve ciudades españolas durante el verano. Julio visitó las principales ciudades del país destacando la emotiva actuación de Sevilla. En la Cartuja sevillana Julio dedicó el concierto a José Antonio Ortega Lara y Cosme Delclaux, liberados días atrás por la banda terrorista ETA: «Mi padre está conmigo y nos hemos emocionado durante mucho tiempo por el sufrimiento de estos dos compatriotas, y aún más viendo las imágenes a través de la televisión de Ortega Lara en un estado patético tras tantos días de tortura, la misma que sufrió mi padre»*, dijo Julio muy sensibilizado por el cautiverio del funcionario de prisiones. El 1 de julio de 1997, el funcionario José Antonio Ortega Lara fue liberado por la Guardia Civil, tras pasar quinientos treinta y dos días en un zulo de la localidad de Mondragón, siendo detenidos los cuatro terroristas que lo mantenían secuestrado.

Durante la gira y por los viejos tiempos, Julio formó parte del jurado del Festival de Benidorm de aquel año y, acostumbrado a las actuaciones en los enormes recintos del pasado como el estadio Santiago Bernabéu de Madrid o el Camp Nou en Barcelona, cuando en la gira *Únicos 97* su espectáculo se alojó en espacios grandes, pero más modestos, como el Palau Sant Jordi de Barcelona o la plaza de toros de Las Ventas en Madrid, Julio asumió su nueva realidad en España en la década de los noventa con sincera naturalidad: «Soy realista y sé que ahora me sería mucho más difícil llenarlos como antes». Independientemente de los espacios, la gira *Únicos 97* fue otro nuevo éxito en recintos llenos hasta la bandera.

Por ejemplo, en el concierto de Madrid, Julio abarrotó Las Ventas. El público fervoroso de Madrid se puso de largo para ovacionarle. El recinto abanderado por el entonces presidente José María Aznar y su esposa, Ana Botella, aplaudieron a rabiar, y las crónicas de la época desplegaron elogios hacia la presentación del cantante en la capital: «Quien diga que Julio Iglesias no canta, carece de idea de lo que es este negocio. Julio canta ahora mucho mejor que hace treinta años. Es un profesional que sabe perfectamente a quién se dirige: latinos, chinos, japoneses, nigerianos, rusos, kurdos, israelíes, moros, cobrizos, amarillos. ¿Cómo se consigue este prodigio? Desde luego, con talento, con

* *ABC*, 2 de julio de 1997.

lucidez, con vista y con un necesario sentido empresarial que ojalá tuvieran otros artistas nuestros»*.

Durante la gira y poco antes del otoño, la familia Iglesias se hizo más grande. Desde que Julio y Miranda empezaron su relación, pasaron siete años hasta que el 7 de septiembre de 1997 en Miami nació su primer hijo en común, Miguel Alejandro.

Julio y Miranda fueron padres de un niño que pesó tres kilos y medio. Silvia Horbaz, la portavoz del cantante, informó de que el parto había tenido lugar en el hospital Mount Sinai de Miami Beach y de que la madre se encontraba bien. «Julio está feliz, pero muy feliz», comentó la portavoz al describir el estado de ánimo del cantante, quien había cancelado todos sus compromisos durante dos semanas para estar junto a Miranda cuando naciera el bebé, cuyo sexo no quisieron saber hasta el momento del parto. Miranda dio a luz por la mañana, hora y media después de llegar al hospital, muy cercano a la residencia del cantante en Indian Creek. También estaban presentes en el hospital los padres del cantante, Julio Iglesias Puga y su exmujer Rosario de la Cueva, así como la madre de Miranda**.

«Uno nunca espera ser padre con cincuenta años, pero si hay una persona en tu vida que te ama y tú la amas también, y entre los dos decidís con el cerebro y el sentimiento tener un hijo, pues es una maravilla. Un regalo de Dios. Tengo una mujer que es una grandísima compañera, que tiene la edad justa para tener un hijo y que quería tenerlo, y a mí me pareció perfecto. Lo hemos concebido con muchísimo cariño, y eso es lo mejor que le puede suceder a un padre»***.

El refugio de Punta Cana

Desde sus primeros viajes a Estados Unidos, Julio cimentó una profunda amistad con personalidades que lo acompañarían a lo largo de toda su vida. Uno de ellos, indiscutiblemente, fue el diseñador de moda dominicano afincado en EE. UU. Óscar de la Renta, hombre no-

---

* *El País.*

** *Ibídem.*

*** Elena Pita, *El Mundo*, 31 de agosto de 1997.

ble y sabio que se convirtió en uno de los pilares emocionales del cantante.

Tras conocer a Miranda, en compañía de su gran amigo Óscar de la Renta, Julio llegó por primera vez a Punta Cana. Poco después, Julio volvía al lugar acompañado por Miranda, que estaba embarazada de su hijo Miguel Alejandro. Julio decidió entonces levantar una casa paradisiaca en Santo Domingo. Mirando al Caribe de Punta Cana, e invisible desde tierra y desde el mar, Julio levantó un precioso refugio diseñado por él y construido por unos cien trabajadores, todos amigos que le ayudaron a erigirla durante años. La casa, enclavada en la zona más oriental de la República Dominicana, fusionaba la cultura balinesa, la antillana y la española. Edificada sobre un milenario mar de coralina, la casa de Julio Iglesias y Miranda se convirtió en su lugar de descanso, punto de encuentro con su música y sus amigos durante una buena parte del año.

En la casa, con el objeto de pasar más tiempo en la isla con su familia, Julio instaló un magnífico estudio de grabación. «Punta Cana es un pequeño paraíso en el Caribe. Para mí, además, es un puerto refugio. Es un lugar donde puedo trabajar intensamente, me siento tranquilo, al tiempo que estoy a la puerta de Iberoamérica y muy cerca de Estados Unidos, donde canto con mucha frecuencia»*.

Empresario en Punta Cana

Allí comenzó además una aventura empresarial notable asociado con su amigo Óscar de la Renta y con uno de los hombres más ricos de la isla, Frank Rainieri. «Yo quería comprarme una casa en La Romana, pero Óscar de la Renta me dijo que viniéramos acá; nos reunimos con el presidente de una compañía del lugar y nos convertimos en socios. En los últimos años esto se ha desarrollado mucho»**, dijo Julio en 2011.

Cuando Frank Rainieri, el presidente del Grupo Puntacana, leyó en una columna de un periódico «... al amigo Frank Rainieri parece

---

* *El Mundo,* 26 de octubre de 2003.
** *Elenco,* 14 de julio de 2011.

que el sol de Punta Cana lo está afectando. Quiere construir un aeropuerto internacional en el medio de la nada…», tuvo claro que tenía una oportunidad.

A mediados de los años sesenta un grupo de norteamericanos decidieron adquirir una gran porción de terreno en una aislada zona del extremo Este de Santo Domingo. Ese lugar entonces se llamaba Yauya o Punta Borrachón, nombre que cambió por el de Punta Cana en 1970. En ese momento, en el país había menos de mil habitaciones hoteleras, incluyendo los hoteles construidos por la dictadura, y el turismo no estaba considerado como una actividad económica de importancia. En esa coyuntura y con tres empleados, nació el Grupo Puntacana.

En 1971, para facilitar su conexión con Santo Domingo, el Grupo Puntacana construyó la primera pista de aterrizaje de tierra con setecientos cincuenta metros de largo, en la que aterrizaban pequeñas avionetas. Más de diez años después, en noviembre de 1982, el presidente Jorge Blanco autorizó la construcción de un aeropuerto internacional comercial, que, en 1983, recibió el primer vuelo internacional, un avión de apenas diecinueve pasajeros procedente de Puerto Rico.

En 1986 el Gobierno incluyó a Punta Cana dentro de los beneficios de la Ley de incentivos al desarrollo turístico, decisión que impulsó la construcción de hoteles y el desarrollo definitivo de la zona; en 1987 se realizó la primera expansión en el aeropuerto y comenzaron a llegar los primeros vuelos directos desde Estados Unidos y Canadá, y desde Europa con parada en Maine. Otros hoteleros españoles descubrieron el potencial de la zona, y se inició la construcción de miles de habitaciones hoteleras. En 1991 se realizó la segunda ampliación para recibir vuelos directos desde Europa.

En 1994 el aeropuerto hizo su tercera ampliación y trescientos noventa y cinco mil pasajeros llegaron a la zona. En 1997 se incorporaron al Grupo Puntacana dos nuevos socios, Julio Iglesias y Óscar de la Renta. Justo después del huracán Georges decidieron construir el primer campo de golf, y también Corales, una urbanización de gran lujo.

Este ambicioso proyecto es hoy quizás el más grande de la República Dominicana, pues cuenta con campos de golf, hoteles, villas y apartamentos. De hecho, el proyecto incluye colegios para los residentes, campos de equitación y parques ecológicos. En la actualidad Punta Cana es un gran destino turístico que aglutina un total de veinte mil habitaciones. Ese polo turístico hoy genera más del 25 por ciento de las divisas del país y da empleo a más de treinta y cinco mil personas. Punta Cana es el destino más grande de todo el Caribe y el segundo si se incluye Centroamérica y México. Solo Cancún lo supera.

Ciudadano del mundo

Terminando con su gira *Únicos,* en marzo de 1998 Julio abrió las puertas de su casa en Indian Creek a los medios de comunicación con motivo de la primera gala benéfica de la fundación Ilva Romano Patient Care, destinada a recaudar fondos y combatir la esclerosis lateral amiotrófica, la enfermedad que padecía Stephen Hawking y que se había llevado la vida de la modelo colombiana Ilva Romano, amiga de Julio, un año antes.

En el mes de julio, y en la gala celebrada en el Sporting Club de Montecarlo, en presencia del príncipe Rainiero y su hijo Alberto, Julio cantó temas de su disco *Tango* a favor del Hospital Saint Jude Children's de Memphis para niños peruanos enfermos de cáncer.

Veinte años después de su último concierto en el Líbano, Julio actúo en Beirut en 1998. Junto a artistas como Luciano Pavarotti, José Carreras o Paul Anka, Julio fue invitado por el Gobierno del país, presidido por Amin Gemayel.

Julio visitó Yugoslavia, Macedonia y Croacia, en un momento de tensión máxima tras las acusaciones al gobierno yugoslavo por llevar a cabo una limpieza étnica contra el pueblo albanés en Kosovo.

A pesar de las sanciones internacionales impuestas a Yugoslavia, Belgrado disfrutó de la música de Julio. Cinco mil personas acudieron al segundo de los conciertos de Julio Iglesias en la República Federal de Yugoslavia. Con pasión y a ritmo de tango, Julio llenó el centro de congresos Sava. Cuando se atrevió a cantar en serbio una de las canciones más populares, que fue himno de los soldados serbios que atravesaron en 1918 Albania yendo hacia el frente de Tesalónika, durante la primera guerra balcánica, la sala estalló de júbilo.

La primera visita de Julio fue todo un éxito. Un día antes del concierto solo cuatro aviones habían aterrizado en el aeropuerto de Belgrado; los cuatro venían procedentes de Moscú. Aparte del que transportó a Slobodan Milosevic de vuelta a casa tras su visita al presidente ruso Boris Yeltsin, los otros tres eran los de Julio Iglesias. Respetando las segundas sanciones impuestas a la Federación Yugoslava, las compañías internacionales decidieron suspender momentáneamente sus vuelos al país, acusado de llevar a cabo una nueva limpieza étnica, esta vez contra la población albanesa de Kosovo.

Mi vida

En septiembre de 1998 salía a la venta la recopilación de grandes éxitos de Julio Iglesias. Con el título *Mi vida,* Julio reunía treinta y ocho canciones fundamentales a lo largo de su carrera. «En mi vida ha habido tres partes: la primera, mis canciones de los años setenta; la segunda, cuando en los ochenta me fui a vivir a Estados Unidos cantando las canciones de los demás, y la tercera, en los noventa, cuando canto lo que me gusta»*.

Era la segunda vez que Julio agrupaba sus canciones más populares después de *24 éxitos de oro* a finales de los años setenta. En la nueva recopilación aparecían algunos temas de sus primeros años, como *La vida sigue igual, Manuela, Un canto a Galicia, Soy un truhan soy un señor* o *Hey!,* junto a otros más recientes, como *Crazy* o canciones de *Tango,* todas ellas remasterizadas para la ocasión.

Para la presentación del disco Julio ofreció una multitudinaria rueda de prensa en Madrid. Vestido de traje, con el pelo muy corto, que según dijo le favorecía, Julio desplegó buen humor y frases fabulosas: «Soy mucho menos golfo que antes, pero con más maldad», «Enrique es pillo, es golfo, es guapo, cada vez me gusta más, es extremadamente listo y carismático; le gustan las mujeres, y las vuelve locas. Eso se hereda...» o «solo me preocupa que ya solo hago el amor tres veces al día, antes lo hacía cuatro».

---

* Manuel de Morales, *ABC,* 8 de octubre de 1998.

Julio anunció algo que no cumpliría: «Voy a grabar mucho estos diez años, y quiero hacer un álbum de canción española, una cosa entre la copla y el flamenco. Para que la oigan los chinos, los japoneses e incluso los españoles».

El cantante estaba feliz en 1998, y su nueva colección de éxitos le ofrecía la oportunidad de regresar por todo lo alto dejando bien claro que él era quien era gracias a su público fiel. «*Mi vida* es todo un mundo de músicas, y hoy soy un Julio diferente. Canto lo que me gusta y como me gusta. Pero lo más importante de mi vida es que no he perdido el cariño de mis gentes, del pueblo y, en general, de los pueblos... Y que todo me va bien».

No cabe duda de que su relación con Miranda había llevado la tranquilidad a la vida de la estrella, quien de manera transparente y cercana describía lo bien que le iba todo: «Tengo tres hijos, mayorcitos, con gran éxito. Mi padre y mi madre están vivos. Miranda es el amor de mi vida, y Miguel, que es una joya, y encima Miranda está embarazada otra vez... Pero lo más vivo de mi vida es el público, esas gentes anónimas que compran un tique dos meses antes, y esperan con su marido y sus hijos, y el día del concierto explotan cuando les dices buenas noches. Te quieren gratis. No, mucho más. Pagan por quererte».

Mi vida fue un rotundo éxito, alcanzó el número 1 de ventas y en pocas semanas vendió doscientas cincuenta mil copias en España.

El huracán Georges

El 22 de septiembre de 1998, el huracán Georges devastó una gran parte del territorio de la República Dominicana. El huracán atacó con fuerza la casa de Julio en Punta Cana, «todo lo que se puede arreglar con el dinero es barato si se compara con las vidas humanas que se han perdido», dijo el cantante, muy crítico con la actuación tardía del Gobierno dominicano ante el desastre.

En San Juan de la Maguana, el barrio Mesopotamia fue barrido por las aguas del río Yaque del Sur. En principio había corrido la versión de que murieron cientos de personas, pero luego los organismos de socorro establecieron que el número de muertos fue de treinta y seis.

Además de la ciudad de Santo Domingo, las zonas más afectadas fueron las provincias San Juan de la Maguana y Barahona, en la región Sur. Tras el paso del fenómeno natural, el presidente, Leonel Fernández, aprobó un plan nacional de reconstrucción, así como de asistencia a las familias y personas afectadas.

35
La Voz

Summer wind, Frank Sinatra & Julio Iglesias

580: Sinatra con miembros de la mafia.

578-579: 19 de noviembre de 1995. Fiesta del 80 cumpleaños de Frank Sinatra en el Shrine Auditorium de Los Ángeles. Getty / Jim Steinfeldt.

La leyenda, la Voz, Frank Sinatra, uno de los personajes más influyentes del siglo XX, falleció la noche del jueves 14 de mayo en Los Ángeles a los ochenta y dos años. Ganador de un Óscar y mito universal, participó en cincuenta películas y grabó casi dos mil canciones, entre ellas *Strangers in the night, New York, New York* o la inmortal *My way*.

Para Julio Iglesias, la pérdida de su mayor referente artístico y, sobre todo, la muerte de su gran amigo fue un golpe duro aunque no inesperado. Independientemente del incuestionable talento del cantante español, el triunfo de Julio en América se construyó, entre otras razones, gracias al apoyo de Sinatra; no en vano, su puerta de entrada a Estados Unidos vino precedida de aquel titular que ya nunca le abandonaría: «El Sinatra español».

Frank y las mujeres

Al igual que Julio, su historial sentimental acumulaba una lista impresionante de mujeres: Judy Garland, Lana Turner, Kim Novak, Lauren Bacall, Grace Kelly, Victoria Principal o Hope Lange, entre muchas otras, pasaron por el lecho de Sinatra. En 1966, a los cincuenta y un años, contrajo matrimonio con Mia Farrow, un matrimonio fugaz que apenas duró trece meses.

En la década de los setenta, Frank Sinatra empezó a sentirse viejo. En 1976 se casó con Barbara Marx, que había estado casada con Zeppo, uno de los hermanos Marx. Barbara Marx Sinatra, modelo, *socialite* y *showgirl* fue la cuarta y última esposa de Sinatra desde 1976 hasta su muerte en 1998. Barbara Sinatra y Julio Iglesias congeniaron de inmediato, y la última esposa de la Voz fue determinante para afianzar la relación entre los dos cantantes.

Barbara, una hermosísima mujer rubia, despampanante en sus años de gloria, se portó muy bien con Sinatra, al que procuró hacerle feliz en sus últimos años, cuando ya era un anciano cada vez más debilitado que escondía su calvicie con un peluquín. Bárbara Sinatra fue esencial para que Julio pudiera lograr cantar a dúo con la Voz, uno de sus grandes sueños. Su colaboración en la canción *Summer wind* y el disco *Duets* de Sinatra fue un éxito, pero, por encima de todo, Julio disfrutó de una sincera amistad con un tipo nada fácil.

«Todo el mundo nos conoce a ti y a mí»

Julio Iglesias compartió grandes momentos con Sinatra. En más de una ocasión recordó una celebrada anécdota que vivieron juntos en la casa de Sinatra en el desierto de California. Frank había invitado a Julio a su lujosa residencia de Palm Springs. Después de irse a descansar a su cuarto y empezar a dormir, a las seis de la mañana Julio escuchó la voz de uno de los empleados del servicio doméstico de Sinatra:

—Don Julio. Despierte. El señor Sinatra le espera para desayunar.

Frank Sinatra, efectivamente, le esperaba en un enorme salón de la casa. Sinatra miró a Julio y le invitó a sentarse junto a él, en el sofá. «¿Te gusta el boxeo?», le preguntó la Voz. Sinatra, hijo de Marty, un boxeador siciliano que no hablaba con casi nadie, grababa todos los combates de la tele y los veía mientras el resto del mundo dormía. «¿Y tú cuando duermes?», le contestó con una pregunta Julio. Sinatra se giró hacia Julio, colocó la mano sobre su hombro y le dijo: «Amigo, tengo miedo a que la muerte me encuentre durmiendo. ¿No crees que los artistas nos merecemos morir en el escenario?».

Sinatra le mostró después un cuartito pequeño dentro de la finca de Palm Springs, una habitación donde desde el techo colgaban aviones suspendidos por un pequeño cable y donde locomotoras de juguete recorrían una inmensa maqueta repleta de estaciones en miniatura. En las estanterías que cubrían las paredes se mezclaban premios, su estatuilla del Óscar y fotografías con Kennedy o Reagan. Julio le preguntó ahora a Sinatra: «Frank, ¿esos son tus Grammy?». «Sí, estos son unos cuantos, pero ¿tú ya habrás ganado alguno, no?», dijo Sinatra. «Todavía no», contestó Julio. Sinatra se acercó a una gran bola del mundo que ocupaba el centro de la habitación y le pidió a Julio que cerrara los ojos y la hiciera girar. «Cierra los ojos y pon tu dedo sobre el mundo», dijo Sinatra. Julio puso su dedo índice sobre el globo terráqueo, abrió los ojos y leyó: «Samoa Oriental». «¿Sabes una cosa?», dijo Sinatra, «en cualquiera de esas islitas no hay nadie que sepa el ganador del último Grammy, pero todo el mundo nos conoce a ti y a mí»*. No le faltaba razón.

«Jodido país de sucios bastardos fascistas»

Desde su adolescencia, Julio escuchó con admiración los discos de Mina, Paul Anka y Sinatra, referente ineludible del cantante español. Sinatra, tras su separación de Ava Gardner, buscó refugio en la noche de Las Vegas. La Voz no se acostaba hasta que amanecía. En Las Vegas formó un singular grupo de estrellas: el *Rat Pack*. Dean Martin, Sammy Davis Junior, Joey Bishop y Frank Sinatra ofrecían unos espectáculos improvisados. Las noches del *Rat Pack* en Las Vegas transformaron a Frank Sinatra, y a la propia ciudad. Por todo el país, y en todo el mundo, se empezó a hablar de las noches locas de Las Vegas, historias de casinos, madrugadas despiertas y champán que muy pronto viviría Julio en primera persona.

Con seguridad, recuperándose de su accidente sobre una cama de hospital, Julio Iglesias observaba atento las visitas de Sinatra a España. En 1964 Sinatra y sus acompañantes fueron detenidos por la Guardia Civil y a su salida del hotel arrancaron una fotografía enmarcada de

* YouTube.com.

Franco, pisándola. Sinatra y sus acompañantes serían multados cada uno con veinticinco mil pesetas. A la salida, Frank juró «no volver a este jodido país de sucios bastardos fascistas». Fueron expulsados inmediatamente de España, adonde ya no volvió más Sinatra hasta 1986, cuando dio un recital en el estadio Santiago Bernabéu, y en 1992, que actuó en Barcelona y A Coruña.

Los últimos días de la leyenda

Sinatra podía presumir de ser el único al que la Mafia no le pasaba factura. Supo siempre guardar la ropa, aunque hasta su muerte quien más quien menos de su entorno callaba supuestas relaciones con la Cosa Nostra, al menos con uno de sus miembros, Sam Giancana.

Sobre la leyenda negra que relacionaba a Sinatra con la Cosa Nostra, Julio lo tenía claro: «A mí también me ha venido a ver mucha gente italiana en el Radio City, donde canté cuarenta y seis veces. ¡No tiene nada que ver! La Italia grande tiene de todo, gente buena y gente mala. Como los chinos, los peruanos, los españoles. Yo qué sé. Los grandes siempre deben tener leyendas negras también. ¿Por qué no?»*.

Oficialmente Frank Sinatra realizó su última actuación en noviembre de 1995, con motivo de celebrar su ochenta cumpleaños en Nueva York, evento al que asistieron entre otras luminarias Bob Dylan y Bruce Springsteen. Ya hacía unos años que su enfermedad no le permitía continuar su carrera como antes. Muchos habían sido sus excesos y en 1986 le extirparon una parte del intestino. Desde comienzos de 1997 vivía retirado en su casa californiana, en Bel Air, Beverly Hills. Sinatra falleció a consecuencia de un paro cardiaco en la sala de urgencias del Cedars Sinai Medical Center de Los Ángeles.

Muchas veces comparado con la Voz y considerado el «Sinatra español», Julio siempre puso las cosas en su sitio: «Nunca he tenido la idea de ser Frank Sinatra, no soy tan estúpido, Sinatra es único. Mi idea ha sido ser Julio Iglesias». «De Sinatra yo he aprendido la humildad de la vida. Era y es el más grande. Fui a cantar con Tony Bennett en la

* *El Comercio.*

celebración de su setenta cumpleaños organizada por la NBC en Los Ángeles. De repente, se levantó para darme un beso. Me dijo: "Tú tienes las tripas que tengo yo". Fue una maravilla», recordaba Julio*.

En 1992, durante una de sus últimas actuaciones juntos, Dean Martin tenía previsto cantar justo después de Julio. El cómico de *stand-up* Tom Dreesen anunció entonces que «Dean Martin ha tenido un problema en la garganta, pero hay buenas noticias. Tenemos un sustituto que cree que tiene posibilidades en el negocio de la música». Sinatra, que entonces tenía setenta y seis años, ante la atenta mirada de Julio Iglesias, caminó hasta el centro del escenario e interpretó ocho canciones, incluyendo la deliciosa *New York, New York*.

Carta de despedida

Afectado por la muerte de su amigo, y de manera extraordinaria, Julio escribió unas sentidas palabras en el diario *ABC* dos días después del fallecimiento de Sinatra.

> Conocí a Sinatra hace muchos años. Ayer me desperté con la triste noticia de su desaparición. Sabía de su estado porque durante estos dos últimos años he hablado con Barbara, su mujer.
>
> A lo largo de décadas he sentido una profunda admiración por su manera de trabajar, por la maestría con que llevó su carrera, la inmensa calidad de una voz insuperable. Decir su nombre es hablar de música con mayúsculas, es hablar de una leyenda.
>
> En alguna ocasión he comentado que cuando Sinatra entraba en un salón su fuerte personalidad y carisma le convertían en el centro de atención de todos, por muy lleno que estuviera el lugar, tenía un magnetismo impresionante. Conocerle fue un honor y un privilegio. Su talento artístico influyó en gran manera en mi carrera.
>
> Su presencia en la pantalla o en los escenarios es digna de resaltar por haber sabido llenar como nadie un plano o un escenario por grande que este fuera. *Alta sociedad, De aquí a la eternidad,*

---

* *El Comercio.*

Ellos y ellas, Un día en Nueva York me gustaban tanto como las primeras comedias musicales de sus comienzos. En las apariciones cinematográficas demostró que también era un buen actor.

En el terreno musical, no sabría elegir una canción entre las más de dos mil que grabó porque me gustaban todas: desde *My way* o *New York, New York,* pasando por *Send in the clowns, Come fly with me, The lady is a tramp, Moon river, Yesterday* o *La chica de Ipanema.*

Sabía cantar cualquier tipo de canción, daba la impresión de que no le costaba cambiar de un estilo a otro. Personalmente, creo que su etapa con la Capitol fue la mejor de su carrera. Fue el único cantante en solitario que reunió a más de ciento cuarenta mil espectadores en un concierto, en Río de Janeiro a principios de los años ochenta. Levantaba pasiones en todo el mundo.

He tenido una buena, fructífera y larga amistad con Frank Sinatra y su familia. Le admiraré siempre por su trato, por sus acertados consejos y el cariño que me demostró. Aunque por su estado se trataba de una muerte anunciada, su desaparición me ha llenado de tristeza. No hay sustituto posible para una leyenda de su categoría. Sinatra es imperecedero. Las próximas generaciones seguirán disfrutando de su música con la misma intensidad que la hemos disfrutado nosotros. Fue el artista más importante de este siglo y ser su amigo personal ha sido un gran honor*.

Julio Iglesias

* Texto escrito por Julio Iglesias en el diario *ABC* el 16 de mayo de 1998.

36

Un mal padre bueno

Corazón partío, Alejandro Sanz

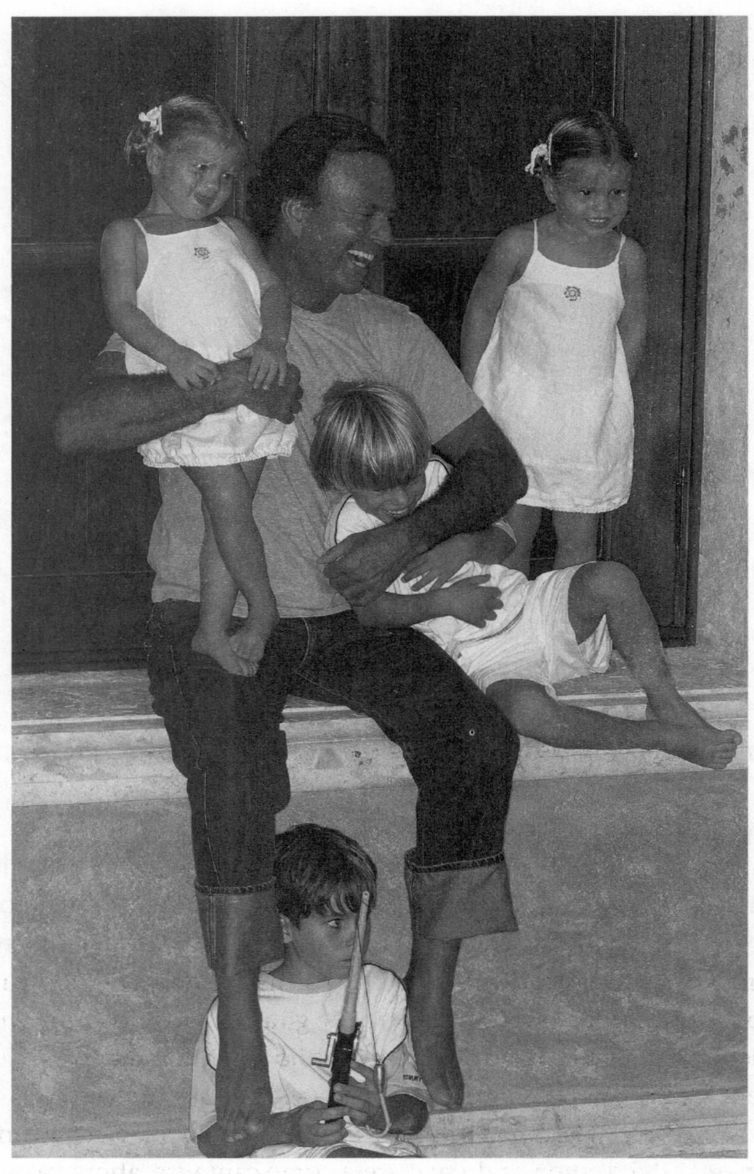

590: 2003. Julio Iglesias con sus hijos Rodrigo, Miguel Alejandro, Victoria y Cristina en Punta Cana. © GTRES.

588-589: Rodrigo, Miguel Alejandro, Victoria y Cristina Iglesias Rijnsburger; hijos de Julio Iglesias y Miranda Rijnsburger posando para la felicitación de Navidad de 2004. © GTRES.

El fabuloso álbum recopilatorio *Mi vida* ofrecía a Julio una oportunidad inmejorable para sacar del baúl sus viejas grabaciones y salir de gira, algo que naturalmente hizo desde finales de 1998 y durante el curso de 1999.

Reproches en el alma

Después de algunas presentaciones en Atlantic City en 1998, Julio tenía previsto reemprender camino al año siguiente con conciertos en Las Vegas, Nueva York, Nimes, Marsella, Atenas, Bucarest, Liubliana y Viena, pero la llegada de Rodrigo el 20 de marzo de 1999, su segundo hijo con Miranda, retrasó los planes de gira. Tal y como había anticipado durante el embarazo de su primer hijo con Miranda, Julio Iglesias intentó estar mucho más presente en la vida de sus nuevos hijos.

«Está disfrutando más de estos niños que de los otros. Con los primeros estaba empezando su carrera como cantante, ahora ya es otra cosa, disfruta, esto no quiere decir que los quiera más que a los primeros»*, recordaba el doctor Iglesias.

---

* *Voluntad de hierro.*

«La emoción de ser padre ahora es diferente. El cariño hacia mis hijos va a ser el mismo, pero es evidente que ahora tengo una mayor dedicación, más conciencia de lo que está pasando, antes era un poco como los conejos, tiki tiki...»*.

En Chile, preguntado por su relación como padre con sus tres primeros hijos, la sinceridad de Julio fue demoledora: «Yo he sido un mal padre. No he tenido tiempo. Un buen padre se levanta por las mañanas y ayuda a su mujer a preparar a los niños para ir al colegio, incluso los lleva al colegio. Yo nunca les he pedido la lección a mis hijos, ni siquiera las notas, ni me he levantado de la cama para llevarlos al colegio. He tenido conversaciones muy largas con ellos, los tres son chiquillos que sé que tienen reproches en el alma y en la cabeza»**.

Comparada con la de sus hermanos pequeños, la relación de Julio con sus tres primeros hijos ha sido totalmente distinta. Con el paso de los años, todos los protagonistas han sembrado un relato contradictorio, declarando tanto buenos como malos momentos en su relación. Lo cierto es que, y en especial en el caso de su hijo pequeño, con el inicio de la carrera musical de Enrique, padre e hijo se separaron física y artísticamente, y su relación desde entonces se ha levantado desde el respeto pero siempre de manera esporádica.

Consciente de sus limitaciones, Julio nunca se ha escondido: «¿Qué es un buen padre? Un buen padre es el que se sacrifica, está con sus hijos, les da el biberón, cambia pañales... O sea, que no he sido un buen padre en lo doméstico, pero sí en el estímulo vital. He mantenido muchas conversaciones con mis hijos mayores: Enrique, Julio e Isabel. Charlas fuertes, ambiciosas, competitivas... Mis hijos son la hostia. Enrique es un campeón distante, Julio es rápido y un divino, e Isabel está feliz... Los tres son valientes y sensatos. No esperaba que Enrique fuera el fenómeno que es, la cualidad humana y artística de Julio o la bondad de mi hija mayor»***.

---

* *Buenas Noches, Cecilia,* Canal 13, 20 de abril de 1997.
** *Ibídem.*
*** Antonio Lucas, *El Mundo,* 2012.

El privilegio que han tenido mis hijos ha sido grandísimo

Profundizando en su lado paternal, Julio Iglesias reconoce que, pese a sus ausencias, el tiempo que ha vivido al lado de sus hijos han sido momentos fructíferos, «las mesas son muy importantes pues son el momento de la comunión; allí se gana y se pierde el amor. He tenido muchas mesas con mis hijos; y como con los mayores tenía poco tiempo, eran muy intensas, con unas conversaciones profundas». Naturalmente, de los pequeños Julio Iglesias ha estado más cerca, el cantante a ellos los ha disfrutado más.

Cuando Julio hace balance de su relación con sus hijos, los que tuvo con Isabel y también los de Miranda, apunta detalles sobre la vida de sus hijos y sus oportunidades: «Hay gente que me dice que debe de ser muy difícil para mis hijos ser hijo de Julio Iglesias, y yo me río. Es difícil para aquellas gentes que nacen en el medio de nada, sin opciones, esas son las que tienen difícil el camino. Para las gentes que nacen rodeadas de gente sabia el privilegio que han tenido mis hijos ha sido grandísimo. Lo voy a decir bien claro: "¿Si es una buena suerte nacer en una familia que tiene las circunstancias más amplias de la vida como mis hijos? ¿Si es más difícil para ellos? No, es más fácil para ellos"»*.

Después del inusitado éxito de su hermano Enrique, en 1999 Julio José, el hijo mayor de Julio, grabó su primer disco, *Bajo mis ojos,* con la compañía Epic Records. Después de que su hijo Enrique avanzara en el negocio de la música sin contar con él, Julio lanzaba un pensamiento en voz alta: «Me da un poco de pena que hayan perdido la oportunidad de consultarme para darles una pequeña reflexión».

Aunque Julio entendía perfectamente el arrebato de independencia de sus hijos recordando el poco caso que le hizo a su padre cuando se casó con Isabel: «Cinco días antes de casarme estaba sentado en la cama poniéndome los zapatos y mi padre me pregunto: "¿Te vas a casar?". Yo ya tenía las invitaciones y todo el mundo preparado para la boda, y le dije: "Sí, padre, no me vengas a decir ahora que estoy

---

* *Buenas Noches, Cecilia,* Canal 13, 20 de abril de 1997.

haciendo mal", y me dijo que no, que no estaba haciendo mal, pero que tenía toda la vida para casarme... Y entonces me dieron ganas de casarme antes. El final de esta reflexión es que no soy, ni he sido un buen padre»*.

Un susto de muerte

En junio de 1999 Julio recibió alarmado la noticia del grave accidente de su hija Chábeli con el americano James Miller, un empresario catorce años mayor que ella y con el que se la vinculaba sentimentalmente.

La hija del cantante Julio Iglesias iba como pasajera del vehículo que chocó contra otro automóvil en una avenida de Santa Mónica. Chábeli, quien tenía entonces veintiocho años, y su acompañante fueron trasladados al UCLA Medical Center de Los Ángeles en estado grave.

Ingresada bajo otro nombre, la joven estuvo protegida del público ante las numerosas llamadas telefónicas recibidas en el centro hospitalario preguntando por su estado de salud. Julio se desplazó el mismo día desde Miami al hospital de Los Ángeles en el que estaba ingresada su hija. «Hemos tenido mucha suerte y damos gracias a Dios porque no ha sido más serio», declaró el cantante a través de un comunicado en el que solo se precisaba que Chábeli había sufrido «contusiones y fracturas». Miller, sin embargo, tuvo que ser intervenido el mismo día. Ambos salieron despedidos por el impacto. El conductor del otro automóvil resultó ileso.

«Noche de cuatro lunas»

Grabado en Los Ángeles y Miami, en 2000 Julio presentó mundialmente su nuevo disco, *Noche de cuatro lunas,* un álbum coproducido por Estéfano, Robi Draco Rosa y René Toledo, y que incluía canciones de algunos de los autores más interesantes del panorama latinoamericano de los últimos años. «Me he rodeado de los compositores y músicos

---

* *Buenas Noches, Cecilia,* Canal 13, 20 de abril de 1997.

más importantes que existen en la actualidad, desde Alejandro Sanz, el creador más completo de su generación, no hay otro igual, es artista hasta la médula», dijo Julio del cantante madrileño. Además de Alejandro, en *Noche de cuatro lunas* también aparecían títulos firmados por Estéfano, *Me siento aquí* o *Gozar la vida;* Rubén Blades, *Día a día;* el *Dos corazones, dos historias,* del brasileño Zezi di Camargo, o Robi Draco Rosa, autor de las canciones *Noche de cuatro lunas, Te voy a contar la vida* y *No es amor ni es amar.*

Noche de cuatro lunas era y sigue siendo un excelente disco, probablemente el mejor del siglo XXI del artista y un trabajo audaz que lo llevó a mezclar de manera sabia las nuevas tendencias musicales con su particular estilo.

El Julio más *crooner* se puso en manos de talentos latinos mucho más jóvenes que él. El cubano René Toledo, el puertorriqueño Draco Rosa y el colombiano Estéfano lograron una mezcla atinada en un disco que, sin proponerlo, rejuveneció a Julio Iglesias, un hombre entonces de cincuenta y siete años mucho más cercano a las tendencias del momento de lo que la gente pudiera imaginar. Después de demasiados discos bajo un mismo patrón de producción algo plana, *Noche de cuatro lunas* presentaba a un Julio renovado y en plena forma. «Tengo la impresión de haber sobrevivido a muchas guerras y saber que tras treinta y tres años de carrera, la vida y Dios me han dado fuerzas para trabajar e interés para sobrevivir. Hoy canto muchísimo mejor que hace veinte años, y dentro de diez años cantaré aún mejor»*.

Efectivamente, *Noche de cuatro lunas* incluía dos temas compuestos por Alejandro Sanz: *Seremos libres* y *Corazón partío.* «Puedo hacer mejor las cosas. Me gusta aprender de los que lo hacen mejor que yo. Cantar a Alejandro Sanz es más difícil de lo que parece. *Corazón partío* y *Lía,* de José María Cano, son las dos canciones de amor más impactantes de los últimos quince años», dijo Julio al ser preguntado si en el año 2000 aún le quedaba algo por demostrar; eso sí, puntualizó, «la versión de Alejandro Sanz es insuperable, mucho mejor que la mía». También es destacable su dúo con Alejandro Fernández, *Dos corazones, dos historias,*

---

* Rueda de prensa *Noche de cuatro lunas.*

que fue nominado al premio Grammy al año siguiente, la extraordinaria *Te voy a contar mi vida,* una canción redonda firmada por Luis Gómez Escolar, Estéfano, Draco Rosa y el propio Julio Iglesias, o *No es amor ni es amar,* tema donde Julio definitivamente da un paso adelante en la producción más avanzada de toda su discografía. Por primera vez utiliza abiertamente la tecnología en una de sus canciones y lo hace de manera brillante.

Julio describía *Noche de cuatro lunas* como «un álbum con cuatro fases, como la luna, y de ahí viene el título. No se puede decir que sea tango; son guaracha, cumbia o rumba..., es una mezcla de culturas».

La finca de su vida

Coincidiendo con el lanzamiento de su nuevo disco, en 2000 y por doce millones de euros, Julio se hizo con la finca de su vida. Comprada a un jeque libanés y bautizada como Cuatro Lunas, después de Indian Creek y Punta Cana, Julio Iglesias encontró en la provincia de Málaga la casa en la que «me voy a ir a morir a España»*.

Ubicada en la urbanización de La Mairena, al sureste del término municipal de Ojén y a poco más de veinte kilómetros de Marbella, Cuatro Lunas constaba de una casa principal, otra de invitados y una vivienda para el servicio. Marbella, destino favorito de los pijos y la *jet set* durante gran parte de los ochenta y los noventa, fue durante años el punto de encuentro de la *socialite* más *chic.* Marbella creció entre los yates de Puerto Banús y las juergas de Gunilla von Bismarck como musa internacional del cachondeo. Llegaron los tiempos del *gilismo,* representados en la exageración de Jesús Gil y su caballo *Imperioso.* El presidente del Atlético de Madrid y alcalde de Marbella llegó a convertirse en confidente de su caballo; «hablo algunas noches con él y me da consejos sobre los fichajes y las destituciones», confesaba el ya fallecido Gil.

Entre Gunilla y Gil desembarcaron los jeques, capitaneados por el saudita rey Abdullah, quien reservaba hoteles enteros para su séquito de quinientos servidores. Cuando Gil desapareció y el exhibicionismo

* *Buenas Noches, Cecilia,* Canal 13, 20 de abril de 1997.

árabe abandonó sus fincas y hoteles, Julio Iglesias volvió a interesarse por Marbella y sus pueblos colindantes, una zona que durante muchos años detestaba porque allí veraneó con Isabel Preysler los primeros años después de casarse.

Una casa de putas

Después de adquirir la casa Cuatro Lunas, Julio le compró al torero Curro Romero cincuenta y cinco mil metros cuadrados por tres millones de euros. En la nueva finca Julio disfrutó del huerto de la casa, su nueva pasión: «La huerta es un regalo que me ha hecho Curro Romero. Le compré la finca que estaba junto a la mía. Me gusta mucho la idea de que mis hijos crezcan con una huerta como cuando yo era pequeño. Un huerto es algo mágico que ya no existe»*.

Julio compró la parte de terreno de Curro Romero con la idea de urbanizarla. En esta finca Julio quiso convertir una parte de sus cincuenta y cinco hectáreas en una urbanización de lujo. Su idea era construir bungalós para la *jet set* de la Costa del Sol, pero el escándalo del caso Malaya, el nombre que recibió la operación contra la corrupción urbanística en España, y que tuvo como objetivo destapar un entramado de asociaciones que encubría numerosas actividades delictivas como el cohecho, la malversación de caudales públicos, prevaricación, tráfico de influencias, etc., llevadas a cabo, entre otros, por dirigentes del Ayuntamiento de Marbella, dio al traste con los planes de Julio Iglesias. Después del caso Malaya, conseguir la licencia necesaria para recalificar el suelo fue una tarea imposible.

Julio vio desde su casa en Ojén disolverse el ayuntamiento durante la Operación Malaya. «Ha sido una casa de putas. Me produce desaliento ver que cientos de miles de personas han puesto cariño en un lugar tan privilegiado. Pero se va a limpiar, naturalmente, porque Marbella es indestructible»**.

Además de no poder recalificarlos, a Julio tampoco le permitieron vender la finca al estar asentada en una zona que lindaba con

* *El Mundo,* 2000.
** *El País,* 4 de noviembre de 2006.

Ojén y con Marbella. En la zona de Ojén está construida la casa, que perteneció a un jeque libanés, que se la vendió al cantante con los muebles incluidos. La parte de Marbella era propiedad de Curro Romero, que la compró cuando estaba casado con Concha Márquez Piquer.

Curiosamente, a pesar del amor de Julio por su casa de Ojén, ha sido Miranda quien más tiempo ha disfrutado de Cuatro Lunas. La mujer de Julio es quien consta como propietaria de la finca.

Me gustan las mujeres, me gusta el vino

Con el paso de los años, Julio Iglesias fue espaciando los lanzamientos de sus discos y empezó a disfrutar abiertamente de sus aficiones. El cantante gozaba de su casa en Ojén y de su huerta, pero también dedicaba tiempo a una de sus principales pasiones.

Julio siempre ha reconocido su afición a coleccionar vino y conquistar mujeres. Sus aventuras sentimentales han sido relatadas con la misma devoción que las legendarias conquistas de los grandes nombres de la historia, aunque son pocos los que conocen su amor por el vino, que ha llevado a Julio Iglesias a convertirse en un verdadero experto y un enorme embajador de los caldos españoles por todo el mundo. «Amo a los enólogos, amo cómo se hace el vino. Me gusta cuando la cosecha es perfecta y el vino tiene inteligencia. Y también me gustan los vinos históricos, que genéticamente son portadores de la generosidad de la tierra. Pero, más que saber de vinos, he procurado bebérmelos»*.

Para Julio, el vino es parte fundamental de la vida que le ha permitido vivir momentos intelectuales asombrosos, abriéndole a su paso caminos insospechados. Los vinos «me han brindado conversaciones privilegiadas. Si te tomas un Romanée-Conti del 85 y tienes enfrente a un poeta grande te contará cosas que de otra manera no haría. El vino es inspiración»**, confesaba Julio.

Y ese diálogo se inicia incluso sin palabras. «Las conversaciones con el vino las tienes primero contigo mismo. Si abres uno bueno co-

---

* *El Comercio,* 5 de mayo de 2017.

** julioiglesiaslive.blogspot.com

mienzas a sentir cosas maravillosas, porque ya hay una especie de ritual importante»*. Julio ha hecho grandes amigos por el vino, «gracias a él soy más sensato en cualquier conversación de lo que era antes. La emoción del vino es muy cerebral porque entra por todos los sentidos».

Hasta entonces bebía vino con gaseosa

La pasión del español por los caldos le llegó de manera inesperada en casa de la familia Rothschild. Hasta entonces, «bebía vinos con gaseosa. A los veintisiete años comencé a tomarlos sin ella», recordaba Julio.

Julio se encontraba en la casa de la familia Rothschild, una de las más poderosas del continente, esa misma familia que en 1868 compró el que era ya un histórico viñedo bordelés en Francia.

El imperio del vino de la familia Rothschild empezó con el barón Philippe que siendo muy joven se instaló en el Château Mouton. Poco a poco se convirtió en un viticultor autodidacta mientras descubría todos los secretos del buen caldo. Construyó un imperio que se expandió a partir de 1920 cuando comenzó con el embotellado de sus vinos, que hasta entonces se vendían a granel a los mayoristas. La personalidad del barón no se limitaba solo a su pasión por el vino, sino que también era un amante del riesgo en las carreteras bautizándose como piloto del Grand Prix y de las 24 horas de Le Mans. Su amor a las letras le hizo adicto a la poesía, también era activo en otras artes como en el teatro, donde ejerció como guionista o director, y en el cine, gracias a sus labores de producción el público francés pudo disfrutar de la primera película hablada del país.

Una noche, Julio y Roman Polanski fueron invitados a cenar a casa de los Rothschild. Sentados a la mesa de la poderosa familia sirvieron un vino, todos bebieron y Julio comentó con el director de *Chinatown* lo bueno que era.

Roman Polanski acababa de sufrir un espeluznante suceso que marcaría el resto de su vida: el asesinato de su esposa, la actriz Sharon Tate, quien se encontraba embarazada de ocho meses y medio cuando

---

* julioiglesiaslive.blogspot.com

la banda La Familia, del líder Charles Manson, la mató en la casa de Polanski en Los Ángeles. Cuando sucedió la tragedia, el director se encontraba en Londres preparando una película.

Después de la primera botella, la señora Rothschild le cambiaría la vida a Julio Iglesias cuando decidió traer otra botella de vino tinto. «Era un Château Lafite del 61. Allí descubrí lo que era un gran vino»*, recuerda Julio.

Desde ese día Julio Iglesias comenzó a crear su propia cava, una de las mejores del mundo. A Julio le gusta descubrir nuevos vinos y tiene claro los requisitos para que entren en su bodega: «Me molesta pagar más de cincuenta dólares por una botella, me gustan los argentinos, los australianos, los sudafricanos. Me gustan los *pinot noir*. Con los *cabernet* tengo más dudas. Los *shiraz* cuando están bien mezclados. Si tuviera treinta años, me hubiese involucrado en hacer una bodega y ser enólogo»**, confesaba.

Su amigo Pesquera

Alejandro Pesquera no es un amigo cualquiera. Este cosechero y elaborador de vino se ve con Julio con bastante frecuencia. Incluso le acompañó en algunas giras internacionales. En 1982 Pesquera ayudó a fundar el Consejo Regulador que disparó el Ribera del Duero. Un día llegó un americano al que le dio vino y jamón. Él no hablaba inglés ni el visitante español, pero este volvió días después con una intérprete. Quería exportar el vino de Pesquera y así abrió mercado en Estados Unidos y México. Otro día conoció a Julio Iglesias, que en un concierto en Valladolid en 2007 confesó: «Con el Pesquera he hecho muchos hijos». La última vez que hablaron Pesquera recordaba: «A Julio le tenía guardadas unas cajas con vino de más de veinte años. Le dije que teníamos que hacer una cata».

Pesquera ha estado con Julio en Estados Unidos y en varios países de Latinoamérica, y afirma con conocimiento de causa: «Julio sabe mucho de vinos, no es una pose, porque él no es un esnob. Ha estado

---

* julioiglesiaslive.blogspot.com
** *Ibídem.*

en mi casa de Pesquera de Duero muchas veces. Me invita también a su domicilio de Miami», señala. «Julio ama el vino español y es un magnífico embajador de nuestros caldos. La suya es una de las bodegas privadas más importantes del mundo. Julio conoce muy bien el rito del vino»*.

Un millón de dólares en vino

En los años setenta y ochenta, mientras seducía a medio mundo con sus canciones, Julio también se dedicó a comprar grandes vinos, «compraba y compraba vinos. Como era barato, buscaba los grandes franceses de buenas añadas. Llegué a comprar los buenos Romanée-Conti, Latour y Lafite por treinta, cuarenta y cincuenta dólares la botella e hice una colección importante», cuenta de los vinos que ahora alcanzan precios tan elevados que ni él los contempla.

«He aprendido a aprender, que es jodido. Ya sé que un vino es blanco y ya sé que un vino es tinto, y puedo saber cuándo es de una buena añada o si está hecho con cariño. El vino tiene muchas connotaciones. Hablo mucho de vino porque es uno de mis grandes ayudantes»**, dijo Julio en una entrevista.

En cierta ocasión a Julio el precio se le fue de la mano, aunque naturalmente mereció la pena: «A finales de los años ochenta, un amigo mío me llevó a Los Ángeles a una tienda de vinos de dueños iraníes. Allí había dos cajas de Romanée-Conti del 85. Le pregunté si me los vendía», recordaba Julio. La dueña le explicó que aquellas botellas eran el mayor atractivo de la tienda y no estaban en venta. Pero le contó a su esposo las pretensiones del cantante.

El dueño respondió con un desafío: «Vamos a ver, Julio: si me compras un millón de dólares, te las doy de regalo». Julio aceptó el reto. «Es el mejor negocio que he hecho. Me imagino que esas dos cajas de Romanée-Conti hoy en día valdrían no menos de doscientos cincuenta mil dólares. Ese fue un día especial para recordar. No siempre compro un millón de dólares en vino».

---

* *El País.*

** *El Periódico de Aragón,* 11 de junio de 2017.

Julio Iglesias habla con deleite del placer de entrar a su cava en busca del vino que llevará a la cena. «El vino es un ser vivo: hay que cuidarlo. Tengo varias casas, no muchas, y en todas tengo bodegas».

«Para amar el vino tinto tienes que tener un enfoque sano de la vida. El vino tinto es la vida, la única vida que puedes meter en una botella», afirmó en cierta ocasión Julio.

Julio, bodeguero

En el año 2000, después de varios intentos fallidos, Julio desembarcó de lleno en la industria vinícola, convirtiéndose en socio de las Bodegas Montecastro.

Todo empezó cuando un grupo de profesionales y empresarios, encabezado por Alfonso de Salas, fundador del diario *El Mundo,* se lanzó a la aventura de constituir una pequeña bodega bajo el nombre de Montecastro. Tras casi diez años, Julio recuerda perfectamente el vino que le enganchó: «Fue un Lafite de 1961, me enseñó la profundidad del buen vino». Luego llegaría Montecastro y el premio en *The New York Times* como mejor vino de la Ribera del Duero en una cata de veinte botellas de menos de cuarenta y cinco euros.

La Bodega Montecastro está situada en Castrillo de Duero, en Valladolid, y tiene una capacidad de elaboración de doscientas cincuenta mil a trescientas mil botellas bajo la denominación de origen Ribera del Duero. Entre sus propietarios, además de Julio, destaca Pedro J. Ramírez y el enólogo francés Bertrand Erhard, quien comprendió a la perfección la filosofía del proyecto.

«Acepté participar —dijo Julio de su condición de socio de la bodega— porque son todas personas muy serias y el enólogo Bertrand Erhard es muy bueno».

La bodega de Julio Iglesias se propuso competir abiertamente en calidad y precio con los grandes Ribera del Duero Reserva en la franja razonable de precio por debajo del mítico Vega Sicilia y con el referente del Protos.

Julio aclara que quien hace el vino es Bertrand Erhard Petel, enólogo de Montecastro, y que Alfonso de Salas buscó las tierras. Orgulloso, destaca cómo «fue un nacimiento terriblemente inteligente. Empezamos por lo básico: buena viña, buenos viticultores, buenas gentes que trabajan y que entienden..., y ahora tenemos un grandísimo vino», señala.

Hacienda Monasterio, la prestigiosa firma de Ribera de Duero, compró en 2014 una participación mayoritaria de la bodega Montecastro.

Julio se involucra en la medida que lo permite su agenda. «Voy a las catas y he asistido a alguna mezcla. Pero el vino es un trabajo del día a día. Tenemos buenas raíces y confío mucho en su enólogo Bertrand Erhard».

Al final, Iglesias da su veredicto: «Lo estamos haciendo bien. Es francamente bueno». Aunque el cantante tenía claro que no había prisa alguna en quemar etapas, «empezamos con un vino correcto y queremos hacer uno grande. Eso será dentro de cuarenta años».

37

Unos vienen y otros se van

No love dying, Gregory Porter

PREMIOS
GRAMMY®
LATINO

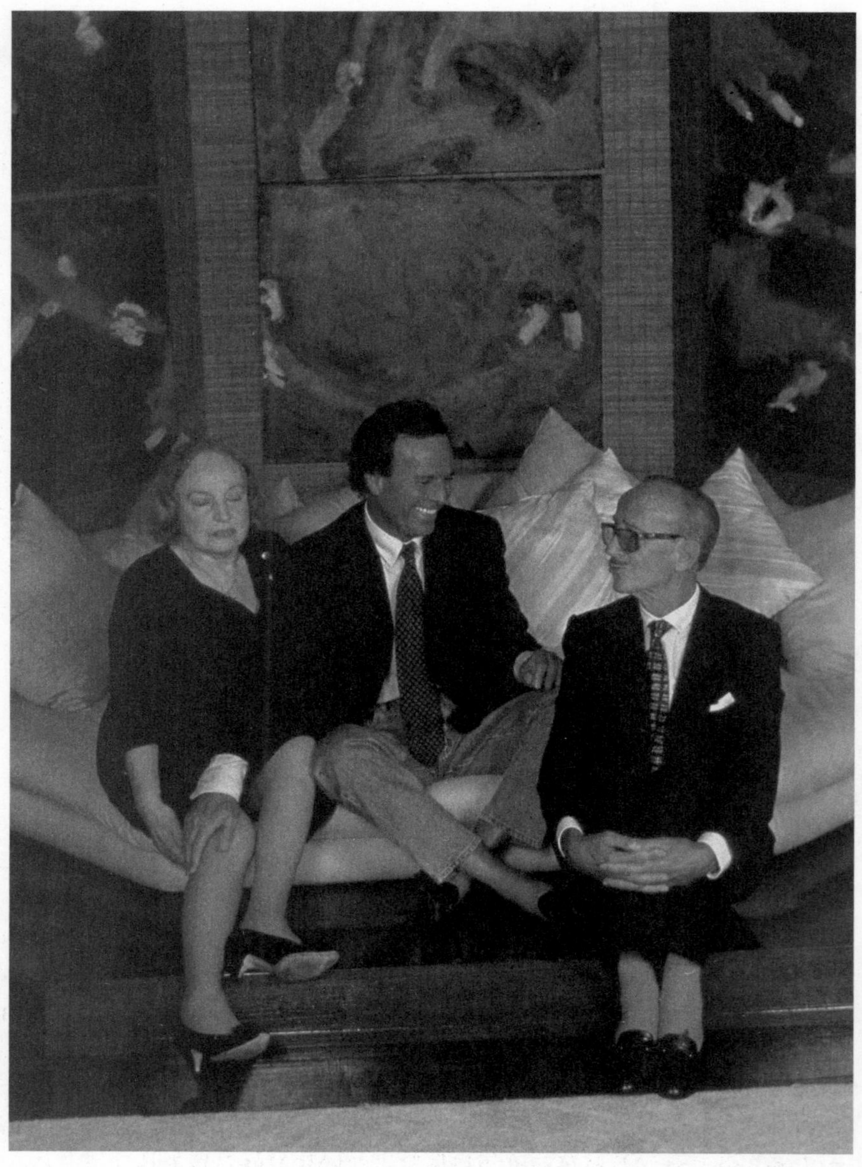

606: 1994. Julio Iglesias con su padre, Julio Iglesias Puga, y su madre, Rosario de la Cueva. © Getty / Álvaro Rodríguez.

604-605: 10 de septiembre de 2001. Julio Iglesias recibe el premio Grammy a la personalidad del año. © Getty / Frank Micelotta Archive.

A rebufo del enorme éxito de *Noche de cuatro lunas* Julio volvió a salir de gira mundial y en mayo de 2001 recibió la feliz noticia del nacimiento de sus hijas gemelas.

Victoria y Cristina

Julio fue padre de gemelas con «dos nombres muy españoles»*, según el cantante, el primer día de mayo. Miranda dio a luz al tercer y cuarto hijos de ambos en el hospital Mount Sinai en Miami Beach. Cristina nació siete minutos después de Victoria y Julio cortó el cordón umbilical en un parto sin problemas y muy rápido. Al abandonar la clínica se le vio visiblemente emocionado tras el alumbramiento de sus gemelas y Miranda comentó lo que para ella significaba su marido: «Para mí Julio es lo más importante en mi vida», y al hablar de sus hijos la holandesa afirmaba: «Quiero que sean, ante todo, buenas personas, que crezcan sanos y que sean humildes, sencillos, justos y generosos. Y que no se encierren en sí mismos, sino que se abran a los demás».

---

* *El País.*

Y añadía: «Nuestros hijos deben ir descubriendo y sabiendo que son unos privilegiados, y que una inmensa mayoría de niños en el mundo no han tenido la suerte que ellos han tenido»*.

Las gemelas nacieron en Miami, fueron bautizadas en Marbella y, según fueron creciendo, se educaron a caballo entre Miami, Punta Cana y Ojén.

Español Universal

En 2001 en el Salón Real del hotel Ritz de Madrid Julio Iglesias fue homenajeado como Español Universal 2001. El acto estuvo presidido por la presidenta del Congreso de los Diputados, Luisa Fernanda Rudi. Más de doscientos cincuenta invitados homenajearon al artista más internacional de todos los tiempos.

En el mencionado homenaje internacional a Julio Iglesias, promovido y organizado por la Fundación Independiente, que desde 1996 cada año elige un Español Universal, intervinieron destacadas personalidades, entre ellas la presidenta del Congreso de los Diputados, Manuel de la Calva, miembro del Dúo Dinámico, y el escritor y periodista Tico Medina.

Manuel de la Calva dio lectura al manifiesto «La piratería musical, lacra de la cultura española», documento promovido por la Fundación Independiente con la colaboración de destacadas instituciones y entidades para sensibilizar a la sociedad española sobre la necesidad de terminar con la venta ilegal de música.

En su intervención Tico Medina, entre otras cosas, dijo: «Este español, déjenme que esta noche pronuncie la palabra "España", la usa, la mima, la quiere, la ama, la comparte, la regala, la abraza, la ofrece, se la bebe y se la vive, todos los días de su vida. Porque hoy se le ofrece a Julio Iglesias el título de Español Universal, el que hizo mucho más universal a España».

El presidente de la Fundación Independiente expuso los tres requisitos que tanto Julio Iglesias como los Españoles Universales que le precedieron, Camilo José Cela (1996), Plácido Domingo (1997), Vicen-

* *¡Hola!*

te Ferrer (1998), Federico Mayor Zaragoza (1999) y Margarita Salas (2000), habían tenido que cumplir: compatriotas con arraigadas convicciones democráticas, defensores de la sociedad civil y amplia proyección internacional.

El homenaje internacional a Julio Iglesias como Español Universal 2001 recibió un largo centenar de mensajes, cartas, telegramas, faxes y correos electrónicos de felicitación, destacando los del presidente del Gobierno, José María Aznar; su vicepresidente, Mariano Rajoy; el alcalde de Madrid, José María Álvarez del Manzano; el presidente de la República Francesa, Jacques Chirac; el expresidente de Estados Unidos Bill Clinton, Henry Kissinger, Barbara Sinatra, Óscar de la Renta, Kirk Douglas, y los cinco Españoles Universales que le precedieron.

Las palabras de Julio Iglesias cerraron el homenaje, y las de gratitud su intervención: «Quiero dar las gracias a la Fundación Independiente —dijo— por haberse acordado de mí. Gracias a tantísimos españoles que hacen posible este premio. Y gracias, España, por haberme dejado nacer aquí, en este país ilustre, desconocido por los españoles muchas veces, y tan querido por el mundo. Ojalá que este premio universal recaiga en todos los españoles porque España es un país de universales»*.

Premio Grammy a la Personalidad del año

Durante todo el año 2001 Julio presentó las canciones de *Noche de cuatro lunas* en sesenta conciertos en escenarios de todo el mundo.

En el verano Julio aterrizó en España ofreciendo dieciocho conciertos por la geografía española con notable éxito. Al finalizar, satisfecho por la gran recepción de sus canciones y del nuevo espectáculo, Julio sintió un cariño sincero y un verdadero reconocimiento por parte del público español: «Ahora sí sé que me quieren. ¿Cómo puedo corresponder a todo el cariño que se me ha dado en estos meses? Solo por haber disfrutado de unas veladas tan emocionantes ha merecido la pena haber invertido más de treinta años de mi vida»**.

---

* julioiglesiaslive.blogspot.com

** José Eduardo Arenas, *ABC,* 19 de septiembre de 2001.

Mientras lanzaba los álbumes *Una donna può cambiar la vita,* en italiano, y *Ao meu Brasil,* en portugués, incluyendo el inusitado éxito *Gozar la vida,* Julio sería reconocido con una de las distinciones más relevantes de su carrera. En la noche del 10 de septiembre de 2001, Julio Iglesias recibía el premio Grammy a la Personalidad del año con el que había sido honrado, el tributo de la academia a una carrera impecable a lo largo de más de tres décadas.

El presidente de LARAS, la Latin Academy of Recording Arts and Sciences, Michael Greene, declaró a la hora de hacerle entrega del premio: «Julio Iglesias es el máximo embajador de la cultura y música latina a través del mundo. Es raro que aparezca un hombre con tanto talento, pasión y dedicación a su cultura y a sus admiradores».

Julio, con su habitual guasa, respondió a la altura: «Agradezco este precioso homenaje que me merezco», añadiendo después con más profundidad que «se lo dedico a toda esa gente que me ha regalado su generosidad, la gente de la calle de los que dependo por sus compras y que me han premiado continuamente con los millones de discos que me han comprado».

El homenaje se celebró en el hotel Beverly Hilton, situado en el corazón de Beverly Hills. Estrellas como Celia Cruz, Laura Pausini, Arturo Sandoval o Alejandro Sanz, cantaron para Julio en un evento memorable celebrado la noche antes de que Osama Bin Laden atacara Nueva York en los terribles atentados del 11 de septiembre.

Adiós, mamá

Antes del nacimiento de las gemelas Victoria y Cristina, Julio asistió con enorme tristeza a la pérdida de su madre. «Mi madre es una mujer impresionante, con un sentido del humor grandísimo, típica madre latina más preocupada de los hijos que del mundo exterior, cosa que yo le reprocho porque ha perdido oportunidades, nos ha dado todo su tiempo a mi hermano y a mí»*, recordó en una ocasión Julio.

La madre de Julio siempre vivió alejada de los focos y muy poco interesada en los asuntos relacionados con el oficio de su hijo. En una

* *Buenas Noches, Cecilia,* Canal 13, 20 de abril de 1997.

entrevista concedida hace algunos años, Charo comentaba: «Soy persona a la que no le gusta salir en la prensa. El popular es mi hijo. Yo no soy más que su madre, y no me gustan esas cosas de ser noticia. Pienso que mi puesto está en pasar inadvertida»*.

El 14 de marzo de 2002, a la edad de ochenta y dos años, fallecía en Miami María del Rosario de la Cueva y Perignat, la madre de Julio.

La vida de Charo no fue ni mucho menos una vida feliz, especialmente tras su difícil relación de pareja con el doctor Iglesias. Su matrimonio con él fue una gran mentira, una pareja casada durante muchos años sin amor, atada a una imposibilidad de divorcio y a una distancia insalvable de dos caracteres diametralmente opuestos. «Mi madre le cantaba a mi padre tres veces al día para que no se escapara de casa»**, recordaba Julio.

Hasta que se fuera a vivir a Miami con su hijo mayor, cuando este desembarcó en Estados Unidos tras su separación de Isabel, Charo había seguido viviendo junto al ginecólogo en la casa de Madrid, en el mismo edificio en el que también residía Isabel, alguien a la que Charo no quería especialmente.

En 2018, durante un concierto en Tel Aviv, Julio recordó ser judío. Se trataba de una confesión que el artista ya había hecho en 1995; según contaba el cantante, su origen venía porque su madre era judía y, según la tradición de dicho pueblo, la condición de esta religión se transmite a través de la madre y no del padre. «Yo soy judío de la cintura para arriba, de la cintura para abajo soy internacional», bromeó haciendo referencia a que él no estaría circuncidado***.

Según el relato de Julio, hace siglos, cuando en España se perseguía a los judíos y se los obligaba a abandonar su fe, parte de estos se escondieron en cuevas. «El apellido de mi madre, De la Cueva, viene de allí».

Doña Rosario siempre comentaba que la fama de Julio Iglesias «le ha hecho ganar un nombre, pero no le ha quitado nada».

---

* *¡Hola!*
** *Vanity Fair.*
*** *La vanguardia,* 24 de octubre de 2018.

Charo vivió en Indian Creek hasta 1984, año en el que decidió mudarse con sus tres nietos, Chábeli, Enrique y Julio José, a la casa que Alfredo Fraile había tenido en Bay Point, cuando este dejó de trabajar con Julio. Allí vivió hasta que los tres nietos se independizaron y se fue a vivir a un lujoso apartamento en Coral Gables. Desde 1995 Charo, una mujer con profundas creencias religiosas, se dedicó a ayudar a los más necesitados en la parroquia Corpus Christi en Miami.

Una vieja historia contaba que cuando Julio llegó a Miami y se llevó a su madre a vivir con él, cada mañana que Charo veía desfilar un carrusel de mujeres de la noche anterior, entraba al dormitorio de su hijo, la estancia infernal, con un rosario santiguándose y bendecía las sábanas mientras su hijo estaba en la ducha silbando*.

El golpe más doloroso de mi vida

En 1995 tuvo que ser operada a corazón abierto después de un grave infarto. Tras sus problemas de salud, vivió una larga temporada en casa de su hijo Carlos, acompañada de la esposa de este, Mamen, y de la hija del matrimonio, Marta. Se recuperó, pero su salud ya nunca fue la misma.

Charo recibió el emocionado último adiós de sus dos hijos, Julio y Carlos, en Miami. Ellos estuvieron en todo momento acompañados de sus respectivas mujeres, Miranda y Mamen, tanto en el funeral celebrado en la iglesia del Corpus Christi como cuando al día siguiente, a bordo del barco *Sea Dancer,* depositaron las cenizas de los restos de doña Rosario en las olas del mar, tal y como ella deseaba, mientras Mamen y Miranda arrojaban rosas blancas**.

«Ha sido el golpe más doloroso de mi vida. Fue una madre totalmente entregada a mi hermano y a mí, una mujer que ha sufrido mucho durante los últimos años por una artritis fortísima que la mantuvo en una silla de ruedas. Acostumbrado como estoy a tantas sensaciones de todo tipo, me encontré en esta ocasión, de repente, con un vacío difícil de describir. Cualquier imagen retrospectiva de mi vida

---

* vice.com
** julio-iglesias.blogspot.com

está relacionada con ella. La recuerdo todos los días; siempre hay algún detalle que la representa»*, recordaba emocionado Julio.

En noviembre de 2002 Carlos y Julio levantaron un centro social en memoria de su madre, el Centro de Servicios Sociales Rosario de la Cueva de Iglesias, adscrito a la parroquia del Corpus Christi en Miami.

En el funeral también estuvo el doctor Iglesias, quien, a pesar de sus desavenencias, la seguía queriendo. Desde que rompieron como pareja, muchos años atrás, jamás consiguió volver a darle un beso, «solo pude darle ese beso que tanto deseaba el día que murió. Se lo di en la frente y lo hice con tanto amor...»**.

Un abuelo llamado Julio Iglesias

La vida es un conjunto de contrastes, y del mismo modo que Julio recibió con enorme tristeza la muerte de su madre, en enero había recibido con inmensa alegría la llegada de su primer nieto, el primer hijo de Chábeli, fruto de su matrimonio con el empresario Christian Fernando Altaba.

Chábeli y Christian habían contraído matrimonio civil el 8 de octubre de 2001 en una íntima ceremonia, a la que solo asistió el hermano de ella, Julio José, celebrada en su casa de Miami. El embarazo de la hija mayor de Julio fue muy problemático. Estando de vacaciones en Punta Cana empezó a sentirse indispuesta y a sufrir hemorragias, razón por la cual acudió de urgencia al Hospital Bávaro de Punta Cana. Chábeli permaneció allí más de doce horas hasta que el equipo médico del hospital consiguió estabilizar su situación para poder trasladarla a Miami.

Chábeli viajó de Punta Cana a Miami en el avión privado de su padre para ingresar en el hospital Monte Sinaí, desde donde se decidió internarla en el centro clínico Jackson, hospital con un reconocido equipo de especialistas en embarazos de alto riesgo.

El abuelo de Chábeli, el doctor Iglesias, pocas horas antes del nacimiento apuntaba que «la situación es delicada y grave. El bebé no ha

---

* José Eduardo Arenas, *ABC*, 28 de Julio de 2002.
** *Voluntad de hierro.*

entrado en el sexto mes de gestación o sea que sus órganos no están totalmente formados y es muy complicado tomar una decisión»*.

El 15 de enero nació Alejandro en el hospital Jackson de Miami. El nacimiento del primer hijo de Chábeli se adelantó algo más de tres meses y junto a la recién estrenada madre se encontraban su marido e Isabel Preysler.

Julio sigue de gira

Durante el resto del año, Julio siguió con su rutina de conciertos, actuando de manera exhaustiva en España. «Hace un año y medio mi padre, que me acompañará en toda la gira, me dijo que le gustaría verme cantar en pueblos donde nunca había actuado, y por eso actuaré en pequeñas localidades y ante un público no muy numeroso»**.

Lo cierto es que, sin motivo aparente, la gira del año anterior no logró captar la atención de público deseada, y a pesar de lograr el reconocimiento de los admiradores españoles, muchos conciertos terminaron con muchas entradas sin vender.

Poco antes de su concierto en Ávila, una ciudad que hacía mucho tiempo que no formaba parte de la ruta del cantante, Julio anunció que «quiero que la gente entienda que soy un cantante de pueblo, me encantan las *ávilas* de España, las *ávilas* del mundo entero; me ofrecen que cante en París, en Londres, en Nueva York..., pero yo no quiero cantar más en esas grandes ciudades donde ya he cantado muchas veces». Sobre el privilegio de poder decidir dónde cantar, y dónde no, Julio lo tenía claro: «Yo puedo cantar, desgraciadamente o gracias a Dios, en donde me salga de las narices, pero ahora he elegido lugares pequeños»***.

La gira de 2002, bautizada como *Entre mi gente 2002 (ver, tocar, sentir y cantar),* tampoco encendió la chispa de antaño, y Julio, a pesar de visitar poblaciones como La Muela, Roquetas, Ortigueira, Sanxenxo o Toledo, no ofreció sus mejores espectáculos en España. Bien por

---

* *¡Hola!*
** *ABC,* 5 de julio de 2005.
*** Fernando Toribio, 8 de mayo de 2011.

cansancio, bien por un estado anímico decaído tras la dolorosa pérdida de su madre, Julio incluso llegó a insinuar que aquellos conciertos serían sus últimas actuaciones en España, algo que naturalmente no sucedió.

Años después se retractaría con declaraciones más atinadas y cercanas a su verdadero sentimiento: «En mi país digo tantas tonterías que después ni las leo. En mi país soy un poco emocional y *boludo,* un poco gilipollas. Muchas veces no digo lo que pienso con el cerebro, sino lo que me sale en un momento determinado»*.

Un claro ejemplo de las pobres impresiones que dejó tras sus actuaciones en España son las palabras que Agustí Fancelli escribió, después de su concierto en Sitges, en el diario *El País:* «Julio Iglesias pone en escena, básicamente, su jeta, que no es poca. Vestido con traje oscuro y chaleco, bronceado con sabiduría, viene a hacer como Sean Connery en sus últimas películas: actuar lo justo, porque su elaborada presencia ya se encarga de llenar todo lo demás (...), dudar sobre si lo que uno ha visto es al verdadero Julio Iglesias o a su doble es perder el tiempo. Juan José Millás no para de advertirnos en este mismo diario que entre una cosa y la otra no existe diferencia alguna»**.

El *Prestige,* unos hilillos de plastilina

Al finalizar su gira *Entre mi gente 2002,* Julio vio cómo Galicia, la tierra de su padre y de la que él se sentía más cerca, sufría una catástrofe natural sin precedentes. Profundamente entristecido por el irreparable daño, trató de ayudar en la medida de sus posibilidades.

Nadie ama más el marisco gallego que Julio Iglesias. Cuenta la leyenda que el popular cocinero gallego Manuel Cores, *Manolo Chocolate,* cada verano le enviaba hasta Miami o Punta Cana marisco fresco en avión privado.

Julio, cada vez que aterrizaba en Galicia, pasaba obligatoriamente por el restaurante Chocolate, donde igual que se merendaba una nécora se cenaba un bogavante, todo bien regado con vino de la tierra.

---

* Elena Pita, *El Mundo,* 31 de agosto de 1997.
** Agustí Fancelli, *El País.*

Durante años, la figura de Julio comiendo o cenando marisco donde Manolo Chocolate era parte oficial del paisaje.

El 13 de noviembre de 2002 el nombre del buque *Prestige* no significaba nada para la mayoría de los españoles. Tres días después, el 16 de noviembre, casi doscientos kilómetros de la Costa da Morte amanecieron cubiertos de chapapote, una palabra tristemente popular para los españoles desde ese día.

La tragedia medioambiental del *Prestige* provocó una marea de solidaridad por todo el país y de esta manera se respondió ante uno de los más graves desastres ecológicos de la historia de la navegación. La gente se volcó con Galicia y nació todo un movimiento popular que clamó contra el desastre *Nunca máis*. El petrolero sufrió desperfectos irreparables bajo una fuerte tormenta. Se encontraba muy cerca de la Costa da Morte e iba cargado con setenta y siete mil toneladas de fuelóleo. Después de varios días, donde se trató de alejar el barco de la costa gallega, el *Prestige* se hundió a unos doscientos cincuenta kilómetros de la misma. El vertido de la carga se convirtió en una de las peores pesadillas de Galicia, las consecuencias tuvieron tal dimensión que no solo provocó una crisis política, sino que también movió a la opinión pública a acalorados debates y controversias. Lo que sí es cierto es que junto a esa marea negra en el mar creció otra, la solidaria. Y a esa causa se unieron además de ciudadanos anónimos, personalidades relevantes de la sociedad y de la cultura española. Uno de ellos fue Julio Iglesias.

El cantante, que siempre fue fiel a su origen gallego y que además había dedicado uno de sus primeros triunfos a la tierra de su padre, no tuvo duda en donar los derechos de autor de *Un canto a Galicia*. Para ello Julio contactó con la Sociedad General de Autores y les explicó sus deseos, quería que todos los beneficios que generase a partir de aquel momento la canción fueran directamente a todos los organismos que estaban actuando en tierras gallegas para frenar el desastre. Por otra parte, además de ayudar económicamente, deseaba que cada vez que se escuchara su canción «todos recordemos lo que sucedió en nuestra tierra para que nunca más vuelva a ocurrir algo así».

Julio se quedó fascinado, como muchos otros ciudadanos, de la respuesta del pueblo español ante la tragedia y lamentó la gestión política ante el derrame de la mancha negra por «la falta de prevención de circunstancias tan graves como las que han sucedido con este barco»*.

Julio Iglesias, al igual que la mayoría de españoles testigos de la catástrofe medioambiental, declaró su tristeza por el destrozo de las costas gallegas: «Esta situación nos ha enseñado lo que son las costas gallegas para los españoles: hemos usado y abusado de ellas, hemos comido de ellas, nos hemos divertido en ellas y ahora sentimos tristeza al ver que están arruinadas»**.

* *ABC,* 26 de diciembre de 2012.
** Onda Cero, 2002.

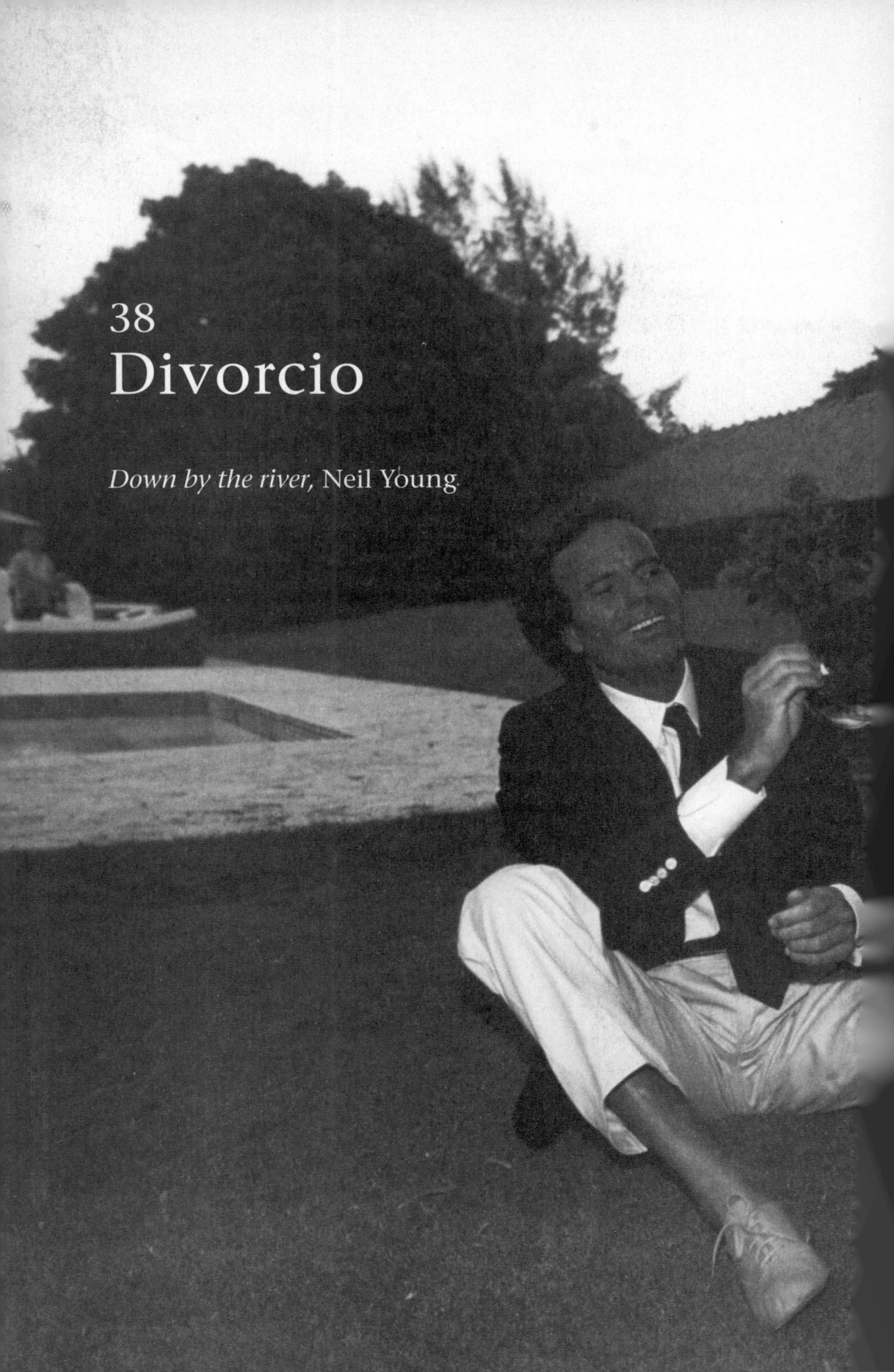

38
Divorcio

Down by the river, Neil Young

620: 12 de diciembre de 2001. Julio Iglesias recibiendo el premio Español Universal de manos de Ignacio Buqueras. Getty © Getty / Carlos Álvarez.

618-619: circa 1986. Julio Iglesias en el jardín de su residencia con sus perros Hey y Meva. © Getty / Jean-Claude Deutsch.

Como casi cada año desde 1970 Julio Iglesias arrancaba el año subido a un escenario. Su dedicación al directo había sido casi ininterrumpida desde su feroz irrupción en el mundo de la música más de tres décadas atrás. Todo lo contrario que su presencia en el estudio de grabación, intensa y casi constante hasta finales de los años noventa, y poco a poco más espaciada con la llegada del nuevo siglo. A diferencia de sus giras, el estudio de grabación reclamaba una dedicación y un esfuerzo que Julio cada vez deseaba menos.

En 2003, tres años después de su *Noche de cuatro lunas,* Julio presentaba un nuevo disco.

«Divorcio»

Con *Divorcio* Julio celebraba su sesenta cumpleaños. «Quien no le da importancia a la edad es que vive en el limbo, la edad es importante porque es el vigor de la vida. Me siento bien, estoy delgado y sano, pero sesenta años son sesenta años y aunque reúnes informaciones de las que aprendes de ti mismo, desgraciadamente siempre las aprendes tarde», aseguraba. A esta edad «empiezas a sentir que tienes que tener más prisa en unas cosas y menos en otras, a distinguir, a elegir las opciones que te da la vida. No me duelen los huesos, ni el alma, pero sé que me van a doler, por eso trato de cometer más errores, de ver más amaneceres y dormir menos, soy menos higiénico, ya como con las manos sucias, y prefiero caerme sin paracaídas. Pero qué privilegio tener sesenta años y seguir cantando. No me lo imaginaba cuando empecé».

Presentado en el último tramo del año, *Divorcio* era el disco de pop latino en el que Enrique Levi, Rafael Ferro y el propio Julio Iglesias aparecían como autores de los temas. «Es más mío que otros porque he escrito más canciones», dijo Julio. Con *Divorcio,* un título elegido para provocar y para que le preguntaran por él, Julio decía convencido que «canto para que me quieran más y lo siento así».

Divorcio era un disco dedicado a su madre, y también a su padre, porque Julio quería «que lea, que aún no lo sabe, lo mucho que le debo, porque ha sido un gran motor en mi vida y mi primer fan».

Con la producción y arreglos de Roberto Livi, Rafael Ferro, René Toledo y Rudy Pérez, *Divorcio* era una entrega musical interesante, menos lograda que *Noche de cuatro lunas,* pero con los suficientes títulos notables para llamar la atención de sus fans. El cuajo y el sarcasmo de Julio en la canción *Divorcio,* en la que Julio no protesta por la pérdida del amor, sino que describe cómo su expareja se ha llevado hasta el retrato de su abuela, es puro Julio Iglesias.

Julio describía el disco como una experiencia nueva, una nueva manera de cantar canciones que también son nuevas, un álbum muy latino, muy provocador, muy irónico y con mucho sentido del humor. *Divorcio* escondía pequeñas joyas como *Qué ganaste* y *Cómo han pasado los años,* el ramalazo mexicano en *Corazón de papel,* un corte con sabor a ranchera antigua, o la bailable *Criollo soy,* a ritmo y estructura de guajira. «Es una grabación en la que he utilizado el cerebro para emocionar a la gente, no la emoción para convencer», dijo Julio sobre sus nuevas canciones.

Julio reivindicaba la figura del intérprete en este disco, porque «son los que quedan, ya que hacen suyas las canciones. El interpretar tiene tanto o más mérito que escribir». En el disco también se incluían baladas como *La carretera II,* una canción con sabor a *spin off,* aunque algo menos atinada que su hermana mayor en el disco del mismo título, o *La ciudad de madrugada,* una canción que emparentaba con *Un hombre solo.* Moderadamente cerca todavía la pérdida de su amigo Frank Sinatra, en *Divorcio* Julio Iglesias se atrevió con una adaptación al castellano de ni más ni menos que *Strangers in the night,* titulado en el disco *Extraños nada más* y el reflejo más evidente del legado *crooner* de Julio. Naturalmente no canta como la Voz, pero ¿hay alguien que cante como Sinatra?

La canción que abanderó las ventas del disco fue una composición de Julio, *Cómo han pasado los años,* una canción con aire nostálgico y que sonaba a despedida. Julio grabó más discos después de *Divorcio,* pero, ciñéndonos a música original grabada, este trabajo sí supone hasta el día de hoy el último disco de Julio Iglesias; de alguna manera, y por puro accidente cronológico, *Divorcio* es un disco histórico.

«El disco contiene un divorcio en cada canción. Eso es lo que más me interesa del álbum. Yo solo puedo decir que estoy satisfecho del resultado, y estoy contento de ¡haberlo terminado!», sentenció Julio con el disco en las manos*.

Mi mejor amigo es un perro

Con sesenta años a sus espaldas, Julio Iglesias ya había dado decenas de vueltas al mundo subido a un avión, algunas de ellas subido en un Concorde.

En 2003, después de veintisiete años volando, el Concorde desaparecía de los cielos terminando con él los vuelos comerciales a velocidades supersónicas. El Concorde fue la gran apuesta tecnológica del general De Gaulle y del primer ministro británico Harold McMillan, un precioso aparato de elegante silueta, impulsado por cuatro reactores Rolls Royce y cuyo fuselaje era casi tan largo como los de los aviones comerciales.

La falta de rentabilidad fue la única razón para aparcar en 2003 este avión mítico que logró superar el duro golpe que supuso su único

* José Eduardo Arenas, *ABC,* 10 de agosto de 2003.

accidente, el 25 de julio de 2000, en el que murieron todos sus ocupantes cerca de París. El Concorde recibió decenas de homenajes en los que no faltaron los personajes con más glamur del mundo, que proyectaban en el avión supersónico su símbolo de exclusividad.

A Julio Iglesias por supuesto también le gustaba el Concorde, un avión en el que vivió una de esas anécdotas que solo pueden permitirse las estrellas.

En una de sus publicaciones en Instagram de 2018, donde aparecía con su cachorro *Hey!*, el perro que le regaló Sydne Rome, Julio recordaba con emoción una aventura a bordo del mítico avión: «Haciendo un poco de memoria me encuentro esta foto con el perro de mi vida, *Hey!* Tenía dos meses, ese mismo día viajamos en el Concorde. Recuerdo que una de las azafatas casi llegando a Nueva York me llamó la atención preguntando qué llevaba en el bolso. Abrí y se lo enseñé y me hizo un gesto de no decirlo a nadie ya que estaba prohibido llevar perros en el Concorde. Así fue como llegamos a Nueva York. El perro más maravilloso que he tenido en mi vida».

A Julio siempre le gustó su perro *Hey!*, al que calificaba como su mejor amigo y el único animal que había tenido, «mi perro fue y sigue siendo *Hey!* Desde que murió *Hey!* ya no tengo perro. Lo tienen mis hijos; ese que hay ahí, que se llama *Truhan*, es un perro vagabundo, como yo».

Julio, siempre solidario

Portugal vivió una de las mayores catástrofes de las últimas décadas, donde violentos incendios, fruto de las altas temperaturas y unos niveles de humedad muy bajos, dejaron al país literalmente en llamas. La catástrofe se cobró nueve muertos, centenares de personas evacuadas, docenas de pueblos destruidos por el fuego y un país devastado.

Ante más de veintitrés mil personas, Julio ofreció un concierto a beneficio de los bomberos portugueses en el estadio Dos Santos de Portalegre.

En 2004 también aparecería en el mercado un disco de canciones románticas, *Love songs;* «le debía a la casa de discos uno en inglés y creí que era el momento de recordar algunos de los temas de amor más importantes de mi carrera»,* explicó sobre el disco. Julio combinó el lanzamiento de su nuevo trabajo con conciertos en Europa y en América. Ante su sorpresa, después de tantos años de carrera, el artista mostró su perplejidad al comprobar el extraordinario éxito que alcanzaba su disco de amor: «Me parece alucinante volver a ser oficialmente número 1 en España y, además, en inglés».

Ese año Julio actuó solo en dos ocasiones en España, en Marbella y en Madrid, siendo la de la capital especialmente relevante al tratarse de una gala benéfica presidida por los reyes de España y los príncipes de Asturias. La gala *Me olvidé de vivir*, presidida por su majestad el rey don Juan Carlos I, recaudó fondos para el Proyecto Alzhéimer de la Fundación Reina Sofía.

Asimismo, con el objeto de reducir el analfabetismo en la República Dominicana, Julio Iglesias y Óscar de la Renta participaron, junto al presidente Leonel Fernández, en la inauguración de la primera fase de construcción de una escuela cuyo grupo constructor tenía como socios a los dos españoles.

Ya en 2005, Julio se acercó hasta París para presentar su disco en francés *L'homme que je sois* y la grabación del programa especial de televisión *Un samedi soir avec Julio Iglesias*. Una vez más, el público de Francia recibía a lo grande las nuevas canciones del cantante español, colocando su disco en el número 1 de las listas. «A cualquier artista le gusta que se le reconozcan sus méritos, pero si además se le guarda el respeto y la admiración a alguien que ha dedicado toda su vida a entretenerle, el regalo no tiene parangón con nada, excepto la familia»**.

En el mes de noviembre Julio aún tendría tiempo de recibir un importantísimo reconocimiento de manos de la reina de España. En el hotel Pierre de Nueva York doña Sofia le hacía entrega de la Medalla de Oro del Spanish Institute de Nueva York.

Nueva York se vistió de gala con motivo de la entrega en un acto en el que, además de Julio Iglesias, fueron galardonados Henry Kissin-

* *Cuando vuelva a amanecer.*
** José Eduardo Arenas, *ABC*, 6 de agosto de 2004.

ger y Beatriz Santo Domingo en reconocimiento a su contribución a la difusión de la cultura hispana en Estados Unidos.

La reina destacó la labor que realizaba la institución «para impulsar los lazos políticos y culturales entre Estados Unidos y España, así como un mejor conocimiento de la cultura latinoamericana en este país». El acto reunió a las más destacadas personalidades del mundo cultural y empresarial. Entre los asistentes estadounidenses se encontraban el alcalde de Nueva York, Michael Bloomberg, los diseñadores Óscar de la Renta (presidente de honor de la entidad) y Carolina Herrera, la cantante Liza Minnelli y la senadora Hillary Clinton, que apuntó que «no se exagera cuando se habla de la importancia de la cultura hispana en nuestro país».

El doctor Iglesias, mi padre, mi amigo

El doctor Iglesias fue un hombre que caló profundamente entre los españoles gracias a sus ocurrentes intervenciones en programas de televisión. Carismático y sencillo, Papuchi, el cariñoso apodo por el que casi todo el mundo se refería a él, logró sin proponérselo convertirse en el portavoz no oficial de los Iglesias. Siempre atento a una pregunta indiscreta sobre su hijo o sobre su propia persona, el doctor presumía de buen humor, agradecido a la vida que le había tocado vivir.

El 19 de diciembre de 2005 el doctor Julio Iglesias Puga falleció en el Hospital Clínico San Carlos de Madrid a los noventa años.

La madrugada anterior, el doctor Iglesias comenzó a sentirse indispuesto. Los servicios de emergencia acudieron a su domicilio y descubrieron al doctor con los pulmones encharcados, por lo que fue trasladado de urgencia al Hospital Clínico de Madrid, donde sufrió un paro cardiaco del que primero fue reanimado, pero que finalmente no pudo superar.

«Mi padre es el personaje más importante de mi vida sin lugar a dudas. Maestro de vida, maestro de disciplina, maestro de cariño, es el ejemplo más claro que he tenido en mi vida de lo que es un hombre íntegro, un hombre generoso, un hombre de futuro, y sobre todo un amigo. Tengo un gran respeto por mi padre y una gran admiración, la más grande admiración de mi vida»*, recordaba emocionado Julio. «Mi padre siempre me decía: "Hijo mío, tenías que haber sido tú médico y yo cantante..."».

Los hermanos pequeños de Julio

Siguiendo la estela de personajes como Anthony Quinn y Charles Chaplin, el doctor Julio Iglesias Puga había sido padre con ochenta y siete años. Cuando falleció, el doctor Iglesias esperaba su segundo hijo de la estadounidense Ronna Keith, su segunda mujer, a quien había conocido a comienzos de la década de los noventa. «En un principio, cuando la conocí, pensé que Ronna iba a ser una relación esporádica, una especie de entretenimiento, como otros muchos que he tenido. Pero me enamoré», confesaba el doctor.

Keith, que también es licenciada en Medicina, y el doctor Iglesias, se conocieron en una cafetería de Madrid; «vi pasar a una morenita muy guapa, muy mona. Y a mí me encantan las morenitas —recordaba el doctor—. Ronna iba con unas amigas y las invité a tomar un café».

Ambos contrajeron matrimonio el 1 de marzo de 2001 en una ceremonia civil en Jacksonville (Florida). Tres años más tarde, el 18 de mayo de 2004, nació James Nathaniel Iglesias, su primer hijo con Ronna, y el tercer hermano de Julio Iglesias.

El doctor Iglesias había prometido a su exmujer que no se casaría mientras ella estuviera viva, pero la enfermedad de Charo le hizo romper su palabra. «Pobre Charo, cómo está, ¿y si me pasa a mí lo mismo? Me puedo morir y dejar a Ronna abandonada, sola. Si eso sucede, me gustaría dejarle algo de lo que tengo en herencia por ser la mujer que ha estado los últimos años de mi vida a mi lado»**.

Julio aceptó aquel matrimonio sorprendente, pero a su hermano Carlos le resultó algo más difícil de asumir la decisión de su padre. Mamen, su mujer, y el propio Julio, lo convencieron, y su padre, de manera discreta y ante dos funcionarios como testigos, se casó en Florida.

---

* *Buenas Noches, Cecilia,* Canal 13, 20 de abril de 1997.
** José Eduardo Arenas, *ABC,* 14 de junio de 2005.

Jaime y Ruth, de 2004 y 2006, nacieron del segundo matrimonio de Papuchi con Ronna, a la que sacaba cuarenta y siete años, una diferencia de edad que nunca fue un impedimento para ellos. «A mi edad, un hijo es maravilloso. Me sentí como Abraham», recordaba el doctor.

Adiós, papá

El doctor Iglesias marcó a sus hijos y a sus nietos, con los que tuvo la oportunidad de compartir grandes momentos; «tengo muy buenos recuerdos del abuelo, le gustaban mucho las mujeres. Me hacía mucha gracia ver juntos a mi padre y a él»*, decía de él Julio José. Sobre su relación con sus tíos, prácticamente recién nacidos, Julio José recordaba años después: «La última vez que yo vi a mis tíos fue en Marbella y mi abuelo seguía vivo. Miranda y mi padre sí tienen contacto todavía con ellos, pero yo no los he visto. Además, sé que mi hermano Enrique no los ha visto y mi hermana Chábeli tampoco. No puedo decir por qué, no lo sé ni yo»**.

Julio Iglesias llegó a mediodía al tanatorio de La Paz, en Alcobendas, donde destrozado visitó la capilla ardiente con los restos mortales de su padre. «Mi madre era andaluza y de familia de escritores. Mi padre, hijo de militares. Recibí influencias diferentes, pero con el tiempo he aprendido que al educarme los dos tenían razón»***.

Cuando el doctor falleció, sus hijos y su esposa, Ronna, estaban lejos. Fue su hijo Carlos el que organizó el traslado de toda la familia desde Miami, con una parada en Punta Cana para recoger a Julio y a Miranda.

Fue Carlos Iglesias quien se dirigió a los numerosos medios de comunicación que esperaban a la puerta del hospital. Agradeció su presencia y les comunicó que el funeral y la incineración iban a desarrollarse con «sencillez» y en la más estricta intimidad; «él os quería mucho y vosotros también a él, por eso os pido que cumpláis sus deseos», comentó.

---

* *Love.*

** *Ibídem.*

*** Fernando Toribio, 8 de mayo de 2011.

Tras el triste fallecimiento de Papuchi, Ronna se trasladó a Estados Unidos. Allí vive con sus niños, alejada del foco mediático. La viuda del doctor mantiene una tranquila rutina en Florida y se sabe que tanto Ruth como Jaime adoran la música, una pasión heredada de su hermano mayor, Julio Iglesias, que les saca más de seis décadas. De hecho, acuden a algunos de sus conciertos y lo admiran mucho.

Su padre, el gran amor de su vida

En 2010 Julio recordó a su padre de manera emocionada, «mi padre murió a los noventa años y cuando tenía mi edad pensaba mucho más joven que yo. Mi padre fue un hombre que mentalmente se mantuvo joven en todos los sentidos, yo creo que hasta que se murió»*.

El funeral del doctor Iglesias Puga se realizó en la más absoluta intimidad y Enrique fue el único nieto que no asistió. Su presencia habría sido muy importante para Julio, que adoraba a su padre.

«Yo amaba a mi padre profundamente. Fue el gran amor de mi vida. Si me preguntas si hay algo que quisiera inventar, sería una máquina del tiempo que me permitiera rescatar un momento con él. Me encantaría decirle otras veces más lo mucho que lo quiero y cuánto lo extraño porque él sin duda fue mi más grande amigo, mi gran amor»**.

En una entrevista sincera, Julio Iglesias sacó de dentro unas palabras que resultan un reflejo universal para muchos hijos: «Me aproveché poco de mis padres, tenía que haber sido más generoso con ellos. De jóvenes somos despiadados: llamadas cortas, espaciadas, poca comunicación..., ahora ya es tarde***. Nadie y nada podrá llenar jamás el vacío que ha dejado».

---

* *Cuando vuelva a amanecer.*
** *El Nuevo Herald,* 2017.
*** *La Vanguardia,* 3 de julio de 2012.

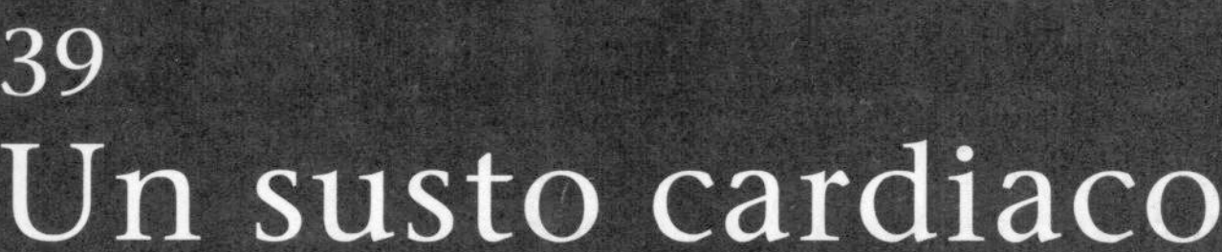

39
Un susto cardiaco

Always on my mind, Julio Iglesias

Golden

632: 8 de julio de 2007. Julio Iglesias recibiendo uno de los muchos premios cosechados a lo largo de su carrera. © Getty / Venturelli.

630-631: 19 de agosto de 2008. La esposa de Julio Iglesias, Miranda, y sus hijos, en un concierto de la gira mundial para conmemorar el 40 aniversario de su carrera, en la Plaza de toros de Cádiz. © Getty / Cristina Quicler.

2006, tras la dolorosa pérdida de su padre, fue un año duro para Julio. A finales de verano publicaba *Romantic Classics,* una colección de clásicos del pop internacional bajo la producción de Albert Hammond y Robert Buchanan. Sobre su nuevo proyecto, Julio afirmaba que «el disco más complicado que he hecho en mi vida ha sido *Romantic Classics,* que no lo hice mal»*.

Romantic Classics

«He grabado el disco que a mi padre le hubiese gustado», dijo Julio sobre su nuevo trabajo. En el nuevo disco, *Romantic Classics,* Julio Iglesias recreaba once grandes clásicos del pop, desde piezas popularizadas por Elvis Presley, *Always on my mind,* canciones asociadas a la Nueva Ola como *Drive,* de The Cars, hasta iconos para quinceañeras más recientes como el *Careless whisper,* de Wham. En este trabajo Julio daba un toque personal a temas inmortales de intérpretes como Wi-

---

* *La Prensa,* 20 de enero de 2014.

llie Nelson, Bee Gees o Nilsson en uno de sus álbumes más eclécticos y mejor grabados.

Después de seleccionar las canciones, durante cinco meses de intenso trabajo Julio se encerró en los estudios de Punta Cana, Los Ángeles y Miami junto a Albert Hammond para realizar los arreglos, que en la voz de Julio cobraron una segunda vida. Este *Romantic Classics* «es una buena cura de humildad que me permite renovarme, porque no cantaba en inglés desde hacía doce años», y así era. Desde el lanzamiento de *Crazy* en 1994, Julio no entraba en un estudio para grabar canciones en inglés.

Durante el proceso de grabación de *Romantic Classics* Miranda y sus hijos estuvieron separados de Julio en Ojén. Ella recordaba entonces cómo sus hijos desconocían todavía el oficio de su padre: «Miguel, Rodrigo y las gemelas Victoria y Cristina viven en su mundo, todavía ajenos a que "el que canta es papá", están a lo suyo y no le dan la importancia que solo apreciamos los mayores», aseguraba la mujer del cantante. Miranda entonces comprendía la ausencia de su pareja, «porque se trata de lo que más le gusta. Siempre está pendiente de su profesión. Desde que amanece le puedes encontrar en el estudio retocando, puliendo, afinando cada detalle. Es un perfeccionista».

Cambio de ciclo en el mercado musical

Romantic Classics aterrizó en un momento en el que el mercado musical internacional había abierto sus puertas de manera abrupta a las propuestas de artistas latinos. Si en los setenta y en los ochenta Julio había desplegado su innegable talento de seductor de masas convirtiéndose en el artista en español más popular del planeta, en 2006 figuras como Shakira, Alejandro Sanz, Marc Anthony, Juanes y, por supuesto, su hijo Enrique ocupaban las listas de éxitos *mainstream* en un desembarco latino sin precedentes. Por ello, y por su contrastada visión de negocio, resultó sorprendente la apuesta anglo de Julio precisamente en un momento que el mercado demandaba sabor latino.

«Espero que todos aquellos que recordéis estas canciones podáis volver a saborearlas y aquellos que las estéis descubriendo disfrutéis con ellas tanto como yo cuando las escuché por primera vez»*, escribía Julio en el folleto de presentación del disco.

Y naturalmente que se trataba de un disco disfrutable. La selección de canciones resultaba ciertamente imbatible y la rendición de Julio a los originales —en algún caso, como en *Everybody's talkin'*, de Nilsson, o *Drive*, de The Cars, quizás demasiado fieles, con solos instrumentales calcados a los originales— hicieron que *Romantic Classics* funcionara estupendamente en las listas de éxitos.

El disco devolvió a Julio a mercados lejanos como el filipino, donde *Romantic Classics* se colocó número 1. «Después de varias décadas en la profesión mantengo la misma ilusión, las ganas de triunfar y ser querido».

En Estados Unidos la crítica destacó el trabajo de Julio de forma elogiosa; *«the most influential latino artist in history»,* dijeron los medios americanos de *Romantic Classics*. «Me han tratado de manera entrañable»**, confesaba en 2006 un Julio satisfecho.

Julio dedicó el disco a su padre, un homenaje póstumo al hombre más importante de su vida. «Se sentiría muy contento. Mi padre era un romántico y estas canciones hubiesen sido de su agrado. Un año antes de que se nos fuera me estuvo insistiendo en que tenía que volver a grabar en inglés y temas románticos»***.

Mientras Julio presentó el disco por todo el mundo, el recuerdo de su padre y de los duros momentos que vivieron juntos afloraron en más de una ocasión, «al estar promocionando por todo el mundo el disco que él querría hace que me acuerde más de él. No hay que olvidar que cuando yo estuve gravemente enfermo y aún no había empezado en la música abandonó durante un año su profesión para ayudarme en la rehabilitación. Día tras día conmigo en las playas de La Carihuela o en Benidorm desde por la mañana, para que yo no quedara paralítico»****.

---

* *ABC,* 25 de septiembre de 2006.
** *Ibídem.*
*** *Ibídem.*
**** *Ibídem.*

Durante la promoción de *Romantic Classics* el cantante afirmó que «tengo sesenta y tres años, doy asco. Pero por supuesto aún tengo la capacidad de seducir físicamente. La única cosa que ha mejorado es que he aprendido a cantar». Julio señaló que si su música se escucha aún es porque, al igual que Frank Sinatra o Nat King Cole, ha sabido marcar un estilo.

El octavo pasajero

Un mes antes del lanzamiento de *Romantic Classics,* el sábado 5 de mayo de 2007, por la tarde, en la clínica Mount Sinaí de Miami, nació Guillermo, el octavo hijo del cantante. El niño recibió su nombre en recuerdo del padre de Miranda, su abuelo materno, que falleció cuando ella tenía siete años.

Julio Iglesias estuvo en todo momento al lado de la madre y, tal y como hiciera con sus otros hijos, desde que supo que Miranda estaba embarazada organizó su agenda profesional para estar libre esas fechas. A finales de mes la familia se mudó a la finca de Ojén, donde permanecieron todo el verano y donde Julio montó su centro de operaciones en previsión de su inminente gira europea.

Guillermo, después de los matrimonios de su padre y los de la madre de sus hermanos Julio José, Enrique y Chábeli, cuando llegó al mundo ya tenía un buen lío de parentesco. El niño tenía cuatro hermanos (Miguel, Alejandro, Victoria y Cristina), tres medios hermanos (Enrique, Julio José y Chábeli), y una auténtica maraña de hermanos y hermanastros. Isabel Preysler tuvo una hija con el marqués de Griñón, Tamara, quien en una entrevista comentó: «Yo soy hija única, pero tengo nueve medios hermanos». Pero la Preysler también tuvo otra hija, Ana, con el exministro Miguel Boyer. Ambos hombres habían estado casados en otras ocasiones y eran padres. Un enredo curioso.

Guillermo es un niño «atento y curioso», como dice su padre. «Es un chiquillo que es un amor. Es un regalo grande que nos ha dado la vida a mi mujer y a mí», explicó Julio en 2015*.

---

* *¡Hola!*

«He tenido la oportunidad de tener dos familias. He visto crecer a mis hijos ya mayores y he constatado cómo al final se van. Así ocurrió con Chábeli y con Enrique, convertido en un gran artista. Ahora cuando veo a los pequeños tengo la sensación de que empiezan ya a volar por su cuenta»*.

Nos vemos en el cielo

Hablando de volar, en 2006 Julio Iglesias ya tenía su propio avión Boeing. El popular cantante bautizaba al segundo Boeing 787 de Air Europa, que renovaba su flota con veintidós nuevos aviones. Juan José Hidalgo, presidente del grupo turístico Globalia —al que pertenece Air Europa—, recibió con el cantante la llegada del avión *Julio Iglesias* al aeropuerto Adolfo Suárez Madrid-Barajas, al que voló directamente de la fábrica de Boeing en Charleston**.

El 6 de septiembre de 2007 fallecía el tenor lírico italiano Luciano Pavarotti, uno de los cantantes contemporáneos más famosos de las últimas décadas, tanto en el mundo del canto lírico como en otros múltiples géneros musicales y considerado uno de los mejores de toda la historia. Pavarotti adquirió una popularidad universal por sus conciertos televisados y como uno de Los Tres Tenores, junto con Plácido Domingo y José Carreras.

Tras la muerte de Pavarotti, después de interpretar *Caruso* durante un concierto, Julio recordó una anécdota vivida con el músico italiano. El cantante español contó que en cierta ocasión prestó su avión privado al tenor para que este pudiera volar a Sudáfrica, donde debía asistir a una gala. A su regreso, el piloto le entregó a Julio Iglesias una nota escrita por Pavarotti, en la que el italiano le decía: «Nos vemos en el cielo». Julio Iglesias confesó al público que, entonces, no adivinó qué quería decir exactamente Pavarotti. «Más tarde entendí el significado de esas palabras», dijo en alusión al cáncer de páncreas que se le había diagnosticado con anterioridad y que el madrileño desconocía en esos momentos.

---

* Fernando Toribio, 8 de mayo de 2011.
** cerodosbe.com

Premios a una carrera

En 2007 Julio Iglesias recibió el galardón Cámara de Oro, que concede la revista de televisión alemana *Hoerzu*, por el conjunto de su obra, según informaba el jurado. «Hace cuarenta años comenzó la carrera internacional de Julio Iglesias. Hoy, cada trescientos nueve segundos se escucha en algún punto del mundo alguna de sus canciones y se han vendido casi trescientos millones de sus discos», señaló el jurado en su argumentación del fallo. El premio, un aperitivo del Festival de Cine de Berlín, la Berlinale, se entregó en febrero.

Dentro de los fastos que celebraban el cincuenta aniversario del Tratado de Roma, por el cual se establecieron las bases de la Comunidad Económica Europea, Julio representó a España en el Atomium de Bruselas como «un cantante famoso, popular y que gusta a las personas de todas las edades». Por parte de Italia acudió Eros Ramazzotti, The Corrs representaron a Gran Bretaña y Alemania llevó al grupo de rock Scorpions*.

En 2007 Julio dejó de trabajar con Toncho Nava. El exsecretario hizo entonces unas fuertes declaraciones: «No tenía contrato con él. Siempre trabajé a su lado como un amigo y ahora estoy en la calle... Me ha dejado tirado como una colilla».

Toncho fue una pieza clave en la estructura familiar del cantante y un confidente discreto y educado que se encargó de las casas, los invitados, los hijos y hasta de la madre de Julio Iglesias cuando este tenía que viajar continuamente. Un amigo íntimo y un trabajador que se entregó totalmente a la familia que le pagaba. Incluso fue quien allanó el camino para que el cantante y los suyos situaran su residencia en la República Dominicana, tras abandonar Miami. Alfredo Fraile en una entrevista reconocía que Julio se portó mal con mucha gente de su entorno: Adriana Ainzúa y Toncho Nava, sus secretarios personales, y Elvira Olivares, la niñera de sus hijos mayores. «Los echó a todos de mala manera»**, dijo su antiguo *manager*.

---

* *Cuando vuelva a amanecer.*

** *Vanity Fair*, 2018.

Durante 2007 Julio recorrió de nuevo el planeta con su gira de conciertos *Live,* arrancando en Hawái y visitando Europa con paradas en Letonia y Lituania, Francia, Portugal, Suecia y también España. *Live* voló a Sudamérica, Estados Unidos, Filipinas, Singapur y Sudáfrica. En diciembre en París, Julio recogió uno de los más prestigiosos reconocimientos concedidos en Francia, la condecoración de Caballero de la Legión de Honor. El presidente de la República, Nicolas Sarkozy, en un evento privado en el Elíseo reconoció la figura de Julio como «un francés de corazón», destacando sus valores y legado artístico, «su intuición, sensibilidad, el gusto por la belleza, que explican sin duda esa relación privilegiada con nuestro país»*. Después de su visita a París, Julio terminaría un año intenso de conciertos el 26 de diciembre en Macao.

Un año económicamente catastrófico

«En los momentos de prosperidad no supimos guardar la leche en un sitio fresco»**, reflexionó Julio Iglesias sobre la gran crisis que arrancó en 2008. «Aun así, España no merece lo que le está pasando»***, concluía el artista su apesadumbrado razonamiento macroeconómico.

La peor crisis desde 1929 azotó el mundo en 2008, y, por extensión, sacudió duramente a España. En su origen, una burbuja de especulación sobre los créditos hipotecarios de alto riesgo, es decir, préstamos a familias con escasos recursos que apenas podían hacer frente a los pagos, provocó una crisis de calado dramático.

El comienzo de la crisis mundial supuso para España el final de la burbuja inmobiliaria, la crisis bancaria de 2010 y finalmente el aumento del desempleo en España. La crisis financiera trajo también un inusitado incremento de la corrupción política.

El abaratamiento del precio de la vivienda unido al desempleo conllevó que muchos ciudadanos no pudieran hacerse cargo de sus hipotecas, ni aun vendiendo sus inmuebles. Esta situación se produjo

---

* *Cuando vuelva a amanecer.*

** *El Espectador.*

*** *Ibídem.*

debido a que en zonas donde los precios se habían *inflado* mucho, el precio de la vivienda era inferior al de la deuda hipotecaria contraída.

Respecto a la salida de la crisis económica en España, Julio se mostró entonces optimista: «el nuestro es un país moderno, atractivo, culto, con muy buenas infraestructuras y condiciones óptimas para superar esta grave situación financiera que nos ha afectado más por una economía muy condicionada por temas como el inmobiliario. Pero por lo que dicen los que entienden de eso, y yo lo comparto, lo que tenemos que hacer para afrontar el futuro con garantías es ser más competitivos»*, analizó.

En plena crisis económica, cuando el diario *The New York Times* analizó el último día del mes de julio la gestión en asuntos de economía de José Luis Rodríguez Zapatero, la información se cerraba recalcando que España era más conocida desde hace años gracias a Julio Iglesias. «Es un halago que no me merezco. En España hay mucha gente importante y tenemos la mejor cultura. No hay que darle importancia a esas cosas. Estoy vivo y la pasión sigue intacta en lo que hago. Si me preguntara si sigo siendo un puto, le contestaría que sí, aunque disciplinado. Amo a mis hijos y a mi mujer, de la que antes decía que era mi ancla. Ahora, con sesenta y cinco años, me da alas»**.

El fin de la aventura inmobiliaria

Anticipándose a una inminente crisis, un año antes Julio puso fin a la aventura inmobiliaria que había iniciado en la provincia de Alicante. El cantante vendió al Grupo Ballester, hasta entonces su socio en diversos proyectos urbanísticos en Altea y Parcent, sus acciones de las distintas empresas en las que participaba desde que, en noviembre de 2000, entrara en el mundo de la construcción invirtiendo dieciséis millones de euros en la construcción de la urbanización de lujo Villa Gadea, en Altea.

Julio Iglesias justificó su decisión de invertir en el proyecto, «mi primer negocio en Valencia», por la seriedad de sus socios y las pers-

* César López Rosell, *El Periódico de Catalunya,* 9 de agosto de 2009.
** José Eduardo Arenas, *ABC.*

pectivas de rentabilidad del negocio. Julio apostaba por las excelentes expectativas económicas de la Comunitat Valenciana y en especial del sector de la construcción dirigido a viviendas de segunda residencia.

Durante los siguientes cuatro años, Julio se estrenó como consejero de cuatro sociedades mercantiles ubicadas en la Comunitat Valenciana —Urbanizaciones y Construcciones Urcosa, S. L.; Coll de Rates, S. A.; Desarrollos Urbanísticos del Algar, S. L., y Altea Futura, S. A.—, asociándose al Grupo Ballester, líder en el sector de la promoción y construcción de inmuebles en Levante.

Julio había reconocido en la presentación de Urcosa que su etapa como embajador de las iniciativas de la Generalitat Valenciana había influido en su decisión de invertir en la Comunitat. «Prometí al presidente Zaplana que invertiría, y así lo hecho», dijo.

Constructor polémico

Julio se inició en el mundo inmobiliario a finales de 2000 de la mano del constructor valenciano Andrés Ballester y del grupo Lladró para invertir junto a ellos en el complejo Villa Gadea, donde se construyeron doscientas sesenta y dos viviendas y un hotel de cinco estrellas. La inversión estimada para Villa Gadea superaba los setenta y nueve millones de euros. En aquel entonces, Julio Iglesias anunció que pensaba invertir en más proyectos urbanísticos en la Comunitat, «porque aquí me tratan bien y me une una gran amistad con Eduardo Zaplana».

Un año después, el Ayuntamiento de Altea, gobernado por el PP, aprobaba inicialmente el proyecto Los Puentes del Algar, para urbanizar más de dos millones y medio de metros cuadrados junto al río a su paso por Altea con una inversión inicial que superaba los sesenta millones de euros, y en marzo de 2002 el pleno municipal adjudicaba a la empresa Altea Futura la urbanización del PAI. Posteriormente Iglesias participó también en proyectos de urbanización en Parcent, donde se generó, al igual que en Altea por Los Puentes del Algar, una gran controversia y opiniones encontradas entre diversos sectores de la población*.

---

* *Levante.*

Las relaciones entre el artista y Zaplana provocaron desde el principio cierto recelo, como si se hablase de pelotazo. Junto a Julio Iglesias, entró también como consejero en la promotora su hombre de confianza, Luis Fernando Esteban Bernáldez, el encargado de concretar en 1997 los términos del polémico contrato que el cantante firmó con la Generalitat, con Eduardo Zaplana como presidente, para ejercer de embajador de Valencia en el mundo entero, y que el PSPV-PSOE llevó a los tribunales por un presunto delito de fraude fiscal.

Lo cierto es que todos los proyectos en los que se embarcó Julio Iglesias estuvieron rodeados de polémica. «Villa Gadea se levantó sobre un pinar que era de todos los vecinos de Altea. Han construido en primera línea de playa, como en los sesenta, incumpliendo la Ley de Costas, por eso ahora tienen tanto interés en construir el paseo marítimo, para estar dentro de la ley, y se están cargando nuestra playa de siempre», denunció entonces Robert Rubio, de la asociación ecológica Algar Net i Viu*.

Rubio también calificó de «escandaloso» el segundo gran proyecto del cantante en el pueblo, Los Puentes del Algar, una promoción que, por medio de Altea Futura, planeaba construir cinco mil doscientas sesenta viviendas, un campo de golf, tres centros comerciales y tres hoteles en la cuenca del río Algar, que desembocaba en Altea al Mediterráneo, lo que provocaría un aumento de la población en más de veinte mil habitantes**.

Los Puentes del Algar era un ambicioso proyecto por el que el Ayuntamiento de Altea llevaba años luchando. El alcalde consiguió en diciembre de 2001 un acuerdo con el PSOE para su construcción, independientemente de quién gobernara el consistorio. El tercer grupo político municipal, el Bloc, siempre votó en contra por considerar que el proyecto «privatizaba los márgenes del río» y que el PP «encubría, bajo la apariencia de regeneración del río, una maniobra de especulación urbanística»***.

---

* *Interviú,* 25 de abril de 2005.
** *Ibídem.*
*** *Ibídem.*

Un susto cardiaco

Julio Iglesias siguió presentando las canciones de su disco *Romantic Classics* y la de su versión en francés, *Quelque chose de France,* en su larguísima gira *Live.* En junio de 2008 Julio Iglesias, a punto de cumplir sesenta y cinco años, tuvo que interrumpir su recital en la ciudad rusa de Yekaterimburgo, en los Urales, por un «problema cardiaco». Iglesias se retiró «después de interpretar dos canciones», asegurando que se encontraba mal. «Es la primera vez que interrumpo un concierto. Mañana intentaré actuar ante vosotros. Os quiero mucho», le dijo el cantante al público antes de retirarse.

«Me encuentro perfectamente bien. Con mi corazón todo está en orden. Siento mucho lo ocurrido, es la primera vez que me pasa. Mañana actuaré en Yekaterimburgo», declaró el propio artista, de sesenta y cuatro años, en una rueda de prensa en la ciudad rusa al este de Moscú.

Según Antón Matrósov, uno de los organizadores de la gira, la indisposición del cantante se debió al estrés y al agotamiento del músico por su agenda, excesivamente cargada. «Cuando Julio Iglesias comenzó a encontrarse mal, llamamos enseguida a los médicos, que le hicieron una revisión y decidieron que no era necesario hospitalizarle», explicó. Los médicos simplemente le aconsejaron reposo.

Una sorprendentemente escasa venta de entradas

La gira *Live* que había iniciado el año anterior comenzó en 2008 por Rusia con un concierto en el palacio del Kremlin de Moscú. Julio actuó también en San Petersburgo y Kazán, capital de la república rusa de Tartaristán, y durante los meses de junio, julio, agosto y septiembre, completó una veintena de conciertos en Montenegro, Siria, Rumanía, Finlandia, Portugal, Italia, Bélgica, Estados Unidos y España.

Precisamente en España, algunos de los conciertos de Julio Iglesias en 2008 registraron una sorprendentemente escasa venta de entradas. Cuando se cumplían cuarenta años desde que ganara el festival, Julio actuó en Benidorm ante una plaza de toros con poco más de medio aforo. El ayuntamiento tuvo que regalar muchas entradas y, al final de la actuación, la organización del concierto abrió las puertas con libre acceso del público hasta completar el aforo. Ante la ausencia de público en algunas de sus actuaciones españolas, Julio reflexionó de manera serena: «El público es el que debe juzgar en qué momento artístico estoy. Yo me siento feliz»*.

En 2009 Julio siguió ofreciendo conciertos por el mundo. Israel, Líbano, Canadá, Centroamérica y también España vieron los espectáculos del cantante español, que, en Altamonte, con motivo del Primer Festival Virgen del Rocío, de carácter benéfico, actuó ante más de ocho mil espectadores destinando la recaudación íntegra del concierto a la construcción de un orfanato para sesenta niños de la República Democrática del Congo.

Entre concierto y concierto, durante su gira española, Julio se refugió en Ojén. Pasó el tiempo entre los productos de la huerta de la finca, uno de los lugares favoritos del cantante y protagonista de la alimentación general de la casa. Miranda se encargaba del cuidado de los cinco hijos y también de traducir a otros idiomas la web oficial de Julio. Su habilidad con internet asombraba a Julio, «porque se trata de algo fascinante y lo temo al mismo tiempo. El día que me da por internet, no salgo del ordenador y tengo muchas cosas que hacer»**.

Julio y las nuevas tecnologías

Aunque Julio se confiesa bastante ajeno a internet, «no sé mucho entrar en la red social. Uso internet para leer los diez periódicos más importantes del mundo. Y me entero del tiempo, el tiempo es fundamental para mí porque le tengo pánico a los aviones. Veo si va a hacer mal tiempo, los ciclones, me muevo mucho por el tiempo. De hecho, soy un gran amigo del tiempo».

El cantante asegura que no se ve vendiendo discos en internet. «Esta es una cultura para los más jóvenes. Lo que sí creo es que la música prevalecerá. Sobre todo si es en directo, porque esa emoción no la puede superar ninguna grabación», afirma.

---

* F. Apaolaza, *ABC*, 19 de agosto de 2008.

** José Eduardo Arenas, *ABC*.

Tras la explosión de venta de discos físicos desde los años setenta hasta finales de los noventa, el nuevo siglo trajo un significativo descenso de la venta física pero también el nacimiento de una nueva forma de consumo para el usuario. Julio Iglesias, siempre atento a lo que ocurre en el negocio, no era ajeno a la llegada de las descargas digitales y los servicios de *streaming*. «Spotify es lo máximo para mí. Es increíble el acceso a tantas canciones de una manera tan fácil y sobre todo que puedas acumular en un pequeño volumen, en un aparatito tan chiquitito. ¡Con el trabajo que cuesta hacer un disco de doce canciones! No voy a profundizar en la incongruencia de la fase material de lo que es la autoría, los derechos de propiedad intelectual, que tanto frustra a la gente joven. A mí ya no. Con tal de que me vengan a ver cantar... Pero para los jóvenes a veces es frustrante. Y después mirar *The Voice* y tantos concursos, y ver qué pasa con la gente que se vuelve conocida y después se vuelve nadie. Antes, como éramos menos, nos valoraban más las radios, competíamos, pero nos cuidábamos entre nosotros. Ahora es mucho peor. Son miles de concursos por todos lados, ves que pasa uno, que pasa el otro y que en verdad no pasa nada con ninguno»*.

Necesito Viagra

En octubre de 2009 y durante un concierto en Bolivia, Julio Iglesias, recién cumplidos los sesenta y seis años, admitió que utilizaba Viagra. En la ciudad boliviana de Santa Cruz, ubicada al este de La Paz, el primero en Bolivia desde hacía treinta y tres años, y ante un auditorio de más de siete mil personas Julio habló de que usaba Viagra porque lo necesita.

«Antes era una obsesión hacer el amor antes de cantar, ahora si hago el amor ya no canto», confesó ante el aplauso de los asistentes y justo antes de agregar: «En serio, necesito Viagra».

A estas alturas de su vida, con muy pocas cosas que demostrar encima de un escenario, Julio ya tenía acostumbrado a su público a comentarios divertidos entre canción y canción, algo que ya hacía su

* *Billboard*, agosto de 2017.

admirado Frank Sinatra y sus compinches del *Rat Pack*. Tiempo antes del concierto de Bolivia, en uno en Nueva York, hizo carcajear al público cuando aseguró que su talento no estaba en la voz, sino en tener una «gran herramienta entre las piernas» que lo ayudaba con las mujeres.

Julio seguía alimentando una de sus facetas como leyenda: la del *latin lover* que conquista a las mujeres con un simple cruce de miradas, un estereotipo muy distanciado ya de los nuevos tiempos y las reivindicaciones del 8 de marzo, un movimiento que aspira a subvertir el orden del mundo y el discurso heteropatriarcal, racista y neoliberal, reclamando, entre otras medidas, una educación afectivo sexual que excluya los tópicos del amor tóxico-romántico.

Hoy, en tiempos del *#MeToo,* resulta algo caduco ese enaltecimiento de una naturaleza machista, aunque conociendo los antecedentes del cantante, parece también razonable que formaran parte de un discurso asociado a su propio personaje. Como no se ha cansado de repetir a lo largo de más de cincuenta años de carrera, es indiscutible que el amor de Julio Iglesias hacia las mujeres ha sido sano y verdadero: «Yo he aprendido mucho de las mujeres, me di cuenta de que iba a aprender más de las mujeres que de los hombres, entonces me enamoré de ellas profundamente»*.

---

* *El Mundo,* 11 de mayo de 2011.

ENRIQUE IGLESIAS
ENRIQUE IGLESIAS
ACCESS

40
Sí, quiero

Mercy street, Peter Gabriel

650: Julio Iglesias y Miranda Rijnsburger poco después de contraer matrimonio. © Album / EFE.

648-649: Miranda Rijnsburger y sus hijos Rodrigo, Miguel Alejandro, Victoria y Cristina durante la gira *Euphoria*. © GTRES.

El 11 de julio de 2010 España entera se paró cuando Iniesta enganchó un derechazo que derrumbaba la meta de Holanda, el rival de España aquella noche marcada con letras de oro en la historia del deporte español y que le daba su primera Copa del Mundo. «Me da mucha alegría cuando veo jugar a Xavi Hernández con Xabi Alonso, Casillas, Ramos, Piqué... Y me digo: ¿Cómo es posible que, sabiendo que juntos ganamos tanto, no sigamos juntos? España es un país multicultural, y está más que aceptado, pero unidos somos mucho más válidos. Nunca entendí eso. Y más desde que vivo en un país que se llama justamente Estados Unidos y que se une de una forma impresionante cuando tiene que juntarse»*.

El fútbol es así

Ese importantísimo gol dio pie a la celebración más humana y apasionada de la historia de la Copa del Mundo. Un nombre en una camiseta, el de su amigo Dani Jarque, fallecido el 9 de agosto de 2009 a causa de

* Darío Prieto, *El Mundo,* 10 de agosto de 2012.

un fulminante ataque al corazón, que ilustró la bondad de un futbolista de una talla espectacular dentro y fuera del campo. Julio vio el partido «en Estados Unidos. El nombre de España se ha colocado en lo más alto del deporte universal. Me emocionó y me llenó de orgullo verlo en Televisión Española. Con este equipo, Nadal, Pau Gasol, Fernando Alonso, Alberto Contador y otros nombres ilustres, nuestro país se coloca a la vanguardia de los grandísimos deportistas»*, recordó Julio.

Julio Iglesias, un declarado amante de la selección española de fútbol, como aficionado y como español no fue ajeno al triunfo de España en Sudáfrica: «Amo el fútbol. De hecho, lo único que me hace sufrir en televisión es el fútbol. Todo lo demás me hace reír. Mi presión sanguínea sube hasta el techo y tengo que ir al baño cada cinco minutos. Lo que más me gusta de España es Del Bosque, un hombre equilibrado, una persona justa y estoica. Tiene una familia sólida, y eso es importante para un entrenador. El fútbol es como una familia y Vicente es perfecto»**.

Julio Iglesias, reconocido madridista, dio, en clave de humor, su particular remedio para acabar con la tiranía azulgrana durante la hegemonía del Fútbol Club Barcelona en la etapa de Guardiola. Preguntado por si le inquietaba la superioridad del Barcelona en los duelos directos ante el Real Madrid, Julio Iglesias aseguró que tenía «una buena escopeta, y hay balas para Iniesta y Messi. Al Madrid le falta un Iniesta, si lo tuviera él y no el Barcelona, no dudo de que se invertiría nuestra tendencia perdedora».

Me caso con Miranda

El 24 de agosto de 2010 tras veinte años de relación, Miranda y Julio se casaron en la parroquia de la Virgen del Carmen de Marbella. «Tengo mi vida familiar consolidada para siempre con Miranda. No tengo ningún interés por nada más que no sea ser feliz con mi mujer y mis hijos, en lo que es mi vida emocional. La amo profundamente, y todo

---

* Pedro Luis Gómez, *Diario Sur,* 25 de julio de 2010.
** *Marca,* 10 de junio de 2012.

eso está por encima de todo»*, confesaba tras la ceremonia el cantante, quien también aseguraba que repetiría cada paso dado al lado de su esposa. El enlace se celebró en España porque ambos adoran el país y se sienten muy felices en su casa marbellí. «Mi mujer, por mis raíces españolas, se siente tan española como holandesa, y nuestros hijos se sienten también muy españoles», admitía Julio Iglesias el día de su boda.

El lugar elegido para convertirse en marido y mujer está muy cerca de uno de los refugios preferidos por Julio: su finca situada en la localidad malagueña de Ojén. En una ceremonia muy sencilla, Miranda y Julio fueron a las dos de la tarde a la iglesia, donde no estaba nadie más que sus hijos. Una hora antes de la ceremonia Julio llamó a su hermano y Miranda a su madre.

La ceremonia fue celebrada por un amigo de la familia, el padre Luis de Lezama, que estuvo asistido por los religiosos Juan Mari Laboa y Roberto Rojo. «Lo de la boda me hace mucha gracia. Yo llevo casado veinte años en realidad. Falta que salgas vestido de blanco y con los niños para salir en todos los sitios», recordaba Julio.

Los testigos del enlace matrimonial fueron las dos personas que cuidan la finca malagueña de Ojén, donde horas después se celebró una misa de acción de gracias en la capilla.

A sus hijos les hacía mucha ilusión: «No me lo pidieron mis hijos, pero se alegraron mucho porque llevamos doce años hablando sobre eso. Hace diez años teníamos los papeles preparados y cuando les dijimos que nos íbamos a casar se rieron, hasta que nos vieron en la iglesia pequeña y se pusieron muy felices. En realidad ellos pensaban que nunca nos íbamos a casar...»**.

Para Miranda Rijnsburger nunca fue una obsesión casarse. Julio Iglesias había comentado que Miranda no tenía «ni siquiera la curiosidad por saber qué es estar casada. Lo que sabe es que yo la amo profundamente», repitió el cantante en varias ocasiones. Miranda cautivó, quizás sin proponérselo, al eterno romántico. «Miranda y yo no tenemos una relación perfecta. Nos queremos como se quieren

* *ABC.*
** *¡Hola!*

millones de personas. La diferencia es que de cuando en cuando salen unas fotografías muy bonitas»*.

El placer de ver crecer a una familia

Miranda vive con él el placer compartido y la alegría de formar y ver crecer una familia viajando continuamente y resguardándose en sus casas de Miami o de la República Dominicana. Siempre rodeada de sus cinco hijos, pilar fundamental de la familia, Miranda nunca tuvo ningún problema en aparecer en segundo plano. Acompaña siempre que puede a Julio, adonde va con los cinco niños, de los que el artista no se quiere separar.

Cuando Julio pasaba tiempo en Punta Cana, junto a su esposa y sus hijos, contrató profesores especiales durante la primaria en una especie de colegio dentro de la casa al que únicamente iban los hijos del cantante mientras fueron niños.

«Ahora soy una persona que dedica mucho más tiempo a sus hijos, me he vuelto una persona mucho más controladora, siempre pendiente de mi familia. La vida que he creado con Miranda es muy diferente a la de otras etapas: tengo una relación muy estrecha con mi nueva familia y siempre tratamos de estar todos juntos. Viajamos en familia todo el rato, y durante los últimos doce años hemos tenido que contratar tutores privados para asegurarnos de que la educación de nuestros hijos no corría peligro»**, confesaría Julio en 2014.

No importa cuántas mujeres hayan pasado por su vida, porque lo cierto es que Miranda las ha ganado a todas. «Ella tenía novio, desde luego, era muy bella», dijo Julio hace algunos años, «quizás yo no era mejor que el novio»***.

Según recordaba el padre de Julio, Miranda es una mujer que vive por y para su marido, le conoce bien y es tal su amor por Julio que es capaz de perdonarle cualquier cosa. «Yo ya he dicho siempre que mi amor hacia Miranda es un amor para toda la vida. Yo no pensaba que

---

* *¡Hola!*

** *La Información* / Bang Showbiz, 18 de mayo de 2014.

*** *El Nuevo Herald,* 2014.

iba a estar tanto tiempo con ella, igual no pensaba estar más de quince días con ella», recordaba Julio.

«La boda con mi mujer ha significado tanto para mis hijos que si los dos hubiéramos sabido eso, nos habríamos casado mucho antes»*.

La historia de amor más bonita que jamás hubiera imaginado

El eterno seductor, el *latin lover* profesional, el coleccionista de amantes universal daba el «sí, quiero» a la mujer que había logrado aplacar la vertiente mujeriega del cantante: «Cuando conocí a las chiquillas y me enamoraba, pensaba que el amor era un ancla. Miranda no ha sido eso, sino el vuelo de mi vida. Me casé con ella hace un año para formalizar una informalidad galáctica maravillosa y para dar testimonio a la vida de que mis hijos habían nacido con muchísimo amor. Con mi mujer he vivido la historia de amor más bonita que jamás hubiera imaginado, por su generosidad; sobre todo porque sigo siendo una persona, un artista, libre e independiente. Y no es la libertad de ir a follar por ahí, sino de flirtear con la vida, con el público, de ser creativo»**.

Indiscutiblemente Miranda ha sido la mujer que ha ofrecido la estabilidad definitiva a Julio Iglesias. «Yo estaba casado con ella desde que la conocí. Miranda es la mujer y el amor de mi vida en todo sentido. Mi vida es antes y después de ella», dijo Julio de Miranda. Mujer prudente, la holandesa ha acompañado a su marido siempre en un discreto segundo plano, eso sí, con mucho más mando del que las apariencias puedan mostrar. Sin ir más lejos, la exmodelo holandesa tiene una enorme ascendencia sobre el patrimonio del cantante. Si bien en España no hay ningún bien a nombre del cantante ni de su mujer, sí existen dos sociedades a las que ella está vinculada: Androsemo, S. L., con un capital de seis millones y medio de euros y de la que Miranda fue nombrada administradora única el 1 de agosto de 2018, tomando el relevo de un entramado empresarial; y Bellevue Costa Sol, S. A., con un capital de cuatro millones seiscientos mil, del que la mujer del can-

---

* *El Imparcial,* 15 de octubre de 2010.
** *El Tiempo,* 9 de julio de 2011.

tante es la administradora única desde 2007, sustituyendo a las dos personas que estaban al frente de la misma. Estas dos sociedades están vinculadas a la casa de Ojén y distintos terrenos entre este municipio y Marbella, hasta un total de más de cincuenta hectáreas que configuran la finca Cuatro Lunas.

«¿Que por qué me enamoré de Miranda? Me imagino que porque es una mujer maravillosa y de gran generosidad. Nos encontramos en el momento más adecuado de nuestros caminos, inmersos en unas circunstancias similares que nos hacían perfectos el uno para el otro. Creo que en el fondo todo funciona así, las casualidades de la vida a veces nos hacen afortunados»*, aseveró Julio.

Independientemente de las arquitecturas financieras de la pareja, Julio ha demostrado públicamente en numerosas ocasiones el profundo amor que siente por su mujer: «Cumplo veinte años de emociones, de admiración profunda por ella; veinte años de muchas cosas bonitas que volvería a repetir ahora mismo. Tengo mi vida familiar consolidada para siempre con Miranda. No tengo ningún interés en nada más que no sea ser feliz con mi mujer y mis hijos, por lo que respecta a mi vida emocional. La amo profundamente y ese sentimiento está por encima de todo»**.

«Si no siento la libertad de ser independiente, no estaría junto a nadie», dijo Julio en 2014. «Ella comprende eso, y por eso somos un matrimonio para siempre. Ella es mi amor, mi compañera. No concibo la vida sin ella»***.

Homenajes, homenajes, homenajes

Julio tenía en 2010 todos los títulos y reconocimientos posibles a los que un artista podría aspirar. Literalmente Julio lo había ganado prácticamente todo. No obstante, su inigualable carrera musical daba pie para seguir recibiendo homenajes y premios en diferentes partes del mundo.

* *El Espectador,* 14 de mayo de 2014.
** Entrevista al recibir la Medalla de Oro de las Bellas Artes, Ministerio de Cultura.
*** *El Nuevo Herald,* 2014.

De esta manera, en febrero Julio recogió la Medalla de Oro de las Bellas Artes, concedida por el Gobierno de España, por sus logros y por ser el intérprete «que más discos ha vendido de toda la historia de la música».

Fiel a su trabajo como músico de directo, Julio Iglesias estuvo ocupado durante gran parte del año ofreciendo conciertos de su nueva gira bautizada *Starry night*. Desde Uruguay en el mes de enero, el cantante recorrió de nuevo todo el planeta, con actuaciones en Argentina, Perú, Marruecos, Canadá, Corea del Sur, Malasia, Japón, Estados Unidos, España, y un largo etcétera de paradas musicales extraordinarias.

En Las Vegas Julio recibía el reconocimiento de Máximo Orgullo Hispánico por parte de la Asociación de Prensa, Radio y Televisión. También en Las Vegas, el cantante gozó del privilegio de tener un día del año dedicado a su persona, siendo desde entonces el 10 de junio el Día de Julio Iglesias en el estado de Nevada.

Desafortunadamente, 2010 también trajo noticias tristes, como el terremoto de Haití. El 12 de enero de ese año será muy difícil de olvidar para muchas víctimas. Era martes y, de pronto, pareció que llegaba el fin del mundo. Los efectos del seísmo fueron devastadores, arrasando al país más pobre y castigado de América. Y los datos son estremecedores. En el terremoto de Haití se calcula que fallecieron unas trescientas dieciséis mil personas y que hubo unos trescientos cincuenta mil heridos. Más de millón y medio de personas perdieron sus hogares. El epicentro del terremoto estuvo a unos quince kilómetros de Puerto Príncipe, la capital, y se considera que fue una de las catástrofes humanitarias más graves de la historia.

Cuando Julio conoció la noticia, inmediatamente se trasladó hasta Puerto Príncipe para conocer los detalles de la catástrofe junto al presidente haitiano René Préval y ofrecerle toda la ayuda que pudiera necesitar.

El cantante español destacó en Puerto Príncipe que Haití necesitaba «ayuda continua» para salir del «drama profundo» que vivía tras el devastador terremoto del 12 de enero. «Nunca he visto en mi vida un país más destruido»*, dijo durante una visita de varias horas a la capital haitiana.

---

* *Público*.

LESIAS
d Records™
e Latin Artist

胡里奥·伊格莱西
索尼音乐娱乐
中国首位最受欢迎

JULIO IGL
Sony Music Ente
First and Most
International Artis

格莱西亚斯
界纪录™
拉丁男艺人

41
El número 1

Take five, The Dave Brubeck Quintet

660: Instituto Cervantes. 16 de diciembre de 2011. Julio Iglesias recibe de las manos de Rafael Nadal dos premios: al artista que más discos ha vendido en España y el Latino Artist Award por el mayor número de álbumes vendidos en el mundo. © Getty / Europa Press Entertaiment.

658-659: 1 de abril de 2013. Julio Iglesias en una rueda de prensa en Pekín. © Getty / Ed Jones.

Con el paso de los años y la llegada de nuevos artistas, Julio reconocía que él seguía escuchando a los clásicos. Entre los nuevos talentos, el cantante español disfrutaba de la música de Amy Winehouse. «De Amy Winehouse me gustaba su voz, frágil, en la que su pensamiento corría de una manera muy irracional, pero preciosa; era una cantante buena, que dependía mucho de su estado de ánimo, pero a la que, como en otros casos, se quiere hacer mejor cuando su muerte es trágica», apuntó Julio sobre la tendencia a venerar a artistas después de muertos.

En julio de 2011, Amy Winehouse, de veintisiete años, fue encontrada muerta en su casa de Camden Town, al norte de Londres.

Ese mismo año Julio Iglesias anticipaba sus planes vitales y cuales creía entonces que eran sus expectativas de vida: «Ahora estoy deseando vender todo lo que pueda porque ¿qué me puede quedar de vida a mí? Lo que Dios quiera, pero ¿de vida activa? Tengo casi sesenta y ocho años, y me quedarían siete u ocho de vida activa, en los que pueda andar de un sitio a otro. Y de vida pasiva, otros diez años»*, confesaba Julio en un tono decididamente catastrofista.

En septiembre de 2011 Julio lanzó *1,* un monumental álbum que recogía lo mejor de su discografía regrabando algunas canciones. «Tengo como mil canciones cantadas en español. Cogí todos los discos y escogí ciento veinte, desde *La vida sigue igual* hasta *Me olvidé de vivir*. Con ese repertorio tan grande, que crecía en el recuerdo de las mamás y las abuelas, y seguía en la memoria de la gente, comencé a regrabar hace año y medio»**.

El número 1

Afo Verde, actual presidente y director general de Sony Music para Latinoamérica, España y Portugal, y entonces A&R de la compañía, propuso la idea de *1* a Julio Iglesias, en principio exclusivamente para los territorios de Brasil y Colombia. Julio se metió en el estudio y, sobre el esqueleto de las canciones, volvió a grabar los bajos, la batería, las cuerdas y la voz, reemplazando lo antiguo por lo nuevo sin perder la esencia.

El artista trabajó durante tres años en *1,* disco que reflejaba su perseverancia ofreciendo un álbum con lo mejor de su música. «Entrar en el estudio siempre es algo excitante, pero como soy muy perfeccionista, puede resultar todo un reto. Esto significa trabajar duro. Soy una persona con suerte. Tener la oportunidad de cantar estas canciones y ser capaz de mantenerlas vivas durante cuarenta años, hasta el punto de poder rehacerlas, es un placer, un privilegio».

Las grabaciones de los años setenta de Julio Iglesias fueron técnicamente muy limitadas, con una voz mucho más frágil. Canciones como *La vida sigue igual* o *Abrázame,* fabulosas composiciones escritas al principio de su carrera, tuvieron grabaciones discretas. En *1,* Julio podía grabarlas con la voz más fuerte y sólida; «imagínate si a Carlos Gardel le dijeran que cante de nuevo, contaría con medios mucho más modernos y sería mucho mejor... Yo no me comparo a Carlos Gardel,

---

* *El Tiempo,* 2011.

** *El Mundo,* 24 de mayo de 2010.

que es un campeón, pero antes que lo hiciera él, lo hice yo. Tuve la suerte de hacerlo»*.

Julio había recordado en numerosas ocasiones que dejó de escribir, como los poetas pequeñitos, a los cuarenta años. Cuando el árbol se seca, «como sé que no soy capaz de volver a escribir temas como *Abrázame* o *Quijote,* descubrí este sistema que me permite volver a cantar mejor lo que hice antes con una voz y un sonido regulares. Mi voz ha ganado con el tiempo», recordaba entonces el artista.

Es el disco de mi vida

El enorme éxito del disco en Brasil, donde obtuvo la certificación de disco de platino, y en Colombia, donde *1* con más de cien mil álbumes vendidos alcanzó el disco de diamante, animó a la compañía a lanzarlo en España y el resto del mundo.

En las nuevas versiones Julio advertía unas sensaciones positivas con sus canciones, «las siento incluso un poco mejor. Son cartas que se escriben cuando eres muy joven, a las que les pones una música muy simple y, cuando las vuelves a leer, te das cuenta de que no se olvidan. Son cartas que escribí cuando sentía muchas emociones juntas, pero mi cabeza aún no las conocía. Ahora mi cabeza ya conoce todas las emociones»**.

Con este disco, Julio quería agradecer a su público que le había dado tiempo para aprender y para hacer las cosas bien. Enfrentarse a las canciones de toda su vida requería mucho tiempo y eso era algo que no había tenido hasta hace poco; «es el disco de mi vida», explicó.

Para Julio, *1* suponía la construcción de su nuevo futuro, hacer que nuevas generaciones se acercaran a sus canciones, «el resultado que me gustaría para este disco es que los chicos de veinte y treinta años dijeran: "Oye, mamá, tenías razón"».

El objetivo de *1* para Julio era muy sencillo, «es volver a cantar lo que canté mal, porque siempre fui un artista mediocre, pero cuando empecé a cantar con Sinatra, Stevie Wonder o Sting, aprendí». Las

---

* https:julioiglesias.com
** *Diario de Navarra,* 8 de octubre de 2012.

canciones del disco «forman parte de una historia pequeñita, pero las tonterías sencillas que decían aquellas canciones me parecen fundamentales en mi manera de ser, coplas pequeñas que tocan el alma de las gentes sin ninguna identidad política»*.

Medalla de Oro de la Comunidad

Tras el éxito de *1,* Julio Iglesias arrancó el año 2012 en el concierto de Año Nuevo en Georgia ante más de cincuenta mil espectadores y la atenta mirada del presidente de la ex república soviética Mikheil Saakashvili. En febrero treinta y cinco mil fieles disfrutaron en Tandil, en la provincia de Buenos Aires, de las canciones del artista español. Julio no paró de girar en todo el año recorriendo América, Europa y Asia.

En el mes de mayo, la presidenta de la Comunidad de Madrid, Esperanza Aguirre, le hizo entrega de la Medalla de Oro de la Comunidad de Madrid, una distinción que el cantante se mostró encantado de recibir de su tierra. Entre lo que tenía pendiente, Julio confesó que debía «seguir generando y produciendo» porque de él depende el trabajo de «miles de personas».

Los conciertos prosiguieron en España en una gira bautizada *Íntimo,* y donde Julio recorrió buena parte de la geografía nacional. En Marbella participó del Festival Starlite, cuyo origen se remontaba treinta años atrás, concretamente en 1983, y en el que Julio, apoyado por Alfonso Hohenlohe y Plácido Domingo, resultó determinante para su impulso y consolidación.

En verano Julio actúo en el Palau de les Arts de Valencia y, como contaba Lino Portela en un descacharrante reportaje, protagonizó una de esas anécdotas al alcance solo de las leyendas. En el camerino del Palau, Julio estaba vestido de blanco y sudado recibiendo a la gente que se acercó a saludarle después del concierto. Por allí apareció el actor Fernando Esteso, que pasó a saludar tras hacer cola para hacerse una foto con dos rubias despampanantes; «Pórtate bien, Fernandito», le dijo Julio a Esteso. «Tú eres el jefe. Hemos crecido juntos y aquí seguimos, dando guerra, ¿eh, Fernando?». Entre los que también espe-

* *El Imparcial,* 15 de octubre de 2010.

raban para saludar al astro estaba el cantante Manuel Tenorio. «Soy un gran admirador tuyo», le dijo. Julio, agradecido, se dirigió a la espectacular novia de Tenorio. «Hola, guapa, ¿te folla bien? Porque eso es muy importante...». Todos se ríen y ella responde: «Claro que sí»*. Puro Julio Iglesias en modo conquistador *on.*

En el mes de diciembre, en el anfiteatro Altos de Chavón, en La Romana, dentro de la República Dominicana, Julio ofreció una actuación en la que la recaudación estaba destinada a la Fundación Rosa Blanca, que presidía Sophia Martelly, primera dama de Haití, y que fue a parar a los niños más desfavorecidos del país, especialmente maltratados tras los devastadores efectos del terremoto de 2010. El presidente de Haití, Michel Martelly, subió al escenario y junto a Julio interpretó *Corazón* y *To all the girls I've loved before* ante la atenta mirada de su amigo Óscar de la Renta.

Arde Ojén

Durante su parada en España de su gira *Íntimo,* en agosto de 2012, Julio Iglesias vio cómo su finca Cuatro Lunas, en el municipio malagueño de Ojén, quedaba totalmente calcinada por el fuego. De la finca, valorada en más de ciento cincuenta millones de euros, solo se salvaron las casas, excepto la de los guardeses, gracias a que el césped hizo de cortafuegos. Resultó quemada una gran colección de árboles que Julio seleccionaba personalmente y que había traído de diferentes partes del mundo. También en este incendio, por cierto provocado, perdió a su perro *Chaplin.* «Mi desolación personal es inmensa, pero no puede ser mayor que la sentida por aquellas personas a quienes les han arrebatado su medio de vida o gran parte de su patrimonio. Me siento desolado y triste», dijo el cantante. Afortunadamente, tanto el cantante como su familia estaban ya de regreso en Miami, tras pasar las vacaciones en Ojén, y no tuvieron que vivir en directo la devastación de sus propiedades.

El incendio, que llegó desde Coín hasta Marbella, dejando un paisaje dramático entre las llamas, afectó a ocho mil hectáreas entre los municipios de Coín, Mijas, Marbella, Alhaurín el Grande, Ojén y Monda.

---

* Lino Portela, 2015.

Julio vivió con gran tristeza el incendio: «Me da muchísima pena. La casa no se quemó, se quemaron los árboles, que eran la vida. Árboles con doscientos, trescientos, quinientos, setecientos años, como tenían mis alcornoques. Casi los conocía por su nombre, les ponía inyecciones, era amigo de ellos, los besaba, los rodeaba con mis brazos. He perdido esa parte maravillosa, y me da mucha pena»*.

La boda de Julio José

En el mes de septiembre, el hijo de mayor de Julio se casaba. Julio Iglesias Jr. y Charisse Verhaert celebraban su enlace en el palacio El Rincón, propiedad del marqués de Griñón, padre de Tamara. En la boda, Isabel Preysler y Julio Iglesias, quien acudió solo, sin Miranda ni sus cinco hijos, volvieron a encontrarse, una imagen que no se repetía desde hacía casi dos décadas, cuando Chábeli se casó con Ricardo Bofill. Chábeli viajó a la boda de su hermano con su marido y los niños desde Estados Unidos por primera vez desde que dio a luz a su hija Sofía en enero de ese año.

«Afortunadamente, nos llevamos muy bien y todo transcurrió estupendamente»**, dijo Isabel sobre su primer marido. Durante la boda Julio habló con Miguel Boyer, que por primera vez acudía a un acto social ocho meses después de sufrir un ictus.

El gran ausente de esta boda fue Enrique Iglesias. «Me ha llamado ochenta veces para decirme que lo siente muchísimo, pero que tenía compromisos profesionales», dijo su hermano. Enrique, eso sí, se encargó de organizar para el novio una gran despedida de soltero en Las Vegas con todos sus amigos.

En una lluviosa y otoñal tarde, en un clima parecido al que vivieron Julio e Isabel, los novios se casaron. José Luis se encargó de elaborar el menú exactamente igual que ocurriera en la boda de 1970.

«Charisse ha nacido para ser mi mujer. Tiene todo lo que pueda soñar», dijo Julio José antes de dar el «sí, quiero». Por su parte Charisse declaraba: «Soy la novia más feliz y hoy es el día más bonito de mi

* Ainhoa Piudo, *Diario de Navarra,* 8 de octubre de 2012.
** *¡Hola!*

vida»*. Charisse recibió en su habitación momentos antes de la boda la visita de Isabel Preysler. «¡No he parado de llorar!», exactamente igual que en 1970, aunque seguramente en 2012 fue por otros motivos.

El artista más popular de todos los tiempos

En 2013 el cantante español recibió conmocionado la noticia de la muerte de Betty Pino, la popular locutora musical de Miami, y aseguró que «la vida no va a ser igual para todos los artistas» a los que ella tanto ayudó. «Comadre, no esperaba que te fueras tan pronto, pero nos vamos a volver a ver. Fuiste un amor de persona conmigo y yo siempre te adoré», escribió Julio sobre la locutora de origen ecuatoriano, que contribuyó enormemente al reconocimiento de los cantantes españoles en Estados Unidos, incluyendo naturalmente los difíciles inicios de Julio Iglesias en Miami.

En abril de 2013 Julio Iglesias aterrizó en Asia y ofreció conciertos en Filipinas, Corea del Sur, Taipéi y Singapur. En China, el pianista Lang Lang, hijo de Lang Guoren miembro del clan manchú Niohuru, que dio a luz una larga línea de emperadores Qing, y uno de los mejores instrumentistas del mundo, hizo entrega a Julio Iglesias del galardón que lo acreditaba como el Artista internacional más popular de todos los tiempos en China. También en el gigante asiático, Julio recibió en Beijing el premio Récord Guinness como el artista latino que más discos había vendido a lo largo de la historia.

«El premio de China fue muy emocional. Me hizo mucha ilusión. Dije que no iba a recoger más premios en mi vida. Pero lo de China me hizo ilusión porque me hace gracia pensar que, en un país con tantas gentes, yo sea el artista más popular... Me pareció muy gracioso y el premio me lo dio un chaval joven, un pianista llamado Lang Lang que es tremendo. Y sobre todo muy simpático»**.

A lo largo de 2013 Julio recorrió de manera exhaustiva la geografía española, deteniéndose en numerosos municipios de la península ibérica. Recién cumplidos los setenta años, el cantante seguía fiel a su

---

* *¡Hola!*
** *El Norte de Castilla,* 2013.

máxima de hacer lo que le hacía más feliz, cantar. «Yo no he ganado la gloria. He ganado un puesto honroso en el panorama musical. Es difícil llegar, pero es más difícil mantenerse en un mundo donde surgen cada día centenares de cantantes, y la mayoría son buenos, y donde cambian las modas y las tendencias. Y solo te puedes mantener a base de esfuerzo, de calidad y, sobre todo, siendo fiel a ti mismo y a tu gente. Trabajo todo el día, escribo lo que puedo, y sacrifico mucha familia viajando constantemente de un lugar a otro»*.

Precisamente en lo que se refiere a la familia, y a diferencia de lo que había vivido el doctor Iglesias, padre con ochenta y siete años, en 2013 Julio tenía bien claro que no tendría más descendencia: «No, definitivamente ya no tengo tiempo de tener más hijos, tengo los suficientes para consentirlos, amarlos y cuidarlos. Los hijos son bienvenidos, pero hay que tener en cuenta que el tiempo pasa. Por mí tendría mil hijos pues es una maravilla verlos nacer y crecer, pero creo que no es oportuno tener más»**.

Con setenta años y ya en un tono crepuscular y reflexivo, Julio empezaba a mirar con distancia una vida ciertamente vivida; «a la vida le pido justamente las cosas que no le puedo pedir como, por ejemplo, el tiempo, que como todos sabemos es inexorable, ya que cuando lo queremos amarrar es imposible hacerlo. Aconsejo a todo el público que se sienta vivo, que no pierda el valioso tiempo, ya que no se puede recuperar, señores: hay que vivir»***.

Tributos en espacios emblemáticos

En 2014 Julio encaró una gira mundial con más de ochenta conciertos, una treintena de ellos en Estados Unidos; «tengo ganas de hacerlos. Si yo no cantara, me moriría física y psíquicamente. El cantar me da la alegría de saber que estoy vivo. A los setenta años salir a un escenario no es tan fácil. Son dos horas de concierto donde hay una grandísima intensidad y estoy solo en el escenario; todo es pasión y emoción y dar

* Fernando Ónega, *El Mundo,* 2003.
** 24 de agosto de 2013, http:julioiglesiaslive.blogspot.com.
*** *Ibídem.*

toda tu vida ahí». Julio resumía entonces su vida como la de un hombre disciplinado hasta el masoquismo, «mi disciplina está hecha de hierro. Conmigo soy severo, soy un estoico».

En 2014 Julio Iglesias asumía que el éxito formaba parte indisoluble de su vida. Éxito, sí, pero producto del sacrificio. «El éxito es una maravilla, porque te permite tener luces en los ojos; pero si no es un éxito que tenga sacrificio al lado, entonces no es un éxito honrado».

En febrero de 2014 el cantante español se reencontró con el público de Miami en el American Airlines Arena, para continuar después con su larga gira estadounidense con actuaciones en Clearwater, Naples y Jacksonville en Florida, y en los estados de California, Arizona, Nuevo México, Nueva Jersey, Texas o Nevada. El 24 de abril Julio se acercó hasta el Carnegie Hall de Nueva York para participar en una gala en homenaje a su amigo Óscar de la Renta.

Julio Iglesias regresó al Carnegie Hall después de un cuarto de siglo para cantar al diseñador Óscar de la Renta por su Medalla a la Excelencia delante de Bill y Hillary Clinton o Carolina Herrera, espectadores de excepción. «La primera vez que estuve aquí, hace cuarenta años, tenía diecisiete», bromeó Iglesias. «Oscarito, vamos a explicarles por qué los latinos tenemos tantos hijos. La música nos hace acercarnos, amarnos en vertical. Mi padre era del norte y mi madre del sur, ese es el futuro. Y de futuro saben Mr. y Mrs. Clinton», remató Julio.

Julio Iglesias debutó en la emblemática sala de conciertos de Nueva York en 1975 y se presentó nuevamente y por última vez en 1989. Pasó por el mítico auditorio en 2014 cantando *Ne me quitte pas,* de Jacques Brel, según Julio «la mejor canción de la historia».

En el Carnegie Hall no dejó de citar a su amigo Óscar de la Renta, a quien llamó «hermano». «Nunca en la vida he conocido a alguien con la fuerza para luchar que él tiene». «Julio es como un hermano para mí», dijo De la Renta, que compartía con el cantante su pasión por Punta Cana. «Es un increíble honor que esté conmigo en un lugar con un alma tan extraordinaria y que para mí tiene un significado tan especial como es el Carnegie Hall», expresó De La Renta en un comunicado.

Un amigo se muere

Tristemente, algunos meses después, Óscar de La Renta fallecía a los ochenta y dos años en su hogar, en la ciudad de Kent (Connecticut), el 20 de octubre de 2014. Llevaba años luchando contra un cáncer que le detectaron en 2006. Por méritos propios, consiguió una fama universal. Los primeros pasos los dio junto a sus maestros Balenciaga y Antonio Castillo. El pistoletazo de salida a su prestigio como modisto y que le convirtió en una figura de referencia en el mundo de la moda ocurrió durante los años sesenta del siglo pasado, cuando fue uno de los diseñadores de Jacqueline Kennedy, icono de la moda. De la Renta nació en Santo Domingo (República Dominicana), pero su trabajo le hizo cruzar todas las fronteras. No solo vistió a otras primeras damas del mundo de la política, como Jacqueline, Nancy Reagan, Hillary Clinton o Michelle Obama, sino también a grandes estrellas de Hollywood, como Penélope Cruz o Anne Hathaway, o musas de la música, como Madonna y Shakira.

Conmocionado por la muerte de su amigo, Julio le escribió unas palabras emocionadas:

> Óscar, mi amigo del alma, ¿y ahora quién me va a contar las cosas bonitas de la vida, quién me va a dar consejos? Me imagino que te has llevado contigo el mar de Punta Cana, el mar de los recuerdos, el mar de la alegría, el mar de la magia, el mar que tú inventaste. No va a haber ni un solo día en mi vida que a ese mar que me trajiste no le devuelva una sonrisa para ti. Te quiero para siempre.
>
> Julio Iglesias

Punto final a sus negocios en Punta Cana

En República Dominicana Julio y Óscar vivieron unos años dorados hasta la muerte del diseñador dominicano, a quien Julio consideraba como un hermano. Esa pérdida, además de las nuevas y más duras normas fiscales en la República Dominicana, motivó que el cantante decidiera vender toda su participación —un 25 por ciento—, quedándose únicamente con un 5 por ciento del aeropuerto de Punta Cana.

«Desde que Óscar murió, Julio ya no se encontraba a gusto. Nunca se entendió del todo con Rainieri, y eso, unido a los cambios fiscales, que ya no son tan atractivos en este país, hizo que liquidara su porcentaje. Además de esa pequeña parte del aeropuerto —que supone un gran negocio—, lo único que mantiene en este país caribeño es su casa de Punta Cana, donde pasa casi todo el tiempo. Por esta operación de venta se calcula que puede haberse embolsado cerca de trescientos millones de dólares (doscientos cuarenta y cinco millones de euros)», comentaba un inversor de la zona*.

Sobre su éxito en los negocios, Julio comentó que había ganado «más con la cabeza que con las emociones» y agregó que «los artistas no tienen el sentido del dinero»; sin embargo, a él le basta con poco, y cuando llega a un hotel pide siempre una habitación pequeña porque no le gusta caminar mucho para ir al baño**.

Las gemelas homenajean a Óscar de la Renta

Victoria y Cristina son prácticamente iguales, pero ambas poseen personalidades muy diferentes. En 2019 debutaron ante los medios en la gran noche neoyorquina de la moda, la Gala Met 2019 que cada año organiza la famosa editora de *Vogue* Anna Wintour, y donde vistieron sendos vestidos de Óscar de la Renta.

De la Renta era una persona muy especial para las gemelas pero sobre todo para su padre. «Es maravilloso, un honor», dijeron en 2019 las hermanas al poder vestir la ropa del diseñador, «le llamábamos "tío tope, tope", porque cuando éramos pequeñas, él solía tomarnos en brazos y alzarnos por los aires y luego nos decía: "Tope, tope", para que chocáramos nuestras cabezas con la suya, frente con frente»***.

Convertidas en *it-girls* desde su adolescencia, con dieciséis años protagonizaron su primera portada, donde explicaban a qué se dedicaban durante su tiempo libre. «Desde que éramos pequeñas nos hemos

---

* *ABC.*
** *EFE.*
*** *¡Hola!*

dedicado a rescatar perros abandonados o maltratados. Tenemos nueve. Todos ellos recogidos en la calle o en la perrera. Cinco en Miami, uno en Punta Cana y tres en España».

En 2019, al cumplir dieciocho años, en la Gala Met dejaron de manifiesto que su futuro está delante de las cámaras en el mundo de la moda, pero tienen clara la utilidad de su apellido: «La fama tiene que servir para ayudar a otras personas. Desde el momento en que eres una persona conocida, se te abren muchas posibilidades de ayudar»*.

El Royal Albert Hall se rinde

2014 sirvió para que Julio regresara a escenarios míticos que hacía tiempo que no pisaba. Diez años después de que la última gira mundial de Julio recalara en Londres, regresó dos noches al Royal Albert Hall, donde no cantaba desde principios de los ochenta, cuando se presentó con su álbum *Hey!*, y su single *Begin the beguine* llegaba al número 1 en todas las radios inglesas y muchos países de origen anglosajón.

El 12 de mayo Julio recibió el premio al Artista latino de más éxito de todos los tiempos por los más de trescientos millones de discos vendidos a lo largo de sus cuarenta y seis años de carrera, con ochenta discos editados e interpretados en doce idiomas.

«Pertenece a la élite de las auténticas estrellas, está en la lista de los top ten y sabe decir "I love you" en muchas lenguas», declaró Edgar Berger, el directivo de la discográfica Sony, al entregarle el galardón.

Mostrando una notable cojera, el cantante agradeció el premio, que debe «a la profesión, que es mi otra familia, la prensa y el público que durante todos estos años ha comprado mis discos y ha acudido a ver mis actuaciones». A punto de cumplir setenta y un años Julio decía sentirse «en lo alto de la montaña, donde el aire es cada vez más fino». «La profesión y el público son el oxígeno que me hacen respirar. No me dejéis morir»**, pidió.

---

* *Mujer hoy*.
** *Diario de León*, mayo de 2014.

Al día siguiente, su primer *show* en el Royal Albert Hall de Londres fue un éxito rotundo, así como el concierto del lunes 19. Julio Iglesias invitó al artista gallego Carlos Núñez a interpretar *Un canto a Galicia,* en una curiosa combinación que deleitó a los cinco mil seguidores que se dieron cita esa noche en Londres.

De padre a hijo

En Londres Julio veía remota la posibilidad de cantar un día con sus hijos: «Si quieren hacerlo, habrán de darse prisa».

Enrique Iglesias, en una entrevista con la revista *People* y sobre los planes de cantar con su padre, dijo: «Eso va a depender muchísimo de la canción. No sé, no está en los planes. Hoy por hoy no hay ningún plan de hacer algo juntos». Aunque después de pensarlo un poco, agregó: «Para mí sería un gran honor, pero tiene que ser en el momento adecuado y una canción que realmente nos sirva a los dos»*.

En 2014, el imparable empuje de Enrique Iglesias durante casi veinte años hacía que la distancia personal entre padre e hijo resultara un tema casi recurrente. Lo cierto es que en dos de los acontecimientos familiares más relevantes de la familia Iglesias, el funeral del doctor Iglesias Puga en el año 2005 y la boda de Julio José en 2012, Enrique fue el único miembro importante de la familia que no asistió.

Hubo gente que culpó a Miranda del desencuentro entre hijo y padre, quien, como ya hemos dicho, parece que mantuvo una tensa discusión con Enrique, recriminándole haber actuado por su cuenta cuando decidió iniciar su carrera musical en secreto y a sus espaldas, una decisión que Julio se tomó como una traición**. No obstante, en 2014 Julio Iglesias admitió que Enrique podría tener razón al sentirse desatendido; «me siento un poco culpable cuando hablo de este tema», dijo. «Tal vez es verdad. Antes no era tan buen padre como lo soy ahora»***.

Enrique Iglesias nunca ha ocultado que a lo largo de su vida ha mantenido algún que otro roce con su padre, aunque obviamente

---

* *People.*
** okdiario.com
*** *El Nuevo Herald.*

admite que su progenitor ha sido una de las figuras clave en el desarrollo de su carrera musical. «Criarse con alguien como mi padre, con un referente como él, fue una fuente de aprendizaje constante para mí»*.

El caso es que tampoco nadie esperaba que Julio fuera a aumentar su familia con cinco hijos más, y con casi setenta y un años, naturalmente, el cantante había madurado y deseaba recuperar a su hijo. En contra de los rumores que apuntaban a Miranda como culpable del distanciamiento, la esposa de Julio ha llevado a sus hijos a los conciertos de Enrique por el que sienten una gran admiración.

En más de una ocasión Julio ha asegurado que sus cinco hijos pequeños adoran la música y la personalidad de su hermano Enrique, hasta el punto de que sus canciones están siempre presentes en casa; «mi hijo Enrique es un campeón, de hecho podría decir tranquilamente que es el rey de mi casa, porque mis cinco hijos pequeños no paran de escuchar sus canciones en sus habitaciones»**.

Sería un honor cantar con mi padre

Coincidiendo con el lanzamiento de su álbum *Sex + Love,* que además llegaba a las tiendas al mismo tiempo que el disco recopilatorio de Julio, *Julio Iglesias: 1, The Collection,* Enrique se sinceraba en una entrevista al canal estadounidense CBS: «A decir verdad, no es que tengamos una relación estrecha. No nos vemos mucho y no hablamos precisamente todos los días por teléfono. Pero él sabe que me tiene aquí para lo que necesite y yo sé también que siempre podré contar con su apoyo. Le quiero y le admiro muchísimo, porque es mi padre y porque es un gran referente musical».

A lo largo de los años, Enrique Iglesias ha cumplido con creces sus objetivos como artista siempre guardando distancia con su padre; «he tratado mucho de separar nuestras vidas profesionales, pero el día de mañana no se sabe. Sería un honor cantar con mi padre»***.

---

* *El Noticiero del canal Televisa.*
** *Female First.*
*** *La Vanguardia.*

«Mi padre ha sido un artista que siempre he admirado muchísimo. Pero no puedes poner de igual a igual la industria de 1975 con la que tenemos ahora. Sería ridículo. Sus logros para mí son increíbles», contestó Enrique cuando le preguntaron si aspiraba a obtener el mismo récord de ventas que ha alcanzado su padre.

Recorriendo caminos separados

Julio Iglesias indudablemente quiere y se ha mostrado orgulloso del éxito de su hijo, pero también confirmaba que apenas hablaba con Enrique dos o tres veces al año; «no somos compatibles», dijo. «Él tiene una vida extraordinaria y profunda, y yo tengo otra». Julio y Enrique Iglesias recorren caminos separados, lo que según Julio es «la relación perfecta entre un padre y un hijo que viven en el océano de la vida, y cuando llegan a puerto se dicen: "Hola, ¿qué tal el viaje?". "Bueno, padre, bueno. ¿Y el tuyo, Papi?". "Bueno, buen viaje". "¿Eres feliz?". "Sí, soy feliz. Nos vemos en el próximo viaje"».

Especialmente desde que Enrique Iglesias se aventurara en el mundo de la música, padre e hijo se han encargado de fomentar una relación sujetada en declaraciones contradictorias sobre la naturaleza de la misma. «Para mí Enrique es un chaval superindependiente y, cuando nos vemos, nos miramos de una manera como si no nos hubiéramos visto en diez años. Hay muchísimo amor entre los dos, pero no hay una relación de pasar las Navidades juntos o el Fin de Año, tampoco los cumpleaños, pero sí nos llamamos. Él es un chico que vive en un mundo diferente, es un campeón. ¿Sabes que los campeones son jóvenes que tienen una vida muy especial? Lo importante es que nuestra relación está ahí y hay mucho amor cuando nos vemos. Aunque con Julio sí hay más comunicación, pero la vida es así».

En el verano de 2017 habló del tema con el periodista Roberto Vilar en el programa *Land Rober,* de la Televisión de Galicia. «Tengo una relación no fácil con Enrique porque él es muy personal... Es un chaval que no admite sugerencias de nada. Siempre que hablamos me habla de otra cosa. Que se ha comprado un avión nuevo, cosas superficiales que no valen para nada».

Julio profundizaba en su relación con Enrique: «La gente no nos ve mucho juntos, entonces pueden pensar: se llevan mal. Pero si escucha una conversación por teléfono que tenemos de dos horas, me hace llorar porque me toca fibras muy importantes. Probablemente sea de esa clase de chiquillos que pueden ser rebeldes con causa. Nunca fui un padre muy apegado a mis hijos. Estaba siempre viajando, no tuve ese tiempo necesario para estar más dentro de ellos»*.

«Mi padre y yo —confirmó Enrique en una entrevista con Jaime Bayly— físicamente no nos vemos mucho, pero cuando nos vemos nos llevamos muy bien».

Con un padre septuagenario, Enrique siente una profunda admiración por él y alucina con la inagotable energía de ese hombre, capaz de recorrer el mundo cantando sin descanso. «Es increíble todo lo que hace mi padre a su edad. Tal vez no debería decirlo, pero tiene ya como setenta años. Admiro sobre todo esas ganas de poder y de ganar que tiene. Es algo que siempre noto cuando hablo con él. No descansará mientras le queden energías»**.

Un cabrón de setenta y algo de años que canta

En el mes de septiembre, Julio cumplió setenta y un años en plena gira por Brasil. Sobre el escenario, el cantante dijo: «Los asistentes a mis conciertos van a ver a un cabrón de setenta y algo de años que canta con más pasión que un chaval de veinte».

El 28 de diciembre Julio terminó el año en el escenario de Puntacana Resort & Club, donde ofreció un concierto íntimo, denominado «Homenaje a un amigo». Los fondos recaudados en este evento se destinaron a la construcción del nuevo Centro de Atención Pediátrica Óscar de la Renta, en Verón. El concierto fue realizado en memoria del diseñador, abanderado de los proyectos de la Fundación Puntacana, uno de cuyos grandes deseos era la materialización de un centro pediátrico donde los niños de la comunidad de Verón pudieran recibir servicios de salud adecuados.

---

* Roberto Vilar, *Land Rober,* TVG.
** *El Noticiero del canal Televisa.*

42
Cantando en lugares inconvenientes

Sun city, Steve Van Zandt

680: Julio Iglesias durante un concierto en Dubái.

678-679: 13 de abril de 2012. Julio Iglesias en el Movistar Arena de Santiago de Chile. © Album / EFE.

A lo largo de una carrera que ha recorrido cincuenta años y seis décadas, Julio Iglesias ha actuado en la Argentina de Videla, en Chile bajo la dictadura de Pinochet, en Uzbekistán bajo el yugo de Karimov, con Obiang en Guinea Ecuatorial o de visita al palacio de Hugo Chávez en Caracas, con quien cantó cogido del hombro *Cuando salí de Cuba*. Julio ha sido repetidamente criticado por su presencia en territorios antidemocráticos y, a cada crítica, el cantante siempre ha dicho que él le cantaba a los pueblos y no a los gobernantes, un mantra resumido en una frase explícita: «No hago política, solo canto para distraer».

Sus visitas a lugares inconvenientes en momentos delicados han formado parte de una historia de luces y sombras.

La lista negra de las Naciones Unidas

Julio Iglesias había actuado en Sudáfrica con notables críticas por ser un país bajo el yugo del *apartheid*. Sun City, la versión sudafricana de Las Vegas, exenta de las locuras del *apartheid*, pagó cachés altísimos a artistas como Queen, Tina Turner, O'Jays, Ray Charles o el propio Julio.

Gracias a las minas de platino, Sol Kerzner, un agudo empresario privado que se aprovechó de las circunstancias de ayuda fiscal de la *Bantustan,* una reserva más o menos independiente para negros, levantó Sun City, el parque de atracciones, complejo hotelero y de casinos conocido como «Las Vegas de África».

A tan solo dos horas al norte de Johannesburgo, en el área más poblada del país, Sun City representaba el sueño del ocio con plena seguridad. La doble moral es lo que hizo nacer y funcionar este lugar. Tanto el juego como la pornografía podían dejar unos buenos dividendos en las arcas públicas, pero en un régimen represivo como el *apartheid* estas prácticas eran inmorales y, por lo tanto, estaban prohibidas. Lo que hizo Sol Kerzner fue buscar una solución a través del *Bantustan:* el empresario encerró todo lo que se consideraba vicio y perversión, es decir, lo que se salía de las normas, en ese territorio. De esta manera Las Vegas de África empezaron a funcionar en 1979, lo prohibido estaba más allá de unas vallas..., era rebasarlas y encontrar la diversión y la libertad sin represiones ni límites. Por supuesto, Sun City contaba con un gran auditorio y necesitaba artistas de renombre en su escenario para llenarlo. Así se acudía a los más grandes, entre ellos Julio. Conciertos de Sinatra, de Rod Stewart, Elton John o Queen se convirtieron en algo habitual. Y de nuevo la doble moral. ¿Cómo sortear el boicot internacional contra el *apartheid?* ¿Cómo justificar los conciertos en Sun City? Lo que se argumentaba es que en realidad estaban cantando en una república autónoma e independiente.

El comité de Naciones Unidas contra el *apartheid* creó una lista negra y Julio Iglesias estaba en ella junto a otros grandes como Sinatra, Ray Charles, Liza Minnelli o Paul Anka. Se consideraba que todos se habían saltado el boicot cultural decretado por la ONU contra Sudáfrica. Hubo otros artistas que no solo no cantaron allí, sino que protestaron de diferentes maneras contra el régimen y también denunciando los conciertos de Sun City. Por ejemplo, Steve Van Zandt, guitarrista de la E Street Band, mítica banda que acompañaba a Bruce Springsteen, compuso una canción protesta con el nombre del recinto. A dicha canción le pusieron voz varios artistas que clamaban por el fin de la represión racial y por no pisar Sun City.

Era 1985 y los macroconciertos eran un buen lugar de reunión para la protesta y las reivindicaciones. Y ahí estaba Sudáfrica que no solo sufría un racismo feroz y una legislación que lo apoyaba, sino que un líder carismático como Nelson Mandela estaba encarcelado. Precisamente en este mismo año, Julio Iglesias, que ya había actuado en Sudáfrica, pero no descuidaba su carrera y prestigio en los mercados occidentales, anunció que no iba a actuar allí otra vez hasta que cambiara el régimen político. Automáticamente, Naciones Unidas borró su nombre de la lista negra*.

Nelson Mandela fue liberado, después de veintisiete años de cautiverio, el 11 de febrero de 1990. Mandela, activista contra el *apartheid,* presidiría después Sudáfrica desde 1994 hasta 1999, convirtiéndose en el primer mandatario de raza negra que encabezó el Poder Ejecutivo. Durante estos años de construcción de una democracia, Sun City se habituó a los nuevos tiempos y ya ha ido apareciendo en las guías turísticas de Sudáfrica junto a Montecasino, otro centro de ocio y juego, de un presuntuoso estilo italiano, que abrió sus puertas en el año 2000, muy cerca de Johannesburgo.

Cantando al «carnicero de los Balcanes»

En 1998 Julio visitó por primera vez Yugoslavia. El cantante llegó acompañado de su representante, su equipo técnico y también de una guapísima yugoslava a la que los organizadores de los dos conciertos de Julio habían enviado a Moscú para saludarle**.

Los organizadores de los conciertos, BK Telecom (los poseedores de la única licencia para la telefonía móvil en Yugoslavia) y la Fundación BK (ambas pertenecientes a los hermanos Karic, los serbios más ricos de origen kosovar), ofrecieron una conferencia de prensa, que se celebró nada más llegar Julio a Belgrado. Al terminar la rueda de prensa, y según las crónicas de 1998, Julio se despidió efusivamente y se atrevió con unos golpecitos a los traseros de unas cuantas periodistas presentes.

---

* *Jot Down.*

** *El País,* 19 de junio de 1998.

Los organizadores eran íntimos amigos y aliados del presidente yugoslavo Slobodan Milosevic, y en Belgrado corrieron los rumores de que el cantante había sido recibido en audiencia privada por el que la prensa internacional conocía como el «carnicero de los Balcanes».

Preguntado por qué viajó a Yugoslavia justo entonces, en el peor momento para el país, Julio, con una sonrisa, respondió: «A mí siempre me han gustado las situaciones difíciles. Y esta es una de ellas. Siento verdadera devoción hacia la gente que aún puede sonreír, cantar y bailar habiendo vivido un aislamiento durante años»*.

La persona más odiada del país

Eros Ramazzotti, Ennio Morricone, Rod Stewart y Julio Iglesias actuaron a finales de 2011 en Uzbekistán. En Taskent, Julio participó en un festival organizado por Gulnara Karimova, hija del mandatario Islam Karimov, y rodeado de polémica al tratarse de una actuación en uno de los países más represivos del mundo junto a Birmania y Corea del Norte.

Gulnara Karimova, hija de uno de los más brutales mandatarios del mundo, acusado de hervir a sus opositores hasta la muerte, una mujer educada, millonaria y muy bella, persiguió convertirse en la reina del pop. Un cable diplomático revelado por WikiLeaks sostenía que la mayoría de los uzbecos veían a Karimova como «ambiciosa, hambrienta de poder y que usaba a su padre para aplastar a la gente de negocios o cualquier otra persona que se interponga en su camino, siendo la persona más odiada del país». Artísticamente conocida como *Googoosha,* Gulnara Karimova lanzó un álbum de música dance con el cual esperaba cambiar su imagen en Occidente. Amiga de Julio Iglesias —cantó con él a dúo en 2008 *Bésame mucho*—, Elton John, Rod Stewart o Sting, entre muchos otros, Googoosha tuvo siempre pasión por los escenarios.

En 2009 Sting fue contratado por la hija del dictador uzbeko para dar un concierto a cambio de un millón de euros. Sting afirmó entonces ser consciente de dónde y para quién actuaba y que su misión era

* *El País,* junio de 1998.

la de ejercer de «embajador cultural». Un año después, Sting criticó el autoritarismo del régimen de Karimov y donó el dinero. Automáticamente, su música fue prohibida en Uzbekistán*.

«Cuando salí de cuba» con Hugo Chávez

Sin embargo, el de Uzbekistán no sería el único concierto con polémica de Julio. En los años setenta fue duramente criticado por haber actuado en el Chile de Pinochet, y ya en 2001 actúo ante Hugo Chávez y el presidente chino, Jiang Zemin. El presidente de China vio cumplido uno de sus sueños cuando conoció personalmente a Julio durante su visita a Caracas. El encuentro se produjo en la residencia oficial del presidente de Venezuela y el artista y los políticos formaron un inédito trío coreando algunas estrofas del llamado segundo himno nacional venezolano, *Alma llanera* o *Cuando salí de Cuba*. Julio, en una entrevista de televisión, recordaba el encuentro: «Es simpatiquísima la historia. Estaba yo en Punta Cana y yo sabía que el presidente chino estaba en Venezuela, y de repente me llama Gustavo Cisneros y me dice: "Julio, tienes que coger un avión y venir aquí porque el presidente chino ha dicho a Chávez que dónde está Julio Iglesias". Cojo el avión, una hora y cuarto a Caracas, llego en helicóptero al palacio presidencial. Allí me esperan el presidente Chávez y el presidente chino. Tenían una batería, una guitarra y un violín. Me agarro a los dos y empezamos a cantar, con el chino y Chávez, yo no sabía lo que estaba pasando. En realidad, cuando los conoces en persona son simpáticos, son atractivos, cuando están contentos entre ellos y están dándose besos. Después cuando ves la realidad y las rupturas dices: "Esto es una mentira"»**.

La Guinea del dictador Teodoro Obiang

En 2012 Julio viajó hasta Guinea Ecuatorial para actuar delante de Teodoro Obiang, denunciado por las ONG internacionales ante la pobreza del país y la corrupción del gobierno de Obiang. El cantante

---

* cookingideas.es.
** *Salvados,* Jordi Évole.

actuó ante mil personas en una fiesta privada a la que acudieron políticos del régimen y familiares del dictador de Guinea Ecuatorial. Varias ONG pidieron al cantante que no acudiera, advirtiéndole sobre el pasado y presente de los anfitriones y organizadores. Julio Iglesias respondió tras el concierto: «Estuvieron todo el Gobierno y las primeras damas de varios países africanos. Cuando las saludo, yo no les pregunto si sus maridos son unos corruptos. No sabía que el hijo de Obiang tenía problemas judiciales. Allí hay una embajada española y muchas empresas de nuestro país. Nunca me planteé no ir».

Julio cantó en el palacio de conferencias de Sipopo, a las afueras de Malabo. En un lugar preferente estaba el dictador Teodoro Obiang Nguema Mbasogo; su esposa, Constancia Mangue, y su hijo Teodorín, contra el que la justicia francesa había dictado una orden de detención por desvío de fondos públicos, blanqueo, abuso de bienes sociales y abuso de confianza. Junto a ellos, todos sus ministros, las mujeres de los presidentes de Ghana y Zimbabue y representantes de embajadas de cincuenta países*.

Años más tarde, en una entrevista de televisión, Julio recordaba los detalles de su visita a Malabo: «Me gustaría que vieras a un ministro de Asuntos Exteriores español llegar a Guinea Ecuatorial y abrazarse a Obiang y darse un beso. Un artista no es eso, un artista va y canta. Y va Obiang y toda su gente, que pagan. Tú aceptas y después te recriminan, pero al día siguiente ves fotografiado a Obiang en un congreso de las Naciones Unidas, ahí, con todos. La gente me dirá: "Julio, eres muy ingrato, la gente sufre"... Yo le canto a los pueblos. Si van los presidentes, ¿qué les voy a decir?, ¿que se vayan?, ¡no! Yo les he cantado a todos en épocas fuertes. Y no estoy arrepentido. ¿Por qué voy yo a limitarme?... Yo y muchos más. No creo que yo sea el baluarte número uno... ¡Todos han cantado!»**.

* José María Irujo, *El País,* 13 octubre 2012.
** *Salvados,* Jordi Évole.

43

Julio, un hombre político

Politik, Coldplay

690: 29 de febrero de 1996. Julio Iglesias y Jose Mª Aznar saludan desde el escenario del campo de fútbol de Mestalla en el mitin de campaña electoral del candidato del PP a la presidencia del Gobierno.

688-689: 28 de noviembre de 2005. Julio Iglesias junto a Henry Kissinger en una gala en el Instituto Español Reina Sofía de Nueva York. © GTRES.

Julio Iglesias nunca se ha escondido cuando se trata de hablar de política a pesar de no mostrar demasiado interés por la mayoría de los políticos; «la política es una profesión menor. No es una profesión de vida. Una profesión de vida es ser un buen agricultor, un buen médico, un buen ingeniero, un buen profesor, pero ser político es una carrera menor»*.

Me importa tres cojones si son del PP o del PSOE

Desde siempre, sin esconder sus querencias políticas, Julio Iglesias se ha mostrado mucho más cerca de las personas que de los colores. El cantante ha sido capaz de respaldar el asalto de José María Aznar a la presidencia del Gobierno en 1995, cuando durante años anunció a bombo y platillo su devoción por Felipe González, alguien teóricamente antagónico a sus ideales políticos; «la política es liderazgo y es carisma, y Felipe es sabio. No hablo de su partido. No tengo nada que ver con su partido, pero él me encanta, y lo digo hoy, aquí, mañana,

* *El Heraldo,* 12 de noviembre de 2011.

pasado, en todos los lugares. Me encanta Felipe González. Ojalá hubiera muchos Felipe González en España»*.

Por su parte, Julio ha sido amigo de Aznar, alguien a quien, junto a su esposa Ana Botella, invitó en noviembre de 1995 a su casa de Miami. Allí, Julio le confesó algunos consejos electorales al futuro presidente.

«Durante mi reciente y larga estancia en España, he podido advertir el deseo generalizado del pueblo español de que se produzca un cambio. Aznar es un hombre prudente y moderado con una grandísima virtud, sabe escuchar. Será un excelente presidente de Gobierno y cuenta con el apoyo de muchísimos españoles que, como yo, desean el bien de España»**, dijo Julio en 1996.

El cantante, en su inédito idilio con la política y con Aznar, fue más lejos el 28 de febrero de 1996, cuando en un movimiento sin precedentes en su carrera, Iglesias y Aznar compartieron escenario en un mitin electoral del PP en Zaragoza.

Por encima de los nombres y las ideologías, a Julio lo único que verdaderamente le importa es la gente que durante años ha comprado su música y lo ha acompañado en sus conciertos; «a la gente que viene a verme no le pregunto si son del PP o del PSOE: me importa tres cojones. Yo amo a la gente. Adoro a mi país, amo a mi país, sin ninguna identidad política»***.

Del mismo modo que en España Julio vivió la sucesión de partidos y diferentes cambios de presidente, a lo largo de su carrera, el cantante también compartió momentos con hombres que eventualmente alcanzarían un poder inimaginable.

Donald Trump me parece un gilipollas

En 1997, antes de visitar España durante su gira *Únicos 97*, en el mes de marzo, Julio Iglesias actuó en el lujoso *resort* que Donald Trump tenía en Mar-a-Lago, en Florida. Julio actuó para Donald Trump y tes-

---

* *ABC*, octubre de 1986.

** *Ibídem*.

*** *El Confidencial*, 25 de enero de 2014.

tigos del concierto dicen que incluso cantaron juntos y que, a su manera, se llevaron muy bien.

Nada que ver con la opinión de Julio en 2015, cuando Trump aún era precandidato presidencial a la Casa Blanca. Después de que Shakira, Ricky Martin o Gloria Stefan se revelaran contra los comentarios racistas del magnate, que propuso expulsar a todos los inmigrantes de Estados Unidos, le tocó el turno a Julio Iglesias. El cantante, de gira por México entonces aseguró: «He cantado muchas veces en sus casinos, pero no volveré a hacerlo. Me parece un gilipollas».

El intérprete se sintió realmente ofendido por las palabras del empresario: «Cree que puede arreglar el mundo olvidando lo que los inmigrantes han hecho por su país. ¡Es un payaso! (y perdón por los payasos)», añadió*. Después de todo, Julio Iglesias ha sido también un extranjero al que Estados Unidos abrió las puertas de par en par y le dio la oportunidad de convertirse en un artista universal.

Cuando en 2016 Trump llegó a la Casa Blanca, la opinión de Julio Iglesias, declarado seguidor de Hillary Clinton, no cambió: «Es una pequeña desgracia. Yo creo que este presidente está acostumbrado a hablar de negocios y en la política el negocio existe, pero las cosas son más profundas, culturales, con historia. Hay que conocer los países profundamente, y él ha llevado su estilo a la política de una manera vulgar, con muchas estupideces en Twitter y en la prensa. Me da lástima que un país tan grande y con tanto criterio como Estados Unidos se vea ahora ensombrecido por una presidencia vulgar. La palabra es esa, vulgar».

En cualquier caso, Julio, con la llegada de Trump también se mostró crítico con Obama en retrospectiva: «Todo tiene sus matices. Te das cuenta de que Obama gana 400.000 dólares por dar una conferencia y luego irse a tomar el sol en un barco sin pensar en las consecuencias que ha tenido la actitud de su partido en el triunfo de Trump. Me parece que ha sido un gran presidente, pero no se puede recibir el Nobel de la Paz antes de cerrar Guantánamo o de dejar Irak mejor de lo que

* informalia.eleconomista.es

estaba cuando Estados Unidos entró en aquel país»*. Julio Iglesias nunca se mordió la lengua.

Julio nunca ha escondido su posicionamiento político liberal ligeramente inclinado a la derecha, pero tampoco ha dejado de dar su opinión ante una situación política mediocre, en América, en España, en el mundo. «La clase política universal ha pegado un bajonazo. Los políticos de los últimos cincuenta años no tienen nada que ver con los antiguos. Son gentes, en general, menos cultas, que piensan menos y que, afortunadamente, están sometidas a una prensa dura. Gentes con una ignorancia casi total de lo que es Afganistán, Siria, Irak o, incluso, América Latina. Y cuando toman decisiones, lo hacen programados por el desconocimiento. Porque si lo hiciesen movidos por el conocimiento, no habría ni una puta guerra en este siglo de comunicación total. Es algo absurdo».

El «espíritu de Ermua»

En 1997, Julio, tremendamente sensibilizado por los atentados y secuestros de ETA, participó en el concierto homenaje a Miguel Ángel Blanco, el concejal del Partido Popular cruelmente asesinado en el mes de julio. El día 10 de septiembre de 1997 Julio Iglesias acudió a la plaza de toros de Las Ventas en Madrid.

El 10 de julio de 1997 Miguel Ángel Blanco, concejal de la localidad vizcaína de Ermua, fue secuestrado por tres miembros de ETA que exigieron el acercamiento de los presos de la organización terrorista a las cárceles del País Vasco. Ante la negativa del Gobierno central, la tarde del día 12 fue tiroteado en un descampado y murió en la madrugada del día 13 de julio.

El asesinato de Miguel Ángel Blanco supuso una importante movilización en contra de ETA. Tras su muerte se acuñó el término «espíritu de Ermua». Su secuestro y asesinato provocaron un sentimiento social de rechazo hacia ETA en la ciudadanía. La rebelión cívica que generó el asesinato de Miguel Ángel Blanco es uno de los hitos del final del terrorismo.

---

* *El Mundo*.

ETA perdió el pulso. Pero la indignación superó al miedo. La gente se sentía segura al estar unida y apoyada institucionalmente. La banda asesinó aún a sesenta y siete personas más hasta cesar definitivamente quince años después. Pero la rebelión ciudadana de Ermua fue uno de los hitos que propició la derrota de ETA*.

«Basta ya». El concierto

En el concierto del 10 de septiembre donde Julio Iglesias se unía al dolor de la familia del concejal, los familiares de Miguel Ángel Blanco entraron en la arena de Las Ventas cogidos de la mano y recibidos con el aplauso y los gritos de «¡Vascos sí, ETA no!» de las catorce mil personas.

Dos grandes lazos azules y dos manos blancas adornaban el escenario donde Julio Iglesias y una veintena de artistas cantaron en favor de la paz y la libertad. «El pueblo ha perdido el miedo. Se ve hoy aquí». La madre de Gregorio Ordóñez, Consuelo Fenollar, expresó su emoción ante los miles de personas que lucían pegatinas con la leyenda «Basta ya. Todos contra la violencia».

«Que nunca se pierda: que el espíritu de Ermua siga siempre». Ese fue el deseo que expresó en Madrid María del Mar Blanco, horas antes del concierto. «No tenemos palabras para agradecer a todas las personas que han participado en la organización de este concierto», dijo la hermana del concejal. «Miguel Ángel era un gran músico y, esté donde esté, le va a hacer muchísima ilusión que gente que él admiraba y escuchaba en su habitación interprete para él». Raimon, Julio Iglesias, Rocío Jurado, José Luis Perales, Ketama, Nacho Cano, y el bailarín Joaquín Cortés, entre otros, se dieron cita en la plaza de toros en su memoria**.

Imagen de Valencia

En su acercamiento político al PP, y movido por su amistad con el presidente de la Generalitat, Eduardo Zaplana, en la Comunitat Valenciana, Julio Iglesias se vio envuelto en un escándalo que lo apuntaba indirectamente.

---

* Luis R. Aizpeolea, *El País,* 7 de julio de 2017.
** *El País,* 11 de septiembre de 1997.

En el mes de junio de 1997, en Rusia, Julio inauguró *la Mostra* de la Comunitat Valenciana en la Casa Central de los Artistas de Moscú. Julio dio en el gran palacio del Kremlin un concierto para mil niños huérfanos y muchos más funcionarios. El cantante acababa de firmar un contrato de trescientos setenta y cinco millones de pesetas para promocionar la región valenciana en el extranjero.

Julio Iglesias, contratado por la Generalitat que presidía Eduardo Zaplana para llevar durante un año los productos valencianos por Estados Unidos, Japón, China, Alemania y Rusia, encabezó personalmente las misiones comerciales que visitaron las principales ciudades para que el mundo conociera el potencial de la zona levantina. «Trabajaré con el campeón de Eduardo»*, dijo entonces el cantante.

Julio Iglesias y Eduardo Zaplana se conocieron cuando este era alcalde de Benidorm y lo contrató para reanimar el festival de su ciudad, ese que Julio había ganado hace años con *La vida sigue igual*.

Meses más tarde, cuando Julio visitó Shanghái, donde participaba con sus canciones en la promoción de los productos de la Comunitat Valenciana, no quiso desvelar si prorrogaría el contrato que mantenía con el Instituto Valenciano de la Exportación (Ivex) para su promoción comercial en el exterior, aunque dejó entrever que el acuerdo llegaba a su fin, se trataba de «una situación única» y «seguramente irrepetible». También descartó colaborar con otra autonomía.

«Sería muy difícil que firmara un contrato con otra autonomía española; de hecho, esta va a ser la primera y la última vez que yo haga esto, es decir no voy a hacer nunca más lo que hice con la Comunidad Valenciana», aseguró Julio. «Si quieren ellos (la Generalitat) continuar, encantado de la vida, pero es un momento y una circunstancia única. Lo he hecho con mucho cariño, pero tengo muchas cosas que hacer en la vida. Tengo cincuenta y cinco años ya y no dispongo de tiempo»**.

---

* *El Levante,* 2018.
** *El País,* 20 de noviembre de 1998.

Dudas políticas

En cualquier caso, los trescientos setenta y cinco millones de pesetas que la Generalitat le pagaba al cantante por participar en actos promocionales de la Comunitat Valenciana en distintas ciudades de todo el mundo no acababan de convencer a la totalidad de los empresarios. Según una encuesta, solo la mitad de los empresarios valencianos valoraba positivamente la decisión de Zaplana de fichar a Julio Iglesias.

Mientras la Comunitat Valenciana vivía el escándalo de la aparición de un brote de hepatitis C en su territorio, sin ser detectado por el Servicio de Vigilancia de Salud Pública, Eduardo Zaplana cenaba en Orlando con Julio Iglesias.

Julio les ofreció setenta y cinco minutos de concierto y pidió a los asistentes «un aplauso grande al esfuerzo, calidad y al cada día mejor de los azulejos y la cerámica valenciana». El entonces presidente autonómico salió de Valencia cuando ya se había desatado el escándalo de la hepatitis.

«Es una vergüenza que el presidente de la Generalitat esté paseándose por Disneyworld cuando en la Comunitat Valenciana se registra un hecho tan grave como los casos de hepatitis C»*, señaló el portavoz del PSPV-PSOE en las Cortes Valencianas, Antonio Moreno.

Julio no renovó su relación con la Comunitat Valenciana una vez concluido su primer contrato.

El escándalo del caso Ivex

Terminado el acuerdo con la Comunitat Valenciana, se desató el escándalo. El juzgado de instrucción número 19 de Valencia buscó durante años a Julio Iglesias para que diera cuenta del concierto que ofreció en Orlando, concretamente el 14 de abril de 1998. Un concierto incluido en una gira por la que habría cobrado novecientos setenta y cinco millones, casi seis millones de euros, y que pagó la Generalitat Valenciana a través del Instituto Valenciano de la Exportación (Ivex) en tiempos del presidente Zaplana. Considerado ilocalizable, el juzgado no halló el momento de dar una citación a Julio para tomarle declaración

* *El País,* 25 de abril de 1998.

por el caso Ivex. Esquerra Unida denunció que Iglesias «se cachondea de la justicia».

El PSPV-PSOE llevó a los tribunales la contratación de Julio Iglesias, puesto que la Generalitat habría ocultado el coste real de los bolos del cantante. Al parecer, en el contrato firmado en diciembre de 1997 para ser el embajador de la Comunitat Valenciana se constató el pago de 2.253.795 euros (375 millones de pesetas). Esta parte, tras presiones de la oposición, fue la que el PP llegó a mostrar en las Cortes Valencianas. Sin embargo, según los socialistas, el contrato tenía una parte oculta, unos anexos que contemplaban pagos por otros 3,6 millones de euros (600 millones de pesetas).

La causa se abrió en 2001 por los delitos de malversación de fondos, delito fiscal y falsificación documental. Pero la clave del caso residía en la factura. Fuentes del caso aseguraban que existía. Otras, que nunca la hubo. Incluso el caso podría haber prescrito, por lo que el éxito en la instrucción solo se convertiría en una victoria política de la oposición sobre la gestión de Zaplana.

Zaplana negó en todo momento que se hubieran pagado casi mil millones de pesetas a Julio Iglesias. Así, en 2001 afirmó que se había «contado hasta la saciedad» que el contrato ascendió a «375 o 372 millones de pesetas y no hay nada más». El entonces presidente invitó a los socialistas a acudir a los tribunales, pero les advirtió: «No podrán acreditar en la vida nunca nada, porque todo son fantasías». Sin embargo, los anexos del contrato aparecieron y acabaron en los tribunales.

Escrito, reescrito y prescrito

Tras años de investigación, el juez Luis Carlos Presencia Rubio archivó el caso Ivex en marzo de 2010. Sin embargo, el PSPV recurrió, haciendo hincapié en que era necesario tomar declaración al cantante, y la Audiencia de Valencia ordenó reabrir la causa y citarlo a declarar. Según los conocedores del caso, los contratos de Iglesias son legales, y si cobró el dinero, tampoco habría problema.

En 2012 el cantante reconoció ante un juez dominicano que cobró 990 millones de pesetas (5,95 millones de euros) a raíz de dos contratos firmados en diciembre de 1997 con el Instituto Valenciano de la Exportación (Ivex), una cifra que supone 3,7 millones de euros más de lo que el entonces presidente de la Generalitat, Eduardo Zaplana, del PP, aseguró haber pagado al artista por promocionar a la Comunitat Valenciana.

«El contrato con el señor Iglesias asciende a 375 millones o 372 millones de pesetas, y no hay nada más, nada más que pagos extraordinarios por actuaciones, como ha hecho el Ivex de toda la vida», declaró el expresidente el 15 de junio de 2001 en las Cortes Valencianas cuando saltó a la luz que el artista había cobrado en realidad mil millones de pesetas.

Zaplana eludió en todo momento reconocer que había dos documentos firmados con Julio Iglesias al hacer únicamente referencia al contrato de patrocinio por uso de su imagen. Así, la Generalitat ocultó que en realidad se había firmado otro contrato, que suponía casi otros cuatro millones de euros. El que lo reconoció finalmente fue el propio Julio Iglesias, que acudió a declarar en mayo ante el juez en la República Dominicana.

Eduardo Zaplana insistió en que Iglesias solo cobró 372 millones de pesetas: «Y lo sigo diciendo», aseguró; «he explicado hasta la saciedad que una cosa son los derechos de imagen del artista y otra es que los conciertos tienen una intendencia, alquiler de local, equipos, gastos de desplazamiento, y eso se abonaba aparte». Y cuestionó que el contrato aludiera a que esa parte la cobraba el cantante: «Si las sociedades de Julio Iglesias organizaban los conciertos, los cobraría».

Sin embargo, el artista lo dejó claro al contestar a la pregunta de si «la retribución a percibir por usted» eran los 615 millones de pesetas o la cantidad de dividir esa cifra por el número de eventos. «Solo recuerdo en ese sentido que los 615 millones obedecían a los conciertos»*.

En su declaración, Julio Iglesias explicó que la Generalitat se interesó por sus servicios «pues tenían la intención de promocionar el Estado de Valencia». Y dejó todo claro: «Accedimos firmando un primer contrato, de imagen. Y luego firmamos un segundo contrato que incluía varios conciertos, que se llevaron a cabo según lo acordado».

* *El País,* 8 de octubre de 2012.

El segundo contrato preveía un total de siete bolos del cantante, aunque este matizó que al final ofreció ocho eventos. Sobre el resultado, Iglesias declaró estar satisfecho. «Todos esos conciertos se grabaron y quedaron en la historia, no faltó un concierto acordado y eso ayudó mucho al crecimiento de la Comunitat Valenciana y al desarrollo de las inversiones».

Julio zanjó toda polémica sobre la investigación por los costes del contrato de promoción de la Comunitat Valenciana que firmó en la etapa de Zaplana como presidente de la Generalitat: «A Zaplana lo conozco desde que era alcalde de Benidorm. Se portó muy bien conmigo, porque yo debo muchísimas cosas a esa provincia y a esa comunidad. Mi conciencia con el pueblo valenciano está absolutamente tranquila. Estoy libre de cualquier pecado, de todos los que me hayan acusado. La conciencia está felizmente tranquila. Soy una persona con dignidad y con amistad. Esto que se remueve todos los días, con unos políticos contra otros... En vez de preocuparnos de saber si hay cuatro millones de parados, de si se puede arreglar la economía... Hay cosas más importantes, y todo eso está ya escrito, reescrito y prescrito. No tengo nada que ver con ese tema ya»*.

Mi amigo Bill Clinton

Julio Iglesias mantuvo una cercana relación con algunos de los principales líderes políticos del mundo. Entre ellos, y de una manera muy cercana, Julio entabló una sincera amistad con el presidente Clinton.

El 13 de febrero de 1999 Bill Clinton fue absuelto de las dos acusaciones presentadas en su contra en el juicio en el Senado, la de perjurio y la de obstrucción a la justicia en el llamado caso Lewinsky. El presidente no solo no fue destituido como presidente por el escándalo, sino que salió de él como vencedor político.

Bill Jefferson Clinton ejerció como el 42.º presidente de Estados Unidos entre 1993 y 2001, siendo el tercer presidente más joven de la nación. Su juventud y carisma, en una lucha generacional contra un Bush mucho más viejo que él, lo llevaron a ser uno de los presidentes

---

* Alfons García, *Levante*, 16 de agosto de 2009.

más recordados. Amante de la música, Clinton toca el saxofón tenor y en 2000 ganó el premio Grammy por el Mejor álbum hablado para niños, junto con Mijaíl Gorbachov y Sophia Loren por el álbum *Prokofiev: Peter and the Wolf/Beintus: Wolf Tracks*.

En el verano de 2004 el entonces expresidente de Estados Unidos publicó sus memorias con el título *Mi vida* y en septiembre de ese mismo año se sometió a una exitosa operación de corazón para practicarle varios puentes coronarios en un hospital de Nueva York. Clinton, entonces con cincuenta y ocho años, se recuperó bien de la intervención.

Días más tarde, el expresidente Clinton siguió recuperándose de la operación que le realizaron en el Hospital Presbiteriano de Nueva York y se marchó a descansar a la casa de Julio en Punta Cana. Clinton solo estuvo hospitalizado cuatro días, pero, según su familia, los médicos le aconsejaron una recuperación de varios meses. Tras pasar las primeras semanas en su casa de Nueva York, en Chappaqua, el expresidente continuó su recuperación en la mansión del cantante español, un lugar tranquilo y donde, junto a Clinton, estuvo en todo momento su esposa, Hillary.

«Tengo una relación normal con los Clinton. Les gusta mucho Punta Cana y eran muy amigos de Óscar de la Renta. Bill Clinton se pasó el postoperatorio entero en mi casa»*, relató en una ocasión Julio.

«All I wanna do»

La amistad de Julio Iglesias con el matrimonio Clinton venía de lejos.** El 20 de enero de 1997 Julio se presentó en la gala presidencial en honor al presidente. El primer demócrata en sesenta años en ganar dos elecciones consecutivas disfrutaría de una jornada que incluía misa por la mañana, café con los congresistas por la tarde, desfile en la avenida Pensilvania al atardecer y fiesta hasta al amanecer amenizado por estrellas internacionales de la música.

---

* *Salvados*, Jordi Évole.
** *El País*, 6 de septiembre de 2004.

El primer candidato para liderar el supergrupo de estrellas fue Paul McCartney, pero este había declinado la oferta al tener reservado un viaje de esquí junto a su esposa Linda. El comité de organización sabía que Clinton quería a Sheryl Crow, así que la cantante de Missouri se presentaba como la favorita del presidente.

Además de Sheryl Crow, en la gala presidencial que celebraba la reelección de Clinton aparecieron Trisha Yearwood, Jewel, All 4 One, Michael McDonald, Bruce Hornsby, Bela Fleck, Kenny G y también Julio Iglesias.

Poco antes de empezar la ceremonia, el servicio secreto del presidente dijo que Clinton finalmente no asistiría por motivos de seguridad. Sheryl Crow, decepcionada, corrió hasta su hotel y desapareció. Pero, quince minutos antes de arrancar el evento, el mismo servicio secreto anunció a la organización del concierto que la negativa de Clinton formaba parte de una estrategia de despiste, y que sería mejor que fueran volando a buscar a Sheryl Crow para llegar a tiempo al escenario y cantarle al presidente *All I wanna do**.

Julio, todo un experto en este tipo de ceremonias, alguien que a esas alturas de la película ya había actuado en algún escenario de Estados Unidos durante los mandatos de Richard Nixon, Gerald Ford, Jimmy Carter, Ronald Reagan y George Bush padre, salió a escena tan pancho y celebró con su amigo Clinton cuatro años más de presidencia.

Julio, mediador político internacional

En mayo de 2005 los lazos internacionales de Julio Iglesias ofrecieron un servicio inesperado al Gobierno de España, consiguiendo establecer relaciones diplomáticas entre España y Estados Unidos.

José Bono recurrió a él cuando era ministro de Defensa durante el gobierno de José Luis Rodríguez Zapatero entre los años 2004 y 2006. Según lo narraba en sus memorias *Diario de un ministro,* Bono utilizó al cantante para mejorar las relaciones con Estados Unidos después del enfriamiento provocado por diversas decisiones del gobierno socialista, entre ellas la retirada de las tropas de Irak en 2004.

---

* davidpack.com.

«Tuvimos una época que nos llevamos muy mal por la retirada de las tropas (se refiere a las relaciones con Estados Unidos cuando se marcharon las tropas españolas de Irak)»*, dijo Bono en una entrevista de televisión. «No teníamos manera de entendernos con los americanos».

La buena relación del cantante con presidentes como Bill Clinton o George W. Bush, y con primeras damas como Nancy Reagan o Barbara Bush, fieles seguidoras de Julio, consiguió reunir al ministro Bono con el secretario de Estado estadounidense Donald Rumsfeld.

«Hablé con Julio y le dije: "Quiero que nos reciban en el Pentágono, ¿tú tienes posibilidad?". Me dice: "Yo no, pero a través de Óscar de la Renta, que le cose a la mujer de Rumsfeld... (Joyce Pierson, esposa de Donald Rumsfeld, era clienta de Óscar de la Renta)», recordaba el exministro.

«Como buen patriota, te ruego que ayudes a España en sus relaciones con los norteamericanos», le dijo el ministro en una llamada en la que le pedía que trabajase para mejorar las relaciones bilaterales con el país. El cantante respondió con total predisposición: «Soy español y siento mi país como tú»**.

«Me llamó Pepe Bono, que es muy cariñoso y muy simpático, y me preguntó si le podía ayudar con Rumsfeld. Yo no le conocía de nada a Rumsfeld, pero sí a Óscar y a Kissinger. Le llamé y les dije que iba a ir nuestro ministro de Defensa al Pentágono para entrevistarse con Kissinger y que le recibieran. Lo trataron muy bien, le recibieron en las escalerillas», recordaba Julio***.

Julio habló con el exsecretario de Estado Henry Kissinger y con su amigo el diseñador Óscar de la Renta, que le puso en contacto con Donald Rumsfeld, con el que Iglesias llegó a reunirse. Finalmente, el cantante logró el objetivo impuesto por Bono y consiguió el encuentro del ministro con el secretario de Defensa.

---

* *En tu casa o en la mía,* Bertín Osborne.
** José Bono, *Diario de un ministro,* Planeta, 2015.
*** *Salvados,* Jordi Évole.

Las actuaciones del cantante en la Casa Blanca, hasta en cinco ocasiones en la residencia presidencial estadounidense, todas durante la década de los ochenta, fueron claves para esta inesperada relación institucional.

Bono recordaba el final de la curiosa anécdota: «No le conocía de nada (a Julio), pero genial. A la semana me recibió Rumsfeld, cuando terminamos me dice: "¿De qué conoce usted a Óscar de la Renta?". Le dije una mentirijilla: "Le cose a mi mujer", y dice Rumsfeld: "Y a la mía"... A la mía no le ha cosido nunca»*.

Con sincera humildad, Julio recordaba que hizo aquello porque podía. «Yo he pasado treinta años de Navidades con Henry y con Nancy, tengo una amistad suficiente para pedirle este favor. Traté de poner un poco de vaselina entre los gobiernos y se arregló alguna cosa»**.

Julio Iglesias, activista político

Tras la crisis económica en 2008, Julio Iglesias hizo algunas reflexiones atinadas: «Empujamos al país hasta el límite y nos convertimos en una de las potencias más desarrolladas del mundo. Destacamos en todo: en autopistas, en trenes, en infraestructuras, pero pensamos por un momento que todo eso era gratis y la realidad es que nada es gratis»***.

El 15 de mayo de 2011, pocos días después de que el presidente Barack Obama informara públicamente la noche del 2 de mayo que un pequeño equipo de operaciones especiales había dado muerte a Bin Laden, en España nacía el 15M. Este movimiento social recibió su nombre porque su semilla surgió durante la manifestación del 15 de mayo de 2011, una manifestación convocada por colectivos de diversa índole. A partir de ese momento unas cuarenta personas aproximadamente decidieron acampar en la Puerta del Sol de Madrid, así brotó espontáneamente el «movimiento de los indignados» que fue creciendo y creciendo, ciudadanos cansados de la situación política, económica y social del país. Fue un efecto cascada, en diversas partes de

---

* *En tu casa o en la mía,* Bertín Osborne.
** *Salvados,* Jordi Évole
*** gestion.pe.

España se fueron convocando protestas pacíficas y otras acampadas donde los ciudadanos reivindicaban una democracia más participativa cansados ya del bipartidismo PSOE-PP y denunciaban también las consecuencias de la brutal crisis económica: desempleo y recortes, y mostraban su indignación por la corrupción y por un sistema injusto que olvidaba cada vez más los derechos sociales de los ciudadanos.

Sobre la política, los políticos y la eterna división bipartidista de España en dos bandos diferenciados, Julio Iglesias reflexionaba: «A mí me hacen mucha gracia los discursos de los políticos. No los de dos políticos y dos partidos, sino los de mil políticos y cientos de partidos. Y sobre todo me hace gracia esa división tan increíble y pasada de moda que es la izquierda y la derecha. Los políticos grandes son los que toman grandes decisiones cuando las tormentas son grandes, no cuando el cielo está despejado...»*.

Me gustan las gentes indignadas

El 15M exigió el cumplimiento de los derechos básicos, como el derecho de acceso a la vivienda, el derecho al trabajo, a la participación política, a la cultura, a una sanidad y educación públicas y de calidad.

Julio Iglesias aplaudía el movimiento del pueblo, «el 15M me gusta, me gusta. Me gusta porque imagino que entre estos indignados habrá un 70 por ciento de verdad y un 30 por ciento de especulativo, de arrimada lógica al que gana. Me gustan las gentes indignadas porque hay motivos para estar indignados»**.

Aunque comprendía el hartazgo de la gente de la calle, Julio también era crítico con la manera de hacer de los españoles: «Somos un país que hemos vivido un poco al margen de guardar un poco en las épocas buenas. Hemos abusado a corto plazo de lo que debía haber sido una historia más a largo plazo y eso se paga; pero esta lección histórica que recibimos los españoles nos va a hacer mucho más grandes, más competitivos, más interesados en esa competitividad»***.

---

* Carlos Prieto, *Público,* 2 de agosto de 2011.
** *Ibídem.*
*** *ABC.*

Julio Iglesias compartía abiertamente las reivindicaciones del movimiento de indignados: «Entiendo a los jóvenes. No es justo que en España haya un 40 por ciento de jóvenes sin trabajo y que el 21 por ciento de toda la población esté en paro. Eso no es recesión, es un país en depresión. Y lo que se necesitan son cambios inmediatos y no a largo plazo. Puede que los cambios no vayan a producir una mejora inmediata, pero hay que intentarlo»*.

En 2012, en un arrebato en favor de la lucha de clases, Julio profundizaba en los ideales que habían hecho grande el movimiento del 15M aludiendo directamente a su patrimonio y su estilo de vida: «En la protesta había mucha verdad. Y también algunos *colgaos*. Lo importante es la gente que bajó a las calles de corazón. Estaban en su derecho. En España hay muchas cosas por las que protestar, demasiada gente sin trabajo ni alternativas. A veces miro esta casa en la que vivo y pienso que sería susceptible de ser invadida...»**.

---

* Ángel Robles, *Diario de Sevilla,* 13 de agosto de 2011.
** *El Confidencial,* 25 de enero de 2014.

JULIO

44
México lindo

Fallaste corazón, Julio Iglesias

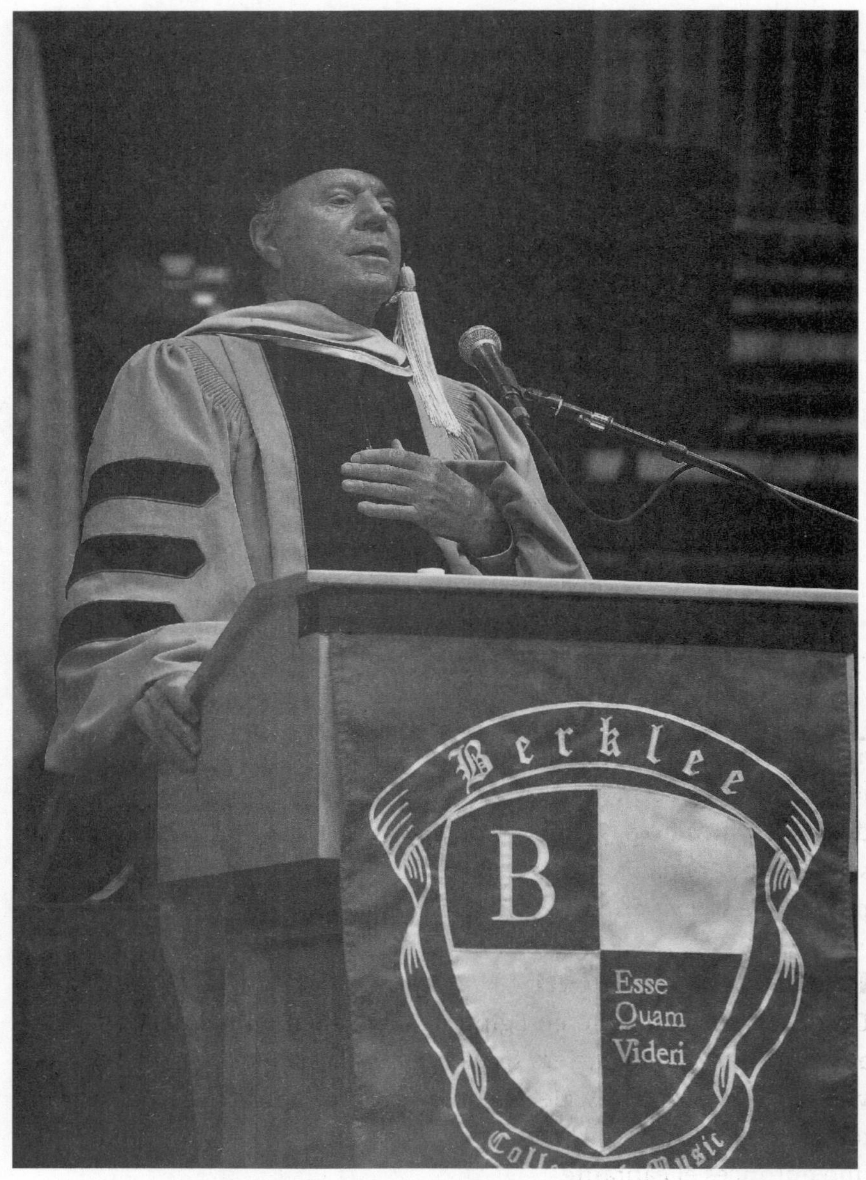

710: 9 de mayo de 2015. Julio Iglesias durante su discurso al recibir el doctorado *honoris causa* por el Berklee College of Music.
© Getty / Paul Marotta.

708-709: Estrella de Julio Iglesias en el Paseo de la Fama de Hollywood.
© Tami Freed / Alamy Stock Photo.

Julio inició 2015 recalcando que desde hacía bastante tiempo vivía una vida apartada. «Hace veinte años que no voy a fiestas. No voy a los Grammy. No voy a ninguna parte. Me invitan, pero no voy. No tengo nada que decir, excepto cuando canto». Cada vez más consciente de que los años no pasaban en balde, agradecía a su hijo Guillermo de seis años que todavía lo viera en forma: «Es el único en la familia que piensa que soy joven. Este niño viene del cielo», dijo.

Problemas de salud

Después de su concierto en Egipto en la primera mitad del año, Julio admitió que todo lo que era físico en su vida estaba en un periodo de vuelta. «No subo las escaleras como las subía a los treinta años y no recorro el escenario con aquella fuerza física, pero sí con más emoción», dijo entonces el cantante.

«Llevo casi cincuenta años sobre los escenarios y a veces me pellizco porque no me creo que sea posible que me sigan aguantando». Con estas palabras Julio dio por zanjados los rumores que aseguraban que estaba pensando retirarse de los escenarios. «Seguiré cantando hasta que me muera», dijo, pero lo cierto es que Julio andaba fastidiado.

Informaciones aparecidas en diversos medios que aseguraban que el cantante se encontraba en Nueva York ingresado por un problema cardiaco tuvieron que ser desmentidas; «Julio Iglesias se encuentra bien de salud y está trabajando en su estudio de Miami», dijeron entonces fuentes próximas al cantante. «Lo que habla la prensa no es verdad», agregaron las fuentes en relación con las noticias. Y así era, porque a Julio no le dolía el corazón, lo que le estaba matando era la espalda.

Cincuenta y dos años después de su accidente de coche, Julio fue sometido a una intervención quirúrgica en la parte lumbar de la espalda, como parte de un chequeo rutinario en el hospital Monte Sinaí de Nueva York. Allí lo trató el cardiólogo español Valentín Fuster, con el que mantenía una excelente amistad. Sony Music, su compañía de discos, informó de que el problema en «la parte lumbar» de la espalda lo obligaba a permanecer «en reposo» y que «volvería a todas sus actividades tras el reposo que debe guardar recomendado por los doctores».

Tras la operación Julio se trasladó a Miami para recuperarse. Allí practicó natación a diario y recibió la terapia de un masajista. Según sus colaboradores, el cantante también aprovechó su estancia en la clínica para someterse a un chequeo médico, control periódico que desde hace años realizaba debido a su intensa actividad.

El último disco de mi vida

Julio Iglesias celebraba setenta y dos años —de ellos, casi cincuenta dedicados al mundo de la canción— con una noticia sorprendente. «Ando muy fastidiado con la espalda, ya no me puedo tirar meses encerrado en estudios de grabación. *México* es mi último disco al viejo estilo»*.

Durante el verano de 2015 Julio no pudo cumplir con alguno de los compromisos de su agenda profesional tras la operación de espalda en Nueva York y, aunque su intención era reaparecer durante el Festival Starlite de Marbella, los médicos le recomendaron prolongar su

* Diego Manrique, *El País,* 10 de octubre de 2015.

rehabilitación, por lo que aplazó el concierto y pospuso su reaparición pública en México.

En el mes de septiembre, Julio Iglesias presentó en el Auditorio Telmex México su último disco de estudio. El español más mexicano, lo dice él, regresó a Guadalajara para demostrar las razones que lo llevaron a dedicar a México su último disco de estudio: *México*.

Desde el inicio del siglo, Julio había ido reduciendo de manera gradual los lanzamientos de sus discos, pasando del incesante estreno cada año durante buena parte de las décadas de los setenta y los ochenta, a un álbum nuevo cada dos o tres años. «Este es el último disco que hago en mi vida, está definido hace mucho tiempo, es el último disco que hago yo grabado en estudio». Julio Iglesias argumentaba que el estudio era muy complicado para un artista que, como a él, le gustaba estar desde el primer momento del nacimiento de las canciones hasta el parto de las mismas.

Hace dos meses y medio no podía ni caminar

Poco antes del lanzamiento de su nuevo trabajo, Julio se encontraba físicamente muy mermado. Su cuerpo ya no respondía como antes, el un día joven atlético ya era un hombre septuagenario. El paso de los años atacó frontalmente a su cuerpo. «Hace dos meses y medio no podía ni caminar», dijo el cantante en su reaparición pública tras ser operado.

México era el primer álbum en español que el cantante lanzaba en doce años desde la publicación en 2003 de *Divorcio,* «un homenaje a los grandes compositores mexicanos», según dijo. Los nombres de Julio y México han ido juntos desde que en 1976 dedicó su primer disco a la música mexicana.

En 1976 lanzó un álbum con repertorio mexicano y en 2015 Julio Iglesias invirtió año y medio en la preparación del disco, catorce títulos, desde *Usted, Fallaste corazón, Sway (Quién será), Échame a mí la culpa* a *Y nos dieron las diez, Se me olvidó otra vez* o *México lindo,* casi todas rancheras, con mayoría de creaciones del inolvidable José Alfredo Jiménez, algunas de las que en su día triunfaran entre otras grandes voces con las de Jorge Negrete y Pedro Infante, y la inclusión del tema más popular de Joaquín Sabina, al que Julio nacionalizó mexicano en este disco.

En el disco *México* Julio «no pretendía ser más charro que Vicente Fernández. Creo que no he sufrido tanto con ningún disco: lo he hecho todo, desde la producción a colaborar con los arreglos»*.

En *México* Julio incluía también un corrido, *Juan Charrasqueado*. «Nadie se imaginaría que parto de la versión de Chavela Vargas, que me impactó. No encaja nada con las otras canciones, pero retrata esa actitud tan mexicana ante la muerte»**.

Deportistas, artistas, presentadores de televisión aparecieron en el primer single *Fallaste corazón*. Allí, Cristiano Ronaldo, Rafa Nadal, Fernando Alonso, Iker Casillas, Enrique Ponce, Santiago Segura, José José, El Gran Wyoming, Boris Izaguirre o José Mercé, entre muchos otros de su interminable colección de amigos, le ofrecieron su colaboración para el vídeo promocional de la canción.

A ritmo de mariachi, Julio Iglesias celebró su cumpleaños durante la presentación de su nuevo y último disco. «La afinidad al pueblo mexicano es profunda, no es una pequeña anécdota en mi vida, es todo lo contrario, yo a México lo siento, lo quiero, lo admiro y siempre he estado interesado por saber qué es lo que pasa en este país. Gracias por haberme dado tantas oportunidades, gracias por haberme querido tanto, pero el *querimiento* es correspondido, yo amo este país», expresó.

Yo quisiera cantar hasta los ciento cincuenta años

«Feliz y recuperado», así se confesó el artista, que explicó que México es un país que «adora» y que le «atrae muchísimo» por su «cultura» y por «cómo piensan» y «cómo escriben los autores» mexicanos.

El cantante se había declarado un gran enamorado de la cultura mexicana, un país que amaba profundamente. Los mexicanos habían dejado momentos indelebles en la vida de Julio, «conozco este país como si fuera el mío y siempre lo llevo en mi corazón. La música mexicana es universal y sus compositores, legendarios». Y el amor es mutuo.

---

* Diego Manrique, *El País,* 10 de octubre de 2015.
** *Ibídem.*

Los conciertos del intérprete en México no pasan desapercibidos y el tiempo que ha transcurrido desde su primera presentación en el país latinoamericano ha estrechado sus lazos con sus admiradores del lado americano del Atlántico.

Sin embargo, Julio aseguró que no se retiraba de los escenarios, pues cantaría siempre que pudiera. «Yo quisiera cantar hasta los ciento cincuenta años, pero he querido parar el tiempo tantas veces y el tiempo nunca me ha hecho caso, el tiempo pasa en nuestras vidas, es inexorable, ojalá que Dios y la vida me den suficiente tiempo para cantar hasta el último día».

Julio volvió a subirse al escenario tras haber sido operado de la espalda en una gira de seis conciertos que comenzó en Guadalajara, finalizando en Monterrey el 11 de noviembre. «Aguanto, aguanto»*, respondió cuando le preguntaron sobre la exigencia de los recitales. Julio explicó que, al terminar el disco, «tenía un dolor en la espalda terrible», pero «gracias a Dios» se puso a «hacer deporte», le «hurgaron allí dentro» y ahora se encuentra «perfecto».

Al presumir que en México comenzaba su gira internacional, el cantante expresó: «Han pasado muchísimos años y al final no he podido resistir a la idea de cantar a mi tierra mexicana. *México* es el disco más importante de mis últimos cuarenta años, y lo cantaré de Finlandia a China».

Hijo predilecto de Madrid

En 2015, a propuesta del Gobierno municipal de Ana Botella, Julio Iglesias fue nombrado Hijo Predilecto de la ciudad de Madrid, por su «brillante y meritoria carrera artística reconocida internacionalmente», así como por su «condición de madrileño y español universal».

El título de Hijo Predilecto de Madrid, que se concede a propuesta de la Alcaldía, se otorgaba a personas nacidas en la ciudad o no, que «por sus destacadas cualidades personales o méritos señalados y, singularmente, por sus servicios de beneficio, mejora u honor de Madrid,

* EFE.

hayan alcanzado tan alto prestigio», según establecía el Reglamento municipal para la Concesión de Distinciones Honoríficas.

El cantante, a través de un comunicado, expresó el «gran honor» que representa para él haber sido nombrado Hijo Predilecto de Madrid, «la ciudad donde nací en el alma». En el comunicado, Julio se mostraba «muy agradecido a las madrileñas y a los madrileños» por todo lo que le han dado a lo largo de su vida.

Doctor *honoris causa*

En el año en el que anunciaba su último disco de estudio, Julio Iglesias fue recibiendo distinciones y reconocimientos a lo largo y ancho del planeta, aunque uno de ellos le regaló un momento de especial satisfacción personal.

El Berklee College of Music, en Boston, el centro universitario para el estudio de música contemporánea más importante del mundo, reconoció en 2015 al cantante español como «la figura más celebrada de la historia de la música latina y uno de los diez artistas más exitosos del mundo, con más de trescientos millones de discos vendidos en una carrera que se ha alargado durante cinco décadas».

Junto a Julio Iglesias, se concedió el doctorado honorífico a otras tres figuras prominentes: Doug Morris, consejero delegado de Sony Music Entertainment, y una de las voces más influyentes en el negocio discográfico, en el que también ha dirigido los pasos de los sellos Universal y Warner; Harvey Mason, uno de los percusionistas más importantes de las últimas décadas; y Dee Bridgewater, un icono del jazz en EE. UU.

Por las clases de Berklee han pasado grandes de la música, como Quincy Jones, Steve Vai, Juan Luis Guerra, Pat Metheny, Diana Krall, Aimee Mann, Melissa Etheridge o Al di Meola. La ceremonia de graduación de la promoción de cada año sirve también para seleccionar a un distinguido grupo de personalidades de la música como doctores *honoris causa*. En esta ocasión Julio Iglesias fue uno de los que tuvo que ponerse el birrete y la toga, rodeado de veinteañeros recién licenciados, para recibir esta condecoración.

El cantante recibió esta distinción «por sus logros y su influencia en la música, así como por su constante aportación al desarrollo de la cultura americana e internacional». Se unía así a Paco de Lucía, Alejandro Sanz y Plácido Domingo en la nómina de españoles que habían recibido el galardón, así como a un importante número de artistas internacionales entre los que se encontraban Duke Ellington (el primero, en 1971), Aretha Franklin, Dizzy Gillespie, Quincy Jones, Jimmy Page, Steven Tyler, Loretta Lynn, David Bowie, Juan Luis Guerra, Annie Lennox, Carole King y Willie Nelson.

En su emocionado discurso, Julio dijo: «Soy un artista que ha cantado en diferentes lenguas, ha cantado en muchísimas lenguas, y lo más bonito que me ha pasado en mi vida como artista es este reconocimiento de Berklee. Ayer le pregunté al presidente del Berklee cuántas personas cursaban estudios en esta universidad y de dónde eran, y me contestó que un 35-40 por ciento de los estudiantes eran extranjeros. Esto significa que este sentimiento de apertura, de globalidad que todos vosotros lleváis dentro ayudará a traer la paz al mundo».

Y en 2015 Julio cantó con su hijo... ¡y lo sabes!

Julio cumplió el sueño de muchos reporteros y compartió escenario con su hijo... aunque no fue con Enrique. Julio José Iglesias Preysler cantó en el mismo escenario que su padre, acompañándole durante su gira europea, de Sofía a Ciuj, en Rumanía.

Julio José cantó canciones de Sting, Michael Bublé o Stevie Wonder, reservándose *To all the girls I've loved before,* el tema de Willie Nelson, para cantarlo junto a su padre.

Tres años atrás, Julio José ya se había subido a un escenario junto a su padre en Miami, pero aquella experiencia no pasó de una sola noche. A pesar de sus intentos y de su innata simpatía, Julio José no había logrado hasta entonces abrirse camino en el mundo de la música. Lejos del éxito de su hermano pequeño, Julio José participó en *realities* y series de televisión en Estados Unidos y España, y aceptaba también promociones publicitarias solo, o junto a su esposa.

Por su parte Julio Iglesias, al margen de sus incontestables logros musicales, en 2015 comenzó a protagonizar un fenómeno viral gracias a sus memes, «me río mucho con ellos».

Un día, a alguien se le ocurrió crear un meme con la imagen de Julio poniendo detrás de cada frase ocurrente la muletilla «Y lo sabes», convirtiéndose en una moda instantánea. Generaciones de adolescentes que no sabían quién era, y que ni siquiera habían escuchado una canción suya, vieron fotos del cantante inundar sus chats de WhatsApp. Jocosas apariciones en teléfonos móviles de medio mundo con frases del tipo «La que no folle que no entretenga…» o «Follas poco ¡y lo sabes!», hicieron sonreír a todo el que las recibía. «Todos mis amigos me mandan memes de estos al móvil y algunos tienen una gracia increíble», comentó Julio al ser preguntado por los famosos «Y lo sabes», las imágenes cómicas de las que él era protagonista. «Algunos me parecen un poquito regulares y otros me divierten», añadió.

La salud es lo primero

Julio arrancó 2016 con la noticia de la cancelación del inicio de gira *World Tour 2016,* que comenzaba en Punta del Este (Uruguay) y finalizaba en diciembre en Nueva Zelanda. La razón de este retraso tenía que ver con «una inflamación del nervio ciático».

En 2016 empezaba a aflorar seriamente el accidente de tráfico de 1963 que le provocó varias fracturas y una lesión en la columna que le dejó semiparalítico.

Desde que Julio contara con la supervisión del doctor Valentín Fuster, llevaba siempre en su bolsillo un pequeño frasco con las pastillas que le recetó; «estas son mi salvación», solía decir señalando el bote de pastillas.

Julio reconoció entonces el enorme esfuerzo que le supuso superar sus problemas de salud, algo que consiguió «gracias a la fortaleza de mi mente y mi corazón». Y también al amigo de Julio, el doctor Valentín Fuster, el cardiólogo que desde hacía décadas vigilaba y controlaba al cantante. Fue él quien le recomendó llevar siempre una cajita con varias pastillas, unos medicamentos que de vez en cuando el cantante ha mostrado en público. Hace años la enseñaba y contaba en el hotel Palace de Madrid cómo su adicción al sol en realidad era una cuestión terapéutica, una manera de alimentar sus huesos; «me cura una parte y me estropea otra», dijo refiriéndose a lo que él llama su «piel de lagarto»*.

Estar vivo es mi mayor éxito

Con sus visibles problemas de salud, la forma de afrontar sus actuaciones cambió al no poder permanecer todo el tiempo de pie, moviéndose menos por el escenario, y pasando parte de la hora y media del concierto apoyado en una banqueta, en el piano o en cualquier otro soporte.

Julio reflexionaba abiertamente sobre su nueva coyuntura física. «Estar vivo en todos los sentidos es mi mayor éxito. No me quejo, bueno, solo un poco de la ciática, que la tengo desde que jugaba al fútbol, unas puñaladas que te pegan en la lumbar. Pero yo me despierto siempre con ganas de hacer algo. A veces me levanto con veinte años y después me acuesto con ciento cincuenta, también es verdad»**. El cantante recordaba que el cuerpo tiene memoria, y que sus problemas de salud no eran precisamente algo nuevo: «Cuando tenía diecisiete o dieciocho años tuve mi primera ciática, que me dejó veinte días jodido. He tenido en mi vida siete u ocho más. La salud, que es cuando la cabeza manda en el cuerpo, la tengo de maravilla. Si el cuerpo manda en la cabeza, la salud se va a la mierda. Ahora bien, si me levanto y no me duele nada es que estoy muerto»***.

En mayo Julio regresó triunfal a los escenarios y dio el pistoletazo de salida a su gira mundial 2016 en los Emiratos, en el anfiteatro del Al Majaz, en el emirato de Sharjah. Recuperado totalmente de su problema de ciática, flaco y enjuto, firme y fuerte, el artista español siguió una gira por los cinco continentes, incluyendo España, Mónaco, México, Chile, Argentina, Sudáfrica, Japón, Singapur, Malasia, Indonesia, Australia y Nueva Zelanda, donde terminó en diciembre de 2016.

---

* *La Razón,* 5 de septiembre de 2018.
** *El Periódico de Catalunya.*
*** *El Comercio,* mayo de 2017.

La máxima condecoración a un artista en Asia

En la parada asiática durante su gira de regreso a los escenarios, el 2 de junio de 2016 Julio fue galardonado en Kuala Lumpur por The Brand Laureate como Artista Legendario, en reconocimiento a sus logros conseguidos como un icono global dentro del mundo de la música, y cuya marca representaba una historia de éxito inspiradora para muchos.

Entre los galardonados por esta fundación a lo largo de los años, se encontraban nombres como el presidente Nelson Mandela, empresarios como Steve Jobs o Mark Zuckerberg, el actor Harrison Ford, la congresista Hillary Clinton, y deportistas como Muhammad Ali o Michael Schumacher.

El trofeo de oro de veinticuatro kilates rendía homenaje a una trayectoria histórica. The Brand Laureate de la Fundación Asia Pacífico, establecida en 2005, era la primera fundación en premiar marcas del mundo, bien marcas que representaban organizaciones, productos o servicios, o personas físicas individuales que representaban su propia marca y derecho. The Brand Laureate rendía tributo a esas personalidades que son una marca en sí misma, como era indudablemente el caso de Julio Iglesias.

En septiembre Julio también fue el primer artista nacido en otro país en tener una estrella en el Paseo de la Fama de Puerto Rico. La junta a cargo de la elección de las figuras merecedoras de una estrella eligió al cantante por llevar sangre boricua en sus venas por parte de su abuela, Rosario Perignat y Ruiz de Benavides, quien nació y vivió en Guayama, y también porque Puerto Rico fue parte del desarrollo de su carrera artística.

«Creo que nadie recuerda que mi abuela nació en Guayama y que me hicieron hijo adoptivo de ese pueblo. Fui a Guayama y estuve con el alcalde. Todavía tengo familia allá y voy a estar con ellos ahora. Además, vivo muy cerca de Puerto Rico (en República Dominicana) a treinta millas de Mayagüez. Voy mucho allá, no a cantar, y me conozco toda la isla, me pueden soltar en una esquina en Ponce y llego andando a Mayagüez»*, comentó Julio.

---

* *El Nuevo Día.*

En octubre, el artista recibió un premio en Sudáfrica por la venta de quinientos mil discos, convirtiéndose en uno de los tres únicos artistas en el mundo que lo habían recibido. Coincidiendo con su concierto en Johannesburgo, Julio Iglesias, agradecido, recogió el valioso galardón de la mano del director de Sony South Africa, un bonito homenaje que servía como recompensa a su larga trayectoria profesional.

En diciembre, durante su visita a Australia, el presidente de Sony Australia, Dennis Handlin, le hizo entrega del premio conmemorativo por las grandes ventas en Australia, coincidiendo con su gira, que recorrió el país en 2016. Desde que a mediados de los años setenta comenzara a visitar Asia y Australia, Julio nunca dejó de viajar a estos países en sus giras. Este vínculo con los pueblos asiáticos, australiano y neozelandés nunca se ha roto y sigue vivo a lo largo de los años con el éxito de siempre.

SONY

45
Salir de la nostalgia haciendo cosas nuevas

Y nos dieron las diez,
Julio Iglesias y Joaquín Sabina

724: 9 de agosto de 2018. Julio Iglesias fotografiado en Marbella. © Getty / Europa Press Entertainment.

722-723: 23 de septiembre de 2015: Julio Iglesias celebra su cumpleaños con unos mariachis durante el lanzamiento de su álbum «México». © Getty / Victor Chávez.

Con setenta y tres años a sus espaldas, Julio Iglesias se recuperaba de sus problemas de salud y, a pesar de anunciar que *México* sería su último disco, en 2017 los fans del cantante español pudieron disfrutar de un nuevo álbum, una secuela del exitoso trabajo de 2015. «La verdad es que soy un mentiroso, eso que dije de que no quería volver a grabar fue un acto de emoción en una conferencia de prensa grande que hice justo después del último disco. Salí del estudio, llegué allí y me preguntaron por el próximo álbum...»*.

2017 traía bajo el brazo el último capítulo discográfico de Julio, preámbulo del inicio de sus penúltimos pasos. Sus escasos conciertos y los cada vez más evidentes problemas de movilidad dispararon las especulaciones sobre su estado de salud. Poco a poco, el cantante fue desapareciendo, con contadas apariciones públicas hasta llegar al silencio total. Pero Julio aún tenía batallas por librar, y para un guerrillero de la vida, en su futuro todavía quedaban muchas cosas que contar y cantar.

---

* *La Nación,* junio de 2017.

El pene amigo

Antes de lanzar su disco de duetos, Julio tuvo tiempo de colaborar con otros artistas ajenos a su repertorio. En 2007 el cantante Romeo Santos contó con la peculiar colaboración de Julio en su canción *El amigo,* un tema del que Julio Iglesias no entendió bien el sentido de la letra hasta después de haberlo grabado.

Después de grabar su participación en Marbella, Romeo se encontraba en Miami haciendo las mezclas del disco y cuando ya estaba terminando recibió una llamada de Julio: «Romeo, déjame que te pregunte una cosa, que no me ha quedado del todo claro. Y dime la verdad. ¿No le habrás escrito una canción al pito?». En ese momento, el cantante del Bronx, de ascendencia dominicana y puertorriqueña, y considerado en la mayor parte de América como el Rey de la Bachata, pensó que la colaboración se iba al traste.

Cuando Romeo Santos efectivamente le confirmó a Julio que *El amigo* era una canción dedicada al pene, el cantante español le contestó: «¡Eres un genio!».

El Rey de la Bachata recordaba la importancia de contar con Julio en una de sus grabaciones, un privilegio al alcance de muy pocos artistas: «Fue uno de esos momentos en los que sientes que ya lo has conseguido... No se puede describir con palabras. Él hace muy pocas colaboraciones, y las que hace son muy selectas. Yo soy el niño de teta de esa lista, y que haya aceptado una colaboración de mi autoría, con esa letra que habla del pene... Aprendí mucho de sus anécdotas, de su disciplina, que es impecable... Es un tipazo»*, concluía el neoyorquino, feliz de ver su nombre al lado de la leyenda.

Rendir pleitesía

En 2017, cuarenta y nueve años después de su debut en Benidorm, Julio regresaba con esa calidez que encanta con una propuesta musical inédita, nuevamente dedicada a uno de los países donde mayor acogida había tenido, esta vez acompañado de amigos, una revisión, canción por canción, de su obra anterior, *México*.

* *ABC,* diciembre de 2017.

A pesar de los años y sus dolores, la grabación de su nuevo disco lo mantenía vivo. Julio vivía una edad donde las experiencias acumuladas lo podían transportar hasta la nostalgia: «Te pueden llevar a la parte más fea que tiene la edad. Yo me salgo de la nostalgia haciendo cosas nuevas». El cantante en 2017 seguía activo porque consideraba que el gran privilegio del artista era volver; «cuando tú quieres volver y te dejan hacerlo, es el éxito», afirmaba Julio durante la promoción del disco. «Yo no me miro al espejo casi nunca, excepto cuando voy a salir al escenario. Porque, para mí, el escenario es algo vital, una inyección de sangre descomunal. Y que, con el paso del tiempo, adquiere nueva significación: cuando tienes setenta y tres años como yo, pues te duelen más las piernas. Pero nada más: si tienes la tensión alta o artritis en el hombro derecho, ni te acuerdas».

México & amigos era un disco que le propuso su compañía para dar más amplitud a las canciones. Julio rendía pleitesía a los artistas que se permitían la osadía de cantar con él; «habrá quien dirá: "¿Cómo va a cantar Joaquín con Julio, si Julio es un cursi", pero esas descalificaciones ya me las digo yo a mí mismo»*.

Sobre las diferencias entre su nuevo disco y todos los álbumes anteriores, Julio reflexionaba: la pasión seguía siendo la misma, pero obviamente había un cambio; «en los anteriores yo tenía treinta y siete y ahora los números se han invertido: tengo setenta y tres. Tengo algunos años más, es cierto, pero estoy vivo y coleando».

¡No sé por qué coño estos cabrones no quieren cantar conmigo!

La elección de las canciones fue complicada por la riqueza del cancionero mexicano. Julio buscó lo que pudiera ser más accesible, «quité lo del mariachi para hacer el disco más a mi estilo de música, para rendirle un homenaje contemporáneo a los autores y, de paso, para que sea accesible también a los japoneses y a los chinos, que sea para todos. Cuando escucho el álbum pienso que fue buena idea»**.

---

* *El Periódico de Catalunya,* 2017.
** *La Nación,* junio de 2017.

Como si se tratara de una continuación de *México,* en 2017 Julio regresaba con la misma lista de temas interpretados en su tributo a la música mexicana de 2015, pero ahora cantados junto a artistas como Andrés Calamaro, Diego Torres, Eros Ramazzotti y Pablo Alborán, entre otros.

Algunos años antes, Julio se preguntaba en voz alta la dificultad de acercarse a dos artistas a los que admiraba profundamente; «Joder, yo he actuado con Diana Ross, Willie Nelson, Steve Wonder, los Beach Boys, Charles Aznavour y con ¡Lola Flores! Pero nunca con Joaquín Sabina y Joan Manuel Serrat. Y me encantaría, los admiro mucho, pero ¡no sé por qué coño estos cabrones no quieren cantar conmigo!», decía entonces medio en broma medio en serio*. En 2017 en *México & amigos* Julio veía cumplido su deseo.

Joaquín Sabina aparecía en *Y nos dieron las diez,* tema que naturalmente no era mexicano pero que Julio defendía con vehemencia: «No es mexicana, pero no hay grupo ni mariachi en México que no cante esa canción. Yo creo que es una canción mexicana: Joaquín la hizo con un tequila». Julio se sentía entusiasmado con el resultado de la canción: «Cantar con Joaquín siempre es muy especial porque es diferente. Sabina ha tenido un par de cojones. No era fácil para él cantar conmigo y lo suyo ha sido un ataque de generosidad. Yo soy el pijo, y él, el golfo, pero ya está bien»**.

Primer disco de duetos

Las colaboraciones en *México & amigos* respiraban un cierto aire de melancolía crepuscular, algunas canciones de amor cantadas desde las tripas. Julio recordaba que alguna vez ha llorado de amor, ahogando las penas en tequila: «Alguna vez, sin tequila, he llorado. El tequila lo he bebido en pocas ocasiones, la última vez con Vicente Fernández, en su casa. ¡Y me agarré un pedo del carajo!»***.

---

* Lino Portela, *eldiario.es,* 2015.
** *El Periódico de Catalunya,* 2017.
*** *El comercio.*

En el nuevo disco de Julio afloraba un aspecto personal de los recuerdos de infancia del cantante, cuando en su casa oía música mexicana. Julio recordaba a su madre cantando *Un mundo raro...;* «realmente, ella vivía enamorada de José Alfredo Jiménez, el papá de los papás, y de María Grever, por decir unos nombres», recordaba Julio*.

Después de año y medio de la edición de su álbum *México,* Julio renovaba sus vínculos con el país interpretando algunos de sus clásicos con una pasión inimitable. Para *México & amigos* Julio Iglesias no tuvo que convencer a nadie para que cantara con él en el disco; «si hay que convencer a alguien para que cante contigo, pues no merece la pena. El amor y la emoción es lo que manda. Y convencer a una persona para que se emocione no vale la pena».

En *México & amigos,* curiosamente después de casi cincuenta años su primer disco de dúos, también participaban Juan Luis Guerra, Plácido Domingo, Thalía, Mario Domm del grupo Camila, Sin Bandera y Omara Portuondo; «he cantado con genios. Omara Portuondo es una señora de ochenta y seis años que canta como los ángeles; Plácido Domingo, uno de los mejores cantantes líricos de la historia; Juan Luis Guerra, papá de mucha música; Sin Bandera, unas voces increíbles; Thalía, que es una artistaza. De todos ellos aprendo».

El proceso de grabación fue sencillo. Julio envió sus pistas de voz con la música, para que después cada artista pusiera su voz donde quisiera. «Ha sido un proceso sencillísimo, porque todos son artistas del carajo, con unas voces preciosas e identificables».

Todo el mundo canta mejor que yo

En el disco Julio Iglesias cantaba el clásico *Júrame* con Juan Luis Guerra; *Usted,* de Gabriel Ruiz Galindo y José Antonio Zorrilla, contaba como invitado con el argentino Diego Torres; y el corrido Mexicano *Juan charrasqueado,* de Víctor Cordero, con Andrés Calamaro, una interpretación valiente y muy personal. «Andrés lo hace del carajo. Todo el

---

* *El Tiempo,* 2017.

mundo está hablando de ese dueto»*. En *México & amigos* Julio se reencontraba con su gran amigo Plácido Domingo interpretando *Fallaste corazón,* de Cuco Sánchez; y en su afán por acercarse a nuevas generaciones, se juntó por primera vez con Pablo Alborán en el eterno *Amanecí en tus brazos,* también de José Alfredo Jiménez. La gran dama cubana, Omara Portuondo, interpretaba con Julio *Échame a mí la culpa,* un tema de Ferrusquilla que Julio Iglesias había incorporado a su repertorio hacía muchos años. Con Thalía, con quien ya había cantado en alguna que otra ocasión antes, interpretaba el mambo *Quién será,* un tema de Luis Demetrio y Pablo Beltrán.

«Todo el mundo canta mejor que yo. Esto es como un partido de fútbol que vas empate o ganando 1-0 y, de repente, sacas a uno de estos que canta conmigo y mete once goles»**, confesaba Julio de sus compañeros en el disco.

Y curiosamente, entre todos los nuevos y viejos talentos que acompañaron a Julio Iglesias en su disco mexicano, muchos se preguntaron cómo había desaprovechado esta perfecta oportunidad para, por fin, poder cantar junto a su hijo y, de alguna manera acercarse. «Enrique es muy independiente, yo no puedo poner a mi hijo en la coyuntura de decir "vamos a cantar juntos", debe ser momento de emociones y no ha surgido, pero surgirá. Lo amo, amo a Julio, amo a mis hijos, tengo ocho hijos, todos los mayores son muy independientes; y un padre atreverse a decirle al hijo "vamos a cantar juntos" es muy difícil, espero que algún día sea posible»***.

Con este álbum, la discografía de Julio Iglesias superaba los ochenta y dos discos desde 1968, una obra valiosa. Un total de cuarenta y nueve años de *hits* y récords en los cinco continentes que consolidaban a Julio como el artista latino más exitoso de la historia y uno de los cinco artistas musicales con más discos vendidos de todos los tiempos.

---

* *El Tiempo,* 2017.
** Fernando Navarro, *El País,* 2017.
*** *People,* 2017.

Y entonces llegó el silencio

Tras la publicación de *México & amigos,* Julio anunció una gira para 2018 y un libro de memorias. Pero desde el lanzamiento del disco, Julio misteriosamente desapareció.

Julio Iglesias se subió a un escenario por última vez el 3 de diciembre de 2016, y desde que el 29 de abril del 2017 presentara en México el disco de duetos *México & amigos,* poco más se supo del cantante durante prácticamente un año.

En aquella presentación, Julio desveló que en 2017 no haría ningún concierto y que se prepararía para una gran gira en 2018, donde celebraría medio siglo sobre el escenario. Durante meses el cantante vivió recluido en la República Dominicana o en Miami, y en verano visitó su finca de Ojén. El poco habitual silencio del artista y la congelación de sus planes profesionales desataron las especulaciones.

Rumores patrimoniales

2018 alumbró diferentes noticias relacionadas con la vida no musical del cantante. A principios de febrero se publicó que el artista había vendido todas sus participaciones en el Grupo Puntacana y que planeaba cambiar Punta Cana por Panamá. Los datos sobre su desvinculación empresarial fueron inciertos, pero se desmintió que fuera a dejar la isla y mudarse a Panamá. Eso sí, desde hacía algunos años, el cantante venía anunciando que «ya tengo poco tiempo y lo quiero aprovechar».

En 2019, en una entrevista, Alfredo Fraile afirmaba que «en España el autor que más dinero gana por derechos es José Luis Perales. Julio compuso al principio de su carrera y dejó de hacerlo en los años ochenta. Sus ingresos en los últimos años, habida cuenta de cómo está la venta de discos, han llegado por los negocios. Él ha sido muy bueno en este aspecto. Por cierto, que también se le atribuyen propiedades en la República Dominicana y ya no tiene nada allí. Cuando murió Óscar (de la Renta), que fue por quien invirtió allí, lo vendió todo. No tiene ni el 5 por ciento del aeropuerto que se dice»*.

---

* *El Confidencial,* Vanitatis, 9 de junio de 2019.

Sí tenía previsto vender por ciento treinta millones de dólares el terreno de la isla Indian Creek, cuatro parcelas con embarcadero privado para acceder al océano que puso a la venta en el mes de julio. El cantante deseaba construir en esas parcelas cinco casas para sus cinco hijos con Miranda Rijnsburger, pero desechó la idea: «Mis hijos han crecido y quieren vivir en diferentes partes del mundo, así que he decidido vender estas parcelas»*.

Julio vendía cuatro parcelas, pero seguía viviendo en la casa anexa al terreno que vendía, una residencia que compró en abril de 2012 y por la que pagó doce millones doscientos mil euros; «Indian Creek es mi lugar favorito en el mundo»**.

Se vende avión: interesado llamar a Julio Iglesias

El artista sí decidió poner en venta una de sus propiedades más valiosas, su avión privado, por un precio de treinta y dos millones de dólares. El avión era un aparato Gulfstream para dieciocho pasajeros y con un motor Rolls Royce, una de las mejores marcas con una de las potencias más exclusivas.

Sobre su avión, Julio confesaba que «el avión privado fue un regalo que me habéis hecho todos vosotros hace ya treinta y cinco años y que ha logrado que esté más fresco. Es decir, me evita tener que levantarme a las seis de la mañana muchas veces porque tengo una combinación mala. Hace treinta y cinco años que viajo en avión privado y eso me ha hecho ganar mucho tiempo».

Cuando Neymar fichó por el Barcelona, Julio le prestó el avión; «a Neymar sí se lo dejé. Yo no suelo rentar mucho el avión, la verdad. Este avión nuevo pues lo habré rentado cinco o seis veces en la vida. Pero sí, se lo dejé, lo renté a Neymar. Es un avión que tiene muchas camas y era muy oportuno para él porque terminaba de un entrenamiento, volaba, se presentaba en Barcelona y después se iba»***.

---

* *Miami Herald,* 2018.
** *Wall Street Journal,* 2012.
*** bilbaoenvivo.wordpress.com, 19 de agosto de 2013.

A día de hoy sigue habiendo incertidumbre sobre el verdadero patrimonio del cantante. En 2015 Julio afirmaba que «tengo dinero para mantener a mis bisnietos. Mi fuente de ingresos no ha sido la venta de discos, sino mis negocios»*.

La memoria todavía no me falla

Con una fortuna valorada en ochocientos millones de euros, conseguida por sus éxitos como cantante y sus negocios inmobiliarios, en su año de «descanso» tras la publicación de *México & amigos* se encerró en la casa de Ojén para preparar sus memorias; «estoy semipreparando un libro, un libro largo, para contar lo que las demás gentes vayan a contar mal. Sí, tengo que hacerlo. Es la edad y el momento justos. La memoria no me falla aún y tengo gente que me va a ayudar, a un buen escritor norteamericano y otro hispano, para que no se me escape nada. He prometido no decir quiénes son»**, dijo Julio entonces. También se publicó que Julio había puesto su casa de España a la venta, algo igualmente desmentido después.

Para redondear un 2018 extraño, Chábeli y su segundo marido tuvieron un accidente de coche. Chábeli no se ponía al volante desde que en junio de 1999 sufriera un aparatoso accidente en Los Ángeles. El trauma fue tal que la hija mayor ya no conduce y es su marido y padre de sus dos hijos quien se encarga. Por eso, el siniestro que sufrió en 2018 supuso un importante susto para Chábeli. En esta ocasión, el accidente de tráfico ocurrió en Miami, cuando Christian Altaba, su marido, conducía el automóvil. Nadie salió herido, excepto el BMW gris en el que viajaban***.

Eso sí, en la parte positiva, en las Navidades de 2018 Julio volvió a reencontrarse con su hijo Enrique, con el que no tenía trato desde hacía años. Compartieron una comida y conoció a Nicholas y Lucy, los mellizos de Enrique y Anna Kournikova.

---

* Paloma Barrientos.
** *El Periódico de Catalunya.*
*** *El Economista.*

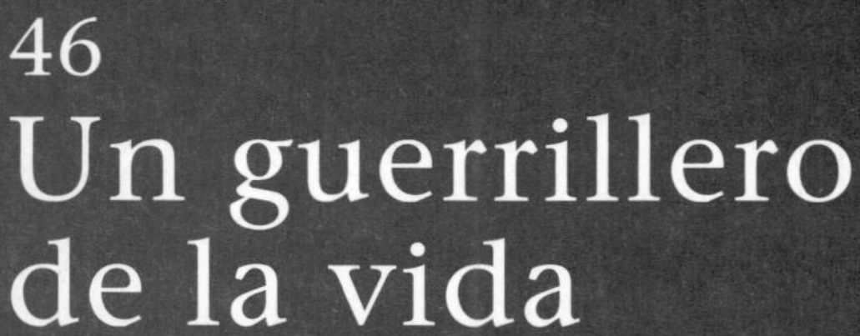

46
Un guerrillero de la vida

Himno de la Academia de Infantería,
José y Jorge de la Cueva

СУДАРСТВЕННЫЙ
ЕМЛЁВСКИЙ ДВОРЕЦ

17
октября
2018 г.

ТЫЙ
50
ЮБИЛЕЙНЫЙ ТУР

O IGLE AS

736: 2017. Boeing 787-8 Air Europa «Julio Iglesias».
© Jordi Plantalech / Creative-Commons CC-ZERO.

734-735: Moscú, 17 de octubre de 2018: folletos para entregar en el Palacio Estatal del Kremlin antes de un concierto de Julio Iglesias como parte de la gira mundial para celebrar su 75 cumpleaños y el 50 aniversario de su carrera. © Getty / Mikhail Tereshchenko.

Antes de grabar su disco dedicado a México, Julio Iglesias había anunciado que le gustaría hacer algo con Justin Timberlake; «mis hijas se pondrían muy contentas si hiciera algo con One Direction, pero no sé. No es fácil para mí conectar con los jóvenes porque mi estilo es muy clásico, como el de Frank Sinatra o Dolly Parton»*, declaró Julio entonces. «Prometo que el año que viene sorprenderé a todo el mundo con música hecha junto a algún artista de las nuevas generaciones. Quiero hacer algo especial cantando con Bruno Mars», añadió.

Un artista tira la toalla cuando se muere

Su hipotético acercamiento a la música más contemporánea coincidió con la amenaza de retiro de jóvenes estrellas como Justin Bieber, quien había anunciado que dejaba la música en medio de problemas con la ley en Estados Unidos y Canadá; «Justin Bieber ha tirado la toallita, la toalla no, la toallita. La toalla la tira un artista cuando se

* Bang Showbiz.

muere»*, dijo mientras que consideró que la música implica un largo aguante.

«La música debe ser un maratón, porque la carrera de cien metros es una carrera más basada en el instinto y en la fuerza que en una relación perfecta entre el corazón y el cerebro», dijo Iglesias. «A mí me gusta tanto la de cien metros como la del maratón. Cien metros posiblemente sea un número 1 mundial y en el maratón te mira la gente en la calle después de cuarenta años».

Música para nuevas generaciones

Julio se reconoce ajeno a la evolución de la música pop: «Yo me quedé en The Police y U2. Igual no me he comprado un disco en treinta años, aunque me gusta lo que oigo en el coche. Pero es más fácil pillarme disfrutando con mis clásicos, desde Elvis a Marvin Gaye»**.

«Me gusta mi hijo Enrique porque me lo ponen mis hijos pequeños todos los días, y fuera de eso escucho a los grandes, por ejemplo a Elvis Presley, U2, Sinatra, Lennon…, a los que cantan mejor incluso una vez muertos. A mí me gustan los cantantes que no tienen muertes trágicas, exceptuando a Elvis y John Lennon, que son grandes a pesar de todo, porque morirse en la cama es lo más estúpido que puede hacer un cantante, según dicen los entendidos. Mercury, que también murió de manera trágica, era otra cosa, era un cantante muy sólido que tenía detrás una historia larga, grande, llena de vulnerabilidades»***.

Sobre la música de ahora, Julio también lo tiene claro: «El problema lo tengo yo, que estoy escuchando música continuamente, y excepto dos o tres baladas que salen de vez en cuando, todo lo que se canta hoy me remite a la música *beat*, pero muy fuerte. Incluso, la música de los artistas latinos está muy relacionada con la parte rítmica de la canción». Julio Iglesias, pionero del desembarco latino en el mercado norteamericano, no era ajeno a la revolución musical que está viviendo el mundo, donde, de manera global, el poder de los ar-

* Associated Press.
** Diego Manrique, *El País,* 10 de octubre de 2015.
*** Fernando Toribio, 8 de mayo de 2011.

tistas latinoamericanos ha cuajado de manera extraordinaria; «cogen cosas de Enrique o del chiquillo de *Despacito,* que logró una combinación de circunstancias, de momentos, de magia y de canción. Las canciones que vienen de Cuba, Puerto Rico o el Caribe están armando una revolución, porque incorporan una línea melódica bella con una rítmica maravillosa y con vídeos muy bonitos. Eso no existe en Noruega, China o Japón, entonces están acaparando mercados que estaban esperando historias que son interesantísimas porque tienen esa combinación de la melodía bonita con arreglos modernos y un ritmo muy marcado».

Eso sí, Julio Iglesias tiene bien claro quién es, lo que representa y lo que no tiene previsto hacer por muchas modas que marquen el ritmo del mercado: «Yo no me veo haciendo reguetón». En un mensaje de admiración a su hijo Enrique, un apunte paternal sobre la influencia de su hijo en el negocio de la música, Julio opinaba sobre algunas de las canciones que dominaban las listas de éxitos: «Escuché *Despacito,* de Luis Fonsi, y me encantó. Me recordó mucho a lo que había inventado mi hijo Enrique».

No tuve los cojones de hacerlo

Durante 2018 Julio confesó haber tenido propuestas para acercarse al público más joven. Ken Ehrlich, uno de los más importantes productores de televisión de la historia, se acercó hasta Julio Iglesias. Desde 1980 y durante años, Ehrlich ha sido el responsable de las emisiones de las ceremonias de los premios Grammy y Emmy, incluyendo las memorables actuaciones de Prince y Beyoncé, Aretha Franklin, el famoso dúo entre Eminem y Elton John o las reuniones sobre el escenario de Paul Simon y Art Garfunkel o The Police. En 2012 Ken Ehrlich produjo el especial de televisión que celebraba los cincuenta años de The Rolling Stones. «Ken Elrich es uno de los productores más importantes de la historia de la música. Y hace un año y medio se vino conmigo y estuvimos viajando por el mundo. Me intentaba convencer para hacer un disco con gente joven estadounidense, como Bruno Mars y John Legend. Es muy amigo mío y me quiere mucho, pero al final no logró convencerme porque pensé que iba a ser un esfuerzo descomunal por mi parte hacia una nueva actitud musical que yo no entendía muy bien. No tuve fuerza y coraje para hacerlo. Seguramente perdí una gran oportunidad. Pero no me morí en el empeño», dijo entonces Julio.

Sobre la idea de realizar un disco de colaboraciones con las grandes estrellas norteamericanas del siglo XXI Julio reflexionaba en voz alta, consciente del enorme esfuerzo que implicaba la nueva aventura: «Ahora, los duetos más bonitos son los que hago con el espejo y me digo: "No puedo creer que sigas vivo". En realidad, tengo tantas proposiciones, y hablo de los diez cantantes más importantes de Estados Unidos. Pero ese es un trabajo muy arduo; sin calle, sin oxígeno, sin árboles y con muchas paredes».

Julio, consciente de la oportunidad pero también del esfuerzo que suponía la nueva aventura, fue muy claro: «Al final no me atreví. Lo hice hace treinta y tres años con Diana Ross, los Beach Boys, Willie Nelson y toda esa gente maravillosa, que eran artistas número 1 en aquella época. Esta vez no me atreví a meterme un año en el estudio a grabar con gente joven y ponerme en la disyuntiva de tener que aprender una música más contemporánea. No tuve los cojones de hacerlo y lo digo públicamente. Es la verdad, Ken Ehrlich dio vueltas y vueltas, y al final desistió porque vio que iba a ser muy difícil que yo me pasara un año repitiendo lo que hice hace mucho tiempo, pero con canciones que eran para mí más sencillas que las ideas increíbles de Timberlake, los *beats* de Mars o la propuesta de cantar con John Legend. Me costó mucho definirme y terminé diciendo que no. Lo puedo jurar por la vida de mis hijos. Esto no lo había dicho nunca»*.

La gira prometida

El 17 de julio de 2018 se cumplían cincuenta años de su triunfo en el Festival de Benidorm, un primer puesto que le valió para asentar su popularidad en España y conseguir proyectos para conquistar al público americano, pero ante la magnitud de la efeméride, todo lo que rodeaba al artista era misterio.

---

* *Billboard*.

Para la gira que adelantó por sus cincuenta años en la música, sus seguidores le esperaban en agosto en el Sonorama. Este festival de música, que se celebra todos los años en Aranda de Duero, comenzó a negociar la presencia de Iglesias en 2015. Sin embargo, su nombre no figuró entre los participantes en el festival. Sobre su acercamiento al público alternativo festivalero, el programa *Hoy empieza todo,* de Radio 3, sugería que Julio probara con el repertorio *indie,* canciones de Xoel López o Iván Ferreiro: «No me veo, se me está acabando el tiempo. Y tampoco tengo necesidad de ponerme *cool*»*.

Pese a que anunció para ese año una gira conmemorativa, su única foto era del 9 de agosto de 2018 en Marbella, vestido, pese al calor, con un jersey de lana. Hasta su aparición sobre el escenario, las alarmas sobre el estado de salud estaban disparadas.

Julio Iglesias, desaparecido durante meses, se subió a los escenarios a finales de 2018. El propio Julio se encargó de anunciar las cuatro ciudades que verían al cantante encima de un escenario, Taskent (Uzbekistán), Dubái, Tel Aviv y Moscú, el 17 de octubre.

La prometida gira que celebraba sus bodas de oro como cantante, finalmente, y a pesar de los innumerables rumores de cancelación, fue una realidad. Julio Iglesias regresó a los escenarios y lo hizo a principios de septiembre en Taskent, en un concierto con el que inauguraba su *Gira 50 aniversario;* «no os podéis imaginar lo que significa estar de vuelta en el escenario después de dos años, es maravilloso. Gracias a la fortaleza de mi mente y mi corazón», se dirigió el veterano artista al público de la capital de Uzbekistán. El recinto Istiqlol Palace, donde actuaba Iglesias, registró un lleno absoluto, con cinco mil personas expectantes por recibir al cantante, su primer recital desde diciembre de 2016.

En el concierto Julio mostró algún ligero problema de movilidad provocado por sus dolores de espalda. Durante el verano mucha gente cercana a Julio aseguraba que las dificultades de movilidad eran notables, tanto que en los últimos tiempos solo se movía en un cochecito de golf en su casa en Marbella.

---

* Diego Manrique, *El País,* 10 de octubre de 2015.

En octubre en Dubái dos mil fieles llenaron el teatro. Recién cumplidos los setenta y cinco años, Julio se movió con algo de dificultad y aunque en un par de ocasiones se apoyó sobre la banqueta que tenía en el escenario, aguantó las dos horas de espectáculo. «Cuántos años desde la última vez... Gracias por darme tanta vida. Es un privilegio estar con vosotros», dijo en Dubái. «Cuando era joven pensé que la vida era para siempre. Que podía pararla. Hace tres años pensé que no iba a poder volver a cantar. Me dolía enormemente la espalda. Entonces decidí hacer ejercicio durante tres o cuatro horas al día. Vivo por vosotros». La respuesta fue atronadora: «¡Bravo! ¡Valiente! ¡Quijote!».

Julio también tuvo tiempo para rendir homenaje al cantante francés Charles Aznavour, muerto unas horas antes a los noventa y cuatro años. «Fue mi maestro y volveremos a cantar juntos en la eternidad», dijo en francés*.

El cantante demostró en el palacio del Kremlin que aún podía subirse a los escenarios y dar lo mejor de sí mismo tras dos años de ausencia, tal y como reconoció el artista ante un público entregado. El de Moscú fue el último concierto de su *Gira 50 aniversario*. «El concierto para mí es una forma de hacer el amor con las gentes sin quedar embarazado. Si tú no llegas a comunicar una emoción a la gente, por muy bien que cantes..., las *standing ovations* no valen para nada. Lo único que vale es que a algunas personas se les quede la carne de gallina, como decía mi vieja madre. Ahí ya tienes a un defensor para toda la vida. El sentimiento es prioritario»**.

Durante las dos horas que duró el concierto en Moscú, admitió ante cerca de seis mil espectadores que «no sabía si podía hacerlo de nuevo». «¡Y puedo hacerlo de nuevo!», dijo eufórico Julio. Recién cumplidos los setenta y cinco años, Julio Iglesias terminó con este recital la gira de 2018 y que continuaría durante 2019, un hito. «Los cincuenta años los voy a celebrar con mi conciencia, dando las gracias a las gentes. Gracias a la vida, como aquella canción maravillosa. Nosotros somos dependientes. Somos servidores. Y el que no sabe servir, no

---

* *El País*, 2 de octubre de 2018.
** *El País*, 2019.

saber hacer nada. Yo soy artista y cantante porque esa gente me ha enseñado a serlo», agradeció el cantante emocionado.

Demanda de paternidad

Coincidiendo con su regreso a los escenarios, Julio estaba cada vez más cerca de enfrentarse a un juicio por la demanda de paternidad interpuesta por el valenciano Javier Sánchez Santos.

Javier, el supuesto hijo del cantante, llevaba décadas en busca de su reconocimiento como hijo de Julio Iglesias, y en 2018, el fiscal defendió que Julio fuera procesado en Valencia.

El 4 de septiembre, Javier presentó una demanda, asegurando poseer una prueba «irrefutable» de ADN, conseguida por «el mejor equipo de detectives del país» y que contaba con «el mejor bufete de abogados»*. Dicho bufete aludía a Fernando Osuna, quien trabajó en un caso parecido con *El Cordobés*.

El abogado de Javier, Fernando Osuna, a través de un escrito defendía que si Julio no se presentaba para someterse a las pruebas de paternidad, el juez podría declararlo en rebeldía, confirmando a Javier como su hijo biológico.

En el mes de junio de 2019, el juez José Bort declaraba ilegal la prueba de ADN presentada para probar su parentesco, al haber dicha prueba «invadido el derecho a la intimidad de otro hijo del cantante, Julio José, que fue seguido y espiado en Miami por dos detectives sevillanos»**. Al mismo tiempo, el magistrado rechazó la petición de archivar el asunto por parte de Julio Iglesias, postergando la celebración del juicio al día 4 de julio de 2019.

La sorpresa se produjo el 10 de julio de 2019 cuando la justicia declaraba a Javier Sánchez hijo de Julio Iglesias. Ante la noticia, la fiscalía manifestó que la sentencia sería recurrida. El juez Bort declaraba la filiación haciendo hincapié en el «evidentísimo*** parecido físico» entre el cantante y Javier.

---

* *El País.*
** *Ibídem.*
*** *Ibídem.*

Julio Iglesias ya fue declarado padre de Javier en 1992 tras la negación del cantante a someterse a ninguna prueba de ADN. Por un defecto de forma, la decisión fue revocada por la Audiencia de Valencia*.

El hecho de que Javier sea declarado hijo de Julio no es un asunto menor. De ser así, oficialmente podría obtener una situación de «heredero forzoso», con condiciones idénticas a las de los otros hijos de Julio Iglesias, tanto los que tuvo durante su matrimonio con Isabel como los cinco hijos con Miranda.

Después de años sin hablarse, Alfredo Fraile y Julio Iglesias contactaron en 2018. Fraile vivió muy de cerca los tiempos en los que supuestamente Maria Edite (madre de Javier) y Julio estuvieron juntos y, en una entrevista en 2019 Fraile expresaba que «esta señora le echa la culpa a Julio, por lo que he leído en la prensa, de que no fuera más allá en su carrera, lo que obviamente no es cierto. Ha dicho cosas que no me gustan, aunque entiendo que ella intente conseguir lo mejor para su hijo. Eso sí, ambos eran adultos en ese momento y sabían lo que hacían»**.

En la misma entrevista, Alfredo Fraile cuestionaba el relato de la portuguesa y afirmaba que «dicen que solo quieren que tenga el apellido, pero no creo que sea solo eso lo que pretenden...»***.

Con el único y el más grande

En febrero de 2019 Julio arrancaba su año de celebración por sus cincuenta años de carrera en el Smart Financial Centre de Lugar Land, en Texas, la primera de una serie de actuaciones en Estados Unidos. El 3 de abril de 2019 Julio Iglesias actúo en Ciudad de México, la primera en seis años en el escenario del Coloso de Reforma. La prensa local resaltó que, además de los inconvenientes técnicos, el cantante madrileño sufrió una caída cuando enfilaba la rampa de salida al final del *show*.

---

* *El País*.
** *El Confidencial*, Vanitatis, 9 de junio de 2019.
*** *Ibídem*.

Rafa Nadal, el campeón mallorquín, reconocido admirador y amigo del cantante, asistió a uno de sus conciertos en California. El cantante actuó en el Casino Fantasy Springs de Indio. Tras la actuación, Nadal dejó constancia en sus redes sociales de su admiración por el intérprete: «Con el único y el más grande», escribió el campeón mallorquín.

La admiración de tenista y cantante es mutua. Julio Iglesias no se cansa de elogiar al deportista mallorquín. Y Nadal cultiva su amistad y admiración musical con el cantante. De hecho, fue Nadal quien en 2011 le entregó un premio por ser el único artista español vivo que ha conseguido vender trescientos millones de copias en el mundo.

Julio siempre ha puesto como ejemplo al tenista. Cuando el cantante ha sido cuestionado, tiene clara la respuesta: «Disciplina, poco talento (suficiente, mientras más tienes más te abandonas), aprendizaje y pasión. Gracias a esos ingredientes Nadal es el mejor tenista. Considero que eso es lo que me ha hecho llegar hasta aquí, porque el mundo es una vida de disciplinas, aburridas muchas veces. Así que la gente quiere pasarla aprendiendo y apasionándose por lo que hace. Me preguntan si he pensado en el retiro y les digo que no voy a tirar la toalla. El público me está ovacionando, ¿cómo voy a despreciarlo?».

Grammy honorífico a toda una carrera

El 10 de febrero de 2019, Julio Iglesias recibía en Los Ángeles el premio Grammy honorífico de la Academia Norteamericana a toda una carrera. El Life Time Achievement, reservado exclusivamente a los grandes artistas norteamericanos, fue elegido por los profesionales y académicos de la música repartidos por todo el mundo. De esta manera, Julio Iglesias incorporaba su nombre a una selecta lista de artistas legendarios a lo largo de la historia, desde Elvis Presley a Frank Sinatra, nombres donde no podían faltar The Beatles, Aretha Franklin, Bob Dylan, Queen, Michael Jackson o Ray Charles. El cantante español recibía el Grammy honorífico a toda su trayectoria por ser «el artista latino más exitoso de su tiempo» y haberse convertido en una «estrella perdurable en el escenario mundial y el embajador más popular de la música latina de su era».

Julio, nominado y ganador de premios Grammy en el pasado, celebró entusiasmado el reconocimiento; «tengo algunos Grammys, pero este que me han dado es muy sorpresivo porque los americanos son muy complicados para dar Grammys a los latinos; de hecho, no se los dan a nadie, y eso me sorprendió muchísimo. Un Grammy a la carrera es muy importante para mí porque me reconcilia con muchas cosas»*, aseguró Julio al conocer la noticia.

La Academia Estadounidense de las Artes y las Ciencias reconoció a Julio Iglesias, en su ceremonia número 61, con un Grammy a toda su carrera por la influencia sobre varias generaciones. El cantante español se incorporaba así a una lista donde prácticamente solo hay artistas anglosajones, y de este modo se reconoce la universalidad del artista español más popular del siglo XX.

Con este reconocimiento en la gala organizada en Los Ángeles por la Academia de la Grabación, Julio agrandaba su leyenda. El cantante español no asistió al acto. Los eventos de luces, alfombras y premios quedaron en el pasado. En 2011 anunció su despedida de la vida pública durante la entrega de un reconocimiento doble de manos de su discográfica, Sony Music, y del tenista español Rafael Nadal, por ser el músico que más discos ha vendido en España y el cantante latinoamericano que más ha vendido en el mundo. En 2019 para el Grammy honorífico, Julio envió un vídeo para agradecer el premio Lifetime Achievement Award, la distinción que rendía homenaje a los intérpretes que habían hecho contribuciones de gran importancia en la música. «Me encantaría estar ahí. Muchas gracias a todos los miembros de la Academia de la Grabación por este hermoso regalo», dijo Iglesias en su mensaje.

«No nací para ser músico. Nací para jugar al fútbol (...). Y, de repente, tuve un accidente terrible y casi quedé parapléjico. Entonces me dieron una guitarra y esa guitarra cambió mi vida por completo», afirmó con relación al comienzo de su trayectoria artística en la década de los sesenta. «Para esa gente que ha tenido ese tipo de situaciones trágicas en la vida, no os rindáis jamás: la vida es

---

* *El País*.

siempre una oportunidad», aseguró. En una entrevista, cuando se anunció que recibiría este reconocimiento, el cantante dijo que seguía siendo un «guerrillero de la vida de principio a fin» y que este galardón suponía un «gran estímulo» para su carrera. «Es lo último que me esperaba. Es un premio que me honra muchísimo y sí lo quiero recibir, sin falsas modestias, porque es un recuerdo imborrable en mi vida», destacó.

Iglesias fue uno de los elegidos ese año por la Academia de la Grabación para sus galardones honoríficos, que también reconocieron a otros emblemáticos artistas como Black Sabbath, George Clinton y Parliament-Funkadelic, Billy Eckstine, Donny Hathaway, Sam & Dave y Dionne Warwick.

Iglesias era el tercer español en recibir el Grammy honorífico a toda una carrera después del guitarrista Andrés Segovia y el violonchelista Pau Casals. Además Julio Iglesias se unió a Celia Cruz, Antônio Carlos Jobim y Armando Manzanero, artistas latinos que obtuvieron el Lifetime Achievement Award.

«Gira 50 aniversario»

La ausencia de Julio Iglesias en la ceremonia en que se le entregaba un Grammy honorífico en reconocimiento a toda su carrera, y algunos atisbos de no estar en plena forma durante sus primeros conciertos del año, especialmente en México y Chile, volvieron a hacer saltar las alarmas en torno a su estado de salud, en especial ahora que se preparaba para recorrer Europa con una nueva serie de conciertos.

Los rumores a estas alturas ya no eran ninguna novedad y le acompañaban desde su última operación de espalda. En 2019, más allá de los conciertos programados dentro de su *Gira 50 aniversario,* Julio tomó la decisión de limitar sus apariciones públicas y seleccionar con sumo cuidado sus actuaciones.

No obstante, en el mes de mayo, Julio acudió en México a la boda de María del Mar Collado Dot, hija de su buen amigo el abogado Juan Collado, y Gonzalo Zabala Junco junto a importantes personalidades, entre las que se encontraba además el expresidente del país Enrique Peña Nieto.

Julio deleitó a los asistentes con un pequeño concierto privado en el que, sin levantarse de la mesa, interpretó *De niña a mujer* y otros dos temas, dejando para el baile familiar la canción *Me va, me va*. El artista dedicó un entrañable mensaje a los novios en el que aseguró que «esta vida se va muy rápido, yo ya tengo setenta y cinco años y que lo más hermoso de disfrutar el camino entre dos es el amor que se puedan prodigar»*.

El cantante, después de anunciar que iba a estar «un mes tranquilo», pero que después iba a recorrer «Europa entera», salió de nuevo de gira. Julio siguió actuando a lo largo de todo el año. Visitó Amberes, Helsinki, Róterdam, Varsovia, Lisboa y tenía previsto terminar la *Gira 50 aniversario* el 29 de octubre en el Royal Albert Hall de Londres.

La *Gira 50 aniversario* de Julio Iglesias respiraba cierto aire de despedida. Visiblemente desgastado, solo su necesidad de cantar y recibir aplausos daban vida a un espectáculo que inundaba el escenario de recuerdos y maravillosas canciones. En 2019, con un micrófono entre las manos y casi sin poder caminar, Julio Iglesias evidenciaba el implacable paso del tiempo, pero, a la vez, defendía con estoicismo lo que mejor sabía hacer, cantar. Sus canciones han viajado durante siete décadas sobreviviendo a la propia historia de la música en español, siempre honesto y dando el cien por cien en cada actuación. Por muchos años que pasen, nadie canta por Julio Iglesias mejor que Julio Iglesias.

* *El Confidencial,* mayo de 2019.

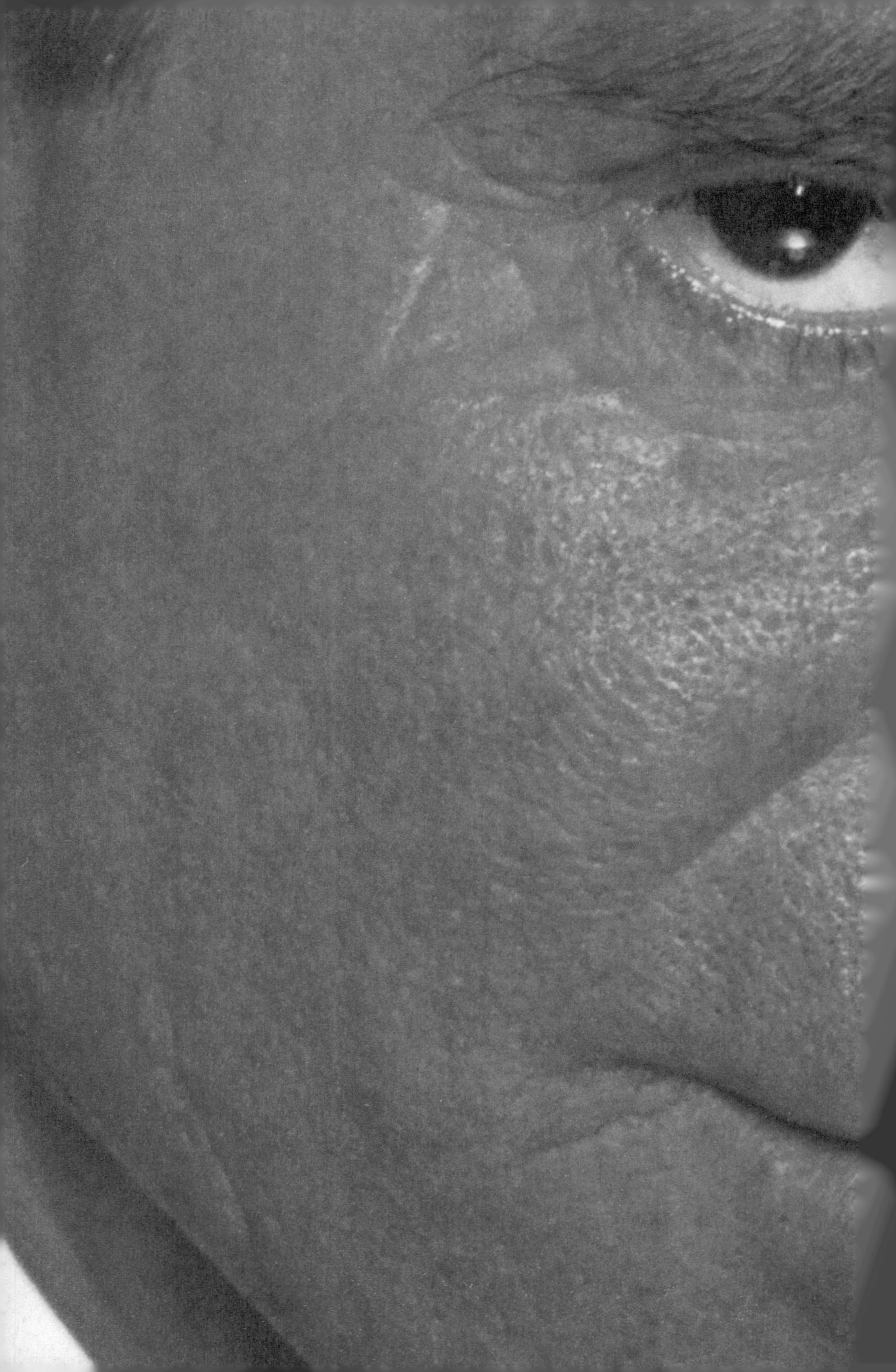

47

El espectáculo debe continuar

The show must go on, Queen

752: Julio Iglesias circa 1984-1987.

750-751: Julio Iglesias.

El desembarco de Julio Iglesias en la industria de la música en 1968 supuso el inicio de la balada romántica en español como género internacional. *La vida sigue igual,* aquella canción que un joven de tan solo veinticinco años interpretó una noche de julio de 1968 en el Festival de Benidorm, inició la aventura artística más extraordinaria de la historia de la música en español. Después de que aquel año hubiera terminado de manera trágica su carrera deportiva y escribiera una canción desde las tripas, su nombre, entonces sin saberlo, sería sinónimo de triunfo y conquista global. No existe rincón en el planeta donde no sepan quién es Julio Iglesias.

Julio Iglesias es el español más consultado en los buscadores de internet, a la altura de iconos como The Beatles, Elvis Presley, Frank Sinatra, Michael Jackson, ABBA, Elton John o Madonna. En cierto modo, hace mucho tiempo que entró en ese club selecto: «He cantado con Frank Sinatra, Stevie Wonder, Sting, Diana Ross... He cantado con todos y, si me dieran la oportunidad de cantar con mis hijos, también lo haría»*.

---

* *ABC,* 31 de mayo de 2013.

Resulta paradójico que la colaboración a priori más sencilla termine por ser un dúo imposible.

Una obra memorable

Observada con detalle, la discografía de Julio esconde multitud de títulos memorables. El cantante español ha sido un hombre listo, rodeándose casi desde el principio de su carrera de los mejores autores del mundo.

Julio Iglesias triunfó de manera colosal en todo el mundo gracias a una dedicación incansable y casi enfermiza a su trabajo, un oficio que respetó desde el mismo día que se subió a un escenario. Julio ha logrado la conquista del planeta gracias a su irresistible poder de seducción, una manera de interpretar inimitable y un carisma capaz de derribar fronteras, culturas y lenguas utilizando exclusivamente el poder de su música. Pero, sobre todo, y es el tiempo el que le ha acabado dando la razón, Julio Iglesias se ha convertido en el artista latino más vendedor de la historia, avalado por una monumental colección de canciones.

Resulta insensato discutir el poder de melodías como *La vida sigue igual, Me olvidé de vivir, Por el amor de una mujer, Hey!, Soy un truhan, soy un señor, Lo mejor de tu vida, To all the girls I've loved before, Quijote* o *De niña a mujer,* solo por citar unas pocas. Todas ellas, de manera individual, servirían para que cualquier otro artista labrara una carrera de éxito. Julio, durante más de cincuenta años, se las quedó todas, cosechando año a año canciones que lo convertirían en leyenda.

Naturalmente, en una carrera que recorre seis décadas, Julio también ha entregado trabajos menores, pequeños traspiés en forma de discos inacabados o faltos de la materia prima necesaria para que fueran recordados. Pero, nuevamente, mirados al detalle, en alguna esquina de todos y cada uno de sus álbumes había algún pequeño destello de un momento inspirado. Como cualquier artista que haya atravesado con éxito un periodo de producción musical dilatado en el tiempo, inevitablemente Julio Iglesias ha ofrecido picos y valles en su discografía. No todos los discos de Bob Dylan son buenos. La carrera de Queen, Madonna, Neil Young, Aznavour, Sinatra, Springsteen, Paul

McCartney o la de otras tantas leyendas, se construyó con la combinación de discos insultantemente brillantes y algunos sencillamente menos buenos.

Consciente de no tener su talento, se aplicó como ninguno

Julio Iglesias comenzó su carrera tras ganar en 1968 en el Festival de Benidorm, pero sabe que hoy nunca habría triunfado en la era de *American Idol, La Voz* y *Operación Triunfo.* «No solo yo, ni Bob Dylan ni Paul McCartney hubieran triunfado hoy», dice. «Todo el mundo luce igual, todo el mundo actúa igual, los mismos trucos, el mismo baile. Todo el mundo canta mejor de lo que cantamos. Pero hay una vulnerabilidad que lo hace a uno más atractivo que la gente que lo tiene todo»*.

La vida sigue igual sentó las bases de un nuevo género masificado después por estrellas como Camilo Sesto, Los Pecos, Sergio Dalma o Miguel Bosé. *La vida sigue igual* supuso también el germen de un nuevo sonido bautizado como «Sonido Torrelaguna», un sucedáneo ibérico del *Wall of sound* creado por Phil Spector a principios de los sesenta. «En el año 1963, cuando lo que se cantaba era *Baby* y *Muñeca,* escribí *La vida sigue igual,* que fue la primera canción pop española, sin lugar a dudas»**.

Julio Iglesias reavivaba la llama de la histórica balada, un género que había colonizado con éxito la Italia y Francia de los años cincuenta y sesenta, y apoyada por Big Bands en América en las noches *crooner* de Frank Sinatra, Tony Bennett o Dean Martin. La balada, en esencia una canción de amor, lenta, interpretada por un solista que se acompañaba de una orquesta detrás, cobró en la voz de Julio un significado inédito hasta su fulgurante aparición en Benidorm.

La vida sigue igual es una canción que Julio compuso cuando no esperaba que nadie la escuchara, por eso es tan especial para él. Después de Benidorm todo fue diferente. Inseguro tras su accidente, el

---

* *El Nuevo Herald,* 2014.
** Darío Prieto, *El Mundo,* 2012.

miedo a caerse en el escenario fue remitiendo, y Julio aprendió a cantar hacia dentro, como hacían Sinatra, Elvis o Nat King Cole. Pero él, consciente de no tener su talento, se aplicó como ninguno.

Aquel primer éxito lo empujó a seguir creciendo. Julio Iglesias construyó su leyenda empezando desde abajo, desde una pequeña población costera la música de Julio llegó hasta millones de almas en el último rincón del planeta. «Una vez que has probado el aplauso de cincuenta mil personas, te sentirás mal el día que solo te aplaudan dos mil. El mayor problema de mi trabajo es que puedes perderlo. Un día eres un triunfador, pero al siguiente no importa la gran estrella que seas, puedes ser un perdedor»*.

El eterno vanidoso

Cuando le preguntan cómo es un día normal en la vida de Julio Iglesias, él responde: «Un día normal en mi vida es abrir los ojos dentro de mi avión privado, bajarme en Nueva York para comer con unos amigos y de nuevo despegar para actuar esa noche en Estocolmo y a la mañana siguiente volver a primera hora para desayunar con mi mujer y mis hijos. ¿Por qué vas vestido siempre de traje negro o con prendas de blanco inmaculado? Pues porque me han dicho que el negro y el blanco me quedan bien y no me voy a vestir con algo que me quede mal, ¿no?»**.

Para Julio los focos han sido su gran adicción. «El personaje público que diga que no le apetece que lo reconozcan no es más que una visión, como un espejismo que dura cinco minutos. Cuando sales y empiezas a darte cuenta de que no te conocen, te desesperas».

Julio Iglesias se reconoce cuando parece que se ríe de su buena fortuna en la vida, «soy un golfo que ha tenido mucha suerte. Rectifico, la suerte cuenta lo justo. El secreto está en cantar con el corazón, aunque no tengas una gran voz, pero luego usar la cabeza. La cabeza te dice cuál es tu lado bueno para ser fotografiado, qué espera la gente de ti, con quién te tienes que aliar, todo eso»***. Para Julio, la vanidad

---

* *People,* 1988.
** Vice.com.
*** Diego Manrique, *El País,* 10 de octubre de 2015.

es bonita «cuando no es fanática y es inteligente. Todo lo que es inteligente aunque sea un poco pecado. Los que tienen la nariz recta no tienen problema, los que la tenemos torcida tenemos un lado mejor que otro»*.

Y consciente de que su personaje y la personalidad asociada al mismo difícilmente cambiará, Julio hoy ya no le dedica ni un minuto: «He bebido vinos muy añejos y he tenido conversaciones muy largas, pero he sido muy dado a la superficialidad. Sobrevivir a tantas tonterías dichas tiene mucho mérito**. Los que piensan que soy gilipollas no van a dejar de pensarlo y los que piensan que soy más listo de lo que parece, tampoco»***.

Mi país no se entera de lo que pasa conmigo

El que mejor conoce a Julio Iglesias lógicamente es Julio Iglesias. «Yo soy un puro *entertainer* de música muy fácil, como la que cantaban Nat King Cole, Elvis Presley, como la que canta Sinatra; de palabras sencillas con una música entretenida. Soy un simple *entertainer* y como eso tienen que catalogarme cuando me muera. Ni soy poeta ni intelectual ni esa chingadera: soy un simple cantante. Pero para la historia»****.

Desde entonces, en 2019 se cumplen cincuenta años y, naturalmente la vida no sigue igual, ni para Julio Iglesias ni para el resto de los mortales. El tiempo también pasa para Julio Iglesias, innegablemente, algo que le afecta como a tantos otros. «Es lo que más me falta y lo más bonito que tiene la vida»*****, afirma.

Los españoles somos expertos en levantar ídolos para destruirlos después. En eso España es potencia mundial. Tan pronto se muere alguien se pone en marcha el tributo generalizado tardío. Todos los que lo mataron en vida lo elevan a la categoría de mito una vez muerto, una última demostración de lo poco que nos queremos. Pero

* *Buenas Noches, Cecilia,* Canal 13, 20 de abril de 1997.
** *La Vanguardia,* 2012.
*** *El Periódico de Catalunya.*
**** *Diario Clarín,* 16 de febrero de 1988.
***** *El País.*

a diferencia del resto, Julio es mito y leyenda en vida, algo contra lo que el artista ha tenido que combatir casi a diario.

Desde hace ni se sabe cuánto, la máxima preocupación por la vida de Julio Iglesias, cada vez que un medio tiene la oportunidad de acercarse a él, es conocer los detalles de su relación con su hijo, si se hará la prueba de paternidad o, últimamente, mostrar un inusitado interés por su estado de salud.

Resulta complicado encontrar documentos que detallen el minucioso y en ocasiones enfermizo trabajo que Julio Iglesias le ha dedicado a su profesión. Existe poca información acerca del verdadero amor de Julio a la música, a los artistas, a sus raíces musicales y, en definitiva, a su patria. Hay muy pocos nombres que hayan hecho más por la marca España que Julio Iglesias.

En alguna ocasión Julio confesó su tristeza por su alejamiento del público en España: «Me siento infeliz por el escaso reconocimiento que tengo en España, no me quiero morir con la angustia de que mi país no se entera de lo que pasa conmigo».

Pero lo cierto es que trescientos cincuenta millones de discos y cincuenta años después de empezar su carrera, Julio sigue dando conciertos en todo el mundo. Raúl López, quien fuera director de Sony en España y manejara la carrera del cantante desde 1990, ofrecía una descripción atinada de la relación entre Julio Iglesias y España: «Creo que tiene la espinita de que España no reconozca lo que ha logrado. Ha estado en lo más alto en China o Rusia y no hemos sabido utilizarlo para vender la marca España. Ha sido el mejor embajador, pero se lo reconocerán cuando muera»*.

Quiero morirme cantando

Julio es posiblemente el artista más célebre en la historia de la música española y latina. Es el artista latino que más discos ha vendido y uno de los diez primeros en el mundo, con más de trescientos cincuenta millones de discos en catorce idiomas. Algunos estudios apuntan que cada tres minutos alguien en alguna parte de la tierra escucha una canción suya.

---

* *Vanity Fair,* 11 de mayo de 2015.

Incluso se llegó a decir hace años, durante una promoción, que en un viaje espacial los astronautas cantaban *Hey!* mientras veían el planeta azul.

Con más de sesenta millones de espectadores en los cinco continentes y con dos mil seiscientos álbumes de oro y platino, Julio Iglesias ha sido galardonado con todos los premios imaginables. Pero con setenta y seis años cumplidos, Julio Iglesias no piensa retirarse. Lo ha dicho en numerosas ocasiones y lo repetirá hasta el final: «Quiero morirme cantando».

En una entrevista para Televisa en mayo de 2019 Julio insistió en que «la retirada, para mí, está ligada a la muerte psíquica. La física es gravísima, pero la psíquica es morir en vida». Después de más de cinco mil conciertos a lo largo de cincuenta años, Julio deja claro que no está retirado, pero su ritmo de apariciones ha bajado de manera drástica. Con setenta y seis años, Julio sigue siendo un hombre audaz y vivo, perfeccionista incorregible y con un sentido del humor inimitablemente característico. Con los años y el paso del tiempo, su mayor enemigo, ha aprendido que «el azúcar es malo y que se te cae el pelo». Pero también «a no juzgar a la gente, a no sentirme culpable y a distinguir la generosidad de la avaricia». Reconoce que la vida ha sido muy generosa con él: «He ganado más dinero del que necesito, pero no de la música; de la música me han venido cosas mejores que el dinero»*.

Un hombre preocupado por el mundo

Además de sus incuestionables logros artísticos, Julio Iglesias se ha mostrado generoso y preocupado por los más desfavorecidos; «he colaborado veintiún años con Unicef, he recorrido campamentos de refugiados por medio mundo, en un coche, con aire acondicionado, viendo niños desnutridos, y he querido parar pero no ha podido ser. Luego, al cabo de cuatro días, empiezas a despreocuparte». La sinceridad de Julio responde a un egoísmo innato del propio ser humano: «Si tuviéramos todos mayor conciencia, no nos gastaríamos el dinero en porquerías, sino en alimentar al que se muere de hambre»**.

* RTVE.
** *La Vanguardia,* 3 de diciembre de 2012.

La honestidad del testimonio de Julio recoge fielmente el posicionamiento, generalmente occidental, de mirar para otro lado cuando aparecen problemas. En la medida de su agenda y posibilidades, un repaso detallado a la biografía de Julio despeja cualquier duda sobre su profunda implicación en las causas de los más desfavorecidos.

Ahora subir las escaleras es más costoso

Julio tiene claro que en este momento «mi vida es aburrida, es una absoluta disciplina. Yo antes no era así, antes me escapaba. Hoy no tengo un solo día de mi vida fácil, excepto cuando canto. El resto es exclusivamente pensar lo que no debo hacer, que es justamente lo que me gusta hacer»*.

Julio prácticamente no se prodiga en privado, viviendo la mayor parte del año entre sus residencias de Bahamas y Miami, donde están su mujer y sus hijos, y alguna visita a su finca de Ojén. Y en cuanto a sus actuaciones públicas, si las comparamos con sus tiempos de colonización global, cuando el cantante repartía más de doscientas actuaciones al año en los cinco continentes, en 2019 apenas subió al escenario en veinte ocasiones, conciertos en Estados Unidos, Dubái, México, cuatro citas más en septiembre y fechas europeas en Amberes, Helsinki, Róterdam, Varsovia, Lisboa y Londres, poca cosa para un trotamundos.

Julio Iglesias reconoce que todo lo que es físico en su vida está en un periodo de vuelta. No recorre el escenario con aquella fuerza física que derrochaba con treinta años, pero sí con más emoción. En los últimos años, Julio ha mostrado de manera evidente quién es hoy por hoy su principal enemigo. El tiempo es a quien más teme y también a quien más respeta y agradece. «El tiempo no lo podemos parar, pasa inexorablemente y va dejando huellas, y estas huellas, cuando son tan bonitas como las que la vida me está dejando, es de agradecer completamente todas las cosas que han pasado en tu vida. Pero el tiempo es inexorable y se va, y ahora subir las escaleras es más costoso, bajarlas es más difícil. Antes yo bajaba más rápido, subía un poco más lento.

---

* *Buenas Noches, Cecilia,* Canal 13, 20 de abril de 1997.

Ahora voy al contrario: subo más rápido que bajo, porque tengo miedo de caerme»*.

«Estaré en esto hasta que la gente quiera y mientras mi cuerpo y mi cabeza estén juntos». Pero ¿qué le puede pedir Julio a la vida a estas alturas? «Lo que le tengo que pedir es más tiempo, le pido justamente lo que no me va a dar».

Reflexión vital

Julio ha reiterado que él no era ni artista ni cantante. En su opinión, normalmente, el artista y el cantante nacen, «yo no. Yo jugaba al fútbol, estudiaba leyes, me gustaban las chavalas como un tonto. Era normal en todo. Y me volví anormal el día que mi cabeza tuvo más fuerza que mi cuerpo. Ahí me convertí en un tío que estaba pensando en por qué me tenía que morir yo tan joven. Esa obsesión hizo que mi cabeza pensara cien veces más rápido que antes. Es decir, todo lo que en mi cuerpo no servía *pa'* nada tuvo que ser dirigido a mi cabeza, que cada día servía para más».

Julio empezó cantando muy mal, era un mal cantante, «y no hace falta que me diga la gente "no, no, eras muy bueno"; cuando me lo dicen, yo entonces me insulto más a mí mismo». Pero Julio ha cantado con todos: de Stevie Wonder a Sting, de Sinatra a Plácido, con Willie Nelson y con Sabina, con Lola Flores y Raphael, con los clásicos, con las estrellas de rock, con todos los de Europa, como Johnny Hallyday, Aznavour, Michel Sardou, Andrea Bocelli, con las estrellas de Asia, de Wei Wei a Lang Lang... «Me siento muy honrado de que estos artistas grandes me hayan permitido cantar con ellos. Lo digo de corazón, porque es muy difícil que quieran cantar conmigo»**.

El cantante español reconocía que entendía a sus críticos durante los primeros treinta años de carrera. Luego ya no. «En el mundo anglosajón todo eso lo ignoraron: allí me descubrieron cantando con Diana Ross, Willie Nelson, los Beach Boys... Ahí no existe esa connotación de mis inicios».

---

* *El País.*

** *El Periódico de Catalunya.*

Julio Iglesias, abrazando seguramente los últimos años de una larguísima carrera, ya solo espera que la gente no le retire nunca: «La vulnerabilidad más fuerte que tiene un artista es la incertidumbre de saber si el público le va a querer toda la vida. Salir al escenario a mis años es el mayor privilegio que puede tener una persona». Por eso Julio es un hombre de sueños cumplidos, aunque él prefiere ser más cauto. «Hace más de cuarenta años que sueño despierto. Soñar a mi edad es muy difícil. De hecho, cada vez que tengo un sueño me tengo que despertar antes porque sé que es algo imposible».

Y en el futuro

¿Qué le gustaría que dijeran de Julio en el futuro? «No quiero ni pensar. A veces, cuando estoy en una conversación muy privada, digo que cuando mis hijos tengan sus novias seguro bailarán *Abrázame*. No creo que Nat King Cole supiera que *Unforgettable* sería tocada cincuenta años después por tantos pianistas. Lo que sí me gustaría que dijeran es que aprendí»*.

Julio es y será para siempre un artista inimitable, pensar en un reemplazo resulta inimaginable, ¿quién será su sucesor? «Yo soy un antiguo», dice con ironía. «Ahora hay muchos y buenos intérpretes. Cada uno tiene su propio estilo y personalidad»**, declara. «Enrique es un gran artista, un moderno que estilísticamente no tiene que ver conmigo», asegura el cantante, dejando bien claro que en realidad nadie, ni siquiera su hijo, se parece a él.

Y el día de mañana: «me gustaría hacer un álbum del son, un disco que salga de Cádiz, cruce el Atlántico y llegue hasta las costas del Caribe, Cartagena, Cuba, ese para bailar pegados. Como mi vida es tan circunstancial, todo es posible***. Me veo haciendo allí un *unplugged,* grabando sones y boleros con unos buenos músicos habaneros, siempre que no tardemos más de dos o tres días. Siento una conexión muy

---

* *El Tiempo.*
** César López Rosell, *El Periódico de Catalunya,* 9 de agosto de 2009.
*** Diego Manrique, *El País,* 10 de octubre de 2015.

profunda con Cuba: parte de mi familia nació allí, descendientes de militares»*.

Y su país siempre está en el pensamiento de Julio, una idea crepuscular que sobrevuela por la cabeza del cantante; «pienso volver a vivir a España antes de que me muera», aunque antes de que eso suceda, hay una cosa que aún le queda por hacer: «Contaros (a sus hijos) lo que he aprendido, lo que he vivido, lo que he escuchado, la filosofía natural que te cuentan las razas, las ideologías diferentes; en realidad, es lo que más me gustaría, y seguir aprendiendo más para poder contarlo y cantarlo. No voy a morirme aún, tengo cuerda para rato»**.

Pero a pesar de tener claro que tarde o temprano regresará a España, el ciudadano del mundo Julio Iglesias aún tiene historias por contar: «Soy un trashumante y los pasos me llevarán a donde haya vida, playas, sueños. Seguiré nadando aunque las olas estén agitadas. Soy un corredor de fondo»***.

«Soy vulnerable. A veces simpático, a veces antipático; que soy de todos y de ninguno; que voy de aquí para allá y que ahora voy pegando la vuelta al viento. Ahora no hago nada en contra de lo que físicamente no puedo hacer. Antes hacía los imposibles, ahora nada más que los posibles, porque ya me falta la fuerza que necesitan los imposibles. Quiero que mi respiración siga siendo larga, que mis pulmones tengan la capacidad suficiente para que el aire salga y que la gente no me olvide nunca****. La vida me dio una voz pequeña pero me la dio de dentro».

«Y los cantantes de dentro vivimos para siempre».

---

* Diego Manrique, *El País,* 10 de octubre de 2015.
** *ABC,* 2013.
*** César López Rosell, *El Periódico de Catalunya,* 9 de agosto de 2009.
**** *Billboard.*

Agradecimientos del autor

Quiero dar las gracias a todo el equipo de Aguilar y Penguin Random House, y en especial a Gonzalo Albert, mi editor, por su incondicional apoyo en la elaboración de este libro. Sus sabios consejos han sido mi faro para llegar hasta la arena de la playa. Doy las gracias a mis amigos, a mis dos *Panteras,* a la *Venencia,* a mi *Rat Pack,* a la gente que me quiere y me apoya, y me sonríe y me ayuda a ser mejor persona. Son muchos, soy un hombre increíblemente afortunado. Gracias a mis padres, por quererme y educarme y enseñarme a amar la música y los libros, un regalo de valor incalculable. Gracias a mis hermanos, mis cómplices que siempre están a mi lado. Gracias a la música, a las canciones y a todos los artistas, esos artesanos capaces de hacer cosas con forma de emociones y con las que los demás soñamos. Gracias a mi refugio asturiano de Colombres, el verde que me da paz y me alimenta el alma. Gracias a Julio Iglesias por ser inspiración y enseñarme que la vida sigue igual solo si uno quiere. Gracias a Amaya por estar siempre a mi lado y quererme bien. Y gracias a Óscar y Lola, mis dos hijos, mi todo, lo mejor de mi vida.

Óscar García Blesa